超級世紀

THE WORLD IN THE LONG TWENTIETH CENTURY

震盪全球的巨變年代，
形塑今日世界的關鍵150年

AN INTERPRETIVE HISTORY

EDWARD ROSS DICKINSON
愛德華·羅斯·迪金森
王惟芬——譯

本書獻給我的父親威廉·理查·迪金森

（William Richard Dickinson, 1931–2015），

地質學家、學者，也是一位善良、認真與堅毅的人。

目次

CONTENTS

推薦序
改變全球史的漫長二十世紀

孔令偉（中央研究院歷史語言研究所助研究員）

我們今日身處的當代世界，究竟如何發展而來？這個問題無疑是探討人類文明與社會發展的大哉問，也是人文社會科學領域研究者們孜孜求索的終極關懷。為了探究這個問題，歷史學、經濟學、社會學等各學科的研究者們，長期從不同角度關注所謂現代性（modernity）的起源問題，亦即人類社會何時、如何、為何從近代早期（early modern）過渡到近現代（modern）的歷史分期。為回答現代性起源問題，及其在人類文明發展進程中所發揮之歷史作用，學者們紛紛關注二十世紀世界各地的政治、社會、科技以及環境變遷等議題，並強調歷史發展在時間與空間上並非匀速同質的。換句話說，就科技革新與社會變遷而言，二十世紀人類文明的變遷，較諸先前的歷史時期更加迅速劇烈，且影響之地理範圍愈加遼闊。然而，在二十世紀這段關鍵的歷史時期中，現代人類文明究竟曾發生何種劇變？這些劇變為後世留下什麼樣的歷史遺產？至於身處二十一世紀當代的我們，又該如何理解這些歷史劇變及其後世影響？呈現在讀者眼前的這本《超級世紀》，正為探討上述問題，提供可能的思想參照。

本書英文原題為「漫長二十世紀中的世界：一部詮釋歷史」（*The World in the Long Twentieth*

Century: An Interpretive History），原書於二〇一八年由加州大學出版社發行。作者愛德華・羅斯・迪金森（Edward Ross Dickinson）現為加利福尼亞大學戴維斯分校（University of California, Davis）歷史學系教授，主要從事近現代歐洲與世界史的教學與研究。迪金森最初的學術根基，主要奠立於十九世紀後期至二十世紀前期的德國史，尤其是兒童福利等社會政策，乃至於性（sexuality）與權力（power）的關係，並分別具體體現在其一九九六年由哈佛大學出版社發行之《從帝國至聯邦共和時期之德意志兒童福利政治》（*The Politics of German Child Welfare from the Empire to the Federal Republic*），以及二〇一四年由劍橋大學出版社發行之《一八八〇至一九一四年間德意志帝國的性、自由與權力》（*Sex, Freedom and Power in Imperial Germany, 1880-1914*）等學術專著。在專精德國史的同時，迪金森亦長於近現代歐洲與世界史的連結，如其在二〇一七年由劍橋大學出版社發行之《血中婆娑：第一次世界大戰前夕的現代舞蹈與歐洲文化》（*Dancing in the Blood: Modern Dance and European Culture on the Eve of the First World War*），便是從舞蹈文化史視角切入探討歐洲文化與第一次世界大戰的力作。

至於本書《超級世紀》，則進一步體現了迪金森對近現代世界史之系統認識與學術關注。綜觀本書的寫作宗旨，主要是為分析、詮釋二十世紀的世界史提供概念框架。對此，作者強調技術革新持續推動國際市場的整合以及自然資源的開採，最終促使人類不同文明、乃至於人類與自然環境之間的關係，產生深層、急劇而又斷裂的根本轉型。要言之，作者主張科技革命、全球互動以及資源開發是理解人類社會現代化發展的關鍵要素。就以上三項因素而言，本書在研究框架上，主要涉及而又不僅限於科技史、全球史以及環境史等歷史學議題。然而，需要注意的是，本書的主要目的，並不在於詳細描述二十世紀世界各地重大相關歷史事件的發生經過，而是透過比較、歸納，找到解釋這些事件背後歷史動力的共通模型。

此外，本書最為關鍵的概念框架，莫過於對「二十世紀」的時間性定義。作者所探討的關鍵世紀，雖然是以二十世紀為核心，惟因為歷史發展往往係長時段之延續進程，難以遽然以紀年割裂，故作者所採用作為分析概念的「二十世紀」，實際上指涉一八六〇年代至二〇一〇年代這一百五十餘年間，人類世界發生根本轉型之時段。與此同時，作者又將「二十世紀」此一歷史時段概念，進行更加細微的斷代區分，即一八五〇年代到一八九〇年代的「擴張」、一八九〇年代至一九五〇年的「爆炸」，乃至一九五〇年以後的「加速」這三個階段。第一階段的「擴張」，主要側重工業革命等技術轉型為人類社會所帶來的深遠影響。至於第二階段的「爆炸」，強調文明對食物與能源等資源的開發、爭奪與分配。在最後一階段的「加速」，則偏向全球市場與國際政治的作用。不難發現，作者對「二十世紀」的斷代分析，基本仍呼應上述科技革命、全球互動以及資源開發這三點分析框架。

用心的讀者或許會發現，本書從章節架構到行文風格，尤其是原書名中所使用「漫長的二十世紀」（the long twentieth century），與長時段研究（the longue durée）、世界體系理論（world-systems theory）等宏觀史學以及歷史社會學典範，具有相當程度的延續與闡發。在其名著《地中海與菲利普二世時代的地中海世界》（*La Méditerranée et le monde méditerranéen à l'époque de Philippe II*）中，年鑑學派史家布勞岱爾（Fernand Braudel）提出「漫長的十六世紀」（le long seizième siècle）一說，實際上指涉年代為公元一四五〇至一六四〇年。此後，亦有不少史家以超越紀年觀念的「漫長世紀」作為長時段歷史的分析概念，其中馬克思主義史家霍布斯邦（Eric Hobsbawm）針對「漫長的十九世紀」（the long nineteenth century）所寫就的《革命的年代》（*The Age of Revolution: Europe, 1789-*

1848）、《資本的年代》（*The Age of Capital: 1848-1875*）以及《帝國的年代》（*The Age of Empire: 1875-1914*），可謂箇中集大成者。值得注意的是，除了本書外，上個世紀末歷史社會學者阿銳基（Giovanni Arrighi）就曾在《漫長的二十世紀：金錢、權力與我們社會的根源》（*The Long Twentieth Century: Money, Power, and the Origins of Our Times*）中，探討「漫長的二十世紀」中世界體系與全球化的歷史發展，其論點或可與本書相參照。

總體而言，本書兼具歷史縱深、全球視野以及人地關懷，為讀者進一步認識全球範圍的大歷史詮釋，提供一個值得參考的借鑑。

前言

本書提供一個框架，來了解過去一個半世紀的世界史。叩問有哪些因素、大趨勢和模式，影響全球各地的國家、經濟、文化和個人的命運？在這個全球框架下，嘗試了解特定區域、國家、政府和個人生活的歷史。正如英文副標「一段闡釋性的歷史」（An Interpretive History）所指，本書意圖理解和解釋從十九世紀中葉至目前的世界史。在書中建立一個以因果關係為軸線的模型，藉此探討全球長期的轉變，由此確定出在這段時期塑造世界歷史的基本力量與發展，尤其是自十九世紀中葉以來，國際社會之間和各社會內部的關係，描述這些力量和事態發展之間相互作用所產生的動力，以及檢視這些動力如何驅動世界級事件的發生。因此，本書試圖回答的問題是：在這個框架內所確定的一系列廣泛而相互關聯的決定性力量和發展，如何讓二十世紀的重大事件展開，又為何會這樣發生？

本書列出的全球史框架，在基本架構上其實相當簡單，但也充滿戲劇性變動。過去一個半世紀以來，人類社會經歷這五、六千年中最為獨特的巨大轉型。這場轉型的速度非常快，快到令人難以置信的地步，而且影響範圍幾乎遍及全世界。當然，世界各地有不同的獨特發展和趨勢，各個區域（如歐洲、拉丁美洲與南亞）和國家都有特殊的歷史，往往歷經截然不同的狀況，而且顯然各地的歷史也各有獨特之處。但是這些特殊歷史都發生在一場廣泛且劇烈的轉變中，其交互作用有的來自人類社會之間，有的則是來自人類社會與地球自然環境的互動。這一段段歷史都深受這些交互作用影響。在漫長的二十世紀，自然界因為人類活動而發生前所未有的轉變，這也影響人類的歷史，形成一段史無前例的人與自然共享和相互交織的歷史。

在某些地方，社會受到政治力一再糾纏，不論是受到征服、占領，還是獨裁霸權的統治。在其他地方，則是透過貿易的快速成長，以及世界各地經濟體對貿易帶來的挑戰和機遇的反應，逐漸交織各種經濟交換活動；另外，還有一些地方是透過思想交流（例如馬克思主義或非暴力思想）而彼此相連。不過在大多數的情況中，是因為上述所有這些因素而交錯，儘管程度各異。

過去一百五十年來，世界各地的人類社會都經歷劇烈轉型，這是因為各個社會間早已彼此緊密相連。這兩個歷程相互驅動，轉型促成互連，而互連又驅動轉型，正是因為這個原因，一百五十年來，這個過程也不斷加劇與加速。

此外，人類與自然環境之間的關係，從某種意義上來說，變得更為全球化，這不僅是因為在過去一個世紀中，環境受到當地人類社群的發展而轉變，也同時受到遠方社群的影響，而且這些社群通常遠在地球的另一端。人類對自然環境的衝擊無所不在，而且速度飛快。光用一個例子就可以說明，一百年前，世界上仍然充滿各種危險的野獸，如獅子、老虎、熊、狼與大象，但自一九〇〇年以來，幾乎這些動物族群都遭到撲殺，而且幾乎在世界各地發生，其中一項原因是，在這個年代，會有人大老遠從世界的另一端特地前去獵殺動物。另一個例子則是，隨著漫長的二十世紀逐漸展開，有一個現象變得日益清楚，就是任何一個地區的人類行動，都可能對整個地球大氣層的化學特性產生深層且極端的危險衝擊。在過去四分之一個世紀，這種現象衍生的後果引發地球生物圈的兩大危機：臭氧層破洞與全球暖化。

在人類世界和自然界裡，這種轉變產生的結果既深且廣，而且影響人類歷史的不同層面，因此除了「現代」（modern age）或「現代性」（modernity）之外，很難給予另一個更具體的名稱。這影響人類的生物層面，涉及人口、生育率、死亡率、預期壽命與健康狀況，也影響自然環境，包括生物多樣性、生物群和物種分布，革新世界經濟的發展，改變人類文化。本書提供拆解這些歷程的方法，將其間的關聯抽絲剝繭，一一展開。

本書呈現的觀點是，從十九世紀中期開始，科技變革不斷改變人類這個物種與這顆星球的環境和資源之間的關係。在這一時期，整個世界史基本上就是受到這些科技發展所推動。這並不是在說其他因素都沒有影響，舉凡思想、政治結構、國家威望或戰略軍事地位的算計；法律、宗教、文化傳統和標準；戰爭與有時造成的不可預測結果；經濟的繁榮與蕭條，以及各項因應政策；還有各個歷史參與者的決定，全都塑造出讓這種基本轉型發揮作用的特定方式。過去一個半世紀的技術革命並不是以自動化、可預測或固定的方式來改變整個世界，而是受限於特定歷史情況下的特定條件，並且發生在特定的時空環境中。在思考其中的因果關係時，一種方法是要考量技術變革並不會告訴我們，哪些人將如何決定在哪些歷史情況下採用技術，哪些決定是基於特定情況（還包括其他事物）、需求、組織能力、政治結構和信念的產物。儘管如此，這些複雜力量和因素都是在這個更為廣泛的轉型框架內運作，這個現代世界是由創新和科技進步所塑造的獨特時期，當中人類與地球之間，以及分散在地球不同區域的人類社會間，出現前所未有的深層轉型，是一種爆炸性關係。[1]

這種轉型是以史無前例的速度和範圍在發生，涉及多種不同的科學技術；科學進步迅速轉化為技術創新，而技術創新又促進經濟、社會和文化轉型。瓦克拉夫·斯米爾（Vaclav Smil）曾針對一八六七年至一九一四年間的科技史撰文討論，將這種發展稱為「前所未有的躍移（saltation）」，是一種基本特徵的「非凡連接，將大量的科學和技術進步串連起來」。以歷史觀點來看，這些進步帶來的衝擊「幾乎是瞬時的」，從重大發現開始，然後是技術、科學和工程各方面以「瘋狂的速度」進展。他對這種轉型的結論是：「是深層，又是突然的斷層，再加上這樣持久的後果，肯定是史無前例的。」[2]

本書不僅是關於這段特別選定時期的歷史，還試圖詮釋或理解這段人類歷史上最不平凡的一段歲月。

這並不是說本書論述的發展都是在這段時期無中生有，橫空出世，在早期發展中，它們是以較為有機的方式成形。以帝國為例，稱霸二十世紀上半葉的大帝國是源自十六世紀至十八世紀晚期建立的早期現代帝國，包括領土涵蓋現今俄羅斯南部和中亞地區的莫斯科–俄羅斯帝國（Muscovite-Russian）；葡萄牙與西班牙分別在南美洲和中美洲建立的帝國；印度北部的蒙兀兒帝國；北美的法蘭西帝國；在安納托利亞、中東和北非的鄂圖曼帝國；橫跨東亞和中亞的大清帝國；以及在南亞、東南亞與東亞的英國和荷蘭殖民帝國。十九世紀末建立的全球經濟體是過去交換模式的延伸，年代至少與那些帝國一樣古老。現代時期的人口成長可以回溯到十八世紀中期（雖然在十九世紀的增加更為明顯）。商品的全球模式建構（在第三章討論）至少可以追溯到一八三〇年代，甚至可到十七世紀，例如在加勒比海盆地開始的糖業和北美的菸草產業。二十世紀初的全球文化至少可以追溯到十七、十八世紀的文化交流，包括基督教傳教士對日本和中國的衝擊，以及十八世紀歐洲對中國文化的接收。[3]

然而在十九世紀，所有交流達到新的臨界點，量的累積構成質的改變。十九世紀出現前所未有的大規模移民，世界貿易迅速發展，約莫在一八七〇年之後，帝國征服的強度和速度大幅提升，全球運輸和交流網絡的密度與速度、食品和製品的全球產量激增、人口成長加速，全球人口流動，以及在經濟、宗教、政治、知識，甚至旅遊業等各種方面的想法，所有量的變化加總起來，形成一種斷裂、躍移。這些累加之後，從根本上改變人類與他們當作家園的這顆行星之間的關係。我們現在與地球有一層新關係。技術轉型強化我們開發這顆星球未知資源的能力。

簡言之，這些就是本書列出的框架：技術轉型、全球互動，以及開採自然環境能力的大規模提升。本書的時間軸是以其內容為主。從十九世紀中葉到二十一世紀初，在這段時間內，人類社會受到這些大規模力量的重塑，而且這個過程經常是混亂卻連貫的。因此這個「二十世紀」並不如一般定義的一百年，而是在實質上可明確界定的一段歷史時期，是一個重塑人類世界的根本轉型期。這個「漫長的世紀」大約持續一百五十年，儘管它的起源也可以再往前回溯一百年，而且當中的某些形式無疑將再延續一百年以上。但這段時期的核心大約就是一八六〇年代至大約二〇一〇年代，在這段期間，有一組特定技術重塑世界，並將整個世界聯繫在一起。

這些力量建立怎樣的動態？過去一百五十年來，這些深層力量又驅動怎樣的「故事」？本書將以三個在時間軸上相互重疊的步驟來呈現這些故事。

第一步是「擴張」，從十八世紀就開始了，但是在十九世紀下半葉加速。在這段期間，基本技術創新和科學進步的成就，創造出二十世紀的世界。這些創新的根源可以回溯到十五世紀和十六世紀亞洲的技術進步，以及十七世紀歐洲的技術進步；當然創新過程在進入一九〇〇年後更是持續加速。不過，大多數在實用層面的重要創新，都是在一八五〇年代至一八九〇年代出現，而且從那時起，大半的科學技術發展在極大程度上都獲得改善，歷史學家通常稱這段時期（從十八世紀末到十九世紀末）為工業革命。但這場轉型的影響遠遠超過工業，不過這個詞彙還是有用的。當此一過程獲得動能，世界各地的人利用這些基礎科學和技術的進步，產生龐大的世界人口、蓬勃發展的世界經濟，以及對強國來說，還促成殖民地擴張，讓整顆星球上的每個人類社會幾乎都緊密聯繫，成為全球社會。在這段時期，有些地區的人口和經濟達到空前繁榮，但是其他地區並未出現這樣的動力，世界人口和經濟力量的平衡迅速轉變。這些發展對於人們如何看待人類社會、國家、政府和自身產生深遠的影響。新的交流形式、新的跨文化交流接觸，以及不同區域和社會間軍事力量平衡的根本轉變，這些全都鼓勵或迫使人們重新思考基本的政治、社會及宗教的類別和制度。

第二步是「爆炸」，在創造出現代新世界後，人類社會對於由誰來統治也各有意見，日益產生衝突與紛爭。在一八九〇年代至一九五〇年之間，整個世界幾乎陷入一系列大規模且極具破壞性的革命和戰爭爆炸中，這決定之後幾十年這個新世界的領導權，以及所組成的社會。在前半個世紀，由於新的聯絡和接觸，種族、階級、國籍、帝國及宗教等觀念逐漸發展，這些觀念在之後的戰爭和革命中扮演關鍵角色。具體而言，在這次爆炸中主要有兩大問題：食物和能源，也可說是農民與石油問題。在此期間，在許多人眼裡，能解決這兩大問題，便是掌握社會脈動及福祉和權力的關鍵。

第三步是「加速」，這是在爆炸期間產生的種種問題趨緩後開始的，大約是在一九五〇年之後。世紀中期的戰爭穩定全球政治環境，在第一階段（及第二階段中繼續如此）重塑世界的技術、經濟、生物及文化變革等歷程變得更加強烈、普遍和強大。可將此時期視為**成熟**過程：新的現代社會出現，然後到了一九五〇年，某種形式的秩序完全建立並普及。不過，也可將這一步驟視為**激進化**的過程，現代世界社會的轉型潛力在這個過程中日益成熟，並且變得難以駕馭，充滿危險。也許我們可以稱這段時期為**深化**階段，在這個階段中，一九五〇年以前就存在的趨勢日益深化，並且深入更多的社會。一些社會學家和社會理論家稱為後現代（postmodernity），其他人則稱為晚期現代性（late modernity），還有其他人稱為高現代性（high modernity）。在本書中，我選擇將這些較晚近的階段稱為**轉型現代性**（transformative modernity），因為到了一九八〇年代和一九九〇年代，這些變革過程已經有效解決食物與能源問題（至少暫時），並創造一種在根本上全新的全球社會秩序，賦予這段漫長的二十世紀一些關鍵的差異。這些詞彙在本書最後的三分之一部分能言簡意賅地傳達這些特點，方便分析這項歷程。

由於本書著眼於規模最大的發展格局，因此書中篇章不會細數在漫長的二十世紀所發生的重大「事件」，如兩次世界大戰和冷戰、各大革命（墨西哥、俄羅斯與中國），或是殖民帝國的擴張細節。相反地，本書旨在尋求這些大事件中共有的模式，例如各大革命之間的相似處，探討較為廣泛的成因，好比說何以在漫長的二十世紀中期會發生兩次世界大戰？本書也會尋找因果關聯，諸如英國工業經濟的爆炸性成長和十九世紀阿根廷的農業經濟之間的關係；殖民地種族屠殺及同時期建立的全球食物和礦產市場的關聯；冷戰政治與一九六〇年代「亞洲四小龍」經濟體的出現；一九八〇年代和一九九〇年代的「金融化」趨勢，以及獨裁政體崩解的關聯。

本書主要透過統計數據來呈現這些廣泛模式，這通常讓我們得以用宏觀的角度，來看待特定社會或全球（例如世界貿易）的發展。當然，採用這種方法是有風險的，因為統計數據通常不是很準確。這裡就舉一個例子來說明，即使到了今天，經濟學家仍在爭論美國和中華人民共和國公民間的相對購買力。美國人的購買力是中國人的四倍？還是十一倍？這取決於生活消費水準的高低，以及中國政府衡量這些經濟活動的正確度（可能不常進行這類調查），以及在沒有準確數據的情況下，我們所提出的假設，如何定義各種商品的價值（例如不同種類的機動車輛）、如何比較生活水準（就經濟面來說，雞肉和牛肉算是一樣的嗎？）等不確定因素。越是往回推，這些數字越充滿臆測性。本書使用的統計數據主要有兩個來源：一是來自麥迪遜計畫（Maddison Project）的人均所得和人口統計；另一則是國際歷史統計（International Historical Statistics）出版的統計叢書。兩者都明確將多半數據描述為估計值，而不是「事實」。[4]

不過即使是估計數字也可以顯示重要的全球模式，只要符合兩項條件：一、使用相同方法來估計不同的地理區域；二、只著重在大趨勢。比方說，我們無從得知得美國人的消費力到底是中國人的四倍還是十一倍，因為不同資料庫會提供不同的估計。但是就目前能取得的資料來看，可以確定的是，在過去二、三十年來，與美國相比，中國的購買力大致上一直在迅速成長。就本書的目的而言，這類概括化資料就足夠了，也有助於我們的推論。本書關注的不在於究竟誰擁有多少錢，而是整個世界顯然陷入正在大幅加速且日益普遍的經濟和技術改變。今天到底是哪些人擁有多少錢並不是那麼重要，重點在於我們掌握的每項測量全都顯示同樣的趨勢，彰顯出這個變化在過去二、三十年中，獲得新的速度和力道，在全球發展中創造一個新的獨特階段，不管其名稱是後現代、高現代、晚期現代，還是轉型現代性。

無論我們怎麼稱呼這個過程，或是以哪種統計叢書來衡量，現在這個過程顯然就像一列日益加長、加重的貨運火車，並且移動得越來越快。這股動力的末端還不知道會在哪裡停下。現在人類陷入詭譎的處境，情況令人擔憂。我們知道現代人類可能已經開始接近地球資源所能支撐的極限，而且在人類衝擊的壓力下，全球生物系統開始崩解。我們現在的作為仍然持續加深、加重這樣的崩解，而且有越來越多的跡象顯示我們無法停止。我們介入生物系統的方式越來越激烈，使用農藥和化肥、開挖地下水井、建築水壩和道路、砍伐樹木、開墾耕地、排放具有生物活性的複雜分子進入水和空氣中，以及燃燒化石燃料，數十億人無休止的欲望，驅動這些干預自然的力量，不僅僅是為了「消費品」（汽車、烤箱、電視與衣服），也在追求食物、像樣的房屋、良好的健康和知識。很顯然地，我們永遠無法滿足，甚至減輕這種無法滿足的欲望。因此，要是我們找不到更有效的方法，來管理或減輕人類對地球的影響，確實可能走上自我毀滅一途。

我們還知道，這一個多世紀以來，人類這個非常聰明的物種，解決了看似無解的問題，當中有些也曾威脅整個人類文明的存續，比方說糧食危機。二十世紀中葉後不久，在有些人眼裡，世界到二〇〇〇年時似乎不可能餵養那時無可避免的出生人數，但是缺糧的問題後來因為農業技術和農法革命獲得解決。另一個較為晚近的例子則是化石燃料，在二十一世紀初，人類似乎在短短數十年內將會進入石油短缺的狀態。但是在二十一世紀的第一個十年內，地質學家和石化工程師找出如何從「非常規」來源（如深海、焦油砂與油頁岩），提煉大量石油和天然氣的門路，現在可以確定，至少在整個二十一世紀的能源供應都不虞匱乏，甚至可以持續好幾個世紀。

當然諷刺的是，這些解決方案同時帶來更多根本問題。自從預測會出現大規模饑荒和人口崩潰以來，地球人口在半個世紀內成長一倍，引發重大的公共爭議；而且我們對這顆行星生態的影響程度又增加一倍多。新技術為我們帶來幾乎用之不盡的烴化物燃料，但也可能誘發全球暖化，這是自上次小行星撞地球以來，人類面臨的最大威脅。

不過這裡的重點是，就過去的歷史經驗來看，人類可能有足夠的聰明才智與創造力來解決全球規模的問題，幫助我們離開這條加速地球生態崩潰的道路。目前我們對此還沒有明確的答案，但是確實知道，數以百萬甚至是千萬人的生命，幾乎可以肯定是處於岌岌可危的狀態，乃至於整個人類文明都是如此。以目前的狀況來看，就算說人類整個物種的集體生命正遭受威脅也不為過。

沒有什麼比這樣的轉變更戲劇化了。本書將解釋人類如何陷入這樣的境地。

第一章

現代的生物轉型

THE BIOLOGICAL TRANSFORMATION OF MODERN TIMES

一八〇〇—二〇〇〇年：人口爆炸

今天任何受過教育的人都曾看過這張估計圖，這是自西元前一年以來的世界人口變化（圖表1・1），沒有什麼比這更能清楚說明自十九世紀中葉以來這個時期的獨特之處。若是把人類物種當成是生物現象，在過去一百五十年發生的，可說是生物圈前所未有的一場革命。在一〇〇〇年至一五〇〇年之間，世界人口可能增加一倍；在接下來三百年，也就是到一八〇〇年時又增加一倍；而後在接下來一百年裡再加一倍；過七十年後又增加一倍，然後在我們談論的這個世紀開始的前三十年又加一倍。二〇〇〇年的世界人口幾乎是一九〇〇年的四倍，是一八〇〇年的六倍多。[1]

歷史人口統計學家根據專業訓練來推測過去人口數量的能力有限，大概可以回推到西元前一年，不過光靠這些，就足以建構出一個十分精彩的故事。埃及的人口在六千年來一直處於巨大的波動，主要是因為瘟疫、戰爭和饑荒，以及這些天災人禍導致的區域貿易網絡的轉移和經濟危機；在一六〇〇年的人口可能與之前的三千四百年差不多，但在之後便一直穩定成長，而且速度很快，現在是那時候的三十五倍。[2]在墨西哥盆地的人口也出現類似變動模式：在十七世紀中葉時大概和西元前三〇〇年差不多，但是到一九八〇年代中期已經是過去的二百倍。[3]

人口成長分布不均，不同地區在不同時期的成長速度各異（圖表1・2和圖表1・3）。從全球來看，世界人口的故事可分為兩部分。從一七〇〇年左右至一九一五年左右，歐洲人口倍增，數百萬移民迅速湧入北美洲和南美洲。然後在一九〇〇年之後，非洲和亞洲的人口成長超越歐美世界。在一八五〇年至一九〇〇年之間，歐洲和美洲的成長速度幾乎是亞洲與非洲的四倍；在一九五〇年至二〇〇〇年，亞洲和非洲的人口成長速度是以前的兩倍，變得與歐洲和美洲一樣。最後，歐

圖表1・1　西元1—2000年的世界人口。

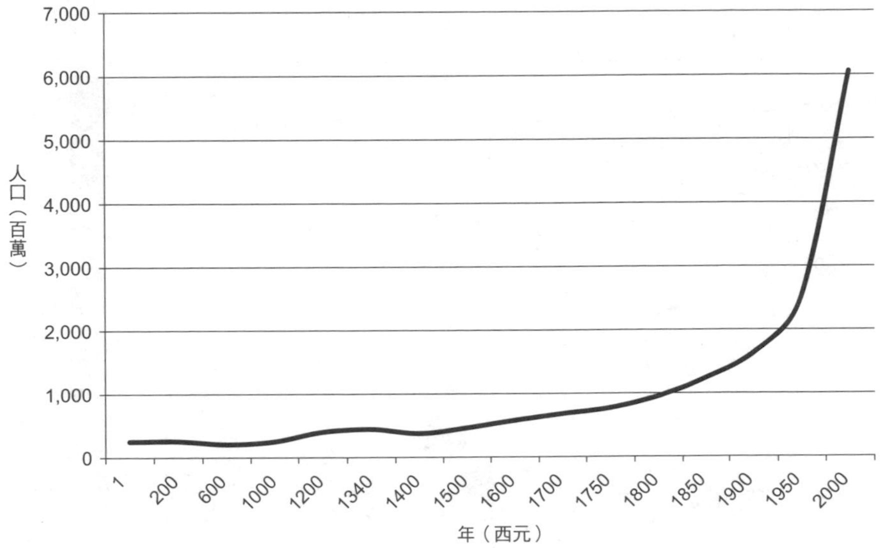

圖表1・2　區域人口成長比較。

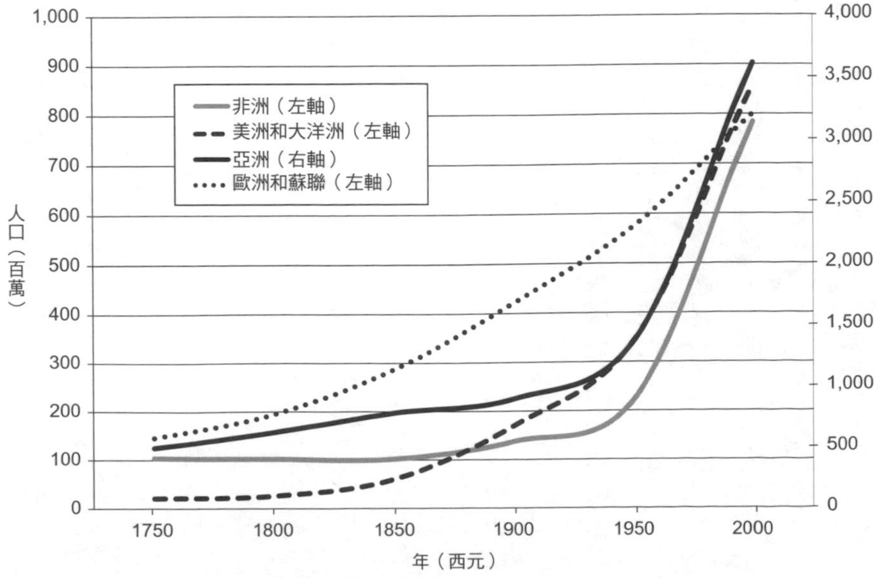

圖表1・3　1700—2000年的區域人口成長率比較。

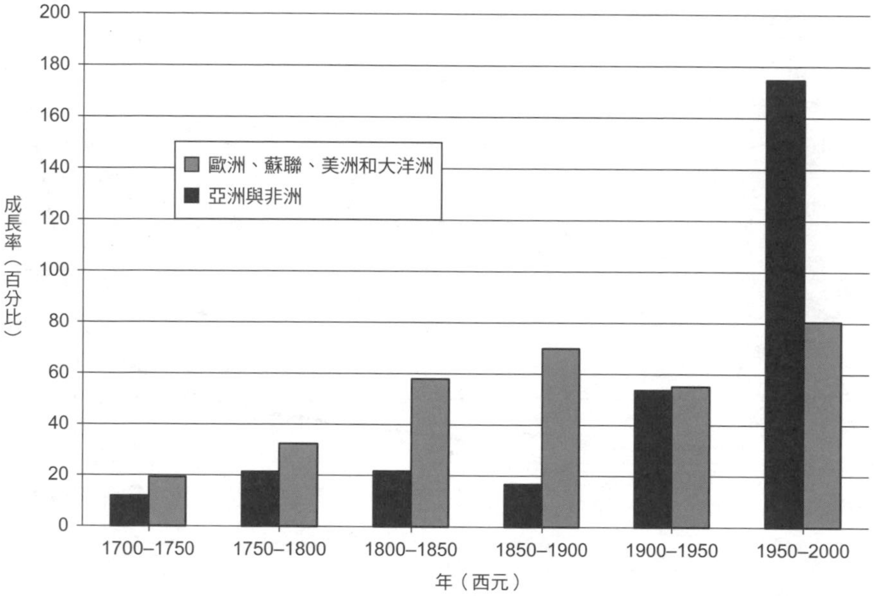

洲和美洲在世界人口比例的變動，就是一個先升後降的情況，從一七〇〇年約二〇%激增到一九〇〇年的三六・五%，此後便迅速下降到二七%。

這樣的人口模式可由三個過程來解釋，大約在一七五〇年開始，人口些微增加，此後則是加速成長，十分強勁。這些過程綜合起來的效應，創造出歷史學家所謂的現代人口轉型：從高生育率和高死亡率轉為低生育率和低死亡率。

首先，早在十七世紀，農業技術和農法出現重大進展，有助於改善世界各大人口集散地居民的營養條件。這些農法進步，包括避免土壤養分快速消耗的新型輪作制度；大量使用動物作為勞力和肥料來源；引進新作物種植，不僅是在新大陸發現的作物（如馬鈴薯和玉米），還有培育出高產值的新品種；畜牧業配種的改善並廣泛分布；排水和控水技術的改善，有助於擴大耕地面積；以及提高耕種效率的新工具。以西歐的部分地區為例，在十八世紀，農產在扣除自身需求後，長期的盈餘相當可觀，可能從總產量的四分之一增加到二分之一。在中國也出現同樣的狀況，這些農法的改善儘管可能不如西歐，但也有利於應付快速成長的人口，事實上，在歐洲的一些重要應用可能是在十七世紀時從中國學來的。在世界的這兩部分，國家介入改善饑荒，有助於緩和人口波動，避免人口成長遭受重挫。[4]

其次，同樣重要的是疾病預防的非凡進步。直到十九世紀中葉，在這方面的醫學進展仍很緩慢，到了那時還是不知道導致傳染性疾病的原因。在十九世紀末至二十世紀初，隨著細菌理論的發展，再加上辨識出越來越多疾病的特定致病菌，預防保健措施有了大幅進展。比方說從一八五〇年代開始，全球主要城市開始建立汙水處理系統，大幅降低霍亂、痢疾、斑疹傷寒和其他透過排泄物傳播疾病的死亡率。城市也開始建立濾水廠淨化供水。在一九一〇年後，供水系統中加氯又進一步減少城市供水的細菌量。在一九三〇年代，城市開始建造汙水處理廠，從源頭阻斷感染。

這些改善都有助於消除流行病爆發，特別是霍亂這類腸道疾病，在人口密度高的城市中心，致死率特別高。但對於總體人口成長更重要的是，這些建設降低嬰兒死亡率，因為嬰兒特別容易受到這類疾病的感染。圖表1．4顯示在一九八〇年代設置汙水處理系統的五十五個國家，比較各地嬰兒死亡率相對於汙水系統涵蓋的人口百分比。該圖表傳達的訊息很清楚：在適當的條件下，光是提供城市一套下水道就足以將嬰兒死亡率降低九〇％至九九％。一八六二年法國的路易．巴斯德（Louis Pasteur）研發出巴氏滅菌法，避免壞掉的牛奶或其他飲料傳染腸道疾病；從此以後，這種殺菌方法便在世界各地迅速傳播，在降低嬰兒死亡率上扮演關鍵角色。數百年來（甚或數千年），消毒一直是全球民間醫學傳統的一部分，但到了一八四〇年代和一八五〇年代，又相繼開發出更有

圖表1・4 55個設置汙水處理系統國家的嬰兒死亡率（1980年代趨勢線）。

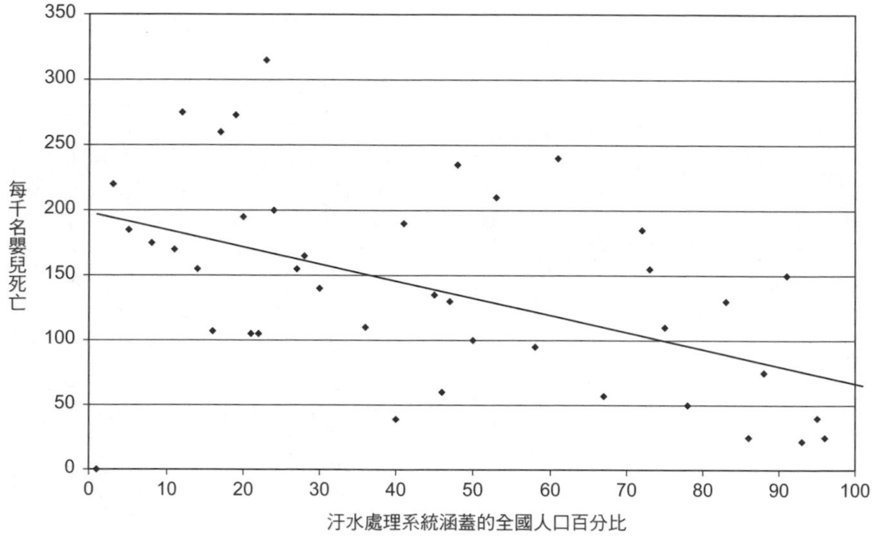

效的化學性消毒劑，尤其是約瑟夫・李斯特（Joseph Lister）在一八六七年研發的。儘管這在外科領域的成功最為卓著，但也從根本上減少分娩時的母嬰死亡率。[5]

汙水處理系統的部署並不平均，也絕不完整。到了一九八〇年，全球仍有一半的人口活在沒有廢水處理的環境中。[6] 大致上，歐洲和北美洲是最初能確保有乾淨用水的，然後才逐漸擴及世界上其他地方。因此，疾病死亡率下降，以及隨之而來的人口成長加速，在全球發生的狀況也是不均等的，而且相當緩慢。然而長時間下來，嬰兒死亡率在世界各地已逐步趨向相同的數值（圖表1・5）。

影響十九世紀中葉人口最關鍵的因素，就是衛生技術，不過其他類型的預防措施與預防醫學也很重要。其中一項關鍵預防措施是，使用奎寧來抑制瘧疾感染，這種傳染病在熱帶地區可說是頭號殺手。奎寧是從南美洲金雞納樹的樹皮中提煉的，是十七世紀時歐洲人在秘魯

圖表1·5　1865—2000年非洲（埃及）、西歐（德國）和亞洲（斯里蘭卡）的嬰兒死亡率比較。

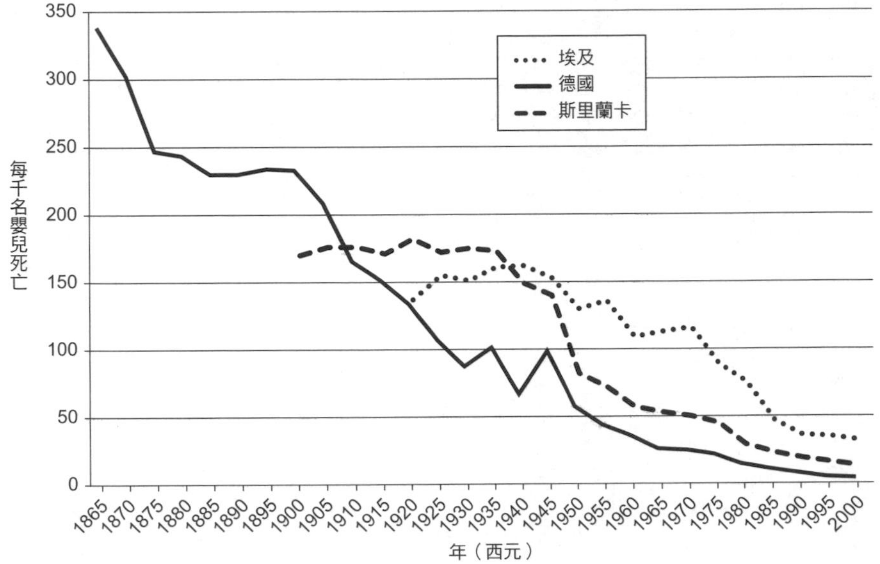

的蓋丘亞族（Quechua）「發現」的。之後，純化和使用方法逐漸改善，到了十九世紀後半葉，開始大規模種植奎寧，並且廣泛應用。更重要的是，到了一八九〇年代後期，發現瘧疾的病媒是蚊子。此後，在某些地區便發展出沼澤排水和其他防蚊技術，以便控制瘧疾與其他蚊媒傳染病。在熱帶與亞熱帶環境，在黃熱病和其他一些主要致死疾病的防治上，也取得類似的成功。[7]疫苗接種變得更為廣泛，這種做法在印度和中國已經施行好幾個世紀，只是型態較為簡單，到了十八世紀初，經由鄂圖曼帝國傳入歐洲，最終在一八八〇年代傳入法國和德國，並加以改善。在一八七〇年代後期，探討疾病成因的細菌說在歐洲醫學界獲得廣大回響，從一八八〇年代開始，醫學界陸續辨識出不少特定的致病微生物。透過接種疫苗來獲得免疫的措施開始有所成效，逐漸能夠控制一些重大傳染病。

儘管這些預防措施在二十世紀第一次的人口膨脹中具有決定性影響，但是要到二十世紀中葉，現代科學醫學才開始發展出有效療法，對付許多殺傷力極大的微生物。最具關鍵性的例子是抗生素開發，最早是在一九三〇年代初期（在德國）開發的磺胺類藥物和一九四〇年代（在英國）的青黴素，這兩種藥物都在一九四五年後廣泛使用。這些藥物對於減少兒童和成人的流行病格外重要，特別是肺炎與肺結核的治療，這兩種疾病在二十世紀中葉都是主要死因。8

世界各地引用這些方法和藥物，在時間軸上也有先後順序，基本上就跟淨水處理一樣，最初是在歐洲和北美洲，然後傳播到世界各地。因此，總死亡率與嬰兒死亡率下降的全球模式也相同。（圖表1・6）。歐洲死亡率在一八七〇年代開始下降，亞洲、拉丁美洲和非洲則是在一九一〇年至一九三〇年間，目前正朝向全球新低的標準邁進。這裡僅以墨西哥為例說明，該國在一九一〇年的全國死亡率是每千位居民有三十三・五人，同年度的英國則為十三・五人，兩者有二〇‰的差距。但是到了一九九〇年，墨西哥降至四・九人，而英國則是十一・一人。（今日已開發國家的死亡率變得較高，主要是因為這些國家／區域的平均壽命較長。）

預期壽命的模式也出現類似發展（圖表1・7）。在一九七〇年代早期，已開發世界的預期壽命都趨向一致，不論地點，西歐、美國、加拿大和其他少數地方的壽命，仍然高於其他地方的大多數人。實際上，在非洲的壽命差距還在不斷擴大。不過在世界上大多數地方，差距正在迅速縮小。西歐和印度間的平均壽命差距，在一八二〇年至一九五〇年間增加三十五歲，但現在降到十八歲。中國與西歐則從一九〇〇年的二十四歲縮小到今日的七歲。

人口組成轉變的第二部分是生育率下降，這一點比較不好解釋。從歷史上來看，生育率下降

圖表1・6 非洲（埃及）、西歐（德國）和拉丁美洲的（墨西哥）相對死亡率。

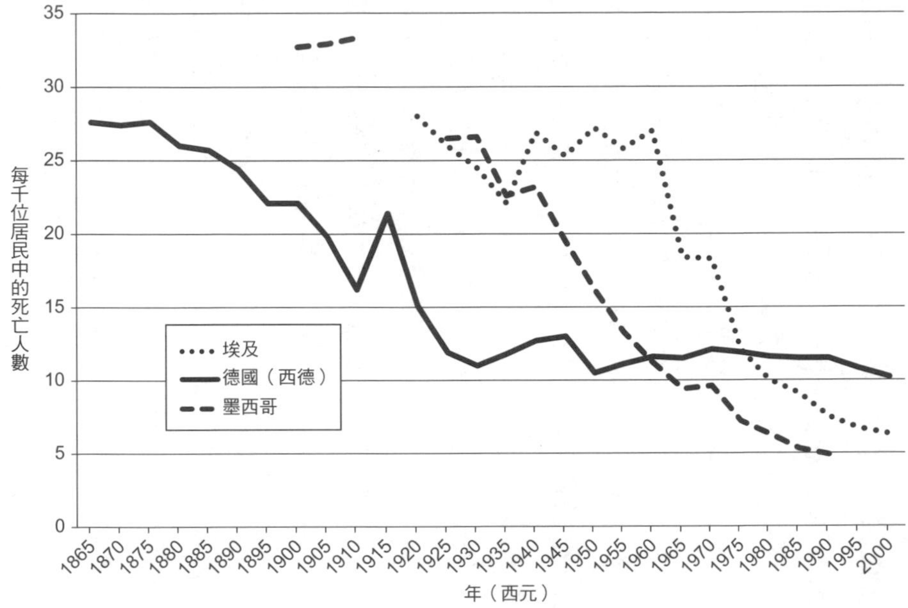

圖表1・7 1820—2000年按地區劃分的平均預期壽命。

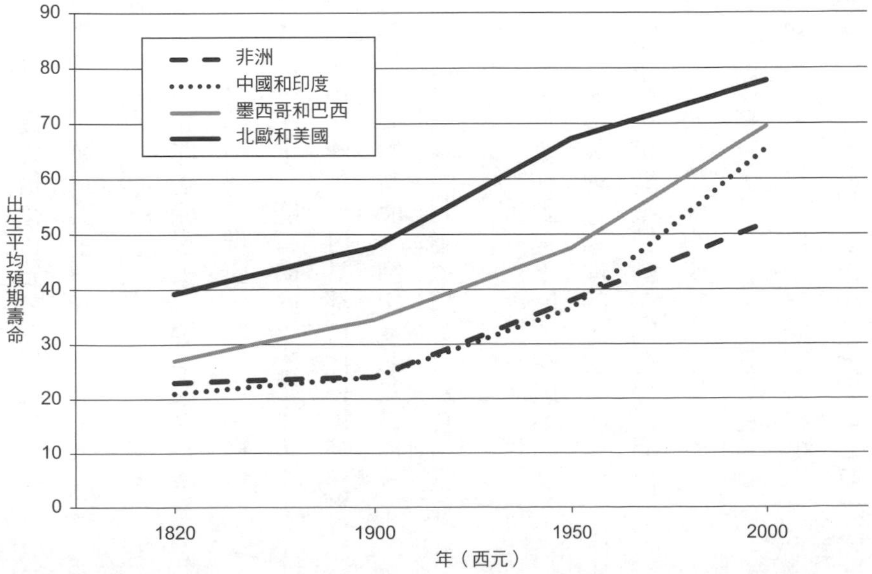

大致與經濟成長有關，特別是工業成長。這導致一些歷史學家認為，因為工業對技能人士和持續性勞動力的需求不斷成長，加重在人力資本的投資；換句話說，這樣的投資是花在兒童的健康和教育上，而不全然是數量。義務教育的普及和生育率下降之間也有相關性，顯示其中關係並不總是來自個人選擇，政治和社會對生育率也有影響。學校教育與童工法的普及和擴展，提高養育兒童的總花費，因為兒童不可能同時工作和上學。婦女有償勞動的機會增加（例如在紡織廠，這個早期重要產業的勞動力以女性為大宗），可能是另一項因素。預期壽命更長，身體變得更健康，就有更多機會將錢用於儲蓄及早期的社會保險計畫（包括健康、殘疾和退休計畫），這可能有助於改變養兒防老的策略，減少孩子在整個生命週期中，負擔「增加家庭收入」的角色。此外，日益都會化和貨幣經濟的普遍也可能發揮一定作用，部分原因是這降低兒童無償勞動對家庭的價值（例如幫助照料牲畜或收割作物等）。[9]在生育率下降的初期，避孕措施的作用有限，但是長時間下來，隨著保險套和避孕器的發展與改善，以及最終推出的避孕藥，這些避孕技術可能也發揮重要作用。

上述所有因素基本上都算是經濟或技術因素，不過還有其他歷史學家強調也不能忽視政治、文化，甚至心理因素。一名歷史學家認為，最基本的是「對死亡的控制促成理性態度的出現」，促使傳統宿命論衰落，並催生出進步的想法。對自己不會輕易死亡的信心，可能會鼓勵人們進行長期投資；或者為了盡可能地掌握新的經濟機會，而限制自身的生育力。[10]公立學校的成長不僅是經濟策略；也成為國家建設的政治手段（比方說教導只會講區域性方言的學童官方語言，或是教導兒童關於自己國家的偉大愛國故事）。識字率提高有助於傳播避孕相關知識；還有一位歷史學家甚至提出「生育率是被講低的」，不過「寫低」也是不無可能。[11]早期的歐洲研究強調，文化和社會的重大變遷也有所作用，這反映在十八世紀後期的「大西洋革命」（尤其是在日後的美國和法國兩地），以及隨後帶動的政治自由主義與文化個人主義。政治動盪和經濟變化對社會結構的破壞，可能促使民眾相信能夠在社會階層中爬升，並將節育當作一種策略。正如一位早期的理論家所言：「民主文明降低生育力。」[12]

無論原因為何，在大多數社會中，人口組成轉變的一項關鍵特徵是死亡率會先下降，然後才是生育率下降，而且會延遲一陣子，有時甚至要等待一個世紀。實際上，在許多社會中，死亡率的降低一開始會伴隨生育率提高。箇中原因相當複雜。每個文化對子女數量都有不同的習俗和期望，家庭對於確保香火延續所需子女數量的觀念不會輕易改變，可能至少要等待一個世代，才會趕上嬰兒和兒童死亡率下降的趨勢。避孕知識的傳播也需要時間。在許多社會裡，至少要經過一整個世代的努力，才有辦法改變在道德、宗教和文化上視降低生育力為重大禁忌的想法。同樣地，死亡率下降通常伴隨著經濟（特別是工業）成長和人均所得的提高，這可能意味有更多的家庭覺得負擔得起生養更多的孩子。由於所得增加能讓人攝取更好的營養，也可能提升身體的生育力。最後，數十年來，有效的避孕方法相當昂貴；需要經過相當長的時間才能累積財富，讓大量的人口有辦法使用。相較之下，降低死亡率相對便宜，而且沒有什麼爭議性，通常是由政治體（通常是城市）引進。因此，這個趨勢在全世界的發展相對迅速。

死亡率下降與生育率下降存在「時差」，剛好可以解釋為何在約莫一八〇〇年至一九一四年間，有大量移民從歐洲湧向世界。這是因為在死亡率急劇下降時，生育率尚未下降。之後在一八八〇年代至一九二〇年代這段時期，歐洲的生育率也開始下降，首先是在法國、英國和德國，十幾、二十年後則是在南歐和東南歐。同樣的模式也出現在日本、美國和澳洲：進入二十世紀的三、四十年後，已開發世界的生育率下降得很快。今天，自然人口增加量（生育率減去死亡率）在整個已開發國家已經接近或低於零。

二十世紀初開始，低度開發國家也引進現代公共衛生和醫療技術，而且從一九五〇年起，這個過程開始加速。這些國家重複著已開發世界的模式，先是死亡率下降，然後是生育率下降（圖表1．8）。最後，在許多低度開發地區的人口大量增加，其速率就與數十年前已開發國家的成長率類似，但有過之而無不及，因為這時由於基礎預防措施早已成熟，再加上規模經濟，因此降低死亡率的成本比五十或一百年前相對低得多。

比較各國人口組成變化的發展，可以看出這個模式最後變得很極端。比方說在墨西哥和埃及，生育率與死亡率的差距，即人口成長率，在一九六〇年代至一九八〇年代這段時期，大約是一個世紀前英國的兩倍（圖表1．9）。在一八九〇年代，德國人口成長速度是墨西哥的十倍，因為兩國的生育率非常相近，但死亡率卻天差地別；但是到了一九九〇年，德國人口成長為零，墨西哥卻變成約三％。一八七〇年，德國人口是墨西哥的四倍；到了一九八五年，兩國人口大致相同。可以在許多富國和窮國間發現類似的關係。例如，日本在一八七五年的人口是巴西的三．五倍；到了一九八〇年，巴西的人口已經略多於日本。

歐洲、北美和日本大部分地區，都在十九世紀末至二十世紀末經歷這種人口結構的轉變；到了二十一世紀初期，這些地區的自然人口（非移民）的成長率已經趨近於零，或是呈現負成長。世界上大多數地方，則是在二十世紀初期或二十世紀中期就開始出現這樣的轉變。到了一九九〇年代，低度開發世界的生育率急劇下降，將在第九章再做討論。

這個世界的「兩半」分別出現兩波不同時期的人口快速擴張，這種大範圍的人口結構發展模式清楚展現技術變革的重要性，左右著過去一百五十年的世界史走向。疾病相關的科學知識、有

圖表1・8　1850—2000年已開發國家（德國、英國平均值）和開發中國家（埃及、印度、墨西哥、日本平均值）的生育率比較。

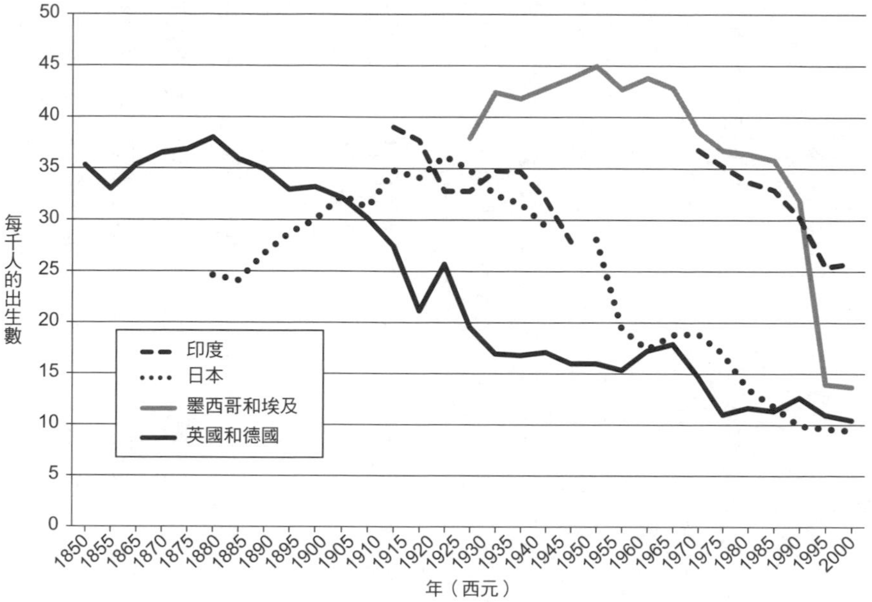

圖表1・9　1875—2000年埃及、墨西哥和英國的人口成長率比較。

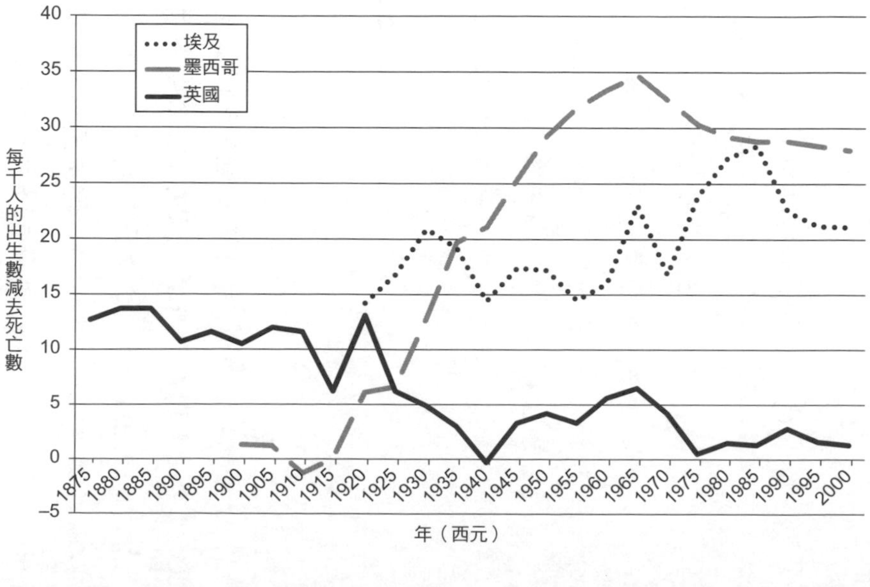

效的預防措施，再加上有效療法的開發和部署，都是導致人口擴張的關鍵要素。這些也不是唯一的因素，農業進步和人均所得的增加也發揮一定的作用（當然，技術變化也是推動這些發展的關鍵因素），還有所得分配、繼承法律，以及公共衛生政策，如避孕藥普及等因素的改變。人口結構轉變的確切時間在每個地方都不同，即使在特定區域內也可能有所差異，這顯然是因為各地的歷史因素太過複雜所致。比方說，英國和德國的人口在大半的十九世紀都不斷成長，但同一時期的法國幾乎停滯不前。不過在很大程度上，世界人口的成長已經因為鋪設下水道這類簡單技術而啟動，而其整體結果相當驚人。

一八〇〇—二〇〇〇年：人口膨脹對生物群落的威脅

偉大聖靈造就我們印第安人，賜給我們居住的土地。祂給了我們水牛、羚羊和鹿，作為食物和衣服。我們從明尼蘇達州的狩獵地一路追到普拉特（Platte），從密西西比州跋涉到高山裡。沒有人限制我們。我們像風一樣自由……。然後，白人來了，搶走我們的土地……。現在水牛生長的地方被圍欄圍起來，做上標記，白人在那裡揮汗開墾，從土地獲取食物；畜養的牛群取代水牛，牠們得要人照料才能存活；拉科塔人（Lakota）過去任意馳騁，在日出時隨心所欲地在自己的土地上奔馳，一騎就是好幾天，如今卻必須走在白人所建的道路上。[13]

——拉科塔蘇族（Sioux）首領紅雲（Red Cloud），一九〇三年

人類遷移是驅動世界人口成長的第二個過程，大約發生在一八〇〇年後。在之前的兩個世紀，

出現一波又一波相互交疊的開墾潮，人口稠密的開墾地開始威脅到自然環境，在一八〇〇年之前，這些地方僅有稀疏的人口居住，沒有多少人有能力住在這裡。我們可以稱這樣的環境為生物群落（biomes），或是特定氣候區和植被區。

第一批開墾潮是往世界的乾旱草原前進，氣候環境大致雷同，在不同地區則有不同的名稱，例如俄羅斯南部和中亞的草原、美國中西部的大平原和加拿大的莽原、阿根廷的彭巴草原、澳洲東南部的乾旱平原，阿爾及利亞的平原和草地、南非的高原、內蒙古和滿洲的寒冷乾燥平原、加州中央山谷、印度北部的旁遮普省（Punjab）和日本北部北海道上的寒冷草原。

在一八〇〇年，居住在這些地區的人口相對稀少，使用的是對環境相對低度衝擊的技術，例如紅雲描寫的美國原住民拉科塔蘇族，當中有些人是以游牧或半游牧半狩獵的方式生活，好比在美國大平原上的部落；其他人主要是牧民，靠畜養動物維生，而不是種植農作物，他們過著逐水草而居的移牧（transhumance）生活，將牲口從一地趕到另一地，然後再返回原點，主要是依雨季來決定。從十八世紀末至十九世紀初，一系列農牧新技術發展出來，讓人能在這些乾燥區域發展畜牧業和農業，因此增加一地的牧民人口。最後造成一批批大量的定居潮，從古老的人口中心湧入乾燥草原，同時也激怒原本生活在那裡的人群。

第一個受影響的地區是俄羅斯南部，那裡的農民來自俄羅斯中部的古老林地和丘陵，也有來自德國、波蘭和東南歐等類似區域，他們從十八世紀後期以來，大量湧入此地。這波定居潮持續了一百年多年，甚至有可能更長，移民不斷向東和向南延伸，進入更乾燥的平原，直到一九五〇年代達到極限，當時這裡是由蘇聯統治。另一波則稍晚一點，約從一八一〇年代開始，在南美洲也出現類似的移動，大批人潮定居在阿根廷的彭巴草原，首先是將其開墾成牧場，然後是農田。[14]在一八三〇年代和一八四〇年代的南非，早在十七世紀就定居於開普省（Cape Province）的荷蘭和法國牧民，統稱為布爾人（Boers），開始出現移居的浪潮，進入納塔爾（Natal）、德蘭士瓦（Transvaal）和橘河（Orange River）地區的綠帶，也就是今日的南非共和國。在美國，歐洲移民潮早已充斥俄亥俄州和密西西比河谷，以及加勒比海的北岸和西岸沿途平地（諸如阿拉巴馬州、路易斯安那州和德州東部），之後在世紀中期，又因為乾燥的大平原發生洪水氾濫，引發新一波移民潮，主要集中在目前的愛荷華州、堪薩斯州、奧克拉荷馬州、內布拉斯加州和德州西部。這股遷移浪潮也受到一八六二年《公地放領法案》（Homestead Act，又譯《宅地法案》）所鼓勵，主要是將土地以低廉的價格賣給定居者。十年後，在加拿大中部的寒冷草原也上演類似戲碼，這裡的移居者則是受到一八七二年《自治領土法案》（Dominion Lands Act）的吸引，該法案與美國的《公地放領法案》雷同。[15]日本政府也在一八七〇年代開始推出鼓勵移居的制度，在日本最北端的北海道創造出類似的移民潮，一八六〇年時那裡的日本人約有六萬，到了一九二〇年，已經達到兩百四十萬。[16]西伯利亞、哈薩克大草原、滿洲（現今中國遼寧省、吉林省、黑龍江省及內蒙古東北部地區）和內蒙古，這些地方成為數百萬俄羅斯人和中國人的家園，特別是在一八九〇年代以後。印度東北部的旁遮普省原本是乾旱的草原，在一八八〇年代晚期因為灌溉技術的發展，也可以開始種植農作物。[17]

在許多地方，人的移動是受到政府政策鼓勵，如北美洲的《公地放領法案》、《自治領土法案》，以及在北海道的類似立法；而在俄羅斯南部是給予德國和俄羅斯的定居者特權，阿根廷和巴西則是透過正式招募或補助移民的辦法（移民會獲得政府支付或補貼前往的旅費），這些都發揮重要的作用。[18]在南非，有大批牧民從開普省進入非洲德蘭士瓦和橘河地區，也就是所謂的「布爾人大跋涉」（Great Trek of the Boers），驅動他們遷移的一項原因是擺脫英國宗主國控制的渴望，英國在一八三三年宣布禁止奴隸制。[19]

更重要的是，在許多地方，各個政府聲稱擁有土地權，發起大型軍事行動來屠殺、驅逐或重新安置這些草原上的原住民，還有一些地方則是由定居者組成的非正式民兵團自行襲擊原住民。這些人口稠密的定居點不斷擴張，大量人口對當地生物群系構成挑戰，而且這並不是自動化歷程。原本生活在這些生物群落中的人因為受到大規模刻意的恫嚇，還有經常出現的屠殺式暴力入侵，被迫放棄土地。

例如俄羅斯政府從十八世紀初開始，在大約一百五十年裡，擊退南部草原的哥薩克人（Cossack），並加以吸收，許多人因此獲得俄軍的特殊軍種或軍階，喪失政治獨立性。一八二〇年代後期，非洲南部的布爾人在開普省東部的納塔爾和祖魯（Zulu）人對上，打了多年苦戰，最後擊退對方，於是在一八四〇年代，祖魯人全都往內陸的高地綠帶區遷移。澳洲原住民從一八二〇年代開始遭受種族滅絕的暴力攻擊；加州原住民則是在一八五〇年代開始（不過更早之前，西班牙也曾來此執行開墾任務，這段歷史並未算入）。在大平原上，蘇族在經過一連串抗戰後，最後還是落敗，失去土地，這些戰役包括一八六二年的達科他戰爭、一八六六年至一八六八年的紅雲戰爭，以及一八七六年至一八七七年的大蘇族之戰，最後是喬治．阿姆斯壯．卡斯特（George Armstrong Custer）在小比格霍恩（Little Bighorn）一戰，擊敗他們，為整個過程寫下最後一章。一八七九年，阿根廷政府在南方彭巴草原則是以招降、沒收與殲滅等大規模動作，對付那裡的原住民，到一八八二年時占領並出售約兩千萬公頃巴塔哥尼亞（Patagonia）的土地。與此同時，俄羅斯政府正忙著沒收俄羅斯中亞乾燥草原游牧民族和牧民的土地，並將所有權轉讓給這一波來此定居的農民。另外，北海道的原住民愛努人，也被迫放棄許多傳統的狩獵方式和漁法，人口從一八七一年的近六萬七千人降至一九〇一年的一萬八千人。[20]

簡而言之，在世界各地的草原上，農民通常都是透過極度暴力的方式來取得土地。其中一項關鍵原因是，他們以畜養的牲畜取代原住民社群原本賴以維生的野生獵物，迫使原住民襲擊農民的牧群。而農民和政府經常以不成比例的暴力方式來回應原住民，比方說一八五一年加州州長揚言要展開「殲滅戰爭」，消滅該州原住民，「直到印第安這個種族完全滅絕為止」。從一八四〇年代後期開始，直到一八七〇年代，由加州移居者組成的民兵團就因為農家的牛隻遭竊，而襲擊「印第安人」村莊，殺害男女老少，並奴役倖存者。以一八五九年的一次襲擊為例，他們因為一匹馬遭到殺害，而屠殺北加州的由紀族（Yuki）兩百四十名族人。之後在同一年，因為美國陸軍拒絕參與消滅由紀族的行動，加州州長招募一批私人傭兵團來執行。在那次襲擊行動後，倖存的原住民僅能在保留區活動，在一八七三年至一九一〇年間，有五分之四的原住民死亡。這樣的事件在北美州並非新聞，也不是只發生在這個區域。在一八五〇年代和一八六〇年代，暴力事件變得更為頻繁，這其實是繼承早在一六三〇年代就建立的模式；而且類似的種族滅絕行動，也出現在澳洲、南非和巴塔哥尼亞。[21]

人類不是這類殘忍行動的唯一受害者。在世界各地受到開墾的草原上，大型掠食性動物受到的傷害尤其嚴重，不亞於原住民族群。在原本原住民的獵物遭到畜養牛群取代的同時，掠食性動物也被迫前去突襲農民的牧群，牠們因此也成為定居者和政府意圖消滅的目標，紛紛出動槍枝、陷阱和毒藥來對付。以南非為例，一八八九年在開普殖民地就曾推行獵殺賞金的措施，胡狼遭獵殺的數量因此大幅增加，從那年的一千五百一十二隻，增加到十年後的六萬零八百六十三隻，狒狒從一千三百九十隻到兩萬一千三百二十一隻、豹從二十二隻到五百六十九隻。日本在一八七〇年代，邀請技術嫻熟的美國顧問前來幫助消滅北海道狼，以便騰出放牧空間。[22]從二十世紀初至一九三〇年代後期，美國各州和聯邦當局針對掠食性動物發動一場名副其實的戰爭，在美國西部，以賞金制度、毒藥及政府訓練的獵人，來撲殺熊、狼、美洲獅、山貓和土狼。[23]

在人類定居草原的初期，那些有利用價值的動物更是遭到大量捕殺，得面臨獵人、專門設陷阱的人，以及定居者的捕捉、射擊和毒餌誘殺，這些都是為了取得牠們的毛皮、皮革、油脂或肉。在槍枝和鐵路到來前，北美平原和大草原上曾有過約三千萬頭野牛，到了一九〇〇年，大約剩下一千頭。當時，大多數移居至此的非原住民對此樂觀其成，完全不覺得害怕，還感到十分高興，因為屠殺野牛不僅為他們清理出空間來飼養更具商業價值的牛，也減少那些居住在草原上原住民的主要謀生來源。正如一名政府發言人在一八九三年所說的：「直到斷絕他們的肉源，我們才能真正控制這批野人。從一八八三年以來，我們可說沒有再遇上什麼大麻煩。」[24]一八六〇年代，北美信鴿的總數可能達到五十億隻；但是到一九一四年驟降為零。[25]世界各地都出現類似的動物族群崩毀現象，尤其是在草原和莽原區。[26]

儘管這些行動背後都有經濟原因，尤其是在早期階段，但是單純的殺戮快感似乎在這裡也發揮重要作用。英國人山繆·懷特·貝克（Samuel White Baker）便是很好的例子，他的家庭財富有部分來自於在模里西斯島上的糖業，這座島是英國在印度洋的殖民地。出生於一八二一年的貝克在一八四五年移居模里西斯，在那裡經營家族的種植業務；但他覺得很無聊，因為那裡沒有什麼可供獵殺。一八四六年，他因為想要獵殺大象而搬到錫蘭（現在的斯里蘭卡）。他對此投注大量精力，一次的狩獵行程中，在五天內殺死三十一頭大象；另一次則在一天內就殺了十四頭。在接下來五十年裡，貝克展開環遊世界的獵殺之旅，他在土耳其和匈牙利射擊熊、鹿、野豬、狼、山鶉及鴨；在印度獵殺老虎和羚羊；在蘇丹獵殺河馬、野驢、鴿子、野兔、犀牛和羚羊；洛磯山脈的麋鹿、灰熊和野牛；蘇格蘭的麋鹿和野豬；英格蘭的狐狸和鹿；以及賽普勒斯的鷸、鴨子、山鶉、兔子和百靈鳥。他沿途中在斯里蘭卡蓋了一間養牛場；在鄂圖曼帝國的羅馬尼亞買了一名匈牙利女奴，並與其結婚；幫助埃及征服南蘇丹；撰寫幾本關於他獵殺動物的書；成為大公杜林普・辛格（Maharajah Duleep Singh）的狩獵夥伴，英國在一八四九年征服這位大公位於旁遮普省的王國後，將他流放到蘇格蘭，他也是一位出色的獵手，曾在一天內射殺七百六十九隻山鶉。貝克在晚年時竟然心性大變，成為環境保護主義者，正如他的傳記作者所寫的，貝克那時「意識到，應該在還有一些獵物剩下時停止屠殺」。[27]

到了二十世紀初，這種暴力讓一些人開始反思與質疑背後的基本假設，難道人與自然存在的唯一目的就是累積財富和權力嗎？一個早期的例子是德國科學家路德維希・克拉格斯（Ludwig Klages），他在一九一三年寫道：上個世紀證明「『進步』的整體原則，完全只是對權力的渴望」，那是一個「充滿破壞的病態笑話」，並且造成「可怕的後果」。人類不知以何種方式說服自己，「增強人類權力必然會增加人類的**價值**」，這種心態盲目地滋養功利主義的信仰，不論是對自然世界，還是人類本身，都採取暴力手段。「一旦『進步的』人走到這步田地，」他感嘆懊悔道，「他是以散播死亡來宣揚自己至上的存在……。人類陷入一場空前的破壞狂歡中。」這是一種瘋狂的「謀殺欲望」。「『進步』的最終目標不過就是摧毀生命」，摧毀森林、動物，甚至人類自己的文化多元性和精神財富。世界唯一的希望是重新喚起「包容一切的愛，當中具有編織世界能力的知識」，也包括對自然的愛。[28]

五十年後，許多人開始將克拉格斯的這段批評視為預言。然而在一九〇〇年左右，像他這樣的想法並沒有多大的影響力，遠遠不如那些較為中庸的批評者，他們認為世界確實是「文明人」的資源，不過必須善盡管理。早在一八六〇年代和一八七〇年代，世界各地的科學家與政府就開始主張自然資源必須謹慎管理，確保不會遭到摧毀殆盡。這個想法催生出保育和科學資源管理，一位歷史學家稱此為資源使用的「福音效率」（Gospel of Efficiency）。德國的林業專家前往印度和澳洲等殖民地主張改善森林管理；加州在一八七〇年成立漁業委員會，以保護該州極為豐富的漁業資源；一八七〇年代在美國、澳洲、歐洲及其他地區，開始成立自然保護區和國家公園；之後還陸續成立各種保護野生動植物的學會，如分別於一九〇三年和一九〇四年在英國成立的帝國動物保護學會與英國皇家保護鳥類學會。[29]大多數設立這類監管活動組織的目的是出於經濟理由，確定出特定資源，並維持「最大可持續產量」，確保其對人類福祉和國家財富有長期的貢獻。當時的一些環保主義者不僅強調效率，提倡避免浪費的做法，還強調這具有審美和精神價值，例如娛樂機會，或保留大眾造訪的權利，而不是只短期造福特定人士或公司。不過他們的重點通常放在自然對人類的實用性，特別是對「文明」人。[30]

簡而言之，此時的保育觀念並沒有對暴力行動做出批判，僅針對浪費性的粗暴行為。以農業擴張到世界各地的草原為例，在大多數人眼中，這是這個時代前所未有的進步與成功的證據，而且許多人認為消滅所謂的「原始」民族和「有害」動物是在所難免的好事。某些民族和物種的消失可能會激發一定程度的傷感，但這是轉型的代價，要將危險、沒有生產力的空曠荒野，改造成欣欣向榮的繁茂花園和文明棲所。[31]

實際上，每個地方在驅離原住民後，前來定居的農民都引進大幅改變土地利用的方式。這樣改變的歷程大到可以用統計方法來表示，一般都是用平方英里（或公頃）來計量涵蓋的土地。總之，

圖表1．10　1850—1990年的世界土地利用。

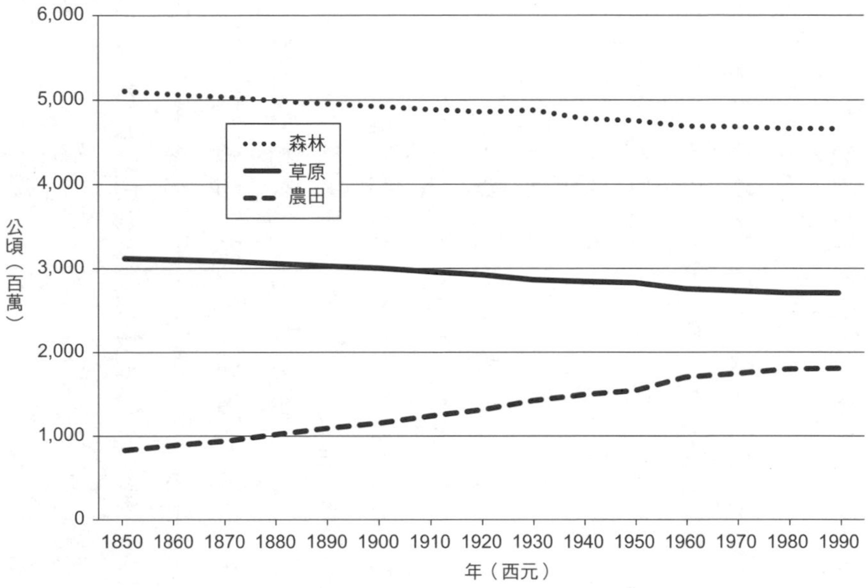

這時開放草原的面積迅速減少，耕地和放牧面積則相應增加（圖表1．10）。[32]全世界森林的覆蓋率持續下降。相較之下，世界耕地面積在一八五〇年至一九五〇年內增加一倍。[33]

世界各地的草原之所以吸引人前來定居開墾，是因為當時發展的新技術能讓這些草地轉變成高生產力的耕地和放牧地。灌溉技術的重大進展，讓農作和動物得以在降雨量低，或是季節性雨量變化大的地方生長（加州中央谷地便是一個很好的例子）。現代風車也是一項早期創新，能夠從地下十多公尺深的含水層中抽水。到了一九三〇年代，改用汽油和天然氣驅動的幫浦，能從更深的地方抽水，灌溉用地出現第二次激增。[34]然後又引進鋼管和塑膠管的應用，這與混凝土都發揮關鍵作用，使得水道的運作效率更高、更便宜。總體而言，全球的灌溉用地面積在過去一百五十年中大幅攀升，越來越多的乾

圖表1・11 1800—1995年間全世界的灌溉用地。

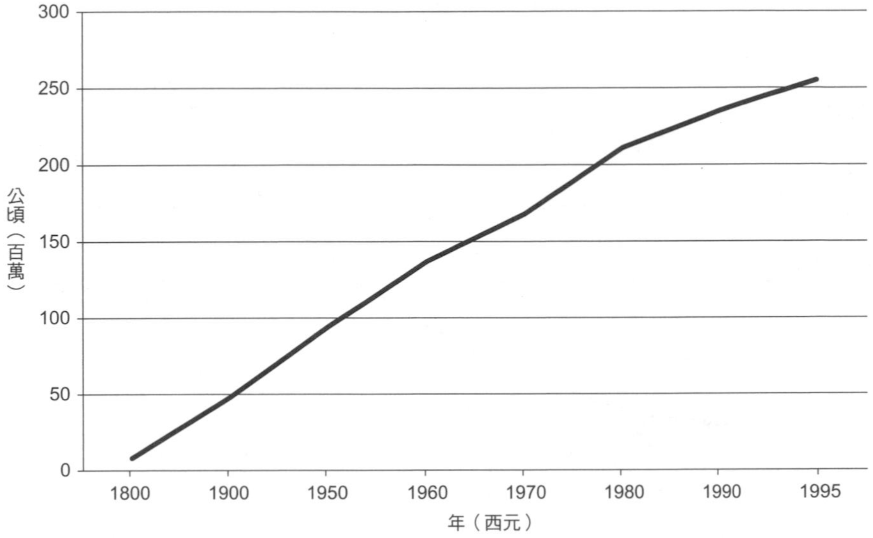

燥平原全都轉變成種植用地（圖表1・11）。

不過在大多數的這些乾旱草原上耕種，較堅硬的鐵質和鋼質的犁頭也是不可或缺的工具，因為舊有的輕犁頭不夠堅固，無法在這種硬土上使用。最終在二十世紀中葉，曳引機登場了，又一次擴大草原的種植面積，引發第二波將草原轉變成耕地的熱潮（圖表1・12）。[35] 在旱地牧場上飼養動物，需要用到帶刺鐵絲網，這有助於在廣闊的放牧地上控制畜群，因此這種鐵絲網也成為一項重要用具，俄亥俄州與伊利諾州分別在一八六七年和一八七四年取得主要專利。阿根廷在一八七六年進口五百五十萬公斤的鐵絲網，一八八〇年增加至一千三百五十萬公斤，到了一八八九年則是四千萬公斤。顯然在一八七九年以後靠軍隊強行沒收的土地中，有部分投入這類生產。[36]

但真正促成這些轉型的關鍵技術其實不是農業技術，而是運輸技術，尤其是鐵路，其次則是蒸汽船。在一八四〇年代開始鋪設

圖表1・12 1920—1990年全球曳引機數量。

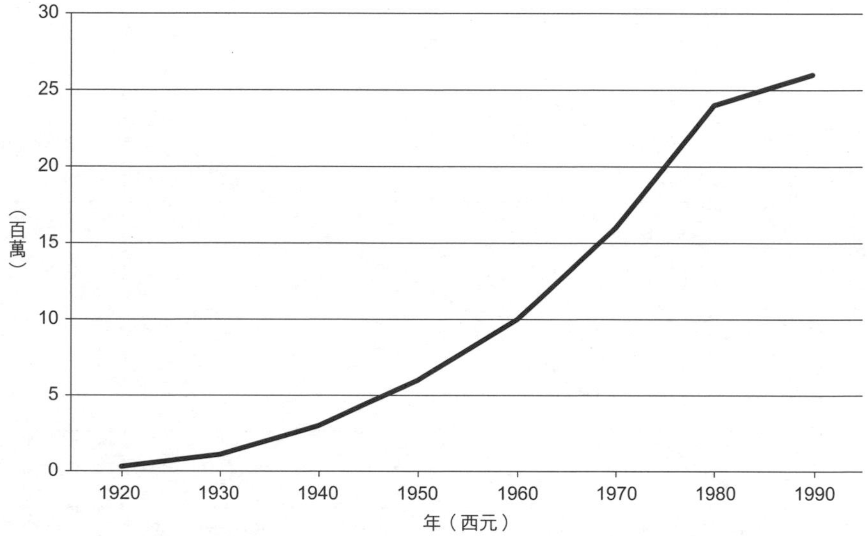

圖表1・13 1825—1935年世界鐵軌鋪設長度。西歐包括法國、德國、義大利、西班牙和英國。

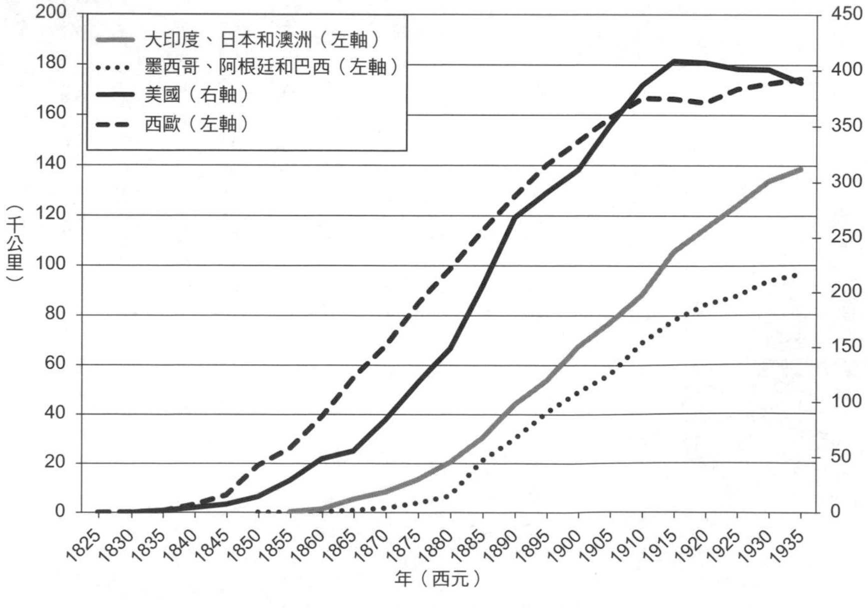

鐵路，此後迅速擴張一百年（圖表1・13）。鐵路和輪船之所以至關重要，是因為在很大程度上，前往世界草地的驅動力來自於對食物的需求，這樣才能餵養在舊人類定居「核心」地區快速成長的人口，諸如歐洲、北美洲東部沿海、中國和印度等地。世界草原要能供養舊核心區的人群，必須先將糧食從農場（通常是在大陸內陸的平原）轉移到市場，而且經常要遠渡重洋。這是一項巨大的運輸挑戰，而鐵路解決這個問題。鐵路在運輸大量貨物上比公路便宜許多，至少在內燃機發明前都是如此。在海運上，輪船也有益於降低運輸成本與提高效率，特別是在一八六〇年代和一八七〇年代左右，技術進步後減少高達五倍的燃料消耗量。蘇伊士運河與巴拿馬運河分別在一八六九年和一九一四年開通，更是大幅縮短全球貨運路線的距離與時間。比方說，北美洲和英國間的運費，在一八四〇年至一九一〇年間降低約七〇%。蘇伊士運河縮減從英國到印度的海運距離一半以上。世界運輸量從一八〇〇年的四百萬噸增加到一九一三年的約四千七百萬噸；等到船速比帆船快的蒸汽或柴油動力船出現後，總運輸量更是大幅成長，因此每年每船載運量也跟著提升。[37]最後，在一八七〇年代和一八八〇年代，還發展出有效的冷藏裝置，不僅能運送穀物，還能以陸運與海運的方式長途運送肉類和乳製品。以一九二〇年代的倫敦為例，消費的肉類有八〇%是進口的，大部分來自阿根廷。[38]

儘管移居到世界草原很重要，但這不是唯一受到大規模人類定居「挑戰的生物群落」。稍後還有第二種環境也開始受到人類關注，包括山區和高原地區，諸如西藏、秘魯、衣索比亞、土耳其或安納托利亞和科羅拉多高原等地。到了十九世紀的最後二十年和二十世紀的前幾十年，人類又擴展到以乾旱草原和半沙漠地區為主的第三種環境，例如部分的蒙古、北非的薩赫勒（Sahel）地區、中亞的乾旱區，以及美國西部的乾燥沙漠區（包括猶他州、科羅拉多州、德州西部、新墨西哥州和加州帝國谷〔Imperial Valley〕）。

最後也是最重大的，人類開始進入熱帶生物群落中開墾定居，首先是幾個主要的河口三角洲氾濫平原，接著擴展到低地的熱帶雨林。在向世界草原移動完的四十年到六十年間，開始往河口三角洲移動，這主要是在一八七〇年代和一八八〇年代。在那數十年間，大批人潮前往河口三角洲定居和發展，特別是在南亞和東南亞。諸如緬甸的伊洛瓦底江、泰國的昭披耶河、印度的恆河和雅魯藏布江，以及越南的湄公河。在溫帶（非熱帶）地區的其他地方也出現類似狀況，例如一八七四年開始有人進駐加州聖華金河（San Joaquin River）三角洲。這些三角洲在一八九〇年代和一九〇〇年代開始成為稻米出口區，扮演世界經濟中的重要角色。[39]進入二十世紀之際，大雨林地區也開始出現類似的快速發展，諸如在巴西、印尼和奈及利亞。

技術發展對於在熱帶（及溫帶三角洲地區）定居的重要性，不亞於草原、乾旱區和山區。鐵路尤其重要，能讓生產者將貨物運送到市場。治水技術也同樣重要，將大河三角洲內的沼澤和氾濫盆地轉變成盛產水稻的土地。還有一些乍看之下關聯性較小的技術，其實也很關鍵。比方說奎寧，因為氾濫盆地不僅盛產水稻，也是孕育蚊子的好地方，因此瘧疾問題嚴重。所以這些三角洲的發展，必須等到亞洲殖民地開始出現大批的奎寧種植園，以及提煉奎寧的產業出現後。在一八八〇年代之前，全世界的奎寧有九五%來是自南美洲，而且全都是在野外採集；此後，荷蘭人和英國分別在斯里蘭卡、印度及印尼建立種植園，到了一九二〇年代，印尼的產量激增，占全球奎寧九〇%的供應量。[40]另一個例子則是電鋸，這是在發明高效能的小型內燃機之後，於一九一七年發展出來的機具。有了電鋸，砍伐樹木的速度比以前使用手鋸和斧頭的時代快上一百倍，可以快速砍伐茂密的林區，清出空地，對於在熱帶雨林區騰出空地來發展農牧業至關重要。肥料在這種清理出來的雨林地區也

圖表1・14　1800—2000年各地生物群落中的人口比較。這些數字加總起來不等於世界總人數，因為有許多國家無法歸類在特定類型的生物群落中。

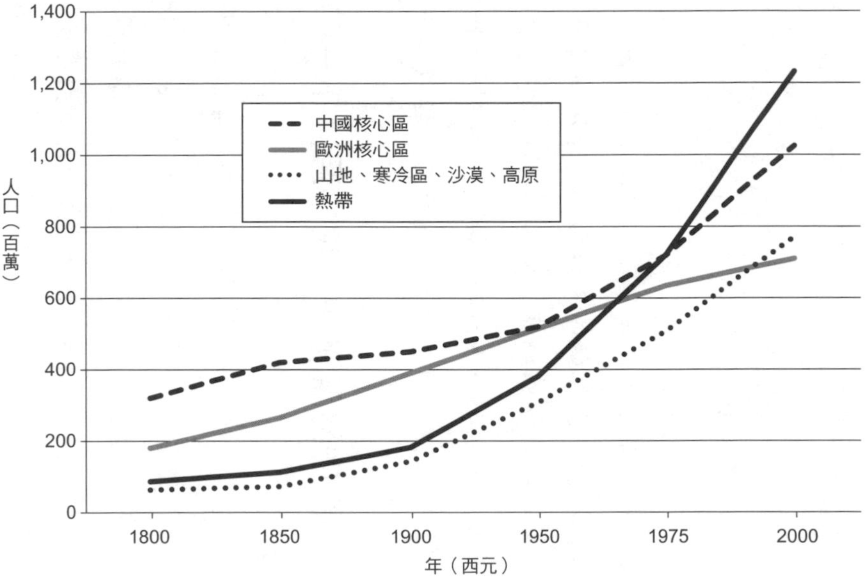

特別重要，因為這裡的土壤往往很貧瘠。[41]

世界人口的分布史，反映出人類征服不同環境的階段（圖表1・14）。總體來看，人口數量仍然以中國和歐洲的舊核心區居多，多半集中在草原混合樹木繁茂的丘陵區；但是在其他類型的地區，人口激增的速度更快，特別是在一九〇〇年之後。在個別區域中也可追蹤到這樣的模式。以南美洲為例，大約一九四〇年之前，阿根廷（大多為草原區）的人口成長速度起初遠快於巴西（大半是熱帶氣候區）；但是到二十世紀後半葉，巴西的人口成長速度超越阿根廷。在印度，相對乾燥的聯合省（United Provinces），即今日的北方邦（Uttar Pradesh）在二十世紀初的發展速度，比印度的孟加拉邦和孟加拉的低地三角洲來得快；但是大約在一九三〇年之後，這些熱帶低地三角洲的人口成長速度變得更快。

自一八五〇年以來，人口重心一直穩定成長，從人口的舊核心轉向更具挑戰性的生物群落，不斷擴張，這些地方全都經過重新打造，以支撐稠密的人口需求。人類讓滄海變桑田、旱地變濕地；清除原生的某些動物，引進其他的；清除舊有的植被，以便種植新的。最後也同樣重要的是，他們迫使原本住在那裡的人遷走或屠殺殆盡，這些人類社群在這些地方生活幾個世紀，甚至數千年，曾與當地生物群落建立大致的平衡關係。

一八四〇—一九四〇年：大遷徙的世紀

> 俄羅斯的早期歷史是一段殖民自己國家的歷史。因此，這段時期一直有大量人口不斷在廣大的土地上移動……移居者不會在（任何地方）停留很長的時間，一旦要付出更多努力，就會移動到新的地方……土地可說是毫無價值，因為重要的是人群。對人們來說，能越快到達一片土地越好，能夠盡快召集來自各地的人到新地區，以各種好處來吸引他們；出發尋找更好的新地方，更和平與安寧、條件更好的地方……上述這些都是一個國家在殖民自身時遇到的基本問題。[42]
>
> ——謝爾蓋・索洛維夫（Sergei Solov'ev）的《俄羅斯史》（*Istoriia Rossii*）

重新打造整個生物群落，轉變成能夠生產豐富糧食的農作區需要很多人力。這些人從何而來？可以確定的是，有些是來自新定居環境中自然迅速成長的人口。那裡的地價低廉，擁有豐富的自然資源，意味著高生育力、營養條件好且死亡率低。不過，另一個主要來源是舊人口核心區湧出的大批移民，尤其是在人口成長的早期。這些大規模遷移是過去兩個世紀，人類締造的非凡紀錄，上千萬人從他們的出生地遷出，移民到另一個國家、另一片大陸，甚至是另一個半球。

從一八四〇年代至一九四〇年代這一百年，總計約有一億五千萬人永久或暫時遠離舊人口核心區，前往人口稀少的地區。在一八〇〇年，世界總人口可能還不到十億，因此在接下來的世紀裡，這些移民算是占了總人口中相當大的比例，這當然是人類史上最大的移民行動。

第九章會再回到遷移這個主題上，探討在第二次世界大戰後的第二波移民潮，那次主要朝著另一個方向流動，從亞洲、非洲與拉丁美洲往北美和歐洲（及中東地區）前進。第二波浪潮顯然主要是受到全球人口結構整體變化驅動，而且結構和起源與前一世紀的第一波浪潮大不相同。

第一波的大規模移民發生在十九世紀中葉至二十世紀中葉，有近七千五百萬人從歐洲移出、五千萬至五千五百萬人從中國移出，以及三千萬至三千五百萬人從印度移出（圖表1．15）。約六千萬人從歐洲前往美洲；約五千萬人從中國、韓國、日本和俄羅斯移往西伯利亞、蒙古及滿洲；有五千萬人從印度和中國的華南地區遷移到東南亞。在十八世紀，由於奴隸貿易的緣故，非洲曾是主要的移民來源，不過到十九世紀時，奴隸數量減少許多，僅有約莫三百萬人。在世界各地的國家內部也出現規模相同的遷移，但難以統計：在歐洲約有七千五百萬人，中國可能有四千萬人，美國則是三千五百萬人，他們都在這些區域內進行遠距離遷移。43

第一次大規模遷徙具有明確的時間順序。非洲人的強迫性遷徙幾乎僅限於十九世紀上半葉，因為美洲在十九世紀中期就廢除奴隸制。在十九世紀後半，非洲的人口流動方向甚至出現逆轉，約有三百萬法國人和義大利人移民到北非，而南非和東非也有歐洲人、中國人、印度人及中東人移入，

圖表1・15 1846—1940年的世界移民。

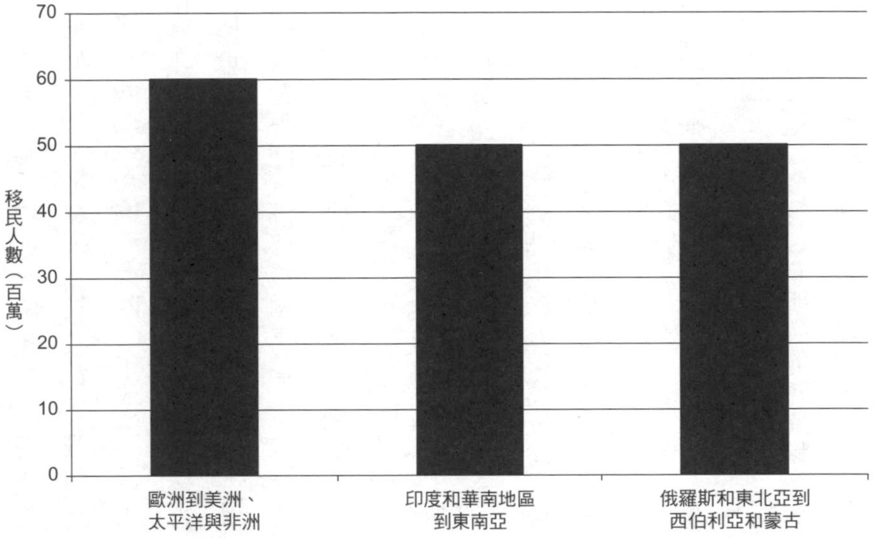

合計約有一百萬。

相較之下，約莫在奴隸制式微之際，歐洲人開始大量移民到美洲，從一八四五年至一八五五年的愛爾蘭馬鈴薯大饑荒時期開始，共有一百八十萬人移民。之後從一八七〇年代起，歐洲移民人數逐年遞增，在一九一三年達到這波移民的高峰期，一年內有多達兩百一十萬人越過大西洋，接近當時整個歐洲人口的〇・五％。[44]不同族群體離開的時間也不同。英國、斯堪的那維亞及中歐在十九世紀中期開始出現大規模移民，一直持續到一九一〇年代，之後速度才放慢。南歐和東歐在一八九〇年代前的移民速度都不算太快，但是之後就不斷攀升，直到第一次世界大戰爆發為止。在一九〇六年至一九一五年這十年間，每年有超過五十萬義大利人離開。[45]在將近七千五百萬的歐洲移民中，約有七〇％前往美國和加拿大。有超過一五％（一千三百萬）是俄羅斯人，主要前往西伯利亞和中亞；超過一〇％的人去了拉丁美洲；不到一〇%的人則移往澳洲、紐西蘭和南非。[46]

第一次世界大戰後，歐洲移民潮突然趨緩，但是在一九一四年後，俄羅斯、中國和印度的移民人口持續成長。在這段期間，約有一千五百萬中國人移動到東南亞和印尼，另外有四百萬人前往菲律賓、澳洲、紐西蘭、加州、夏威夷和拉丁美洲。約有三千萬中國人移居到蒙古、滿洲和西伯利亞。在這一個半世紀期間，約有三千萬印度人向外移民，但大多數都不是前往遙遠的國度，約莫一千五百萬人去緬甸，八百萬人前往錫蘭（今日的斯里蘭卡）。但也有四、五百萬人到較遠的馬來西亞；僅有一、兩百萬人前往非洲、太平洋島嶼（包括澳洲和紐西蘭），甚至遠至拉丁美洲。[47]在一八八五年至一九二五年間，超過一百萬日本人移民，其中約有三成到夏威夷和美國本土，另外三成去韓國和西伯利亞，剩下的則分散到中國、巴西和秘魯。[48]

歐洲和亞洲的移民模式存在天壤之別。在歐洲移民中，有三〇%至四〇%在這一百五十年中，最後又回到他們的祖國。少數是在早期就返回，大多數則是在一九〇〇年以後；回國率因他們移居的目的地而異。從澳洲返回的僅約一〇%，北美洲的有近三分之一，而拉丁美洲的將近一半。相較之下，亞洲的回國率高出許多，中國移民有近七〇%的比例，印度移民甚至更高。因此，一些歷史學家會以兩種模式來談論人口流動：一種是移民（emigration），這在歐洲最常見；另一種則是居留（sojourning），最常見於亞洲。[49]

主要有兩個原因造成這樣的差異。特別是在北美洲和澳洲，之前在這片土地上的原住民幾乎因為疾病和種族滅絕的暴力事件而消失殆盡，所以許多歐洲定居者獲得土地，並且和同一國家，甚至是同鄉的人，共同建立長久的社區。實際上，這些人當中有很多人原本就打算留下來，其中女性占了三、四成。在西伯利亞的情況也是大同小異。但大多數中國和印度的移民前往是人口相對密集的國家，他們沒有土地，事實上也沒有抱著久留的心態。當中只有一〇％至一五％是女性；他們不是舉家遷移，希望到新的地方安頓下來。許多年輕人是被他們的大家庭送到外面，尋找勞動機會，賺錢帶回家，累積財富。一些印度人和中國移民（也許兩者皆占一成左右）是契約工，會簽訂一份有限期的工作契約，通常都是在偏僻的種植園、礦場和建築工地中，過著近乎奴隸般的生活，住在軍營般的營房，伙食差，醫療保健落後，甚至還會因為違反工作規則或契約而遭到體罰。[50]

他們的移民模式就跟歐洲移民一樣，因地而不同，視機會和條件而定。就以在一八五二年至一八八七年間前往緬甸的兩百六十萬印度人為例，最後有四分之三都回國了；而在一九一一年到南非的十五萬人中，僅有一半回國。[51]

在拉丁美洲運作的又是另一種機制，那裡的許多地方（如阿根廷和巴西）都普遍存在特殊的政治、社會與經濟狀況，導致土地所有權集中在一批富裕精英的手上，他們在一八八〇年代移民潮開始前就已經來此定居，而之後才來的那批移民中，有相當高的比例是在農場和種植園工作，存錢後回到歐洲過較好的生活。在那些比在自己的祖國有機會致富的地方，移民會傾向留下，因此在澳洲和美國的滯留率很高。但是在拉丁美洲的生活水準，至少對大多數的一般民眾來說，並沒有比歐洲的貧困地區，如當時的西班牙和南義好到哪裡。祖國的收入更平等，或是還有其他誘因（如家庭牽絆或是取得地方資源的便利性），也造成較高的返國率。這個機制可能也是造成亞洲高返國率的原因，因為中國和印度當時的生活水準與東南亞的差距不大。

第三種促成高返國率的機制是種族主義，特別是中國移民。這一方面是由於許多社會在十九世紀末至二十世紀初的數十年間通過排他性法案，讓中國移民很難留下成為該國公民。美國在經過數十年以提高入境費用來限制華人移民後，於一八八二年正式通過《排華法案》（Chinese Exclusion

Act）這項禁令（在一九二四年也開始排除日本人和其他亞洲人）；澳洲於一九〇一年跟進，加拿大則是在一九二三年採取一樣的措施。[52]另一方面，許多國家基於公共政策，試圖吸引歐洲定居者前來，派遣招募團前往歐洲，釋放消息給有意移民的人，前往阿根廷、巴西、加州、澳洲和加拿大的機會；有些還會提供交通補貼，特別是那些具有該國經濟需要技能的人；有些國家還成立勞工中介機構，介紹移民工作。

歐亞遷徙間之所以存在這麼強烈的對比，主要是基於種族主義這個最基本的特定原因，在十九世紀，這發展成為一種強大的意識形態，日益動搖到公共政策的制定，影響深遠。第四章將會深入討論這個主題。

到了一九五〇年，這些趨勢造成的結果是，遷徙到美洲和太平洋地區的歐洲移民者達兩億五千萬至三億人，而進入東南亞與太平洋地區的印度和中國移民僅一千五百萬或一千六百萬人。[53]這樣的模式對於二十世紀的政治史走向產生決定性效應，深深改變全球力量的平衡。在一九一四年至一九四五年間，當現代世界在世界大戰爆發之際，那些早已在各地建立人口相對密集且具有經濟動能據點的社會明顯勝出，獲得關鍵性策略優勢。當時大多數這些分支出來的據點，在政治上是獨立的，但在文化、生態、經濟、政治、軍事及個人聯繫，都與它們的祖國保持緊密連結。

英國移民的後裔便是主要的例子，他們主導美國、加拿大、澳洲、紐西蘭和南非的社會。到了二十世紀中葉時，他們組成遍布全球的社群，足以產生壓倒性的經濟實力，這是因為他們控制兩大洲（北美洲和澳洲），還拿下第三大洲最富裕的部分（南非），而且在一九四七年以前，甚至掌握印度次大陸的大部分地區。[54]其他政府也注意到建立這種四處開墾定居帝國的潛在優勢。比方說在二十世紀初，德國的策略思想家及抱持種族主義和民族沙文主義的激進分子，就曾對於未能趕上這波移民潮表達遺憾，指出與英國相比，他們「錯過」在上個世紀送出百萬移民的機會（特別是去美國）。

不過，儘管英國後裔在北美洲、澳洲、紐西蘭及南非的政治、社會和經濟上都舉足輕重，但這些地方是真正的移民社會，各成員之間的背景和出生都存在很大的差異。促成這種多樣性的一個關鍵原因是，當時的全球遷移模式反映出對人（移民）的技能需求，要具有某種能力才能在一處落腳。在大多數的情況下，決定人能到哪裡的關鍵因素是，具備的技能能否與該地資源匹配，而不是種族。

移居到俄羅斯帝國南部平原的德國人，便是這種模式中最鮮明的例子。這些「伏爾加德意志人」（Volga Germans）最初於一七六〇年代從德國中部和南部遷移而來，約有七千多個家庭，定居在俄羅斯南部草原的伏爾加河（Volga River）沿岸。他們之所以來此，主要是因為德國的土地面積不夠，而俄羅斯政府當時提出種種誘因，鼓勵大家前來這片土地定居，當時的獎勵措施包括可從當地居民那裡獲得的免費土地，以及免服兵役。[55]到了一八七〇年代和一八八〇年代，這批德意志人開始面臨喪失特權及中央政府「俄羅斯化」的壓力；這項政策主要是在創造文化、語言，甚至宗教上更為同質的人口。最後，約有十五萬人因此離開俄羅斯帝國。問題是：他們要去哪裡？這批伏爾加德意志人於是派出童軍團，到新世界的各個地方尋找可能落腳的家園。他們最喜歡的地方無疑是類似俄羅斯南部草原的環境，因此像美國堪薩斯州和內布拉斯加州，以及更北方的加拿大莽原區的大草原、北方寒冷平原等地都不錯，相對來說，都是與他們的生存技能和知識較為貼近的環境。

伏爾加德意志人最後遷居到上述三個地方落腳，他們不僅帶來過去在俄羅斯生活時開發的草原耕作技能，還有一些在那裡種植的作物品種，特別是一種硬質的紅色冬麥或稱為「土耳其」的小麥。這三個地區在一八六〇年代才剛開始大規模種植小麥，而這些移民無異為開發這些地區的計畫帶來重要資源，並產生持久影響。到了一九二〇年代，在堪薩斯州和內布拉斯加州生產的小麥中，大約有八〇%是俄羅斯移民後裔帶來的品種；而且這些品種在美國變得普遍，遠遠超過其他種類，占全美小麥總產量的三〇%。[56]伏爾加德意志人對阿根廷的開墾也很重要，事實上美國和阿根廷這兩群移民甚至還保持聯繫。一位伏爾加德意志人首先到阿根廷，但不能忍受當地的環境，他說：那裡「一切似乎都顛倒過來了」。白天時太陽掛在北方天空，冷風從南方吹來，所以他搬到在加拿大薩斯喀徹溫省（Saskatchewan），那裡的事物讓他有回家的感覺。[57]

這個例子的重點在於，在很大程度上，十九世紀的大規模遷徙讓人們在世界草原的定居成為整合全球的歷程，這些移民在全球各地應用同一套知識、技術及生物體（農作物和動物），在某些地方甚至還是由同一批人操作。另一個例子來自俄羅斯帝國更南端，較偏西的門諾德意志人（Mennonite Germans），通常又稱為黑海德意志人（Black Sea Germans），他們也定居在同一草原地區（儘管他們偏好較溫暖的地方）。第三群移民則是在一八八〇年代至一八九〇年代大量定居在加拿大薩斯喀徹溫省南部的烏克蘭人。

在畜牧業方面，特別是牛羊的飼養，也出現類似的全球專業人口重新分配現象。比方說，今天許多阿根廷人都有愛爾蘭或巴斯克（Basque）的姓氏，因為在十九世紀中葉，有數十年的時間出現阿根廷羊毛熱，當時招募到不少愛爾蘭和巴斯克牧羊人前來。在加州東部和內華達州可以找到許多巴斯克的地名與姓氏，也是基於相同的原因。在阿根廷富有的地主家族中，還有一些人有英國姓氏，因為他們是十九世紀後期英國牧民的後代，當時他們帶著畜牧科學知識及牲畜前來。

漁業則是另一個例子。葡萄牙在第一次世界大戰前也經歷這種急速攀升的移民潮，在開戰前，移民的比例幾乎以每年一％增加。這些人當中約有八五％到巴西；不過，葡萄牙漁民幾乎在世界各地的海岸線都留下足跡，包括北加州、澳洲、紐西蘭、夏威夷和新英格蘭。[58]

加州可說是整個移民史的縮影，那裡的移民分工相當不可思議，會依照他們來自的區域和技能分類。來自夏威夷的水手和工人，在後墨西哥時代的加州早期開發史中扮演要角。一八五〇年代來自威爾斯和中國的煤礦工人，以及康瓦爾（Cornish）的錫礦工人，全都聚集在加州的金礦工作。義大利和葡萄牙漁民定居在加州北部海岸。來自義大利北部的酪農到今天仍是馬林郡（Marin Country）和索諾瑪（Sonoma Country）的主要人口。來自北義和義大利－瑞士一代的葡萄酒農，則在中央谷地建立強大的王朝，包括享譽全球的蒙達維（Mondavi）和嘉露（Gallo）家族。日本的園藝工作者嫻熟如何在貧瘠土地上發展集約農業經濟的技能，在十九世紀後期的聖塔克拉拉谷地和中央谷地的開墾過程裡扮演關鍵角色。習慣密切合作進行粗重勞動的中國工人，則在西邊打造出第一條洲際鐵路；一八六九年鐵路鋪設好不久，就轉而建造精細的控水系統，讓沙加緬度河三角州變為農業重鎮。他們對這項工程可說是駕輕就熟，因為當中大多數人來自廣東省的珠江三角洲，之前已經在那裡建造類似的系統。[59]

加州算是移民術業專攻的典型例子。專精漁業和釀酒業的民族，如義大利人、希臘人及葡萄牙等族群，也遍布在太平洋和大西洋沿岸，諸如夏威夷、澳洲、紐西蘭、秘魯、智利、阿根廷與新英格蘭。在十九世紀中葉，來自威爾斯和中國的礦工則專門到金礦場工作，不僅是加州，還有澳洲和紐西蘭。日本園藝工作者也影響夏威夷和拉丁美洲經濟體系的變動；比方說，到了一九三三年，在巴西有四分之三的茶、一半以上的絲綢、近一半的棉花都是由日本農民生產。德國、波蘭及捷克的煤礦工人，還有來自英國威爾斯、康瓦爾和英格蘭北部的工人，對美國煤礦業也貢獻良多，他們分散在賓州與西維吉尼亞州的礦場。印度契約工在一八七〇年代和一八八〇年代遠赴斐濟、蘇利南、東非、南非及澳洲，以他們原有的技能在這些地區發展製糖業。這些人都是遷居到與他們家園類似的地方，並繼續在那裡從事熟悉的產業。[60]

這些人和技能之所以能與環境和各地資源相配，並不僅是運氣好，而是刻意營造出來的模式。具體的機遇在推動這樣大規模的遷移，而這種大規模遷移也是經由刻意招募促成，是那些擁有或控制特定經濟資源的人，試圖吸引可以有效利用這些資源的人的主動作為。這不是群眾的盲目行動，不是沒有任何規劃的任意遷移或個人行動。人們會前往知道能夠一展長才的地方；而政府、公司、民間機構及個人企業家，則會精心刻意地打造這樣的全球經濟體，促成人力和技能的全球分布，以便有效利用整個星球的資源。

第二章將討論這項打造全球經濟體的計畫。

第二章

現代全球經濟的基礎

FOUNDATIONS OF THE MODERN GLOBAL ECONOMY

一八五〇—一九三〇年：全球發展計畫

當然，這並不像是在十九世紀時，有一個專責的中央規劃機構致力開發整顆星球的資源和經濟潛力，在這段時期，是由個別政府、私人公司和其他組織及企業家刻意規劃打造，精挑細選地找出特定地區、國家或產業。招募移民與協作便是一個重要的例子，外國單位會尋找具有特定技能的潛在移民，幫助他們前往自己的國家。在第一章已提過另一個例子，當時是政府慷慨的土地發放計畫，即一八六〇年美國的《公地放領法案》、一八七二年加拿大的《自治領土法案》，以及在紐西蘭、南非、西伯利亞、澳洲和日本推出的類似計畫。

在那些技術、人口結構、經濟和軍事力量落差較大的地方，這種重新分配政策的部分重點就會放在占領、驅逐或殺害原住民。在十九世紀的最後二十五年，全球發展計畫如火如荼地展開，此時也是暴力強行徵收土地的密集時期。在一八五〇年代至一八八〇年代的一波波土地戰爭中，原本居住在美國大平原、阿根廷彭巴草原、加州中央谷地和澳洲東南平原上的居民，不是遭到驅趕，就是被殘殺。

當時有一些大型國際合作研究成果卓著，對促進人類在新生物群落的定居與發展可說是功不可沒。在溫帶和寒冷草原上想辦法生產牛肉、羊毛及小麥，就是早期相當引人注目的例子。阿根廷從一八六〇年代開始，官方和民間都特別從國外引進專業知識，以協助發展阿根廷平原，還在一八六六年成立阿根廷農民協會（Sociedad Rural de Argentina）的民間組織。阿根廷農民協會主席前往法國研究農業，還從德國引進綿羊，以提高阿根廷羊毛的品質和產量。一八八一年，布宜諾斯艾利斯省政府派遣兩批地主，到澳洲、美國和英國進行為期兩年的考察旅行，調查農業經濟中的最佳實務。到了一八八三年，政府還建立阿根廷第一所以農業為主的學校。這些措施都大幅促進阿根廷的出口經濟，年成長率約占該國整體經濟的七%左右。[1]

美國政府和許多的農業協會也採取類似措施。美國農業部（USDA）在一八六二年成立，當然也絕非偶然。它們注意到俄羅斯是當時世界上最大的小麥出口國，於是在一八八〇年代和一八九〇年代先後派遣使團到俄羅斯帝國參訪，挑選適合在大平原氣候區種植的小麥品種。另一方面，俄羅斯人也得知美國擁有全世界最先進的農業技術，所以也派遣使團到大平原取經，尋求如何在俄羅斯帝國類似地區耕種的方法。[2]日本政府在面臨開發北海道北部邊境寒冷地區的任務時，於一八七〇年派出殖民副部長遠赴美國，研究美國的農業政策，特別是在大平原區的農業。在一八七一年至一八七三年又進行第二次訪問，這次則是評估美國的法律、財務、軍事、經濟、教育和政府方法等。一八七〇年，日本政府聘請美國農業部著名委員哈瑞斯・卡普榮（Horace Capron），擔任北海道殖民政府的專門顧問；他在那裡任職四年，引進耕作方法、農業設備、農作物和牛隻，建立實驗農場；並為札幌進行城市規劃。他離開後，日本政府僱用麻州農業學院（現為麻州大學阿默斯特分校，於一八六三年成立）校長威廉・史密斯・克拉克（William Smith Clark），協助建立札幌農業學院（現為北海道大學）。[3]

專業知識就這樣跨越國界，在世界各地指導人們要如何往新的邊境推進，在那裡定居開墾。國際政府的倡議、構想、機構，乃至於個人形成環環相扣的網絡，一同開發世界草原。接下來要討論的就是這項開發計畫，這持續一個多世紀，從一八七〇年代一直延續到一九七〇年代，其中一些在稍加轉型後，還以新型態進入二十一世紀。

在某些地方，還專門設立跨國機構，鼓勵和促進合作及專業知識的轉移。比如，一八七八年

圖表2・1　1825—1938年世界外國投資存量。

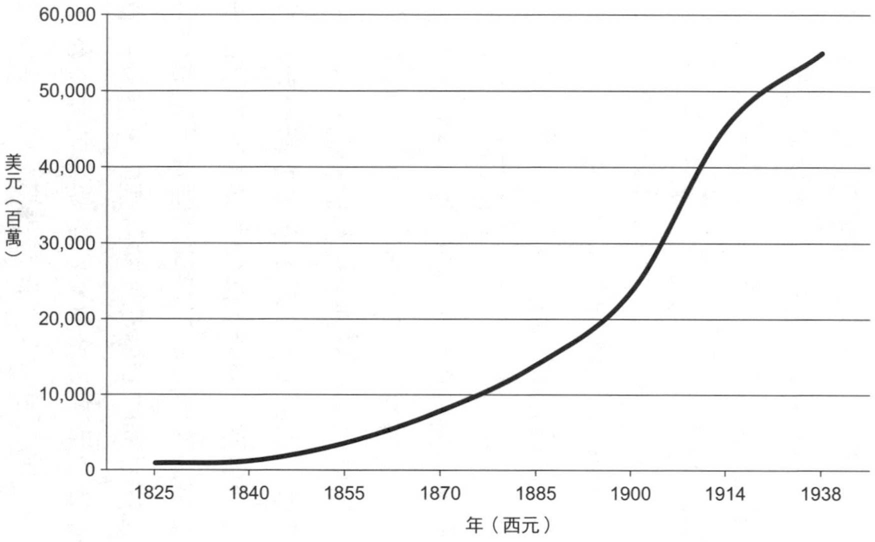

在巴黎舉行第一屆國際農業大會；第二屆則是在一八八五年於布達佩斯舉行；到了一九○五年，在羅馬成立永久性的國際農業機構（International Institute of Agriculture），作為各國政府交換農業資訊的場所，成員包括大多數的歐洲國家、大多數的南美洲國家，以及澳洲、俄羅斯、日本、埃及和波斯。[4]稍後，洛克菲勒基金會（於一九一三年成立）等慈善機構，也在世界農業的發展中扮演關鍵角色。

除了人員和專業知識外，在開發新地區的經濟與定居點時，還需要另一個要素：金錢。在這一時期，大批外國投資的流動又是這項開發計畫達到全球規模的一個例證。特別是歐洲，在整個十九世紀不斷向新興的發展地區挹注資金。國際投資總金額從十九世紀初的數十年開始，幾乎呈幾何倍增，直到第一次世界大戰為止（圖表2・1）。到了一九一四年，這筆錢中最大的一部分是流入美洲的發展計畫，約占四○％；其次是非洲、中東和亞洲的殖民

圖表2・2　1914年世界各地區接受外國直接投資的比例。

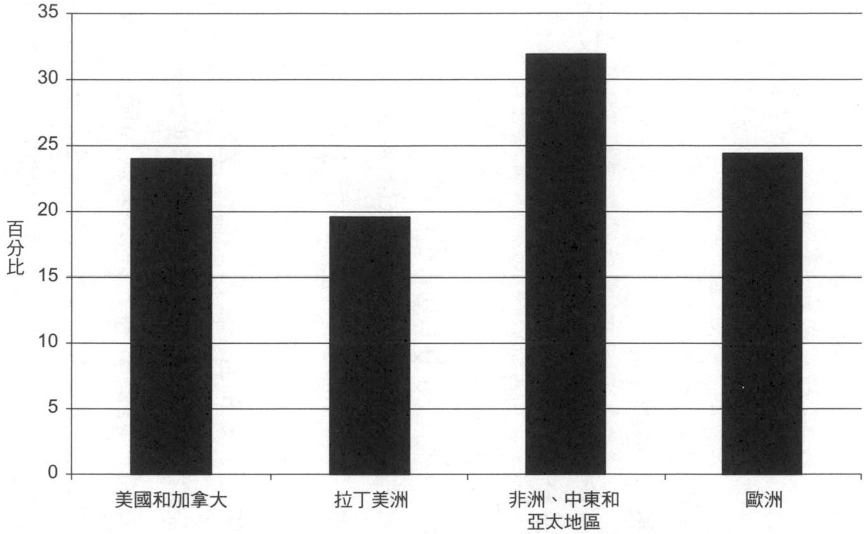

圖表2・3　1825—1938年依來源劃分的外國直接投資存量。

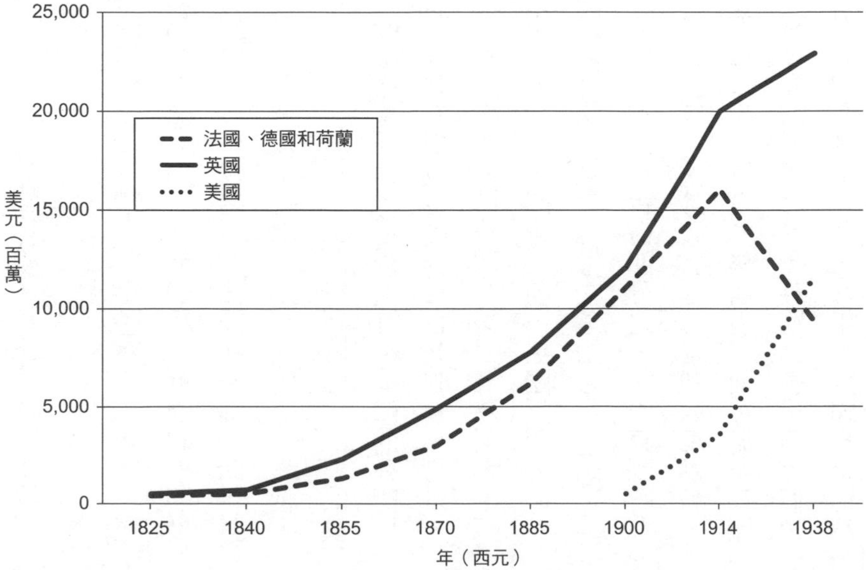

地區；最後才是用於投資歐洲這個一九〇〇年時世界經濟的產業核心（圖表2・2）。換句話說，十九世紀有大量資金從歐洲湧出，進入開發中地區和國家，尤其是那些位於深具挑戰性的生物群落，這些區域吸引數千萬新移民和定居者前來。

推動這個發展的巨大引擎是英國，當時是世界經濟的銀行和金融中心（圖表2・3），在一九一三年，全世界前十大銀行（按存款量排名）有六家都在英國。[5]一八三〇年，英國的外國投資有六七%在歐洲；到了一九一四年，這個比例下降到只剩五%。相較之下，法國在一九一四年對歐洲的投資還有五八%，是全歐所有外國投資的第二大（儘管這個數字比七十五年前的七一%低上許多）。[6]在此期間，英國的外國投資資本規模驚人。到了一九一〇年，英國每年將七・四%的國內生產毛額（Gross Domestic Product，簡稱GDP，即社會的總產量），投資到海外，英國的外國累積投資占GDP的五三%。相比之下，美國在一九一四年的累計外國投資僅為GDP的六・八%，到一九九四年才提高到九%，[7]這種懸殊差距並非巧合，大英帝國在這段時期的勢力最為龐大。不過，英國的資金對許多非帝國殖民地的發展也具有關鍵作用。在一九一四年之前，英國近四分之一的外國投資流向美國，其中有三分之二投入鐵路興建。美國製造業的投資有近三分之一來自英國。[8]一八九二年，全世界三分之二的電報線由英國人鋪設（美國和法國公司合占四分之一）；直到一九〇八年，英國都還擁有一半的全球電纜（這時法國和美國合起來超過三分之一）。[9]這裡的重點是，從全球角度來看，十九世紀末的世界經濟故事，有一大半就是英國銀行資助移居者，前往溫帶草原區及（後來的）熱帶水稻三角州定居開墾的故事。在第二次世界大戰爆發前，英國一直扮演這個角色。到了一九二〇年代，美國的資本開始能與英國抗衡；但是即使到了一九三八年，美國資金仍然只占全球外國投資的二一%，而英國占四二%。[10]

不過這時候的發展計畫，還有一項主要特徵，就是全球化，因此通常很難從中確定出特定的倡議、資金源頭或任何一個國家。後來成為美國總統的胡伯特．胡佛（Herbert Hoover）正是說明這段時期狀況的一個好例子，他於一八七四年出生在愛荷華州，一生中還當過礦業工程師、金融家與慈善家。最初在加州的史丹佛大學讀地質學，之後在內華達州和加州擔任地質專家；畢業後不久，便在一家先進的英國礦業公司找到工作，這家公司的據點遍布海內外，分散在南非約翰尼斯堡、中國天津、澳洲卡爾古利（Kalgoorlie）、紐西蘭奧克蘭、黃金海岸塔瓦（Tarkwa）及倫敦。一八九七年，公司將胡佛外派到澳洲西部，去當地最成功的礦場格瓦利亞之子（Sons of Gwalia）進行評估、學習和管理金礦，那裡最早的一批礦工是來自威爾斯的移民（格瓦利亞在威爾斯的姓氏中就是「威爾斯」之意）。胡佛表現不凡，降低行政浪費，並廢除效率低的勞動規定（如週日不工作），還引進義大利礦工，他們具有長久的勞工組織傳統，比當地的英格蘭、愛爾蘭和威爾斯勞工更適合這份工作。胡佛在澳洲取得成功後，於一八九九年轉調到中國，監督在北部直隸（今河北）和熱河特許礦場的大規模採礦，當地總督試圖加強中國工業和經濟能力，以便與日本和俄羅斯的擴張抗衡。在順利度過義和團暴動後，胡佛在一九〇二年帶著可觀的財富離開中國。

到了一九〇八年，胡佛已經能自行經營事業，這時他主要的工作不是礦場經理或地質學家，而是搖身一變成為金融家，在當時世界金融首都的倫敦工作，不過他仍在世界各地旅行，尋找採礦投資的機會。在接下來六年，他進行許多調查，分別前往尼加拉瓜、韓國、紐芬蘭、西伯利亞、加州、阿拉斯加、秘魯、日本、馬達加斯加、羅馬尼亞、俄羅斯、阿根廷、康瓦爾、巴西和墨西哥，投資或協助當地事業發展；胡佛的事業包含黃金、鋅、銅、錫、鐵、銀、鉛及石油。他最成功的一次單筆操作是在緬甸，在評估場址後，他安排融資，並組織公司結構；建立礦場、冶煉廠、運輸礦石和金屬的鐵路，以及一條一．五公里長的排水隧道；從中國、印度和中南半島（即今日的越南、柬埔寨及寮國）輸入勞工，從美國和英國找來經理人；他在這裡賺到龐大個人財富中最大的一筆。胡佛是充滿批判性的人，在學生時代就曾說過：「如果一個人在四十歲還沒有賺到第一個百萬美元，這個人就沒有什麼價值。」到了一九一四年（他四十歲時），已經賺了很多個百萬美元，然後逐漸轉向慈善事業和政界，最後終於入主白宮。

顯然胡佛習於得到自己想要的，難以容忍反對。在經歷義和團之亂後（在此期間，他的房子及其他外國人的房屋都遭到中國叛軍的炮擊），他由此得出的結論是，與「亞洲人」談判的唯一方法，就是「手裡拿著槍，並且讓他們知道你會用槍」。在回憶錄中，他後來自認會因為「建立充滿生產力的企業」，並且「糾正異常與改正無能力者」（他的雇員），而沉浸在「純粹的快樂」中。有人形容他「粗魯」、「會發出豬一般的低鳴」、「直言不諱，幾乎到了口無遮攔的地步」，無論他在哪裡，都會創造「力爭上游的氣氛」。不過他也相當努力，散發頑強的「領導力」，為人又慷慨，並且非常有效率地為遭受第一次世界大戰摧殘的災民組織國家救援。靠著他敏銳的商業頭腦和慈善服務，在一九二八年當選美國總統。一言以蔽之，胡佛完成了一生的工作。他具備的人格特質應該最適合從事開發全球礦產資源。[11]

就胡佛自己的觀點來看，完成工作意味著在世紀之交參與全球社會的建立，推動充滿生機的創新發酵，並對此提供幫助。這種創新發酵包括科學、技術和工程方面的進步；建構全球企業體系，修正勞動和社會安排；還有至少在胡佛的親身經歷中創造巨大財富。但由於他自身帶有的某種專制的傾向，這些過程通常也是強行為之，實際上經常用到暴力。到了一九〇〇年，漫長的二十世紀中那四分之三極為殘暴的種族屠殺時期已經過去；但地方性暴力脅迫和反抗，以及令人震驚的混亂動盪，仍是這項發展計畫中的一大特色，因為不同群體在塑造新產業、新的社會角色和新的生產過程時，都是以自己的利益為出發點。

胡佛自己的礦業中，在很多地方越是往權威、財富及權力的方向爬升，越需要動用到強迫和暴力。組織礦工和激進勞工的威廉·「大比爾」·海伍德（William "Big Bill" Haywood）的遭遇就是最好的例證。出生於美國鹽湖城，比胡佛大五歲的海伍德，在十幾歲就到內華達州和愛達荷州的礦場工作，那時他結識一位愛爾蘭地下移民組織莫利幫（Molly Maguires）的成員。在一八七〇年代後期，賓州煤礦場出現暴動，這段期間身為礦工的海伍德見證他的二十位兄弟，以可能是莫須有的謀殺罪名而遭到絞死。他親眼見到聯邦士兵奉令逮捕超過一千名的罷工礦工，將他們分別關在兩處監獄營長達幾個月。他親身經歷政府頒布戒嚴令，或是多次召集當地民兵的場面；看到礦工在槍口下遭到「驅逐」，離開他們的城鎮或鄉郡；也看到多次礦工和僱兵或倉促招募的警察代表的武裝衝突場面。在海伍德的回憶錄中，前一百頁都在描述於一八九〇年代爆發基層勞工衝突時死亡的二十多名男子。他這樣的經歷並不獨特，在一八九〇年代的賓州採礦城鎮中，暴力事件持續著；例如一八九七年「拉提莫大屠殺」（Lattimer Massacre）事件中，就有十九名參與罷工的礦工在試圖關閉一處礦場時遭警察槍殺。一九一三年和一九一四年在科羅拉多州煤田中，礦工和礦場主人組織的民兵發生激烈爭鬥，有多達一百人遭到殺害。在數十年前，肯定還有人和海伍德有類似的經歷，而且當時的暴力衝突更普遍，死傷也更慘重。例如在內華達州，海伍德遇到一位參與屠殺原住民派尤特族（Paiute）男女老少的白人，以及一位派尤特大屠殺的倖存者。[12] 這類暴力事件並非美國特有，類似的致命衝突也發生在南非、澳洲和智利的許多工人與業主間（包括礦場、牧場、種植園、鐵路及其他企業等）。海伍德當時加入反剝削工人運動，參與「世界產業工人」（Industrial Workers of the World，簡稱ＩＷＷ，或暱稱為"Wobblies"，一九〇五年）運動的籌畫。

ＩＷＷ是反對剝削勞工的國際運動，這是一場社會主義運動。社會主義者的思想多樣化且龐雜，通常莫衷一是，有的崇尚和諧小型公社的烏托邦式願景，有的推動以暴力或和平無政府主義方式來抵抗任何形式的統治，還有的建議透過自主貿易工會來組織工會的經濟管理計畫，甚至還有人倡導中央集權的國有制，和馬克思主義者所謂的控制生產方式（工廠、運輸工具、基礎設施與土地等）。這場運動創造出最強大的組織是貿易聯盟，目標是改善勞工的工作環境、工資條件，並透過政治行動來尋求支持勞動人民需求的政黨。這主要是在十九世紀中葉從西歐開始，到了十九世紀後期，社會主義已經以各種形式傳遍全世界，特別是在歐洲，它創造出一些前所未有的大型組織，人數達到數十萬，甚至有百萬之譜。最具影響力的社會主義傳統是所謂的社會民主（social democracy），是取材自德國社會主義者卡爾·馬克思（Karl Marx）和弗里德里希·恩格斯（Friedrich Engels）的思想；而烏托邦與工會這一路線，則主要是受到法國思想家約瑟夫·傅里葉（Joseph Fourier）和喬治·索黑爾（Georges Sorel）所激發，而無政府主義比較是受到俄國思想家米哈伊爾·巴枯寧（Mikhail Bakunin）和彼得·克羅波特金（Peter Kropotkin）等人的影響。到了一九二〇年代，則是共產主義發揮影響力，這主要由俄羅斯革命分子弗拉基米爾·列寧（Vladimir Lenin）提出的想法，藉以與社會民主抗衡（這兩大運動經常完全相反）。不過到了一九〇〇年，在世界各地的許多社會都可以找到倡導種種形式社會主義的人士，其中一些是歐洲移民，其他則不是。[13]

在一定程度上，勞工組織及社會主義思潮的擴張，是受到工業化早期極差的工作條件所驅動。

例如即使在相對富裕的美國，鋼鐵工人平均每週工作時數仍超過六十六小時、罐頭工廠工人更是長達七十七小時。面對這麼殘酷的工作條件，工業界工人平均每三年就會換工作，在某些產業甚至是每年都換。然而，大多數工人的收入僅略高於生活所需：滿足家庭的食、衣、住等基本需求，而一旦失業就會陷入挨餓或無家可歸的窘境。他們經常生活在擁擠不堪的地方、不健全的鄰里環境，那裡的醫療、教育、消費，甚至宗教服務都嚴重不足。全球工業界的工作條件都大同小異，政府一般都支持並偏袒業主，卻對勞動人民組成任何形式的反抗組織抱持敵意。比方說，在一八七七年夏天，美國的鐵路工人爆發激烈抗爭，在這個動盪時期，警察、州政府的民兵和聯邦部隊一共殺死一百多名罷工者。至於那些無力抗爭或不願挺身而出捍衛自己權利和利益的人，遭受更大的打擊。一八六〇年代，在參與修建第一條跨州鐵路的中國工人中，死亡率是一〇%，即一千兩百名工人。一八八〇年代，首次嘗試興建巴拿馬運河時（這項計畫直到一八九七年才真正可行，當時世人找到瘧疾的病因，並能加以控制），至少有五千名工人，甚至可能高達兩萬兩千人死亡。[14]非洲和亞洲殖民地的工作條件也不好，往往更糟。

但是在一八九〇年代和一九〇〇年代前，像是批評人口成長會對環境造成衝擊的克拉格斯這類社會主義者，依舊難以說服眾人考慮全球發展計畫的代價。其中一個原因是，對世界各地的許多人來說，這項計畫帶來巨大的經濟成功。三個世紀以來，全世界的人均GDP都處於緩慢成長的狀態，在十九世紀初開始快速增加，然後在接下來一百五十年進入一段持續成長的時期。然而，這些收益的分配極為不均。在第二次世界大戰前，人均GDP在英美和反極權世界的成長最快，包含加拿大、澳洲、紐西蘭和美國；接下來是西歐；然後是拉丁美洲、東歐和日本。非洲和亞洲大多數社會的財富成長速度慢上許多（圖表2．4）。而且在各個區域**內部**也存在極大的差異：到了一九五〇年，阿根廷的人均GDP是整個拉丁美洲的兩倍，南非是整個非洲的三倍；日本是整個亞洲的四倍。

儘管區域內的貧富差距很大，但是從一八七〇年代開始，世界各地有很多在政治上獨立的社會，幾乎同時開始出現前所未有的經濟成長。這不僅發生在西歐和美國，還包括日本、阿根廷、澳洲及加拿大，就連東歐和俄羅斯也有小幅成長。相較之下，大多數的非獨立區域則沒有類似成長。不過即使是在亞洲和非洲，人均所得也有所增加，在過去三個世紀以來是很罕見的。就之前的人口與經濟關係來看，算是相當不錯的成就。在稍早的幾個世紀，人口的快速成長往往導致災難，因為會耗損資源，尤其是糧食生產。托馬斯・馬爾薩斯（Thomas Malthus）在一七九八年發表的《人口論》（*Essay on Population*）中，就根據這種模式提出著名的人類社會通則。在過去的任何時候，這套通則可能都成立，但是在《人口論》發表後的數十年內，時代就超越這套理論（圖表2・5）。自一八七〇年代以來，爆炸性的人口成長同時伴隨著人均GDP的快速成長。

這是為什麼呢？

一八五〇—一九〇〇年：科學技術革命

過去五十年代表世界史上一段充滿發明和進步的時代，這不僅是自然發展的正常成長，是一場人類創造力和資源的巨大浪潮，與過去不可等量齊觀，產生的益處反而讓人感到窘迫緊張，不知如何面對，也不懂要如何欣賞為了擴張而做的努力。的確，這段時期似乎是達到發現的顛峰，而且速度飛快，不是逐步漸進。這是一次大腦和能量出色的合作，達到史上的最高成就……。創

圖表2・4　1500—1998年各區域的人均國內生產毛額。

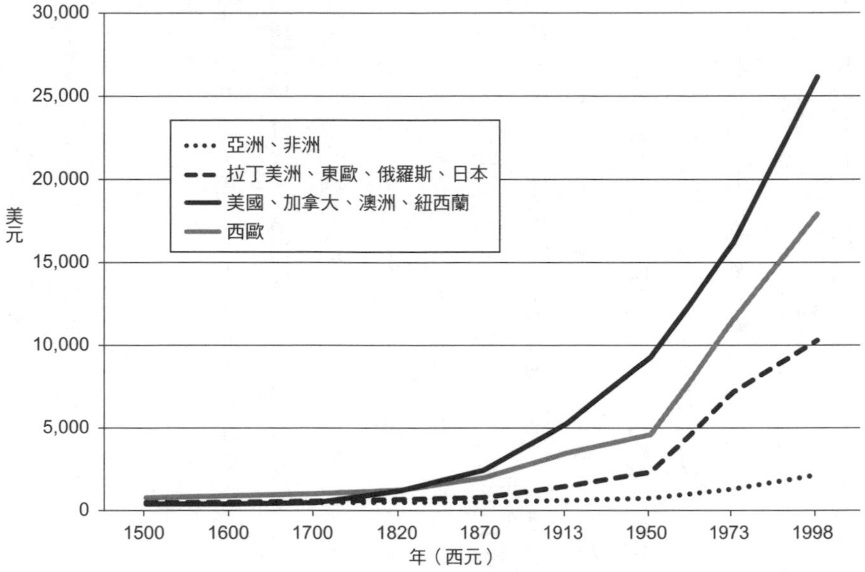

圖表2・5　1500—2000年世界人口與國內生產毛額。

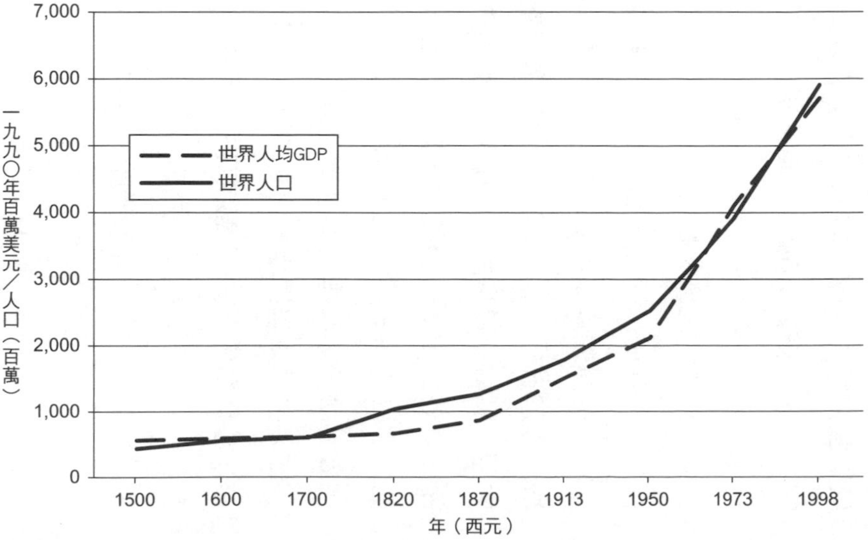

造這個詞彙有個古老含意，是指上帝將生命的氣息吹入泥土中。在這個發明的新世界，人的心智將氣息送入物質，新創造便源源不絕而來，不斷擴展……。（忙）碌的人，以科學之眼看待物質的可能性，……為其添加神聖的思想氣息，創造一個新世界。[15]

——愛德華・拜恩（Edward Byrn），一八九六年

從十八世紀末開始，人類社會就此進入持續不斷且步調快速的大規模技術革命，徹底改變人類的經濟體系和社會。[16]最初的創新似乎是在十四世紀、十五世紀和十六世紀，當時歐洲人採用來自中國、印度及中東的種種技術，包括印刷機、彈藥和現代數學。這些創新有利於推動之後所謂的科學革命的早期發展。在十六世紀和十七世紀，基礎科學、數學、科學儀器及科學方的進步相對緩慢但重要，為十八世紀的快速發展奠定基礎。到了一八〇〇年，歐洲科學以現代標準來看仍然沒有什麼特別的起色。化學家約瑟夫・布萊克（Joseph Black）在十九世紀初曾說過：「化學還不算是一門科學。我們距離第一原理的知識還很遙遠。」[17]儘管如此，基礎已經鋪設好，從一八二〇年代後期到一八六〇年代，科學出現一系列突破，開啟大規模創新和進步的大門，包括（此處僅舉幾個例子）一八二〇年代發現的電磁感應、一八五〇年代和一八六〇年代提出熱力學第一與第二定律、一八六〇年代深入認識有機分子的原子結構，以及一八六九年俄羅斯科學家德米特里・門得列夫（Dmitri Mendeleyev）制定出元素週期表。

這些發展之前，在十八世紀中期和後期，技術與生產都出現重大進步，儘管緩慢，卻為日後經濟奠定扎實基礎。在農業技術方面也取得基本進展，包括改善作物輪作系統、擴大化肥使用（包括從南大西洋和太平洋進口鳥糞肥料）、改善灌溉與排水技術、改良畜牧配種，以及加快圍欄鋪設

和避免田地流失。在運輸方面，從十八世紀中葉開始，就出現開路和建造運河的熱潮。在能源技術上，從十八世紀初開始，各地設置越來越多的水車與風車。在戰事上，從十七世紀後期開始，效率中等的火器開始主導戰場。十八世紀末則標誌著歷史學家所謂的工業革命的開端，諸如在棉布業開始出現一些基礎機械化發展、推出第一台有效率的蒸汽機，以及到一八二五年時的第一條鐵路和輪船。從棉花和煤炭等原物料的消費資料看來，這些基礎產業從十九世紀中葉開始飛速發展。另一項跳躍性發展是科學期刊的發行數量，從一七五〇年開始，每半世紀大約增加十倍。[18]

到了一八六〇年代後期，科學技術發展的整個運動狀態似乎達到即將突破的臨界點。隨後在一八六七年至一九一四年間，歐美的科技界出現創新大爆發。

要了解這個過程的規模和速度，也許最簡單的方法就是檢視那些領先世界的創新社會有多少專利（圖表2・6）。這些數據呈現出十九世紀中期數十年以來的爆炸創新性，正是這些奠定世界經濟成長的基礎。許多歷史學家將此時期稱為第二次工業革命，因為它創造截然不同的新世界。

為什麼會發生這場革命？目前其實不知道確切的原因。從最根本的看起，人類知識似乎具有某種內部運作邏輯或動力，一個發現會促成另一個；一項發明會導致另一項，知識和財富的成長又開啟進一步研究、發現及創新的大門；讓整個過程獲得動能。有些歷史學家認為，從十九世紀中葉以來，自由和人權的原則是這個過程的主要推進力。文藝復興時期人文主義者發展出知識自由這一概念，十七世紀時，這個概念協助人類釋放想像力，並且讓歐洲，最終乃至於全球科學家社群，從教條中解放出來，進行無限的探索。同時，關於個人財產權的概念，以及逐漸成形的立法保護智慧財產的概念（如專利法）則改變創新誘因的本質，讓個人得以從自己的科學和技術創造成果中獲利。其他歷史學家則指向歐洲大學的發展，認為這是推動知識發展的重要機構。其他歷史學家則暗示這

圖表2·6　1790—1910年在西北歐和美國核准的專利數量。

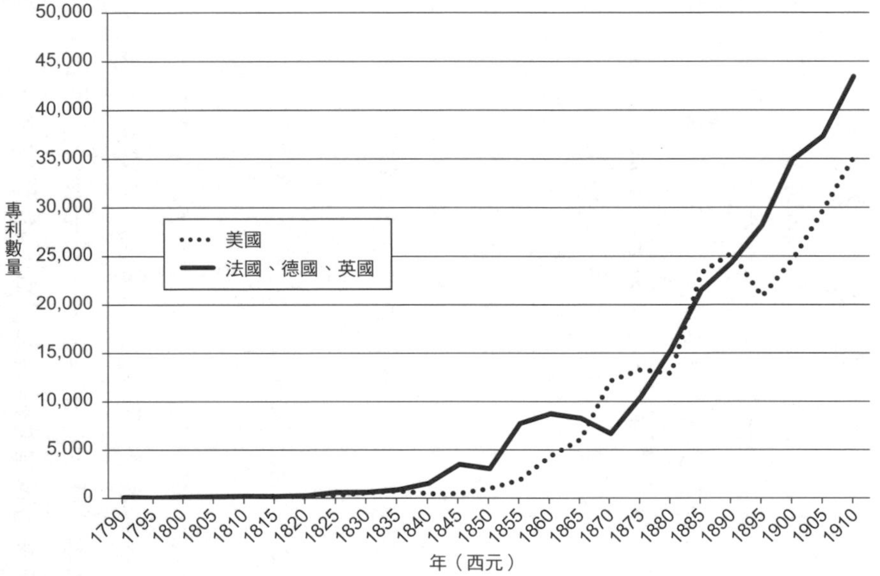

實際上是因為西方發現世界其他的部分，十一世紀十字軍東征時發現非洲、十五世紀和十六世紀發現美洲與亞洲，以及十七世紀和十八世紀發現太平洋世界，這些發現讓歐洲人的心智從宗教、社會及正統科學的限制與教條中解放出來，開闢通往批判性思維和科學發展的道路。歐洲人也透過軍事和行政手段榨取世界其他地區的價值，像是在西印度群島建立的糖業殖民地，歐洲投資人在那裡殘酷地役使奴隸，賺進大量收益，還有擴張到印度的大英帝國，以及占領印尼的荷蘭，也在那裡剝削農民，操縱市場，產生相似的報酬，這筆資金可能是推動歐洲創新的關鍵。

也許上述這些因素都扮演一定的作用，但我們無從得知哪些是最重要的。不過還是可以從中確定出一些短期因素或動力，導致十九世紀中葉科學技術發展突然加速與擴散，其中一點是創新會導致經濟瓶頸，然後

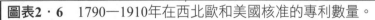

迫使進一步的創新。最好的例子是棉布業，到了一八二〇年代，「珍妮紡紗機」（Spinning-Jenny）的發明和改良為這個產業創造巨大的瓶頸，那時生產的棉線超過人工織布機可以消化的量。導致一八三〇年代對電力織機和工廠發展的需求，而這又需要強大的動力，從而促成蒸汽機的改良。這個瓶頸也為英國帶來出口潮，並且帶動對印度、埃及和美國南部等地區棉花需求的成長；為了將棉花運到港口，又促使造船業的進步及鐵路網的擴展，從而帶動對鐵和煤炭的新需求，這種骨牌效應是這段時期技術和產業擴展的基礎。

第二項關鍵因素是在一八八〇年代和一八九〇年代，創新發明從個人工作室轉往大型研究實驗室，許多重大進展都是在這裡發生的。隨著實用技術的科學基礎日益複雜，即使是那些聰明上進的人也發現自己無法跟上研究組織的腳步。有長期研究目標的實驗室迅速成為創新的主要來源。一些偉大的「個人型」發明家，像托馬斯・愛迪生（Thomas Edison）和亞歷山大・格雷厄姆・貝爾（Alexander Graham Bell），實際上也不斷以合約方式僱用科學家到他們的實驗室工作。愛迪生在紐澤西州設立實驗室；路德・伯班克（Luther Burbank）則是在加州聖羅莎（Santa Rosa）及周邊的實驗站發展農業實驗。其他研究實驗室則是由大型公司設置，包括於一八七〇年代成立的德國奇異（German General Electric）、西門子（Siemens）、拜耳（Bayer）、赫斯特（Hoechst）和巴斯夫（BASF）；一八九五年的柯達（Kodak）實驗室；一九〇〇年美國的奇異；一九〇二年的杜邦（DuPont）。到了一九四〇年，當時領先世界的美國有兩千家公司擁有自己的研發實驗室，僱用人數高達七萬，其中光是AT&T的貝爾實驗室（AT&T's Bell Labs）就延攬兩千名科學家，是當時世界上最大的研究機構。[19]

大學也在這方面扮演關鍵角色。從一八七〇年代起，整個歐洲的公立大學體系就蓬勃發展。美

圖表2・7 1860—1910年在法國、德國和美國的每千人中大學生比例。

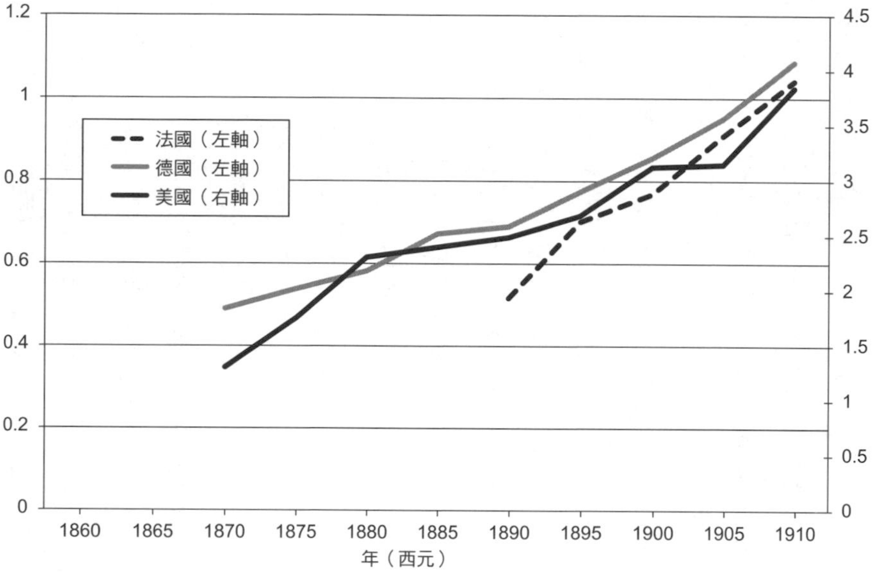

國與德國成為這個時期領先世界的工業技術經濟體，有部分就是因為設立教學機構，儘管遵循兩種截然不同的策略。在德國，政府和私人企業都將課程朝向科學方向推動，工業界的主要公司會與地方和中央政府合作，將資金投入理工大學的開辦上。在美國，一八六二年和一八九〇年的《莫里爾法案》（Morrill Acts），將聯邦土地授予各州，其目的相當明確，就是透過買賣或開發這些土地獲得的資金來投資高等教育；就這樣，美國建立世界上最大的公立高等教育體系。成果不凡，在一八八〇年，美國有七千名工程師，到了一九五〇年則增加到二十二萬六千名，是五十年前的十三倍。[20]至於其他國家，特別是在歐洲及其殖民地，在十九世紀後期也對高等教育進行重大投資，大學生人數因而在全國人口比例中迅速增加（圖表2・7）。

在一八六〇年至一九一四年間，這些

圖2・1 創新的擴張。

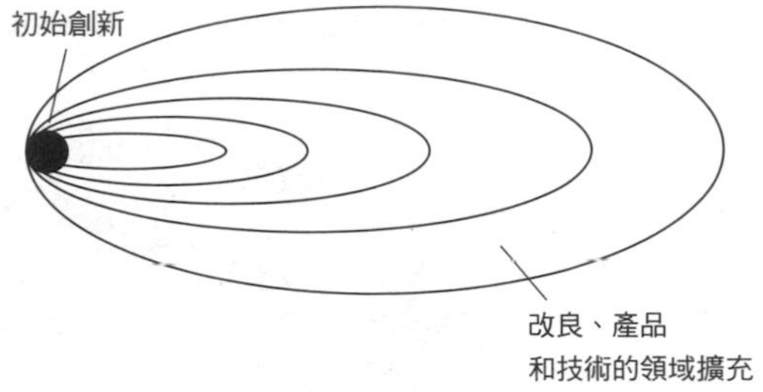

力量和政策產生為數驚人的新產品、技術及公司。工業流程、基本發明和日益成熟的消費產品，包括平爐煉鋼（一八六六年）、亞硫酸鹽漿紙製程與打字機（一八六七年）、蒸汽渦輪機（一八八四年）、電影膠卷（一八九三年）和空調設備（一九〇二年）、安全刮鬍刀（一九〇四年）、吸塵器（一九〇五年），以及鎢絲燈泡（一九一三年）等，不勝枚舉。[21]要如何架構我們的知識，來理解促成所有這些發明的基礎歷程？

一種方法是先區分基本發明與後續改良的差別。[22]基本發明產生多種可能的應用，接下來幾年間便會進行開發和改良，有時也會緩慢地花費數十年的時間。例如在一八八〇年代由德國人開發的內燃機，在之後三十年中衍生出種種新產品，如摩托車、汽車和飛機，而柴油引擎的改進，則催生出更多類似的產品，如馬力十足的卡車和機汽車。其他的例子還有一八八四年發明的自動鑄造排字機（用於工業化印刷過程的版型設定），這在之後的一個世紀中不斷改良。到了二十世紀中葉，升級版的自動鑄造排字機所申請的大大小小專利高達一千五百項，[23]可以將這視為一種擴張過程，在當中基本的科學和技術創新產生不斷擴充的改進領域（圖2・1）。

或是也可以將技術創新視為一種級聯過程（cascading process）：基本的創新導致更具體、應用性較高的發現、技術和產

圖2・2　級聯創新。

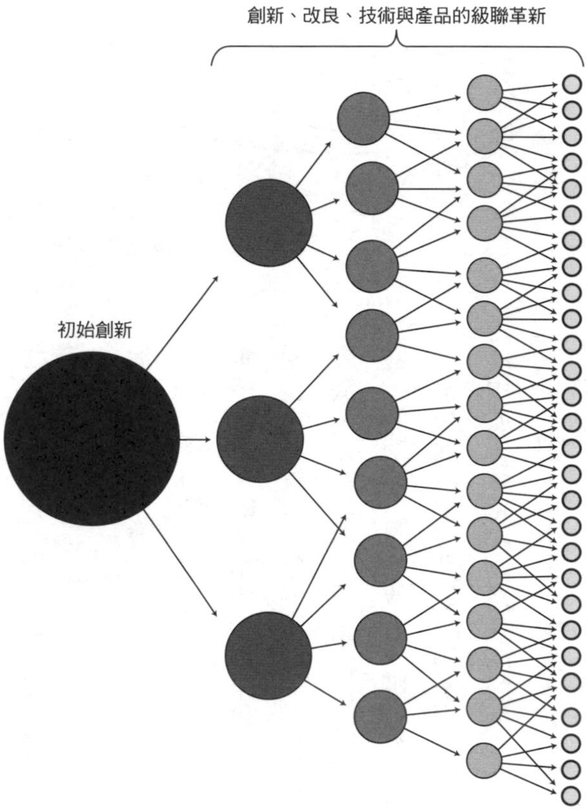

品的增生，然後這每一項又再透過進一步的創新來改良，不斷推展，日後再多條創新鏈上持續創新，形成日益緊密的相互交錯的網路（圖2・2）。而且在很多情況下，一個領域的創新會在另一個領域造成瓶頸，從而導致進一步的基礎創新，並引發第二次的級聯效應（圖2・3）。以運輸技術領域為例，到了一八七〇年代，歐洲鐵路網已經廣泛發展（地圖2・1），將所有主要甚至中等規模的生產和銷售中心整合到國內與國際市場。但是在那個時候，鐵路網在連接規模較

圖2・3 級聯－瓶頸－級聯。

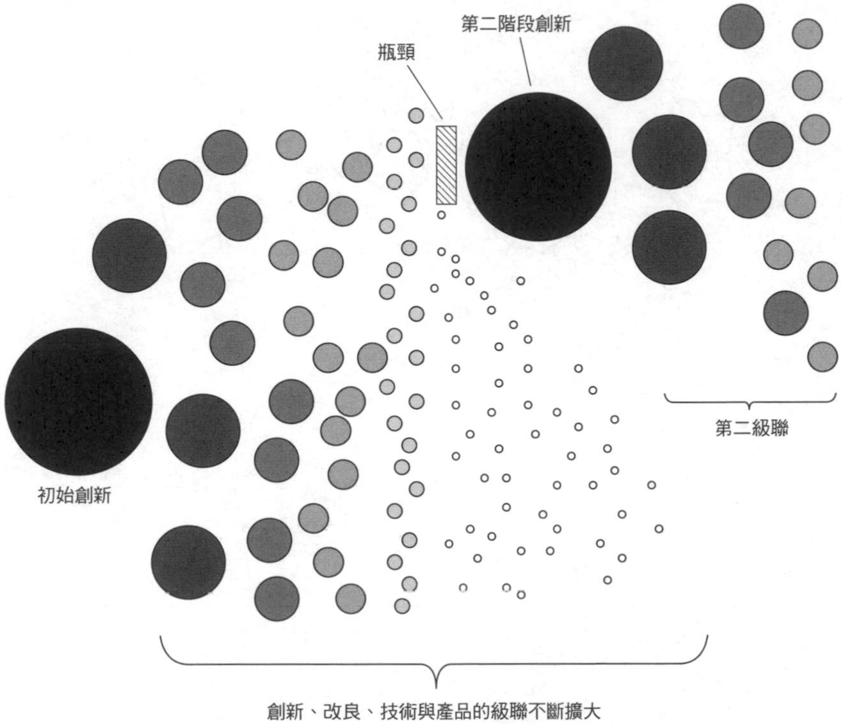

小的中心時，顯然很快就達到連接能力的極限。接下來的問題便是要解決，如何將位於小型行政中心的生產者和消費者與國際和國內市場聯繫起來，而解決之道就是一八八〇年代中期研發的內燃機。

在其他的例子中，某一領域的基礎創新則為其他領域開闢新的可能性，在之後又按部就班地產生新的基本創新。在一八五六年至一八五七年間（在英國和美國發明的貝塞麥－凱利〔Bessemer and Kelly〕煉鐵高爐），以及一八六一年（德國公司西門子發明平爐系統），發展的高品質廉價鋼材，讓許多其他產品和工業製程有可能推展。鋼的抗拉強度是鐵的十倍，承受的

地圖2・1　1849年和1877年歐洲鐵路網。

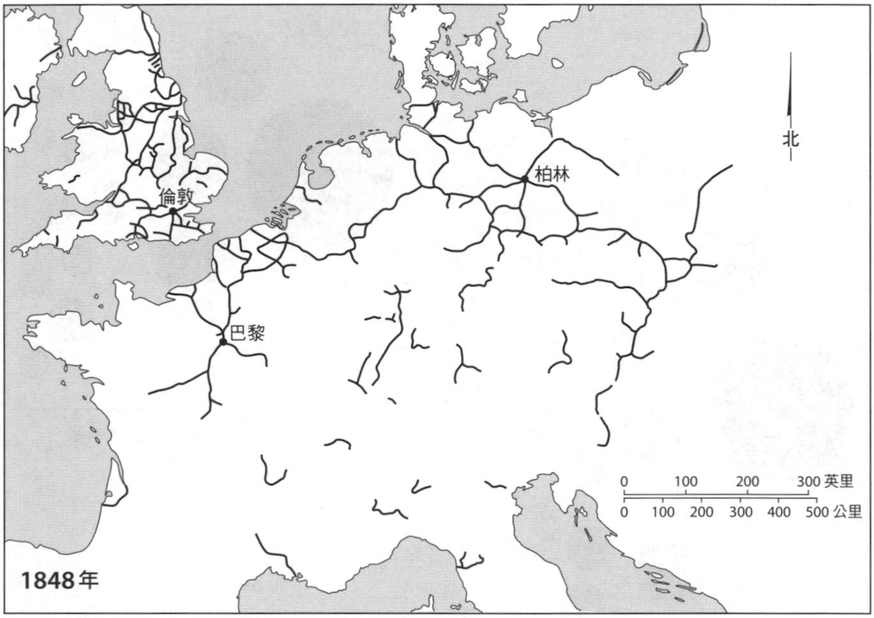

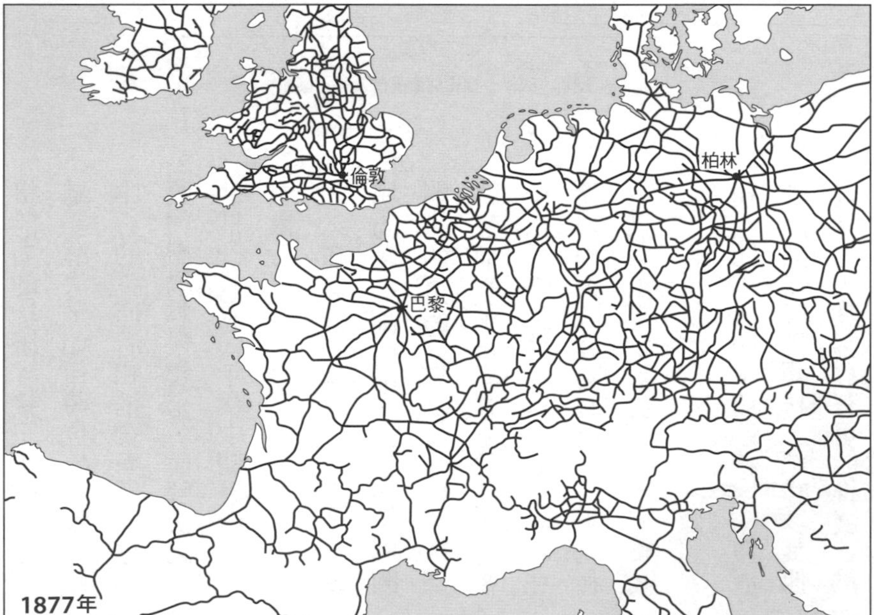

衝擊力可以達到鐵的六倍，耐受不變形的溫度則是鐵的兩倍。鋼的問世，讓發明家突然間獲得一種材料，可以用來建造內燃機、水力發電廠的渦輪機、現代武器和現代自行車，這裡僅列出少數幾項成就。[24]

這種過程導致各項技術是以離散的複合形式來發展，每一種都源自於基本的創新或發現。這個觀點也有助於思考科學技術革命的整個過程。一個早期的例子是蒸汽動力：蒸汽機的發展帶動煤炭工業的發展，讓工廠開始使用蒸汽動力機器，並引發鐵路和輪船的運輸革命，促成生產力大幅提升。另一個類似的複合體則發生在半個世紀後，源於電力的早期發展，這帶動化學工業的發展，推動冶金方面的進步，從而產生數千種新的消費產品，並為水力發電的成長奠定基礎：到一九〇〇年時，全球裝置約五百組，大多集中在歐洲和北美洲。[25]第三個這類複合體則是圍繞著石油建立的，包括內燃機、汽車、飛機、人造纖維，以及最後發展出來的塑膠（尤其是簡稱ＰＶＣ的聚乙烯氯化物〔polyvinyl chloride〕、塑膠袋的主要原料聚乙烯〔polyethylene〕和俗稱保麗龍的聚苯乙烯〔polystyrene〕，都是在一九三〇年代開發出來的）。[26]

我們也可以把科學技術革命看成是一系列能源系統的更迭替換。在前現代的能量系統中，是以肌力和燃燒木頭產生的熱量來提供絕大部分能量，到了十八世紀末，則進入煤炭時代。大約一個世紀後，煤炭又讓位給石油和天然氣；之後又交棒給電力。在每種能量的例子中，可以明顯看到新能源都是添加進來，而不是完全取代舊日的能源形式，因此煤炭仍是世界上最大的單一能源，只是現在核電廠在世界上也扮演重要角色（圖表２．８）。

另外，我們可以將這些能源系統視為一段段獨特的技術時代。從一八二〇年代後期至一八七〇年代是煤、鐵和蒸汽的時代；一八六〇年代至一九〇五年左右則是電力、鋼鐵和有機化學的時代；

圖表2・8　1820—2000年世界十大能源生產國的產量。

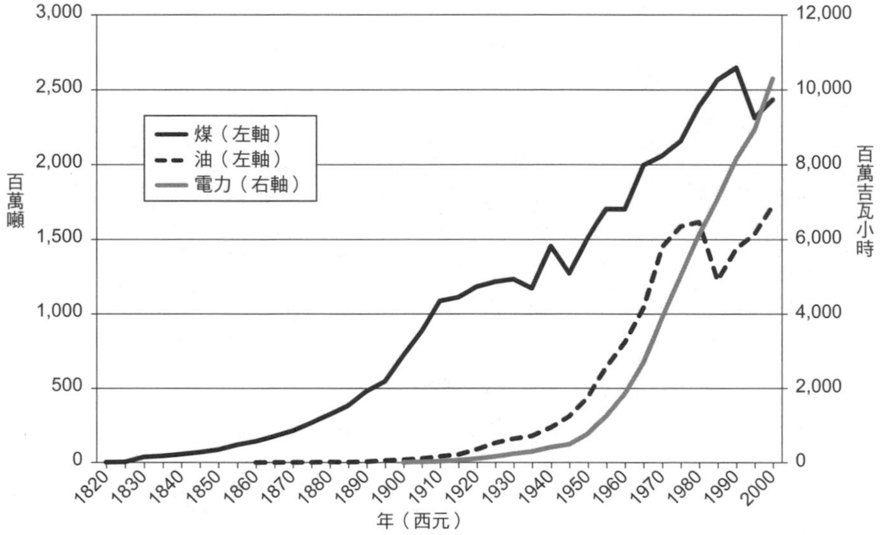

而從一九〇五年至一九七〇年代後期則成為石油、內燃機和大量生產的時代。同樣地，在大多數情況下，這些「時代」也是累積的。技術改變的複合體特性會加以連結，而不是相互取代。實際上，這種技術變革的累積特性在一定程度上解釋它所產生的巨大效應。當一層新技術和產品與另一層結合時，社會和經濟歷程便發生革命性變化，技術更為深入和廣泛地滲透到社會中，尤其是在北大西洋這個區域，技術創新中心儼然在此成形。

還有最後一種看待這種巨大轉變的方式：在十九世紀下半葉初期，出現一系列相互交錯、關聯且先進的科技突破，最後創造出有別於過往的文明，和歷史上任何一個時代都非常不同，這在人類史上產生巨大的斷層、碎裂或跳躍，所以從那時候開始，一切都改觀了。那個時期的科技革命取得進展（雖然它們的起源更早），從此開始重塑整個世界，不斷擴大其地理影響範圍，也加深對全球經濟和社會的衝擊。

綜觀過去一百五十年或兩百年，若是以長期的全球視野來看，區分各種創新的技術複合體或時代相對只是一個小問題。這個過程的發生先後順序也是，最初是在西歐和北美，然後迅速傳播到全球其他地區，儘管在速度略有差異，但是這些時間和地點的細節確實可以幫助我們了解十九世紀和二十世紀世界歷史的展開；但是從二〇〇〇年左右回顧最終結果時，真正重要的是斷層或破裂這個簡單事實的本身。

能源生產是一個很好的指標。在過去兩百年中，尤其是自一九〇〇年以來，地球的人均生產能量以勢不可當之姿不斷成長。以石油、煤炭和電力的總產量來看，一九〇〇年的世界人均能源消耗量是一八〇〇年的三倍，而二〇〇〇年的人均能源量則是一九〇〇年的十二．五倍，是一八〇〇年的三十七．五倍。在二〇〇〇年，地球的人口數量比兩個世紀前多出六倍，人類這個物種的整體能源消耗量增加兩百二十五倍。而且由於機器的效能日益提高，每個人的能源使用效率，也就是能源消耗量增高的衝擊比實際上大得多。以今日的柴油引擎為例，效率是一七五〇年蒸汽引擎的三十五倍；現代的金屬鹵素燈泡的效率，是十八世紀的動物脂肪蠟燭的一千六百倍。[27]

另一個很好的指標是，用於驅動其他機械的原動機或稱發動機（prime mover），動力也不斷增強。在一五〇〇年，全球經濟體最大的動力來自於人力，可以產生五十至九十瓦的功率。到了一七〇〇年，在世界上的某些地方，動物（如馬或牛）的使用變得較普遍，牠們可以產生四百至八百瓦的功率，等於是在一百年內增加一個數量級。到了一七五〇年，在世界許多地方都設置水車，可以產生約四千瓦。在一七八〇年早期的蒸汽機已經可以產生兩萬瓦。一九〇〇年推出的第一台蒸汽渦輪則達到一百萬瓦。在之後不到十年的時間，便打造出全球第一台五百萬瓦的渦輪機，在一九一二年又推出第一台兩千五百萬瓦的機組。[28]

在塑造世界經濟體的力量裡，有一部分是來自大型公司，它們的發展也很驚人。在二〇〇〇年的全球前十大跨國公司中，只有兩家是在一九一四年後成立的。[29]事實上，在第一次世界大戰前，國際經濟成長的一項關鍵特徵便是許多跨國公司的建立，在多個國家甚至在多個大洲上展開業務。以法國電影公司百代（Pathé）為例，就在全球四十個城市設有分部。英國有三十家銀行的分行遍及六大洲，數量達到一千多家，其中三家還吸引巴西全國總存款的三分之一。這種模式一路擴展到一九二〇年代。到了一九三〇年，國際電話電報在西班牙和七個拉丁美洲國家提供服務，並在羅馬尼亞、土耳其和中國展開業務，此時福特汽車公司則在美國以外的十九個國家或地區設立組裝廠。[30]

在這些跨國公司中，最重要的便是石油巨頭，這些公司對世界經濟具有重大的策略意義，在二十世紀初的十年間，也影響全球力量的平衡。標準石油公司（Standard Oil，一八七〇年）、荷蘭皇家殼牌公司（Royal Dutch Shell，一八九〇年；於一九〇三年合併）、優尼科（Unocal，一八九〇年）、海灣石油（Gulf Oil，一九〇〇年）、德士古（Texaco，一九〇二年）和英波石油（Anglo-Persian Oil，一九〇八年；現在更名為英國石油公司或簡稱ＢＰ），這些公司幾乎從一開始的營運規模就是全球性的。俄羅斯帝國的南部油田主要是由法國公司和法資及其他投資（以諾貝爾〔Nobels〕家族為首遷居至俄羅斯帝國的瑞典移民）；羅馬尼亞的石油資源是由美國、德國和法國公司發展；印尼的石油則是由英國和荷蘭公司負責；波斯（今天的伊朗）的石油，主要由英國公司提供；那些在墨西哥和委內瑞拉的油田，則是英、美兩國分食。[31]

簡而言之，這些機構之所以建立，是為了應用那些十九世紀末開發出來的技術創新，它們因此成為人類社會生活的主要機構，並保持這個地位一百多年，這些大企業也塑造二十世紀的走向。

一八五〇－一九三〇年：技術變革、效率與成長

為什麼要任一切停止在人類手上？為什麼這條上升曲線不會再陡然攀升，扶搖直上？……（我們）正進入一個永無止境的歷程，不斷擴充伸展，甚至對進步更具信心……。（我們）可以預見知識與秩序的成長，以及目前刻意改善種族血統和特徵的努力……將來（有一天），……現在潛藏在我們的思想，躲在我們腰間的存在，將昂然立在地球上，就像腳踏著腳凳一樣，在談笑間就能舉手伸向星空。[32]

——英國科幻小說家、政治社會學家和歷史學家威爾斯（H. G. Wells），一九一三年

這股科學、技術和經濟革命創造出的新文明具有一獨特特徵，就是以非比尋常的速度來開發、利用和傳播新技術（而且這項特徵延續至今）。在過去幾個世紀中，技術傳播十分緩慢，需要耗時數十年或幾個世紀，才能從一個地區或國家轉移到另一處。以印刷機為例，最初可能起源於中國，大概是在十一世紀或十二世紀出現，但是到了十五世紀時才到達歐洲。即便到了十八世紀末和十九世紀初，早期工業發展所需的技術、機械和專業知識，在整個歐洲的傳播速度都還是相當緩慢。英國從一八〇〇年開始，直到一八六〇年或一八七〇年這幾十年間，在棉布、煤炭和鐵的生產上都占有巨大優勢。不過到了十九世紀末和二十世紀初，關鍵的創新技術經常在幾年內便傳遍整個北大西洋地區，甚至傳到更遠的地方。以第一台電車為例，最初是由德國工程公司西門子於一八七九年建造；短短九年後，美國便在維吉尼亞州理奇蒙（Richmond）打造出第一套有軌電車系統。到了一九〇二年，市區大眾運輸系統中，九九％的馬車都遭到淘汰。倫敦在一九〇四年生產著名的機動雙層

巴士，到一九一一年時馬拉公車完全消失，減少近兩萬五千匹馬的需求。[33]

仔細檢視這類特定技術的發展，可以從中發現一個模式，也就是應用和成長的速度越來越快。就能源技術來說，在一八八〇年後，石油和天然氣的產量成長得比一八五〇年以後的煤炭產量更快，而發電量在一九〇〇年以後增加的速度更是突飛猛進。另外，值得一提的是，創新的時間也跟著壓縮，比方說從煤炭到石油花了五、六十年，但是從石油到電力僅需二十年的時間。歐洲在一八七〇年代至一八九〇年代的鋼鐵生產成長量，遠高於十八世紀末和十九世紀初鐵的產量。西歐的大型礦產公司從一七九〇年至一八九〇年花了一個世紀的時間，讓鐵的年產量達到一千五百萬噸；但大概從一九〇〇年開始，僅用了三十五年，鋼鐵產量就從幾乎是零的狀態增加到一千五百萬噸。同樣的動能也出現在美國，而且動得更快。這個國家花費八十年的時間就讓鐵的年產量達到五百萬噸；只花了二十年讓鋼鐵的年產量達到五百萬噸。海因里希・赫茲（Heinrich Hertz）於一八八六年發現電磁波，古列爾莫・馬可尼（Guglielmo Marconi）在一八九六年發明無線電報，而第一個跨越大西洋的訊息是在一九〇一年發送，距離這項科學最初突破的時間僅有十五年。我們習慣這種變化的步伐，也仍處於在這種步調中，而且大家覺得稀鬆平常、理所當然。但是在十九世紀後期，這樣的速度是前所未有的。在一八九六年的《科學美國人》（*Scientific American*）雜誌上，拜恩這位技術創新的敏銳觀察家，形容這是「世界史上，人類活動和發展最了不起的一段時期」。[34]

這種技術創新、採用和傳播之所以這麼迅速，原因其實很簡單，因為它們提升的效率非常可觀。例如從馬車運輸轉向卡車，節省六〇%商業運輸和大眾運輸的成本，而貨運卡車的覆蓋範圍可以達到馬車的六倍，但車庫空間僅需馬廄的七分之一。英國在一八六一年至一八八一年間，農場工人從十一萬降到八千，這些人主要是製造或使用農業機械（曳引機、脫粒機、捆束機等），一共節省九三%的人工成本。於一八七四年開發的罐頭食品高壓滅菌器，將滅菌裝罐的速度提升三十倍，大幅改善醃製食品的品質和可靠性，也徹底改變食品加工業。在西門子開發出平爐煉鋼系統後五年，亨利・貝塞麥（Henry Bessemer）於一八五六年發明出高爐煉鋼的方法，提高七〇%的產能效率。在引進氯化系統後，匹茲堡的傷寒死亡率在三年內大幅下降七五%。[35]在一九〇八年至一九四〇年間，全美與傷寒相關的死亡人數減少十倍。幾個世紀以來，這種疾病一直危害人類社會，在不到一個世代就十分有效地清除。[36]

換句話說，技術革命對勞動生產率和整體社會效率的影響也是革命性的。這些不是逐漸成熟的技術帶來的緩步收益；而是源自全新技術的嶄新進展。因為能夠帶來龐大的收益，這些技術在問世後就被廣為採用，迅速傳播開來。

到了一八九〇年代，技術進步不僅帶來龐大的生產量與投資收益，還創造出本質上全新的經濟體。經濟革命基本上是由基礎生產技術及新材料推動，但是到了一八九〇年代，技術進展、機械輔助勞動生產率的提高，最後連ＧＤＰ也跟著提升，促成西歐和北美的經濟體產生新結構。這就是消費經濟（consumer economy），這種經濟體的成長同時受到大量的消費者需求與資本商品的需求驅動，也就是說既會受到家用電器的生產需求所推動，也會受到對於機動車輛或發電廠的需求驅策。

在此期間發明出來的基本消費品數量驚人，包括汽車、冰箱、打字機、吸塵器、自行車、燈泡、鋼珠筆和止汗劑。為數可觀的經典品牌都是在這個時期創立。光是在美國就有胡佛吸塵器（一九〇七年）、家樂氏玉米片（一八九六年）、可口可樂（一八八六年）、桂格燕麥片（一八八四年）、傑米瑪姨媽煎餅粉（一八八九年），和好時巧克力（一八九四年）等，這些後來都成為家喻戶曉的品牌。搭著這股風潮，還開發出現代化的收銀機（一八八三年）。[37]

在這種新經濟模式出現二、三十年後，對消費品的大量需求再次促成生產技術進一步革新，出現生產線作業的量產方式。這次提升的效率同樣也很巨大。福特汽車公司也在第一批部署生產線技術的大型公司之列，靠著這種流程，順利縮減汽車底盤的組裝時間，在一九一三年十月是十二個半小時，在十二月就縮短到兩小時四十分鐘，節省八〇%的人力成本。大幅提高生產力後，福特汽車公司不僅將員工工時從九小時減少到八小時，還將工資提高一倍，而且生產速度也大幅提升。一九〇九年，福特每天生產一百輛汽車；到一九一四年時，增加到一千輛。在短短五年內，汽車這種龐大而昂貴的耐用消費品產量爆增一個數量級，並且繼續成長：到了一九二九年，福特的汽車年產量超過五百萬輛。整個工業經濟都出現類似的發展；美國在一九二〇年代的工業總產值幾乎增加一倍。這個成長率之所以能夠持續，部分原因是提高工資所刺激的需求；正如福特注意到的：「我們自身的銷售量，在一定程度上與我們支付的工資有關。如果我們可以提高工資，這筆錢將會被花掉，進入其他繁榮生產線上的店主、配銷商、製造商和其他產線上的工人口袋，而他們的滾滾商機最後也會反應在我們的銷售額上。」[38]

人均所得快速成長，驅動生產力提高，產量擴大並刺激消費者的需求，這種模式正是二十世紀經濟成長的主要特徵，它標誌著富裕消費者社會的誕生。經過一段時間，這些技術又傳播到各行各業，以及不同的經濟體；過去一個世紀的世界經濟史，有一大段就是在講述消費經濟是如何發生及何時發生的。

認識這個歷史性斷層的突然性與強度，顯然是了解上個世紀全球史的關鍵。不過同樣重要的是，整個歷程中更精細的地理結構。以我們這個時代為例，中國和印度的人均ＧＤＰ正急起直追，但人均富裕程度卻仍遠低於北大西洋地區、日本或澳洲。這在二十世紀具有重大的短期歷史意義，因為科學技術革命首先發生於西歐和北美，而在這些區域的社會（或稱為北大西洋世界），是最初產生轉型的地方。

工業轉型的整個過程始於英國，接下來傳播到美國和西北歐的部分地區（如比利時、荷蘭與法國北部）；然後到了二十世紀初，再傳到南歐和東歐，如俄羅斯與義大利等國，它們在一九〇〇年開始出現重要的工業發展，而到了一九一〇年，則是西班牙的一些零星區域，以及巴爾幹半島。這一過程讓北大西洋地區成為這個重組的新世界經濟體中心。在發生這次轉型前，歐洲早已透過經濟、軍事和政治力量滲透到世界上其他地區，這段長遠的歷史可以一路回溯到十六世紀，並且在十八世紀變得日益重要。不過在十九世紀末和二十世紀初，建立全球經濟交流的新模式，最大的特點便是以嶄新尺度融合，基礎資源貿易出現大規模擴張，而且真正具有全球規模的企業迅速增加。

會出現這種現象的原因其實很簡單。在發生工業和技術革命的北大西洋世界，僅蘊藏有一些發展這些新技術所需的資源，主要是煤和鐵，這在英國、德國、波蘭、法國、比利時、俄羅斯和美國東部（賓州、阿拉巴馬州、肯塔基州、俄亥俄州）都有大量開採。但是在這些地方缺乏許多現代工業需要的其他關鍵材料，包括棉及銅（用於電線）、錫（用於罐頭食品）、鎢（用於燈泡）和鋁（用於飛機）等有色金屬；還有製造輪胎用的橡膠，以及當作燃料的石油（在美洲量產很大，但在歐洲卻沒有）。用作肥料的磷酸鹽在北美產量豐富，但在歐洲卻很少；黃金也是同樣的狀況。況且，這場革命也需要食物。隨著工業技術的發展，北大西洋經濟體重新轉向工業生產，人口也跟著迅速成長，他們漸漸開始從其他地方進口食物來餵養這些業界工人。在較為富裕的工業化社會中，消費者的需求也包括熱帶地區的產品，例如咖啡、茶、蔗糖和香蕉等。

歐洲工業經濟的發展，最後其實和為了供應這些資源而發展的全球經濟相依相存。實際上，全球貿易逐漸重新調整，將世界上其他地區的初級產品和商品運到北大西洋，在那裡換取當地製造的商品。

下一章的主題便是這項重組。

第三章

重組全球經濟

REORGANIZING THE GLOBAL ECONOMY

一八七〇—一九一四年：全球原物料商品的開墾與開採

金融資本不僅對已發現的原料來源感興趣，也想要開發那些潛在的來源，因為當今的技術發展非常迅速，若是發展出新方法，又有大量資本投入，今日荒蕪的土地，明天可望成為沃土……同樣的邏輯也適用在礦物的勘探，以及原料的處理與利用的新方法等。就此看來，金融資本擴大其影響領域，甚至其實際疆界都是不可避免的。[1]

——列寧，一九一七年

北大西洋區域的經濟轉型引發一場全球性經濟革命，那裡的工業生產者將觸角延伸到世界上許多其他地方，以鞏固與他們產業發展攸關的重要原物料，而這些區域的原料和食品生產者也與北大西洋的買家連結。工業經濟體不僅對這類材料的需求大增，而且當時它們相對富有，再加上掌握的技術較為先進，因此有辦法滿足這些需求。它們在維持空前的成長規模時，也發展出足以重塑世界經濟體的力量。北大西洋以外的經濟體則漸漸順勢調整成所謂的「**商品開採**」（commodity extraction），以便進行原物料商品貿易，這些出口商將當地的原物料與北大西洋工業發展世界中心貿易，換取該區域製造好的貨品。

食物是這種交換中的大宗。當時歐洲人口迅速成長；北美洲因為有歐洲移民潮，人口成長得更快。不過這種成長有很大的比例是往城市集中。在一八五〇年至一九一〇年間，歐洲的總人口成長約七〇%，但人口超過一萬的城市增加三倍多；一九一〇年的美國人口是一八五〇年的四倍，而人口超過十萬的城市的成長率則是十二・五倍。有很大比例的勞動力成長不是用於糧食生產，而是用在其他產品的製程上。

然而，那時的農業生產力（還）沒有順勢增加。第二次世界大戰後，每畝地的糧食產量開始急劇成長；但在一九四〇年前，都只是處於逐漸上升的態勢。因此歐洲，特別是西歐與北歐，開始從世界其他地區進口大量的糧食。在歐洲，工業化和城市化程度最高的英國尤其如此。它們進口的食物有一些來自俄羅斯和東歐，但是逐漸以歐洲之外的糧食為主。在十九世紀，美國是歐洲最大的食品出口國；但是到了一九〇〇年，美國本身的都會化步調加快，消耗生產的大部分糧食，幾乎沒有剩餘量可供出口。因此運到歐洲的糧食逐漸改為其他地方，主要是世界各地新近為人類定居的草原地帶，以阿根廷、加拿大、澳洲和紐西蘭及西伯利亞這幾個地方為主。之後不久，亞太的水稻產區也逐漸成為歐洲的重要糧食來源之一。在一九〇〇年之前，美國是世界最大的肉類出口國，但是之後由阿根廷、烏拉圭、澳洲、紐西蘭接棒，以滿足歐洲的需求（圖表3・1）。穀物出口的模式也很類似：一八八五年之前，美國是世界上最大的小麥出口國；此後，世界穀物市場逐漸由南美洲、亞洲及澳洲的小麥和米主導（圖表3・2）。

世界糧食市場成長所代表的經濟機會，是十九世紀中葉後大批人前去征服或開墾世界草原地帶及稻米三角洲的一大關鍵原因。在一八八〇年代中期，一些美洲和亞太的主要糧食出口經濟體，因為出口貿易而出現爆炸性經濟成長。以阿根廷的經濟為例，在一八八〇年代，每年以七%的速度成長，但是在一八九〇年至一九一〇年間，出口總值卻幾乎增加兩倍，儘管該國人口在這段期間也增加一倍。[2]許多區域經濟體都轉為出口導向。在拉丁美洲，一九〇〇年的出口額占國民生產毛額的一八%，幾乎是英國（一三%）的一・五倍、美國（六・七%）的三倍。[3]在一九〇九年至一九一四年間，阿根廷和加拿大的小麥出口量合計占全世界的二六・八%。俄羅斯當時約占另外的二五%。

圖表3・1 1850—1930年世界肉類出口量。

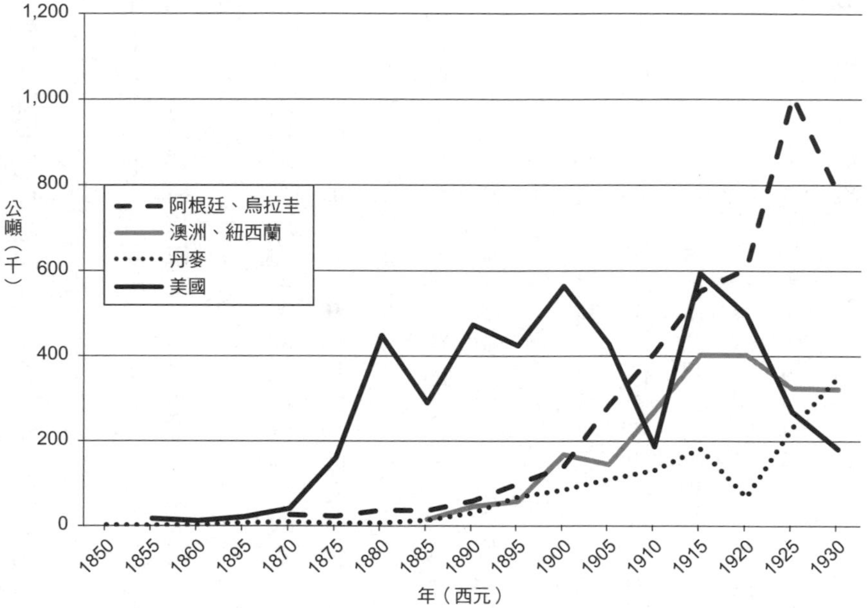

圖表3・2 1860—1910年世界小麥與稻米出口量。

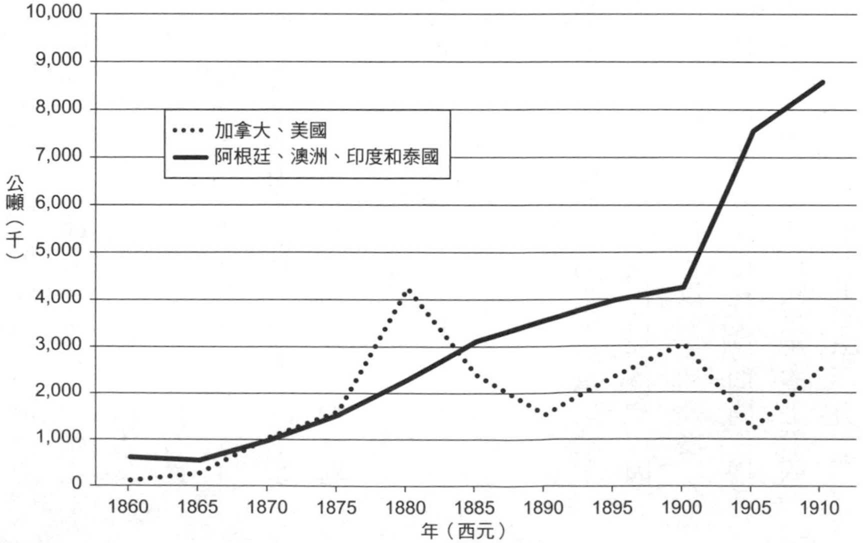

在一八九七年至一九一二年間，西伯利亞出口的奶油（以冷藏列車運送）在短短十五年間增加七倍。[4]發展到最後，在二十世紀初開始形成一個整合全球的農業經濟體，西歐、北歐和北美的城市是消費市場的中心，而生產端則位於新開墾的集約化耕作區，也就是草原和水稻三角洲。

整體而言，小麥在世界穀物市場上的市占率比稻米（或黑麥這類其他穀物）高得多，但是稻米在世界經濟的廣泛發展中扮演另一個特別重要的角色。大多數出口的稻米都是運往世界的人口中心；例如在緬甸出口的稻米中，約有八〇%運往歐洲，而東南亞的稻米則有很大一部分運往中國。不過在從這些新的水稻三角洲地區送出的稻米中，也有些是送往該區域中的殖民地，拿去餵養種植園與礦場的工人，比方說在錫蘭（斯里蘭卡）的茶園、越南和印尼的咖啡園，以及馬來半島的橡膠園和錫礦。到了一九〇〇年，這些地區的食物有五〇%至七〇%是進口的，[5]還有一些稻米則送到更遠的非洲，甚至是加勒比海地區。因此，稻米三角洲的發展對於支撐全球其他商品的開採與開墾至關重要。一個有趣的例子是落花生（或稱花生），原產地是在西非，用於部分的食品中，但主要是製成花生油，這是過去潤滑劑的主要成分，在石油盛產前，花生在工業中扮演重要角色。直到第一次世界大戰前，西非甘比亞的花生出口與稻米的進口維持同樣的趨勢（圖表3・3）。甘比亞的花生生產商之所以要進口稻米，是為了餵養當地種植花生的工人，然後將花生出口到歐洲。這個例子正好可以說明十九世紀中葉全球經濟體的專業化，這樣的分工模式之所以能夠成長，就是倚賴在環境條件深具挑戰性的生物群落中擴大糧食生產。

有了新世界經濟體支應足夠的勞動力、資本與食物，特定原物料和商品的生產可能達到相當規模。以黃金為例，本身不僅具有可觀的貨幣價值，而且在支撐十九世紀後期世界貿易的成長上也發揮關鍵作用，當時的主要貨幣都與金價連動。大量金礦的礦藏最初在一八五〇年代分別於澳洲和加

圖表3・3 1894—1914年甘比亞的稻米進口量和花生出口量（五年平均值）。

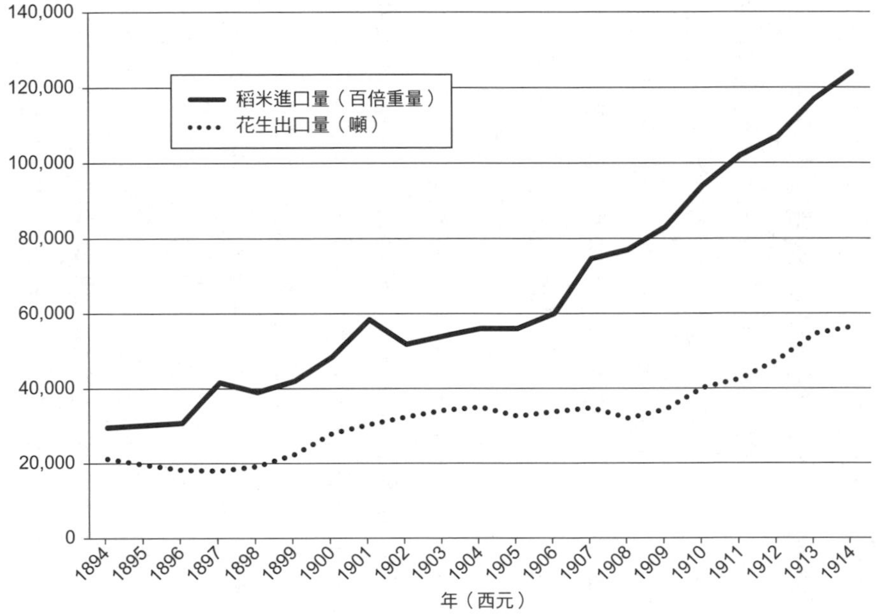

州發現，不過從一八九〇年代開始，大量重型採礦機具的投資在南非迅速攀升，因為在那裡的布爾（Boer）共和區發現新的金礦，這個共和區是大英帝國在一八九九年至一九〇二年間透過血腥戰爭征服的，之後英國的投資迅速擴大南非的金礦產量（圖表3・4）。或是以糖業為例，這在全球食品工業中非常重要（圖表3・5）。一九〇〇年，歐洲以甜菜製造的糖占世界糖產量的三分之二。[6]不過熱帶地區製造的蔗糖也很重要，產量位居全球第二。之後美國在一八九〇年代占據主要的甘蔗種植區後，對製糖業進行大量投資，大幅增加糖的世界總產量。

但是，征服產地不見得一定能夠促使原料商品增產。以石油為例，在一九〇〇年前，俄羅斯帝國和美國的石油產量大致相等（都非常少），但之後美國突然增產，起初是在賓州，不久後俄亥俄州、印

圖表3・4 1850—1910年世界黃金產量。

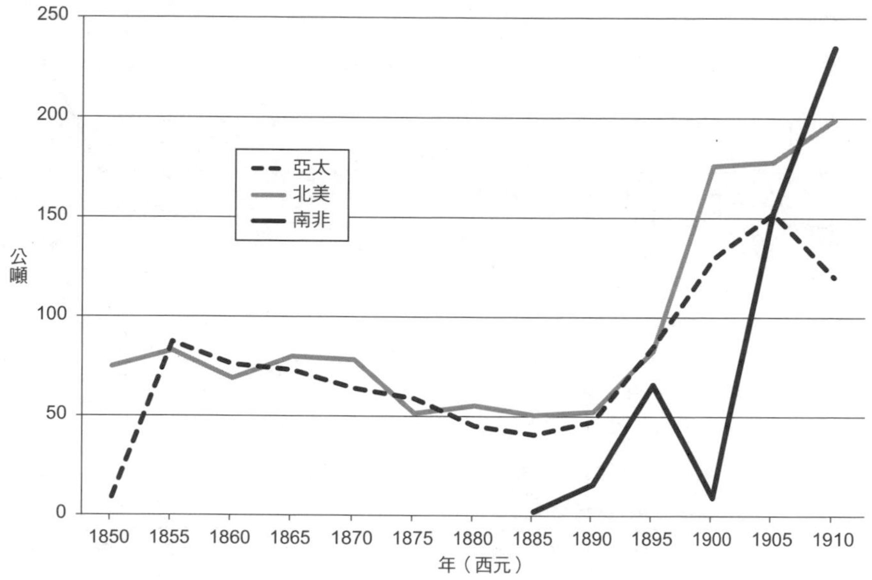

圖表3・5 1870—1913年世界糖產量。

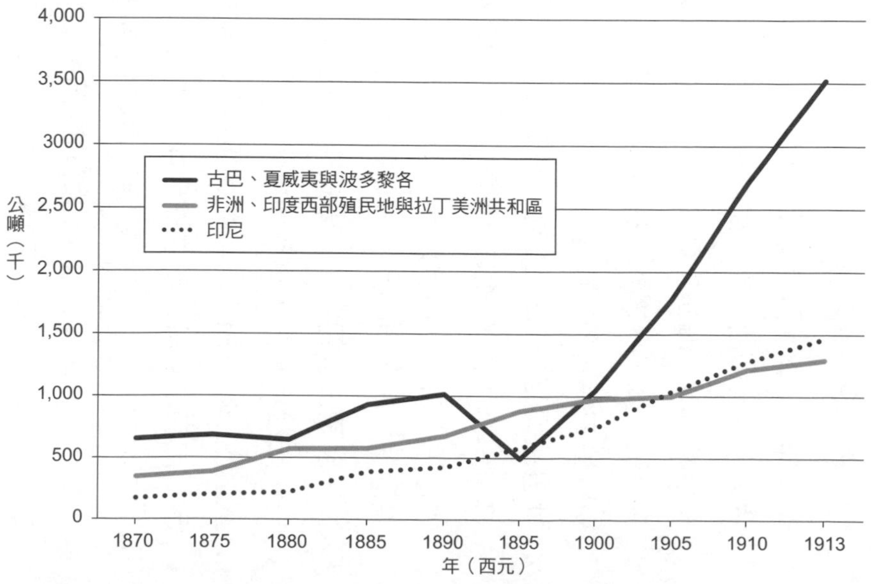

圖表3・6　1885—1940年世界石油產量。

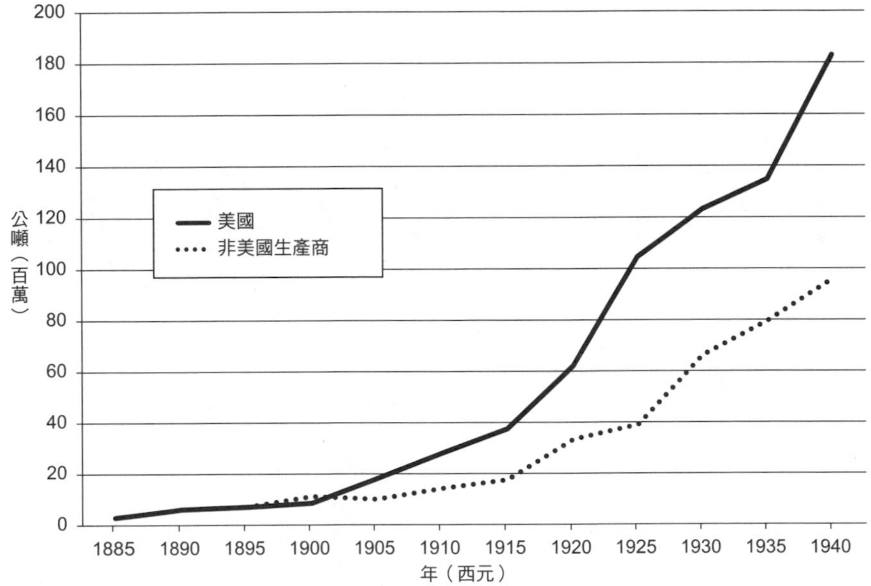

第安納州、奧克拉荷馬州、德州和加州很快就跟上腳步，加大產能，當時全美產量約占世界石油供應量的三分之二，而拉丁美洲、俄羅斯和羅馬尼亞及歐洲在亞太地區的殖民地（在一九五〇年代前，主要是印尼）的產量則介於美國的五分之一至十分之一（圖表3・6）。紙製品的情況也與此類似，工業社會使用大量紙張，用於印刷出版品、包裝、記帳與報紙等。一九〇五年，日本的報紙發行量為一百六十三萬份，但在一九三一年增加到一千萬份；俄羅斯在一九一三年是三百三十萬份，而到了一九四〇年則為三千八百四十萬份。[7]這些紙需要用到很多樹木，而在歐洲樹木日益稀少。長久以來，斯堪的那維亞一直是歐洲市場的主要紙張來源，產量也持續迅速成長。但是在第一次世界大戰後，加拿大的紙製品大舉進入世界市場，到了一九五〇年儼然成為世界上最大的紙製品出口國。全球無數其他原料商品也遵循相同的模式發展，大概就是在一八七〇年至一九一〇年間的某個時刻，產量突然提高。

從一八七〇年到第一次世界大戰爆發這段期間，在世界經濟史上構成一個獨特年代。當時，北大西洋（及後來的日本）和許多歐洲之外的地區，以新的方式相互連結各自的經濟，而且相互依存的程度也有別於過往。西歐與北美洲這段期間的歷史，經常著墨在工業化帶來的經濟和社會革命，但這場革命靠的是這兩處與新定居點的聯繫，以及全球各地經濟發展的關聯，並且在這些地區引發相應的經濟和社會轉型。

在國際勞動分工的早期，由於投資目標有限，導致生產出現地方性的專業化，當時的分工程度非常高，甚至有國家、殖民地或區域成為單一原料商品的主要全球供應商。例如在二十世紀初，全世界煉製工業用特種鋼所需的釩，有四分之三來自秘魯（其餘來自西班牙和美國）；而鉻主要是來自新喀里多尼亞（儘管俄羅斯和羅德西亞也有出口）。一九一三年後，燈泡業的基礎原料是鎢，主要來自緬甸（美國西部和葡萄牙也有）。用於製造罐頭和其他商品的錫，來自馬來西亞和印尼；鎳則來自加拿大。[8]不僅礦產資源如此。在一八八〇年代至一九一〇年代，巴西生產的咖啡幾乎增加四倍，在一九〇一年占世界供應量的四分之三；即使到了一九三〇年，產量仍占全球的三分之二左右。[9]

這種集中化造成一個後果，許多經濟體越來越依賴單一出口商品，而且在某些國家的歲收也僅靠單一商品出口。西歐和美國盛行的模式則恰恰相反，那裡的單一商品（如美國的棉花）在出口總值中所占的比例逐年下降。總體而言，一九〇〇年左右，在北大西洋核心地區任一經濟體中，最大的單一出口商品通常僅占總出口的六％至一八％，而且這個比例通常在下降。每個國家往往都有很多貿易夥伴，還會不斷增加。在歐洲之外，一些幅員廣大或多元化的國家或殖民地也出現類似模

圖表3・7　1860年與1900年主要原料商品出口比例。

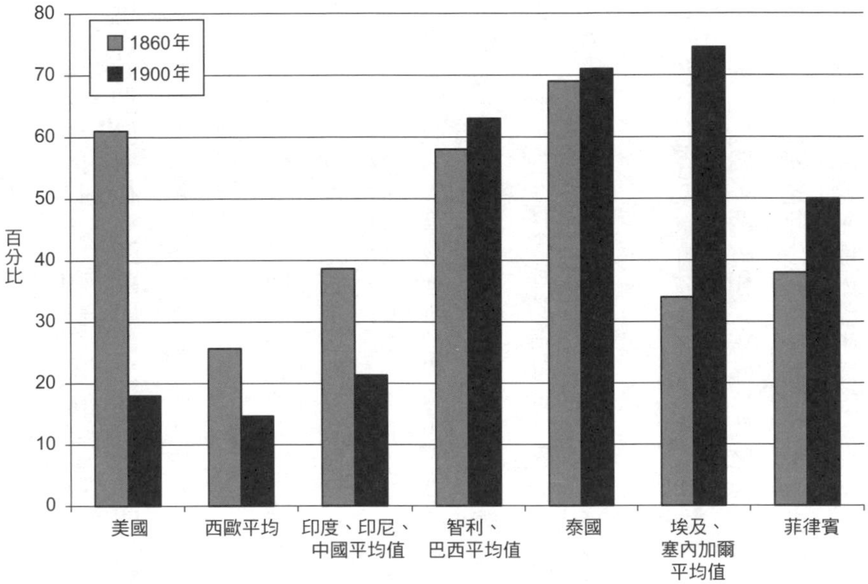

式，像是中國、印度和印尼等國，長時間下來，它們出口的商品日益多樣化。相對之下，小國或是小型的殖民地通常都依賴單一產品的出口，就連巴西、埃及、菲律賓、阿爾及利亞和泰國也是如此（圖表3・7）。在埃及，棉花占出口總量的七八％；在滿洲，豆製品（用於食品、肥料、肥皂及工業和食用油）占八一％；在奈及利亞，棕櫚油占超過四分之三。一九一四年，糖和菸草占古巴出口的九三％；一九一〇年，咖啡和橡膠占巴西出口總量的七二％。[10]加總起來，一九一三年非歐洲國家的前十大出口商品占這些國家出口總量的五六％，[11]這種模式一直延續到二十世紀。一九二八年，在拉丁美洲的十個國家中，單一產品仍占全部出口的一半以上。在那一年，拉丁美洲的貿易往來有近七成僅限於四個國家（美國、英國、法國和德國）。[12]

整體而言，這種專業化提高的效率對全

球經濟非常有益。不過正如後面章節提到的，這些利益分布不均，因為以出口為主的殖民地經濟體難以從中獲益，主要是為那些位於北大西洋和日本的工業社會公司創造收益，不然就是當地擁有土地、種植園或礦場及出口商等精英階級。[13]不過在十九世紀的最後十年，世界貿易明顯起飛。全球航運的承載能力以噸計數，增加近十二倍，一八〇〇年約莫四百萬噸，一九一三年則增加到四千七百萬噸。[14]就某些方面來看，世界經濟在一九一三年後的整合程度非常高，甚至超越之後的一九七〇年代。歐洲和美國在一九一三年時，全國GDP的出口比例都達到高峰，然後開始一路下滑，直到一九五〇年代，而且要等到一九七〇年代後才超越一九一三年的水準。[15]至於大多數的亞洲和拉丁美洲國家，出口則是在一九二九年達到高峰，之後便下滑，也是直到一九七〇年代才開始恢復。在一八〇〇年至一九一四年間，全球總產值每十年成長約七%，但世界貿易每十年成長約三三%。[16]

若是僅就純粹的數值來看，歐洲在世界貿易中占據主導地位並不奇怪，不過這種優勢在某種程度上是政治地理造成的幻覺：歐洲國家多數很小，商品不必運送很遠就可以跨越邊界；也就是說，在歐洲內部進行的國際貿易，有不少比例的國際商品運送距離比一些國家的國內貿易路線還短，比方說俄羅斯帝國、中國、巴西或美國等國。儘管有這樣的但書，不過北大西洋地區在世界貿易的頂端地位還是維持到一九一三年（圖表3・8）。也不會讓人訝異的另一點則是，這時候的世界貿易總體上是以初級產品或原物料為主，因為許多工業化經濟體不僅出口大量的製造品，還出口大量的原物料，例如英國和美國的煤炭，以及俄羅斯的穀物。在此期間，光是初級產品就占全球貿易總值的六〇%以上。[17]

再者，工業化世界中的公司實際上控制著其他地區的大部分出口，多半是透過貿易控制，不然就是因為擁有礦場或種植園，能夠直接管理生產過程。到了一九二〇年代，外國公司控制超過五

圖表3・8　1875年和1913年世界貿易總額的各區比例。

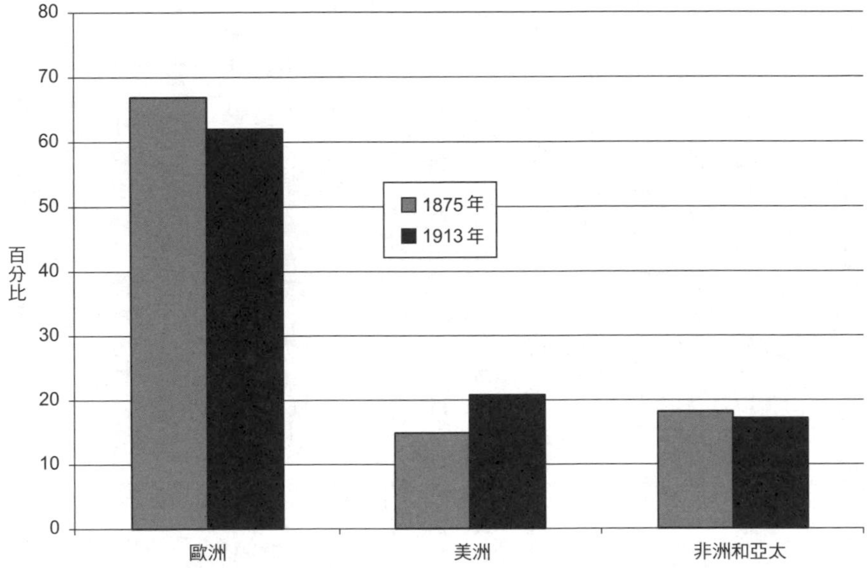

○%的出口，遍及古巴、智利、秘魯、委內瑞拉、伊朗、馬來西亞和印尼。兩家法國公司和一家英國公司共同控制全西非三分之二至四分之三的出口。英國荷蘭組成的聯合利華（Unilever）這個國際企業則控制奈及利亞八○%的對外貿易。[18]智利的銅礦開採是由安娜康達（Anaconda）和肯尼寇特所（Kennecott）這兩家北美公司主導，而外資公司則占秘魯出口量的六○%。到了一九二八年，古巴有四分之三的糖是由美國公司生產，占該國大部分的出口。[19]由於工業和金融資源不成比例地集中在北大西洋，讓這個地區有足夠的勢力前去開採和開墾世界各地的原料商品。歐洲及後來的美國和日本，都是以直接投資的方式來維持主導地位，也解釋了這種模式的成因（見圖表2・3）。為了開拓財源，各企業集體投入巨資在世界的其他地方。

　　這些工業社會的跨國銀行和貿易公司也建立支持此類投資的金融基礎設施，將銀行服務

圖表3・9　1875年和1913年世界貿易中製造業商品的區域比例。

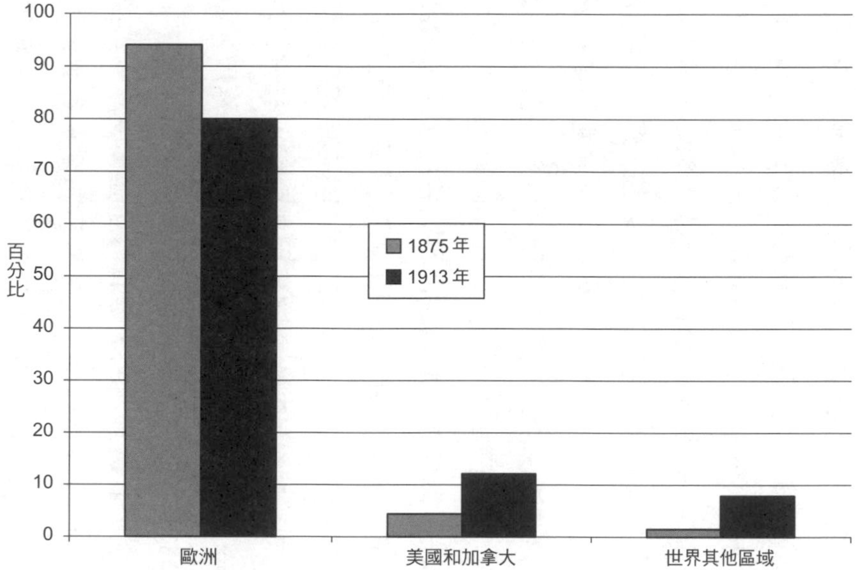

擴展到世界上其他大部分地區。到了一九二八年，英國的跨國銀行在拉丁美洲、非洲和亞太地區的分支機構超過兩千兩百五十家；日本的橫濱實物銀行在國外設有四十家分行；美國花旗銀行（Citibank）在國外則有一百家分行，其中三分之二在拉丁美洲。[20]

從製造品出口的統計數據可以更清楚看出世界經濟力的平衡關係。在二十世紀初，歐洲顯然占據主導地位（圖表3・9），儘管北美和日本工業出口持續成長，讓歐洲的地位漸漸式微。印度和英國的貿易關係可說是當時世界貿易總體模式的縮影：在一九一三年，製造業商品占印度進口總值的七九％，而該國七七％的出口是食品和原物料。[21]

北美和歐洲的公司通常最後還建立運輸和通訊基礎設施，為商業與經濟發展奠定廣泛的基礎。例如，美國的國際電話電報和丹麥的大北方電報公司（Great Northern Telegraph Company），兩者在拉丁美洲的通信網絡建立上都扮演關鍵角色。[22]阿根廷的鐵路網（地圖3．1）在一八八〇年後基本上是由英國出資興建，以利食品出口，當然主要也是運往英國。阿根廷的肉類包裝業也是類似狀況，這些業者將肉類冷凍後，以附有冷藏設備的船出口，它們基本上也是外國人持有，最初是英國人，後來是美國人。這種模式在拉丁美州算是相當典型，而英國的資金在那裡發揮關鍵作用。以整個大陸來看，從一八七〇年至一九一三年，英國的投資成長近九倍；在一九一三年，占拉丁美洲投資總額的三分之二；而在英國涉入最深的阿根廷，有超過三分之一的固定投資（如工廠、鐵路和其他資產）都是屬於外資。一八八〇年時，墨西哥的鐵道有七百五十英里長，但是到了一九〇〇年增加至一萬兩千英里，幾乎所有的增建經費也都是來自外資。這些投資讓拉丁美洲從一八七七年至一九一〇年，出口量激增九倍。[23]但類似的模式也發生在俄羅斯帝國、大半的中歐、加拿大，甚至連美國也是如此。英國的資本在北美、澳洲和印度的交通基礎設施建設上尤其重要。邁向十九世紀末之際，對於英國的工業而言，在殖民地或其他非歐洲地區的投資已經成為重大的經濟機會，因為英國國內鐵路網在一八八〇年代差不多都完成了，而殖民地則仍在迅速發展。荷蘭及其在東印度群島（後來的印尼）的殖民地也具有這樣的關係。

全球通訊網絡的發展也遵循相同的模式。洲際通訊顯然是發展國際業務和跨國公司的關鍵。一八五八年鋪設第一條海底電纜，橫跨北大西洋。一八七〇年，英國完成連接位在印度的關鍵殖民地的電報線（一八七二年又再延長至澳洲）。至於跨越太平洋的電報電纜線則直到一九〇二年才鋪設完成。第一條州際電話線於一九一五年架設，橫跨整個美國。二戰前，全世界的電話系統仍侷限在北大西洋；誠然，當時的技術還很簡陋，再加上費用高昂，因此即使到了一九二七年，紐約和洛杉磯每天的電話量只有五十通左右。[24]儘管如此，電報和電話還是在世界各地逐漸交織日益緊密的通

地圖3・1 在1866年、1882年、1896年和1914年的阿根廷鐵路網。

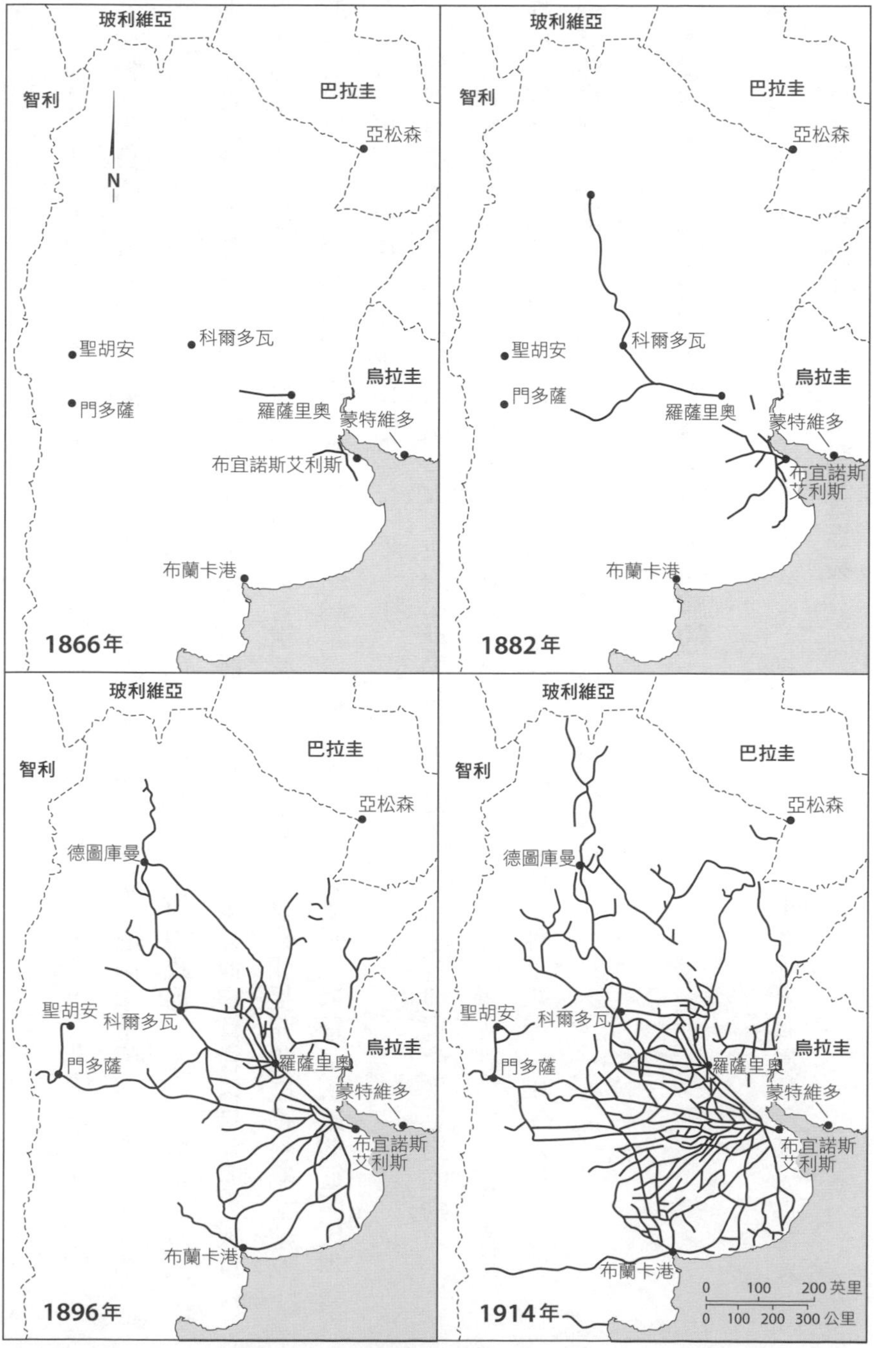

訊網。只是在那個時期，這個網絡在北大西洋地區最為緻密，而且幾乎全是由位於同一地區的公司所建立和擁有。

隨著全球商品經濟的建立，這份應運而生的經濟關係顯然相當傾斜。位於北大西洋和日本的公司和資本構成主導要素，貿易方式極度不對稱；比方說，在印度和印尼這類重要的地方，北大西洋地區的生產商具有優勢，因為他們的國家實際上掌控這些原物料產地的政治。如果產地不是殖民地，而且當地主管部門或商人不願意配合全球經濟體的發展，這些工業社會經常會以雄厚財力或軍事實力迫使他們接受。在十九世紀末，日益採行這樣的做法，因此圍繞在開採開墾原物料商品建立的全球經濟秩序，通常是在槍口下進行的，不論是透過炮艦外交、貿易戰，還是帝國式的征服。本章稍後會再回到這種權力不平衡的問題上。

然而弔詭的是，十九世紀中葉之後，在開採世界原料商品擴張之際，各地也產生足夠的動力，切斷這種經濟剝削關係的重要結構，這些結構在十八世紀曾經很重要，是全世界許多地方維持經濟秩序的關鍵。特別是奴隸制，日後證實這通常與原料商品開採的新秩序難以兼容。在十九世紀世界經濟體發展的早期，全世界有很大一部分都為真正的自由浪潮所席捲。

一八四〇—一八九〇年：自由貿易和解放

智利政府應可對自由貿易政策感到放心，相信這在智利會產生與英國相同的結果，也就是政府收入增加，人民的舒適度和道德感提升。[25]

——英國外交部，一八五三年

> 智利可以工業化，因為它擁有資本、武器和行動力；但是……目前在製造品進口中有大量的外資。在國家建立工業前，這些資本都會構成障礙，不管是目前還是未來……保護主義應該成為所有剛萌芽的工藝或產業的乳汁……因為要是少了它，任何新興發展從一開始就會暴露在自由貿易中，任憑聯手的外國進口商猛烈攻擊。[26]
>
> ——《信使報》（*El Mercurio*），一八六八年五月四日

在十九世紀的最後三十年，國際舞台上顯然有兩股相反的趨勢日益糾纏。一股勢力早在一八四〇年代就出現了，來自北大西洋地區的社會，它們直接對這個區域以外，在金融和軍事上都遠遠落後的社會施壓，形成不平等的經濟關係；另一股力量則是來自解放遭受奴役勞工的浪潮，這席捲整個大西洋世界。帝國主義和奴隸解放之間的連結創造出難題。我們通常認為奴役勞動力和帝國主義掛鉤，是由此而來的一種強迫形式。就歷史來看，兩者確實相互聯繫。在農奴制的現代史中，有很大一部分是因為普魯士、俄羅斯及奧地利等帝國在東歐和中東歐地區擴張所致。在美洲，第一波的殖民擴張至少有部分就是建構在對當地原住民及非洲人的奴役上。然而，在進入十九世紀中葉之後的二十多年間，出現歷史學家所謂的新帝國主義興起和正式解放的浪潮。

奴隸解放是一段漫長而緩慢的過程。[27]在十八世紀的最後二十五年和十九世紀的最初二十五年，大西洋世界周邊有很多社會都廢除奴隸制。英國是在一七七七年，當時快要獨立的美國北部則是在一七七〇年代和一七八〇年代逐步廢除，大多數南美洲與中美洲新成立的共和國則是在一八二〇年代。同一時期，在普魯士和俄羅斯帝國的西部地區（現為波羅的海國家）分別在一八〇七年與

一八一〇年代廢除農奴制。一八三八年，英國在殖民地宣布奴隸制是非法的（不過提出以五年的「學徒」過渡期作為廢奴的緩衝），法國在一八四八年跟進。英國和美國在一八〇七年至一八〇八年又廢除（與奴隸制不同的）奴隸貿易，然後在十九世紀上半葉，世界其他地區紛紛出現大量解放奴隸的地方措施和國際條約，最後三個加入的國家是巴西、鄂圖曼帝國和古巴，分別是在一八五〇年、一八五七年及一八六二年。[28]

但是到了一八五〇年，那些最大的奴役中心仍未廢除這套制度，包括俄羅斯、美國南部各州、古巴和巴西在內。俄羅斯在一八六一年才解放農奴；美國是在一八六五年廢除奴隸制；古巴則是在一八八六年，而巴西最晚，是在一八八八年。

奴隸解放是世界史上的大事。在俄羅斯，一八六一年的解放讓大約三千萬名農奴自由。美國在一八六五年釋放四百萬名奴隸，約占南方人口的三分之一。在古巴和巴西，這個過程更為緩慢；在一八七〇年至一八七一年間，兩國先通過釋放奴隸母親的子女法律，讓他們在年滿二十一歲時得到自由。不過這兩個國家的奴隸人口在此之前就已經下降，古巴從一八四一年的四十三萬六千人減少到一八六一年的三十七萬人，一八七七年再下降到二十萬人，等到完全推行奴隸解放制時，僅剩五萬三千人需要解放。巴西也是類似的模式，一八五一年有兩百五十萬人，一八七二年有一百五十萬人，到一八八八年時更少。[29]不過以長期的角度來看，即使是在巴西和古巴，奴隸制的結束都是一項非凡又快速的社會變革。這些社會在一八五〇年仍可說是建立在奴隸制的基礎上，但是到了一八九〇年，奴隸制完全消失。

為什麼？

其中一個原因是，就許多層面來看，奴隸制都與啟蒙運動的思想背離，也因此與十八世紀末至十九世紀初基於這些思想推動的大西洋革命精神不符。在承認普世人權的基礎上，提出自由、平等和博愛的理想，並且抱持自由主義的信念，主張必須將個人倡議和創造力釋放出來，才能推動物質和文化的進步，這些是十九世紀世界中最有力量的現代思想；而許多為這些理想而奮鬥的有志之士都認為，奴隸制根本無法與此共存。因此，法國在一七九四年法國大革命最為激進時廢除奴隸制。但是在拿破崙・波拿巴登上帝位，進行獨裁統治後，於一八〇二年又重新引進；然後在一八四八年的另一次自由革命中再次廢除。大多數拉丁美洲國家都是在一八二〇年代對抗西班牙，追求獨立的抗爭中，廢除奴隸制。在許多地方，奴隸本身的抵抗與脫逃也是促成解放的重要因素，這有助於讓人相信，對自由的渴望是普遍的。最引人注目的例子是在海地，那裡爆發近代史上最嚴重的奴隸叛亂，在經過漫長及充滿破壞的革命抗爭後，最終在一七九〇年代和一八〇〇年代成功推翻法國殖民統治，建立共和體制。不過於一八三〇年代，在牙買加和美國南方也分別出現認真籌劃但功敗垂成的奴隸反抗事件，而在俄羅斯農村這類人民較為服從的社會中，則出現低度暴力和衝突事件。對叛亂的恐懼持續數十年，這種動亂造成的危險也是廢奴者常用的論點。[30]

然而，光有想法並不夠。儘管有些啟蒙運動的擁護者憎恨奴隸制，但多數人並不認為兩者不相容。畢竟，在美國，許多前南方殖民地的領導人在倡導與推動美國獨立的觀念和運動之際，也同時蓄奴。至於蓄奴有引發暴動危險的說法，在某些地方只是造成適得其反的效果，發展出更為嚴厲和普遍的管教手段。在十九世紀中葉，美國南部的奴隸制實際上蓬勃發展，在一八一〇年至一八六〇年間，南部各州的奴隸人數增加兩倍多，從一百一十萬增加到近四百萬。[31]

第二個原因是宗教。十九世紀中葉掀起一股宗教改革熱潮（在第四章會加以檢視）。在美國，這個運動通常稱為第二次大覺醒（Second Great Awakening），但這其實是全球現象。在這段期間，一些激進的新教教派認為奴隸制與福音書相違背，和按照上帝形象創造出來的有尊嚴的人不相稱。反奴隸的訊息裡充滿強烈的道義和宗教色彩，這正是得以在當中注入政治力的一項重要原因。以美國南北戰爭為例，在北部各州的在很多人看來，這宛如一場十字軍東征，根源是去征討他們認為不道德，甚至是犧牲他人的體制。

不過這裡的問題也一樣，光有想法本身還不夠，比方說對許多美國的白人基督徒來說，他們在聖經中讀到蓄奴的宗教制裁。但是在俄羅斯和拉丁美洲推動解放奴隸時，並沒有與宗教牽扯在一起。所以宗教在奴隸解放中也只是重要因素，但不是充分條件。

另一個關鍵因素是世界經濟結構的變化。一方面，奴隸制和農奴制是源於勞動力短缺而出現的因應辦法，或者也可說是肇因於廣大土地與相對稀疏人口間的不平衡關係。在俄羅斯和東歐，農奴制從中世紀就開始，因為那裡的人口密度低，地主有機會擴大生產，以供養不斷發展的西歐城市。在美洲，疾病肆虐再加上外來者的征服和殖民所造成的破壞，導致當地原住民族群從十六世紀開始崩潰，之後熱帶疾病又繼續在一些重要經濟區域破壞人口結構，特別是在加勒比海島嶼的產糖區。第一章討論的人口結構革命彌補這些缺口。到了十九世紀下半葉，俄羅斯的人口以健全的速度成長——到了一八九〇年代，俄羅斯確實得面臨大規模的饑荒問題。在美洲，因為有來自歐洲的大規模移民，因此迅速減少強迫他人來此工作的需求，當時有數千萬人自願前來。正如一位巴西歷史學家觀察到的，到了一八八〇年代中期，許多國家的蓄奴者對城市裡的廢奴人士已經不堪其擾，還得面對日益嚴重的奴隸脫逃問題，再加上國家補貼大批來自歐洲的移民，他們的結論是「這套制度已經不可行，還會製造麻煩，而且比僱用移民更昂貴」。[32]

俄羅斯的農奴制也出現類似的演變跡象。俄國農奴的地主多半不住在當地，而且耕作效率極低。農奴幾乎沒有受過訓練與教育，無從學習最新發展的技術與農法。他們的資本很少，因為地主收取的租金甚高，而且對投資那些不是直接親自耕種的土地不感興趣。農地是由村社集中管理，缺乏企業化經營。由於農奴無法擁有土地，因此沒有誘因去改善方法，因為他們在耕地上進行的任何投資都屬於地主。在十九世紀的前三十多年，隨著經濟發展和技術進步日益變得明顯，俄羅斯沙皇和政府中的領導人物認為這套系統已經過時，應當廢除；而且農奴在總人口中的比例早就在下降，從一八〇〇年的五〇％下降到一八五八年的四〇％以下。越來越多的農奴不再直接為地主服務，改為支付租金或費用。[33]

美國是這股解放奴隸趨勢中的例外，因為美國南方的繁榮是建立在以奴隸為動力的大宗原物料出口商品上，也就是生產棉花後將其運往紡織業不斷發展的北部各州和英國。受到需求穩定成長的驅動，南方的奴隸農業持續穩定地提高生產力，主要是透過開發改良的農作物品種，往西部開闢新土地（例如在德州）；另外，可能還包含日益嚴格的強制性管理奴工措施。[34]然而在美國，奴隸制隨著北部各州的入侵而遭到摧毀，那裡迅速工業化，吸引數千萬移民。這些不斷成長的產業需要關稅保護，才能與早已建立的大型英國工業抗衡。但是南方的生產商則恰好相反，他們依賴出口，能從自由貿易中獲益。美國的南北戰爭有部分就是源自這個早在一八三〇年代就出現的內部矛盾。不過這並不是最後引發南北戰爭的唯一原因，道德和宗教信仰也扮演重要的角色。另一部分原因是，長期以來南方與北方的社會和經濟體系逐漸不相容。同時，擔心奴隸叛亂的南部蓄奴者也想維持自身在社會和思想環境中的絕對穩定，對於北方傳來的商業、工業和政治發展等相關思想日益懷有敵意。隨著往西部開墾的征服活動加劇，包括併吞德州、加州與西部的沙漠和山區（一八四五年至一八四八年），以及在大平原建立的早期定居點（尤其是於一八五四年劃設為州的堪薩斯州和內布拉斯加州這兩區），南北之間的緊張關係變得關鍵。南北戰爭之所以開打，與下面這個問題脫不了關係：如何將這個不斷擴張的大陸型帝國融入新的大西洋世界經濟體？是要依賴北大西洋經濟外圍地區，尋求開採與開墾穩定的原料商品？還是加入這個經濟體的動態工商業核心，成為其中一員？[35]

另外一個重要的經濟因素則是，到了十九世紀中葉，即使是基於原料商品開採和出口的經濟體也需要增加勞動力的靈活度。在日益動態化的經濟中，難以預測哪一項商品是最重要的。隨著市場需求的變化，出口型經濟體必須隨時準備好從一種商品迅速轉變為另一種，這通常是為了因應突如其來的技術進步。例如在一八二〇年代，秘魯的波托西（Potosí）銀礦占阿根廷出口的八〇％。到了一八五〇年，有八〇％的出口是畜牧相關產品，這些出口中有一半以上是皮革，其餘則是肉乾；絕大多數都是運往巴西和古巴的奴隸種植園。巴西和古巴的奴隸數量日益減少，導致這類商品的出口額下降，但是英國紡織業的成長彌補這一損失，因為對羊毛的需求不斷成長。一八二〇年，阿根廷有四百萬隻綿羊，一八五〇年時為一千四百萬隻，而在一八六五年達到四千萬隻，占阿根廷出口的四五％。然後在一八八〇年代，棉布在全球經濟中變得普遍，印度、埃及和美國南部各州的廉價棉布供應增加。阿根廷的經濟再次發生變化，擴大穀物種植。同一時期，冷凍技術的改善讓肉品業再度復甦，因為現在輪船可加裝冷藏設備，能夠將優質肉類運往歐洲市場。[36]類似的模式出現在世界各地，好比巴西，因為新產業及不斷擴大的消費需求產生更多需求，各式各樣的原料商品（糖、咖啡、棉花、橡膠）接二連三出現生產熱潮，因此需要非常快速擴張勞動力，或是將其重新分配。

在這種經濟環境中，自由勞動力因為靈活度較高而更具優勢。巴西和阿根廷等移民國家可以進口所需的技能，最初是愛爾蘭和西班牙的牧羊人，然後是俄羅斯的小麥種植者和英國的畜牧者。大多數的非洲奴隸必須接受培訓，而且自然的人口成長無法滿足這些勞動力需求的突然變化。將奴隸從一個地區和產業轉移到另一處也較為困難，因此更加昂貴。巴西在一八七〇年代和一八八〇年代，從北方的糖業生產轉向南方的咖啡。但南方的咖啡農只想購買介於工作年齡的年輕男性奴隸；因此北方的製糖業者逐漸被一批女性、老年人和兒童所束縛，他們的勞動生產率總體而言也較低。[37]要降低餵養和安置他們的成本，一種解決方案便是釋放這些奴隸。

事實上，現代的運輸技術為全球勞動力的部署帶來絕佳靈活性。在一八九〇年代，一些大西洋地區的經濟體還可以進口勞動力，藉此來滿足建築工程或農業的季節性需求，並且在淡季將他們送回家，或是送往其他勞動市場。例如，義大利的農場與建築工人在夏天和秋天可以在義大利、德國南部或美國東岸工作，冬天時則到南半球的阿根廷或巴西工作，這時候的南半球正處於夏天和秋天；然後等北半球的夏季和秋季時再次返回。這種新的跨大西洋勞動力市場之所以能夠成形，靠的就是速度更快、費用更便宜的輪船運輸業，這大幅縮減南北半球勞動力市場的移轉時間。在十九世紀中葉，乘坐帆船穿越大西洋需時六週。五十年後，搭乘輪船僅要一週的時間。[38]

當然，這裡有些令人失望的地方，在這波巨大的自由浪潮背後，經濟竟然會是其中一項決定性因子。不過實際上，這種經濟模式恰好適合自由主義，這是那個時代兩大意識形態傳統之一（另一個是保守主義），也是十八世紀後期在思想上引發大西洋革命的因素。自由主義的論點是，知識進步、商業成長、人類精神的發展，以及自由的進步都將齊頭並進，從而創造更道德、更敬虔、更開明、更自由且更富有的世界。從一八九〇年回顧過去，這似乎就是十九世紀的故事。當時的自由主義者對於自由具有良好的經濟意義毫無芥蒂。在美國，傑出的南北戰爭史學家艾瑞克・弗納（Eric Foner）提出的「自由的土壤、自由的勞動與自由人」，這個概念正是基於道德權利與經濟利益的融合。[39]事實上，將奴役經濟和道德論點區分開來是一種錯誤，因為反奴役陣營認為這整套奴隸體制就是道德淪喪和經濟停滯所造成的，一個帶來另一個。[40]

然而事實證明，許多在大解放中解放的奴隸並不好過，難以在新經濟時代取得多大的成功。俄國的農民經濟以相當緩慢的速度擺脫效率不彰的農奴制，部分是因為解放奴隸的相關法律要求農民支付補償金給之前的主人，另一部分則是因為農耕活動主要還是操縱在村社和地主的手中，而不是個別的農民。美國在經歷南北戰爭這場內戰後，多數南方的白人地主仍保留財產，而且還是可以使用變相手法來剝削，諸如作物收益分成制度、以工償債、遊民法規及債務刑法化，並經常以勞役當作罪犯罰則，另外還有一些種族歧視的法律和公然的暴力行為——如最著名的反黑奴獲得自由的祕密組織三K黨（Ku Klux Klan）——凡此種種形成一套系統，在許多情況下，正如一位歷史學家所言，「不過就是隱藏在現代化形式下的奴隸制」。在古巴和巴西，獲釋的奴隸也遇到類似的障礙。那裡也是透過各種產權和信貸安排機制來創造新形式的勞力約束。事實上，作物收益分成制度的擴張、種植園農業及偏向勞務償債的農業信貸制度，這些顯然讓更多地方採行各式各樣，表面上看似自由，但實質上依舊是強迫勞動的作業手法。[41]

在世界上其他地區，雇主則以勞動性質的移工制度來取代多數明顯的奴隸制，在某種程度上，這種制度相當於**暫時性**的奴隸制，美其名為簽約勞工。特別是指那些在印度、中國和太平洋群島招募的勞工，他們一般都是前往東南亞、拉丁美洲、南非及太平洋地區礦場和種植園工作，那裡的勞動條件、工資和合約條件都非常差。這些人通常是非常貧窮的人，很少或幾乎沒有可以捍衛自己的資源，又在遠離家園的偏遠地區工作，所屬的政府難以顧及他們的公民權利，或是在殖民地（在印度為例）上，因此無法有效捍衛自己的權利。招募工的合約通常是三、五年或更長，領的是最低工資；他們經常住在軍營或宿舍中，有時會有警衛監視；根據合約規定，要是違反規定，會遭到巨額罰款，甚至是毆打；他們的日常購物往往沒有什麼選擇，只能在公司的專賣店，那裡的價格都遭到嚴重哄抬。一位中國移民的歷史學家就稱這套制度為「準奴隸制」（paraslavery）。[42]

另一方面，這對雇主來說則有許多好處，這些工人在當地沒有其他聯繫，或是其他的就業選擇，一旦合約期滿，通常就會回到原籍國。特別是在東南亞和南非，那裡的人口早已相當稠密，因此外籍契約工是較為理想的選擇，當地人可能有自己的小農場或小生意，或是有親戚能夠幫助他們抗議過差的工作條件，因此不願做這類工作，契約工來這裡開採或開墾特定原料商品，通常就從事當地人沒興趣的工作，約滿後就將他們送回自己的國家。在這些地區，移工完全稱不上是多數，僅占總人口的一〇%左右，但對某些重要商品的開採或開墾及鐵路建設，他們是非常關鍵的勞動力。[43]

在美國南部，這種形式的契約工很少見，但是在作物收益分成制度下，債務拖欠變得很普遍。這個制度可以合法地逼迫他人，以「勞力」償還購買種子和設備所欠下的債務。這裡的條件也近似奴隸。一旦處於這樣的境地就難以翻身，所以勞動償債成為「自由市場」的奴役手法。類似的制度在拉丁美洲也很普遍，特別是在生產出口作物的地方。因此在很大程度上，那時候對擴大自由的承諾是虛幻不實的。

而且更令自由主義者震驚的是，儘管社會內部出現明顯的自由化舉措，但在十九世紀的最後三十年間，國際秩序的主要特色並不是以和平方式來擴大貿易，在新世界經濟體的組織中，征服、脅迫和暴力行為經常扮演重要角色。在某些殖民地區，特別是西非，那裡有著長期的奴隸制傳統，各種形式的強迫勞動相當廣泛，其中包括所謂的勞務（corvée），以及用金錢或勞力繳稅的方式。殖民政府經常利用這套系統，來修建公路、鐵路、堤防和其他公共工程。[44]這裡對待勞工的方式也常常很殘酷，部分原因是殖民官幾乎不用對行為負責，也有殖民政權要求以實物支付稅款。最極端的例子是剛果自由邦（Congo Free State），那裡曾是比利時國王的個人殖民地，他規定要繳交給殖民政府橡膠的數量，而且以殘暴手法執行，如焚燒村莊、切下勞工的耳朵或手、毆打，或是大規模的「重新安置」。在這個政權統治的短短三十二年中，可能有高達五百萬剛果人喪生。諷刺的是，歐洲侵略者認為這類殖民擴張是合理的，特別是在非洲的殖民，他們視為引入文明和自由給「落後」民族的手段，比方說那些仍然蓄奴的地方。[45]

何以這些傾向和擁抱自由的社會，竟然會讓自身處於施加暴力、剝削他人的狀態中？

一八四〇—一九二〇年：「自由」貿易和帝國主義

此後，我們最大宗的貿易必定是與亞洲進行。太平洋是我們的海洋……中國是我們的自然客戶……。菲律賓成為我們進入整個東方的門戶基礎……。掌管太平洋的規則……統治世界的規則……。鋪天蓋地展開行動，不斷奮戰，直到將敵人完全擊倒，才能建立持久的和平……。（我們必須）建立美利堅共和國在太平洋地區和世界各地的霸權，直到時間的盡頭……。總統先生，這個問題比任何政黨政治問題來得深，超過我國任何一項政策問題；甚至比憲法權力問題都更為深層。這是基本的，這是激進的。一千年來，上帝不是為英語世界和條頓（Teutonic）人徒勞地做準備，只是放任我們空耗在那裡，自我領悟和自我欽佩。不是這樣的！祂讓我們成為世界的主要組織者……。而在所有的種族中，祂已將美國人民標記成最終領導世界再生的國度。這是美國的神聖使命，而這會為我們帶來益處、榮耀及人們所能企盼的所有幸福。[46]

——參議員艾伯特・貝弗里奇（Albert Beveridge），一九〇〇年

圖表3．10　1740—1913年英國航運的貨運成本。

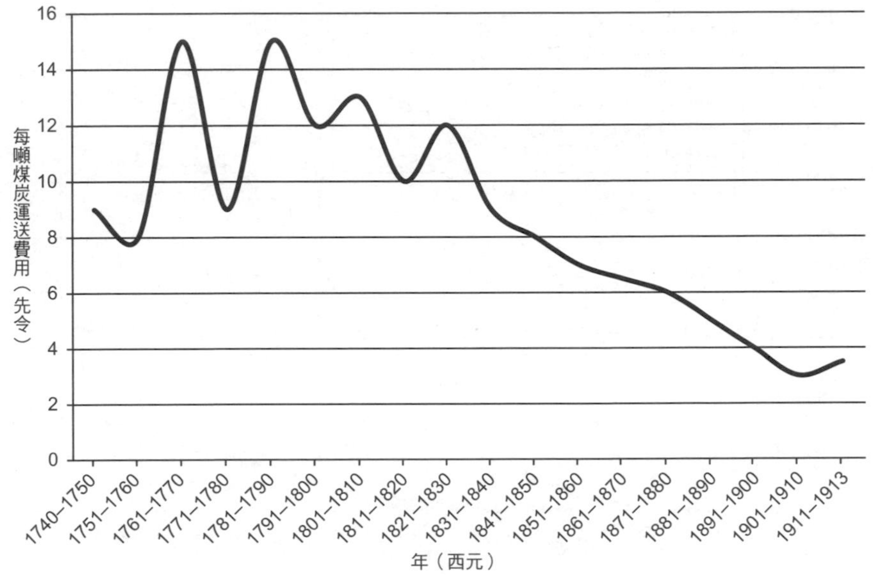

殖民暴行的壞疽正在感染我們，在弱國壓制自由的習慣正在危害我們自己。[47]

——威爾弗雷德．斯卡溫．布朗特（Wilfred Scawen Blunt），一八九六年

在十九世紀的前七、八十年，北大西洋經濟體對原物料和食品的渴求日益增加，同時也更需要一個市場來出售成長性產業製造的產品，這意味著它們越來越依賴商業，也受到其推動。自然而然地，北大西洋的各個社會和國家紛紛採取各種措施，來促進全球貿易的發展。

首先，北大西洋的強國開發出運輸和通訊方面的關鍵技術，比方說效率高的輪船就大幅降低世界各地海運成本。以英國為例，在十八世紀下半葉的帝國戰爭時期，英國生產商的海運平均成本大幅提升，但是到了一九〇〇年，下降近四分之三（圖表3．

圖表3・11 1825—1930年的世界鐵軌使用量。

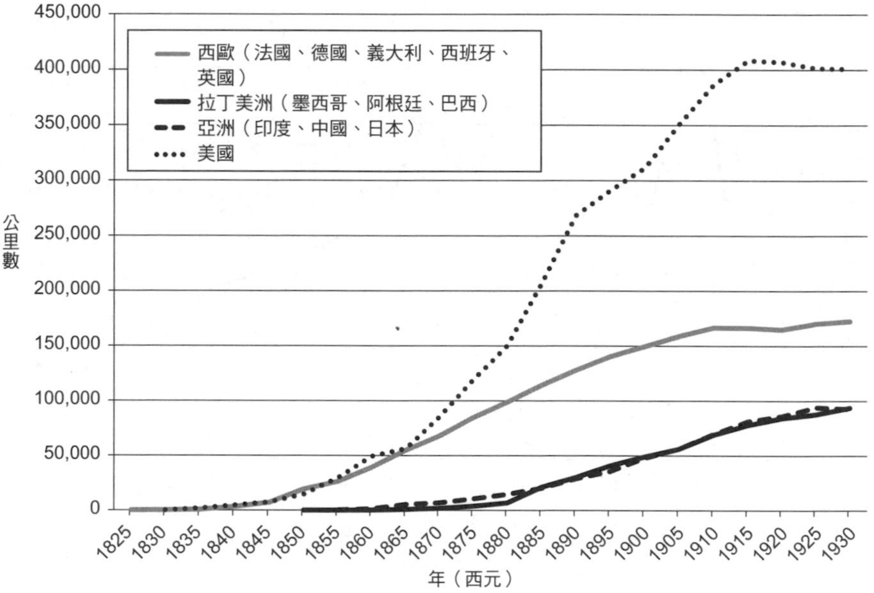

10）。一八六九年蘇伊士運河竣工，大幅降低往返亞洲的運輸成本。一九一四年完工的巴拿馬運河和世界鐵路網的建設也具有同樣的重要性（圖表3・11）。在第一次世界大戰前，全球鐵路網迅速擴大，部分也是因為此時的歐洲鐵路網趨於成熟，歐洲的事務所和投資者開始在全球的交通基礎建設上持續投入資源。同樣的模式也出現在通訊建設，標準化的做法和費用有助於跨國政府組織的工作，像是一八六五年成立的國際電報聯盟（International Telegraph Union），或是一八七四年的萬國郵政聯盟（Universal Postal Union），後者的規模代表全球通訊的進展，這是由二十一個國家（主要是歐洲國家，再加上美國、埃及和鄂圖曼帝國）的代表，在一八七四年舉辦的一場會議中決定成立的；到了一八八八年，成員國超過五十個（包括英屬印度、十九個拉丁美洲國家、賴比瑞亞和日本），一九一四年有七十餘國（包括中國），一九二九年則有八十七國。[48]

這時候的第二項重要舉措是貿易協定，當時各國簽署許多貿易協定來降低進口關稅，有些地方甚至建立關稅同盟或自由貿易區的關稅制度。一八三七年在德國北部設立自由貿易區，即關稅同盟（Zollverein），大多數在一八七〇年成為德國（德意志帝國）的地區，在一八六〇年代初期就先後加入這個關稅同盟。事實上，就某方面來說，可將創造出現代德國（一八六二—一八七一年）和義大利（一八六〇—一八七一年）的政治統一運動，視為推動這個市場的一股驅動力，由此發展出更大、更開放的市場。在德、義這兩個例子裡，商人都是其中的要角，他們凝聚社會力，推動民族主義運動，主要就是因為想要消除在中歐和南歐廣大地區的貿易限制。具有同樣象徵性（但實質效益較少）的是英、法兩國在一八六〇年簽署的《科布登—謝瓦利條約》（Cobden-Chevalier Treaty），雙方建立「最惠國」貿易關係，協議將不會彼此徵收比其他國家商品更高的稅。這是一種自動更新貿易條約的方式，希望藉此達到逐步貿易自由化。在接下來十五年中，又另外簽訂將近五十條條約，以維持這項協定，這主要是在歐洲地區，但不限於此。最終造成的結果是，在歐洲的進口關稅平均下降一半以上。[49]到了一八七〇年代和一八八〇年代，隨著英國之外的其他國家開始工業化，並以課徵進口關稅來保護新興產業，歐洲的關稅又開始提高。十九世紀的前數十年，美國已經成功試驗這項策略，而且直到第二次世界大戰爆發前，美國仍然抱持一定的保護主義。一些拉美國家也在一八八〇年代改變策略，加強對國內產業的保護（因為在十九世紀初曾簽署開放歐洲產品進入美洲市場的條約，結果重創本土產業發展）。不過平均而言，從一八八〇年代到第一次世界大戰前，全世界的關稅事實上保持相對穩定的稅率。由於運輸成本迅速下降，最後對國際貿易產生的淨效應仍大幅減少金融障礙。[50]

促進全球貿易的第三項因素是採用金本位（gold standard），將各國貨幣與一定重量的黃金掛鉤，目的是企圖以穩定匯率來促進貿易；在前電腦時代，有助於限制價格的不確定性，從而降低商業風險。美國在一八三四年或多或少就採用金本位制，英國在一八四四年也實施金本位制，德國則是在一八七六年，大半的歐洲地區到一八八〇年代初期也跟進。[51]

這時候在北大西洋地區以外的地方，雖然貿易條約也很重要，不過在許多情況下，歐洲經濟的影響力主要是透過投資和貿易金融網絡的發展來鞏固。拉丁美洲與北大西洋經濟日益緊密地融合，而且絕大多數是非強制性的（除非是內部因素，如債務拖欠），主要是透過貿易與投資。當地的經濟精英渴望抓住北大西洋市場和資金代表的機會，透過尋找市場和信貸，建立區域運輸基礎設施，當地企業得以與全球市場聯繫，他們在北大西洋遇到半路上的同行，也在那裡尋求商品和投資機會。阿根廷農業經濟的發展就是說明這個狀況的例證。阿根廷的企業家地主遠赴歐洲尋求所需的專業知識、勞動力和金錢，以掌握那裡能與之互補的經濟發展帶來的機會。在十九世紀上半葉，這樣的野心讓他們與歐洲國家，特別是英國，簽訂無數的低關稅條約。[52]一些採用這種策略的國家獲得不小的經濟成功，如阿根廷、加拿大、澳洲及紐西蘭，它們後來在十九世紀後期的世界富裕社會排行榜上名列前茅，主要靠的就是出口食品和原物料。

亞洲和中東融入全球經濟的過程通常較為複雜。某些地方跟大西洋大部分的地區雷同，也是經由地方倡議將經濟整合到世界市場中。例如在中亞的俄羅斯行政人員注意到，當地商人通常渴望利用俄羅斯的征服行動，趁機進入歐洲市場。在一九〇〇年左右的數十年，在歐洲控制的東非和南非地區，前往定居的印度人比歐洲人更多，而在今日的馬來西亞，更是有大量中國人和印度人前去定居。這兩個民族的商人都利用帝國關係和人脈，建立遍布全球的工商企業。儘管歐洲主導從東南亞出口到歐洲的稻米，但中國商家則把持到東亞的出口，印度人則是控制到印度的出口。中國商人控制馬來西亞三分之二的錫礦和三分之一的橡膠加工，以及中南半島（今日的越南）八〇%的稻米加工。[53]換句話說，征服和帝國經常為企業創造出新的機會。

然而，在亞洲大部分地區，「自由」貿易主要是透過行政徵收，甚或是軍事力量來推行，打擊當地生產商的利益。以印度和印尼為例，荷蘭與英國早在十八和十九世紀初就已經在那裡建立主要的殖民地，而且透過征服、併吞及建立歐洲主權條約等手段，持續擴大所能控制的領土，直到一九〇〇年代。英、荷兩國讓自己的生產商自由進入這些巨大的市場，這往往對當地產業造成重大衝擊。[54]事實上，英國之所以能夠推動自由貿易，有部分的財力資助是來自於強行與英屬印度交流帶來的貿易順差。這份盈餘多少能彌補英國與歐洲和美國間的貿易逆差；因此讓英國得以繼續進口，推動整個北大西洋經濟發展的需求。[55]

相比之下，亞洲大半的獨立國家和帝國在面對歐洲的經濟滲透時，通常會採取謹慎的控制手法，以保留自有的經濟和社會權力結構。不過也遇到同樣的問題，在十九世紀中葉，北大西洋國家傾政治和軍事之力，強行推動「自由」貿易。在某些地方，它們靠著支持區域紛爭的一方來獲取商業成功，在其他地方則是發揮金融能力和專業知識。

例如在鄂圖曼帝國，英國就大力支持中央政府保留帝國邊陲的掌控權，包括當時企圖改革的埃及，執政官穆罕默德·阿里（Muhammad Ali）想將埃及重建為更自主的國家。英國對鄂圖曼帝國要求的回報是開放貿易（根據一八三八年簽訂的條約）和廢除政府的商業壟斷，這些措施同樣對當地產業造成負面影響。英國的資助形式大多數是以貸款為主，這讓鄂圖曼帝國陷入越來越深的債務。到了一八七四年，約有六〇%的年度預算都用於支付利息。到了一八七〇年代晚期，鄂圖曼帝國破產，在一八八一年由法國與英國的銀行家接手管理該國中央政府的金融和貿易政策。這樣的金融依賴關係在隨後數十年間日益深化，在一九一四年，一位英國外交官告訴首相，「在法國金融家的推動下」，鄂圖曼帝國的「獨立性不斷消滅」。鄂圖曼帝國之後再也未能拿回關稅政策的掌控權，直到第一次世界大戰後，於一九二八年發起民族主義的革命戰爭，建立現代的土耳其，財務才重新獨立。[56]土耳其的遭遇也不是特例，另一個例子是伊朗，在俄羅斯的施壓下，將進口稅限制在商品價值的五%，也是等到一九二八年才重獲對貿易政策的控制。[57]這類條約也不僅限於該地區，只是在那裡通常比其他地區更為嚴酷。比方說，英國以債權人的身分誘使巴西政府接受最高一五%的進口稅。[58]

其他情況則是直接的軍事干預，迫使當地統治者開放貿易。典型案例是針對中國帝制政權發動的鴉片戰爭。清朝政府當時僅允許歐洲商人在廣東的港口（廣州）交易，而且僅能取得在澳門的永久居留權；外國人在中國境內的移動也受到限制，沒有固定的外交或領事服務館。一八三九年，英國發動戰爭，迫使清朝政府開放更大的貿易機會，事實上主要是允許鴉片貿易。在英國和印度，中國商品（特別是茶葉）市場的成長造成英國貿易失衡；從英屬印度向中國出口鴉片是解決之道。鴉片在當時是一門大生意：到了一八六〇年，占非歐洲國家全球出口總額的八・八%，是第三大出口商品，僅次於占一四%的糖和一〇%的咖啡，還高出占六・六%的棉花。[59]不過中國政府擔心鴉片廣為流傳後造成的經濟和社會後果，於是試圖限制進口。結果英軍發動進攻，打了一連串的勝仗，迫使中國政府接受更為開放的貿易體制。戰敗後，清朝取消關稅，付出巨額賠款，將香港割讓給英國，最後還開放包括廣州在內的五個港口（即所謂的通商口岸，這些地方皆是按照歐洲的法規治理，而非中國法規）。但是，中國政府繼續嘗試限制鴉片進口；在一八五六年爆發第二次鴉片戰爭，這次法國、俄羅斯和美國加入英國的行列攻擊中國。兩萬歐洲軍隊進軍北京，燒毀皇宮，擊潰清軍。在這次歐洲軍隊勝利後，又開放十一個港口，開放外國人在中國境內的移動，並且在北京建立永久使館，同時讓鴉片貿易合法化。英國拿下九龍，俄羅斯併吞海參威，之後更名為符拉迪沃斯托克（Vladivostok），等於獲得一個在太平洋上全年都可進出的港口。[60]從一八六三年至一九二九年，歐洲人掌控著中國海關，並確保進口稅維持在最低狀態。

在一八五三年以前，日本也採行類似的貿易制度和合約限制，直到美國人以蒸汽炮艦迫使日本政府「開放」外國商品和旅行者進入。也許是體認到中國的遭遇，日本政府並未試圖取回貿易控制權，因此避免與西方衝突的戰爭災難。實際上，到了十九世紀末，日本整個國家的實力堅強且經濟力量雄厚，足以和北大西洋的工業和帝國主義社會媲美。泰國也透過開放進口來避免戰事，簽署一系列條約，不斷累積，在一八五五年達到高峰。[61]

在其他地區，到了十九世紀最後七、八十年，歐洲的經濟、金融和文化滲透已經達到一定程度，在某些地方必須採取干預措施來保護重要的經濟或戰略利益。一項重要的差別是，迫使借款國按時償還貸款，或是至少償還利息，有時還會祭出所謂的「炮艇外交」來強制執行這類債務清償。例如在一九〇二年和一九〇三年，英國、德國及義大利對委內瑞拉港口進行海軍集體封鎖，迫使委內瑞拉政府支付積欠外國的利息，並且補償歐洲僑民在激烈內戰期間的財產損失。這種作為其實並不罕見，根據一位歷史學家的估算，英國在十九世紀一共採取七十五次的炮艦外交。[62]

在其他情況下，直接以軍事占領則是首選方案。一八七〇年代末，在埃及的鄂圖曼帝國體系受到由軍官艾哈邁德．阿拉比（Ahmed Urabi）帶領的民族主義叛亂分子的威脅。他們群起反抗的主因是帝國政府對外國人（約八萬人）提供特別優惠；此外，還有一些其他原因，諸如財富日益集中在出口棉花的地主手上；帝國出兵征討衣索比亞戰敗；以及埃及國家財政掌握在法國和英國手中。

之前提到，在過去數十年裡，埃及陷入沉重的債務負擔，而且跟伊斯坦堡一樣，金融管理權也落入英國和法國銀行家的手中，當地民族主義者對失去這樣重要的主權感到不滿。他們的叛亂起義似乎主要威脅到英國的利益，有人擔心埃及民族主義者可能會利用對蘇伊士運河的控制來徵收高額的過境費（約有四分之三是英國籍船隻），或者民族主義政府可能會拖欠埃及之前跟歐洲國家借款留下的巨額債務（有些是修建運河的成本）。因此，英國在一八八二年入侵並占領埃及。[63]之前一年，法國也是因為類似情況接管突尼西亞。[64]到了二十世紀初，美國也比照英法的做法，在一八九八年至一九一七年這二十年間，有一半時間占領古巴（從美西戰爭爆發那一年開始），在一九一五年至一九三四年這二十年間占領海地，以及在一九一二年至一九三三年間占領尼加拉瓜二十年，主要都是為了確保商業利益。一九〇三年，美國支持巴拿馬（當時為哥倫比亞的一部分）獨立，也是為了確保對巴拿馬運河區的直接控制。[65]

最後，在那些規模較小，政治和社會組織較不成熟完善的區域，要調節蓬勃發展的經濟關係更是困難。主要問題倒不是有組織的政府對貿易採行限制或規範，而是運輸建設簡陋、商業法和司法制度粗糙，以及金融機構有限或尚未建立，而且沒有政治實體能建立廣泛貿易所依賴的基礎設施。同時，地方經濟活動多半僅限於維生，讓資源的開發和利用顯得更為困難。比方說，由於當地人可以選擇留在家中，種植自己的糧食，通常很難說服他們從事工時長、薪水低、風險性又高的工作。因此以南非為例，從一八八〇年代開始，來自非洲南部各地的移工就簽約前往南非的金礦工作，為了避免他們離開工作返家，有時宿舍和礦井上方還會安排武裝警衛。[66]

隨著對原料商品需求的成長，這類難題往往促成訴諸直接政治控制的決定，建立殖民統治。這是歐洲各個帝國突然擴張的一大背景因素，尤其是在非洲，當時曾出現所謂的瓜分非洲（Scramble for Africa）爭奪賽，而到了一八八〇年代和一八九〇年代，瓜分的戲碼則搬移到東南亞。這個殖民擴張的新階段通常又被稱為新帝國主義，以便和早期的征服階段區分開來。在這個時期，軍事侵略和征服經常是為了重要的經濟目的。但這並不是說，經濟成長是歐洲擴張的唯一原因，在許多情況下，也有出於國威、國內政治的考量，或是為了捍衛現有殖民地而採取的策略，有時甚至僅僅是當地軍事指揮官的個人行動。[67]不過最關鍵的因素往往是因應最新發展技術，和經濟所界定的具體經濟目標扮演的角色。以法國為例，在一八五〇年代就已開始征服部分的越南，到一八八五年結束前的主要目的都是開闢咖啡、茶葉、菸草和橡膠的種植園。一八八一年，又在突尼西亞建立所謂的「受保護領地」，將在北非礦產資源的控制從阿爾及利亞向東擴展。英國在一八八〇年代和一八九〇年代逐漸接管現在的馬來西亞，部分原因是為了橡膠和錫的生產（圖表3．12）。這兩種原料商品對歐洲工業的重要性日益增加；製造自行車和汽車輪胎需要橡膠、食品罐頭則要用到錫，還有一些其他商品也需要。[68]總之，歐洲勢力試圖控制非洲豐富資源，儘管就環境因素和簡陋的交通基礎建設來看，要在非洲發展是困難重重，但未來這裡可能具有龐大的經濟和戰略重要性。一八八二年英國占領埃及，一八九九年至一九〇二年又以大規模戰爭拿下南非，一八九〇年代繼續占領西非內陸的大部分地區（最重要的是奈及利亞）；德國則是進軍現在的莫三比克和納米比亞；義大利擴大到今日的厄利垂亞和索馬利亞，之後又繼續往利比亞擴張；法國征服北非大部分地區（包括突尼西亞、摩洛哥和塞內加爾），動機都是出自這種算計。[69]

不過在許多例子中，尤其是在一八九〇年代，帝國擴張都是針對相對大型且組織良好的國家，而且通常至少有部分誘因是來自於重要經濟利益。英國和美國在這段期間的侵略便是屬於這類例子。英國在一八九九年至一九〇二年間征服非洲南部的布爾共和國，隨後便在那裡進行大規模的金

圖表3・12　全球經濟重組

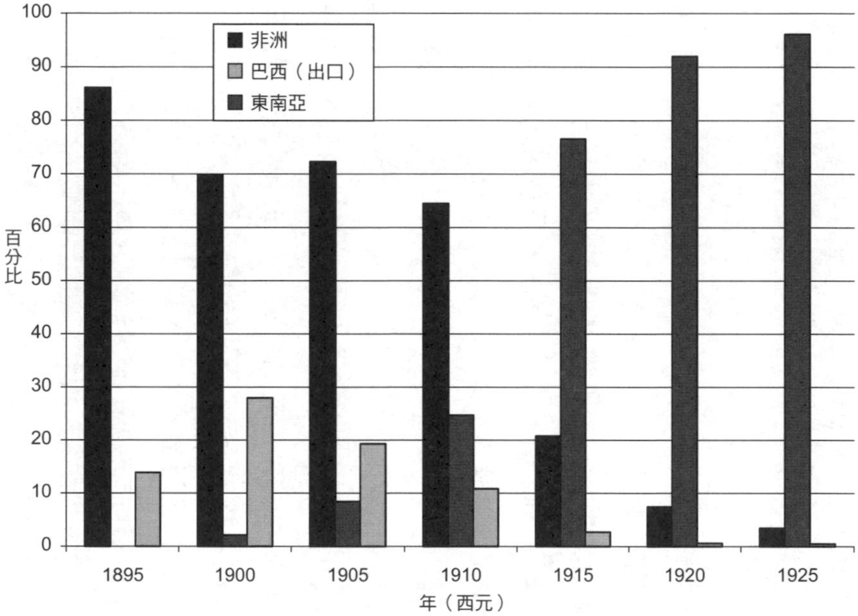

礦開採。美國在一八九八年征服夏威夷、波多黎各、古巴和菲律賓，隨後大規模擴張製糖業。日本同樣在一八九〇年代中期襲擊相對大且組織良好的鄰國，分別於一八九五年和一九〇五年直接控制台灣和韓國，占領這兩地主要都是為了自身發展，要為工業經濟體建立豐富的資源基礎，同時也為狂飆的人口尋求安置空間。

儘管有這些商業和殖民活動，但是在低度開發國家，工業化經濟體對市場和原物料來源的總體依賴程度還處於中等狀態。根據經濟史學家保羅・貝羅克（Paul Bairoch）的計算，一八〇〇年至一九三八年間，在已開發國家的出口中，只有一七%是進入所謂的「第三世界」（即低度開發地區）。在二十世紀初，製造業的比例稍微提高，介於四分之一至三分之一。直到二十世紀中葉，已開發國家一直在生產自己的燃料，所有的鐵幾乎都是自產的；進口一一%的鉛、二〇%的肥料（主要是磷酸鹽）、二一%的銅，以及二二%的纖維（棉花和黃麻），但是對於某些重要資源，北大西洋經濟體完全依賴區域外的生產商。以肥料為例，在十九世紀中葉主要來自大量的鳥糞（guano），累積在太平洋沿岸（秘魯、智利、諾魯）和南大西洋沿岸（巴塔哥尼亞、南非），以及北非和北美的磷酸鹽礦。北大西洋地區用到的錫也有八六%來自國外，橡膠更是全都來自國外（巴西、馬來西亞和非洲）。[70]隨著技術性產業的成長，對稀有原物料（石油、橡膠、銅、鋁）的需求更加倚重低度開發國家的進口。為了確保能夠穩定取得這類貨物，或是前往生產的土地，也是各種形式殖民擴張的一大動機。

不過，要了解這段時期的殖民征服史和商業戰爭，還要考量另一項關鍵因素，就是這段時期的軍事行動成本不斷下降。到了一八八〇年代，工業國家武器技術大幅進步，讓它們能輕易對付軍事技術和工業水準較低的社會，以相對便宜的方式戰勝對方的軍隊。歐洲軍隊的標準步兵配備的輕武器，在一八〇〇年代至一八六〇年代，從每分鐘可發射三發增加到十發，在一八八〇年代的聯發步槍則達到每分鐘可發射六十發。一八八四年開發出第一批機關槍，每秒可發射十一發子彈。在一八八〇年代，步兵輕裝武器的射程是一百碼，一八五〇年代達到四百碼，到了一八八〇年代則增加到一千碼。火炮武器的射擊率和射程也以這個比例增加，而在研發出高爆炸性炮彈後，武器的破壞力更是倍增。到了十九世紀的最後數十年，凡是沒有獲得現代武器的社會只能坐以待斃。

在交戰雙方沒有這種軍事技術落差時，打殖民戰爭可能要付出極為高昂的代價。法國征服阿爾及利亞的行動從一八三〇年持續到一八五七年，花了將近四分之一個世紀的時間，造成八萬五千人死亡，這是因為阿爾及利亞人的武裝軍備跟法國士兵不相上下。荷蘭在蘇門答臘北部的亞齊（Aceh）的戰爭，也花了四分之一個世紀的時間，造成三萬七千名荷蘭士兵喪生，後來在一八九〇年代末才以焦土戰術加上機關槍，征服這個區域。衣索比亞在一八九〇年代找到取得現代武器的管道，於一八九六年擊退入侵的義大利。在一八九九年至一九〇二年的第二次布爾戰爭期間，布爾共和國雖然是蕞爾小國，但因為握有金礦，能夠確保現代武器供應無虞，得以對抗當時世界上最強大的軍事力量，造成一萬七千名英軍傷亡。

那些買不起或買不到武器的國家軍隊只能坐以待斃，慘遭殲滅。一八九七年，一支由三十二位歐洲人和五百零七位非洲人組成的軍隊，在今日奈及利亞北部擊敗索科托酋長國（Emirate of Sokoto）的三萬一千名士兵。一八九八年在蘇丹的奧姆杜爾曼戰役（Battle of Omdurman）中，兩萬五千名入侵的英國和埃及士兵擊敗四萬多名的蘇丹軍隊，這支蘇丹軍隊是二十年前由穆罕默德·艾哈邁德·馬赫迪（Muhammad Ahmad, the Mahdi）這位宗教先知領袖建立神權國家時建立的，那場戰役造成一萬一千人死亡，而英國、埃及的聯軍部隊僅損失不到一百人。[71]實際上，由於軍事力量的懸殊，有些歐洲地方的指揮官甚至會擅自開戰，在尚未接獲明確指令時就發動侵略行動。例如在一八八二年至一八八三年間，一位駐守在越南北部河內附近的法國指揮官多次抗命，展開重大的侵略行動。「既然政府這麼……傻地派五百人給我，」他說，「我只好自己想辦法完成我想做的大事。」[72]

基於種種原因，在一八七〇年代末至一九一四年間，歐洲強國、日本和美國統治的殖民人口數量從原來的兩億七千五百萬增加到五億七千萬，超過一倍，殖民母國所控制的土地面積也擴大一倍。[73]幾乎整個非洲、大半的太平洋地區、大多數的東南亞及東亞地區（包括現在的台灣和韓國）都被征服。

在帝國這一方的陣線中，參與這些戰爭的大多數士兵都是帝國僱傭的地方士兵。事實上，在一九一三年，全世界殖民帝國裡約七〇%的士兵是來自殖民地的當地人，美軍中的比例是三〇%，而在最極端的比利時例子中則高達九八%。就這一點來看，正如一位歷史學家所言，大多數的殖民地都是在「侵略自己」。[74]英屬印度的例子更為特殊，它所支持的軍隊中有三分之二都是印度人，英國在一八八〇年代和一八九〇年代派遣這支軍隊，征服蘇丹、埃及、南非、緬甸和大半的波斯灣地區，最後則是在第一次世界大戰期間將他們派到今日的伊拉克、科威特及巴林（在這場戰爭中有八十五萬印度士兵前往服役，六萬兩千人喪生）。就這一點來看，可以說是印度士兵在幫英國打天下，建立大英帝國。[75]

殖民地的行政管理也是如此，由少數幾位高權重的殖民官領導一批當地人治理。在一九〇〇年，荷屬印尼的人口有三千五百萬，由兩百五十名歐洲人和一千五百名當地公務員管理，監督各個地行政區域。在英國統治的印度，有一千兩百五十名高階的英國公務員監督多達一百萬名印度公務員和雇員（一九三一年的數據）。[76]這套制度之所以管用，部分是因為在歐洲征服者到達前，這些社會沒有出現大型的區域政府，人民的忠誠度往往僅限於地方，沒有擴及區域或「國家」，況且富裕的工業化社會還有金融力量來成立軍隊，推行殖民管理，為地方人士帶來有利可圖的機會。

這並不是說新的殖民政權對所統治的大多數人是有益的，開放殖民市場，進口工業化帝國經濟體的商品，這些經常讓當地產業陷入癱瘓，阻礙殖民地經濟的長期發展。帝國政權偏好與實力較弱的地方當權者談判，採取化整為零的策略，將大型政治單位分裂成規模較小的部落，予以各個擊破。長遠來看，這樣的策略侵蝕非洲社會的政治融合。此外，在許多地方，部落和酋長的「傳統」權力有些根本是殖民地行政官基於自己方便行事而捏造的。長此以往，常常削弱殖民社會中地方政治當局的合法性。帝國政府還決意要讓殖民地負擔自身的管理成本，通常將日常管理和殖民地的發展委託給私人公司，代價就是能獲得特定地區資源的「特許」，而這些公司還要將一定配額的獲利回報給殖民政府。例如在第一次世界大戰前，在西非有四十一家私人公司握有約七〇％的法國殖民地特許權。受到利益激勵，又沒有經過嚴格把關的審查，這套制度在基礎建設上經常出現選擇性投資（如鐵路線直接從礦山或種植園通往海岸，無視當地居民的需要），或是投資在資金不足、人為操控的搖搖欲墜行政結構上。在那些經濟和社會低度開發且生產力偏低的地方，甚至會以極為殘暴的手段來獲取價值和利潤。剛果自由邦便是很令人震驚的例子，那裡的私人行政管理機構造成數百萬非洲人喪生。不過在那個時代，這類歷史學家所謂的掠奪經濟（economy of pillage）在其他地方也很普遍。[77]

殖民政府的目標就是以最低成本來管理殖民地社會，這意味對人力資本的投入很少，好比教育或醫療保健方面。英國結束對東非的四十年殖民統治時，在約莫兩千四百萬人口中，每年僅有兩千名學生從相當於高中的學校畢業。在整個非洲，接受高中教育的年輕人只有三％或四％，總體識字率約為一〇％。剛果在一九六〇年獨立時，大學畢業生不到二十位，甚至沒有一位軍官是剛果人。[78]

這裡應該指出一點，這種「新帝國主義」在非洲和東南亞盛行之際，世界各地大草原的開墾區則爆發種族屠殺事件，幾乎是在同時發生。阿根廷在一八七九年對巴塔哥尼亞發動最後一次占領；美國在經過一八七〇年代和一八八〇年代一系列的「印第安戰爭」後，才停止整個跨越密西西比河以西的征服行動。[79]在一八七〇年代至一八八〇年代，橫跨大西洋的大規模遷移也在這個時期加速，直到第一次世界大戰為止，全球運輸和通訊網絡的建設也是如此。征服殖民地只是整個全球經濟發展過程中的一個面向，正如先前所提，這個過程通常牽涉到脅迫、暴力和剝削。

此外，正如史學家麥克．戴維斯（Mike Davis）指出的，在全球經濟體成形之際，那些極為懸殊的權力關係造成種種災難，當中最慘重的是在一八七〇年代及一八九〇年代於各地引發的一連串嚴重饑荒。這些饑荒造成的死亡人數至今不明，但估計總數在三千萬至六千萬之間。印度和中國的災情最嚴重，不過俄羅斯、越南、爪哇、韓國、巴西、阿爾及利亞、摩洛哥、波斯（今伊朗），以及非洲南部和西南非等地區也出現嚴重饑荒。這些災難是由一連串嚴重乾旱引起的；而氣候條件的影響又因為一連串經濟環境的變動而加劇，尤以農產品進入全球市場為最。在一些地區，富裕社會對非食品作物（如棉花、咖啡、棕櫚油、茶葉、靛藍染料與橡膠）的需求占去原本用於生產糧食的土地；另一點則是，工業化國家出現具有強大購買力的消費者，這意味著即使在饑荒中，也有將糧食從貧窮社會出口的可能性。糧食市場的商業化也帶動在價格上漲後囤積糧食的現象。一些殖民政府刻意設計出能最大化收益和出口的稅制及土地租佃制度，卻並未顧及糧食安全。在印度，稅收耗盡灌溉系統所需的經費，這是維持乾季糧食供應的關鍵（即使殖民政府因應口農業需求，已經在灌溉系統上大量投資）。同時，由於稅金和租金都只能用現金繳納，迫使農民進入全球出口經濟體，服務英國產業和消費者的需求，又在傳統上用銀當作貨幣的印度實施金本位制，使其財務每下愈況。而金本位制在中國也造成類似印度的效應，這時中國才經歷鴉片戰爭、太平天國與其他叛亂事件的動盪，難敵新興全球經濟體的金本位優勢。在許多經濟依賴單一商品的地區，很容易因為全球生產的突然轉變而拖累整個區域經濟，有時是因為土地或運輸的投資，或是引進新技術，甚或是因為政治和軍事行動而開啟新的廉價供應來源。在食品市場徹底商業化的地方，結果更是災難一場。在面臨巨大的生態壓力下，如一八五五年的黃河改道，或是聖嬰現象導致季風期間降雨減少，這些天災可能會將這些新型態的脆弱經濟體推入貧困、不穩定、投資少和饑荒的可怕漩渦。80

從大規模移民、自由貿易、建設世界通訊和運輸基礎設施、強迫簽署貿易條約、占領殖民地和大陸、跨國公司的成長，一直到義大利、德國和美國（一八六〇—一八六五年）的國家統一，本章探討的這些過程，基本上可說是以交換方式來重組世界經濟體的全球工作的一部分，這場交換的一邊是北大西洋和日本，也就是新產業、技術、金融及政治的核心區，另一邊則是世界其他大部分地區，主要是販賣初級商品和原物料的生產商。這項嘗試並沒有完全成功，後續章節將會繼續討論。不過這無疑是在一八三〇年至一九一三年間世界史的主軸之一。

到目前為止，我們主要檢視的是這個過程的政治經濟層面，但是它也具有重大的知識和文化淵源、意涵及衝擊。其中一點是發展出認同與差異的新語言，以及界定「他們」或「我們」的新方法，這與國家統一、種族滅絕、沒收土地和帝國擴張直接相關。詭異的是，另一點卻是隨之出現的日益全球化的文化，舉凡思想、機構和人都在全球規模上迅速而廣泛地流動。

第四章將聚焦在這兩個過程上。

第四章

在地化和全球化

Localization and Globalization

一八三〇—一九四〇年：種族、民族和民族主義

我認為我們是世界上最優秀的種族，我們在世界上擴張的範圍越大，人類的生活就越好……掌握每一次開疆闢土的機會是我們的責任，更多的領土就意味著世界上有更多的盎格魯撒克遜人，這個最好、最光榮的種族，切記將此法銘記在心。[1]

——英裔南非商人、礦業大亨暨英國開普殖民地總理塞西爾・羅德斯（Cecil Rhodes），一八七七年

這株精心培育但有害的民族自我主義植物正在全世界播下種子。[2]

——印度詩人、哲學家暨反現代民族主義者羅賓德拉納特・泰戈爾（Rabindranath Tagore），一九三八年

十九世紀末，受到不斷加速的科技革命衝擊，全世界進入轉型，深深影響智識與文化。本章將介紹其中一部分，之後在第五章會討論二十世紀初的大爆炸（Great Explosion），即約莫在一九〇五年至一九四五年間發生的大規模革命和戰爭浪潮。這波戰爭和革命浪潮源自一八六七年至一九〇五年的經濟政治轉型，但也有部分是受到這一時期的文化全球化刺激。種族、民族和民族主義的思想是其中最鮮明的例子，比其他一切更能說明這種情況。這一組相互關聯的思想，以各種形式和混合體出現，在世界史中變得日益重要，影響力可說一直持續到二十世紀中葉。

當然這三個概念之間也有重要的差異，將在本章後面討論。不過同樣明顯的是，這些全都是關

於異同的想法，在探討誰是「我們」（"we" or "us"），以及那些非我族類的差異。歷史學家通常把這些想法當作身分認同的論證、語言或詞彙。[3]在十九世紀，這三個想法都是全新的。在十八世紀末或十九世紀初之前，大多數人對自身的認定，不是比這些觀念更狹窄，就是更寬廣。世界上大部分地區的大多數人都對自己的所在地產生認同，例如作為一村莊、城市或區域性社群的成員，或是氏族、部落、省或語言群體的一分子，所以過去的人不認為自己是「德國人」，而是「巴伐利亞人」或慕尼黑的市民；不會自認是「非洲人」或「奈及利亞人」，而是「約魯巴人」（Yoruba）或奈及利亞雅伊費（Ifẹ̀）市的公民。然而，還有許多人主要是以宗教來自我定義，不是依據所在的語言區是法語區或西班牙語區，而是以天主教或基督教來區分；不是奈及利亞人或馬利人，而是穆斯林。

在大多數社會中，少數位於高階的人士主要是根據階級來自我定位，並且自認與來自其他地區類似階級的人比較親近。以歐洲貴族為例，他們自認和其他歐洲人不同，會跨越國界與其他貴族通婚，共享娛樂和教育的國際中心，比如水療中心與大學，還經常在多個帝國政府任職（通常是接續的，不是同時身兼數職）。印度和中國的精英階層、中東的穆斯林世界，以及南亞、東南亞和東非的精英階層也是如此。而且全世界的有錢人和受過良好教育的人（那些可以閱讀，尤其是通曉博大精深的語言，例如拉丁語、阿拉伯語、波斯語或漢語的人），會將自己視為「文明」人，因此彼此間有一些基本的共同點。

在十八世紀末到十九世紀中，這些舊日的身分認同漸被種族、民族和民族主義所取代。它們當然沒有遭到抹滅，實際上，正如本章下述各節強調的，宗教認同的重要性一直持續著，新舊的身分觀念經常「相互交織」（如最近一項研究指出的）。[4]但是關於種族、民族及國家的觀念，日益成為世人如何思考自身和他者的要素，因此也成為一股至關重要的政治力量。第三章探討一八六〇年代和一八七〇年代在德國與義大利形成的民族國家，這是自由貿易史的一部分，但這些國家的建立也是民族主義情緒高漲的結果。這類想法的基礎是十九世紀早期提出的民俗（folklore）概念，即以信仰、習俗和習慣來定義一人所屬的特定文化社群。德國民間故事集的作者格林兄弟就是說明這種狀況的一個很好例子。一八三七年，賈克伯・格林（Jacob Grimm）和他的兄弟因為支持政治自由主義與民族主義，而丟了大學教授的職務。在一八四八年歐洲的自由革命浪潮中，格林當選新的德國國民議會議員。在那場革命失敗後，格林兄弟曾編寫一本德語字典，將德語標準化，這種編寫字典計畫在那個時期是相當普遍的，許多國家的語言可說是由民族主義知識分子發明的。[5]

正如格林兄弟的政治行動主義所暗示的，建立國籍概念是一項政治計畫，也是一項文化計畫。實際上，民族主義的興起可以看成是世界上許多地方面對廣泛危機及鞏固國家結構的一種反應，這從一八四〇年代起持續二、三十年。在此期間，各個國家和社會都在奮力處理全球經濟和文化交流發展日益加速的後果，幾乎都訴諸暴力手段，只是程度有所差別，但是幾乎在每個地方，最終都建立規模更大、干預更多，以及更為集權和高效率的行政結構，而且至少都嘗試要推動現代工業與商業發展。這就是在一八四八年至一八七〇年代席捲歐洲的自由憲政革命目標。美國南北戰爭有部分就是因為這個國家在大幅擴張所致，也受到這股浪潮所鼓動。在墨西哥，波菲里奧・迪亞茲（Porfirio Díaz）從一八七六年以來主政近三十五年，將墨西哥建立成中央集權的國家，並且試圖以開放外國資本的方式來發展墨西哥經濟。印度在一八五七年發生民族起義（Great Mutiny），貧窮的印度人和一些當地精英意識到英人對原住民宗教社群與習俗的威脅，於是起身對抗英國的統治。這場起義最後導致由英國政府接管印度大部分地區的行政管理（在此之前是由私人的東印度公司管理）。[6] 在中國則發生太平天國之亂（同一時期在中國西南和西北等地區也出現小規模的叛亂事件），這些對日後的一些清朝精英人士多少也有啟發作用，他們嘗試以現代工業與軍事技術和組織來推行「自強運動」。日本在一八六八年展開明治維新，建立更集中和有效的國家政府，以因應來自歐洲的挑戰，推動日本商業與基礎設施的發展，為一八九〇年後日本的工業和帝國擴張奠定基礎。在中東，鄂圖曼帝國的坦濟馬特（Tanzimat）也於一八三九年嘗試改革，推行類似的轉變（不過成效較差）。[7]

在這些例子中，有很多國家都非常積極地營造國家認同感。它們利用學校教授國語和國家歷史，制定國歌和國旗；以國家軍隊來建立偉大國家的共同信念；擴大建設鐵路和電報系統，藉此將國家在經濟、文化及社會上聯繫起來；並要求人民在日常交易和與教師、長官、法官，郵政人員及電報人員交流時使用國語，而不是自己的「方言」。例如在鄂圖曼帝國，自一八三九年起，經過數十年行政和經濟整合後，得以施行在此期間於全球各地普遍推出的行政、金融、法律等措施，包括建立一套國家稅制、郵局、制定新的刑法、民法和商法、進行全國人口普查、制定國旗和國歌、成立教育部和衛生部、設置鐵路和電報系統、設置公立大學、中央銀行和國家銀行發行的紙鈔貨幣、證券交易所，並且立法保護弱勢宗教群體成員的法律平等權。這些措施累積到最後，促成在一八七六年制定新憲法。[8]

而且在這些努力不奏效的地方，民族主義更顯重要。如同第三章所述，英國在一八八二年之所以出兵占領埃及，是因為當地有一群有識之士體認到埃及是一個獨特的歷史和文化實體，因此大力推動民族主義或自治運動，主張埃及人應當具有政治自治權。[9]在這段期間，全世界都出現類似的民族主義運動。以波蘭為例，民族主義者分別在一八三〇年代和一八六〇年代起義叛亂，反對俄羅斯帝國統治（但未成功）；在匈牙利，民族主義者於一八六七年從維也納的哈布斯堡王朝政府（德語區）贏得有限的自治權，開始實施新的「雙重」君主制。

即使在政府結構穩定的國家，國籍的概念對於這段時期的議會制或稱內閣制政府和投票權（suffrage）的擴大非常重要，這也是遍及北大西洋、整個拉丁美洲、日本、澳洲和紐西蘭及鄂圖曼帝國（此處不太成功）的全球現象。因為所有人都具有「國家」身分，享有共同利益，所以國家內的每個人基本上都是「相同」的，基於這樣的想法，民意代表所組成的政府得以擴大，給予越來越多的公民投票權和政治參與的充分權利。英國在一八三二年、一八六七年和一八八五年對選舉權進行重要的擴展。巴西於一八八九年成為共和國；德國和法國都是在一八七一年通過成年男性普選；奧地利在一九〇七年跟進；義大利和阿根廷則是在一九一二年；日本於一八八九年採用限制性的議會憲政體制，於一九二五年開放成年男性普選。紐西蘭在一八九三年甚至賦予女性投票權，成為全球第一個開放女性投票的民族國家；這裡可以看到國家認同的觀念甚至超越性別認同，這是一種非常古老的政治認同。在接下來五十年，有越來越多的國家不斷將政治參與權擴展到另一半的女性公民，芬蘭在一九〇六年、挪威在一九一三年、俄羅斯在一九一七年、德國和奧地利在一九一八年、美國在一九二〇年、英國在一九一八年（部分）和一九二八年（全面）、西班牙和巴西在一九三二年、法國在一九四四年、阿根廷在一九四七年、墨西哥則在一九五三年，陸續賦予女性投票權。[10]

但是國家的概念也可能會促成壓迫，導致國家及其認同者另眼看待那些認為不能融入這個國家的人。這類群體通常定義為少數「民族」。一個例子是第一章討論的伏爾加德國人，他們在一八七〇年代開始離開俄羅斯帝國，因為當時沙皇展開「俄羅斯化」的計畫，諸如要求講俄語等，迫使少數民族完全融入廣大人群。不過，德意志帝國也在統治的波蘭語區和法語區發起類似的「德國化」運動。在北美、澳洲和紐西蘭，也大舉強迫近來收服的原住民社群，迫使他們依循這些移民社會中新的主流文化標準，好比強制實施土地私有制度、西式穿著、依循英國社會普遍的性別和家庭角色模式，以及使用英語。而在美國，愛爾蘭、波蘭、義大利和匈牙利等移民，也成為雷厲風行的「美國化」運動鎖定目標。

在同一時期，種族概念的影響力也與日俱增。這個概念也源於十八世紀末和十九世紀初，當時歐洲理論家開始提出有獨特的「種族」或人種的存在。最具影響力的一本著作是，法國人亞祖·德·戈比諾（Arthur de Gobineau）於一八五五年出版的《論人類之不平等》（*Essay on the Inequality of the Human Races*）。戈比諾認為，白皮膚的「雅利安人」（Aryan，或作印歐語系），是所有人類文明的唯一創造者，也是唯一具有創造力的人種。在埃及、印度或中國等地的其他文明，僅是雅利安移民創造出來的，甚至認為南美洲的阿茲特克和印加帝國的統治階級是斯堪的那維亞人。這種想法又為後人再度補強，一份深具影響力的著作是休斯敦·斯圖爾特·張伯倫（Houston Stuart Chamberlain）在一八九九年出版的《十九世紀的基礎》（*Foundations of the Nineteenth Century*）一書。張伯倫也把雅利安人視為一切的創造者。在加入納粹黨，並向希特勒保證，他是為了避免雅利安這個種族墮落而出生的，但不久後就於一九二七年過世。[11]

種族觀念在世界許多地方也變得重要，成為政治行動的基礎，例如在美國、澳洲和加拿大都推行的排華政策。值得注意的是，巴西從一八六〇年代開始，就有支持移民的激進主義者認為要「白化」國家，只能吸收自由身的歐洲人，特別是英國或德國這些歐洲「種族」，以取代所謂的非洲人後裔這些劣等種族。[12]美國南部各州在一九八〇年代和一九九〇年代掀起一波剝奪非裔美國人公民權的風潮，一批解放後的南方白人政客世代表示，非裔美國人沒有自治能力，因此不能享有投票權。在剝奪非裔美國人的政治發言權後，還實行更徹底的種族隔離和歧視制度。之後的十年或二十年後，南非立下一系列種族法律，包括剝奪非白人的公民權，這是另一個重要的例子。種族經常用來當作國家和政治權利的邊界，特別是在移民社會中。那些在定義上較為優越的種族，基本上都是「相同」和平等的，所以政治與社會權利也擴及到他們身上；那些定義為劣等人的權利則遭到剝奪。最後一點是，種族主義常常用來當作帝國主義擴張和征服的理由，有的是主張這類人種因為能力不足，不適用憲法中的自治，也無法有效使用資源，或是殖民勢力將「教化」他們，並幫助他們準備好在遙遠未來某一天開始自治，繁榮茁壯。[13]

這些關於差異的新詞彙為什麼會出現，又是怎麼蔓延開來的？要以簡化的外部原因造成的效應來談論這種廣泛的智識模式非常困難，但在許多重要層面，可以明顯看出種族、民族和民族主義的觀念，是這一時期經濟和社會廣泛轉型的產物。

首先，十九世紀的通訊和運輸技術發展，創造出比以前更大的經濟、社會和文化單位，也創造出更統整化的區域經濟和社會，讓人在其中進行商品交易，參加區域勞動力市場並進行思想交流，不管是透過報章雜誌還是小說。這也產生創造更大市場的新契機，很多商人都希望政治上較為統一的國家能夠保障這些機會開花結果。所有這些發展拓寬世人的視野，讓他們與更大、整合性更高的經濟、社會和文化圈中的其他人產生認同感。隨著整合力量在區域（「國家」）層級的日益強大，同樣的變化也逐漸打破基於階級或社會地位建立的那種廣泛而寬鬆的忠誠度。

其次，新的互動模式也有助於培育差異感，而不是相同感。以中國的民族主義為例，在某種程度上是受傳教士教育和海外華人所推動的計畫。民族主義的領導人孫逸仙（在西方世界是以孫中山為名）和哥哥在夏威夷（在美國併吞前）住了七年，在（英國占領的）香港學醫五年，並信奉基督教，他首先在夏威夷創立中國民族主義革命運動，將其擴展到香港、日本和台灣（那時屬於帝國時代的日本）；並獲得散居在美國、日本、夏威夷、倫敦，甚至南非的海外華人支持。[14]他並不是一個非典型的個案：許多跟種族、民族及民族主義有關的想法，常常是由那些生活受到全球經濟和帝國促成的全球交流與互動所塑造的人建構。在與自己社會以外的人接觸後，讓他們對自己的獨特性有了更強烈的認識。例如秘魯民族主義者和社會主義者荷塞・卡洛斯・馬力亞特吉（José Carlos Mariátegui）「發現」在整個青年時期，國家對他來說「幾乎像是陌生人」，坦言他一直對自己國家的本質一無所知，直到二十五歲搬到羅馬後才改觀。[15]古巴偉大的民族主義領袖赫塞・馬蒂（José Martí）在一八八一年至一八九五年間也曾居住紐約。[16]無獨有偶的是，一些民族主義運動是在北大西洋區域以外的地方發生，特別是一八七九年在埃及的烏拉比叛亂（Urabi rebellion）和一八八五年的印度國民大會黨（Indian National Congress），都是在十九世紀的最後三十年發生的，通常是在「新帝國主義」和世界經濟日益融合的背景下應運而生。

第三，在許多情況中，特定國家或運動是相當自覺地在培養這些觀念。語言也許是最明顯的例子。在世界上大部分地區，大多數人都是要等到十九世紀才開始會說用於學習的通用語言（拉丁文、阿拉伯語、波斯語、漢語），或使用者相對較少且僅侷限在特定區域的「方言」。各國在十九世紀和二十世紀初，致力於消除這些區域性的「方言」，或少數「民族」的語言，並強加推行國語。身兼英語教育官員、哲學家與小說家的馬修・阿諾德（Matthew Arnold）便稱讚英國政府消除威爾斯、康瓦爾和愛爾蘭語的努力，認為這就是他所謂「吞併省籍」的實例，[17]認為這個計畫非常值得。各國政府與世界各地的教授還透過歷史科來頌揚「國家」過去的輝煌事蹟，藉此打造愛國情懷。不過，種族理論顯然也成為支持殖民帝國的意識形態中的一項理由，或是對少數族裔產生系統性歧視的說詞。實際上，各種泛運動都試圖創造意識形態基礎，甚至是為了尚未建立的國家。比方說，泛德國人試圖在中歐、東歐和低地國家等地區建立幅員遼闊的德意志帝國，甚至還遠赴德州和巴西等地培養德國移民的忠誠度；泛斯拉夫人則夢想建立俄羅斯—斯拉夫帝國，一路延伸到東南歐（與太平洋沿岸）；泛伊斯蘭思想家力圖在鄂圖曼帝國中復興政教合一的哈里發（caliphate），從北非的大西洋沿岸一直延伸到太平洋的印尼和菲律賓群島；盎格魯撒克遜人則夢想著一個由英國人統治的世界；泛非主義者則為所有非洲人想像各種跨越大西洋的團結形式。[18]

這些基本上都是在民族性（ethnicity）這個概念的脈絡中進行。事實上，「民族」通常是在特定政治框架中，用以指稱少數宗教、語言或種族群體的一種方式。「民族性」一詞通常是指一群在某方面截然不同的人，而他人會想要將其剷除或是同化吸收。同樣地，在美洲的許多歐洲移民也被歸類為少數族裔，如波蘭人、匈牙利人、黎巴嫩人、德國人和義大利人。而伏爾加德國人也是相同的處境，歸類在俄羅斯帝國的「民族」族群中。在歐洲另一個重要的「民族」是猶太人，尤其是在俄羅斯帝國，主要集中在南部和西部，是所謂的「蒼白人」（the Pale）。從一九八〇年代至一九一七年，俄國帝制政府煽動民眾對他們看不順眼的猶太公民暴力相向，最後釀成大屠殺。

最後這個例子凸顯出一個重點，即宗教差異經常與種族或民族差異重疊，甚或是宗教以此來定義種族或民族。歐洲猶太人當然是一個宗教社群。但是在那些不喜歡他們的人眼中，逐漸會將猶太人民族化，甚至是種族化；若是以民族的概念來看待，這經常暗示著必須將他們同化，若是以種族視之，則意味他們是無法同化的。這些迫害促使歐洲猶太人興起一種新的民族主義形式：猶太復國主義（Zionism，或稱錫安主義），即猶太人建國的想法。在十九世紀初，猶太人開始從歐洲移民到巴勒斯坦；他們的人數在一八八一年至一八八二年和一九〇三年顯著增加，主要是隨著俄羅斯帝國展開大屠殺，以及在一八九一年至一八九二年間俄羅斯的嚴重饑荒之後而來。在法國則發生德雷福斯事件（Dreyfus Affair），這是一起反猶太人士企圖誣陷一名猶太軍官，暗指他從事間諜活動的事件，之後西奧多・赫茨爾（Theodor Herzl）在一八九六年發表深具影響力的小冊子《猶太國》（*The Jewish State*），一八九七年在巴塞爾（Basel）舉行第一屆世界錫安主義代表大會（World Zionist Congress），開始出現一批批移民。到了一九三〇年代，在波蘭、德國和其他東歐與中歐地區出現反猶太的立法，成千上萬名歐洲猶太人大舉湧入巴勒斯坦。在第二次世界大戰和納粹的大屠殺之後，又出現更多移民。[19]

種族、民族和國家之間的界限通常是變動的。在十九世紀的美國，許多自認是盎格魯撒克遜人的人會將凱爾特人（Gelts，愛爾蘭）、斯拉夫人（俄羅斯與波蘭人等）、拉丁人（義大利和葡萄牙人）及猶太人等視為少數「民族」，認為他們較為低等，並加以歧視，儘管在大多數情況下，他們並沒有試圖將這些人永久地排除在政治國家之外，但是許多英裔美國人的確支持剝奪非裔美國人、中國人、美洲原住民和墨西哥人（他們皆非歐洲血統）的公民身分。在一八八〇年代和一八九〇年代，整個美國南部和西南部確實掀起褫奪公權的浪潮。到了一九二〇年代，歐洲血統之間的區別逐漸被另一種觀念取代，以涵蓋所有歐洲民族的高加索（Caucasian）或白人這個「種族」統合（不過又花了三、四十年才將歐洲猶太人也納入「白人」的觀念中）。[20]在歐洲，大多數種族理論家都在歐洲人和非歐洲人之間劃下明顯的種族分野，不過他們還是將歐洲人描述成多「種族」，包含凱爾特人、日耳曼人、斯拉夫人、拉丁人、地中海人和阿爾卑斯山人等，並且經常在這些群體間建立等級架構。比方說，即使是在一九二〇年代，廣受歡迎的德國種族理論家漢斯・鈞特（Hans F. K. Günther）就熱於宣傳世界史中所有的真正英雄，從阿波羅一直到喬治・華盛頓，都出身自北歐人（Nordic）這個種族。在他眼中，近東方人（Near Eastern），也就是閃米特人（Semites）則是自由與進步的敵人，耶穌會會士的創立者伊格納修斯．洛約拉（Ignatius Loyola）就是其中的代表。鈎特提出的證據主要是鼻子，還有其他人認為可以由頭骨的形狀來將「種族」或「民族」群體分類，由此判別高下。他們主張長形頭顱的族群優於寬形，鈎特也將這項標準納入理論中。麥迪遜．格蘭特（Madison Grant）在美國也鼓吹類似的想法，他擔心東歐和南歐的「低等」圓頭族群數量增加，會壓過傑出的雅利安種族。這些想法導致一九一五年三K黨的復興，這是一個恐怖主義政治組織，致力於保留北歐新教徒（Northern European Protestants）的勢力，並在一九二一年、一九二四年和一九二九年大力推動通過日益嚴格的移民法。這些法律首先是根據一九一〇年在美國總人口中各國移民的比例制定，然後又回推到一八九〇年的比例，因此完全排除日本移民。[21]

鈎特和格蘭特兩人的想法，正好說明這段時期種族思想的一項重要發展：日益展現出訴諸科學的明確態勢，包含基於測量的分類系統、生物科學，甚至是演化模型。這些理論有部分是從十九世紀早期種族文化語彙轉移而來的，當中主張在歐洲人的仁慈統治下，長時間下來「低等」種族將變得完全文明。但是在十九世紀後期的「科學」種族主義語彙中，卻逐漸將種族視為不會變動的永久特性，這些特性會妨礙他們改善，只會讓他們逐漸萎縮。可能就是這種理論造成美國原住民、紐西蘭毛利人和澳洲原住民死亡率如此高的原因，因為這樣的說法讓一切的屠殺看似自然、正常，甚至可取。

更複雜的是，在某些地方，種族思想可能會改變，好比在二十世紀早期反殖民的民族主義開始興起，這種扭轉情勢的情況也變得更加普遍。以極具影響力的墨西哥民族主義分子荷西．瓦斯康塞洛斯（José Vasconcelos）為例，他支持一九一〇年的墨西哥革命，並且創辦或指導一系列的墨西哥國家文化機構，在墨西哥國立自治大學、教育部和國家圖書館等機構都發揮重要影響力。瓦斯康塞洛斯指出，拉丁美洲正在形成他所謂的宇宙人（Cosmic Race），這個種族混合全球五個種族：伊比利亞人、美洲印第安人、非洲人、白人和亞洲人。他相信這個混血種族的創造將會開啟人類時代的新紀元。瓦斯康塞洛斯於一九二五年發表這些想法，不過其根源可以追溯到十九世紀末，當時拉丁美洲人（也不亞於歐洲人）開始發現社會的民俗和民間文化。瓦斯康塞洛斯是中產階級知識分子，在職涯初期是追求美國利益的律師（儘管後來對美國頗有微詞），他還是對佛教和印度教感興趣的天主教徒，而且深信自己的國家被西班牙征服是一件好事。但是其他拉丁美洲的**原住民主義者**走得更遠，譴責西班牙的征服是一場災難，並頌揚拉丁美洲前哥倫布時期的遺產具有的特殊民族特質。[22]例如荷塞・馬力亞特吉（José Mariátegui）就盛讚，秘魯原住民文化是「我們民族的基礎……少了印第安人，就不可能有秘魯」。[23]

在其他地方也出現類似的思想運動。中國和日本在接觸到歐洲種族觀念後，激勵一些民族主義者為自身發展社會種族統一的理論，有些還在他們想像的種族國家中合併一些地區，如西藏或韓國；中國的一些革命人士則是將「外來的」滿族王朝排除在外。在日本，有人主張要團結所有的亞洲人，以便與西方帝國主義對抗。[24]一些在中東的鄂圖曼人認為伊斯蘭教是阿拉伯文化的產物，因此鄂圖曼土耳其的蘇丹不應自稱為哈里發，因為這個稱號是指所有穆斯林的領袖。[25]一九二〇年代和一九三〇年代在非洲散居地湧現**黑人**（négritude）**運動**，這是由來自加勒比海地區反對殖民主義的詩人暨理論家艾梅・塞薩赫（Aimé Césaire）等人促成；在巴黎的非洲人之間，利奧波德・桑戈爾（Leopold Senghor）亦嶄露頭角，成為塞內加爾第一位總統。在由西印第安人馬庫斯・加維（Marcus Garvey）在美國發起的泛非運動中，類似的想法也很重要。這些人士認為，非洲人具有特定的種族特性，讓他們富有耐心、耐力、洞察力和創造力等獨特的天賦。在桑戈爾眼中，非洲人具有「直覺式推理」和感受「生命喜悅」的能力，可當作「歐洲痛苦理性」的解毒劑。[26]

或是再看看蘇族人路德・史坦丁・貝爾（Luther Standing Bear）的想法，他於一八七九年被送往賓州的一所寄宿學校，後來在一八九〇年代成為水牛城比爾狂野西部秀（Buffalo Bill's Wild West）的成員（他們於世界各地巡迴表演，重現在大平原上「印第安」人的戰爭和生活場景）。在一九二八年和一九三四年間，他成為好萊塢的電影演員，並撰寫四本關於族人的書。貝爾對於自己屬於「仍然充滿敵意，甚至是無可救藥……的野蠻人」感到驕傲，他主張蘇族或其他任何美國原住民部落都沒錯，完全是白人的「暴政、愚蠢和缺乏遠見」才「引起現在稱為『印第安問題』的情況」。他認為，白人心中「充滿原始的恐懼」，因為他們那時還不屬於美國。歐美人「仍是外國人和異鄉人」。而且，「如果文明的一部分是傷害、掠奪和擊垮他人，那麼進步到底是什麼？」相較於此，「在印第安的國度，仍然充滿著土地的靈……坐在地上小毯的人會靜靜地思考生命及其意義，接受所有生物的關聯，體認與宇宙萬物的合一關係，將文明真正的精髓注入他的本質」。美國白人的精神出了問題，與他們的土地離異，僅執著於統治地位。「但是美國可以復興，可以重生，只要認識本土的思想流派。印第安人可以拯救美國。」[27]

還有另一個非歐洲人使用歐洲種族理論的實例，同樣也相當引人注目，那是一九一一年在倫敦舉行的第一屆世界種族大會（Universal Races Congress），當時有兩千一百位來自世界各地的人與會，接受文化差異的重要性。不過他們也呼籲這需要全球對此的理解與合作，才能讓全人類利用所有「種族」或文化的獨特天賦和才能，為人類帶來集體利益。[28]

一八〇〇—一九二〇年：文化全球化——宗教創新

> 承認整個現代世界出現宗教信仰根本變化的時候到了……。科學和經濟變化動搖舊日信仰。全世界的宗教都必須適應大量累積的知識和經驗所創造的新條件……。如此重要、無畏和坦率的宗教……才是目前需要的。[29]
>
> ——《人文主義宣言》（Humanist Manifesto），一九三三年

然而，第一屆世界種族大會其實也是種族、民族性和民族主義語言與宗教語言重疊的另一個例子，因為這是奠基在一八七七年費利克斯．阿德勒（Felix Adler）在紐約市成立的倫理文化學會（Society for Ethical Culture）上，該學會致力於宣揚人類團結與相互寬容的宗教訊息。這類重疊在那個時代很常見。十九世紀末的俄羅斯帝國在推行「俄羅斯化」計畫時，就包括推動少數民族和宗教團體改信俄羅斯東正教；還有攻擊猶太人這個宗教社群，而非「種族」的官方鼓勵措施。這兩個例子都反映出俄羅斯東正教是定義「俄羅斯」這個民族或種族的重要元素，至少對一些俄羅斯人來說是如此。[30]在鄂圖曼帝國也有這樣的例子，在民族和宗教（基督教）上都算是少數的亞美尼亞人，因為這兩項因素遭到迫害。[31]在這段期間，中國正值清朝，那時剛在遠西征服穆斯林，日益將他們視為另一「種族」，而他們也自覺屬於另一種群。[32]與此同時，中國的一些知識分子和官員開始將儒家思想視為中華文化與身分的核心，以此作為區分華人和其他人的一個面向，好比那些販賣鴉片給他們，並接管港口城市的歐洲人。在日本，神道教則扮演類似的角色，該宗教是由國家直接資助，藉此團結民族。在德國，一位說德語並信奉天主教的國會議員於一九〇六年表示，在德意志帝國占領

的波蘭推行「德國化」運動，實際上是一種「新教徒化」的運動。[33]而在歐洲，帝國主義擴張的倡導者經常將白人信奉的基督教視為「文明的」宗教。

然而，種族、民族性和民族主義與宗教之間的關係既不簡單也不直接。許多宗教明確拒絕種族主義，認為這在神學上站不住腳，主張任一宗教中的所有信徒在道德和精神上都是平等的。一九○七年，一位保守的基督教活動分子在慕尼黑譴責那些擁抱帝國主義的德國人，說他們是以「步槍隊來傳播文明」，並聲稱「黑色人種不論是在體能上，還是道德上，都不比任何人低下或更沒有價值……。（我們）認為要將非洲人當成……人類，具有人類的每一個屬性」。[34]包括一些在美國西部和南非的許多傳教士，都為自身社會對原住民的屠殺與麻木不仁感到震驚。

宗教思想和運動經常直接跨越政治潮流，促成對抗民族國家或多數民族的反動和叛亂。也許最引人注目的例子是中國的太平天國起義，這是由名為洪秀全的先知所領導的反抗中國皇權的叛亂事件，他在一八四三年領悟到自己是耶穌基督的兄弟。太平天國這個建立準國家的運動持續二十年以上，高峰期是在一八五二年，之後一直持續到一八六四年，在這場內戰中約有兩千萬人喪生。在墨西哥猶加敦州（Yucatán）爆發所謂的種姓戰爭，從一八四○年代後期一直持續到一九○一年，這一方面是受到宗教革新的啟發，另一方面則是受到新的（或復興的）馬雅族（Maya）認同感的鼓動。在紐西蘭，英國人的入侵不僅激發旨在建立君主制的國王運動（King movement），也激發結合基督教和毛利人傳統元素的豪豪運動（Hauhau movement）。[35]

要如何理解這些運動的多樣性，以及其中的複雜關係，還有它們與用來表述種族、民族性和國家的語彙間的關係？

基本上，在一八五○年至一戰爆發的這段期間，可以在全球宗教界裡看到三種同時發生、相互矛盾，但通常也是相互促進的模式。首先，日益發展出捍衛宗教的正統性或一致性。其次，宗教異端或多樣性迅速擴散。第三，越來越倚重宗教普世主義。這三個過程都彼此直接相關，也與技術、政治和經濟這些更廣泛的發展直接相關。

首先，在此期間，全球各地的主要宗教都經歷普遍的復甦、復興或淨化等重要運動，當中改革者尋求在各地建立標準化和系統化的教義與敬拜方式，經常會排除他們認為從原住民習俗或其他宗教傳入的要素。隨著全球交通、通訊和商業網絡的日益密集化，世人越來越了解他們在其他國家和地區同宗教人士的信仰與作為。在一定程度上，企圖「糾正」各地信徒，以確保整個宗教的一致性，便是在因應這種不斷成長的知識。

復興或革新運動靠的是普及性與大量參與，並且致力於將更深層、更真實及要求更嚴苛的信仰概念帶給更多的人。在這方面，一項重要的影響是幾個主要宗教日益重視朝聖的活動，例如前往伊斯蘭教麥加（Mecca）、卡爾巴拉（Karbala）或荷姆斯（Homs），以及天主教聖地亞哥德孔波斯特拉（Santiago de Compostela）、盧爾德（Lourdes）或瓜達盧浦（Guadalupe）。鐵路和輪船運輸網的發展在這裡非常關鍵。到了一八五〇年代，英國和荷蘭的輪船航線能將穆斯林朝聖者從印度與印尼帶到麥加和麥地那（Medina）。到了世紀之交，來自俄羅斯和中亞的穆斯林朝聖者則可以搭乘火車去黑海的奧德薩（Odessa），然後再換輪船去麥加。[36]英國建造的鐵路線將印度教朝聖者送往貝拿勒斯（Benares），佛教徒送往菩提伽耶（Bodh Gaya）。而歐洲鐵路線則帶來一批批朝聖者，將他們送往法國南部小鎮盧爾德，這裡是聖母瑪利亞首次顯靈的地方，據說在一八五八年有一位農家少女親眼目睹。[37]

交通運輸的改善也讓那些想要前往世界大型宗教機構學習者的旅行輕鬆一點，能夠直接與宗教學習和教義中心接觸，包括羅馬的梵蒂岡和埃及的愛資哈爾清真寺。這些人當中，有些人會返回自己的祖國，帶回他們認為「更純粹」的教義。一個典型的例子是詹姆斯·艾曼紐爾·克維吉爾·阿格里（James Emmanuel Kwegyir Aggrey），他在一八七五年生於迦納，就讀當地的一所宣教學校，後來前往北卡羅萊納州的非洲衛理公會主教錫安教堂學院念書，再到哥倫比亞大學深造，最後回到迦納擔任教育領域的行政官員。[38]

同樣的發展也讓宗教導師輕易從宗教生活的中心向外延伸，直抵他們信仰社群的地理邊界。北亞特蘭大基督教的大型宣教組織就走上這條路，協助傳播穆斯林世界宗教信仰的蘇菲道團（Sufi orders）也是。蘇菲道團的傳教算是伊斯蘭教的長久傳統，可以回溯到酋長國創始者奧斯曼·丹·福迪奧（Usman Dan Fodio），他在十九世紀初於奈及利亞北部建立索科托大公國；較晚近的另一個例子則是蘇菲導師穆罕默德·阿卜杜勒·哈桑（Mohammed'Abdulle Hassan），他在一八八〇年代後期前往麥加學習，然後在一九〇〇年至一九二〇年代初期前去索馬利亞，在那裡抵抗英國和衣索比亞的帝國勢力。[39]

印刷術的進步及全球日益出現的大量印刷品，也有助於支持所謂的正統性，因為這時候有越來越多人會從權威文本學習宗教思想，而不是跟從個人或一些深具個人特色的導師學習。[40] 世俗出版品也有助於吸引宗教社群團結；比如一八六一年創辦的《羅馬觀察報》（*Osservatore Romano*），這是當時羅馬教皇的半官方報紙，還有於一八八五年在美國開始出版的《基督教科學期刊》（*Christian Science Journal*）。[41]

這些革新和淨化運動與反帝國主義的情懷重疊。例如佛教在一八八〇年代和一八九〇年代出現重大復興，多少就是受到斯里蘭卡居士阿那伽里迦·達摩波羅（Anagarika Dharmapala）的影響。達摩波羅對斯里蘭卡的民族主義也影響深遠，因為他認為斯里蘭卡人是佛教的歷史守護者，他試圖傳播「純淨的」佛教教義和實踐（正如他在一八九三年於紐約演講時，對聽眾說的），佛教不受限於「神學、神職人員、儀式、祭典、教條、天堂、地獄和其他神學習俗」。有些地方稱他為「佛教現代主義」之父，甚至將他與十六世紀那些努力「淨化」一千五百多年來基督教的歷史教義（想法、實踐與機構）的新教徒比擬，稱他是「佛教新教徒」。[42]

在伊斯蘭世界中，許多活躍於埃及的人物領導類似的伊斯蘭現代主義運動，將反帝國主義、理性主義和淨化信仰等目標結合在一起。其中最著名和最具影響力的領導人是穆罕默德．阿卜杜赫（Muhammad Abduh），他曾出國（法國）留學和旅行，倡導泛伊斯蘭主義，對宗教與政治問題採取溫和的現代化態度，包括埃及於一八八二年脫離英國獨立。另一個很不一樣的例子是蘇丹蘇菲教派（Sudanese Sufi）的導師穆罕默德．艾哈邁德（Muhammad Ahmad），他在一八八一年宣布自己是馬赫迪（Mahdi），即伊斯蘭教的救世主，反對埃及侵占蘇丹和奴隸貿易的法律等。他接連發動反抗埃及和英國的活動，在一八八五年攻克蘇丹首都卡土穆（Khartoum），建立統治蘇丹的嚴格神權國家，直到一八九八年被英國消滅。[43]

在印度教內部，一次重要的復興是從十九世紀中葉一位具影響力的領導人羅摩克里希那（Ramakrishna）的教學中汲取靈感；在傳遞他智慧的學徒裡，有一位是維韋卡南達（Vivekananda），他在一八九四年創立吠檀多學會（Vedanta Society）。這個運動也對印度的民族主義和反殖民主義的發展影響重大，並在國際間吸引一小群甚具影響力的關注者（在加州等地）。[44]

大多數推動正統宗教成長的發展，尤其是運輸和交流便利性這個因素，也為其帶來挑戰，因為這帶來新想法，與在世界許多地方同意或支持這些宗教的人。主流和少數宗教對這種威脅的回應是向信徒明確傳達教義、傳播神聖文本的正統版本，以及擴大他們的正規教育。例如羅馬天主教會於一八六九年至一八七〇年在羅馬舉行舉世矚目的梵蒂岡第一屆大公會議會（First Vatican Council），就是為了明確界定出教會的教義，其中一項是宣布教皇能在信仰問題上發表使人信服並具有約束力的聲明，顯然是要讓天主教的實踐和信仰更加統一。從一八六七年開始，全球的聖公會（Anglican Church）也定期在倫敦的蘭貝斯宮舉行一系列會議，有來自世界各地的代表參與。[45]

當然，並非所有這類努力都會奏效，這有助於解釋此一時期宗教推陳出新的創造力所導致的第二種常見形式，也就是異教成長，當時世界上可說是浮現一系列的新宗教和宗教衝突。

在某些地方，正統與異端之間會出現一種動態關係，因為有時「淨化」活動會導致新教會和新的信仰。比方說，印度教的改革運動梵社（Brahmo Samaj），在十九世紀時促成印度的民族主義。從一八〇〇年代開始，拉姆·莫漢·羅伊（Ram Mohan Roy）等人提出印度教最初其實是一神教，只是經過幾個世紀對聖徒、神靈和化身的崇拜而腐化。評論家認為這種思維是將基督教或伊斯蘭教的想法融入印度教，到了一八六〇年，這項最初僅是為了宗教復興的運動演變成一種新宗教。[46]之後在二十世紀初的加州洛杉磯，主張現代化的五旬節運動（Pentecostalism，一九〇六年）和現代基督基本教義運動（Christian fundamentalism，一九〇七年）接連出現，兩者都致力於將基督教的信仰與實踐「回歸」到簡單形式，與神學自由主義難以相容。兩者也都激發出各式各樣的基督教新教派。[47]這些運動深入根本，最近一項研究顯示，十九世紀後期的學者，尤其是在歐洲的，可說是發明出整個宗教概念，他們提出在教義上最初僅存在有少數純粹的「世界宗教」（如佛教、伊斯蘭教、基督教、印度教、猶太教等），完全是因為後人對其所做的種種解釋和各式各樣的實踐而讓這些宗教「腐化」。從這一點來說，在古老和多元的宗教社群中出現那些回復正統的改革，或是統一運動，亦可以視為獨特的現代形式的異教。[48]

但是，這一時期的宗教動盪直接也接導致全新的信仰及新的宗教衝突。這種現象的一個特別例子是太平天國之亂；另一個例子則是一八四四年在伊朗展開後，在中東擴散開來的巴哈伊教（Baha'i faith），其信徒多次遭受嚴重迫害。摩門教是在一八三〇年美國的第二次大覺醒（Second Great Awakening）後期由一個分支創立的，信徒也遭遇類似的情況。一八三一年從美國東北部一直到俄亥俄州，摩門教徒都受到一般民眾及州政府的暴力對待，隨後一八三八年在密蘇里州、一八三九年在伊利諾伊州，最後在內布拉斯加州也遭到迫害，直到一八四七年後期，聖徒（Latter-day Saints）教會定居在猶他州為止。一八五七年，美軍占領猶他州，摩門教徒再度受到壓迫，直到一八九〇年，教會終於放棄一夫多妻制（違反美國法律）。[49]有些信徒逃往較為寬容且氣候與猶他州和科羅拉多州類似的墨西哥，在那裡的乾旱高原可應用他們嫻熟的耕作技術。

帝國主義助長一些宗教淨化運動，但在其他某些地方卻也鼓勵異教增生，刺激新教會與新信仰的建立。撒哈拉以南非洲是歐洲和北美洲傳教士的主要活動領域，不過從一八八〇年代開始，獨立於歐洲或美洲的基督教派傳教活動也在那裡激增，包括奈及利亞的原民浸信會（Native Baptist Church，一八八八年），到了一九一四年，在非洲的教徒比美國南部浸信會的人還多。到了一九四六年，在非洲有多達一千三百個這樣的獨立教派。[50]

此外，這段時期還發生許多宗教運動，特別是在少數民族或種族遭受歧視的地方。一個早期的例子是，一八一六年自由的非裔美國人在費城建立非洲衛理公會教會（African Methodist Episcopal Church）。德國在十九世紀初也出現現代改革猶太教（Modern Reform Judaism），到了一八七〇年在漢堡成立第一所神學院，最終是在美國變得極具影響力，並將教會中心設在辛辛那提。保守猶太教派也相應出現，在某些猶太人眼中，這是介於教義鬆弛的改革派和僵化的東正教之間的中間路線。[51]

還有一個較不重要但顯示出宗教多樣性的另一來源，即將靈性與科學研究結合的種種嘗試。一八四八年在紐約州海茲維爾（Hydesville），福克斯姐妹（Fox Sisters）在接觸到一名女性亡靈後創立唯靈論（Spiritualism）。一八七〇年代，瑪麗・貝克・艾迪（Mary Baker Eddy）成立基督教科學會（Christian Science），主要是根據她撰寫的《科學與健康》（*Science and Health*，一八七五年）和《聖經關鍵》（*Key to the Scriptures*，一八八三年）這兩本書。這股新思想運動的起源可以追溯到一八三〇年代，不過較為正式的活動（在某種程度上來說），是從一八九四年在舊金山開始的一系列會議，直到一八九九年於波士頓的那一場會議才結束。透過這些會議，這個運動宣稱他們是「廣泛、寬容、樂觀及建設性」的信仰，致力於推廣「實用理想主義的哲學」和「與神合一的意識」，沒有「凝手凝腳的信條、個人教條，也不拘形式或禮儀」。許多信奉者相信能以精神力量來治療身體疾病；許多人也相信有所謂的終極祕密（The Secret），或是以「思想振動」塑造物質現實的力量。無獨有偶地，許多新思想領袖對印度的靈性傳統都深感興趣。威廉・沃克・阿特金森（William Walker Atkinson）於一九〇六年出版的《思想振動——思想世界的吸引力法則》（*Thought Vibration; Or, the Law of Attraction in the Thought World*），成為這個運動中非常重要的文本；而他本人也是瑜伽老師。[52]

最後一點，不管是正教或異教，都與宗教普世主義（religious universalism）這股第三趨勢發展出密切的關係，這是在道德和精神思想中尋求團結全人類的共同點。毫不令人驚訝，這股趨勢在以運輸工具和通訊技術而日益一體化的地區尤其明顯，還有就是在遍布全球的帝國政治結構中，越來越多的人開始發展建立全人類團結的宗教想法，而不是要區分不同群體。

在這種模式中，深具代表性的是在一八七七年由阿德勒成立的倫理文化學會，他是移民到紐約的德國改革派猶太人。這個學會教導所有信徒都應該在人道主義這項務實的信條下團結，不論如何定義或如何敬拜上帝，實務上至關重要的是道德行為。阿德勒在哥倫比亞大學擔任倫理學教授，也參與美國公民自由聯盟（American Civil Liberties Union）及全國城市聯盟（National Urban League）的創辦，在這些組織的訴求裡，其中一項就是在美國的共和體制裡捍衛人民權利，鼓勵少數民族與宗教團體的融合。阿德勒的論點是，宗教是私人信仰的問題，大家對此難免會有不同的想法，但所有信仰都同意社會道德的基本守則對人類社會至關重要。因此，未來世界的宗教應當「把最大的力量放在作為上，而不是信仰本身，……揚棄排斥的狹隘精神，」並且尋求道德原則的「共同點」，允許「信條的多樣性，與行為的一致性」。阿德勒跨大西洋的經驗（他曾在海德堡讀書），得以讓這個訊息傳播到國際間，在一八九三年成立國際倫理聯盟（International Ethical Union）；到了一九〇〇年，在美國、德國、英國、奧地利、法國、日本、瑞士、義大利和紐西蘭都有分支。[53]

另一個例子則是在西方建立的蘇菲派或稱普世蘇菲教派（Universal Sufism），這是一九一四年由印度音樂家暨靈性領導人艾內亞．汗（Inayat Khan）在倫敦創立的，他與歐洲藝術界有很重要的聯繫。這個教派主張有一種道德守則適用於所有人，這是基於自我克制、互惠和愛。[54]更引人注目的例子是，一八七五年在紐約成立的神智學協會（Theosophical Society），這是由在世界各地旅行的俄羅斯移民海倫娜．布拉瓦斯基（Helena Blavatsky）成立的，中心思想在她一八八八年出版的《祕密教義》（*The Secret Doctrine*）裡表露無遺。布拉瓦斯基和同伴提出一套極為折衷的想法，當中結合有星體投射（靈魂出竅）、靈力和隱身在西藏某個村莊的靈性大師（偶爾才會在其他地方現身）。不過這個協會的中心目標就是，「形成普世人類手足之情的核心，不分種族、信仰、性別、階級或膚色」。[55]有些神智學教徒會前往西藏和斯里蘭卡，在那裡與斯里蘭卡居士達摩波羅來往甚密。一九〇九年，布拉瓦斯基的一位夥伴發現一名年輕的印度男孩吉杜．克里希那穆提（Jiddu Krishnamurti）是世界導師的「載體」，認為他將會指導全人類如何生活得更好。神智學協會的領導階層實際上是綁架克里希那穆提，並在一九一一年將他帶到英國，接受靈性訓練。一九二二年，他定居在加州奧海鎮（Ojai），首次以世界導師的身分出現時，就在好萊塢露天劇場吸引一萬六千名聽眾，之後環遊世界各地。一九二九年，他和神智學會理決裂，但仍是重要的精神領袖，不僅在加州，在歐洲和印度也有舉足輕重的地位。[56]

十九世紀宗教的這種普世傾向，也許在一八九三年於芝加哥舉辦的世界宗教大會（Parliament of the World's Religions）最為明顯，這場大會是哥倫布世界博覽會（World's Columbian Exposition）中的一部分。當時代表四十五個宗教的一百九十四位講者介紹他們的信仰，討論宗教生活和思想的各種層面。與會者有四分之三是來自不同的基督教教派，不過佛教、猶太教、印度教、耆那教、伊斯蘭教等宗教也有派人參加。其中一場相當精彩的演說是維韋卡南達關於宗教寬容的演講，她讓聽眾認識到所有宗教都是通往神和聖潔的道路，並且提出印度宗教社群的和諧共處與多元化的狀態堪稱是世界榜樣。在她的這場演講中，同時出現民族主義、正統宗教與普世主義，類似的聲明在那次的大會上相當頻繁。[57]

一八九〇—一九三〇年：文化全球化——和平與舞蹈

道德進步……會隨物質進步等比例成長嗎？……耶穌、穆罕默德、佛陀……，羅摩克里希那都是影響力深遠的人……這個世界因為有他們活過而變得更加豐富。他們都是刻意擁抱貧困的人……。我聽過很多同胞說，我們將像美國一樣富有，但要避免使用它的方法……（如果）不小心，我們將引進美國所有致富的惡習，這是拜物主義的疾病。[58]

——印度國父、印度民族主義運動和國大黨領袖莫罕達斯・甘地（Mohandas Gandhi），一九一六年

世界宗教大會及西方大眾媒體，對維韋卡南達、達摩波羅（他也有參加那次大會）和其他人演講的熱情報導，是文化全球化的一個重要實例，但是這種趨勢早已遠遠超出宗教領域，延伸到藝術、哲學、政治和科學等領域。本節僅探討兩個例子，以此說明這類過程如何塑造個人生活，以及在文化全球化這樣更為廣泛的歷程中，一個人扮演的角色可以有多複雜。一個例子是舉世聞名的政治要角，另一個則是在今天較不知名的人物，但他在現代藝術，特別是現代舞的發展中扮演舉足輕重的角色。

甘地於一八六九年出生在印度中西部的一個小土邦，這是英屬印度時期由土著王公統治的附庸國，他是當地高級官員的兒子。要跟隨父親的腳步擔任公職，他需要取得法律學位，由於當時印度為英國殖民，因此學習印度法律的最佳地點是英國。一八八八年，他前往倫敦，在倫敦大學學院（University College London）就讀。

甘地並不是特別虔誠的教徒，但他的母親信仰印度古老的耆那教，長年茹素，而他也是。英國素食者協會（British Vegetarian Society）在一八四七年成立，但到了一八八〇年代晚期，吸引許多素食的新客群，其中包含受到神智學等各種印度宗教的慕道者。透過在素食餐廳的聚會，甘地開始對

宗教感興趣。[59]不過他還是繼續以父親為榜樣，完成法律的學習，並且在一八九三年接受一位南非的印度商人的聘僱。在接下來二十三年中，他大部分時間都在南非度過（中間有幾次前往印度）。在南非的二十多年經驗深深影響他的思想發展，可以分成三個層面。首先，南非的居住經驗鼓勵甘地將自己認定是特定種族或民族，是「印度人」。民族主義在印度本土及印度國大黨中也變得越來越重要，這個黨是在一八八五成立，是深具領導力的民族主義組織。不過，當時大多數的印度人身分認同可能仍然侷限於特定地區或「部族」（以甘地的例子來說，就是古吉拉特人〔Gujarati〕；其他人則是孟加拉人或泰米爾人〔Tamil〕），是某一州的公民（無論是附庸國的形式，還是直接被英國統治），或是特定宗教的成員，但是在南非，所有人的歸類都很簡單，全都是印度人。

其次，是在南非的印度人面臨嚴重的種族歧視。在一八九〇年代和一九〇〇年代，南非逐漸朝向後來所謂的**種族隔離**（apartheid）邁進，當地的社會、經濟和政治制度都以種族來區分，當中非白人面臨嚴重的歧視。一九一〇年，在南非的三個獨立英國殖民地要合併成半自治的南非聯盟，有兩個布爾共和政府決定實施種族投票限制，並逐步制定限制性更多的法規，在政治參與、社會關係、工作、獲取專業意見、行動自由和財產權等方面。在此之前，甘地居住的特蘭斯瓦瓦爾州（Transvaal）也在一九〇六年採用英國早先的《黑人法案》（Black Act）。這項法案要求所有的「亞洲人」（包括印度人、阿拉伯人、黎巴嫩人、土耳其人和其他人）前往警察局登記，留下指紋並接受體檢，確定出識別標記，這在某方面來說，是將他們當成嫌疑犯對待。面對這樣充滿歧視的立法和個人經驗，甘地逐漸認定種族主義是邪惡的。由於種族主義是帝國主義的意識形態基礎，他也日益對帝國產生質疑。諷刺的是，在布爾戰爭期間，甘地曾為英軍招募一千多名印度人，擔任醫療傳令兵和抬擔架人員，因為他明白對當地的印度人來說，若是布爾獨立，他們的下場會更糟。然而後來還是面臨在英國統治的名義下，以《黑人法案》為範例的立法，這無異於打了他一巴掌，也顯示出種族主義在歐洲社會和政府中有多麼普遍。

第三，在一八九〇年代和一九〇〇年代，甘地開始發展一套連貫的哲學與政治策略，提倡積極的非暴力抗爭，他以梵文中的薩蒂格拉哈（Satyagraha）稱之，意思是堅持真理。在反《黑人法案》的公民運動中用上這套方法，這項運動後來也算是部分成功。薩蒂格拉哈是由一系列當時很重要，也深具影響力的思想彙整而成，甘地將其融會貫通成深具國際吸引力的學說。第一個來源是耆那教，這是一種尊重所有生命的宗教，中心主旨是非暴力。第二個是在他留學英國期間接觸到倫文化學會時所吸收的，特別是威廉·麥金德·索爾特（William Mackinder Salter）在一八八九年出版的《道德宗教》（*Ethical Religion*）。在亨利·戴維·梭羅（Henry David Thoreau）於一八四七年的論文《公民抗命》（*On Civil Disobedience*）中，他也發現相關想法；約翰·羅斯金（John Ruskin）於一八八二年出版的《直到最後》（*Unto This Last*）是對非暴力社會秩序可能性的反思，是當時深具影響力的書，甘地於一九〇八年將其翻譯成自己的語言（古吉拉特語）。第三個來源則是非裔美國人布克·華盛頓（Booker T. Washington），這位教育家是塔斯基吉機構（Tuskegee Institute）創辦人，深信自助和工作使人高貴這兩個概念，這兩點都相當吸引甘地。最後是俄羅斯小說家和和平主義理論家列夫·托爾斯泰（Leo Tolstoy），他在一八九三年出版的《神的王國在你心中》（*The Kingdom of God Is Within You*）一書，對全球和平運動影響甚鉅。一九〇七年，一位印度民族主義領導人寫信給托爾斯泰，請教他要如何在不使用暴力的情況下將英國人趕出印度。托爾斯泰在一九〇八年發表《給印度教徒的信》（*A Letter to a Hindu*）的小書作為回應，他主張要以愛的精神進行被動的抵抗。直到一九一〇年托爾斯泰去世前，甘地與他通信兩年，並在一九〇九年將這本小書翻譯成古吉拉特語。一九一〇年，為了準備以公民不服從運動來抵制新的南非聯盟立法，甘地在約翰尼斯堡成立一個成效卓越的薩蒂格拉哈訓練營，稱為托爾斯泰農場（Tolstoy Farm）。

一九一四年，甘地回到印度，接手推動印度民族主義的大業。他因為在南非時曾與印度教徒和穆斯林印度人一起工作的經驗，因此不僅為他贏得以印度教徒為主的印度國大黨信任，也獲得穆斯林的認同；他成為全印度穆斯林會議（All-Indian Muslim Conference）的發言人，這是為了確保伊斯蘭在中東地區的聖地而發起全球運動的其中一項活動，在第一次世界大戰期間，英國從鄂圖曼帝國手中搶下這些聖地。一九二一年，甘地成為印度國大黨黨主席，並在隨後十三年，繼續擔任民族主義運動的關鍵人物。一九三四年，他因為不認同國大黨中多數人的社會主義信念，再加上擔心自己太受人民愛戴，會分散推動民族主義大業的焦點，因而辭職。不過，最終他對促成印度在一九四七年獨立的種種協商談判還是發揮關鍵作用。

此後，薩蒂格拉哈這種堅持真理的概念漸漸傳播到世界上其他地區。在美國，自從一八九〇年代和一九〇〇年代維韋卡南達與達摩波羅訪問以來，那些為爭取非裔美國人民權和支持印度獨立的兩派人馬人的接觸日益頻繁，也展現出對彼此的同理心。在一九二〇年代，他們的直接交流更是強化這兩項運動。到了一九三〇年代後期，一群有影響力的非裔美國領導人前往印度，拜會甘地和其他印度民族主義者，薩蒂格拉哈就這樣成為新生美國民權運動的重要推手。一九三九年，甘地的學生克里希納爾・施里達拉尼（Krishnalal Shridharani）移民到美國，用英語出版《沒有暴力的戰爭》（*War without Violence*）一書，成為種族平等大會（Congress of Racial Equality，簡稱ＣＯＲＥ）的重要文本，這個組織是由芝加哥大學學生在一九四二年建立的早期重要公民權利組織。小馬丁・路德・金恩（Martin Luther King Jr.）對甘地的思想和策略也相當感興趣，他於一九五八年撰寫一篇關於「一九五五年蒙哥馬利巴士抵制」這場爭民權的關鍵事件文章中，金恩寫道：「在讀甘地之前，我以為耶穌的道德觀念僅適用於個人關係……。（當）種族團體和國家處於衝突狀態時，似乎需要一種更現實的方法。但是在讀完甘地後，我發現自己完全錯了。」[60]在一九六〇年成立的學生非暴力協調會（Student Nonviolent Coordinating Committee，簡稱SNCC），也深受「堅持真理」的薩蒂格拉哈影響。

民權運動還受到其他影響。比方說，索爾特在一八八九年的著作對甘地也有影響，而他同時是全國有色人種促進協會（National Association for the Advancement of Colored People，簡稱NAACP）共同創辦人；他的老師阿德勒是美國公民自由聯盟和全國城市聯盟共同創辦人，這些組織都對民權運動的最後勝利有所貢獻。不過美國在這方面的勝利，當然有部分要歸功於甘地。

在南非，非暴力活動的成功率則相對低得多。一九一二年成立的非洲國民議會黨深受甘地的想法所激勵，在一九六〇年之前都是採取非暴力的策略，但是後來有感政府的暴力鎮壓，尤其是在六十九名示威者遭到槍殺的沙佩維爾大屠殺（Sharpeville Massacre）事件後，也開始採取武裝鬥爭。儘管在一九七〇年代後期和一九八〇年代出現零星的游擊戰，最終種族隔離政權主要還是以非暴力手段推翻。在菲律賓，甘地的這套方法顯然也很受用，他們於一九八六年以此推翻斐迪南·馬可仕（Ferdinand Marcos）的獨裁統治。甘地的思想也影響東歐，那裡也興起以非暴力推翻共產黨政權的活動。[61]

甘地的想法為什麼能影響全球？一個明顯的原因是這些想法最初就具有全球血統。強調堅持真理的薩蒂格哈拉能夠在不同文化背景的人之間引起強大共鳴，當中至少有部分說法是他們熟悉的。

文化全球化的另一個十分有說服力的例子，則是從完全不同的生活領域衍生出來的，這次不是政治，而是藝術。消費經濟的成長，在十九世紀末和二十世紀初達到一定的規模，娛樂便是其帶來的一項好處，最初是在一八八〇年代和一八九〇年代的北大西洋社會，但逐漸擴散到全球其他地方。當然，最引人注目的例子是電影，在一八九〇年代末，這幾乎是憑空出現，突然成為地球上流行娛樂中最普及的一種形式。電影業從一開始就完全國際化，在早期是由法國和美國公司為主。法國最重要的電影製片商帕戴（Pathé）到了一九一四年在全球共有四十一間辦事處，還主導亞洲的電影市場。一九一三年，在德國放映的電影中，只有一二%是德國製作，而三一%是美國製作，二七%則是義大利電影。美國電影在拉丁美洲非常受歡迎，以至於一些道德改革者擔心它們是在損壞美國的影響力，正如一位全球節制（反酒精）的運動人士在一九二五年指出的，有很多電影似乎都在呈現「美國的典型生活就是違法、犯罪、盜竊、謀殺、高速公路搶劫、打家劫舍，……和自由戀愛」。[62]

整個電影業都是科技創新的產物，舉凡錄影機的發展、奠定現代電影基礎的化學進展、鐵路電氣化和軌道電車的發展（將人運送到世界各地市中心的新興娛樂區），但這也取決於將人群和聽眾集中的都會化程度、貨幣經濟的成長與生活水準的提高，還有電力供應的普及。

吸引觀眾的運動競賽也基於許多相同的原因而蓬勃發展，尤其是遍布全球的通訊和運輸網絡與大眾媒體，以及能讓大批群眾觀賽的城市基礎設施發展。在一九一〇年代和一九二〇年代，飛機、汽車和自行車比賽吸引成千上萬人，這也是直接受惠於技術進步。但是很少有運動比橄欖球（或稱美式足球）更吸引人，在英國發明出來後，從一八八〇年代起由英國僑民傳播到世界各地。到了一九二〇年代，足球已成為全球性運動，最初是在最容易受到全球文化潮流影響的港口城市中蓬勃發展。規範這項運動的國際組織國際足球聯盟（Fédération Internationale de Football Association，簡稱FIFA）最初在一九〇四年成立時，共有七個歐洲國家的代表；到了一九一四年，又有另外七個歐洲國家，以及阿根廷、智利、南非和美國加入；在一九二〇年代，又有九個歐洲國家、十四個拉丁美洲國家，以及加拿大、土耳其和埃及等國加入。一九三〇年在烏拉圭舉行第一屆世界盃比賽。[63]

另一種蓬勃發展的重要娛樂形式則是雜耍劇場，這在一定程度上也是拜運輸革命之賜。雜耍劇場是用以替代「高度文化」劇院的庸俗或粗淺節目；提供輕鬆的娛樂形式，混合短劇或以「百匯」的綜藝節目形式呈現，包含歌曲、短片、大力士和雜技表演、單人喜劇、動物表演及舞蹈集錦等。許多劇場還提供來自遠方的「異國情調」劇碼，包括土耳其大力士、俄羅斯跳舞熊，以及柬埔寨、爪哇或印度舞蹈團等。

現代舞就是在這類創新的脈絡中誕生，電影和雜耍劇院直接促成其流行。現代舞大約是在一九〇〇年從中脫胎而出，最初主要由個人表演者，可以輕易地將他們加入「綜藝」節目中。來自舊金山的伊莎多拉・鄧肯（Isadora Duncan）是最著名的舞星；她在一九〇二年至一九〇三年間在歐洲打響名號。[64]這樣的表演者為數不少，其中也許名氣第二響亮的是露絲・丹尼斯（Ruth Dennis），她以是聖丹尼斯（St. Denis）的藝名出道，她的職涯正好可用來說明全球化過程的複雜性。[65]

聖丹尼斯出生於紐澤西州，母親是美國人，父親則是英國移民；換句話說，她是十九世紀末英國到北美移民潮的產物。童年時期，她學過法國人法蘭索瓦・戴爾沙特（François Delsarte）發展的一套動作，這是一套表演形式，也用於訓練年輕中產階級女性的姿態，使其優雅得宜。她之後前往雜耍劇院，還演出一些大衛・貝拉斯科（David Belasco）的舞碼好幾年，主要是在紐約。貝拉斯科是葡萄牙英國移民的孩子（移民到舊金山）。一九〇四年，聖丹尼斯開始進行獨舞表演，以「東方」

神祕主義為主題。大約一年後，她在紐約州康尼島（Coney Island）的某個遊樂園裡遇到一些印度音樂家和舞者，大受啟發，之後專門發展這種「印度」舞。她在歐洲跳這些假想的印度舞，大獲成功。

從一八八〇年代中期開始，「東方」熱潮席捲歐洲和北美，聖丹尼斯趁機搭上順風車。這股東方熱情反映著帝國主義的文化影響，以及對亞洲文化的接受。比方說，一八九三年舉行的世界宗教大會。聖丹尼斯的職涯其實是由各界舞蹈家和舞蹈團鋪路，他們因為歐洲的「開放」自由貿易政策，將殖民地或獨立國家的舞蹈引進歐洲和北美洲，其中包括日本表演者佐田雅科，他在一九〇〇年的巴黎世界博覽會引起轟動。另外，在法國征服東南亞之際，柬埔寨舞者也被帶到歐洲。其他歐美舞者也從善如流，例如一位荷蘭女性「馬塔・哈里」（Mata Hari）與荷蘭殖民地官員結婚，在爪哇生活一段時間後，便以「東方」舞者的身分返回歐洲。來自紐澤西州的雷吉娜・伍迪（Regina Woody）以「尼拉・德維」（Nila Devi）出道；而英國、印度混血的女子奧利夫・克拉多克（Olive Craddock），則以「羅夏納拉」（Roshanara）的藝名在歐洲跳舞。

不過，聖丹尼斯有個與眾不同的地方，她於一九一一年回到美國，開設丹尼蕭恩舞蹈學校（Denishawn Dance School），最終成為影響美國現代舞最深遠的舞者。一九二六年，她帶領舞團前往印度進行一百多場演出，而且廣受好評。就連印度大名鼎鼎的拉賓德拉納特・泰戈爾（Rabindranath Tagore）都力邀她留在印度，這位身兼民族主義提倡者、詩人、教育家及大力倡導復興傳統印度舞蹈的重要人物，請她在他創立的藝術中心和大學教授舞蹈。[66]隨著聖丹尼斯及其他舞者，如俄羅斯芭蕾舞者安娜・帕夫洛娃（Anna Pavlova）和來自加州的莫德・艾倫（Maud Allan）等表演者的訪問，激發印度舞重新發現自身的舞蹈形式，其中最突出的是神智學協會。[67]他們的表演看來有助於建立印度舞蹈傳統，將其塑造為娛樂形式，供印度新興的都會民族主義中產階級欣賞，擺脫過去主要是底層娛樂的形象。這個現象實際上是打了種族主義意識形態一個耳光，種族主義者向來主張印度舞蹈不如歐洲藝術形式。聖丹尼斯出現的時機正好，因為此時正值印度國大黨努力形成群眾基礎，真正開始對英國統治構成威脅的時期。

不過，想法的流動並不會總是朝著一個方向。泰戈爾的私人祕書倫納德．埃爾姆赫斯特（Leonard Elmhirst）是一位英國紳士，他受到泰戈爾在印度倡議的啟發，於一九二〇年代中期在英格蘭德文郡（Devonshire）的達丁頓音樂廳（Dartington Hall）建立自己的實驗學校和藝術社區。達丁頓之後成為歐洲主要的舞蹈創新中心。[68] 在此之前，於一九一一年移居德國的日本舞者伊藤道雄，又搬到倫敦、紐約及洛杉磯等地，對英國現代派戲劇和美國舞蹈的影響甚鉅。[69]

實際上，現代舞在全球各地似乎都扮演這種普世化的角色，有助於建立一個全球文化共同體，當中的審美標準並未按階級劃分，而是頌揚人類各種不同的經驗。再舉一個例子，一戰前托爾托拉．瓦倫西亞（Tórtola Valencia）已經在英國和西班牙現代舞界赫赫有名，在大戰期間和一九二〇年代，她繼續在拉丁美洲巡迴表演，遍及當地。瓦倫西亞在西班牙被塑造為「拉丁主義」的英雄，這主要是根據種族意識的想法，主張南歐人之間也享有重要的文化和種族特徵，應該團結起來以抵消「德系」國家的影響，如英國、德國及（於一八九八年擊敗西班牙並接手其殖民地的）美國。[70] 但是在拉丁美洲，她則成為「原住民」運動或**原住民主義**（indigenismo）的英雄，這是因為她聲稱自己的表演是根據美洲傳統發展出來，例如「印加戰舞」（Inca War Dance）便在智利和秘魯大獲成功。[71] 或是以印度音樂家和靈性老師汗來說，聖丹尼斯（在美國）和哈里（在法國）都聘請他加入她們的舞蹈表演。幾年後，在一九一四年，他成立普世蘇菲教派這個新興宗教運動，將伊斯蘭的神祕教義和倫理傳統帶入西方。

甘地的非暴力和現代舞，都彰顯出二十世紀初全球文化的重要特徵。到了一九二〇年代，從十九世紀累積到二十世紀初那些醞釀已久的政治經濟轉型，諸如大規模移民、帝國主義、經濟整合發展、運輸和通訊革命等，開始創造出新的全球文化融合，不論在程度上還是種類上都有別以往。知識生活和藝術界的重大發展越來越難論斷其起源，這些都不是出於單一人口和文化聚集的歷史重鎮，由此再轉移到其他社會。相反地，它們是一種混合現象，起源於全球文化網絡中。從創立之初就受到多個不同文化中心的影響，因此吸引來自各個中心的人。

甘地和聖丹尼斯「打造出」鬆散、非機構性的知識分子與文化網絡。但是大概在五十年間，約莫一九〇〇年前後，國際組織和機構的網絡開示密集出現。實際上，就在一九〇〇年之後沒幾年，開始出現新詞彙來描述這些機構的出現，用以表達這種**國際主義**（internationalism），形容日益國際化的「公民社會」的建立，可能是跨政府組織（intergovernmental organizations，簡稱ＩＧＯ）或國際非政府組織（international nongovernmental organizations，簡稱ＩＮＧＯ）[72]。這些國際組織有許多都是因應十九世紀後半葉的世局轉變而產生，當時世界各地的社會受到經濟、政治和社會變革帶來的威脅。一個早期的例子是，一八三九年在鄂圖曼帝國境內成立多個衛生辦公室，分別在君士坦丁堡（伊斯坦堡）、丹吉爾（Tangiers）與亞歷山大港（Alexandria），還有德黑蘭，與國際人員合作，因應每年前往麥加再返國的朝聖者造成的傳染病（主要是霍亂和鼠疫）威脅。這些機構的工作是由一八五一年起定期召開的國際衛生會議所指導，並且成為日益成長的傳染病控制國際組織網絡的一部分。到了一九〇七年，國際公共衛生辦公室在巴黎成立，以交換國家和國際公衛機構間的資訊。

一八六三年開始召開國際獸醫代表大會，同樣也是為了控制畜牧業快速國際化造成的動物疾病傳播問題。[73]到了一九〇〇年，重大事故發生率和其他工人面臨的風險，再加上社會主義工人階級運動日益嚴峻的挑戰，讓政府、社工專家及經濟學家，特別是在歐洲，成立總部設在瑞士的國際工人保護聯盟（International Union for Workers' Protection）。聯盟的宗旨是在推動保障工人安全的最佳方式，以減少工業快速發展所造成的社會成本。比方說，在一九〇六年通過一項國際協議，禁止火柴工廠使用白磷。[74]帝國主義和戰爭的恐怖也可能引發世人行動，諸如一八六三年成立的紅十字會（Red Cross）、一八六四年的《日內瓦公約》（Geneva Convention）、二十世紀初發展的國際和平運動，以及分別在一八九九年和一九〇七年於海牙舉行的兩次國際和平會議（與常設國際法庭的成立），還有剛果改革協會（Congo Reform Association），這是由一群披露剛果自由邦虐待事件的記者、活動人士、慈善家和政治人物組成的。[75]

十九世紀末，為數不少的國際會議和政府間公約都在試圖解決另一個問題：保護智慧財產權，這可說是國際社會要促進技術和投資發展的一項重要先決條件。一八八三年在巴黎及一八八六年在伯恩（Bern）先後召開兩次會議，達成基本做法的共識，之後由一八九三年成立的保護智慧財產權聯合國際局（United International Bureau for the Protection of Intellectual Property）監督。[76]

還有一些其他例子，會成立組織，以掌握或實現新經濟、技術和政治變革帶來的機會。萬國郵政聯盟（Universal Postal Union）和國際電報聯盟（International Telegraph Union）都在盡力發揮新的通訊與運輸技術的全球潛力。一八七五年在瑞士成立國際度量衡局（International Bureau of Weights and Measurements），協助促進世界貿易和科學研究合作，國際農業機構（見第二章）也算在這個類別中。各個科學學會構成國際組織網絡的重要部分，有助於國際科學社群交流想法，避免重複，建立共享詞彙和資料（如發表在刊物中）。有許多最初是以定期會議的形式進行，而不是成立常設組織。例如於一八七八年就已召開第一屆國際地質大會（International Geological Congress），卻直到一九六一年才成立國際地質科學聯盟（International Union of Geological Sciences）。一九三〇年代後期，大約成立五十個這樣的組織。[77]工程學會則是另一個重要的例子，國際電工大會（International Congresses of Electricians）於一八八一年開始舉行，到了一九〇六年催生出國際電工委員會（International Electrotechnical Commission）。這些組織透過下列方式來促進國際經濟活動：便利技術轉讓與引入，建立普遍工程標準，例如螺距、底片感光度最終是信用卡的厚度。[78]

儘管日益全球化的科學、技術和商業環境產生的需求，是促成國際組織成立最重要的因素，但絕不是在此期間唯一一類重要的組織。娛樂文化也在國際化。成立於一八九四年的國際奧委會（International Olympic Committee）便是很好的例子，還有本章稍早提到的ＦＩＦＡ（一九〇四年），以及其他十五個於一九一四年成立的國際體育組織。在一九〇〇年前後二、三十年間，國際上出現越來越多的女性組織，試圖利用國際交流、運輸和專業知識網絡來提高女權。全球總共有二十二個這類組織，包括世界基督教婦女禁酒聯合會（World Woman’s Christian Temperance Union，一八七六年）、國際婦女理事會（International Council of Women，一八八八年）、國際婦女參政聯盟（International Woman Suffrage Alliance，一九〇四年）、基督教女青年會（Young Women’s Christian Association，一八九四年）、婦女俱樂部聯合總會（General Federation of Women’s Clubs，一八九〇年）、國際社會主義婦女祕書處（International Socialist Women’s Secretariat，一九〇九年）。各國議會聯盟（Inter-Parliamentary Union，一八八九年）旨在協調各會員國之間的政策（起初只有法國和英國），這不僅是種交換政策專業知識的手段，也是為了要將國家執行力約束在國際關係的脈絡中。[79]

第一屆（一八六四年）與第二屆（一八八九年）的國際社會黨（Socialist Internationals）也追求類似的目標，提供各國政黨接觸廣泛專業知識和世界輿論的管道，並試圖終結資本主義外交政策。

同樣地，這類組織的數量也是加速度成長（僅在第一次世界大戰期間暫緩一陣子）：在一八七四年，全球僅有三十七個國際非政府組織，到了一九〇〇年有兩百個，等到一九三〇年時又增加到八百個。一九〇七年，北大西洋的國際非政府組織已經多到要再成立國際協會聯盟（Union of International Associations），來記錄這些組織。[80]

在這張國際協會和協議的網絡中，可以看到零星、無協調，但卻是自覺的努力，都試圖遏制潛在的破壞趨勢，而且是建立在不斷增強的相互聯繫的建設性效應上。就這一點來看，他們創造出來的，亦可說是全球發展計畫的一部分，但要旨不是在開發特殊資源，而是管理這項計畫所啟動的廣泛全球歷程。

儘管這張網絡變得越來越細緻複雜，但是在二十世紀初，仍是極度不平衡和脆弱，主要集中在北大西洋，然後延伸幾條線到埃及、日本、土耳其、澳洲、南非和拉丁美洲。實際上，文化全球化對世界各個社會的影響遠遠超過有組織的「國際主義」。其中一點就是為約莫在一九〇五年至一九四五年間的現代社會大爆炸奠定重要的知識和文化基礎，這段時期充滿大規模的革命與軍事動盪。這次的爆炸有部分也來自於這種文化日益融合對全球政治的影響。

第五章將討論這個主題。

第五章

大爆炸

THE GREAT EXPLOSION

一八九〇—一九二三年：全球革命時刻

（我們）注意到：（關於）土地、田野、木材和水源等，皆為地主……或業主所霸占，理當擁有這些資產的（村莊）或公民……將立即獲得之前遭到我們這些壓迫者惡意破壞的物業所有權……。事實是，絕大多數墨西哥的（村莊）和公民都生活在恐怖的貧窮中……無法改善自己的社會狀況，或是投身於工業或農業，這是因為他們的土地、木材和水源為少數幾人所壟斷，基於此，將要打破三分之一的這類壟斷……以及優先賠償……地主……直接或間接反對本計畫的業主，會將其商品收歸國有。[1]

——墨西哥革命領袖、南方解放軍領導人埃米利亞諾・薩帕塔（Emiliano Zapata），

《阿亞拉計畫》（*Plan de Ayala*），一九一一年

大約到了一九〇五年，前面各章討論的發展在世界許多地方達到臨界點。全球經濟成長促成的經濟變化在世界各地的許多社會造成嚴重的緊張局勢和衝突。正如人類學家艾立克・沃爾夫（Eric Wolf）一九六九年提出的論點，在許多國家，尤其是農業國家，擁有相對少量土地的務農家庭或是靠農業自給自足的農人，難以適應這個新世界，不論是面對世界糧食和其他農業產品貿易的成長，外國和國內資本挹注的農村經濟投資，還是勞動力組織方式的改變。最後產生的「農民問題」引發一連串「二十世紀的農民戰爭」，從一九一〇年代在墨西哥、俄羅斯和中國的革命，到一九五〇年代和一九六〇年代在越南、阿爾及利亞和古巴的革命，全都是肇始於農民問題。[2] 同樣重要的是，在許多社會都面臨工業勞動的興起、工人的經濟權利問題，以及如何將（通常受到社會主義吸引的）

工業界勞工納入日益受資本主義影響的政治結構。在貴族和君主享有較多政治與制度特權的社會中，受到經濟變化衝擊的新興商業界、企業界和各個專業領域的中產階級，也創造出類似農民問題的議題。而且這些新興的中產階級的立場也很分歧，有人渴望與外資合作，但其他人則對外資在社會中的勢力感到不滿。那些已經獨立的國家則擔心經濟和軍事力量不及他國，甚至有可能被不斷增強的帝國勢力所征服，這些都引發激烈的辯論和衝突，主要是針對在面臨那些強大的對手時，可能需要採取的經濟、社會及政治措施。

從一九〇五年至一九二三年左右，這些衝突和緊張局勢突然引發一波波革命浪潮。在那波浪潮的中間還爆發第一次世界大戰，最終又激發一連串全新的革命。眾所皆知，這次大戰是各帝國競爭全球資源和市場的結果，這樣的鬥爭算是十九世紀的特色；此外，民族主義和民族性的影響力擴散開來，產生強大的政治力與激烈衝突，這也是促成第一次世界大戰的一項因素。這場戰爭的範圍和破壞性都是前所未有的，一方面是因為在歷經幾十年的帝國主義後，世界上有多地區都被捲入主要處於競爭狀態的北大西洋社會；另一方面則是因為工業發展和軍備技術的進步徹底改變戰事。一戰促成的第二波革命則帶來新的政治組織形式，這些都建構在階級、種族和國族的新觀念上。這些政治制度廣泛應用新的通訊技術，並且展開經濟、社會、文化及教育現代化的計畫。大約就是在這二十年間，所有這些衝突幾乎同時展開；到了一九三〇年代，由此創造出截然不同的新世界秩序。然而也是從那個年代開始，這個秩序便陷入混亂，最後導致更大、更具破壞性的衝突，最後引發第二次世界大戰。這場戰爭一方面是由於新的全球經濟造成的深層危機；另一方面也是因為各個運動和國家，彼此之間的意識形態不斷加深，試圖以不同的方式來組織現代世界。

簡而言之，大概是一九〇五年至一九四五年之間，所有前面各章討論的經濟、政治和文化發展全都在這樣一個巨大而不幸的串聯衝突中聚集。最後造成的一項後果是，有約莫一、兩億人死於暴力衝突；另一個結果則是舊的國際關係徹底瓦解，創造出新的國際關係秩序。

這段時期的第一場革命是一九〇五年開始的俄國革命，堪稱是該時期革命的原型，最後在一九〇七年被沙皇政權鎮壓結束，但是在十年後又重新展開，最終催生出世界上第一個共產國家：蘇維埃社會主義共和國聯盟（Union of Soviet Socialist Republics，簡稱ＵＳＳＲ）或簡稱蘇聯。這場革命源於前幾章論及的一連串發展。其中一項是人口快速成長，這造成土地不足，加劇俄羅斯農民的絕望情緒。這些農民原是在一八六一年從農奴制中解放；但是俄羅斯的農業技術仍然落後，而且組織不良，土地依舊掌握在少數人手中，因此大多數人都淪為佃農，得繼續為那些多數根本不居住在當地的地主工作，農民對此深感不滿。在接下來幾十年間，一些農民發展成小型農業企業家，讓他們得以添購土地，但其他農民依舊只能靠承租或當佃農維生；於是貧富差距不斷擴大，農民社群的不滿情緒日益高漲。

第二個動盪的過程來自工業的成長，在俄羅斯各大城創造出一批新的工廠工人階級。大多數的勞工都覺得被雇主剝削和虐待。在俄羅斯帝國，工會是非法組織，而在人口快速成長，勞力供過於求的情況下，俄羅斯雇主僅需支付極低的工資。許多俄羅斯工人因此被社會主義所吸引，這承諾讓他們享有更多工作的成果。通常這些工人也集中在大型現代化工廠裡或是其周圍。這些工廠是外商的，或是由外資投資，在這樣的情況下，很容易進行政治組織，而且也讓他們感到遠離俄羅斯社會中的富人，成為（實際上或隱喻上的）「局外人」。

第三個重要因素則是國家和議會政府的觀念在國際間傳播。到了一九〇〇年，俄羅斯絕大多數的社會和政治精英逐漸產生新的想法，相信議會政府與公民積極參政是組織現代化社會和國家的唯一有效途徑，他們對沙皇政權的威權已經感到不耐煩。

最終引發革命火花是大批移民、定居開墾和帝國戰爭。一九〇四年，俄羅斯與日本因為爭取對滿洲的控制而開戰，這個地區可供快速定居，又能從中獲取大量商品（採礦和大豆種植）。這場戰爭對當時經濟相對落後的俄羅斯帝國來說太過沉重，導致金融體系嚴重混亂，要進行糧食分配和配給，最後引發大批群眾抗議遊行；激進的社會主義工人在地方建立革命政府；農民占領土地，殺死地主；新成立的憲法民主黨要求進行憲法改革；俄羅斯帝國就此陷入內戰。

最後帝國政府向日本求和，召回軍隊鎮壓內部的政治激進分子，並且承諾進行議會和法律改革。俄羅斯帝國確實引進一些改革，但是在第一次世界大戰爆發時，最初在一九〇五年第一次革命爆發時留下的社會、經濟和政府問題還是沒有解決，結果帝國政權的執政能力再次因為戰爭的需求而動搖，幾乎爆發跟之前一樣的危機。然而第一次世界大戰是規模更大的戰爭，俄羅斯政府更是難以脫身；這次換激進分子贏得內戰。隨之而來的事件將在下一章深入探討，主要是由共產主義和社會主義理論家暨布爾什維克（Bolshevik）黨黨主席列寧建立的布爾什維克專政，以及之後由約瑟夫·史達林（Joseph Stalin）接手領導的始末。簡而言之，在俄羅斯帝國瓦解後，便出現大規模且極具破壞性的多黨內戰，舉凡社會主義者、共產黨、無政府主義者、自由主義者、農民自治、保皇黨及多個外國勢力（波蘭、法國、英國、美國和日本），都試圖掌控這個國家。最終結果是布爾什維克或稱共產黨勝出，建立一黨獨大的國家，這個政黨的宗旨是廢除或摧毀帝國社會秩序中殘存的一切，包括君主制度、中產階級、貴族、宗教社群、家庭和十九世紀的性別關係。所有這些將由黨領導的新社會主義秩序取代，將推動俄羅斯的經濟和工業經濟發展，挑戰資本主義強國組織的世界經濟。[3]

一九〇五年，俄國率先發難，隨後便由伊朗（當時的波斯）的立憲派在一九〇六年接手，再來是鄂圖曼帝國（主要集中在今日的土耳其）於一九〇八年展開，其中有一些來自地方和政治精英，特別是商人、行政人員、學生及軍官，迫使鄂圖曼帝國的蘇丹和伊朗國王引進或擴大議會政府。就跟俄羅斯的情況一樣，這些團體對議會制深信不疑，認為現代社會只能靠議會制度來有效治理。此外，在這兩個例子中，民族主義情緒都強化這種觀點，因為在理論上議會政府代表的是國家，而不是統治者。在土耳其或波斯，從商或那些因為機構職責而視野較廣的人心中都有強烈的民族認同觀念，因此開始將舊日的君主制視為現代化和國家權力的障礙。

實際上，在伊朗和土耳其，許多人堅信只有這種效率高的現代政府才能讓他們保持金融獨立，避免遭到俄羅斯和英、法等帝國勢力的剝削（甚至征服）。英國和俄羅斯確實曾經貪婪地盯著波斯（伊朗）十多年，尤其是在一八九〇年代，當時發現那裡可能蘊藏豐富的石油——這份潛力在一九〇八年展現出來。在伊朗和土耳其，那些出外留學或是曾被迫流亡海外的人士在這場革命中扮演關鍵角色。許多鄂圖曼激進分子集結，組織進步聯盟委員會（Committee of Union and Progress，簡稱ＣＵＰ），不過一般都稱為土耳其青年軍（Young Turks），因為這批人在十九世紀末都去巴黎讀書，總部最初也設在那裡。

這些運動最後造成的結果各不相同。在鄂圖曼帝國，進步聯盟委員會於一九〇八年發動軍事叛亂，迫使政府讓一八七六年制定的憲法重新生效，蘇丹也在一九〇九年退位，在經過一系列軍事政變和反政變的衝突後，於一九一三年逐漸鞏固內部權力。然而在這個過程中，進步聯盟委員會的成員逐漸放棄他們支持的自由主義原則（「自由、博愛、平等和正義」），轉而投向專制手法，經常頒布戒嚴令、操縱選舉，甚至以捏造的指控來逮捕反對派政治人物，還禁止公共部門罷工、限制新聞自由，並且推行敦促人民接受「我閉上眼睛／我履行職責」這類座右銘的政治文化。國族至上主義（National chauvinism）及充滿排他性和擴張主義的種族觀念（泛土耳其主義）也變得日益強大。鄂圖曼帝國於一戰中戰敗（與德國和奧地利同屬失敗陣營），又遭到盟軍占領，在這樣的脈絡下，土耳其青年軍於一九一九年發起全國解放戰爭，在凱末爾．阿塔圖爾克（Kemal Atatürk）的領導下，建立現代化的土耳其共和國。新建立的共和國大力改革，廢除依循伊斯蘭教的哈里發體制，關閉蘇菲教團，將伊斯蘭教令與民法分開，並根據瑞士、義大利和德國的法律來制定新法、設立非宗教的普通學校；引進西方曆法和拉丁字母；提升婦女權利（包括一九三四年開放女性投票），不鼓勵戴面紗，提升四倍的入學率並擴大共同教育；建立一黨專政，由共和人民黨（Republican People's Party）執政到一九四五年。[4]

在伊朗，最初是由商人和宗教組織結盟，反對國王依賴外國貸款並給予外國公司壟斷性的商業特許權（如石油、漁業和菸草）。到了一九〇六年底，他們讓政府公布一部議會共和制的憲法。經過這場大致上算是和平的革命後，聯盟達到目標，但是成果很快就瓦解了，因為那些較為保守的宗教領袖難以接受自由派憲政提出的教育、司法改革，也無法忍受在憲法中保障伊朗少數宗教的法律和政治平等計畫，因此日益疏遠。這個國家再度陷入混亂，大部分地區轉由各地軍閥和部落控制，還有來自俄羅斯、英國和波斯軍隊的一連串干預。到了一九二五年，由陸軍司令穆罕默德．李查沙．巴勒維（Mohammad Reza Pahlavi）重新取得中央控制權，建立新王朝。他的政權，就跟土耳其的阿塔圖爾克政權一樣，引進大量民族主義、現代化及政教分離的世俗化措施，包括頒行新的商業法、刑法和民法；剝奪大部分神職人員擔任法官和公證人等法律職務；引進世俗教育（包括女子學校）；迅速發展交通基礎設施；且禁止在任何公共場所戴面紗，並要求男性戴帽子。[5]

在同一時期，墨西哥陷入艱困而複雜的革命與內戰，從一九一〇年爆發以來，斷斷續續到了一九二九年。墨西哥在一八六〇年代受到法國帝國勢力征服，由迪亞茲統治二十五年。他靠著大規模的選舉舞弊、新聞審查和監禁或流放對手等伎倆，一次又一次地當選，並且壓制勞工運動及打壓新聞界和政界的異議，來推動國家經濟發展，此外，他也通過種種法案，鼓勵將國有和「印第安」原住民農業社群的土地轉讓出去，交給墨西哥大型房屋業者與**大莊園**（haciendas）等富裕群體，以及北美和歐洲的投資者，企圖打造效率更高的企業化農業。到了一九一〇年，鐵路網的覆蓋範圍是一八七六年的三十倍（當中有八〇%的資金來自美國）；礦業成長十倍（但其中約四分之三歸美商所有）；農產品出口成長五倍，整體外國貿易量增加近十倍。墨西哥當時的開採商品出口業欣欣向榮，舉凡礦產和農產品，如肉品、皮革、糖、棉花及劍麻（這是一種機械收割機用於捆包的天然纖維，從一八七八年引進北美洲）。[6]

然而，這些改變造成的社會後果非常極端。這個國家有五分之一的土地（約四千萬英畝）從公有地或印第安社群轉移出去，成為**大莊園**或財力豐厚的獨立**牧場**（ranchos）的資產，讓這個國家高達十分之九的耕地掌握在大概八百多個家族手中，這些巨型**莊園**相互聯姻，大多過著半封建的生活。這種情況在南部的劍麻和蔗糖種植園區特別嚴重，工人負債日益普遍，生活陷入半奴隸制的狀態。只有三%的墨西哥人擁有土地；大約九〇%的農村族群無法直接使用土地，無論是所有者或擁有公共土地權的村民。外國人擁有四分之一的土地。食物的生產停滯，人口迅速成長，基本食品價格上漲，但是窮人的收入卻沒有跟著增加。整體來看，經濟生產力的成長僅僅稍微超過人口成長，部分是因為國內消費者日益陷入貧困中，再加上廉價（或絕望）的大量勞力。墨西哥大多數的統治階層是歐洲人後裔，他們認為這些發展是自然的，因為在他們眼中，占大多數人口的「**印第安人**」

（indio）是較差的種族。[7]

就跟俄羅斯的情況一樣，想要土地的農人、不斷成長的農村中產階級，以及工業界低薪的勞工階層，全都醞釀出不滿的情緒，而且這裡的勞工也多半集中在大型工廠與礦場，其中許多是外資擁有，不允許勞工建立工會來談判更好的薪水或待遇。越來越多的墨西哥人日益擁抱**原住民主義**，拒絕社會交由歐洲精英或外國投資者主導。就連許多精英階級都深信迪亞茲和他的朋友將所有經濟發展的好處中飽私囊，不是霸占肥缺，就是進行有利可圖的交易，收取賄賂和不當取得土地使用權。一九〇七年開始發生金融危機，在這樣的背景下，有些人展開叛亂行動，迫使他下台。[8]

初期的一位領導人是弗蘭西斯科·馬德羅（Francisco Madero），他就跟這段時期世界各地的許多革命人士一樣，曾經到國外留學，先後前往巴黎和加州大學。滴酒不沾的馬德羅也吃素，是禁欲的精神主義者，接受靈的引導，成為「自由和進步的士兵」，並且為天父服務，「執行在地上的偉大使命」。[9]他在一九一一年取得勝利，迫使迪亞茲流亡，卻在一九一三年遭到暗殺，這又加速整個國家陷入嚴重的暴力事件中，發生一次又一次的軍事政變或暗殺，有人在中部動員大批勞工，北部則是由龐丘·維拉（Pancho Villa）領導當地牛仔，而南部是以薩帕塔為首所組織的**印第安**農民。在革命結束後，高達八分之一的墨西哥人死於暴力或飢餓。[10]

到了一九一五年左右，民族主義陣營擊敗更為激進的社會革命分子，逐漸鞏固對政府的控制權，他們廢除拖欠的債務，重新分配從對手奪回的一千七百萬英畝土地，重新安置農業社群到**集體農場**（ejidos）。薩帕塔和維拉相繼遭到刺殺，而後政府在一九二〇年代末又展開一場規模較小的內戰（然後以談判結束），對付那些天主教的保守派，他們反對沒收教會財產與世俗化教育的法律，也反對讓牧師接受種種嚴厲的社會限制，像是禁止他們在教堂外穿著長袍等。最終，新政權將自身重組為革命制度黨（Institutional Revolutionary Party，簡稱PRI），以一黨獨大的方式鞏固勢力，一直統治到二〇〇〇年。主要政績是（在一九三八年）將石油產業國有化，並且在一九三四年至一九六四年間，將大約八千五百萬英畝的土地配給無地的農民和**集體農場**。[11]

在中國，由滿族執政的清朝在許多民族主義者眼裡是外來政權，在一九一一年遭到推翻，當中至少有部分人士的經歷也與上述雷同。中國的共和政府運動主要是由商人、行政人員、學生及軍人主導，他們相信帝國的體制結構已經過時，無法有效治理現代化社會。這些人之中有些曾赴日本學習，並且十分欽佩日本在一八八九年制定的憲法，似乎創造出高效能的現代政治結構。他們看到中國在一八九四年至一八九五年的對日戰爭中戰敗，義和團起義造成的災難，還有日本、英國、法國與美國的聯合軍隊再次拿下北京，在在顯示要是中國不現代化，就只能等著遭到列強分割。一九一〇年，日本併吞朝鮮，似乎意味著亡國的危機迫在眉睫。與此同時，在農村的一批農業企業家不斷壯大，他們對擔任官僚的士紳階級的政治壓迫感到不滿，也對這群階級任憑經濟和國際地位下滑感到憤怒。特別是在中國的沿海城市，勞工得努力在新的工作環境中謀利，但商業利益卻因為外國勢力而受損，最明顯的一點就是在鴉片戰爭後，口岸城市得依照歐洲的法律來管理，而不是依照中國法律。

這些條件都有轉化成革命運動的潛能，引發中國內部分裂。民族主義的知識分子儘管在中國內部的影響力有限，但是最初確實成功將他們的思想烙印在由諸多社會原因引起的反動起義上。不過新建立的共和國旋即落入袁世凱手中，他是革命軍早期的軍事盟友，在擔任清朝統帥時逼迫皇帝退位，之後接任新共和國臨時總統孫中山的位置，然後在一九一三年將孫中山和他的民族主義分子驅逐出境，並於一九一五年自立為帝。他在一九一六年去世後，共和國被軍閥割據，陷入多方內戰，各地軍閥的聯盟迅速變化。民族主義分子此時重整旗鼓，組成新的國民黨，改走紀律嚴明、集權化路線。國民黨獲得俄羅斯的新布爾什維克政權的援助，獲得金錢、武器及政治和軍事訓練等，並與成立於一九二一年的中國共產黨合作好幾年。但是在一九二五年孫中山逝世後，國民黨的領導權落到他的連襟蔣介石手中，他是一位激進的反共分子，並與上海的商業團體有所聯繫。蔣介石在一九二〇年代後期鞏固地位，先是在一九二六年與各地軍閥的戰爭中打了勝仗，然後又對上共產黨，一九二七年屠殺近兩萬名共產黨人。

儘管發動多次軍事行動，但國民黨政權未能徹底消滅共產黨運動及人民解放軍。最終毛澤東接任領導位置，他既是共產黨中最有能力的軍事指揮官，又是首席思想家，到了一九三〇年代，共產黨在中國北部的偏遠郊區休養生息，日益壯大，並在此過程中從列寧主義的工人黨轉變為毛主義的農民黨。在這個時期，日本於一九三一年侵略中國，占領礦產豐富的滿洲，並於一九三七年展開全面入侵。在隨後十二年裡，中國陷入國民黨、共產黨與日本之間的三方混戰，到了一九四一年更是捲入一場為了控制整個亞太地區而進行的激烈鬥爭中。[12]

上述的每個例子都有獨特的特徵：每一國家的歷史、制度結構、經濟條件、社會結構及所採取的策略立場各異，因而造成不同的情況和不同的可能性。然而，其中也有驚人的相似之處。在每個例子中，主要促成革命的火花都來自社會和政治精英內部的分裂，有些人擁抱既有的政治、社會和經濟體制，而其他人則主張進行制度現代化。在每個例子中，制度現代化的目標特別受到一些觀念想法驅動，包含國族或民族的身分認同、建立代議政府，以及憂心沒有現代化的國家最終將被不斷擴張的帝國所吞噬。在每個例子中，領導革命的關鍵人物都具有重要國際經驗。在每個例子中，除了有不滿的精英階層反抗，也有因為國際經濟壓力而導致生活擔子日益沉重的普羅大眾群起反抗。

這場反動有兩群人參與：一群是在現代化工商業經濟體發展下陷入困境的工業界勞工；一群是在建立現代化全球糧食經濟體中的貧困農民。[13]而且在每個地方，最終結果都是出現不斷現代化的獨裁統治形式，主要是以現代群眾政治運動打造的一黨統治體制。在每個例子中，新建立的政權都在推動社會變革時，與宗教領袖和宗教機構纏鬥。當中有很多獨裁統治都倖存下來，直到二十世紀出現第二波革命浪潮，從一九七九年的伊朗革命開始，以二〇〇〇年墨西哥的革命制度黨政權瓦解告終。

此外，幾乎在所有這些革命裡，社會主義都扮演著核心的角色。阿塔圖爾克獲得在俄羅斯的蘇聯政權關鍵支持，正好就是在對抗盟軍入侵和占領的同一時間。革命制度黨在墨西哥的政權也是採用社會主義的經濟策略。中國的共和運動核心也是社會主義，最終在一九一一年是由中國共產黨，而不是一開始取得勝利的國民黨拿下。究竟為什麼？

有一點可以說明社會主義的興起，十九世紀中葉以後，社會主義之所以抬頭，其實是為了抵制全球社會的資本主義重組，是整個廣泛抵抗模式中的一部分。勞動人民利用社會主義，來抵抗十九世紀科技經濟轉型造成的工商業資本組織及許多社會的重組。實際上，大多數的社會主義都是反帝國，將帝國開疆拓土的冒險視為掠奪性的資本主義擴張，這些侵略活動是由勞工繳交的稅款來資助，但主要受益的卻是資本家。簡而言之，在全世界興起的社會主義運動有部分是在因應第一章和第二章討論的全球發展計畫的暴力與脅迫。不過，十九世紀的社會主義也有部分來自更廣泛的宗教創新格局，這份改革承諾要在人間創造和平、和諧與充滿德行的神的國度，只不過在未來的社會主義國家統治時，則改以完全世俗的用語定義，即普世的和平與正義。最後，我們也可將社會主義當成第五個關於差異的語彙，除了之前提到的種族、民族、國族和宗教差異外，還存在階級差異。隨著社會流動性提高，教育程度普及和資訊豐富，不同的社會群體日益對自己在社會中的特殊角色和地位產生認同，隨著他們對其他社會的深入認識，會以自己的地位與角色來和社會中的其他團體相互對應、區別。而在大多數社會主義者的眼中，勞動人民和沒有工作的人是不同的，他們更優秀。

將社會主義視為差異語彙中普世主義（普救派）的另一個選項，也不失為解析這種現象的好方法。比方說，社會主義者通常主張，在最好的情況下，現有的宗教僅是個人的私事；而在最壞的情況中，宗教會成為讓勞動人民接受壓迫的陰謀。如同傑出的社會主義理論家馬克思所言，宗教是「人民的鴉片」，只能幫助人減輕貧困和剝削造成的痛苦，教導人謙虛與自制，但不能真正改變人的處境。無論如何，宗教都不該跟政治扯上關係。社會主義者也經常主張，國家也只是一種讓統治階級方便管理的工具，用馬克思的話來說，這是「一個管理整個資產階級共同事務的委員會」，是服務資本統治階級的。[14] 政府的用處是壓制不滿的工人和抗議活動，維護一連串違背工人利益的法律體系，並且與其他社會的統治階級產生商業衝突。所謂的種族或民族差異，也不過是讓統治階級用來劃分和統治工人的工具。

相較之下，社會主義則提倡每個人在本質上都是一樣的，所有勞動人民都分享基本的生活經驗、基本的生活價值，以及一套具體的社會、政治和經濟利益，而且每個人都應該工作。因此，社會主義的組織相當國際化，第一個組織是一八六四年在倫敦成立的國際工人協會（International Workingmen's Association），一八六六年第一次召開會議時是在日內瓦舉行。這個組織在一八七六年分裂成社會主義和無政府主義兩派，不過在一八八九年又成立第二國際（Second International）這個組織，一直持續到一九一六年。全世界的社會主義運動都喊出同一個口號：「世界無產者，聯合起來！」還唱出一首〈國際歌〉（Internationale）。全球的社會主義政黨和工會正式投效「國際主義」，旨在反對將人類分裂成競爭和衝突的政治實體。

到了一八九〇年代，北大西洋地區許多社會的社會主義運動在組織和政治上做出重大突破。隨著工業化的腳步，人民所得增加，識字率日益普及，再加上社會內部的互動和交流增強，特別是在都會區，勞動人民變得更有能力來組織工會，以及加入社會主義政黨，追求以更公平的方式分配由技術變革和建構世界經濟體帶來的經濟利益。到了一九〇〇年代，社會主義工會運動在工業化國家吸引到成千上萬的會員，有些國家的人數甚至達到數百萬，並在全國選舉中獲得支持，最多（在德國）得到三分之一的選票。早期的社會立法（如工人補償、工廠安全、工業仲裁、社會保險和公共衛生法），尤其是在城市擴大公共服務，並在確保工人權利、縮短工時和提高工資上取得一定的成功，這讓社會主義運動看似有個樂觀的前景，並且在世界各地越來越有吸引力。雖然大規模的社會主義工會和政黨都集中在西歐，但社會主義的思想和行動遍布全球，這多少也是因為他們提供另一種世界秩序的願景，不是透過征服與剝削，而是和平與合作。

在這樣的脈絡中，社會主義運動的許多要角都異常活躍，他們的一生可說是這段時期全球文化和政治的寫照，其中一位指標性人物是越南共產黨領導人胡志明。[15]一八九〇年，他出生在當時還是法國殖民地的北越，二十一歲時前往美國，在接下來七、八年中，則是往來於紐約、波士頓和倫敦之間，多半是在餐館裡從事各式各樣的工作。在一九一九年至一九二三年間，他住在法國，參與法國共產黨成立。一九二三年，他前往莫斯科為共產國際（Comminterm）工作，這是一九二一年成立的共產黨。在一九二四年至一九二七年間，他住在中國南部，參加當地的激進政治活動。在一九二八年至一九三三年間，他旅居泰國和香港等亞洲各地，仍為共產國際做事。一九三三年，他返回歐洲，首先去了義大利，然後回到莫斯科。一九三八年，他又移居中國，在接下來三年參加中國的共產主義運動。在一九四一年，他終於返回離開三十年的越南，先是參加反抗日本占領軍的游擊隊，再對付法國的殖民軍隊，然後對抗越南共和國（南越）的軍隊與美國。簡而言之，胡志明花了三十多年參與全球勞動力市場和全球革命運動。當他成為自己國家地下共產黨領導人時，世界各地都有他的友人和支持者。

當然，胡志明的例子很極端，但大批社會主義和共產主義分子確實都具有豐富的國際經驗。實際上，他們當中有許多人都體驗到團結國際人民並非理想空談或理論，而是能夠在生活中實現的，在移居世界各地之際，他們都受到其他社會主義和共產主義分子的接待與支持。從這個意義來看，可以說這和**雜合**文化形式的興起不謀而合。這種形式的起源是全球性的，而不是從單一源頭傳播到其他地方；許多社會主義和共產主義分子都以全球社會主義世界的公民自居，而不是屬於特定的民族國家。

實際上，社會主義與文化全球化之間有著重要的聯繫，因為許多藝術界的「現代主義分子」，好比那些在十九世紀末和二十世紀初，在繪畫、戲劇或音樂上開創美學新局的領導人物，都曾受到社會主義所吸引，認為這是處理全球資本主義新秩序帶來的掠奪和破壞特徵的解毒劑。就以知名美國舞蹈演員鄧肯來說，她最初將蘇聯視為未來的燈塔，並於一九二一年前去建立一所現代舞學校，希望能帶給大眾舞蹈的樂趣和自由。廣受歡迎的科幻小說家威爾斯也是社會主義者，並就「發現未來」寫了一篇極為樂觀的文章，當中甚至充滿狂喜的興奮之情（第二章第三節開頭有摘錄）。

許多社會主義者都和威爾斯與鄧肯一樣，對未來抱持樂觀看法。他們認為歷史是站在這場運動的這一方，這不僅是因為運動的要旨是在表達快速興起的工人階級的政治利益，也因為這正是國際主義的路線。世界當時正透過通訊和運輸、技術、全球貿易、帝國與大型公司而日益緊密聯繫，社會主義剛好搭上這波浪潮。種族、民族和民族主義或是宗教差異，可能會捍衛區域沙文主義一段時間；但未來似乎是屬於那些想像著全球社會的人。

一九一四—一九二三年：世界爭霸戰的第一階段

我的頭受傷了，不過應當不久後能康復。現在的我算是非常幸運，因為我的弟兄們都被殺了，我還活著⋯⋯。那樣的場面就像葉子從樹上落下，落了滿地，沒有一絲空間，只是土地上滿是屍體，連站立的地方都沒有⋯⋯。整片地沾滿鮮血⋯⋯我的許多弟兄都被殺了。（就算）我被殺了也沒關係⋯⋯。（沒有）人能活下來，幾十萬，不，是幾百萬，整個世界將會毀滅。16

——步兵阿馬爾．辛格．拉瓦特（Rifleman Amar Singh Rawat）寫給印度的友人，一九一五年三月

儘管社會主義分子和國際間有所聯繫，但「全球革命時刻」並未創造出更加統一的世界。相反地，十年後在歐洲爆發一場戰爭，這場戰爭規模浩大，因此在英國很快就以大戰（Great War）稱之，其他地方則稱為世界大戰（World War）。但後者顯得有點用詞不當，因為這場戰爭絕大多數是在歐洲地區。中東在之後也出現軍事活動，但純粹是英軍想要保護蘇伊士運河與印度之間的聯繫，以及控制波斯的油田，之後則是鄂圖曼帝國瓦解，並吸收大部分地區。在東非也有出現小規模運動及小規模戰鬥，在太平洋地區則有德國占領殖民地的情況。歐洲列強在歐洲和中東招募或結盟數十萬非歐洲人參戰，包括約一百二十萬名印度士兵、一百萬非洲人和數百萬來自加拿大、美國、澳洲

及紐西蘭的人。[17]但是在歐洲，戰事吞噬一切，造成重大災難，改變整個歐陸的政治結構、經濟和社會秩序。在一九一四年至一九一八年間，過去數十年累積的技術和工業上傑出成就，全都轉往執行殺人任務，從工廠製造、機械建造、航空、內燃機、有機和無機化學的研究與開發都是為了戰事。這些成就在從事破壞上的強度和效率，就跟之前用於生產製造一樣好。在一九一六年的索姆河戰役（Battle of the Somme）中，英國在開戰前六個月損失的兵力就跟與拿破崙作戰十五年耗損的一樣多。在那場戰役中，最後有十五萬名英國士兵被殺，十萬人永久傷殘，喪失工作能力，另有十七萬人受到輕傷。[18]其他參戰國家，在凡爾登（Verdun）、坦能堡（Tannenberg）、卡波（Caporetto）等大型戰役中也遭受類似的兵力損失。在四年多的戰事中，最後有八百五十萬歐洲人死於戰場，平均每天有五千五百九十二人喪生。另外，還有多達六百五十萬名平民死亡，主要死因是與飢餓有關的疾病；兩千一百萬歐洲人受傷，其中有七百萬人永久傷殘，喪失能力。[19]

戰爭也帶來毀滅性的經濟後果。大戰期間，歐洲的糧食生產量減少一半。到戰爭結束時，歐洲的豬隻只有剛開戰時的一半。提供牛奶和肉的牛隻情況則好一些，在一九一八年歐洲的牛隻僅比一九一四年少了二〇％。到了一九一八年，全球糧食形勢十分嚴峻，飢餓和營養不良降低人類抵抗可怕流感的能力，這場大流行在五大洲奪走約莫一千八百萬到一億人的生命（這個估計值的落差較大）。[20]戰後，政府以印鈔來掩飾戰爭和復原的花費，但造成的通貨膨脹抵消數百萬歐洲人的財富。上千艘船沉了，許多城鎮在炮火下化為烏有；龐大的借款都用來添購武器，資產遭到出售，投資資金重新定向且損失慘重。結果在一九一四年至一九三八年間，歐洲對國外的淨投資實際上是萎縮的；在這二十五年間，僅有荷蘭、日本及特別是美國的投資大幅成長，全世界的總增加量僅有〇．五％，這和前半個世紀巨幅成長的外國直接投資（圖表5．1）相比，簡直是急轉直下。法國損失

圖表5・1 1914年和1938年按來源劃分的外國直接投資存量。

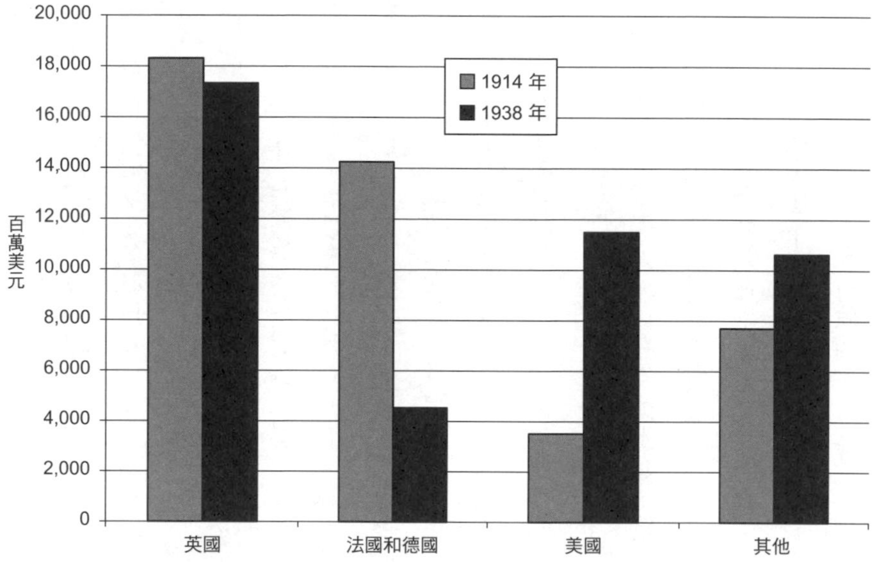

一半的海外投資總額，因為債務人拖欠貸款，而且外國貨幣通膨到一文不值，而俄羅斯和德國也陷入一樣的處境。德國失去近五分之四的戰前海外投資。在一九一四年，整體上歐洲對美國擁有淨債權，但是到了一九二〇年淪為淨債務，不斷向美國借錢資助戰爭，還要借錢進行重建工作。在一九一四年至一九三八年間，歐洲的外國投資總額下降幾乎五分之二；在此期間，非洲的外國投資下降五分之一，當時多數地方是由歐洲列強殖民（圖表5・2）。

在這種經濟混亂中，世界金融體系僅是緩慢復甦。在整個一九二〇年代，靠著美國銀行的力量跌跌撞撞地前行；然後在一九二九年，當那些銀行陷入股市崩盤時，整個世界金融也跟著崩潰。這場金融災難導致經濟大蕭條（Great Depression），並促成另一場戰爭，在歐洲導致更多殺戮，最後造成約五千萬人死亡。不過第二次的這場世界大戰與第一次不同，在亞洲也造成大量傷亡，早在一九三七

圖表5・2 1914年和1938年按目的地分列的世界外國直接投資存量。

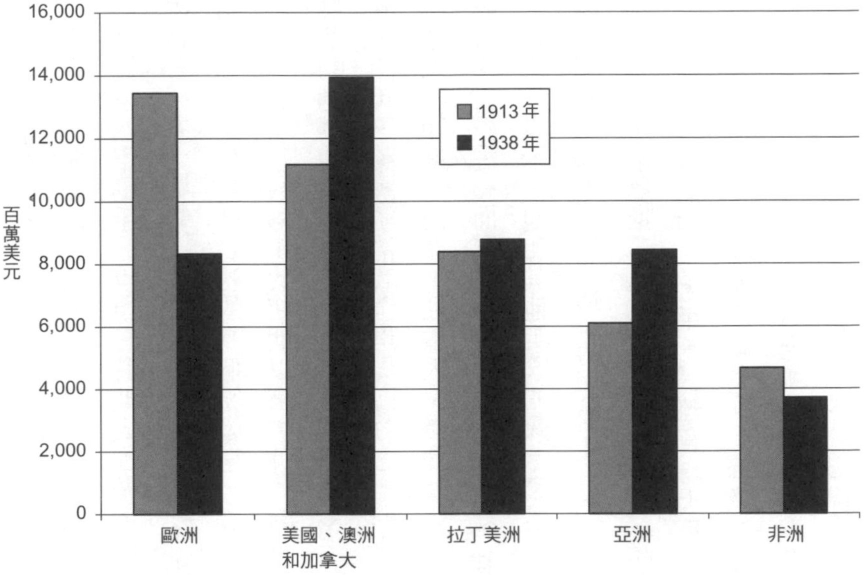

年，日軍便在中國與東南亞發起大規模的征服計畫，直到八年後才被擊敗。

簡而言之，在一九一四年至一九四五年間，幾乎整個歐洲和亞洲都陷入戰爭、飢餓、瘟疫及破壞中。一九四七年，美國國務卿亨利・斯廷森（Henry Stimson）回答為什麼美國在兩年前決定使用原子彈時，答道：「戰爭的面孔就是死亡的面孔。」[21]這是對從一九一四年至一九四五年陷入戰爭的整個時代最佳的墓誌銘。

為什麼世界會陷入三十年的激戰？在一九一四年，各國政治領導人心裡到底是怎麼盤算的，為什麼認為將十九世紀末和二十世紀初的創新力量，投入在大規模組織性的殺戮與征服任務上會是好主意？

答案是，許多經歷工業和經濟迅速發展的強國領導人深受他們擁有獨特榮耀和使命的想法鼓動，企圖奪取對自然資源和人口的掌控，而這不僅限於一塊大陸，甚至擴及全球，這樣他們就可以真的在軍事、政治和經濟上統治全球。他們決定放手一搏的原因有二：首先，他們確實有勝算，能夠實現自己的目標，從而致富，累積巨大聲望，並解決大部分（就算不是全部）的內部問題（如社會主義革命的威脅）；其次，他們擔心就算自己不動手，也會有其他人去做，而他們得承受這樣的後果。當時這兩者似乎都可能成真，因為在一九一四年，世界似乎處於變動中，創造出充滿可能性和危險的世界氣氛。

對世局會產生這種看法的一個原因是，許多大型帝國似乎都在累積非凡的力量，主要的例子是大英帝國。從一八八〇年代初期以來，英國的帝國勢力不斷在非洲擴張，征服那塊大陸上最富裕、人口最多的兩個地區：埃及和南非。它們早在十九世紀初就開始發展帝國勢力，那時達到顛峰。到了一九一四年，英國統治著全世界四分之一的人口，開始以極快的速度發展帝國資源，至少在部分地區，諸如在印度、南非、加拿大、澳洲及紐西蘭興建鐵路，開發礦場和農場，為全球經濟體開創出大陸規模的資源。而且當中的一些領導人野心勃勃，印度總督喬治·柯松（George Curzon）勛爵在一八九八年表示，他和其他英國的政治家是在玩一場偉大的「統治世界遊戲」，而且維多利亞女王也談到要在這場競賽中奪取「世界霸主」的大位。[22]

同一時期，俄羅斯帝國的疆域也從華沙一路延伸到位於太平洋的海參威，人口迅速接近兩億。在第一次世界大戰前的三十年，已經有一千萬名定居者進駐西伯利亞，四百萬人前往中亞，每個月都有更多人前來，在那裡建立農業、礦業、商業和工業。俄羅斯的經濟每年以接近一〇%的速度成長；一九一三年的鐵路貨運量是一八八三年的六倍。俄羅斯還計畫擴充和平時期的軍隊，從一百四十萬人增至兩百二十萬人，比當時擁有歐洲第二大軍隊的德國還多出三倍。[23]

然而，此時美國經濟也以同樣快的速度成長，建構在一片才征服的大陸上，那裡的自然資源豐富，人均富裕程度比其他地方高出許多。當時，美國是世界主要的石油、鋼鐵和汽車生產者；擁有全球教育程度最好的社會；也是最具創新性和生產力的地方，人口僅有歐洲的三分之一，但每年的專利數量將近歐洲的四分之三，是當時地球上最富有的大型社會。在世紀交替之際，美國又征服加勒比海和太平洋地區，儼然成為一個龐大的帝國。

日本也有迅速成長的工業經濟體，革新亞洲的權力關係。在一八八九年改採議會政府制後，國家機器變得高效而強大。在一八九四年至一八九五年間擊敗中國，占領台灣和許多其他地區，又於一九〇五年在陸戰和海戰中擊敗俄羅斯帝國，並於一九一〇年併吞韓國，然後擴展到滿洲。日本迅速開發這些占領地的資源，創造出種族化的帝國主義民族語言，就某些方面來看，與歐洲社會的手法十分類似。[24]

德國也經歷驚人的成長，從一八七〇年代至一九一〇年代超越英國，成為歐洲最大的工業經濟體，世界排名第二，僅次於美國。德國人發明燈泡、內燃機、有機化學、平爐、高爐和電氣化鐵路。這時候的德國是全世界基礎科學的領導者，甚至連美國都複製它的大學體系。德國在海外建立的帝國規模相對較小，卻極具影響力，其中包括在一八八〇年代於現在的納米比亞和坦尚尼亞的殖民地，以及在一八九〇年代於中國山東省取得的租界，另外則是一九〇〇年在薩摩亞西部拿下深具戰略潛力的海軍基地。德國人公開討論企圖在中非建立龐大帝國的雄心，想要將比利時的剛果及葡萄牙的安哥拉和莫三比克併入版圖。到了一九一四年，德國與奧匈帝國討論在中東歐建立中歐關稅同盟（Mitteleuropa）的可能性，意圖在巴爾幹半島上打造龐大的自由貿易區，取得壓倒性的經濟實力，日後甚至將擴及整個歐洲與中東。部分人士認為掌控比利時和法國東部的鐵與煤炭資源對德國工業至關重要，能夠帶來發展成超級國家的力量（事實上，德國政府在第一次世界大戰期間確實試圖併吞這些地區）。[25]

就連工業發展和人口成長相對緩慢的法國，也征服非洲西北部和越南的大部分地區。法國在許多尖端產業中都居於世界領導地位，包括電影、汽車及航空。當時的法國是銀行業和教育的國際中心，在金融與文化上的影響力不僅擴展到非洲，還延伸至中東。

即使在那些沒有受到這些迅速發展的社會所征服的地區，還是會受到它們經濟力量的強大影響。比方說，英國貨幣大幅挹注在開發拉丁美洲資源的基礎設施上，讓全球經濟體得以進入這個區域。法國的貸款讓鄂圖曼帝國得以現代化，協助修建跨越西伯利亞的鐵路，從俄羅斯的歐洲地區延伸至太平洋，以及俄羅斯石油工業重鎮巴庫（Baku）。

到了一九〇〇年，這些發展創造出具有龐大流動性的局面。正如德國海軍首長阿爾弗雷德・馮・提爾皮茨（Alfred von Tirpitz）在一八九九年注意到的，這時的地理策略局勢不穩，全球政治勢力可能會「在短時間內……完全」改變，[26]這意味著那些強大的帝國將會遇到非比尋常的機會。

然而出於同樣的原因，這些國家也都在擔心其他列強。德國政府的一些官員對俄羅斯發展成巨型跨洲帝國感到恐懼，因為他們的東邊正與看似充滿擴張欲望的俄國接壤。英國則擔心德國的工業發展會賦予對方在歐洲外開拓一個大型殖民帝國的潛力，這樣又會進一步刺激其快速成長的經濟實力。法國人對此更加擔心，因為與德國接壤，而且在一八七〇年普法戰爭時，德國已經占領法國的一部分。正如提爾皮茨所見，這個星球逐漸走向為四個「世界級」帝國統治的局面，分別是俄羅斯、英國、美國和德國；但是如果德國無法獲得和其他三國一樣規模的資源與市場，就注定要淪為和法國、西班牙與義大利一樣的二流國家。[27]其他國家的戰略思想家也有類似的擔憂。

在美國，多數人則抱持較為樂觀的心態。海軍規劃人員認為他們陷入「工業和商業至上的世界」，但對最終的勝利充滿信心，因為美國是當時「最富有和最先進的國家」，也是「地球上最大的生產國」。美國海軍作戰學校的一群軍官，甚至在一九〇九年提出美國終將「掌控世界」的主張。知名小說家史考特・費茲傑羅（F. Scott Fitzgerald）對此深表同意，在一九二一年指出：「我們將成為下一代的羅馬人，就像現在的英國人一樣。」但是許多美國人擔心其他國家可能會試圖阻撓他們崛起。實際上，到了一九一〇年，美國海軍規劃人員特別擔心與德國、日本或兩國同時發生戰爭的可能性，這兩個極具野心的工業強國，（當時看來）正面臨巨大的人口壓力，因此需要在太平洋地區、加勒比海地區，甚至是南美洲尋找讓人民移居的殖民地，俄羅斯似乎也威脅到美國稱霸亞洲及太平洋的任務。[28]

一九〇五年之後革命動盪的浪潮進一步加劇，凸顯出世人對世界的認知不斷變化，同時創造出新的機會與威脅。到了一九一〇年，一些曾經強大的重要帝國在社會和經濟變化的衝擊下似乎開始崩解。大清帝國陷入混亂的邊緣，到了一九一六年已經落入競相聯盟的軍閥手中。一九一二年，俄羅斯強迫中國讓蒙古自治，這顯然反映出俄羅斯在中國邊疆的影響力日益增強。半個世界之外的墨西哥，在一九一〇年的革命後也是一片混亂，讓美國或其他外來者，例如德國有機可乘，得以採取類似俄羅斯的動作。在伊朗，一九〇六年的革命導致弱勢的軍事獨裁統治，到了一九〇七年，俄國和英國簽署一份協議，將伊朗分為南、北兩個「勢力範圍」。在歐洲內部，到了一九一二年，奧地利帝國由於境內少數族裔，如塞爾維亞人、克羅埃西亞人、匈牙利人、羅塞尼亞人和日耳曼人如火如荼地推動民族主義運動，似乎陷入絕境，危及整個國家的統一。當時俄羅斯對現在位於波蘭南部的加里西亞虎視眈眈，想要將其納入版圖，成為波蘭自治區的一部分。

但最重要的是，那時的鄂圖曼帝國似乎已經欲振乏力，跟不上西歐經濟成長的力道，也管不了境內巴爾幹地區如火如荼的民族主義運動。在坦濟馬特（鄂圖曼帝國）時代推動的行政、經濟和軍事現代化改革只有部分成功。希臘在一八二〇年代獨立；塞爾維亞在一八三〇年代實質上也處於獨立狀態。在一八七七年至一八七八年間，俄國在巴爾幹地區擊敗鄂圖曼帝國的軍隊，導致保加利亞和羅馬尼亞事實上進入獨立狀態，此時英國拿下賽普勒斯，而奧地利「占領」波士尼亞（一九〇八年正式併吞）。一八八二年英國占領埃及。一九〇八年土耳其青年軍起義，要求鄂圖曼帝國推行憲政體制，意味中央政府連帝國的中央地帶都顧不了。義大利也感覺是時候前來分割鄂圖曼帝國的土地，在一九一一年揮兵入侵，併吞北非的的黎波里及愛琴海的許多島嶼。在一九一二年，鄂圖曼軍隊在巴爾幹遭到塞爾維亞、蒙特內哥羅、保加利亞和希臘組成的盟軍擊潰。

鄂圖曼帝國的這場危機可說是導致一次大戰的最重要因素。實際上，這場戰爭可以說是從一九一一年義大利入侵鄂圖曼帝國在北非的領土（今利比亞）展開，於一九一二年戰事升級，到了一九一三年鄂圖曼帝國位於東南歐的領土爆發巴爾幹戰爭，然後在一九一四年當哈布斯堡王朝（奧地利帝國）嘗試應付那些因這些戰事受益而崛起的小國（尤其是塞爾維亞），戰事變得更為普遍。這場戰爭可說一直持續到一九二三年，直到簽訂《洛桑條約》（Treaty of Lausanne），重新確定土耳其這個新成立民族國家的邊界為止。[29]

到底是誰從鄂圖曼帝國的解體中獲利，又是以何種方式？這個問題之所以重要，主要有兩個原因。其一，大部分俄羅斯帝國南部的出口都得穿過達達尼爾海峽與博斯普魯斯海峽，然後經過伊斯坦堡。在一九一〇年之前，已經有兩、三代的移民在俄羅斯南部與烏克蘭大平原上的農墾區定居和發展，這樣的歷史讓該地區對整個俄羅斯帝國的經濟日益重要。俄羅斯一直大力推動工業和農業發展，克服在一九〇五年的革命動盪中顯露的弱點。而這個發展的成敗取決於進入世界市場的機會。

當時有一半的俄國貿易得通過博斯普魯斯海峽，其中包含該國七五%的出口穀物。[30]一九一二年，鄂圖曼帝國在義大利入侵時，關閉通過博斯普魯斯海峽的貿易航線，讓俄羅斯的貿易總額減少三分之一（不到一半，因為其中有些可以轉移到其他路線）。此時，土耳其青年軍執政的政府也展開一系列建設，包括打造現代化軍隊，他們與英國、美國和法國聯繫，為海軍打造現代化的戰艦，並延攬德國軍事顧問來重新塑造軍隊。一九一三年下半年，甚至還請來德國軍官利曼・馮・桑德斯（Liman von Sanders）將軍，負責帶領控制博斯普魯斯海峽的鄂圖曼部隊。[31]實際上，德意志帝國的政權希望能與鄂圖曼帝國形成長久的聯盟，藉此影響中東。德國為此採行的另一個步驟是，鋪設一條從柏林到巴格達的鐵路，藉此建立與鄂圖曼帝國的大片領域（今日的伊拉克、敘利亞及黎巴嫩）的商業和經濟關係。這些舉動讓俄羅斯政府震驚，擔心要通過博斯普魯斯海峽時得面對另一個強勁的競爭對手，而當時似乎已經來不及阻止這種情況發生。

鄂圖曼帝國危機之所以重要的第二項原因是，德國政權想要掌控中東的進出，藉此擺脫在軍事和經濟上受到其他帝國「包圍」的狀況，另覓出路。德國的規劃人員擔心德國在軍事勢力上比不過歐洲大陸上或其他殖民帝國（美國、俄羅斯和英國）等競爭對手，會有遭到淘汰並排除在主要世界市場之外的風險。若是能掌控中東門戶，就等於能掌握商品市場和原物料的來源，這看來是避免德國陷入可怕未來的關鍵。

最關鍵的原料是石油。一九〇八年，英國石油業者在波斯發現油田，並且簽署協議，獲得長期開採石油的特許權；俄羅斯早已在高加索地區開始生產石油，而德國地質學家也在今日的伊拉克境內發現石油。到了一九一〇年，中東石油資源豐富已是不爭的事實，大家同樣心知肚明的是，石油在二十世紀可能是一項關鍵資源，也許是最關鍵的。光就一點來說，比起煤炭，以石油當燃料可讓

圖表5・3　世界石油產量。

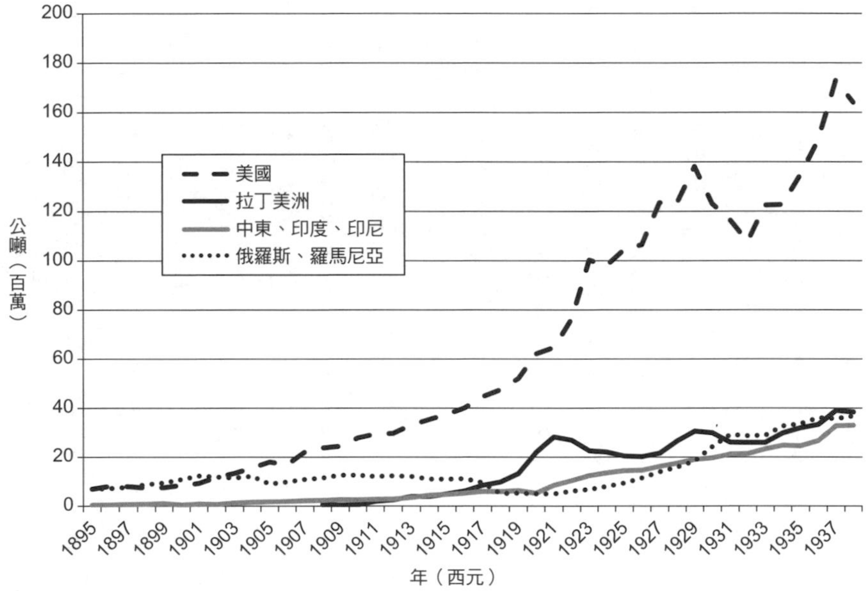

船隻航行得更快、更遠，英國海軍早在一九一二年就展開從煤炭切換到石油的計畫。石油也可作為其他事務的高效燃料，包括發電在內，從石油中提煉的汽油顯然是飛機和汽車的未來。即將開打的第一次世界大戰會宣告卡車、坦克和飛機的內燃機，將成為二十世紀戰爭的決定性裝備。

當時的問題在於美國的石油產量約占全世界的三分之二，這讓美國在關鍵的現代工業上取得一大優勢。再者，當時的石油第二大產區是拉丁美洲，而這個地方日益受到美國的經濟、外交和軍事的控制（圖表5・3）。當時南、北美加起來的石油產量占全世界的八〇％以上。能夠掌控世界石油供應，再加上其他因素，美國成為全球汽車製造業和客機製造的龍頭，甚至早在第一次世界大戰爆發前就達到這樣的地位。美國的汽車和飛機數量遠遠超過西歐，這裡是當時全球唯一具有一定數量汽車或飛機的地方。美國民航業出現爆炸性成長：在一九二九年約有十六萬兩千飛行人次；而在短短十年後，更是超過一百七十萬。[32]關於石油的最後一點是在農業的應用上，在一九一〇年代，尤其是進入一九二〇年代，農業機械化顯然是提高生產力的關鍵，從而解除大多數國家在經濟迅速成長時遇到的最大障礙。自一八五〇年以來，機械化革新北大西洋的工業經濟體；到了一九二〇年，很明顯可以看出曳引機將成為農業要角。

為了保持經濟和軍事競爭力，與美國抗衡，其他國家必須確保石油來源。俄羅斯在高加索地區和羅馬尼亞的石油產量相當可觀。受到英國和荷蘭控制的印度與印尼也是石油產區。不過到了一九一〇年，大家都明白中東的石油蘊藏量難以估計，尤其是在波斯（今伊朗）和美索不達米亞（今日的科威特與伊拉克，當時屬於鄂圖曼帝國）。在第一次世界大戰爆發前幾年，法國、英國、俄羅斯和德國爭先恐後地想要掌控或介入這些新油源的開採。在德國的規劃中，要修建一條從柏林到巴格達的鐵路，德國公司因此得以確保在鐵路兩側二十公里內土地的石油開採權。[33]廣泛來看，德國的中東經濟滲透計畫看似會威脅到英國在地區開採石油的管道。基於戰略利益考慮，英國政府於一九一四年買下該地區唯一的石油生產公司英波石油的控股權（五一%），並將鞏固石油安全列為首要的外交政策。各國間複雜的財務談判最後促成一九一四年的《外交部協定》（Foreign Office Agreement），英國、法國與德國的銀行和石油公司同意共同合作，一起開採鄂圖曼帝國的石油資源。但是到那個時候，這場戰略算計早已把歐洲帶到爆發全面戰爭的邊緣。[34]

最終，在一九一四年至一九四五年的這兩場大戰，主要就是圍繞在兩項十分相關的議題上：工業經濟和農業經濟，也可說是石油和農民。

一九二〇年代和一九三〇年代的農民問題

農民的主要攻擊目標是土豪劣紳，不法地主，旁及各種宗法的思想和制度，城裡的貪官汙吏，鄉村的惡劣習慣。……農民的眼睛，全然沒有錯的。……農民都有極明白的計算，罰不當罪的極少。……（但）革命不是請客吃飯……革命是暴動，是一個階級推翻一個階級的暴烈的行動。35

——毛澤東，一九二七年

第一次世界大戰並未解決多少導致戰爭爆發的大問題，還增加新一層的經濟和意識形態問題，讓國際局勢在整個一九二〇年代變得更加緊張。

一九一八年後，為爭取全球勢力的鬥爭仍持續著。德意志帝國崩潰，被民主共和國所取代，但德國經濟仍是歐洲最大的工業驅動力，也亟欲想要掌控資源和進入市場的機會。許多德國的商業和政治精英仍然堅信，除非德國能在歐洲建立帝國，否則就會輸給競爭對手，尤其是俄羅斯或美國。德國的國家社會主義黨執政時，就是抱持這樣的想法在一九三九年九月入侵波蘭。在第一次世界大戰中，義大利是勝利的一方，最初分到不少疆土，例如今日的南斯拉夫；但在和平時期，卻難以控制（主要是因為哈布斯堡王朝瓦解，被六個獨立的共和國取代）。許多義大利精英相信，國家的未來取決於能否成為全球帝國勢力的一員。一九三六年，義大利發動入侵衣索比亞王國的戰爭，這場戰役將讓整個歐洲陷入第二次世界大戰。日本設法成功占領德國在太平洋的殖民地，但迅速擴大的日本工業經濟體仍得面臨自然資源短缺的問題，就算在一九一〇年已經占領韓國。在接下來二十年，日本穩定地推進在亞洲大陸上擴張的計畫。一九三七年入侵中國，開啟第二次世界大戰在亞洲的戰局。

這些侵略戰爭其實沒有一場是在意料之外。早在一九三〇年，就有一位俄亥俄州的學者提出，「避免戰爭的唯一方法」就是分別給日本和義大利在亞洲與北非土地和資源；至於德國的情況，「要找到解決辦法可能困難許多，但若是付出下一場戰爭的十分之一代價……努力尋找避免之道，……或可做很多事情來紓解目前的壓力」。這位學者對於任何預防措施似乎都沒有抱持多大的希望；顯然是在暗示與德國、義大利和日本的戰爭即將來臨。[36]

俄羅斯是一個特例。俄羅斯帝國在革命中解體，在一九一七年又開始極度混亂的內戰，在之後的五年間，有將近一千兩百萬到一千三百萬人因為暴力、飢餓或疾病而喪生，還有一、兩百萬人逃出這個國家。在這場大災難中，美國、日本、英國和法國都派出軍隊，協助擊退俄國社會民主工黨的布爾什維克派；新成立的波蘭共和國也遭到入侵。到了一九二二年，布爾什維克黨擊敗所有敵人，建立蘇維埃聯盟。蘇聯積極地將革命推向全世界，因為資本主義大國在建國時從中作梗，更加證明他們對社會主義的仇視。[37]這個新國家迅速發展且不斷擴大，成為共產主義革命分子、運動和政黨的國際網絡中心，從一九二一年開始還成立組織，就是之前提到的共產國際。新的布爾什維克俄羅斯「帝國」，這時候在全世界的許多社會都有潛在的共產黨盟友。在一九二〇年代和一九三〇年代，蘇聯在建造自身經濟與軍事力量上獲得高度成功，這個現象將在本章稍後討論。

因此，各個帝國相互較勁的緊張局勢並未因為第一次世界大戰而獲得解決。種族、民族和國族主義等觀念產生的問題也沒有改善。當時的美國總統伍德羅·威爾森（Woodrow Wilson）試圖在和平協議中，貫徹民主制度的民族自決原則，這取得部分成功。威爾森相信憑藉這項原則，就不可能再度發生大戰，因為世界上大多數人都渴望和平。但實際上，特別是在歐洲，這項原則創造出來的問題就跟它解決的一樣多。在東歐和中歐，鄂圖曼帝國崩解後，德國、奧地利及俄羅斯帝國創造出一整區的小型民族國家，總人口有六千萬；但是在這個區域，各語系的群體極度混雜，其中約有兩千五百萬人淪為「少數民族」，生活在由其他語言群體主導的國家中。[38]

在歐洲以外的地區，民族自決還帶來其他問題。在這場戰爭的後期，鄂圖曼帝國展開二十世紀一系列大屠殺，在第一波屠殺中，就將安納托利亞東部的少數民族亞美尼亞人趕盡殺絕，主因是他們當中有許多人涉嫌同情土耳其的敵人，包括在國界外的俄羅斯人，那裡是鄂圖曼帝國的亞美尼亞人主要居住區。在這場大屠殺中，高達一百八十萬亞美尼亞人喪生，或是遭到殘酷的大規模驅逐，被趕出國境。鄂圖曼帝國的瓦解，再加上民族解放，造成慘絕人寰的戰爭，在日後土耳其建國的區域造成約一百七十萬難民，而希臘人和土耳其人又各自因為族裔問題分別遭到驅離國境，再造成共計約五十萬亞美尼亞人、希臘人等其他少數民族死傷。這時英國征服伊拉克、約旦及巴勒斯坦，而法國則拿下敘利亞和黎巴嫩。根據和平條款，這些地區不算是殖民地，而是以「委任治理」的方式為它們日後的完全獨立做準備。埃及在一九二二年獲得名義上的獨立，但實質上仍在英國統治下。一九一七年，英國承諾巴勒斯坦的猶太復國主義者（Zionists，或音譯為錫安主義），要劃分一塊土地當作他們的國土（有部分是要回報猶太志願者協助推翻鄂圖曼帝國統治）。但是當地的穆斯林和基督徒對此不以為然，認為這批人數不斷增加的猶太定居者（主要來自歐洲），等於是在一塊人口稠密的土地上再建立一個定居的殖民地。沙烏地阿拉伯因為當地的民族主義者加入英軍（在這個戰場上的大部分是印度士兵），征服鄂圖曼帝國在中東的各省而獲得獨立，但他們那時國勢相對較弱、國力貧窮、人口少，基本上建構在部落社會上，因此最終誰有可能主導這個石油資源豐富的地區仍是懸而未決的問題。[39]

隨著石油在全球經濟中的重要性迅速提高，這個問題更是甚囂塵上。一九二〇年代，由於戰爭帶來的經濟災難，全球經濟成長突然趨緩。但是一九二〇年代的汽車、航空和發電等主要現代工業，實際上卻蓬勃發展，而大多數都依賴廉價而豐富的石油。

一九二〇年代也為各個帝國和民族國家帶來新問題。第六章將會探討其中的一項關鍵，就是戰爭引發的共產主義、法西斯主義及自由民主這三個新的意識形態，這些其實都是脫胎自舊有的階級、種族、民族和國家等觀念。馬克思與採用他這套社會經濟發展理論的社會民主黨曾表示，在經濟和社會發展的歷程中，自然而然會走向社會主義的秩序這條路，可能要數十年甚至幾百年的時間，但共產黨卻試圖以蠻橫之力將資本主義社會立即轉型，服膺社會主義的秩序。法西斯主義則試圖強加民族團結、秩序和擴張；在德國衍生的國家社會主義，發展出一套激進的種族主義計畫，要「潔淨」國家的民族「雜質」，並推行領土擴張計畫，謀殺種族「敵人」，以自己的種族取代。自由民主旨在建立以自由主義為目標的政治和體制框架，將自給自足、自我約束、富裕、政治參擴展到整個人民（因此達到名稱中的「民主」這部分）。為了實現這些目標，三者都試圖動員廣大人民，灌輸政治思想。在一九二〇年代和一九三〇年代初，這三種意識形態體系仍處於初期的爭戰，每一方都將另外兩個陣營視為根本錯誤，毫無法理道德可言，且與人的尊嚴格格不入，因此難免走向侵略一途。[40]

然而幾乎同樣重要的是，在戰後的餘波中，北大西洋經濟體的金融變得脆弱。戰爭期間，英國、法國和俄羅斯向美國借貸巨額貸款，用以擊退軸心國，戰後又借了很多錢進行重建工作。為了減輕債務的利息負擔，它們對新成立的德國共和國要求的賠償金幾近殘酷，成為導致日後政局不穩的潛在根源，因為許多德國人認為這樣的賠償是不合理也不正當的懲罰。也讓北大西洋金融體系的脆弱性進入新的等級，因為德國這時必須向美國銀行借錢才能支付賠款，維持政府運作，至少得維護和擴展基本服務，贏得人民支持。只要美國銀行體系健全，這個體系算是運作得宜，但是美國銀行在一九二九年十月因為股市崩盤而陷入金融危機，這個體系迅速瓦解，全世界都陷入這場金融危機的深淵，很快就陷入大蕭條，並且引發國際關係動盪。確切地說，正是這場危機為第二次世界大戰的開戰鋪路。

在這些戰後問題的背後都有一個根本原因，是在一九二〇年後全球發展面臨的大麻煩，也就是農民問題。如之前所提，在第一次世界大戰爆發的前十年，發生許多革命動盪，主要因素都是農民難以適應全球整合市場的出現。在一九二〇年代後期，原先的倡議從農民的掙扎轉向重塑國家和社會，基於國家自身利益來重塑農民。在一九三〇年代，各國逐漸意識到，控制土地並管理農業經濟的問題攸關生死興亡。新的技術正創造一場潛在的農業生產力革命，就跟前半個世紀工業界經歷的革命相似。設法讓農村經濟轉型躍進的社會將會獲得巨大優勢，遠遠超過那些未能做到的。這些社會得以動用資金和勞動力資源，實現工業快速成長。然而，當時的農民在世界上大多數地區還是占據農業主導地位，似乎成為國家發展的阻礙。到了一九三〇年代，一些國家的決策者開始以激進手法擺脫這些擋路的農民。

有三個原因讓農民成為政治領袖的眼中釘。首先，在文化和政治上，全世界大多數農民都是被動地（有時甚至是主動地）拒絕參與國家的創造和政治生活。多數農民過著與世隔絕的生活，對於通常在城市中盛行的世界文化潮流不感興趣，一般還是保有對地方或區域的認同和忠誠度，而且通常也是虔誠的信徒。農民很少會講國家的官方語言，還是繼續使用地方或區域方言，大多數是文盲，因此對所在地區或村莊以外的事件了解有限。許多農村都沒有建立良好的運輸和通訊網絡，國家機構及官員很難與他們聯繫。對於那些想要以民族認同建構新政府和國家的人來說，這是一大問題。農村生活讓農民對國家概念興趣缺缺，也不想使用國家行政系統和文化機構。

其次，在大多數情況下，農民在經濟上是保守的，並不十分注重市場，主要在乎的是生計和安全，而不是商業機會與擴展，通常會想辦法先求得可靠和多樣化的糧食供應，而不是努力提高產量或利潤。市場生產在他們心中位居第二，甚至第三位（比方說，在完成社區或宗教的角色和義務之後）。在某些地區，農民有能力或有義務（根據每人或每個家庭繳納現金稅的要求），種植單一作物並出售，例如在南亞和東南亞及印度河口三角洲的水稻產區，或是西非的花生與可可產區。[41] 在一些區域，則是由擁有大片土地的地主來主導農業，為世界市場提供產品，而大多數農民最多只會擁有一座花園大小的土地；拉丁美洲大部分地區就是處於這種情況。有些農民為了增加收入，會透過佃農制來租用額外的土地或是當農工。但是不管當地的情況如何，世界各地的農民都非常貧窮，很少有資本來迅速改善土地（如建立灌溉系統或圍欄），或牲畜（如進口優良品種）。有些農民也對借款來改善農牧系統質疑，因為要是失敗，他們很可能會失去土地。

第三點則是國家難以從農民經濟中獲取歲收，而且收稅員要到達農民社區通常曠日費時，有實際上的困難。大量的小型農戶過著相對自給自足的生活，自有一套以物易物的公共交易制度，因此通常與貨幣經濟的聯繫相對鬆散，也讓政府難以評估家庭農場的生產、收入或價值。農耕者通常偏好擁有分散的土地，許多農民社區會擁有一些共同的資源，讓村民共同使用，而不是明確歸屬於個人。這兩種都是分散風險的方法，但也因此難以評估個人收入。正如歷史學家詹姆斯・史考特（James C. Scott）所言，在想要增加歲收的政府眼中，農民農業不是很「清晰」或「看得見」。[42]

義大利作家卡洛・列維（Carlo Levi）將這個情況鮮活地捕捉在文章中，描述一九三〇年代中期他在義大利南部一個小村莊的生活。在新的法西斯政權執政後，列維惹上政治麻煩，當局強迫他搬往南部的一個小村莊，讓人無法再讀到他的著作。他後來將這段經歷寫成《基督停在埃博利》（*Christ Stopped at Eboli*）一書。埃博利（Eboli）這個小鎮就在他被迫遷居的村莊附近，而當地人用這句話來表達他們與世隔絕的感覺，認為這個村莊真的跨越文明的邊界。列維寫道：「沒有一位西方文明的先驅者將時間的流逝感帶來這裡，他對國家的神化，或是據此而不斷產生的種種活動也沒有到來。沒有人到過這片土地，除了一名敵人，一個征服者或是一無所知的訪客。」這是「國家與農民之間的深淵」，沒有一位以國家為圭臬的信徒，無論是自由派、法西斯主義者還是共產黨，可以搭起兩者間的橋梁。[43]

十八世紀以來，在某些地區，已經利用大量資本和大型農場的形式，發展出高生產力的農業系統。比方說，阿根廷彭巴草原、加拿大大草原、美國大平原和澳洲這些草原地區，已成為世界糧食市場基礎的一部分。三角洲的稻米產區在某種程度上也出現類似的情況，這裡主要是農民獲得大規模的防洪計畫協助，足以產生大量作物，超過內需而供應出口。在其他地區，種植園經濟的建立則提高特定商品的生產率，或是讓殖民地或民族國家能從生產中獲取更大的價值。

然而在一九二〇年代，農民問題的急迫性大幅上升。其中一項主要原因是，當時企圖建設強大國力的民族國家革命精英，發現難以讓農民參與國家生活。在許多地區，農村社會的基本結構保持不變，而且農民仍得服從當地的大地主和寡頭企業，兩者通常都致力於維護舊秩序，當然還包括他們自身的權力。在中國，孫中山就曾抱怨廣大的華人對他的民族革命根本不感興趣。他寫道：「不論他們多希望成為人民的嚮導，」革命「並沒有追隨者。」成功推翻帝國政府後，還是無法改變政府在社會中的實際做法。正如他所言，事實證明根本就不可能「廢除腐敗的舊習」或是打破「長期以來的專制習俗」。[44]墨西哥也是如此，取得勝利的革命政府在一九二〇年代末針對保守派天主教徒發動一場小規模的內戰，主要是因為他們拒絕以民族和社會主義來取代天主教教義，重新建立公共政治文化的嘗試。革命人士認為天主教徒在政治上保守，是有國際主義傾向的專制者。

第二項因素是，到了一九二〇年代，已經可以明顯看出現代社會的經濟、政治和軍事力量是建立在工業上。第一次世界大戰在歐洲的結果無疑證明這一點。工業化程度較低的國家，如俄羅斯、鄂圖曼帝國和哈布斯堡王朝全都瓦解，遭到分割。高度工業化的德意志帝國雖然也被擊敗並瓦解，但保留九〇%的領土與人口。工業化程度不高的義大利雖然身處勝利陣營，但在重建和平的過程中，幾乎沒有分得任何領土。

工業發展在很大程度上取決於兩大支柱：一是豐富的資本；二是廉價的勞動力。這意味著任何一項支持工業發展的經濟政策，最關鍵的是提高人均農業生產率，或是從農業經濟中獲取收入，或是兩者並行。之前較為成功的商業化農業經濟發展早已清楚顯示這一點。尤其是在人均所得最高的美國更是如此，這裡也是全球農業經濟最先進的地方。到了一九三〇年，全球農業共使用約一百萬台曳引機，當中有五分之四都集中在美國。在這裡從事農場工作的人數不斷下降，一八八〇年務農人力占全國勞動力的一半，但是到了一九三〇年代不到四分之一，而糧食產量還增加了。這樣的變化反映出百萬名勞工湧入工業經濟體，也將農業更堅定地帶往以貨幣為基礎的商業經濟，產生需求和收入。就這個層面來看，相當不可思議的是，美國的工業優勢其實來自農業生產者的效率。在德國也出現相同的模式，那裡的糧食生產勞動力在一九〇〇年至一九三〇年間大幅減少，從五分之二降到四分之一，但是糧食產量反而增加。相比之下，以農民生產者為主的農業社會則較不穩定。在

圖表5・4 1880—1949年從事農業的勞動力比例。

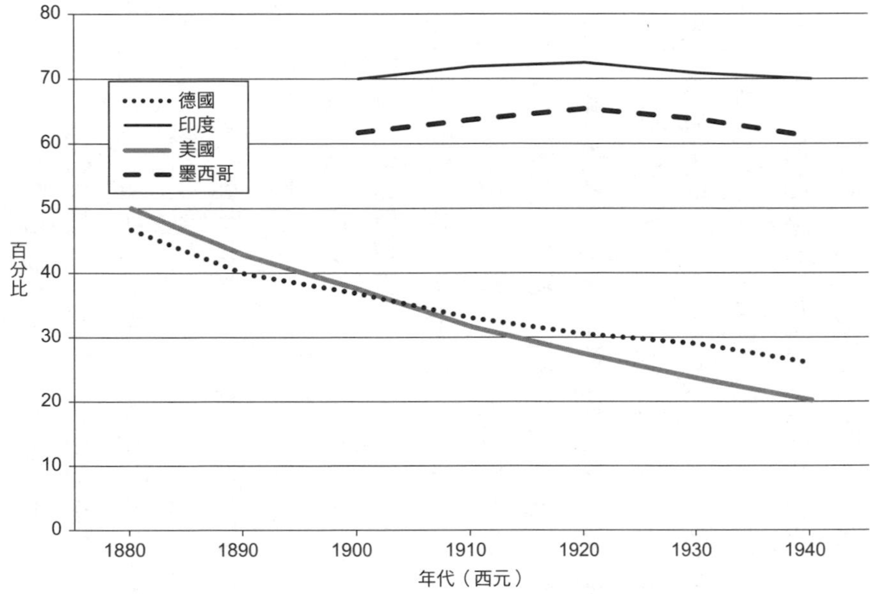

墨西哥，革命之後進行土地改革和重新分配，設立**集體農場**來穩定農民社區，但是農場勞動力始終占全國勞動力的五分之三；在印度，則一直維持在七〇%（圖表5・4）。[45]這就是農民問題在一九二〇年代對許多擔心或希望會有另外一場戰爭的政府來說如此重要的原因，為了贏得這場戰爭，它們需要工業力量；為了創造這股力量，它們需要改變農村經濟。

俄羅斯的共產黨是最早著手處理「農民問題」的政權，而且採取的手段相當激進。布爾什維克在一九一七年至一九二二年的內戰中占了上風，主要是因為他們正式認可農民起義的活動，任憑這批飢餓的農民奪取富農和貴族地主（以及國家與俄羅斯東正教會）的土地，並將土地交由農民掌控。儘管這項全面的土地重新分配有助於贏得戰爭，但是並未解決農民問題。農民的農場欠缺資本來迅速提高生產力，為工業發展奠定基礎。然而，布爾什維克的領導階層下定決心要打造蘇聯的工業，因為堅信資本主義者會找上他們。實際上，在一九三一年初，蘇聯的獨裁者史達林在一場蘇聯工業管理者的會議上表示：「落伍的國家會遭到痛宰……。我們比先進國家落後五十甚或一百年。我們得在十年內迎頭趕上。不是我們達成目標，就是一敗塗地。」[46]從一九二〇年代末，在蘇聯的第一個五年經濟發展計畫（Five-Year Plan，一九二八—一九三二年）中，史達林決心改造農民，推行土地集體化。廢除原本構成俄羅斯農村經濟的兩千五百萬個家庭農場，以二十五萬個集體農場取而代之。[47]

在現實面上有兩股力量在推動這個局勢。一是大型農場可以大規模提高效率，讓生產更有效率，特別是引進曳引機。一座大型的集體農場既可以負擔得起現代曳引機，也能充分利用，這是一般家庭農場做不到的。另一點則是對土地的控制讓蘇聯政權得以榨取農業價值，投入在大規模的工業化計畫中。他們以價格控制、配給和生產配額等方式來達到這一點。反對的農民會被貼上「富農」（kulaks）的標籤，成為階級敵人，因而遭到逮捕，不是流放到西伯利亞，就是遭到村民以機關槍解決，再不然就是招募到軍隊和共產黨員中，和那些城市工人一起，前去搜刮食物，讓人民活活餓死。簡而言之，正如一位歷史學家所說的，蘇聯政權發起一場「事實上……針對農民生活方式的戰爭」。結果是災難一場。農民逃到城市，囤積食物，殺死一半的農場動物，燒毀了穀倉。有兩、三百萬農人被流放到西伯利亞或中亞的勞改營。糧食產量急劇下降，饑荒造成約五百萬人喪生。正如一位共產黨工所言：「農民和我們的政權正展開一場殘酷的鬥爭……。這是生死存亡的鬥爭。」最後農民輸了，大概有七百萬到一千萬人死亡（也許高達兩千萬人）。[48]在一九三五年之後，蘇聯政府允許農民保留小塊土地供私人使用。但蘇聯農業再也沒有復原，在解體前一直處於生產力相對偏低的情況。

不過，蘇聯政權確實在短期和中期內能夠動用農業價值，啟動大規模的工業化計畫。到了一九四〇年，蘇聯的電力產量是一九二八年的十倍，煤炭產量增加七倍，鋼鐵產量也有四倍多。[49]在第二次世界大戰爆發前夕，蘇聯的工業勞動力幾乎增加三倍，成為世界第三大工業強國。男性識字率從四〇%提高到九四%，創造出數百萬個新的技術和管理職位，報紙的印刷總數增加四倍。政府引進大批使用暴力的恐怖警察來進行日常管理，採行大規模驅逐出境和奴役勞工等措施，並將實際工資減半。[50]

然而，那時候共產黨並不是唯一透過徵用、剝削和殺死農民來追求工業力量的陣營；農民「問題」的解決方案也不是僅利用階級語言。德國希特勒的國家社會主義政權提出一套依據種族語言的徹底掃蕩計畫。納粹政權在歐洲謀殺約六百萬猶太人，部分原因是他們深信猶太人試圖摧毀「雅利安」（Aryan）德系「種族」，這種看待種族和民族的方式相當奇特，而且十分惡毒與偏執。不只如此，納粹也計畫殺死數千萬波蘭人和俄羅斯人，清除這些在波蘭與烏克蘭的「斯拉夫」農民，以數量較少的德國農民取而代之。他們的最終目的是要建立純種的德意志帝國，從法國東北部延伸到烏克蘭南部的黑海沿岸，從挪威通往阿爾卑斯山。這個帝國將有一億五千萬人口，以東部的農業基地打造出蓬勃發展的市場，在西部則建立無與倫比的工業中心地帶。在納粹的算計中，這個龐大的大陸帝國得以力抗美國。

在納粹規劃者眼中，東歐似乎塞滿太多規模小、生產力低的農民農場。納粹計算出效率高的農業體系所需的農民數量，估計當時多出約三千一百萬至四千五百萬人，並且決定以一千萬德國農民來取代。這樣的替換將能建立一個更大、生產效率更高的區域。在這個過程中，有成千上百萬人死亡。以納粹在烏克蘭推行的一項計畫為例，他們聲稱要將這一大片穀物種植區打造成「歐洲的加州」，成為「世界上最美麗的花園之一」。這項轉型計畫耗時二十年，動用一千四百萬斯拉夫奴隸的勞動力，而他們的年死亡率是一〇%。納粹在波蘭推動的計畫則有一個很好的開始，在一九三九年至一九四〇年間，他們驅逐（當時遭德國併吞）波蘭西部的一百萬波蘭人，以二十萬德國人取代，在當地定居。最終在一九三九年至一九四五年間，納粹殺害三百萬猶太波蘭人，兩百萬非猶太波蘭人，約占總人口的二〇%。在較遠的東部地區，也屠殺超過兩千萬斯拉夫和蘇聯猶太公民。[51]

其他專制政權雖然採取類似的政策，但殘殺數量則少得多。例如在莫三比克的葡萄牙政權，從一九三〇年代末就開始強迫非洲農民生產棉花，以供出口。到了一九四〇年代初期，有超過五十萬農民受制於強迫性的棉花種植制度，管理者在必要時還會加以鞭打或監禁。[52]

極權主義或殖民統治的人民生活，與富裕而民主的美國生活儼然形成明顯對比。當然，美國從來沒有很多自給自足的小農戶，這裡大部分的土地都是從美洲原住民手中搶來的，並在十九世紀迅速讓人定居開墾，每單位面積土地的勞動力比率很低，而政府政策一直支持興建大型農場。例如一八六二年的《公地放領法案》，就給予居民一百六十畝地，按當時的標準來看，算是大農場的規模。在其他大多數的移民殖民地也是如此，包括阿根廷、加拿大、澳洲和紐西蘭，這些地方都是在十九世紀後半葉射殺原住民後，奪取大片土地，改建成大型農場。大農場的產能通常較高，也使用較為先進的科技，這是因為它們可以產生足夠的資本，投資在曳引機、肥料、灌溉渠道和其他技術上，藉此提高生產力。在美國，大多數早期的家庭農場主人都遭遇在乾旱草原耕作的困難，失敗後便會賣給更大型的集團。當時還會有公民私自組織（或是聘請他人），經常使用一些小規模的暴力行動來破壞那些自給自足的農民。在一八四六年至一八四八年，美墨戰爭和南北戰爭後，北美洲就是因為有這類暴力行為，而限制小農或農民在美國各地出現的可能，不論是經濟自主的白人、非裔美國人、原住民和西班牙裔皆是如此。[53]

從一九二〇年代開始，由於有大型農場的農民利用新技術來提高產量，生產力贏過小農場，美國的平均農場規模日益增加。在一八八〇年至一九二〇年間，美國的平均農場規模大致穩定，但是一九五〇年時規模成長一半（到了一九七五年則是成長兩倍）；[54]換句話說，市場力量整合美國農場，就跟同一時期其他一些社會以國家暴力所實現的目標類似。幸運的是，在美國，至少於一九二〇年代和第二次世界大戰期間，在此過程中失敗的農民通常都有轉向工業界就業的選擇，最終結果是整體財富提高。

在農民沒有其他替代工作，農場規模又沒有成長的社會，人口成長可能會讓整個國家陷入嚴峻的形勢。比方說在爪哇，從一八九〇年代至一九七〇年代，農場的平均規模縮減近三分之二。[55]經濟學家稱此過程為「復舊」（involution），是指人口增加又碰上農場縮小的情況，而且在許多地方，因為人口壓力使得農耕作業移往生產力較低的土地，最後造成人均農業生產率停滯或下降的情況。這是在一九二〇年代全球許多決策者擔心落入的陷阱般模式。這種恐懼也促使各國在一九三〇年代採取非比尋常的暴力手段，進行農村集體化和清洗種族，最後導致第二次世界大戰。

然而一九三〇年代在世界各地推動現代化的人士眼中，還有另一個問題也很迫切，而且這與第一個農民問題密切相關。主要是關於石油的開採。石油對現代農業的運作和糧食的運送至關重要，也是用來驅動曳引機、卡車和輪船的燃料。因此對那些懷抱在世界舞台上展現經濟實力野心的國家來說，石油顯得格外重要。此外，石油也是軍備現代化和機械化的關鍵，所以攸關軍事力量。

因此，世界石油供應的掌控成為導致第二次世界大戰的重要因素。第六章會探討戰爭，以及農民和石油這兩大問題在這場戰爭中扮演的角色。

第六章

新世界的秩序或失序

NEW WORLD (DIS)ORDER

一九三五—一九五〇年：世界爭霸戰的第二階段

所有日本人都應該……祈求天皇展現決心，建立「毫無異議的國家意見」。……的確，我們在中國和印度的七億兄弟並沒有走向獨立的途徑，除非我們前去提供指導和保護。而對於過去五十年人口成長一倍的日本來說，從現在起的一百年內，絕對有必要獲得一塊足以容納至少兩億四千或五千萬人的廣闊地區……。讓日本舉起亞洲同盟的高尚旗幟，領導這個聯合世界，這一天勢必會到來。[1]

——日本國家社會主義和超國家主義的提倡者、法西斯理論思想家北一輝，一九二〇年

第二次世界大戰爆發的一項原因是，許多國家都採取激烈手段來解決全球農民造成的政經問題。納粹德國之所以在東歐發起種族滅絕運動，有部分就是因為他們想將這個地區重組為生產效率更高的農業區。日本帝國對中國也有類似的規劃，在一九三七年發動入侵行動。實際上，日本在韓國和滿洲早已開始積極推動開墾與整合農業的方案，提高農產效率，藉此推動工業發展的擴張。在一九三〇年代初期，更是猛力加速，特別是在韓國，日本殖民當局同時祭出強迫和積極鼓勵手段，讓每公頃耕地的稻米生產力顯著提高（再出口回日本）。最終目的是打造一大片高效率的農業基礎，進行產業擴張，讓日本得以建立需要對抗蘇聯、美國和英國的經濟與軍事力量。[2]這和印度與印尼的明顯對比並非偶然，在這些地方，農業在一九三〇年代處於退化過程，生產力實際上是下降的（圖表6．1）。

到了一九二〇年代，不論是農業生產率的提高，還是現代工業的擴張，全都依賴一項關鍵資

圖表6・1　1913—1936年日本、韓國和印度的水稻產量（五年平均值）。

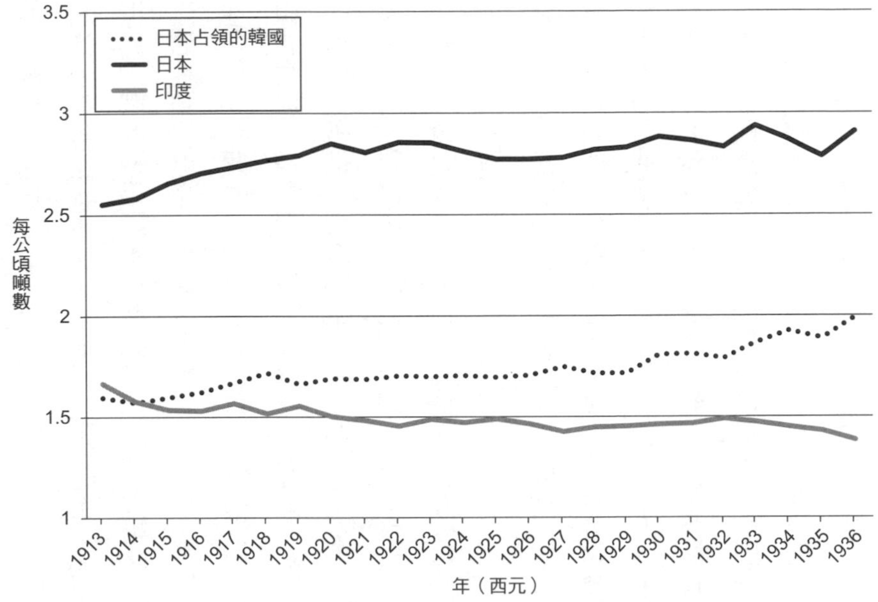

源：石油。就這一點來看，日本、德國和義大利都處於劣勢。它們的能源需求不斷增加，但本國幾乎都沒有生產石油。日本的化石燃料有九〇％是進口，其中八〇％來自美國；義大利所有的石油也幾乎都是靠進口；德國有大量的煤炭供給，因此戰略地位相對較好，還成功發展出用煤來生產液體燃料的合成油。但是在一九三〇年代，德國所需的油源仍有三分之二來自進口石油，主要出自蘇聯。[3]

其他列強的處境則完全不同。到了一九二〇年代，美國的石油產量占世界的三分之二，並將三分之一的石油出口到世界各地。[4]而且美國公司的動作相當迅速，早已前往控制墨西哥和委內瑞拉境內的石油生產，那裡是當時第二大石油來源。高加索地區的巴庫油田讓蘇聯也成為一大石油生產國。英國人則是控制波斯及鄂圖曼帝國的石油（根據一九一四年的一份聯合石油協議，英國接手德國四分之一的配額）。英國、英荷兩國合資的，以及美國的石油公司也進駐在蘊藏大量石油的荷屬東印度群島（即日後的印尼）。[5]

石油變得越來越重要，不僅作為推動工業和民用車輛的燃料，也成為一股軍事力量。儘管第一次世界大戰的結果顯示鐵路鋪設比內燃機重要，但是到了一九一七年，情勢變得相當明朗，以石油和汽油驅動的坦克、飛機、卡車、吉普車、摩托車、輪船及潛艇將在二十世紀之後的戰爭中扮演決定性角色。英國的一項重要戰略目標就是捍衛在波斯的石油生產設施，讓鄂圖曼帝國無法插手，同時阻止德國人控制羅馬尼亞和俄羅斯石油的企圖。來自美洲的石油等於是保障德軍的對手能部署新穎的機械化戰備。大戰結束不到兩週，在大英帝國政府和戰時政府都扮演關鍵要角的柯松勛爵，就在協調戰時燃料供應的同盟國石油大會（Inter-Allied Petroleum Conference）上提出：「盟軍戰情之所以看好，就是靠著一波波的石油。」戰時這些石油主要來自美國，但從一九一四年至一九一八年，英國在波斯的石油生產量也增加十倍以上。[6]

之前提過，武器的結合和戰事裝備機械化，也是第二次世界大戰的決定因素。早在戰爭爆發前，事態就很明朗；德國、日本及義大利之所以發動戰爭，多少是為了要力挽狂瀾，保住維繫它們經濟和軍力的石油來源。[7]日軍在一九三一年占領中國滿洲地區的省分、一九三三年占領熱河，某種程度上就是為了確保日本的糧食及礦產資源供應無虞；但是從一九三七年開始，在日本大規模入侵中國之際，美國加強對日本的經濟制裁，逐漸限制其關鍵原物料（特別是石油）的取得。正如一位日本高級官員在一九四一年所言：「日本面對的所有問題可以簡化成一個非常簡單的因素，就是石油。」[8]在很大程度上，就是因為石油，日軍才從中國轉向東南亞（今日的印尼），這是當時亞洲離他們最近的主要石油來源——儘管日軍也需要在今日的馬來西亞生產的鋁和橡膠（地圖6・1）。[9]

地圖6・1 第二次世界大戰時的日本帝國。

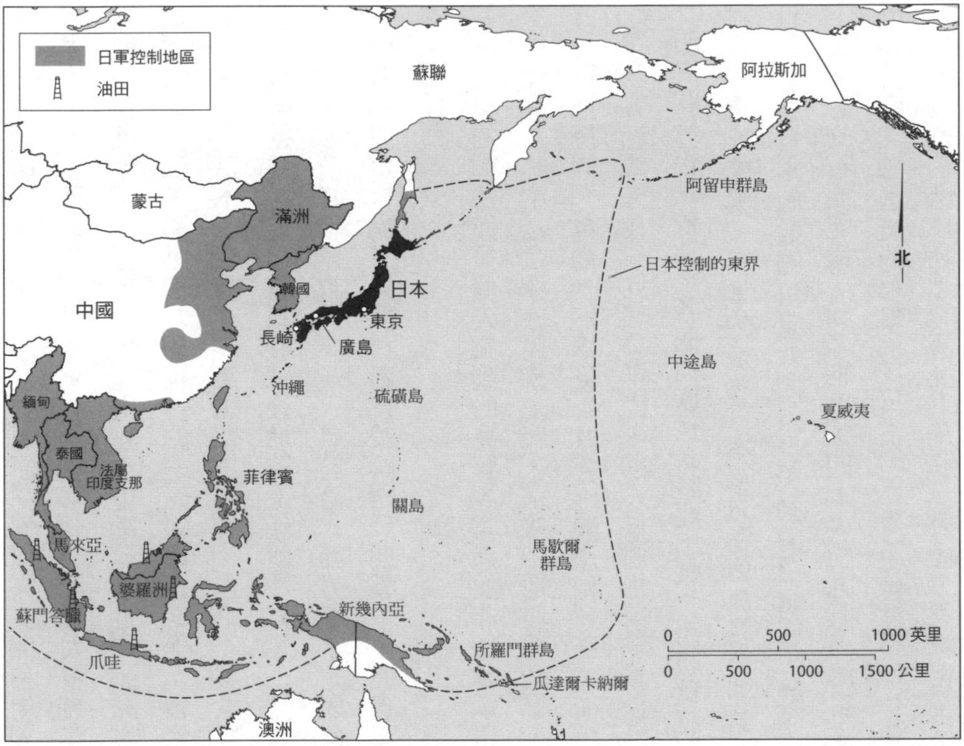

一九四一年八月，日本占領越南，美國、荷蘭和英國對日本實施全面石油禁運。當時，日本的領導階層擁有大約一年的石油存量，得在撤退和奪取印尼間做選擇，最後他們選擇後者。不過，他們採取的第一步卻是嘗試消滅駐紮在珍珠港（Pearl Harbor）的美國艦隊。

這個想法是基於兩層考量。一是軍事計算，日本必須摧毀美國海軍的進攻能力，才能獲得充裕的時間，在新占領的中國和東南亞地區建立鞏固戰略資源的穩定系統。另一方面，則是出自一些日本軍官的想法，他們自認是在為稱霸世界而戰，而美國是這場爭鬥中的最終對手。

石原莞爾便是提倡採行後

者的軍官，他同時也是歷史哲學家。石原莞爾以在滿洲和中國受到的軍事訓練，再加上篤信的佛教日蓮宗思想（十三世紀傳到日本），以及第一次世界大戰後在德國三年期間對西方的認識，建構出一套地理政治理論。他認為世界歷史將不可避免地走向亞洲文明與西方文明之間末日式的大衝突，前者是建立在公義、和諧與為國犧牲的「正義之路」上；後者則是純然自私地單純以武力為基礎的「統治之路」。日本代表前者，美國則是後者。在第一次世界大戰前的五十年，他曾預言空中轟炸技術會有大幅進展，足以讓飛機飛往地球上任何地方，不需著陸，帶著威力強大的炸彈，炸毀整座城市。日本得準備好「拯救世界」，免於落入西方魔掌，因此日本必須掌控亞洲大量的自然和人力資源。而要達成這一點，只能透對抗美國的長期戰爭才能實現，因為美國將竭盡全力阻止日本這項神聖的文明任務。[10]

石原莞爾的想法僅是個人獨到的見解，當然並非日本軍事計畫的藍圖，不過確實代表當時類似的想法與理論，其中結合種族民族主義、宗教和地理戰略學，釀造出毒藥般的思想，無獨有偶地，與西方普遍抱持的「黃禍」（Yellow Peril）觀念相呼應，而這個想法恰恰是從日本帝國在亞洲擴張時開始在西方流傳。在一九三〇年代，世人普遍相信爭奪世界統治權的戰爭即將到來臨，那將是不同「文明」間的相互較勁，各個種族代表將要出戰，而勝負將取決於對自然資源的掌控。

對日本軍人來說，不幸的是，日本軍方在估算將亞洲整合為一經濟和軍事體的能力時太過樂觀。也許導致日本戰敗的決定性因素是美國的潛艇戰，幾乎完全阻斷從日本占領的印尼運往日本帝國工業中心的石油運輸。到了戰爭後期，大約九五％的日本商船都遭擊沉或損毀，其中一半以上都是因為受到美國潛艇的攻擊。[11]日本的軍事工業基地分布範圍一直遠遠不及美國，就這樣日軍逐漸被孤立，最後在燃料匱乏的情況下瓦解。最終，美國在廣島和長崎投下兩顆在機密的曼哈頓計畫

（Manhattan Project）中研發的原子彈，結束這場戰爭，不過當時至少有長達兩年的時間，都沒有人認真質疑投彈的後果。

石油在歐洲戰場也是一大關鍵因素。義大利在一九三五年十月入侵衣索比亞，部分動機就是因為研判那裡可能蘊藏豐富的石油等礦物資源。事後證明這是誤判，但是義大利野心勃勃的獨裁者貝尼托．墨索里尼（Benito Mussolini）想要重建一個法西斯式的羅馬帝國，西起連接大西洋與地中海的直布羅陀海峽，東至連接波斯灣和印度洋的荷莫茲海峽，當中也涵蓋中東的油田。[12]這是義大利把戰場集中在北非的原因之一。義大利人及後來他們的盟友納粹（向北非派遣一支小型遠征軍）從利比亞向東前進，切斷英國經過蘇伊士運河通往亞洲的路線，並且接管在伊拉克、科威特和波斯（伊朗）的油田。德國生產的合成油僅能支應短期的部隊燃料，但長遠來看，還需要更多的石油才能對付美國。納粹政權曾短暫支持伊拉克的反殖民叛亂，以確保石油供應，但是很快就結束了。在第一階段對付蘇聯的閃電戰（Blitzkrieg）失敗後，德軍隨即轉向南方，遠離莫斯科，前往高加索地區巴庫附近的油田。盟軍從一開始就了解德國缺乏石油的戰略劣勢，而在一九三九年為期短暫的《希特勒—史達林公約》（Hitler-Stalin Pact，將德國和蘇聯間的波蘭分割）期間，英國甚至曾考慮轟炸俄羅斯巴庫周圍的油田，以斷絕納粹的石油來源。最後是蘇聯在希特勒的襲擊下，被迫與西方聯軍結盟，不過納粹這項往南推進的策略卻導致最終的失敗。德意志國防軍（Wehrmacht）不僅未能占領油田，也因為在這次行動中深入敵營而遭擊敗（地圖6．2）。[13]到了一九四四年底，同盟國的轟炸導致德國合成油產量減少約九〇％，再加上蘇聯軍隊拿下羅馬尼亞普洛耶什蒂附近的油田，納粹的陸軍和空軍陷入嚴重燃料短缺，降低他們現代化軍事設備的有效戰鬥力。不過納粹以潛水艇阻斷大西洋航運的策略在一九四三年春天幾近成功，減少從美國運往英國的武器、食物及石油，但最終還是

地圖6·2　第二次世界大戰中的納粹帝國。

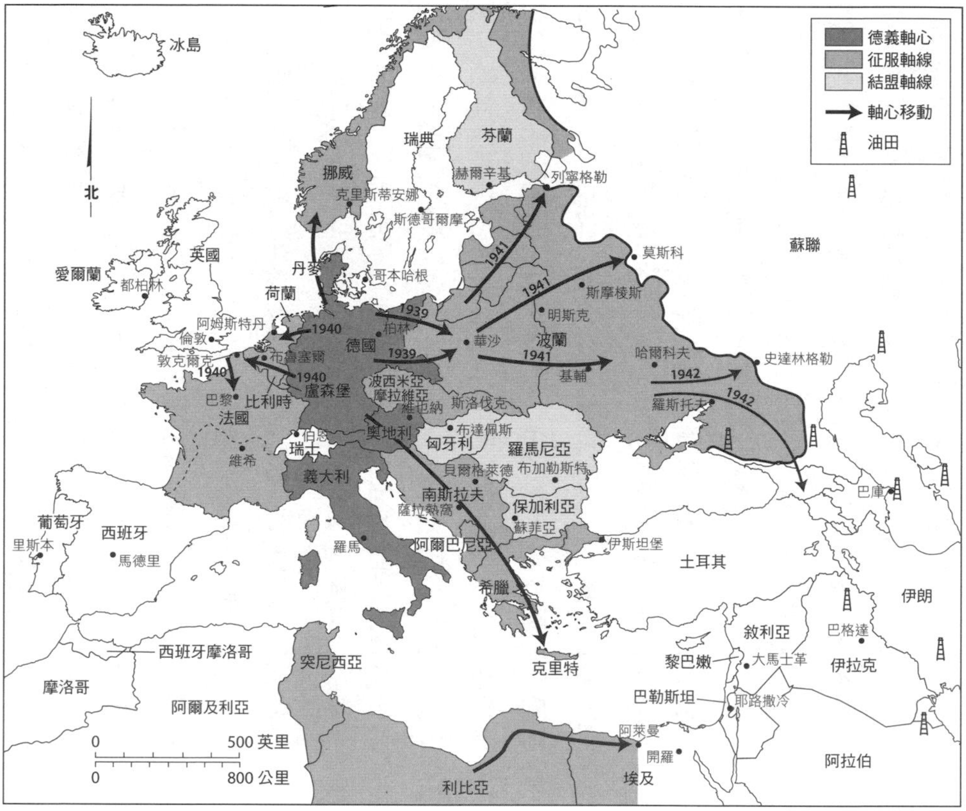

因為同盟國在反潛航空和護航上的創新而潰敗。[14]

更廣泛來看，最終決定這場衝突成敗的完全是工業力量。納粹軍隊於一九四一年六月發動的閃電戰，確實幾乎迫使蘇聯在那年秋天投降，而且納粹的潛水艇隊也快要封鎖英國的抵抗軍。不過，一旦這些行動失敗，結果就昭然若揭。同盟國在軍用物資和軍隊人力等各方面都大幅超越軸心國。在戰爭期間，同盟國主要的戰鬥國（美國、蘇聯及英國）所生產的戰鬥機和坦克數量，是軸心國主要戰鬥成員（德國、日本與義大利）的三倍；而投入軍隊的人數幾乎

圖表6・2　1942年的坦克和飛機生產。

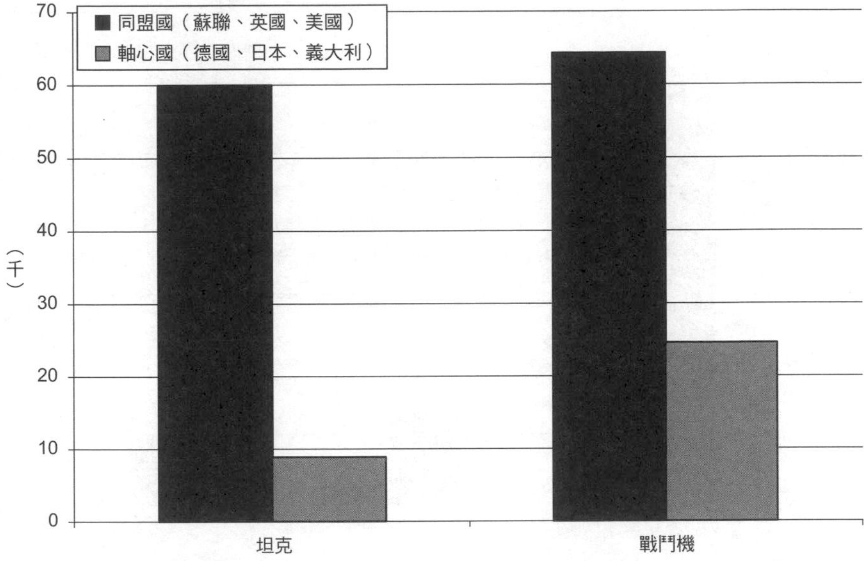

多出一半。在二戰最具關鍵的一九四二年，同盟國生產的坦克幾乎是軸心國的七倍，機關槍是五倍，大炮則是十二倍（圖表6・2和圖表6・3）。[15]

軍備生產的壓倒性優勢是建立在關鍵原物料生產的長期優勢上，例如鋼鐵和石油（圖表6・4）。在一九四〇年，美國、英國和蘇聯加總的產能約是軸心國的三倍。

到了一九四〇年，軸心國的情勢更加險峻，美國當時已是全世界技術最先進的社會，而英國雖然有些落後，但就世界標準來看，仍然算是科技巨擘。同盟國掌握的資源本身就略勝一籌，而且能夠動員的人力物力也遠高於軸心國，這是因為捍衛自己對抗這批顯然意圖大開殺戒的侵略者，賦予他們較為崇高的道德位階與廣受認同的正當性，這些條件讓他們更有信心投入更多國家資源在戰事上（用在民生消費的比例上就少得多）。相較之下，軸心國的政府則沒有把握做出這樣的投入。即使純就軍

圖表6・3 1942年的步兵武器生產。

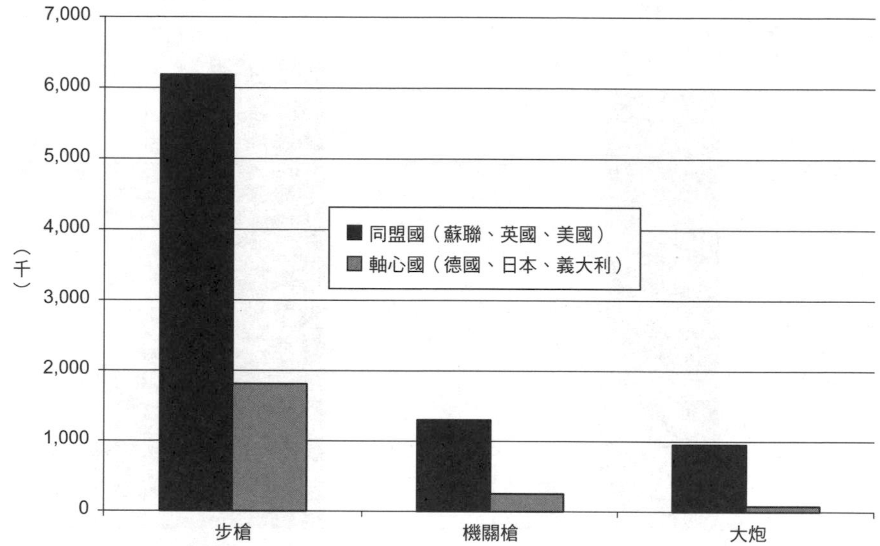

圖表6・4 1940年的鋼鐵產量。

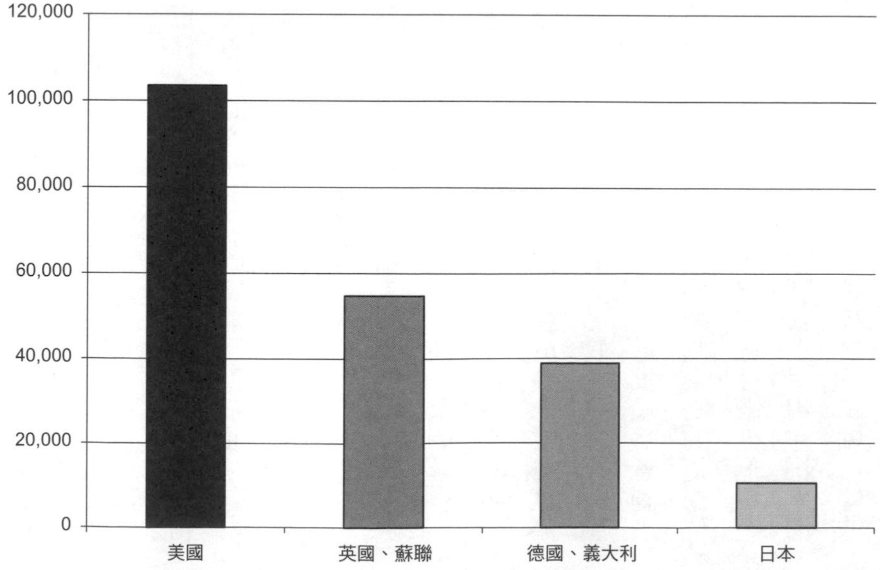

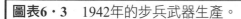

事層面來看，尤其是納粹軍隊，日益受到希特勒自身（錯誤的）軍事直覺及狂妄自大的信心限制，正如同日本軍方為那些自我犧牲、侵略和種族優勢原則等意識形態所綑綁，兩者都做出越來越多自欺欺人的決定。西方同盟國採行的的決策過程是以集思廣益、明辨慎思為主，日後證明這確實更勝一籌。[16]

對那時的軸心國而言，這場戰爭本質上就是孤注一擲的賭博。長期趨勢預測這些政權在軍事上及很有可能在經濟上，都會失去與美國、大英帝國或蘇聯的競爭力，它們的意識形態無法接受這樣的前景。所以在戰爭開始時，德國、義大利和日本的領導階層都希望在戰場或海上迅速獲勝，趕在自身無法負荷敵手的巨大經濟實力前，果斷地擊敗對手。他們將自身存續押在扭轉全球經濟和人口變化過程這股動能的能力上，企圖以壓倒性的軍事行動來反轉局勢，防止希特勒所謂的蘇聯歐亞大陸和「北美大陸稱霸全球的威脅」。[17]確實，長期趨勢很明顯地讓這場賭局勢在必行（對他們來說），但也大幅降低其贏面。

當時軸心國領導階層的信念，確實在一定程度上繼承帝國主義和種族主義。民族和種族優越感激勵這些領導人，讓他們以為自己的人民可以有戰勝的機會，因為他們比敵人優秀，他們比較聰明、勇敢、有遠見、有組織力、高貴、意志堅強且身體強壯。軸心國的許多人也認為，反正沒有什麼好損失的，要是賭輸了，他們將會被其他國家和劣等的「種族」統治；而在他們眼中，反正結果都一樣，當然要放手一搏。

一九三〇年代的大蕭條，讓他們的這項最後算計比一九一四年的情況還要迫切。大蕭條造成的後果嚴重，讓全球經濟體迅速瓦解。在第一次世界大戰前的五、六十年，全球經濟迅速整合，主要是透過總貿易量提升，這不僅是絕對價值的成長，在世界GDP的比例中也反應出同樣的狀況。大

圖表6・5　1870—1938年貿易占世界GDP中的比例。

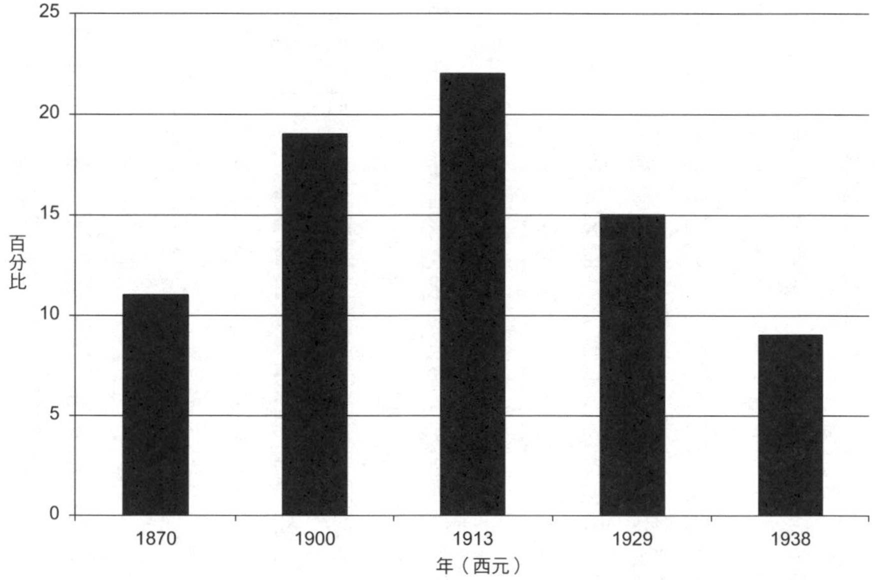

蕭條開始後，這個趨勢徹底扭轉，貿易占全球GDP的比重下降。到了一九三八年，全球貿易量已經低於一八七〇年的水準（圖表6・5）。一項原因是許多在低度開發世界的國家和殖民地，諸如印度、中國、土耳其及伊朗等，在一九二〇年代後期開始掌控關稅稅率，亟欲提高關稅。[18]更重要的是，隨著大蕭條爆發，許多國家為了保護本國生產者（和工作機會），開始徵收更高的關稅來因應海外的競爭。到了一九三五年，全球平均關稅稅率，即依進口商品價值所徵收的比例，幾乎成長一倍（圖表6・6）。

例如美國國會在一九三〇年六月推行的《史穆特—霍利關稅法案》（Smoot-Hawley Tariff Act），就將關稅稅率提高到一個世紀以來的新高。其他國家也比照辦理。在大多數出口商品以製造業為主的國家，出口量驟降，德國在一九二九年至一九三四年間下降近七〇%，美國下滑六〇%，英國則是近一

圖表6・6　1890—1938年世界平均關稅率（就進口貨物價值按照一定比例所課徵的稅款）。

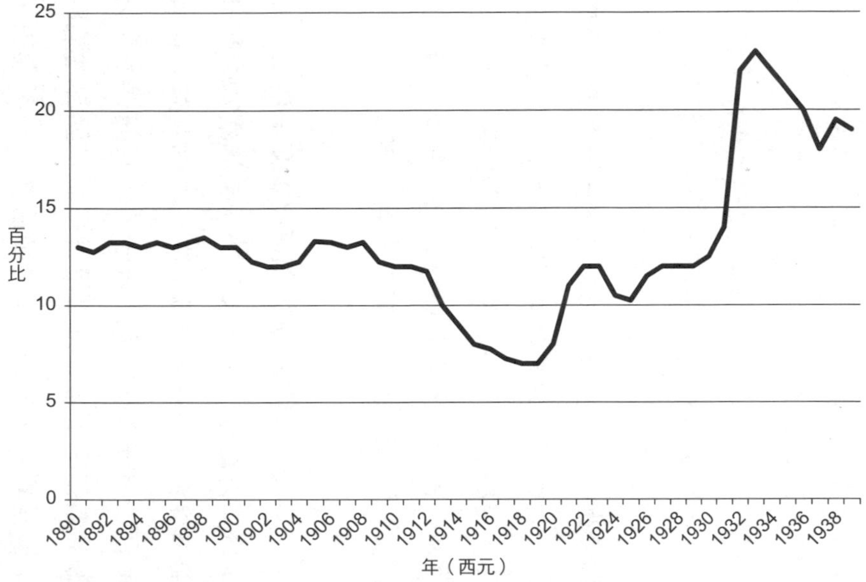

半。對製成品的需求之所以會下降，不僅是由於關稅政策，也是因為低度開發國家初級產品的出口需求和價格接連暴跌。巴西咖啡和阿根廷冷凍牛肉的價格下降一半以上，錫蘭茶葉則是下降六〇%以上，馬來西亞橡膠更是超過八〇%。由於出口收入下降，債務違約增加，進口配額也跟著調整，並實行貨幣管制。[19]到了一九三〇年代後期，世界經濟和全球貿易開始復甦，直到再度被戰爭打亂為止。要到一九五〇年代，世界GDP中的出口比例才恢復到與一九一三年或一九二九年相當的水準。

對美國或蘇聯這種龐大的大陸型帝國而言，從來沒有過度依賴出口的情況，因此儘管貿易萎縮是嚴重的問題，但是仍可解決。英國和法國也在遍及全球的帝國勢力中建立有利的交易制度，以彌補這些損失。[20]但對於較為依賴進口的國家，新的關稅制度是一場災難。德國嚴重依賴出口，在一九二九年，出口收入幾乎占德國GDP的一三％，相較之下，美國僅有三．六％，蘇聯則為一．六％。英國和荷蘭比德國更依賴出口，但是英國、法國和荷蘭擁有龐大的殖民帝國，可以專注發展與那些殖民社會的經濟連結。德國和義大利並沒有大片的殖民地；日本帝國當時不斷擴張，但仍遠遠不及主要競爭對手。[21]

帝國擴張是為了直接控制資源與市場，顯然是在處理全球貿易去自由化的一種手段。中國、俄羅斯和美國是當時地球上人口眾多、土地廣大且資源豐富的國家，顯然就是可以同時掌控資源和市場的地方，自然也成為德國與日本下手的目標。

不過第二次世界大戰不僅是一場奪取經濟力的戰爭。戰爭的起源和進程也反映其中有強大的意識形態作祟。這些想法從談論種族、民族和國家的語言中衍生而出，深深影響三個軸心國政權的主要領導階層，左右他們對地緣政治局勢的認知。德國的國家社會主義黨領導人堅信共產主義和資本民主主義都是平等主義者的意識形態，是猶太人的陰謀，意圖破壞希特勒所謂的「自然的貴族原則」，根據這項原則，雅利安人（以德國人這個血脈為主）是地球上的「優等」種族，終將會取得勝利。[22]義大利的法西斯領導人則堅信，義大利注定要恢復羅馬帝國的榮耀。而日本的重要軍事領導人則認為日本擁有神聖的種族使命，要稱霸亞洲。因此對每一國來說，為了追求國家的正確命運，前去控制資源，在它們的意識形態中早已是不可違背的天意。

到了一九三〇年代中期，這些獨裁政權的擔憂、政策和野心在他們的人民看來似乎很合理，這多少是因為當時世界上的獨裁政府非常多。專制政權比起其他形式的政權更具侵略性，不僅是在國際關係上如此，在國內也是。納粹、法西斯及蘇聯政權對經濟和社會生活的干預更為徹底，以蘇聯為例，透過官僚機構管理幾乎整個國家的經濟。這三個國家建立無與倫比的大型非政府組織，擁有百萬黨員，能夠有效控制社會生活中的種種領域，從工作場所到藝術，從家庭生活到學校、宗教和娛樂。它們執行一套比世界其他地方的專制與軍事政權更全面的壓制和恐嚇制度，充滿殺戮。但是到了一九三〇年代中期，在所有這些面向上，它們似乎只是處於類似制度的極端。那些手段不是特別激進的專制政府，也試圖以統合主義（corporatist）的方式來治理，在社會不同功能的部門（企業、各項專業、勞工、婦女與年輕人等）選定代表，透過大型的專制結構組織來指導，基本上一切都聽從國家的吩咐。它們派出警察和維安部隊鎮壓異議人士，維持「秩序」與「紀律」，讓潛在的反對者噤聲不語。它們經常以國家權力來引導經濟，比方說規定嚴格的工資、價格和財務控制。

實際上從全球角度來看，令人震驚的是，獨裁統治在一九三〇年代變得普遍，即便有些零星的例外。在十九世紀末到第一次世界大戰之間，代議制政府似乎遍布全球，有部分原因是民族主義崛起及經濟和社會基礎的全球擴張。但是到了一九三〇年代，情況正好相反：全球各地的革命、戰爭和大蕭條創造出充滿獨裁者的世界。正如印度民族主義領袖賈瓦哈拉爾・尼赫魯（Jawaharlal Nehru）在一九三三年觀察到的：「十九世紀是民主的世紀」；到了二十世紀初，「民主和議會制似乎……在世界各地失守」。[23]

中國是一個非常明顯的例子。孫中山於一九二〇年代中期制定出一套認為能解決農民政治問題的計畫：軍政，透過這個獨裁體制來教導農民為國家思考，為民主做準備。他去世後，蔣介石試圖實踐這一計畫。但是在一九三〇年代初期，蔣介石陷入與中國共產黨的內戰，就某種意義上來說，共產黨領導人毛澤東也支持孫中山的想法，只不過他打算從底層發動革命，而不是由上而下的教育。在毛澤東時代，中共試圖摧毀孫中山所謂的「古老的專制風俗」，也就是剝削人民的腐敗精英階級，並且打破農民的服從和被動文化。其中一項做法便是，動員大批貧困農民來打破承襲已久的農村風俗秩序，並以暴力方式對待大批他們判定為社會精英的人。到了一九三七年，即將踏上獨裁之路的兩大陣營都捲入與日本的戰事，展開一場三方對戰。日本在一八八九年之後建立的相對自由的憲政體制，到了一九二〇年代後期陷入危機時也搖搖欲墜，軍方和民間都傳出建立新帝國使命的聲浪。反自由勢力掀起一陣政治暗殺浪潮（包括三位總理和十二位內閣大臣，以及記者、議員及工會領袖），目的就是恐嚇和破壞政府。到了一九三〇年代中期，日本政權落入傾向擴張的軍事專政，並從一九三七年開始展開對中國的侵略。這場三方對戰的關係，直到一九四九年共產黨在中國取得勝利才平息。[24]

拉丁美洲基本上逃過戰爭的禍害，卻並未擺脫獨裁統治。在墨西哥，始於一九一〇年的大規模社會革命，最後在一九二〇年代末導致該國走上一黨獨大制，由革命制度黨治理。巴西在一九二〇年代陷入激烈的政治動盪和衝突中，不僅支持中央極權制和聯邦制的人士發生衝突；在社會主義工人、右翼激進分子及掌控這個國家的寡頭企業主間，以及大地主和貧窮農民之間也是衝突不斷。這場動盪在一九三〇年代初期結束，由軍隊支持的獨裁總統蓋圖利奧．巴爾加斯（Getulio Vargas）建立新國家（Estado Novo）。一九三〇年代早期，在阿根廷、智利、秘魯、瓜地馬拉、薩爾瓦多和宏都拉斯也出現獨裁專政。

歐洲也受到日益興起的獨裁政權肆虐。西班牙在一九三六年至一九三八年間爆發殘酷的內戰，最後由法西斯獨裁者弗朗西斯科．佛朗哥（Francisco Franco）上台掌權；葡萄牙也出現法西斯獨裁政權，而在波蘭，元帥約瑟夫．畢蘇斯基（Józef Pilsudski）早在一九二六年就建立相當於軍事獨裁的政權；匈牙利從一九一九年開始由保守的軍事政權統治；奧地利的民主在一九三〇年代中期瓦解；而土耳其，如同第五章所提，是由阿塔圖爾克領導的一黨獨大制國家。

在這項發展中，經濟困境成為一大要素。在一九三〇年代中期，全球各地有不少絕望的人願意支持極端政權的手法，以採取強硬措施來解決經濟困境（尤其是失業問題），即使到了一九三五年，在世界許多地方，這類人的比例仍有一五％或二〇％。[25]不過意識形態的作用在這段時期也很重要，尤其是在塑造人民對國內和全球經濟危機的認知上。在蘇聯，追求經濟和社會轉型的共產黨奉行的外交政策完全依循列寧的想法。列寧派人士堅持，資本主義只有在持續成長的經濟體中才能存活，最終這只能靠著滲透和壓榨其他社會來成長；因此資本主義具有帝國主義的性質，而且在全球擴張達到極限時也注定崩潰。在大蕭條爆發之際，世局似乎真的陷入這樣的危機。在蘇聯領導階層眼中，採取法西斯路線似乎是一次絕望的嘗試，以防止資本主義自身的崩毀。對納粹來說，大蕭條似乎是最無恥的手段，而在希特勒和他追隨者的想像中，這也許是那批寄生蟲猶太裔金融家最後一次操縱全球金融經濟來摧毀雅利安這個種族的例證。至於在共產主義陣營裡，他們也將此視為猶太人的陰謀，是世界的另一半密謀，從莫斯科一直到紐約。

相較之下，許多自由民主的捍衛者都將共產主義和法西斯主義視為暴政，僅在形式上有所變異，這兩種政權皆否認基本人性，將人視為純粹的物件，而不是具有不可剝奪權利的個體。在這兩種意識形態中，個人得完全服從於國家，除了為國家服務之外，無權生存。如同墨索里尼在一九三二年所言：「法西斯主義的生命觀……是只有在個人的利益與國家利益吻合時，才接受他是一個真正的個體。」[26]英國小說家愛德華・摩根・佛斯特（Edward Morgan Forster）在一九三九年的一篇文章中對這個想法有貼切的描寫，他指出在極權主義和專制政權中主導一切的「強人」（Great Men），都否認人類的個體性和尊嚴，他們壓垮人類的創造力與體面，因此都「在周圍產生一均質的沙漠，通常也伴隨一灘鮮血」。[27]

令人驚訝的是，在一九四五年以後，法西斯政權的失敗並未削弱強人或暴君在世界政治舞台上的角色。實際上，在接下來三十多年，全球各地的獨裁者數量還持續增加。其中一個重要原因是，儘管戰爭摧毀最主要的法西斯獨裁政權，蘇聯卻出人意料的獲勝並存續，賦予共產黨人新的權力。在一九四五年之後，這樣的局面讓全球陷入「冷」戰，形成兩種意識形態、經濟和社會體系對峙的局面，歷時近半個世紀，深深影響許多社會的內部政策及國際關係的變動。

一九四五—一九九〇年：去殖民化和冷戰

對於殖民地和落後或附屬民族，蘇聯政策的目標是……削弱先進西方國家在此的力量和影響力……。然後在這些國家破壞民族自信心，並且限制國防措施，加劇社會和工業動盪，挑動各種形式的對立……。試圖讓各族群對立，窮人與富人、黑人與白人、老人與青年、新移民與原住民等……。共產黨按慣例還會努力破壞各種形式的個人獨立性，從經濟、政治到道德層面。[28]

——美國駐蘇聯大使喬治．肯南（George Kennan），一九四六年二月二十二日

美國的外交政策反映出美國企圖採取壟斷式資本主義的帝國傾向，在戰後時期可從其渴望稱霸世界的野心看出。這才是一再重複美國有權領導世界這類陳述……的真正意義。美國集結其外交、陸海空軍及工業和科學，使出全力貫徹這項政策。著眼在這項目標上，制定出龐大的

擴張計畫，意圖藉由外交，還有在美國本土之外的遠方建立海軍和空軍基地系統，以及軍備競賽和製造種種新穎武器來達成。[29]

——蘇聯駐美國大使尼古拉·諾維科夫（Nikolai Novikov），一九四六年九月二十七日

可以將第二次世界大戰看作是兩大衝突的聚合，一個是各大帝國勢力爭取稱霸全球的鬥爭；另一個則是徹底分歧、互不相容政權間的鬥爭，各自基於法西斯主義、共產主義和自由民主等意識形態。儘管二戰並未解決這種巨大的政治思想矛盾，但還是將其大幅簡化，消除法西斯主義和種族極權主義這兩大意圖爭奪全球霸主的競爭對手，並且多少算是結束帝國勢力間的競爭。英國和法國仍是舉足輕重的殖民大國，但此時的世界在經濟與軍事上顯然是由蘇聯和美國主導。世界上幾乎每個國家都面臨巨大的經濟和意識形態壓力，必須在這兩大「超級強國」間選邊站。在接下來五十年，這兩個國家及臣服其下的盟國和附庸國展開冷戰，而且始終維持暗中較勁的局面，是一場沒有炮火的戰爭；兩大超級強國維持一定的權力平衡，避免全球陷入第三次衝突。

維繫這份平衡的關鍵，就是十九世紀和二十世紀初稱霸世界的殖民帝國瓦解。美國和蘇聯都不是以十九世紀的殖民帝國模式建國。兩國在運作上好比具有超級勢力的**霸主**（hegemon），結合財務、經濟、軍事和文化工具（如外交、宣傳、專業知識、技術知識）來統治或協助一大群社會。這種形式的統治與協助的影響範圍很廣，有直接的軍事干預和占領，也有與政權相對自由的弱國簽署雙邊或多邊的貿易和政治條約。但無論採用哪種方法，兩大超級強國的目標都是建立以自身霸權為中心的經濟、政治和軍事的**整合集團**（bloc）。其他的國家和社會都沒有足夠的實力做到這一點，甚至無法以全然獨立的狀態來參與國際事務。但是就某種意義來看，這些國家也不需要這麼做，因為

建構巨大的整合型區域經濟集團後，兩大超級強國基本上可以確保它們的盟友和附庸能夠獲得原物料與市場。因此，超級強國消除一九四五年以前多個帝國勢力的對抗，不僅是用粗暴的軍事力量，也透過建立世界經濟體系，讓其他社會有接受它們稱霸一方的理由。

超級強國間的對抗，也因為出現新的國際體制框架而穩定。其中最重要的是，兩大勢力都與二戰後立即成立的聯合國（一九四五年在舊金山的一次會議中提出此構想）糾纏，這是一套在獨立國家世界中維持秩序的機制，而不是在帝國世界。聯合國建立在先前的國際聯盟（League of Nations）的基礎上，在一九一九年成立時，這個組織也是為了追求和聯合國相同的目的，但當時的成效有限，主要是因為美國沒有加入。第二次世界大戰甚至撼動美國，以及最初的其他五十個會員國，讓它們認為有必要在國際間成立一個具有影響力的組織。由於聯合國會員國都是主權國家，在實際執行聲明、決議、公約或其他協議上有其限度，因此實際上並沒有法律效力，也不具任何政治或軍事手段。而且在這樣龐大的議會中，很難產生共識；成立最初有五十一個國家，到一九七一年增加為一百三十二個，到二〇一〇年則為一百九十二個。然而，聯合國的影響力因為能夠左右世界輿論而變得重要，尤其是其設置的議程機構，當中包括眾多領域的專家（如健康、教育、發展、藝術、選舉機制和實踐、女性的社會和經濟角色，以及人權等），可以共同提出具全球重要性的特定議題和問題，而且具有獨立於各國政府的相對自主權。聯合國也是各國進行討論、談判和合作的長久性樞紐。它也成為重要資訊的一個來源，就像國際聯盟一樣，持續推出大量的出版品，並不斷提升品質。[30]

聯合國之所以能夠成功執掌這些功能，有部分原因是因為可以居中斡旋或整合在一九四五年前後成立的一系列政府間組織，例如國際公共衛生辦公室，這個單位在一九四八年轉變成附屬於聯合國的世界衛生組織（World Health Organization，簡稱ＷＨＯ）；另外，還有糧農組織（Food and Agriculture Organization，簡稱ＦＡＯ，一九四五年），以及國際勞工組織（International Labor Organization，簡稱ＩＬＯ，一九一九年）等。聯合國也設立自己的機構，包括相當重要的聯合國教育、科學及文化組織（UN Educational, Scientific, and Cultural Organization，簡稱教科文組織〔ＵＮＥＳＣＯ〕）。在整合國際間非政府組織的交流上，聯合國也取得重大進展，這類組織的數量穩定增加，扮演特定的諮商角色，所提供的專業知識和分析深受聯合國經濟及社會理事會（Economic and Social Council，簡稱ＥＣＯＳＯＣ）倚重。[31]這樣的整合功能之所以重要，部分原因是這類國際間非政府組織在一九四五年後大量成立。在一九三〇年約有八百個國際間非政府組織，到了一九六〇年是兩千個，一九八〇年則達到四千個，領域包羅萬象，從科學、醫學和技術領域，一直到體育和旅遊業及教育、宗教和專業職能等。[32]一九四八年，只有四十五個非政府組織獲得聯合國經濟及社會理事會的諮商認可；到了二〇一三年擴增到四千多個，從國際商會（International Chamber of Commerce）和國際消費者協會（Consumers International），一直到國際計畫生育聯合會（International Planned Parenthood Federation）和世界佛教徒聯誼會（World Fellowship of Buddhists），全都囊括在內。[33]

透過這些機構和組織內部或彼此的專業知識、教育、協商及審議等方式，聯合國得以發揮不少軟實力，這也在建造新的世界秩序時形成一個重要的平衡點。蘇聯和美國（以及中國、法國和英國）是聯合國常任理事國，也是由十五個會員國組成的安全理事會（Security Council）中的當然理事國，因此可以否決聯合國採取任何行動，除了在（所有會員國都會參加的）聯合國大會上經過辯論、討論和決議的事項外。不過兩大超級強國也有動機在大會上爭取各成員國的同理心和支持，因

圖表6・7　1945—2005年美國和蘇聯的核武數量。

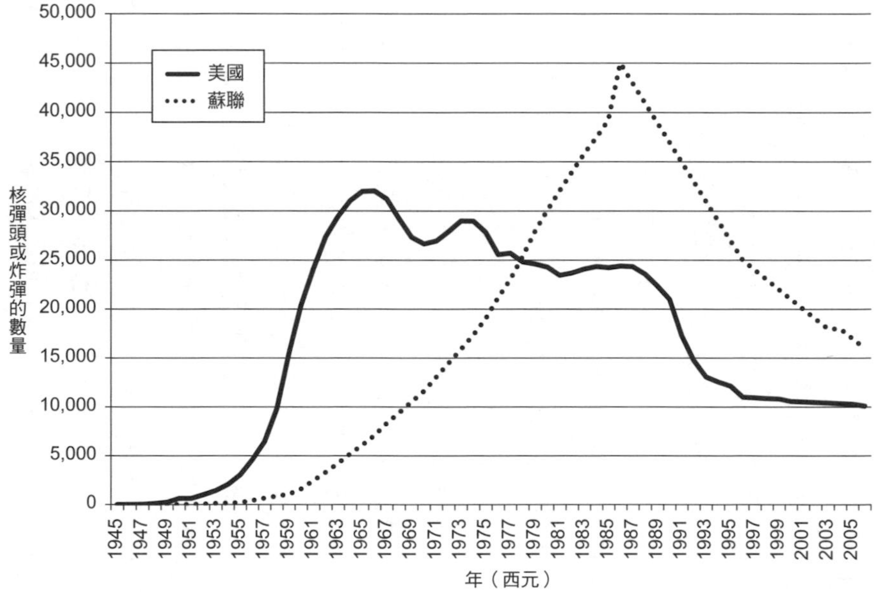

為這可能會牽動到公共關係，改變全球政治合作模式及經濟和文化影響力。因此就這一點來看，聯合國具有制止超級強國行動的功能。

穩定冷戰局面的第三項要素，來自當時正在發展的軍事技術革新。為了發展洲際轟炸機與彈道導彈等核武和機械運送設備，美、蘇雙方在軍事上形成僵局。從一九四〇年代後期開始，兩大超級強國都打造出大量核武（圖表6・7）。雙方都在計算要產生多大的核武毀滅威脅，才能遏止對方進行任何常規軍事行動的企圖，藉此來維繫平衡關係，例如嚇阻蘇聯及其在《華沙公約》（Warsaw Pact）中共產黨盟國入侵西歐的想法，或是打消美國和北大西洋公約組織（North Atlantic Treaty Organization，簡稱北約〔NATO〕）主導的西方國家聯盟進攻東歐國家的念頭。不過建造核武的動機中也有經濟考量，因為製造轟炸機和導彈還是比養軍隊便宜。維持龐大的常規部隊是沉重的經濟負擔，會產生通貨膨脹的壓力，並且讓經濟往低生產力的軍事投資傾斜。美國從一九五〇年代中期到一九八〇年代初期這三十年軍事支出，在大多數時候（除了韓戰與越戰期間）是持平的（經過通貨膨脹調整），有部分原因就是靠著核武。由於在那數十年間，美國經濟快速成長，這意味著軍事支出占GDP的比重穩定下滑，逐漸減輕國防造成的國家經濟負擔。[34]蘇聯在尼基塔．赫魯雪夫（Nikita Khrushchev）的領導下，於一九六一年採取類似的政策，當時的世局相當清楚，共產經濟體得花費更多在民生消費品上，才能保持人民的忠誠度和經濟競爭力。

到了一九七〇年代，這兩大國建立一套暱稱為MAD（瘋狂）的「共同毀滅原則」（mutual assured destruction）系統，並在歐洲這個冷戰可能的戰事爆發點部署相當的常規軍力，結果便是接下來長達四十年的對峙局面。

在這場僵局中，美、蘇兩強不僅爭奪資源控制權，也競相透過各種形式的軟實力、經濟和文化措施，以及祕密活動和低度干預行動來影響全球，包括金融詐騙活動、間諜活動、精心策劃的宣傳、假資訊的宣傳及製造醜聞；相繼支持異議人士和占據主導地位的政黨；提供叛亂組織、反政府的恐怖分子或親政府的私刑團體相關財力、技術或軍事援助；發動軍事政變和暗殺。這是一場長期的低強度戰爭，特別針對蘊藏關鍵戰略原料的地區，以及具有軍事或商業策略位置的區域，透過祕密手段、代理人或是其他軟實力來執行。[35]

冷戰期間，美國大部分的活動是由一九四〇年代和一九五〇年代於全球建立的軍事基地來主導，而蘇聯這一邊則是由一九四〇年代在東歐建立的基地，以及之後在一九七〇年代於非洲和亞洲建立的重要據點來推動。二戰後，軍事基地的數量快速減少，但是美國在一九五〇年代初期迅速重

圖表6・8 1947—1988年美國的海外軍事基地。

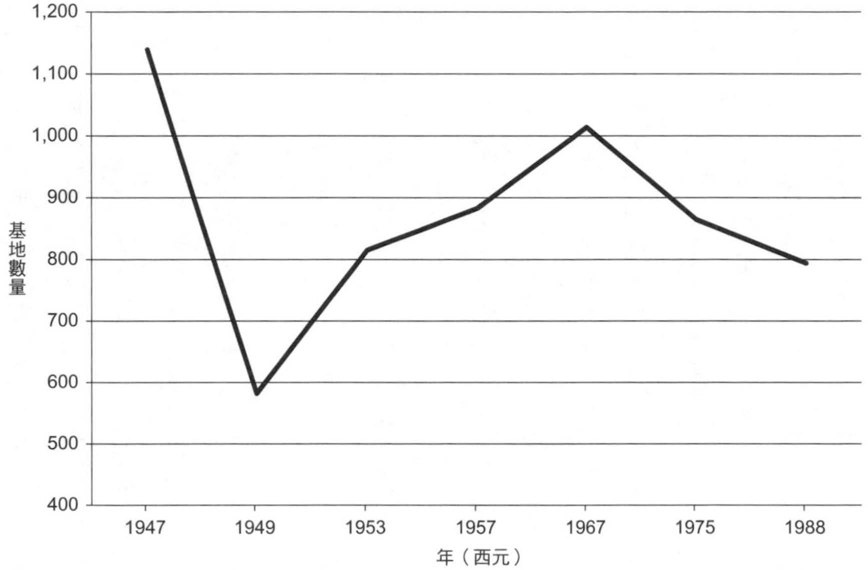

新建立。到了一九六〇年代後期，美國的海外軍事基地（圖表6・8）又回復到第二次世界大戰期間的最高點。蘇聯也花了十年的時間在東歐之外的地區建立基地網絡，到了一九七〇年代建立足以匹敵的海外網絡（儘管範圍遠小於美國）。[36]兩大超級強國都不打算將這些基地所在的地域直接納入統治範圍；相反地，通常是透過長期租賃的方式來維持軍事基地，當作布局全球戰略軍事、外交和文化力量的基地。

實際上，冷戰造成最重要的一項後果，出現在一九四〇年代末至一九六〇年代末的冷戰高峰期，當時所有舊日的殖民帝國完全瓦解，由獨立的民族國家取而代之。在一九四七年至一九四九年間，南亞和東南亞的大國陸續獨立，包括韓國（一九四五年）、菲律賓（一九四六年）、印度（一九四七年）和印尼（一九四九年）。越南的共產活動分子在一九四五年宣布獨立，而到了一九五四年，至少在北越達到實質上的獨立。相較於此，非洲大部分地區與太平洋地區的國家直到一九五〇年代末和一九六〇年代初才開始獨立。在一九五〇年代緩慢啟動後，許多非洲和太平洋殖民地一窩蜂地在一九六〇年代重組為獨立國家。緊接在後還有另一波，主要是在一九七〇年代中期由過去葡萄牙帝國在非洲的殖民地最終瓦解時釋放出來的。[37]

殖民地的獨立過程產生不少暴力，即使在許多例子中，獨立本身是透過和平手段來完成亦是如此。以英屬印度為例，透過大規模的公民不合作運動來施壓，經由和平談判達成獨立，但是後來卻爆發激烈的內戰，整個國家就此一分為二：一邊是以印度教為主的印度；另一邊則是以穆斯林占多數的巴基斯坦。在這些大規模的暴力衝突中，有多達三百萬平民遭到殺害，一千八百多萬人流離失所，淪為難民。菲律賓也是和平獨立，但是新政權與共產叛亂組織展開長年的游擊戰。韓國在沒有暴力的情況下達成獨立，但是後來在一九五〇年至一九五三年間陷入殘酷的內戰和國際戰爭，造成多達一〇%的人口死亡，並且分裂成南、北韓。在印尼為了反抗荷蘭，曾出現短暫而激烈的革命戰爭。在越南，激烈的內戰和國際戰爭一直持續到一九七五年，主要是因為在一九五四年法國撤離後，美國直接介入，扶植南部的反共政權。中國不算是正式的殖民地，但在一九三七年至一九四五年間與日本帝國主義勢力展開一場毀滅性的龐大爭鬥。擊退日本帝國後，國民黨軍隊與共產黨解放軍展開短暫但大規模的內戰。到了一九四九年，國民黨從大陸撤退到台灣，建立中華民國，中華人民共和國則鞏固中國其他地區的控制權。非洲大部分地區是以和平手段獨立；但是阿爾及利亞、安哥拉和莫三比克在慘烈的內戰後，都經歷一段漫長、痛苦且充滿破壞性的獨立戰爭。奈及利亞也是和平獨立的，但隨後在一九六七年至一九七〇年間發生可怕的內戰，造成百萬人喪生。在剛果，比利時因為當地激烈的抗議而匆忙任其獨立，但幾乎沒有留下行政人員或機構，這個國家隨即陷入內戰，最後建立軍事專政的政府。南非則深陷種族主義的噩夢，制定禁止與異族通婚和發生性行為的法律，發行國內護照，強迫黑人搬遷到邊緣地帶的貧困黑色「家園」（相當於其他前殖民地中的「分區制」），採行隔離教育和就業制度，還有政治犯未經審判就遭到拘留的問題，最後在一九六〇年代和一九七〇年代逐漸形成暴力抵抗活動。在中東，朝向獨立之路也在短期內以相對和平的方式完成，但在一九四五年至一九四九年間，巴勒斯坦出現混亂的恐怖分子爭鬥，爆發內戰，最終以色列建國，造成大約一百萬名巴勒斯坦阿拉伯難民。該地區在一九五六年、一九六七年、一九七三年及一九八二年又進一步爆發戰爭，還有長期的小規模暴力事件和恐怖攻擊。[38]

去殖民化的過程出現各式各樣的狀況毫不令人意外，過去的殖民統治就是基於種族主義這樣的意識形態，不論是擺明著做，還是較為含蓄地執行，而早在一九二〇年代和一九三〇年代，這樣的觀念就受到強烈質疑，例如**黑人運動**和印度民族主義者發動的**原住民運動**。而納粹的種族主義和大屠殺所造成的災難，終於讓整套觀念破產。[39]世界輿論對種族主義大加撻伐，認為這有違倫理且毫無科學根據。實際上，聯合國在一九五〇年發表關於種族的權威聲明，主張「目前的科學資料不足以證明，遺傳差異是產生各民族或群體文化差異和不同成就的主要因素」。[40]

此外，在過去三十年中，殖民帝國也耗損自身。為了建立獲取殖民地資源的管道，它們必須在殖民社會中進行一些必要投資，涵蓋運輸、通訊和行政基礎設施。第一次世界大戰後，帝國政權比以往更體認到殖民地的經濟和軍事價值，在許多地方都出現具更侵略性的經濟掌控與加速開發。這些大型投資及行政需求（和預算），支撐著殖民社會中地方精英的成長，包括商人和一小群受過教育的管理階層。

就以印度這個列入教科書中的例子來說，在一九一九年的印度公務員中，印度裔僅占一二%，但到了一九三九年時則逼近五〇%。於一九一一年成立的塔塔鋼鐵公司（Tata Iron and Steel Company），是戰時供應印度殖民政府需求的受益者，現在則發展成大型跨國公司，正好可以用來說明印度本土商人階層崛起的例證；另外，還有於一九二七年成立的印度工商聯合會。[41]奈及利亞的情況也很類似，在一九二〇年代後半，錫的出口量是二十世紀開頭五年的六十倍、棉花增加五十倍、花生增加二十倍、可可增加十五倍。與一九一二年相比，一九三七年奈及利亞的小學生人數成長六倍、中學生人數從不到一百人成長到近五千人。一九二一年時，在首都拉哥斯（Lagos）的公務員和職員人數是一九〇一年的五倍。[42]

而且殖民地的行政人員多半在歐洲或北美洲受教育，在一九五八年至一九七三年間，在非洲和東南亞地區的一百零七位新任政府領袖中，就有三十四位具備留學的背景。[43]這些領導人的見識廣博，通曉要如何運作所屬的殖民社會與帝國勢力社會間的經濟關係。比方說，他們經常會與同一帝國勢力管轄的其他殖民社會建立聯繫，形成全球性的知識和政治網絡。與第一次世界大戰之前和之間的革命動盪期一樣，這批人也是最可能為自己的社會擬定出復興民族大業，並會受到社會主義或共產主義的解放和進步觀所吸引。

此外，在許多殖民地，帝國的行政官員有時會許諾殖民地人民，在戰勝後會為他們爭取更多的自治權，藉此來動員當地的種種資源投入戰爭。以印度為例，英國政府在一九一七年承諾「逐步發展自治體制」，作為動員一百四十萬印度人支援英國戰爭的獎勵。戰爭結束後，這種諾言多半被遺忘，不然就是敷衍了事，例如半吊子的一九三五年《印度政府法案》（Government of India Act）。荷蘭在一九一六年於印尼設立立法委員會，但在一九二二年還是將這塊殖民地併入荷蘭王國。這樣的背叛，即使在那些沒有投身於推動國家獨立的殖民精英心中，也產生深刻的不滿與怨懟。[44]

在某些例子中，二十世紀初的宗教復興運動多少為民族主義鋪路，在智識和制度面上提供重要的支持。印尼在一九一二年至一九二六年間陸續出現穆斯林的改革組織，當共產黨於一九二〇年成立（並於一九二六年至一九二七年發動革命），民族主義者多少受到神智學對普遍平等的承諾所鼓舞，而在綜合東、西方價值觀後，讓這塊殖民地逐漸往反叛之路發展，到了一九三〇年代後期，殖民政府甚至下令禁止四人以上的所有集會。在埃及，成立於一九二八年的穆斯林兄弟會（Muslim Brotherhood），也促進大批群眾的動員。

基於上述這些原因，在一九二〇年代和一九三〇年代反殖民勢力逐漸抬頭。在法屬印度支那，殖民政權採取惡性鎮壓手段來維持秩序，光是在一九三〇年就下令執行七百次草率處決。[45]英屬印度也處於動盪之中，出現廣泛的和平不合作運動，在一九三二年的大規模鎮壓行動中，在短短三個月內就逮捕約四萬人，但依舊控制不了反對陣營。[46]

第二次世界大戰加劇反抗活動，這多少是因為帝國優勢的迷思開始崩解。印尼、菲律賓和越南是最關鍵的地方，在遭到日本征服和占領後，這裡的殖民統治瓦解，等戰後日軍遭到驅逐，不論是採行與殖民母國合作的方式（如印尼的例子），還是採取反抗路線（如越南的例子），最後都是由新的國家政府接手。正如新加坡總理李光耀在一九六五年指出，他屬於「經歷第二次世界大戰和日本占領的世代，在力拚上游時，就決定不論是日本人還是英國人，都沒有權力來左右我們」。[47]帝國在殖民社會強行調度資源，特別是為了第二次世界大戰的戰事，也讓殖民地原本就不穩定的忠誠度更潰散。最糟糕的情況發生在印度，殖民政府拚命壓榨殖民地的資源，投入英國的戰爭，最後在一九四三年至一九四四年間，造成三百八十萬人死於饑荒。[48]奈及利亞的例子沒有那麼極端，但是在那裡，英國殖民統治者僅允許從大英帝國進口貨物，並將奈及利亞出口的價格固定在低於一般市價；英國在當地招募數千名年輕人到海外參戰，造成當地勞動力短缺，導致工資和價格上漲。到了一九四五年，奈及利亞工會，特別是公務員的工會，發起罷工，迫使政府改善條件。[49]

到了一九五〇年代末，局勢顯然變得很棘手：民族主義在整個殖民世界盛行。到最後，在許多地方，尤其是非洲，殖民地的統治者只能撤退。一個顯著的例子是，法國撤出撒哈拉以南非洲。當地資源在第二次世界大戰中早已耗盡，但法國仍部署五十萬名士兵在阿爾及利亞，最終仍未能平息這塊殖民地的反抗。此時在查爾斯・戴高樂（Charles de Gaulle）領導下的法國政府，認為不再需要仰賴在非洲的殖民帝國。法國在一九五六年就已經放棄對摩洛哥、突尼西亞的控制，以便專心處理阿爾及利亞的問題，主要是因為那裡還有大量的法國定居者，需要捍衛他們的安全。一九六〇年，戴高樂政府與在非洲殖民地的政府談判獨立事宜，光是在那一年間，就有十四個新國家建國，法國在兩年後放棄阿爾及利亞。英國基於類似的原因也很快就撤離西非。為了保衛大量定居在肯亞的白人族群，英國陷入肯亞當地的反叛亂活動，在一九五七年至一九六〇年間，曾多次與民族主義運動談判肯亞的獨立。[50]比利時在一九六〇年面對剛果的動盪時，套用一位歷史學家的說法，可說是「實際上逃離了」剛果。葡萄牙則繼續堅守莫三比克和安哥拉的殖民地，長達十五年的時間，但代價是長達十年的戰事，期間不斷鎮壓叛亂戰爭，最終還是宣告失敗。[51]

冷戰也動搖原本建立的殖民秩序。美國與蘇聯都是革命動亂的產物，雙方都致力於民主和自決，儘管各自的意識形態對這些原則的定義截然不同。不過由於兩者也都掌控一整個大陸的自然資源，因此與那些相對較小的國家相比，它們取得全球資源的需求沒有這麼急迫。無論如何，這兩大國都有堅強的經濟實力，還能確保間接獲取資源或是掌控的管道暢通。它們會直接與小型的地方生產者協商，談判直接使用資源的方式，這種做法較符合它們的利益，而不是像西歐或日本那樣發展強大的帝國政權。而且這兩大強國都對大英帝國深入亞洲，或是法國在非洲建立龐大帝國這種爭奪世界權力的手法不感興趣。

埃及是一個有趣的例子。在一九三六年正式獨立後，展開自己的君主立憲制，但基本上仍是英國的附庸國。一九五二年，埃及軍方成立自由軍官運動（Free Officers Movement）這個祕密組織，他們推翻君主制，名義上是建立共和國，但實質上賈馬爾・阿卜杜勒・納賽爾（Gamal Abdel Nasser）很快就轉變成獨裁者。受到蘇伊士運河國有化的威脅，英國、法國和以色列全都在一九五六年底進軍埃及，擊敗埃及軍隊。但是當時美國和蘇聯出手干預，迫使各國入侵部隊撤出，不讓它們推翻納賽爾的政權。[52]這兩大超級強國不可思議地聯手合作，阻止其他國家入侵。對這兩國來說，讓英國或法國控制蘇伊士運河並不符合它們的利益，還是留給埃及人比較划算。儘管彼此競爭，但是兩大強國達成共識，認為中東乃至於整個世界，應該成為它們的影響力和競爭場域。英國、法國和以色列這類區域型國家，不應與它們競爭統治優勢。這兩大超級強國也出手干預其他地方，西非的幾內亞在一九五八年脫離英國獨立，部分要歸功於蘇聯的經濟援助；一九四九年，美國威脅要切斷對荷蘭的援助，除非荷蘭放棄再次征服過去在印尼的殖民地；美國從一九四七年開始推行馬歇爾計畫（Marshall Plan），以大規模經濟援助幫助西歐重建。[53]

美國和蘇聯的反帝國立場其實與其作為自相矛盾。畢竟一九五〇年的美國是一個種族主義興盛的國家，多數南方的社會組織和北部大部分的都會區都是建構在種族觀念上，透過根深柢固的法規和習俗來強化。美國普遍抱持種族主義的態度看待殖民地的獨立運動；美國外交官至少還是會擔心，要是英、法盟友的殖民帝國突然崩解，產生「不成熟」的新興國家，很容易就會受到蘇聯的影響。[54]當時蘇聯確實占領東歐和中歐，包括波蘭、匈牙利、捷克斯洛伐克、保加利亞、羅馬尼亞和三分之一的東德，以及波羅的海三國（愛沙尼亞、拉脫維亞和立陶宛），並將這些國家吸收到聯邦中。實際上，蘇聯軍隊在一九五六年入侵匈牙利，就是為了鎮壓準備放棄獨裁統治並脫離《華沙公約》（共產國家的軍事聯盟）的改革派共產政府。乍看之下，兩大超級強國對帝國抱持反對的立場似乎有些奇怪。但對這兩國而言，保持世界其他地方的開放才是上策，這樣更方便自身的經濟和文化力量進入，而帝國的舊日勢力顯然是它們稱霸的障礙。兩大超級強國都在第二次世界大戰進入結束階段時，就為此建立體制框架。在資本主義這一方，首先是在一九四四年與來自四十四個同盟國政府的七百名代表簽署《布列頓森林協定》（Bretton Woods Agreement）——這是以當時位於新罕布夏州開會的度假村地點來命名，這份協定主要是建立一套各國貨幣兌換美元的制度，並成立國際貨幣基金（International Monetary Fund，簡稱ＩＭＦ）和國際復興開發銀行（International Bank for Reconstruction and Development，即現在的世界銀行），以維持貨幣穩定。一九四七年，這些國家簽署《關稅暨貿易總協定》（General Agreement on Tariffs and Trade，簡稱ＧＡＴＴ），此後便定期舉行會議，針對逐步降低關稅進行談判，以期在資本主義經濟體間建立更自由的全球貿易環境。同時，美國利用強大的金融實力，透過馬歇爾計畫來重建西歐經濟體系。這項計畫提撥相當於今日幣值的兩千五百億美元，幫助西歐國家走出第二次世界大戰的深淵，進行重建，交換條件是西歐國家接受相對開放的貿易政策，並將共產黨排除在執政聯盟之外。此外，美國也透過一系列軍事同盟聯繫非共產主義世界，諸如一九四九年的北約、一九四八年的美洲國家組織（Organization of American States）、一九五四年的東南亞條約組織（ＳＥＡＴＯ），以及一九五五年的中央條約組織（ＣＥＮＴＯ）。[55] 蘇聯在這方面也不落人後，於一九四九年成立簡稱經互會的經濟互助委員會（Council for Mutual Economic Assistance，簡稱ＣＭＥＡ）。這個組織的運作從未達到西方類似組織的成效，但至少企圖在中東歐地區建立類似的經濟整合體系。在軍事方面，蘇聯在一九五五年以《華沙公約》來和友邦結盟。同樣值得注意的是，這兩大聯盟在經濟上的連結都跟石油有所關係：美國控制主要的中東原油產量，而蘇聯則在一九六四年從巴庫周圍的油田建造一條綿延兩千五百英里的輸油管，延伸到東歐與中歐地區。[56]顯然對兩大超級強國來說，供應充足的石油是穩定自身集團的重要手段，避免各國出現能源短缺的恐懼，畢竟這正是當年刺激軸心國發動第二次世界大戰的主要因素。在美國和蘇聯的控制下，石油成為國際關係的重要黏著劑，而不再是引發事端的導火線。

在這些聯盟的核心地區出現威脅時，兩大超級強國會毫不猶豫地直接採取軍事行動。蘇聯軍隊曾插手三次阻撓東歐的改革運動，分別是一九五三年在東德、一九五六年在匈牙利，以及一九六八年在捷克斯洛伐克。美國也絕對不會袖手旁觀自己勢力範圍內的變化，舉例來說，一九五三年在瓜地馬拉發生的政變，就是美國中央情報局在背後下的指導棋，推翻當時進行土地改革並與蘇聯購買武器的總統。一九六五年，美軍入侵多明尼加共和國，阻止當地的左翼革命。

這兩大集團，或作同盟體系的邊緣地帶則相對鬆動，常出現各種形式的競爭和衝突。在不同地區，會因為種種利益和機會而出現詭譎多變，甚至是矛盾的政策。在越南，美國倒是願意支持法國維持殖民統治的嘗試，因為法軍致力於打擊共產主義，而北越的政權則利用中國和蘇聯之間的緊張局勢來最大化外援。[57]在韓國，美國和共產黨的勢力繼續在一九五〇年代初期展開延長戰（部分是代表聯盟的軍隊，部分則是美方派遣的部隊）。

在那些具有重要戰略資源，製造對現代工業發展關鍵的商品，或是具有戰略位置的地方，則是以小規模的機密活動或代理性干預居多，而這類活動遠比上述那些衝突來得普遍。同盟國在一九四一年占領伊朗，就是為了確保伊朗的石油及從西方通往俄羅斯的陸路供應鏈；一九四五年，伊朗再度取得實質獨立。但英伊石油公司（Anglo-Iranian Oil Company）實際上壟斷這個產業，從中獲得龐大利潤（在一九五一年之前，僅與伊朗政府分享一六％，直到議會通過將石油國有化的法律為止）。而且穆罕默德・摩薩德（Mohammed Mossadeq）領導的新政府獲得親共的圖德黨（Tudeh Party，或譯人民黨）的部分支持，當時左傾的伊朗政府看似會向蘇聯尋求技術援助，因為蘇聯自身的石油產業也提供類似西方石油巨頭的專業知識。到了一九五三年夏天，英、美的間諜機構幫助沙王李查・巴勒維（Shah Reza Pahlavi）推翻民選政府。伊朗的油田並未正式私有化，沙王政府現在得到所有石油收入的一半，但事實上外國公司仍是伊朗石油的生產商。[58]就這樣，伊朗與沙烏地阿拉伯、科威特、卡達和阿拉伯聯合大公國，一起成為西方的戰略夥伴。為了因應，蘇聯與伊朗的鄰國伊拉克和敘利亞建立緊密的同盟關係，那裡是由復興黨（Baathist）的「阿拉伯社會主義」政權執政。二十年來，蘇聯也與埃及保持密切關係，提供資金和專家給埃及共和國的第二任總統納賽爾，協助大規模的經濟發展計畫。不用說，這些結盟對兩大超級強國非常重要，因為當時的中東正迅速發展成世界經濟體裡的主要石油來源。

另一個出現重大衝突的地區是中非和南非。在一九六〇年代初期，薩伊發生暴動，當時首任總理帕特里斯・盧蒙巴（Patrice Lumumba）在公開談話中表示要把自然資源國有化。在薩伊尋求獨立，陷入動亂之際，礦產資源豐富的加丹加省（Katanga）在比利時的支持下決定脫離薩伊，不想因為擺脫殖民統治而失去經濟利益。總理盧蒙巴隨即向蘇聯尋求援助，壓制加丹加省的脫離行動。比利時和美國中央情報局曾多次密謀暗殺盧蒙巴卻都沒有得逞，不過最後他還是遭到軍事判變，被捕後帶往加丹加省處死。當時的軍方首長蒙博托・塞塞・塞科（Mobutu Sese Seko）上校旋即建立專制政權，一直執政到一九九七年。在一九六三年，就是連美國大使也坦承，這位塞科上校「愚昧、專橫、原始、專權、充滿野心卻不負責任」。無奈薩伊是許多重要戰略礦物的主要產地，提供當時全球三分之二的工業用鑽石，也是世界第六大銅生產國，還是鈾的主要生產國，正如一位美國外交官在一九四七年所說的，控制這類戰略原料就等於是維繫「我們國家的命脈」，絕對不能落入共產黨手中。[59]

第三個說明箇中關係的例子更是詭譎多變，是一九六五年在印尼出現的動盪。當時印尼國民黨領袖蘇加諾（Sukarno）大力推動不結盟運動，以免陷入冷戰。他提出種種辦法，其中一項是於一九五五年號召不結盟國家舉行很重要的萬隆會議（Bandung Conference）。在建立他所謂的「指導式民主」（Guided Democracy）後，蘇加諾發展出一套半專制的政治經濟體系，當中充滿個人崇拜及怪異的縮寫字和口號、大型基礎設施計畫、裙帶資本主義，還有不當的經濟管理，最後導致嚴重的通貨膨脹。在一九五〇年代後期和一九六〇年代初期，他擴大國家疆界並巴結軍隊的作風造成許多小型衝突，主要是與在巴布亞紐幾內亞西部的荷蘭人及婆羅洲的英國人。到了一九六〇年代中期，蘇加諾開始嘗試與印尼共產黨結盟（這是當時該國的最大政黨），並向蘇聯購買軍事裝備；西方的安全部隊（特別是美國中央情報局）則前去扶植右翼民兵，培養可能的政治接班人。一九六五年，蘇哈托（Suharto）下令印尼武裝部隊領在巴布亞紐幾內亞開戰，發動軍事政變，然後掀起一場反共運動，在此期間，軍隊和民兵殺害約莫五十至一百萬名共產黨員、左派分子及華裔人士。在這場混亂中，蘇哈托根據軍規立下「新秩序」，在各處進行大文宣，提出語意更模糊的新辭令和縮寫字，然後是更多的裙帶關係與腐敗情事。在政變後的五年內，他的政府與國際石油公司簽下石油產量加倍的協定，恐怕不是單純的巧合。[60]

在上述這些（以及許多其他的）例子中，都是地方的民族勢力與冷戰期間，兩大超級強國相互角力所產生的複雜關係。前殖民地區的民族主義者被社會主義所吸引，因為他們認為這可以取代十九世紀末帝國建立的經濟體系，擺脫出口導向和開墾開採商品的模式。在許多長期政治獨立但經濟依賴帝國和工業化國家的社會中，情況也是如此，它們的經濟多半完全依賴大國，不然就是與其維持準殖民的經濟關係，例如拉丁美洲。許多民族主義領導人認為，他們的經濟活動僅是以種類有限的原物料來交換各種製造品，要擺脫這種承襲自十九世紀末的傾斜關係，唯一途徑就是由國家主導國內工業能力的發展。有些國家於是向蘇聯尋求金錢、經濟、工程專業和武器；當然，他們的對手通常是轉向美國尋求支持，透過不同的經濟策略達到相同結果：不再「進口替代品」（將當地工業能力擴大到建立高附加價值的經濟），國家轉而追求出口驅動的成長，將那些開採開墾的商品所產生的資本投資在工業成長上。

兩大超級強國專注於全球戰略和資源獲取上，在許多區域，地方精英不是向蘇聯示好，就是拉攏西方政府，主要都是為了農民轉型計畫，企圖將他們變為農場主或無產者。換言之，冷戰期間的政治有很大一部分仍是在解決農民「問題」，這可說是在兩次世界大戰之間的努力延伸與擴大。

也許在這種模式裡，最特別的例子就是中華人民共和國。中國共產黨在一九四九年贏得與國民黨的內戰後（兩大超級強國分別支持一方），中共政權為了鞏固對整個國家的控制，開始施行各種措施，包含逐步推動農業集體化，這個過程在一九五八年因為改採強硬作風而加速。最後的結果，就跟蘇聯的上個世代一樣，釀成一場大災難：在一九五八年至一九六二年間，這場國家造成的饑荒奪走的人命約在一千六百萬到三千六百萬之間（數據因計算方法而異）。[19] 不過就像蘇聯之前的情況一樣，集體化確實讓共產政權得以控制農村社會及其資源，不會遭遇人民抗爭，讓國家將農業經濟創造的價值投入工業經濟的建設上。

在後殖民世界的其他政權也都在追求這個最終目標，儘管手段沒有這麼激烈。建立剛果民主共和國並擔任第一任總理的盧蒙巴，在一九六〇年夏天出訪美國，接受紐約媒體訪問時，信誓旦旦地表示要將「技術人員、老師和工程師」帶回國；他強調需要「發展國家及工業化的必要性……如果在美國、在世界各地，大家都知道要如何拍電影、製造汽車，為什麼剛果人在五到六年內不能在自己的國家創造這些新產業？」他知道自己的國家可以靠「他們的田地、農作和水果」維生，但未來是屬於工業的。[62]

有時候，兩大超級強國只是勉強應付潛在附庸國的請求，基本上是參與殖民地民族主義者的獨立活動。一九七〇年代在安哥拉、莫三比克和衣索比亞，蘇聯政府實際上對支持革命政權並不感興趣，而且清楚意識到自身資源有限，不能將力量分散到遠方。但蘇聯還是「被捲入非洲」，正如蘇聯情報局KGB局長所表示的，這是為了保住國家聲望，以及維持與美國對抗的戰略動能。[63]在美國這一邊，之所以會介入非洲，有部分是因為擔心蘇聯會趁機把持西方的關鍵戰略資源，也就是薩伊的鈷礦、南非的鉑礦和釩礦及羅德西亞的鉻礦等。正如一位歷史學家所言，到了一九七〇年代中期，「西方聯盟越來越擔心非洲會成為它們的致命弱點」。[64]不過，美國捲入越南反殖民革命和內戰的原因則完全不同，美國在那裡半推半就地陷入支持反共政權的大型軍事衝突，不是因為直接的戰略或經濟利益，而是要在整個地區阻止發聲倒向共產黨的「骨牌」效應。[65]而在美國與蘇聯彼此競爭盟友的冷戰背景下，美國只得支持某些軍事獨裁政權，正如國務院在一九五九年的一份報告指出的：「要是我們拒絕與軍事或專制政權打交道……勢必會導致該政權與蘇聯集團建立友好關係。」[66]

從某種意義上來講，冷戰期間的競爭涉及經濟和軍事援助與祕密行動，獨裁者則因為配合演出，獲得兩大超級強國與其他社會的政治「企業家」酬庸，後者往往還是主動提議。這項觀察意味著在十九世紀末建立全球經濟體（有時還包括殖民帝國）的同時，還有一條平行路線，在歐洲和北美的資本家與亞洲、拉丁美洲及非洲的經濟創業者顯然發展出合作關係。也許我們還可以這樣看，相互競爭的帝國計畫主要是以開發商品來建立全球經濟體，由此而產生炮艦外交和殖民戰爭。雙方陣營競相提出建設「高度開發」的全球資本主義或社會主義經濟體的計畫，最後造成代理戰、叛亂或政變。

並非世界上每個國家在冷戰期間都會選邊站，加入其中一個陣營。不結盟運動即使在冷戰到達高峰時仍深具影響力。這是由在一九四八年至一九六四年擔任印度總理的尼赫魯在一九五四年發展出來，主要基於五項和平共存原則，試圖在社會主義和資本主義之間走一條中間路線，為那些在去殖民化過程中建國的多數國家利益發聲。一九五五年在印尼萬隆（Bandung）舉行一次重要的初步會議（前文已提），之後於一九六一年在南斯拉夫貝爾格萊德（Belgrade）舉行正式大會，共有二十五個國家的代表出席。在一九六四年的第二次會議上，大會譴責「經濟壓力和統治、干涉、種族歧視、叛變、干預和武力威脅」，面對這些「殖民主義手段，新興獨立國家必須起身捍衛自己」，團結起來。尼赫魯早在一九三三年就已針對此局勢做出這樣的分析，當時他被關在英國殖民地的監獄中，特別指出美國正在創造一個「新帝國，這是現代版的帝國。在無形中以經濟方式不著痕跡地掠奪，占據霸權地位……。帝國主義在這個過程中，臻至完美」。[67]

尼赫魯和其他許多印度的民族主義者認為，社會主義是唯一達到的經濟獨立與發展的真正途徑；但他們還是致力於建立民主的聯邦制，因為對印度這樣一個龐大而多元的國家來說，這是唯一可行的政治形式。在政治上，他們非常成功，印度國民議會黨自從上台以來，在一九四八年至一九九二年間幾乎持續執政。然而，當時國際間更典型的模式是向蘇聯的社會主義示好，再搭配軍事獨裁統治。以埃及為例，埃及共和國第二任總統納賽爾將金融、工業和出口全都國有化，並建立中央集權的統制經濟，洋洋灑灑地端出五年計畫，包括野心十足的大型開發案，企圖進行徹底的土地改革，並在蘇聯的協助下，於一九七〇年完成亞斯文水壩（Aswan High Dam），得以進行廣泛的電氣化和灌溉。但他同時也打壓埃及的共產黨與在一九二八年成立的穆斯林兄弟會，後者是基於一般宗教立場，反對殖民統治和歐洲文化滲透。[68]

正如最後一點所暗示的，雖然殖民帝國在一九五〇年代和一九六〇年代逐漸衰落，那些在二戰前建立的獨裁統治幾乎沒有因此動搖。實際上，在進入一九八〇年代時，世界上的獨裁政權比一九三〇年還多。想來其實有點諷刺，在十九世紀末和二十世紀初，民族主義起因與議會制（或稱內閣制）和個人權利的起因緊密相連。公民身分是國家這個觀念的中心；國家是所有公民享有平等權利的政體，因為他們基本上都是相同的，都是同文同種，而且屬於相同的文化、歷史和政治體。國家是建構在普世人權和積極參政的概念上。但是在第二次世界大戰後，世局的發展卻很詭異，即便民族主義思潮戰勝帝國，但實際上專政卻成為常態。到了一九八〇年，在大約一百二十個獨立國家中，世界上僅有三十多個民主政權。就以南美洲來說，在一九七〇年代中期，巴西、阿根廷和智利都是由獨裁者統治，這還只是大國的部分。在加勒比海地區，古巴、海地及多明尼加共和國也都是獨裁政權當道；巴拿馬、瓜地馬拉和薩爾瓦多也是如此；墨西哥則是由革命制度黨一黨獨大。菲律賓實際上也掌握在獨裁者馬可仕手中；印尼則是由蘇哈托所掌控；台灣在一九四九年至一九八七年都處於戒嚴；南韓在一九四八年至一九八八年間接二連三地由專制強人所統治。在北韓、越南、柬埔寨和寮國都施行共產黨專政；土耳其、伊朗、巴基斯坦實際上是軍事獨裁統治；敘利亞、伊拉克和埃及則是一黨制國家；沙烏地阿拉伯是君主制。在非洲大部分地區，不論是奉行「非洲社會主義」，還是馬克思主義，施行的不是獨裁政權，就是一黨制。希臘、西班牙和葡萄牙在一九七〇年代中期以前，都遭到法西斯的軍政府荼毒。

在二十世紀初出現這種局勢的重要原因有二：一是世界經濟的不平衡發展；二是帝國政治勢力的殘留。許多殖民地的經濟都有一定程度的發展，足以穩定少數精英階層的民族主義情緒，但卻不足以奠定經濟、社會或制度基礎，讓這些精英可以據此打造穩定而團結的國家。這個問題在非洲尤其嚴重，因陋就簡，只顧剝削的殖民政府，根本就沒有留下什麼交通、通訊或行政基礎設施，那裡的經濟活動模式僅是將企業與舊日的殖民母國緊緊相連，因而無法產生國內的經濟凝聚力。識字率低於三〇%，再加上大多數公民幾乎沒有共同的政治生活，或參與全國性（甚或是地方的）民間組織，因此缺乏民族文化歸屬感。在非洲，幾乎所有地方，帝國在劃分行政邊界時都是任意為之，沒有考量到語言、文化、社會、歷史或經濟現實。唯一能聯繫大半社會的力量只有國家或軍隊，在那裡幾乎沒有什麼反擊力量能夠阻止這些機構推行獨裁專制的規劃。不過，分裂和重組國家通常是更不具吸引力的選項，好比說在印度、巴勒斯坦、韓國、愛爾蘭和世界上其他地方發生的情況。

此外，冷戰也扮演重要的角色。兩大超級強國並不是就這樣安排那些對它們有利的獨裁者；再者，在許多情況下其實剛好相反，是這些國家主動找上門，因為前殖民地的強人想要尋求超級強國的力量，支持他們的治理。會出現這種局面的原因有兩層。其一，當時幾乎地球上的每個社會都受到這兩大超級強國競爭關係的影響。美國和蘇聯的經濟、文化及間諜活動延伸到全世界每個有利可圖的地方，因此幾乎每個國家都得擔心它們的政權會被敵方超級強國派人顛覆，若是決定保持中立的不結盟立場，則需要擔心雙方的代理機構。這些代理機構背後都有龐大的財務、組織、軍事及文化力量，會從事暗殺、操縱、宣傳和賄賂，並能決定是否提供資訊或武器、火車、資金與人員招募，還能在貸款和貿易協議談判中提供公開或祕密的優惠等，當然它們不是沒有限制，也不見得總是會成功，但確實遇到相對較少的約束，而且通常至少會產生一些效應。

另一方面，兩大超級強國間的競爭為準獨裁者帶來大好機會，讓他們得以趁機從社會外部獲取資源，鞏固在國內的權力。只要承諾當忠實的附庸，並且對可能成為對方陣營的附庸國擺出最後防線，即可獲得關鍵的軍事、財務和情報支援。而且早在兩次世界大戰期間，許多國家已經在世界各地擴大工業生產，以便出售給將經濟投入在自行生產軍備的參戰國，同時還供應地方，取代那些不再能從參戰國進口的貨物。其中一些國家的政策導致當地勞工運動迅速發展；而當時全球的勞工階級多半受到共產主義吸引，在這樣的背景下，勞工發現的這股新力量在許多這些社會中創造出激烈的新衝突。地方的商業社群通常認為勞工運動（在許多情況下，多少受到共產主義所吸引）是嚴重威脅；但是在十九世紀末和二十世紀初，許多地方建立的出口導向商品開採經濟並沒有產生大量或是有足夠自信的中產階級，因為大多數的生意都把持在外國投資者手中，而出口的主要利潤自然也就回到這些投資者的國家。這種情況在大多數的拉丁美洲國家很嚴重，因此以商業起家的中產階級會認為軍事統治比開放的民主選舉更好。而且軍隊長期以來一直具有吸引力，就跟從商一樣，這也是力爭上游，爬上社會高層的途徑。因此，地方的社會精英和中產階級經常與軍官建立並保持密切的社會和政治聯繫，這也為充滿野心的寡頭人士創造擴大權力機會，民主機構和程序也就在這個過程中遭到犧牲。

相比之下，在那些以外國公司進行商品開採、開墾的經濟體中，勞工和農工運動則可能會聲稱不僅為自己的階級利益服務，也顧及國家利益，比方說反對那些外國離岸公司和它們當地的商業盟友對國家資源的榨取豪奪等。但是幾乎在所有地方，這些運動都沒有產生足夠的組織力量，能夠透過民主過程來實施經濟民族主義政策。因此，當中有些只好借助軍事力量。在秘魯，軍事獨裁政權大幅進行土地改革，並且在一九六〇年代後期和一九七〇年代初期將工業國有化。一九五九年的古巴革命創造出由菲德爾・卡斯楚（Fidel Castro）一人統治的一黨獨裁制國家，前後歷時四十七年。越南在經歷長期對抗法國的獨立爭鬥後，又為了國家統一與南越和美國對抗，因此讓越南共產黨大幅軍事化。到了一九七五年勝利時，越共基本上已經發展為成熟的軍事官僚專政體制。辛巴威（之前的羅德西亞）也面臨相同的命運，在經過長期的游擊戰後，最終由打著社會主義名號的羅伯特・穆加貝（Robert Mugabe）在一九八〇年上台，讓這個國家陷入災難性的腐敗軍事民粹政體。[69]

更典型的狀況是，以軍隊鎮壓新興的左翼勞工政治。一九六〇年代初期，巴西總統若昂・古拉特（João Goulart）嘗試推動一系列經濟改革，舉凡建立國家電力公司、限制外國公司的離境利潤、推行稅制和土地改革、石油工業國有化，並且將其所屬的共產黨合法化。最後，古拉特政權在一九六四年軍方發動的政變中遭到推翻。在阿根廷，走民粹路線的民族主義者胡安・培隆（Juan Peron）獲得貿易工會強力支持，將該國的中央銀行國有化，在一九四〇年代末期和一九五〇年代初期又將鐵路、港口及主要報社收歸國有，最後在一九五五年被軍事政變推翻而遭到流放；此後，阿根廷的政局就處於一連串政變和選舉迅速交替的情況，直到一九七六年落入軍事政權，才稍微穩定下來。巴西和阿根廷兩國在一九六〇年代後期到一九七〇年代初期這十多年間，都因為軍方和左派反對者的對峙而飽受恐怖的小規模暴力事件困擾（包括恐怖攻擊、「失蹤」及普遍的酷刑）。一九七三年智利發生政變（由美國中央情報局在背後支持），推翻原本的社會主義政府後，也陷入同樣悲慘的處境。[70]

這些軍事獨裁政權和國內反對者的衝突，最後全都釀成令人遺憾的嚴重後果，就是軍隊和軍火

圖表6・9　1950—2013年全球武器貿易（以1990年美元均值計價）。

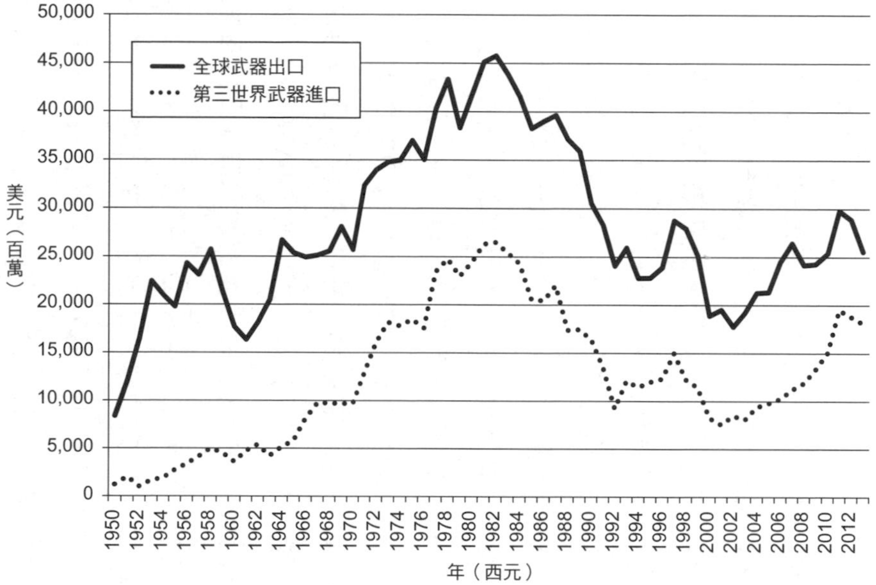

貿易的大幅擴張。在這項擴張中，有些是兩大超級強國出售給它們的工業化盟國，但是這樣的貿易卻讓第三世界承擔不成比例的高成本，因為武器成為低度開發世界向已開發國家購買的一大類產品。在一九六〇年至一九八〇年間，世界武器出口增加兩倍，但是第三世界的武器進口卻成長五倍多（圖表6・9）。到了一九八四年，（所謂）第三世界的貧窮國家花費很大一部分的稅收在購買武器上，基本上就和已開發國家一樣，但從經濟角度來看，這是它們難以負擔的奢侈品。[71]有些添購的武器僅是用來討好維護專制政權的軍隊，使其繼續效忠；其他則是用在戰爭上，展現專制政權的正當性；還有則是向贊助它們的兩大超級強國者證明自身的價值。

因為這樣的局勢，冷戰與後殖民民族主義（和獨裁政權）間的關係可說是充滿動態，而且是一條雙向道。後殖民國家受到冷戰大力左右，一方面是因為這樣的對峙局勢對國家的穩定產生永久威脅，再來是這創造比單純的國內政策更具吸引力的替代方案。後殖民時期的民族主義者在兩大超級強國中擇一結盟，這等於是間接推動冷戰，將兩大強國推向全球競爭和彼此對抗的局勢。最後造成的一個結果，便是繼續維持充滿槍枝和專政的世界。

冷戰競爭和衝突促成獨裁統治盛行與槍枝氾濫，在某些地方對平民造成不堪設想的後果。一九五三年瓜地馬拉在政變後由新的軍政府掌權，對那些想要控制土地和資源的原住民社群發動長達三十年的種族滅絕戰爭。印尼在一九六五年的政變後，有多達一百萬平民遭到屠殺。柬埔寨在一九七〇年代後期因為越戰而變得動盪不安，陷入種族滅絕的暴政中，有五分之一人口，約莫一百六十萬人喪生。冷戰結束後不久，一份詳盡的調查顯示，從一九五九年開始到冷戰結束，一共發生三十四起大規模屠殺事件，受害者總數可能超過一千萬。[72]

到了一九六〇年代，這一切顯然加倍諷刺，一項**不能**解釋獨裁統治盛行的因素是，在一九二〇年代造成獨裁如此普遍的問題仍然持續存在。實際上，早在一九六〇年代初期或是更早，全球經濟狀況開始出現明顯轉變。大蕭條和戰間期全球經濟的瓦解，因為生產和貿易成長的潮流而抵消。

第七章將討論這股浪潮。

第七章

高現代性

HIGH MODERNITY

一九五〇—一九七五年：大加速

有史以來，人類一直在應付……物質短缺的問題。今天的美國，……以及不久之後的西歐，所要面臨的最大挑戰，卻是如何處理生活中的基本食物、便利設施和裝飾物資的過剩威脅。浪費是這個時代的精神。我猜想，歷史學家可能會以「丟棄時代」來暗示我們這個時代的特點。……浪費已成為美國生活型態的一部分……。今天，美國普通公民的商品消費量是第二次世界大戰前幾年的兩倍。[1]

——《廢物製造者》（*The Waste Makers*）作者萬斯・帕卡德（Wance Packard），一九六〇年

在一九四八年或一九四九年，任何人都有理由對未來二、三十年，甚或是四十年的發展前景感到悲觀。從一九〇五年第一次俄國革命到一九四九年共產黨在中國革命成功，在這段期間因為革命、戰爭和動盪造成數千萬人喪生。第一次世界大戰與隨後俄羅斯和鄂圖曼帝國的革命，大約造成四千萬人死亡（包含蘇聯在一九三〇年代推行農業集體化期間的死亡人數）。第二次世界大戰和中國的革命與內戰，在一九三九年至一九四九年間則造成約七、八千萬人喪生，在歐洲大約是五千兩百萬到五千三百萬人，而整個亞洲區域可能不下兩、三千萬。[2]每一次都會造成上千萬的難民。[3]一戰後，有長達二十年的時間全球金融和經濟都處於艱困時期；要從二戰恢復，沒有理由預期更短的時間，畢竟這次的戰爭傷亡更為慘烈，而且影響更多地區。

但是結果出乎意料，一九五〇年之後，世界經濟就回到戰爭和革命「爆發」前世人所熟悉的快速成長模式，特別是在北大西洋、北美洲與日本的工業經濟體（圖表7・1）。

圖表7・1 1950—1975年人均國內生產毛額。

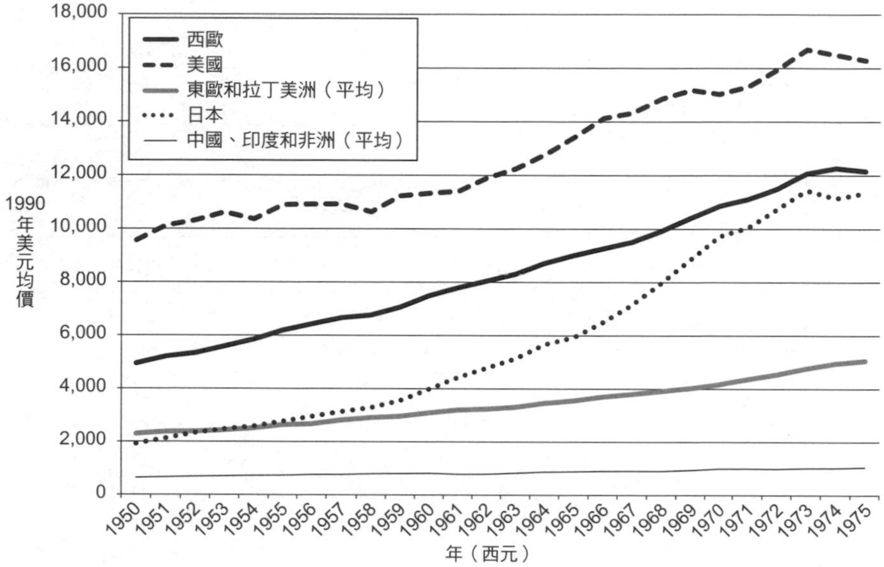

實際上，在一九五〇年代到一九七〇年代這段期間，西歐和日本都迅速縮小與北美這個當時地球上最富裕區域的所得差距（圖表7・2）。一九五〇年，西歐的國內生產毛額僅為美國的一半；到了一九七五年則提高至四分之三；日本在一九五〇年僅為美國的二〇%，但是到了一九七五年提高至七〇%。相較之下，拉丁美洲、中東和東歐與美國的生活水準相比只有些微成長，而非洲、亞洲大陸和南亞則根本沒有成長。事實上，在亞洲和非洲的許多地區，生活水準與美國的差距在擴大。一九一三年，印度公民的平均所得是美國平均所得的八分之一、德國平均所得的五分之一；到了一九七三年，印度人的平均所得是美國平均所得的二十分之一、德國平均所得的十四分之一。中國的人均所得遠遠落後於美國，一九一三年是美國的十分之一，一九七三年則是二十分之一。[4]

造成這種差異的其中一個原因是，工業經

圖表7・2 1950—1975年幾個國家和地區的人均GDP相對於美國的比例。

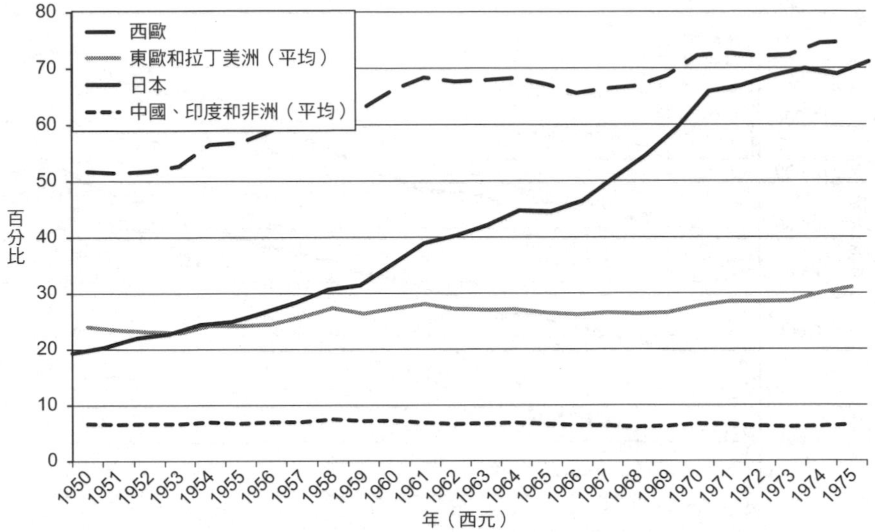

圖表7・3 大加速：第二次世界大戰前後的人均所得。

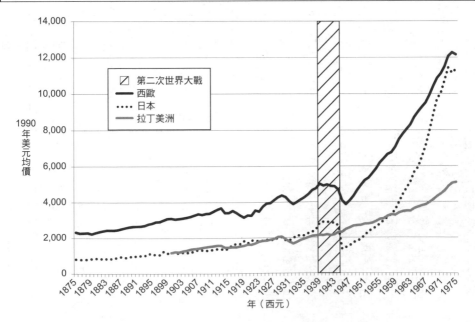

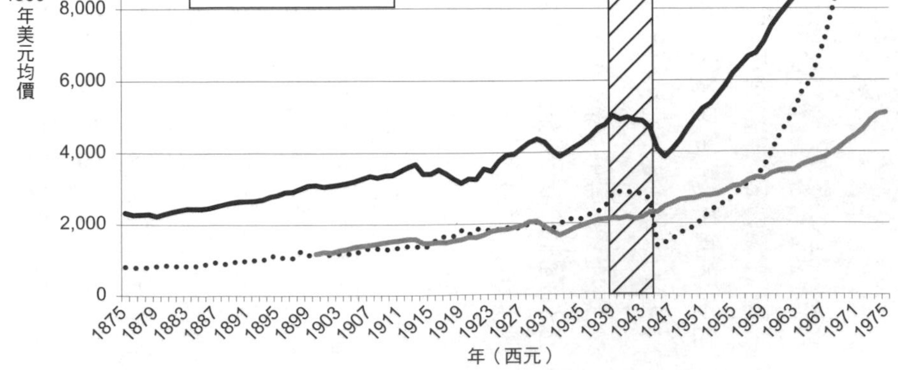

圖表7・4 1913—1996年各區域人均所得的成長。

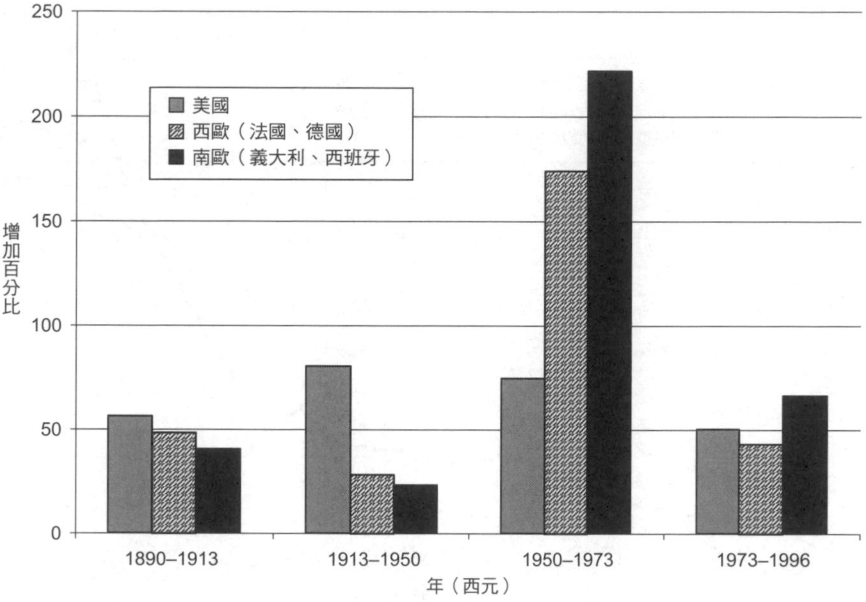

濟並沒有從一九一三年的停滯中恢復。在一八七五年至一九一三年間，北大西洋和日本的經濟都以健全的速度成長，平均所得也以穩健的加速步伐提高；一九五〇年以後，這一步伐大幅加快（圖表7・3）。在西歐和南歐，從一九五〇年至一九七三年，經濟成長率比現代史上任何一個時期都來得快；美國的人均所得在這二十三年間的成長，幾乎和一九一三年至一九五〇年這三十七年間的成長一樣（圖表7・4）。日本人均所得的成長讓人驚訝，北大西洋的平均所得與之相比顯得相形見絀：西歐在一九七三年的平均所得是一九五〇年的二・七倍，但日本人的平均所得則增加六倍。在歐洲，一般稱這個時期為「黃金年代」、「經濟奇蹟」，在法國還有「三十年的榮景」這種說法。若說這些用語貼切地形容歐洲的成長，日本這段成長時期還真不知道該如何形容。

就世界工業經濟的快速成長來看，將

圖表7・5　1875—1975年工業燃料和原料生產的成長。

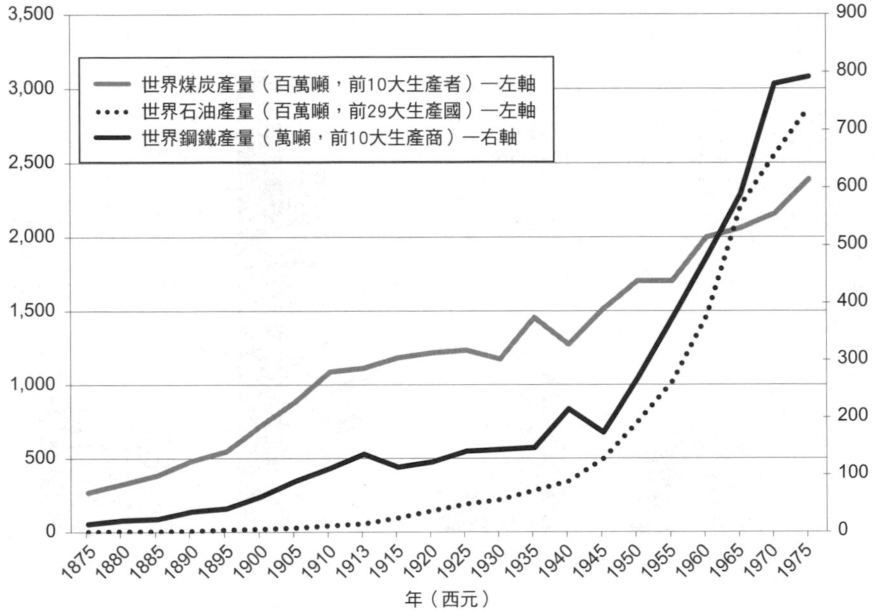

一九五〇年至一九七三年這四分之一個世紀稱為「大加速」（Great Acceleration）時代是有道理的。[5]自十九世紀中以來，造成北大西洋地區和日本轉型的經濟與技術發展過程突然間加快步伐。但重要的是，即使在那之後，從一九七三年至一九九六年，工業經濟的成長仍處於相當健全的狀態，北美在一八九〇年至一九一三年間略低於第一次工業爆發的盛況，但發展速度已經明顯比同期的歐洲和日本還快。

關鍵工業商品的生產反映出這種成長速度，在一九五〇年至二〇〇〇年這段期間，世界煤炭產量成長兩倍，鋼鐵產量成長三倍，石油產量在一九一三年前呈幾何倍數成長；然後在革命、戰爭、經濟混亂和大屠殺時期呈現緩步停頓，但是在一九五〇年以後，生產量又以更為陡峭的幾何曲線成長（圖表7・5）。

關鍵消費品的生產也展現類似模式。

圖表7・6　1900—2000年全球前19大使用機動車的國家。

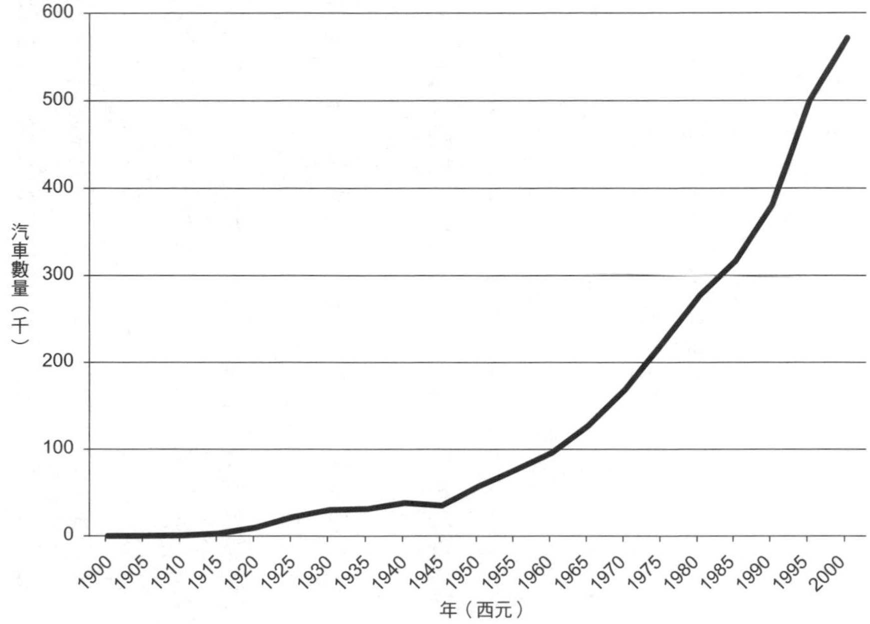

汽車是一個很好的例子（圖表7・6），但其他產品也是，好比說電話、收音機、電視、洗衣機與冰箱等，這些商品的產量在一九五〇年代和一九六〇年代都呈現劇烈的成長。

以這種速度和規模發展，數百萬人的生活就此改變。共和黨參議員喬治・羅姆尼（George W. Romney）的家族就足以說明這一點。羅姆尼在一九〇七年出生於墨西哥的一個美國摩門教徒農家，在一九四〇年代以前，這個家族的生活似乎一直遭到詛咒。一八三九年，他的祖父在英格蘭改信摩門教，並於一八四一年移民到美國開始新生活，卻被反摩門教徒的暴民趕出伊利諾伊州，逃離到猶他州（當時屬於墨西哥）重新開始。但是在一八四八年，美國併吞猶他州，並開始依法懲處一夫多妻制的摩門教徒。一八八五年，羅姆尼的祖父帶著三個妻子再次逃往墨西哥中北部，在這個較為寬容的國家展開新生活，應用他在猶他州學到的乾旱高原耕作農法。當時墨西哥的迪亞茲政府制定一套開發策略，其中一項是發放土地給外國定居者，羅姆尼家族因此得以過著還算寬裕的生活。但是在一九一一年，大多數人為了逃離墨西哥革命的暴力而返回美國。羅姆尼的父親（只有一個妻子，因此符合美國法律，也合乎他的教會於一八九〇年宣布的新教義），在洛杉磯度過四年停擺的人生後，前往愛達荷州以種植馬鈴薯的務農生活重新開始。但農場破產了，後來嘗試的建築事業也是；到了一九二一年，這個家族回到鹽湖城，此時距他們離開英格蘭已經八十年。羅姆尼在一九二六年擔任摩門教傳教士，前往英國，然後在一九二九年跟著未婚妻一家搬到華盛頓特區，在那裡擔任麻州參議員的助理，他和兄弟在維吉尼亞州開了一家乳牛場，但是隨著大蕭條到來，這門生意又失敗了。

但是在那時候，羅姆尼過去擔任國會助理時建立的人脈派上用場，他在大型美國鋁業公司（Aluminum Company of America，簡稱Alcoa）找到工作，獲得一展長才的機會，靠他的管理和組織能力謀生，並且展開他進行產業遊說的穩定職涯。到了一九三九年，美國汽車製造商協會聘請他擔任遊說與管理的職務；在第二次世界大戰期間，他在協調工業生產上扮演要角，幫助美國的戰事；一九四八年，一家小型的美國汽車和冰箱製造商僱用他。該公司於一九五四年與另一家小公司合併，成立美國汽車公司（American Motor Company，簡稱ＡＭＣ），由羅姆尼擔任執行長。到了一九五八年，他將公司改造得有聲有色，主要是靠開發公司的小型車款漫步者（Rambler），企圖以這款能源效率較高的車來替代大型汽車製造商耗油量高的「恐龍」車款。ＡＭＣ在一九五八年售出二十一萬七千輛汽車，一九六〇年時銷售量達到四十八萬五千輛。羅姆尼為自己贏得推動「自由勞動、自由管理和自由資本與自由政府合作」的名聲，他對大型工會、大型政府和大型公司（如主導汽車業的三大汽車公司）大肆批評。一九六一年，他與美國汽車工人聯合會（United Auto Workers）達成利潤分享協議，以分紅給勞工的方式為管理階層贏得更大的靈活度和控制力。之後，他在一九六二年、一九六四年和一九六六年三度當選密西根州長，主要是因為他通曉行政管理且行事公正而獲得支持。他支持民權運動，曾爭取共和黨總統提名（但未成功），在理查．尼克森（Richard Nixon）總統上台時，他擔任住房和城市發展部長，最後將餘生二十年的大部分時間投入慈善活動。

羅姆尼並不是以天才之姿出道的人物。一位（沒有特別理由喜歡他）的工會代表形容他缺乏「真正的深度或理解力」。但他很努力，他的意圖無可挑剔，懂得與人相處，是有天賦的經理人。他也算精明，知道在正確的時間將自己放在正確的位置上，在戰後幾乎令人難以置信的經濟繁榮中受益。一九三〇年，每五個美國人中就有一人有車；到了一九五〇年，這個比例提高到三分之一；在一九七〇年，平均每兩個美國居民（包含男女和孩童）就擁有一輛以上的汽車。正如羅姆尼在一九五五年所言（以當時的性別語言）：「體重不到一百一十八磅的家庭主婦駕駛十九英尺長，重達兩噸的汽車，到三個街區外的藥房，就是去買包兩盎司的髮夾和唇膏。」[6]這毫無道理可言，但當時的人負擔得起。

要如何解釋這種非凡的經濟成長？部分原因就只是一九一三年之前的經濟擴張再度恢復動能。事實上，光是靠著將一九一四年至一九四五年間因為戰爭與衰退而遭到壓抑的需求和技術再度釋放開來，就足以促成歐洲經濟（東、西歐）成長和日本經濟繁榮。在許多地方，恢復和平與經濟穩定後，生產者便有機會滿足戰前開發產品的需求；另外，在有些地方，甚至是因為戰爭而加速技術和產品（如航空）的成熟；還有一些產業可以回復戰前已發展成熟卻尚未有效商業化的技術，因此能快速且相對容易地開發新的消費品。一個例子就是非常重要的塑膠工業，這個產業主要是靠眾多消費品和工業產品推動。塑膠的基本型態是在一九三〇年代發展的，但是塑膠工業要到第二次世界大戰之後才開始蓬勃發展，而且是爆發式成長。到了一九七六年，按體積計算，世界塑膠的消費量已經超越鋼鐵、銅和鋁。[7]

戰爭的結果為這種追趕效應創造出理想條件。主要的資本經濟體受益於《布列頓森林協定》和《關稅暨貿易總協定》建立的穩定框架。美、蘇之間的戰略僵局至少保證一定程度的可預測性。大多數工業資本主義國家也受益於美國的軍事保護，能夠維持較低的軍事支出，這就是西歐和日本經濟成長速度快於美國的其中一項原因。在這種情況下，一九一三年之前促進工業經濟發展的主要驅動力再次發揮作用。

當然，其中最重要的是創新。以各地的本國專利申請案來看，北大西洋因為第二次世界大戰的緣故，商業創新急劇下降；但是到一九七〇年代初，已恢復到歷史水準，接近一九二〇年代末的高成長率（圖表7．7）。相較之下，日本在一九七〇年代突然成為地球上最具商業創新的社會。這樣的結果並不令人意外，這兩個地區的GDP成長率與商業創新程度大致呈現正相關的關係。（相比之下，其他地區的專利申請則相對較少：例如一九七〇年，巴西的專利申請不到四千件，比德國少八分之一；阿根廷不到兩千件；墨西哥是八百零五件；土耳其有八十九件；在南非以外的非洲幾乎沒有。）

專利申請通常來自受過教育的人，一九五〇年代和一九六〇年代驅動經濟成長的第二項關鍵因素，就是各國政府對高等教育的巨額投資，這正好反映在大專院校的就學人數上（圖表7．8）。日本在這方面的成效同樣相當驚人：一九五〇年代大量的教育投資在一九六〇年代和一九七〇年代

圖表7．7　1885—1979年專利申請前四大國。

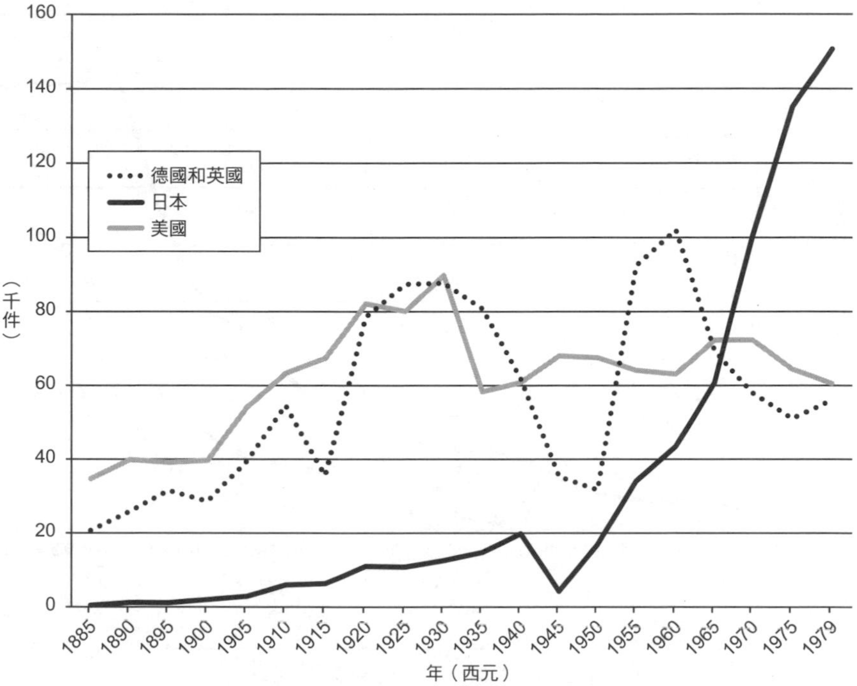

就獲得回報，取得大量創新和成長。不過西歐也在一九六〇年代迅速發展，教育程度創下歷史紀錄。在一些社會的經濟表現中，技術轉移儘管不盡然是一種創新，但也扮演重要的角色，也因為正式的商業交易而增加。日本是當中較為極端的例子，在一九五一年至一九八四年間，日本公司花費一百七十億美元與海外達成四萬兩千多項的技術轉移協議。[8]而專利申請還不是教育投資的唯一重要成果，要讓一個富有的現代化經濟體運作，需要受過教育的人才，無論他們是否從事開發新產品、新製程或新想法。[9]總之，全球大學生總數的成長與基本工業產品和耐用消費品的成長模式大致相同（圖表7．9）。在整個二十世紀，整體來說人類在技術上做了巨大投資，不過在一九五〇年代

圖表7・8 1900—1980年大學生數量。

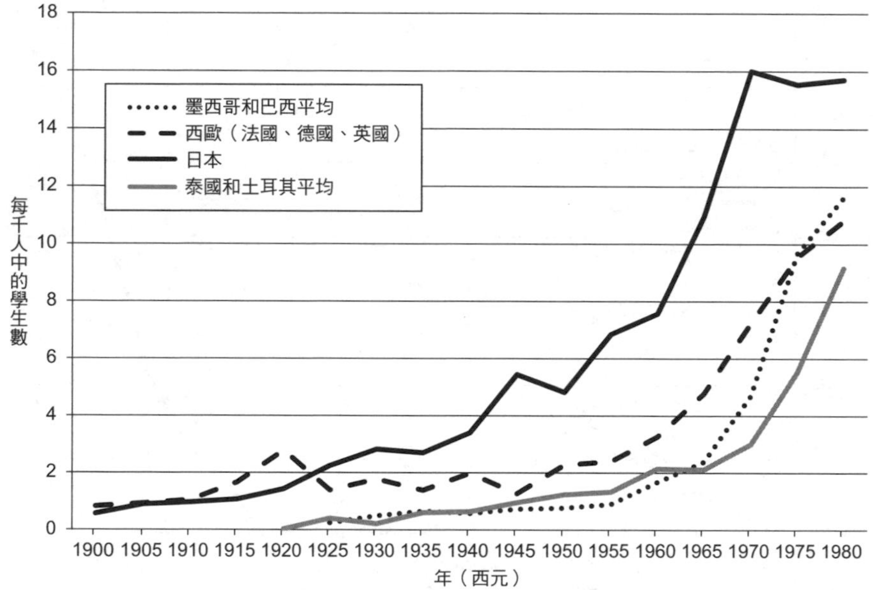

圖表7・9 1900—1975年全球18個國家的大學生總數。

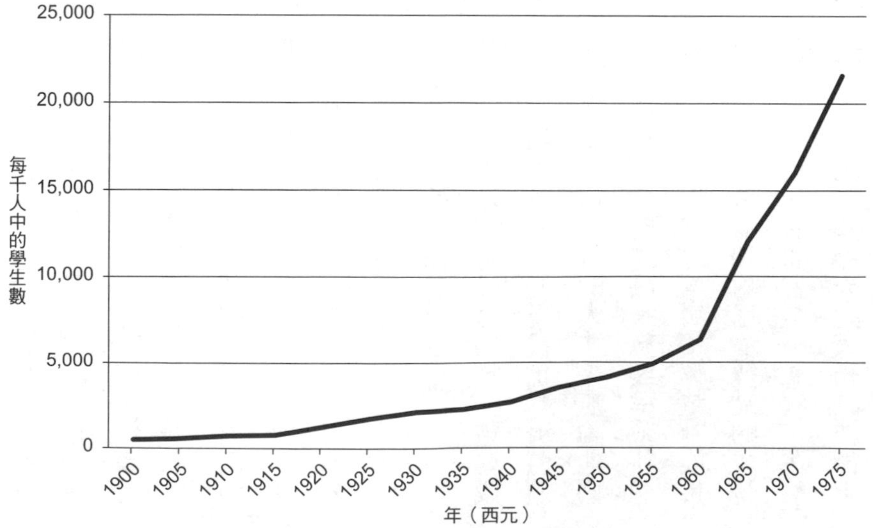

圖表7・10 1930—1980年運輸和通訊成本（將1930年的成本訂為100，以此比較）。進出口貨物每短噸的平均海運費和港口費；每乘客英里的平均航空運輸收入；從紐約打電話到倫敦每三分鐘的電話費率。

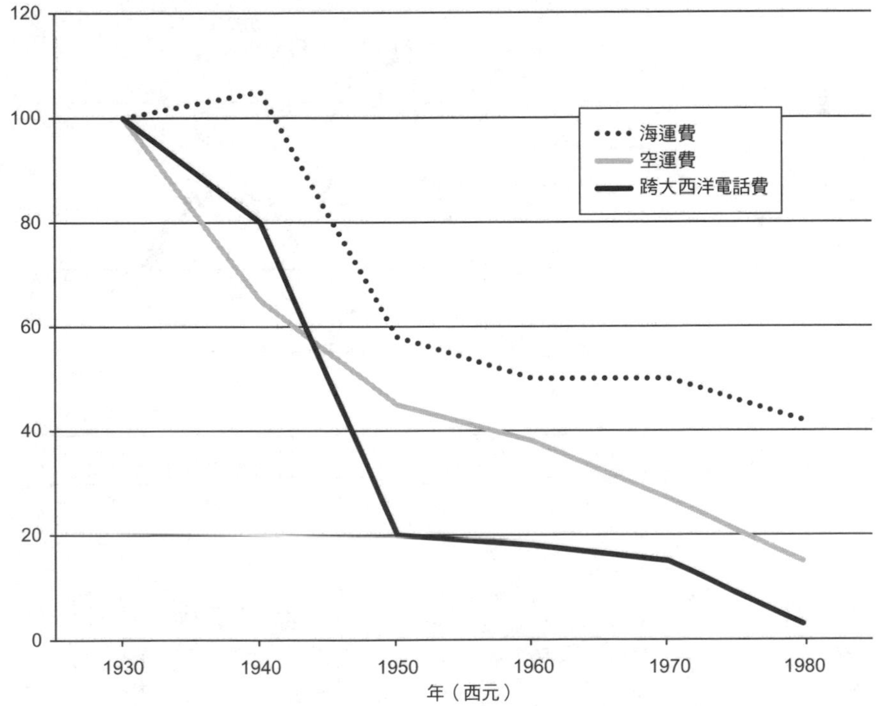

中期到一九六〇年代中期這段時間，對知識的投資速度則是顯著提升。

第三項驅動一九五〇年代和一九六〇年代成長的因素來自於（更為）自由的貿易。這個時期在運輸和通訊發展上的創新十分重要，讓商業成本迅速下降（圖表7・10）。在一九三〇年至一九八〇年這五十年間，效率更高的電動機、更好的設計及更自動化的設備，讓海運成本降低四分之三。一九七〇年代開始使用貨櫃運輸，更是大幅降低運輸成本。不過空運成本的下降幅度更大，在一九三〇年至一九八〇年間下降八〇%以

圖表 7·11 1865—1998 年世界平均關稅（35 國進口關稅占進口總值的比例）。

上，而電話通訊的成本幾乎完全消失。[10]

不過，全球貿易政策的重大變化也與這些技術進步一樣重要。大蕭條期間全球平均關稅稅率急劇上升，但在一九五〇年之後則遠低於一九一三年之前的稅率（圖表7·11）。始於一九四七年的《關稅暨貿易總協定》，以及由經濟互助委員會領導規模較小的蘇聯集團經濟整合區，都促使一九五〇年代和一九六〇年代的世界平均關稅大幅下降，低於第一次世界大戰前的稅率，而且在一九七〇年代還進一步下修。結果到了一九七三年，就GDP中所占的比例來看，工業世界原本在一九三〇年代下降的貿易量已經恢復到一九一三年的水準。這個過程需時一整個世代，部分原因是冷戰在共產和非共產經濟間建立新的貿易壁壘；另一部分原因則是許多前殖民地採取限制性進口政策和提高關稅的政策，以促進國內發展。但是到了一九七〇年代中期，世界經濟整體的整合程度變得比以往任何時候都高，貿易進一步發展的動能正在迅速累積。[11]一九五七年根據《羅馬條約》（Treaty of Roma）成立歐洲經濟共同體，到了一九九〇年代，該條約使歐洲大部分地區變成一個巨大的自由貿易區和貨幣聯盟（還有歐盟這個鬆散整合的政治部門）。

第四項因素是跨國企業的數量持續增加，過去如此，如今更是加速成長。一九一四年，世界上約有三千家跨國公司；到了一九七〇年，大約有六千家，而到了一九八八年是一萬八千五百家，在二〇〇〇年則達到六萬三千家。[12]新的全球資本主義和共產主義金融及貿易基礎設施顯然促進這一發展，主要是透過在全球大部分地區創造出較為穩定和可預測的商業條件。不過技術可能也同樣重要，甚至有過之而無不及。從一九六〇年代起，電腦的發展讓管理企業中龐大和高度分散業務的工作不再那麼艱鉅；全球電話網的建立也讓組織內部通訊變得更加輕鬆和頻繁；搭乘噴射客機的洲際空中旅行變得日益迅速且成本降低，凡此種種，皆賦予組織在全球各地調度關鍵人員時前所未有的靈活度。

自二十世紀初以來，因為社會或經濟民族主義政府的國有化政策，業務涉及開採或開墾商品的跨國公司確實受到打擊。正如前面討論的，蘇聯在一九一七年、墨西哥在一九三七年、伊朗在一九五一年及巴西在一九六四年，都先後將所有重要的石油工業國有化；採礦和製造設施及種植園的國際控股也跟著下降。但是跨國公司擴張的總體格局並未改變，部分原因是金融、製造和服務公司的擴張相當迅速。以一九六七年開業的快餐連鎖店麥當勞（McDonald's）為例，到了一九九〇年在全球五十個國家擁有兩千五百家分店。德國化學公司赫斯特（Hoechst）到了一九九〇年代中期，在四十五個國家擁有一百一十七家工廠。[13]從一九六〇年代起，商業諮詢與服務類型事務所對商業行為的影響力與日俱增；到了二十世紀末，麥肯錫（McKinsey）顧問公司的海外雇員已經多於美國本土，總部位於芝加哥的國際通商法律事務所（Baker and McKenzie）在三十五個國家都設置辦事處。在一九六〇年代，美國幾乎沒有國際間銀行往來業務的註記，但是到了一九八〇年代中期，美國銀行已經有八百六十家海外分支機構，占總資產的二〇%。許多大型跨國商品公司，例如英國的聯合利華和美國的嘉吉（Cargill）一直保持或擴大貿易主導地位。比方說到了一九八〇年，全世界超過六〇%的香蕉貿易把持在三家跨國公司手上。[14]

這種擴張造成的一項結果是，那些收入勝出或超過大多數國營企業的公司會冒出頭。到了一九七六年，全球前十大企業的銷售收入超過不少國家的總稅收，緊追在前四十二個國家之後；埃克森石油（Exxon）和通用汽車（General Motors）在全球的銷售收入，更是緊追在二十五個國家的總稅收之後。[15]

這種成長具有重要的文化意義。到了二十世紀末，總部設於非英語系國家的大型跨國公司都面臨一大挑戰，得解決企業內部跨國管理勞動力的溝通問題，最後全都採用英語當作公司語言，諸如德國媒體集團貝塔斯曼（Bertelsmann）、瑞典—瑞士工程公司ABB（Asea Brown Boveri），以及德國工程公司西門子。[16]以通用語言來衡量國際化也許過於表面；另一項標準是以外國成員在公司董事會中所占的比例，以這項標準來看，「跨國」公司還是沒有達到真正的全球化。但以更廣泛的觀點來看，從一九六〇年代以來，跨國公司建立日益密集且遍及全球的機構、金融和資訊網絡，凸顯出它們在大加速時代扮演的關鍵角色。而英語也漸漸成為全球商業界和科學界的通用語言，到了一九九五年，近六十萬外國學生在美國、英國和澳州學習（法國是十四萬、德國是十一萬六千、俄羅斯則是八萬三千）。到了二〇〇〇年代初期，全世界三分之二的專業科學家都以英語溝通。[17]

大加速時代的另一項關鍵因素是廉價石油，這時主要的油源來自中東。這個區域在二戰前提供的油量占全球比例相對較小，但是從一九四〇年代後期開始，中東地區的政府與歐美石油公司達成協議（當然是對歐美較為有利），迅速擴大產能。蘇聯這時也提高產量，而且在墨西哥、北海和非洲都陸續發現油田，又增加石油產量。新科技也加速這種擴張趨勢，特別是地震成像儀、深層鑽探技術以及一九七〇年代的深海鑽探技術。儘管有些政府採取行動來保持油價上漲（例如美國在一九五九年至一九七三年間曾實行石油進口配額制），也有石油公司會限制產量，但是從一九四〇年代後期開始，直到一九七一年，油價在這二十多年間緩慢下跌。對工業經濟而言，這無疑是一大福音。一九四九年，世界三分之二的能源來自煤炭，到了一九七一年轉為石油和天然氣提供這三分之二。某些地方的轉變甚至更為激烈：日本在一九五〇年時，石油僅占全國能源供應的七％，一九七〇年則增加到七〇％；主要供應商也從美國改成中東，而西歐有三分之二的石油也來自中東。[18]

簡而言之，廉價和豐富的能源是一九五〇年代和一九六〇年代工業能夠爆炸性成長的關鍵要素，但這只是部分原因，是整個大格局中的一股重要驅動力。總體而言，在戰後幾十年間，基本商品如食物、金屬和纖維的價格都在緩慢下滑，其中一項原因便是化石燃料衍生的肥料促進糧食生產；化石燃料衍生的塑膠原料在許多用途上能與金屬競爭；化石燃料衍生的人造纖維也可以與棉花和羊毛競爭。這些因素進一步解釋亞洲和非洲的人均所得會更加落後已開發工業世界的原因：亞洲和非洲國家出口的商品經常得與歐美製造的廉價石油和天然氣衍生物競爭。[19]

工業的快速發展，讓世界貿易結構發生重大轉變。一九一四年之前，食物和原物料一直占全球貿易的三分之二，到了一九七〇年代初期，這個比例產生劇變：一九七三年製造品在世界貿易的比重增加到近三分之二（圖表7．12）。發生這種逆轉的主因是不同國家的工業界漸趨專業化，因此

圖表 7・12 1937—1973 年世界貿易組成。

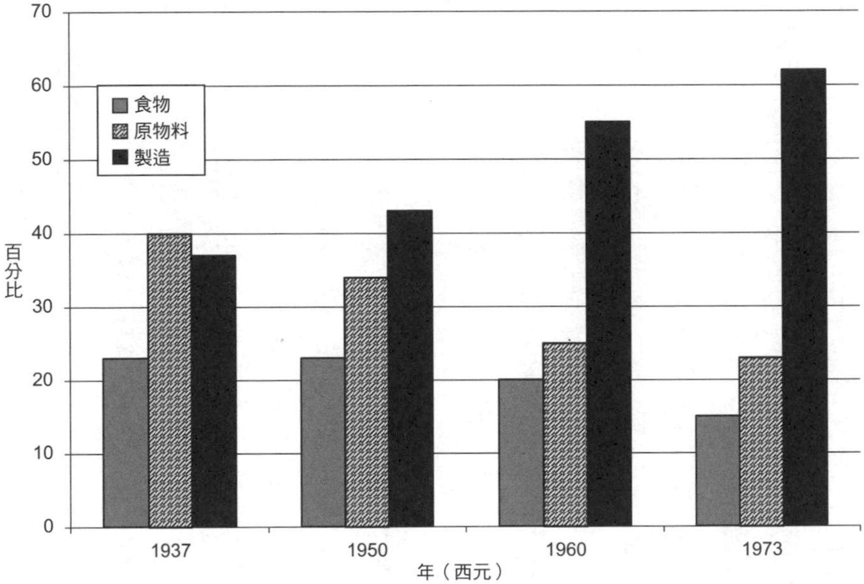

彼此間的貿易也日益增多。以義大利為例，當時是領先歐洲的冰箱生產國，產量幾乎與美國一樣；[20] 德國則成為歐洲最大的汽車生產國。這種專業分工會帶動效率，也促成這個時期的生產力快速成長。

初級產品（食物和原物料）在世界貿易中所占比例下降，唯一明顯的例外是燃料，尤其是石油。非工業經濟體向工業經濟體出口的燃料比例增加，從一九五〇年的五分之一提高到一九八〇年的三分之二（圖表 7・13）。之所以出現這樣的成長，並不是因為其他原物料的出口量下降，而是因為世界石油貿易大幅成長，讓其他開採業的成長相形見絀。

然而一九五〇年後，全球經濟的一大新特徵是農產品產量的變化，從十九世紀中葉到一九一三年一直是緩慢提高，但最後在一九五〇年代和一九六〇年代迅速成長。歐洲在一九五〇年至一九七五年間的單位面積

圖表 7・13　1955—1980 年開發中國家的出口組成。

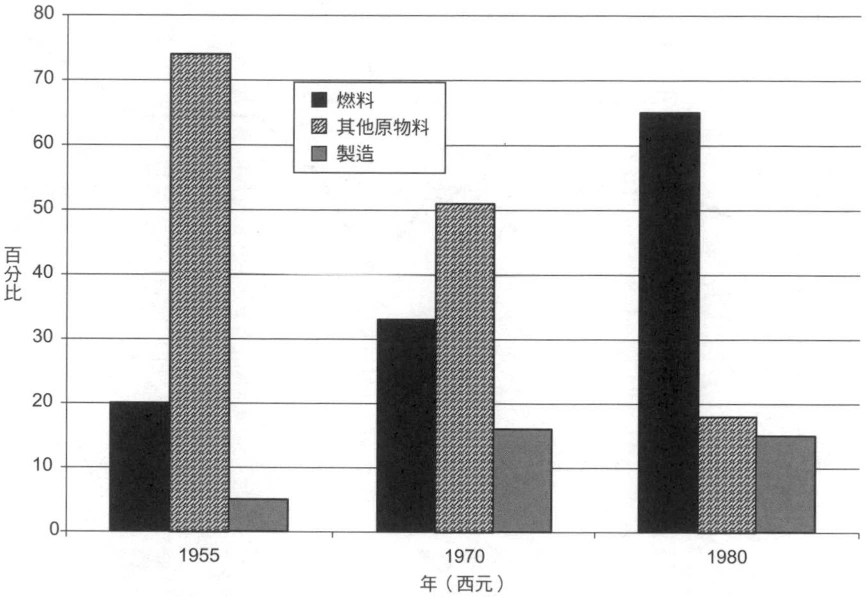

產量空前成長，是過去速度的兩倍多。在日本，稻米產量更是飆升（圖表7．14）。這場生產力革命主要靠著大量施用化肥和農藥，每單位面積土地（每英畝或公頃）的平均穀物產量與化肥的平均施用量（每英畝或公頃施用的千克或磅），確實有十分密切的關係。美國農民使用人工肥料的量較少（人工肥料最初於一九〇九年開發出來，並於一九二〇年代開始銷售），因此單位面積的生產力增幅比歐洲農民來得低。拉丁美洲的用量更少，因此增加量更低。[21] 日本農夫藉此讓土壤變得肥沃，讓農作物快速成長，但是其他大多數亞洲國家農民的肥料用量少得多，因此收成也較少（圖表7．15）。另一項促成糧食豐收的推動力是農業日益機械化，這增加的是勞動生產力，而不是土地生產率。全世界的農用曳引機數量急劇增加，到了一九八〇年幾乎是一九三〇年的十倍，若是扣除美國，則高達幾乎一百

圖表 7．14 1910—1975 年日本和東南亞國家的稻米產量。

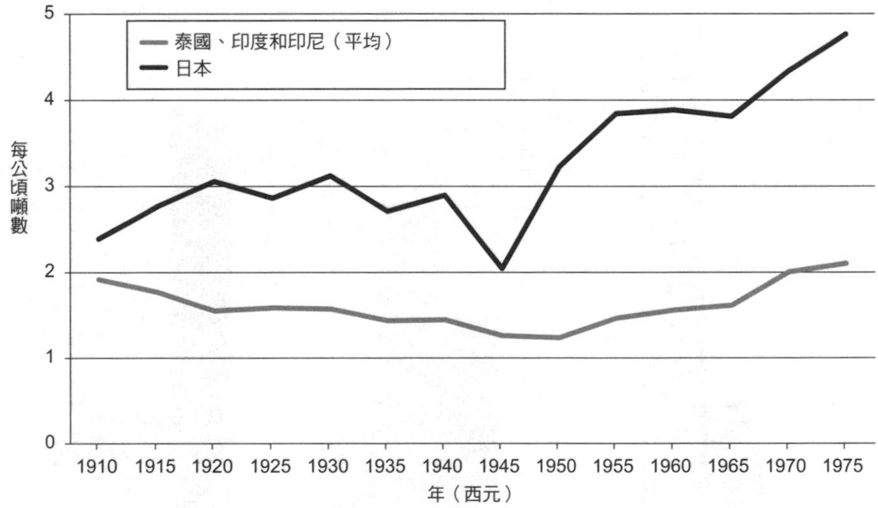

圖表 7．15 1950 年和 1970 年肥料使用量。

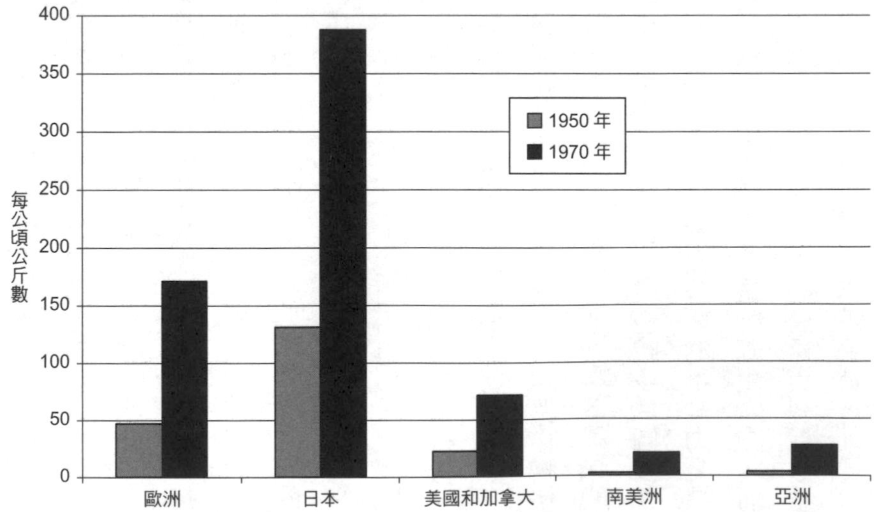

圖表 7・16　1930—1980 年的拖拉機使用數量。

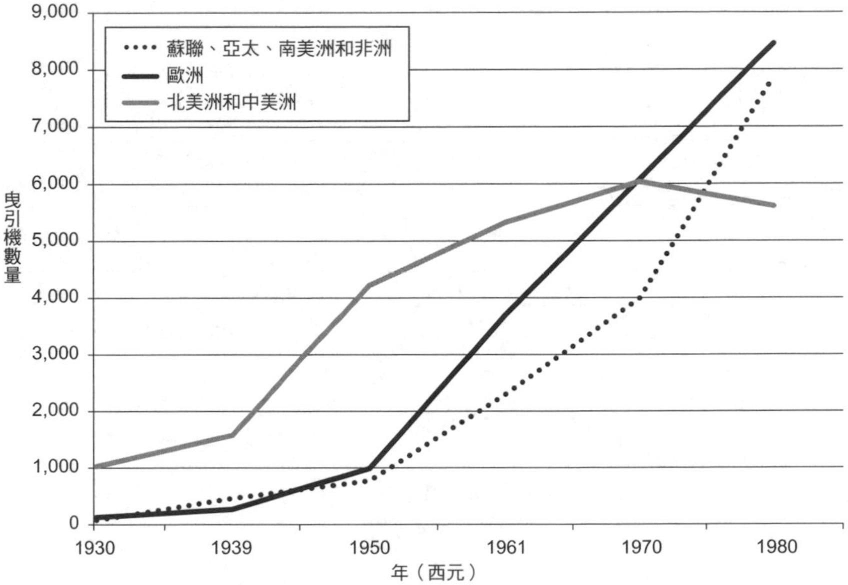

倍（圖表7・16）。（北美和中美洲產量看似下降，主要是由於美國農場的合併，如此便能使用少量但更大的農場機具。）當然，世界各地灌溉田地面積的總數上升，也促進生產力提高（見圖表1・11）。動物科學的進步也讓肉類和乳製品的生產量達到空前成長；一九〇〇年，美國的乳牛平均年生產是三千六百磅；到了一九五〇年，平均量提升到五千三百磅，在隨後的二十五年中，平均量又增加一倍，達到一萬零五百磅；再過十九年，一九九四年時，達到一萬六千一百磅。[22]也許最令人費解的是，在許多國家都採取激進的貿易保護主義來扶植本土的資本密集農業。最極端的例子在西歐，政府強行實施最低收購價、進口配額、徵收關稅和其他機制來維持價格上漲。就這一點來看，農業是這段期間自由貿易成長的一大例外，這也反映已開發經濟體相對於世界其他地區的實力。[23]

圖表 7・17 1875—1975 年肉類出口量。

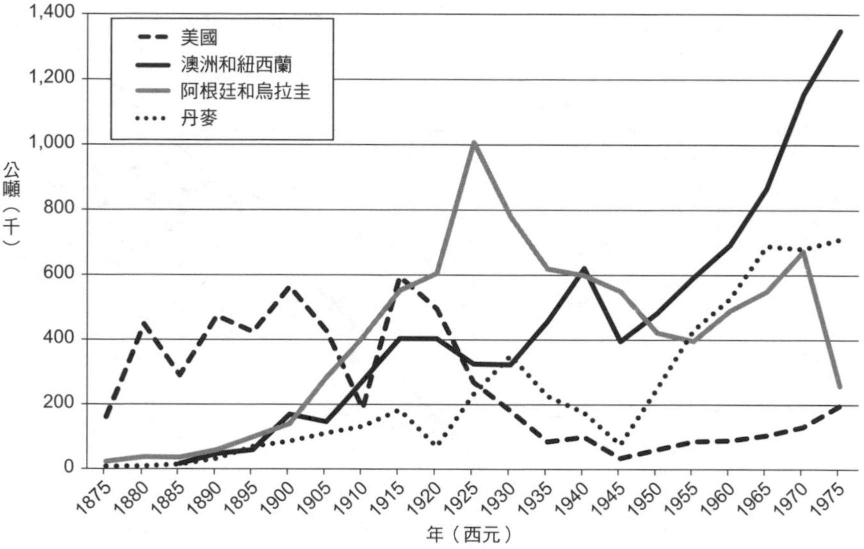

日本和北大西洋是這些發展的最大受益者，因為這裡是當時是世界上最富裕的地區，有足夠的財力、物力將新技術應用於農業，而這些優勢又造成世界農產品貿易的重大轉變。到了一九六〇年代，北大西洋的大部分地區確實達到自給自足的狀態，事實上，起司、葡萄酒和肉品等地方特產的出口量還日益增加。以丹麥為例，突然間就取代阿根廷，成為歐洲最大的肉品供應來源，而美國在一九六〇年代也再度開始增加出口量（圖表7・17）。更令人震驚的是，美國和加拿大在一九五〇年後突然向全世界大量供應小麥，相較之下，阿根廷、澳洲及南亞和東南亞僅維持在一九四〇年達到的出口水準（圖表7・18），這並不是說這些地區生產的糧食減少。在印度和緬甸因為人口迅速成長，因此得停止糧食出口；基於同樣的原因，中南半島（越南）和泰國的出口量也低於一九二〇年代。這些農產品流動的趨勢造成一個淨效應，即全球糧食生產也依循著工業生

圖表 7・18　1875—1975 年穀物出口量。

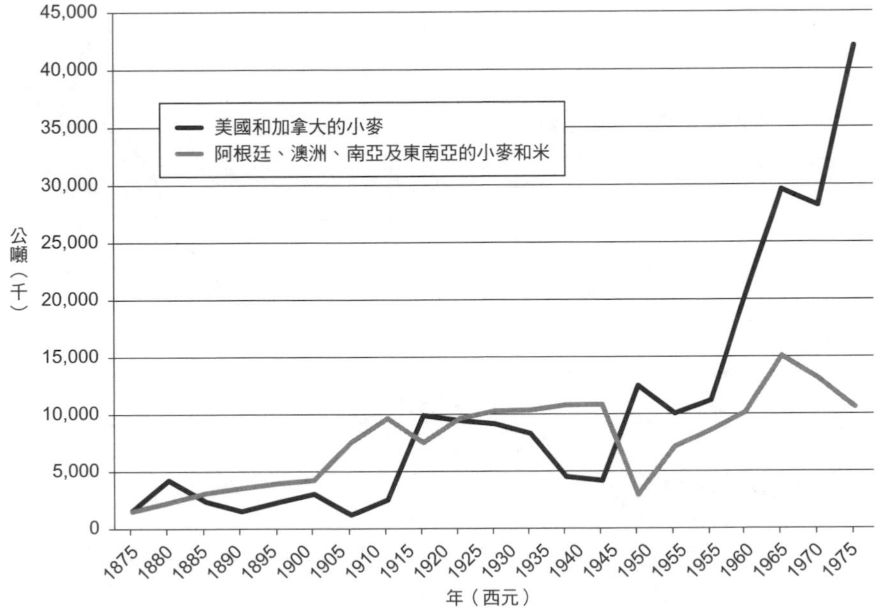

產成長的走勢，而且是以更為激烈的模式演進：在一九一三年之前是呈現中度但健全的成長，但在停頓三十年後出現大爆發；然後在一九五〇年後再以驚人的加速度成長（圖表7・19）。

然而，在大加速時代有一個奇怪的特徵：人口成長最多的地方通常不是經濟成長最大的地方。正如第一章討論的，在一九五〇年至二〇〇〇年間，亞洲和非洲的人口成長最為迅速；美洲緊隨其後，接下來是拉丁美洲；歐洲的人口成長，與一九〇〇年至一九五〇年這前半個世紀相比，實際上是趨緩的。

人口成長率和人均所得成長的關係相當複雜。在某些地方，快速的人口成長會帶動財富成長，因為勞動力擴大，得以開發過去尚未開發的資源，而對於商品和服務的需求上升，或資源有限的因素，或是同時出現這兩者因素，可能有助於創新；

圖表 7・19 1875—2000 年小麥和稻米產量。

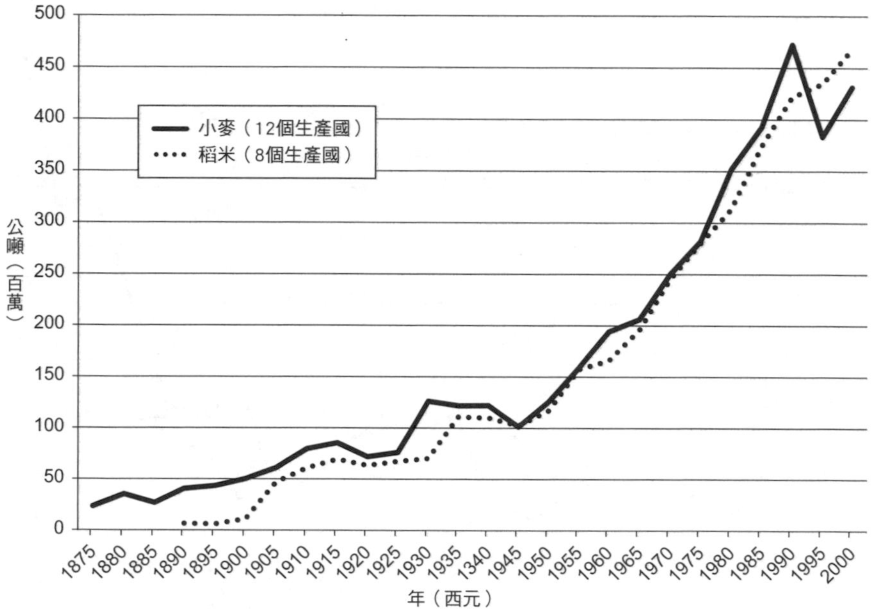

預期壽命成長和健康狀況的改善，可能會提高個人在一生中對經濟的貢獻；人口成長可能會促進規模經濟成長；或是一國或產業的競爭優勢可能隨著人口成長而帶動生產的獲利擴大。[24]美國、阿根廷和澳洲這類在十九世紀受到開墾的殖民地就是這樣的例子。在其他地方，因為受限於資源與土地，再加上缺乏資金來支持創新，產業相對沒有競爭力，因此人口迅速成長反而可能抑制人均所得的成長；在一些低度開發國家，一九五〇年後出生的世代似乎就陷入這種模式。在這段期間，世界上大多數地區的經濟表現都非常強勁；但在某些國家，高生育率吞噬部分甚至大半的收益，因此人均所得僅能緩慢成長（圖表 7・20）。事實上，拉丁美洲的經濟表現最令人刮目相看，那裡的人口成長非常迅速，但人均所得的成長率僅次於西歐和日本。而西歐幾乎可說是作弊：它們的人

圖表 7・20　1950—1973 年的人口成長和人均 GDP 成長。

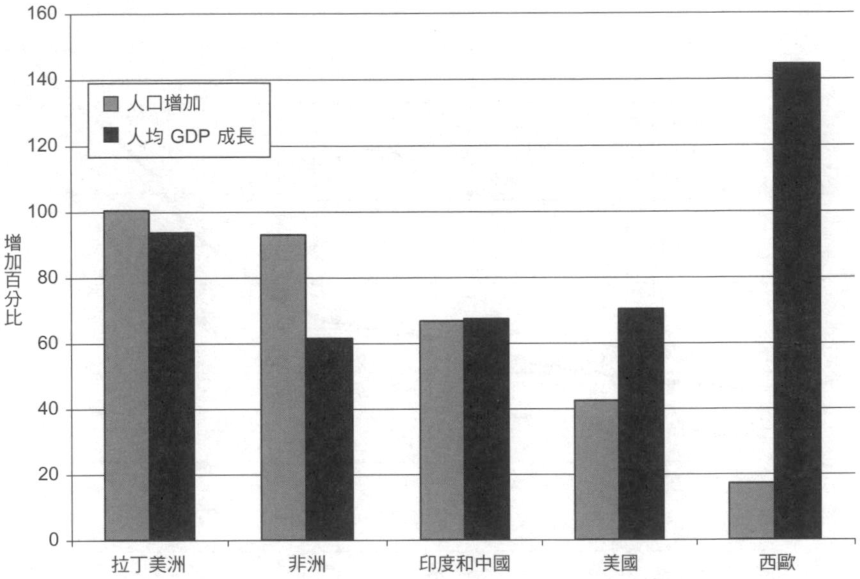

均所得看上去之所以大幅增加，主因僅是許多人都不生育。日本的例子則提醒我們，不可一概而論地普遍套用這種模式：日本人口的成長率是西歐的兩倍，但人均所得的成長速度比歐洲快得多。不過在其他地方，人口成長確實很可能是經濟表現優劣的限制性因素。最極端的例子就是中國和印度，這兩個國家是當時世界上最貧窮的國家，人口成長的速度已經不足以用**爆炸**來描述，可能得用**核彈級爆發**來形容比較貼切（圖表 7・21）。

有許多趨勢可以解釋這種人口模式的巨大差異，從歷史角度來看，這種差異剛好是一八〇〇年至一九五〇年間北大西洋人口迅速成長模式的逆轉；會出現這樣的發展全然是因為技術進步。實際上，在一九五〇年代和一九六〇年代，工業化國家的生育率確實曾短暫上升，這個現象在日後多半稱為嬰兒潮。但是從一九六〇年代中期開始，生育率又開始急劇下降，在歐洲大約下降四四％，

圖表 7・21　1875—1985 年貧困地區和富裕地區的人口成長。

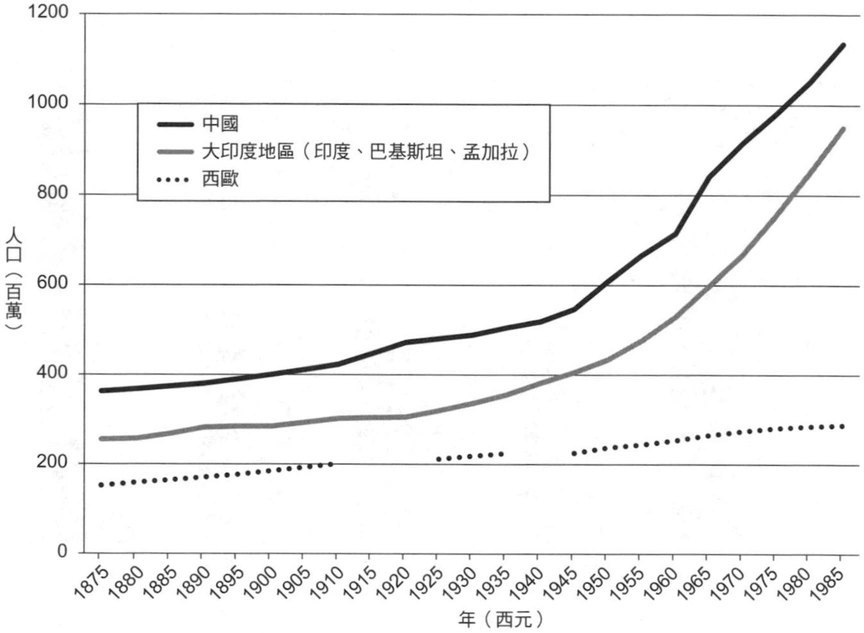

日本則略低於此。其中一項原因是避孕技術的進步，以及開發出新的避孕技術。一九六〇年代保險套的銷售額迅速成長，更精細的合成橡膠、殺精劑和潤滑劑提高其可靠性。子宮內避孕器（Intrauterine Device，簡稱IUD），以及外科手術消毒技術的改善也有推波助瀾的效果。避孕藥於一九六〇年問世，並在一九六〇年代後期和一九七〇年代初期在西歐與日本獲得廣泛使用。這些避孕方法多數不便宜，有些還需要醫生介入、協助或建議，因此相關知識在識字率較低的人群中很難傳播。所以在醫療普及率不足、人口受教育程度較低的貧窮社會中，避孕措施通常較不普遍。[25]

脫離宗教約束的世俗化程度也可能扮演一定作用。特別是在一九六〇年代後期和一九七〇年代的西歐，當時這裡經歷快速世俗化，其中一項重要的後果就是性行為的文化尺度突然大開，包括相關廣告和銷售避孕工具的法規。比較一下法國和愛爾蘭即可看出這一點。法國經歷的世俗化和自由化浪潮相當極端，因此到了一九八〇年，有六〇%的法國人表示從未上教堂。從一九五〇年至一九八〇年，法國的生育率下降三分之二。愛爾蘭並沒有出現這股世俗化浪潮，在一九八〇年的生育率還略高於一九五〇年。在這方面，大部分較不富裕世界的地區比較像是愛爾蘭，而不是法國，這就是它們的生育率仍然很高的原因。當然，這種關聯並非放諸四海皆準，例如在一九八〇年代的西德，當地有宗教信仰的比例比法國人高，但生育率卻低得多。儘管有這樣的變異存在，但宗教信仰和實踐看起來確實與高生育率之間存在廣泛的相關性。[26]

斷定窮國在大加速時代這幾十年中，因為太會生而錯失成長機會確實太過簡化。不過，這種說法還是有一定的道理；事實上，一九八〇年以後，有許多地方在生育率下降後確實出現人均所得急劇上升的情況，但是還有其他因素顯然會限制人均所得的成長。儘管亞洲和非洲擺脫殖民統治，但在許多地方，與工業社會相比，通常都還是屈居劣勢。多數地方都承繼過去不利的體制安排，不然就是在之後的談判中接受這些不利條件，好比說還是由外國公司掌控資源的所有權，或是給外國公司開發這些資源的長期特許權。這種情況在非洲尤其明顯，新興的獨立政府保留收入來源的平準局（marketing boards）制度，以穩定而稍低的價格跟農民收購要出口的產品；這項政策理應是為生產者平穩價格波動，但許多現金短缺的政府都還是屈服在將收購價維持在低於市價平均的誘惑下。[27]

實際上，一九七〇年代和一九八〇年代石油價格突然飆升，也就是一般所謂的石油「危機」，可以說是二戰後經濟「去殖民化」的一大實例，這是一場史詩般的政治和組織鬥爭，獨立的產油國力圖擺脫十九世紀末至二十世紀初的準殖民經濟關係。在一九四〇年代後期和一九五〇年代，新獨立的產油國透過稅收法規及與西方石油公司談判等方式，強制這些公司將石油利潤，採平分的方式回饋給產油地政府。這改正由來已久的情況：生產公司通常獲得的利潤會在四分之一以下，在某些例子中，石油公司的收入甚至比美國從石油業獲得的稅收還要少。沙烏地阿拉伯政府石油的收入增加三倍；委內瑞拉成長六倍。一九七〇年代初期，這個過程進入第二階段。產油國在一九六〇年組成石油輸出國家組織（Organization of Petroleum Exporting Nations，簡稱ＯＰＥＣ）的經濟協會。十年來，ＯＰＥＣ的效率相對不彰，但是到了一九七〇年代初期，世界石油消費量開始趕上生產力，集體行動開始產生效力。特別是在美國，不再有產能過剩的問題，反而開始進口越來越多的石油；日本的能源消費總量有五分之四依賴進口石油（石油因此占進口總值的一半，煤炭和天然氣占另外一四％）。[28]而且在一九七〇年代，許多產油國已經在本國培養大量人才，具備生產、提煉及配銷石油所需的專業知識和技能。就此看來，確實存在石油業國有化的威脅，因此在一九七〇年代初期，越來越多的國家以此要脅與石油公司重新談判，還有的國家甚至直接展開國有化行動，就像一九七一年在阿爾及利亞、一九七二年在伊拉克、一九七三年在利比亞、一九七四年至一九八〇年沙烏地阿拉伯採取的一系列行動、一九七五年在科威特，以及一九七六年在委內瑞拉。這些國家一旦完全控制自己的石油儲量後，許多都有能力將其推向市場，左右油價。一九七三年，只有八％的出口石油是由產油國直接銷售，其餘皆掌握在跨國石油公司手上。不過六年後，這個比例提高到四二％。正如一位美商海灣石油公司高階主管在一九七五年所說的：「對科威特人來說，這等於是在推翻殖民勢力。」在科威特於一九六一年宣布獨立以來，十四年後終於完成。從那時起，產油國可以將石油作為達到實質獨立的經濟和外交政策工具。最後造成的結果是，全球市場的能源成本突然飆升，連帶上升的還有中東地區的人均所得。[29]

在這個過程中，有一個面向當值得著墨，一些產油國的代表之所以能夠力抗大型石油公司，不僅是因為供需平衡的變化讓他們占了上風，也不全然是因為美國政府想要避免這些國家的民族主義力量分化，而是因為他們往往比其他競爭國家更了解情況、更深思熟慮。在一九六二年至一九八六年擔任沙烏地阿拉伯石油部長的艾哈邁德．扎基．亞馬尼（Ahmed Zaki Yamani），他的故事正好能說明這一點。亞馬尼的父親哈山（Hassan）是麥加的伊斯蘭學者，曾在印尼和馬來西亞擔任大穆夫提（該宗教內的領導階級）。他讓兒子到開羅完成大學學業，然後赴美，分別在紐約大學和哈佛大學取得法學學位。身為政府部長，他的施政算是非常有遠見，一九六二年協助建立沙烏地國家石油公司，為了培育人員，還在一九六四年成立一所專門培養石油工程師的大學，到了一九八〇年才完成整個石油國有化的大業。另一個例子則是委內瑞拉人胡安．巴勃羅．佩雷斯．阿方索（Juan Pablo Perez Alfonzo），他是成立ＯＰＥＣ的重要推手之一，特別是在知識方面。阿方索在巴爾的摩的約翰霍普金斯大學攻讀醫學後，又到委內瑞拉的中央大學（Central University）攻讀法律，之後在加拉加斯（Caracas）擔任法學教授，返國後被捕入獄，然後在委內瑞拉的軍事獨裁時期先後流亡到美國和墨西哥。一九五八年返回家鄉後，他擔任礦產和碳氫化合物部長，在ＯＰＥＣ的建立過程中扮演關鍵角色。他對委內瑞拉的貢獻良多，其中一項是一九六〇年在開羅召開一次重要會議時，他將翻譯成阿拉伯文的委內瑞拉石油相關法條帶到大會上。石油公司的代表是都聰明的高知識分子，但很少有人擁有阿方索豐富的經驗和多元觀點。[30]

從一九七〇年代開始，石油資源這種「去殖民化」成為全球經濟力量平衡中一個良好轉變的例子。實際上，在一九六〇年至一九八五年間，有五百七十五家外國公司資產國有化，當中有三分之二的公司是在一九七〇年至一九七六年這短短七年間完成的。除了石油之外，也鎖定其他目標，包括採礦公司、銀行和種植園土地。在重新架構舊日工商業和國際經濟核心（美國、歐洲與日本），以及「第三世界」之間經濟關係的廣泛嘗試裡，這項轉移只是其中一個面向；還有其他如多邊貿易協定和雙邊發展援助關係等方法。結果是好壞參半。產業國有化作為經濟策略通常不會成功：有四三％的國有化發生在非洲，而這裡仍是世界上最貧窮的大陸；在亞洲僅有一〇％，而且在下一章會提到，亞洲國家在一九六〇年代和一九七〇年代的成長率相當可觀。[31] 聯合國試圖按照協議，建立國際經濟新秩序（New International Economic Order）這個組織，但是最後宣告失敗，不過有些協議確實產生益處。以一九七五年的《洛美公約》（Lomé Convention）為例，這是歐洲經濟共同體與非洲、加勒比海和太平洋等四十六國建立的公約，其中包括發展援助、貿易優惠及價格穩定等機制。[32] 也許最重要的是，在經過一九七〇年代的發展和一九八〇年代的加速，創新中心逐漸從舊日核心國家轉移到亞洲大陸，它們在一九六〇年代和一九七〇年代對教育與專業知識的投資開始獲得回報。這一點將在第八章繼續討論。

目前先關注兩點值得注意的地方。首先，人口的快速成長或許可以解釋在一九五〇年代和一九六〇年代大加速期間，低度開發國家的人均所得停滯成長原因，但肯定無法解釋全部。帝國主義的政治和組織殘餘勢力，以及二十世紀初世界經濟中典型的權力關係失衡也很重要。其次，一旦這些殘餘勢力瓦解，低度開發世界可以很快地創造經濟收益，所謂的石油危機比其他任何事件更能清楚展現出這種潛力。

況且，生育率對於壓制人均所得成長具有積極意義。若是一國的經濟成長力道強勁，在降低生育率之後要達到已開發世界的人均所得成長率並非難事。比方說在拉丁美洲，在一九五〇年至一九八〇年間，人口成長一倍，但是西歐的人口僅成長二〇％。如果在這三十年中，拉丁美洲的人口成長與歐洲類似，就可以大幅拉近與歐洲的人均所得差距。

倘若拉丁美洲真的放慢人口擴張的腳步，是否能夠達到相同的GDP成長？在這裡又要思考同樣的老問題，綜觀歷史，人口成長與財富成長之間的關係不斷變動，以一九五〇年代和一九六〇年代的墨西哥為例，有跡象顯示兩者呈現負相關。首先，兒女少意味著人口中有工作的成年人比例更高（包括不用親自撫養子女的婦女），因此人均經濟生產率也較高。一九七〇年代初，歐洲就業成年人占全部人口的四三．三％；在墨西哥僅占二六．三％（巴西為三二．一％，阿根廷則為三七．三％）。此外，墨西哥難以將該國爆炸性成長人口全都納入經濟體系中：在一九七六年，墨西哥有四〇％的成年人失業或是低就（高學歷從事低薪或低階工作）。[33]在一九五〇年至一九七三年間，許多拉丁美洲國家的勞動生產力每年都出現可觀的成長；要是他們能讓人口成長率趨緩，就有可能開始縮小與歐美和日本人均所得間的差距。

在一九七三年至一九九八年間，歐洲的生產力成長放慢，但在拉丁美洲則出現崩盤的局面，墨西哥降低〇．五％，阿根廷和巴西則是一％左右；箇中原因將在第八章討論。這又延遲在下個世代，各國人均所得趨同的可能性。[34]然而，無論是產油國的例子，還是高生育率的問題，兩者都顯示出整個世界到一九八〇年已經處在經濟革命爆發的邊緣，動盪情勢遠遠超過在一九五〇年至一九七五年的大加速時代。到了一九八〇年，幾乎整個世界都有可能在一個世代的時間裡，徹底毀掉北大西洋和日本在一八五〇年至一九七五年間奠定的經濟先機。對一九五〇年代和一九六〇年代的經濟規劃者和決策者來說，規模更大的全球性經濟成長潛力看似正蓄勢待發，而他們確實也放手一搏。在一九五〇年代中期以後，事實上，他們著手展開全球的社會工程計畫，以國家來動員和組織資本、機構及專業知識，藉此盡量提高財富、健康和福利的收益，這最初主要發生在工業化世界，但是最終遍及全球。

我們姑且可以將這稱為「高現代性」（High Modernity）計畫，背後是眾人對工業世界發展的信念，自十九世紀中葉以來，工業化世界展現出社會如何變得富裕、健全、富有創造力、穩定，一言以蔽之就是「現代性」，以及如何透過國家的力量在其他地方造成這種轉變，好將全世界都「現代性」。

一九五〇—一九七五年：福利國家

> 我們……認為爭取工作報酬是我們的責任，不該留給市場法則來決定；也不該由那些有權勢者來決定。工資的決定必須秉持公正與公平；這意味著支付給工人的工資必須讓他們能夠過著像樣的生活，讓他們寬裕地履行家庭義務……。經濟進步必須伴隨著相應的社會進步，好讓所有階層的公民都可以參與提高生產力的活動。我們需要隨時保持警覺，盡力確保從今以後社會不平等的現象不再加劇，並將其減到最低。[35]
>
> ——教宗若望二十三世（Pope John XXIII），一九六一年

高現代性計畫的一項重要面向是，一九五〇年代和一九六〇年代全球在創新上的重大投資。在北大西洋、日本及紐、澳等富裕的工業社會，要建立所謂的福利國家，首要任務便是投資人的思想和才華。世界各地的福利國家議程或計畫都各有差異，每個國家的立法者和改革者是從一系列政策選項中組合出獨特的方案，藉此追求各自的目標。有些福利國家比較著重在規劃上，其他國家則更關注於國有基礎設施的興建；一些國家會進行需求測試，其他國家則提供普遍利益；一些國家比較

依賴市場監管，其他國家則將公民從需求和限制的市場經濟中「解放」出來；一些會提出誘因來鼓勵企業照顧員工，而另一些則比較依靠政府的直接干預等。民主自由主義越盛行的福利國家，放手給大眾的空間越大，這取決於社會中的個人責任感和企業家精神。社會主義路線的民主福利國家則是以團結的想法來建立社會。大部分西歐地區的福利國家主要是由信仰基督教的民主派建立，他們相信個人主義和市場，但也認為社會有責任確保自私行為與唯物主義受到充分約束，不至於損害經濟和社會效率，並確保基督教義提倡的人的基本尊嚴原則，可以在廣泛的社會生活中具體實現。[36]儘管如此分歧，**福利國家**一詞還是有用的，部分原因是所有的福利國家實際上都在追求四個基本目標。

第一個目標是穩定社會，促進社會的融合和包容，減少社會不滿，排除社會動盪，從而減少在現有體系採取激進的替代方案（無論是左傾或右傾）的機會。一九三〇年代和一九四〇年代的法西斯主義與共產主義所造成的災難，顯然是促成眾人重視此目標的關鍵。第二個目標是盡可能減少自由市場不可預測的風險，所造成的社會和經濟效率低落。主要是指減少貧困及其造成的社會經濟成本（如生病、輕忽、生產力低下與勞動力分配不當等）；但這也同時意味著要提供穩定的經濟環境，以鼓勵生產性投資的成長和未來。第三個目標是盡可能提高人民的創造力，也就是鼓勵創新，無論是在技術、商業、文化、藝術或社會組織領域。要達到這一切，意味著要提供一定的經濟安全，甚至是鼓勵冒險的富裕環境。這也意味著要賦予民眾培養創造力的方法，諸如透過教育獲得的知識和技能，以及公共衛生計畫、為兒童提供充足的營養與改善住房狀況。第四個目標則是福利國家意欲建立人人有尊嚴的社會，不僅是在原則上承認個人的基本尊嚴，而且要落實在塑造社會生活的機構和程序中，包括國家、法院、地方政府、公立學校、企業與家庭等。美國總統哈利·杜魯門

（Harry Truman）在一九四八年的一張競選海報上，巧妙地總結這整套計畫：在一個平台上執行種種包括擴大社會保險、提高教育經費、提高最低工資、擴大公共住房方案、提高國民收入，以及國家醫療保險計畫，並且立法保障少數族群的人權，敦促選民「與杜魯門一起維持美國人權」。[37]

第四個目標其實是最重要的，因為這是其他三個目標的前提。二戰後，參與建立福利國家的人都深受極權主義的負面經驗所影響。法西斯主義和共產主義都將人視為單純的物件，是國家可任意調動的資源。這兩種主張都造成災難，引發大規模屠殺、饑荒、戰爭。極權國家也缺乏創意人才，最強而有力的例證是，英、美製造出原子彈，但是日本和德國甚至連開發這類武器的統一計畫都沒有，而蘇聯則是在美國和英國證明製造核彈的可行性之後才急起直追。

福利國家建立者的信念是，現代社會必須依照人性尊嚴的原則來建立，唯有在這個基礎上，才能充分發揮技術和經濟革命及現代社會轉型的全部潛力，同時避免極權統治駭人的失敗。只有承諾維護人性尊嚴的社會才能讓將公民釋放全部潛力，進而確保創新、穩定、和平與繁榮。國家的基礎和最終目標，必須維護全體人類的尊嚴、提升人類文化與「文明」，這是我們精神和創造力的集體體現。美國總統林登．詹森（Lyndon B. Johnson）在一九六四年五月二十二日發表的「偉大社會」（Great Society）的演講中宣告，他打算採取類似那些在西歐福利國家日漸成熟的策略，恰恰說明這項原則。在那場演講中，詹森一次又一次地強調，政策不僅要以財富或權力為中心，還要著重在「文明」的「品質」，而不是「數量」、「產品」、「無靈魂的財富」或「身體和商業的需求」，而忽略對美與對社群的渴望」，並且建立一個「我們的生命意義與我們勞動所製造的美妙產物相互匹配」的社會。[38]

人性尊嚴這個概念的核心是自由。福利國家的建立者認為，人的尊嚴在於他們的自主權，是奠定在每個人都是理性、會思考，並且能夠承擔道德責任，而不是受別人操弄對象的事實上。人類能夠主宰自身；唯有承認並意識到這一點的社會才得以蓬勃發展。因此，福利國家的主要目標是確保每個公民都具有實質上的自由，不僅是抽象的法律權利的形式自由，還包括實質自由，是一種實踐中的自由。正如詹森總統所言：「光是打開機會之門還不夠，我們所有公民都必須具備走入這些門的能力。」[39]只有獲得實質自由才能讓人充分發掘自己的潛力，既利己，也利人，擴及整個社會。

要確保實質自由，就必須擴大社會各階層獲得優質公共教育的管道，讓每個有能力學習的人都有機會。這意味著要確保人民有足夠的營養和保健，並受到保護，免受工作場所事故和環境威脅健康，讓他們有充分發揮先天能力的體能。而這又意味著要擴大社會保險，讓人不會因疾病、受傷或失業，而喪失為社會做出充分貢獻的能力，也同樣意味著不能讓任一特定族群陷入貧困。在種族分裂的社會中，要達到廣泛的平等可能得強制推行，比方說美國政府曾在一九五七年派遣一千名士兵到阿肯色州小石城（Little Rock），強制執行當地學校的融合；五年後在整合密西西比大學時則出動一萬六千名士兵。詹森在推行「偉大社會」計畫時，得去解決美國種族關係的問題並非巧合，當時他通過一九六四年《民權法案》、一九六五年《投票權法案》、一九六八年《公平住房法案》，並在一九六五年導入平權行動及其他相關措施。[40]

這些行動是更為廣泛模式的例證：很多政府都以國家之力解決由來已久的不平等，以及種種特權和歧視問題，因為這些都阻礙人民充分參與國家的生活。歐洲的福利國家較少關注民族問題，偏重在貧窮地區的區域性發展，好比說義大利南部或是英格蘭北部。詹森選擇的政策工具是美國大多數公共政策的典型，這是一種較為自由的做法，主要是消除法律上的歧視和偏見；其他政府則試圖以規劃、區域投資的激勵措施，或是興建高速公路、鐵路和水力發電廠等基礎建設，來達到同樣的效果。特別是在歐洲（日本和美、加相對較少），福利國家因此想要打造「混合型」經濟體，或作引導式市場經濟，其中國家嘗試推出具有誘因的政策，鼓勵企業在發展之餘也追求具有廣泛社會服務的目標。美國多半是以立法途徑來達成相同的目標，主要是鼓勵私人訴訟，即賦予人民追求平等機會的法律手段。不過最後的目標都是相同的。

但是這些福利國家的締造者也認為，實質自由取決於社會的穩定性。二十世紀上半葉的爆炸期已經清楚顯示，動盪、動亂、革命、戰爭和經濟蕭條難以讓社會創新和繁榮。福利國家力求避免出現這類破壞。許多國家採取的一項策略是制定規範勞資關係的法律，這有助於減少勞資糾紛，包含在談判工資與工作條件衝突中的罷工和停工。這些衝突當然會損害整體經濟效率，最終也會促成資方和勞工間的對抗關係，這可能導致災難，也許是工人這邊發動革命性的動盪，或是政府為了防止革命性動盪而走上獨裁統治。

福利國家的另一個主要目標是穩定家庭，認為這是社會穩定和個人發展的基礎，尤其是在童年時期。比方說，詹森在談論公民權利最精彩的一篇演講「實現這些權利」（To Fulfill These Rights，一九六五年六月四日）中，直接提出這個策略，呼籲將支持家庭的公共政策當作「我們社會的基石」。在大多數西歐的福利國家中，對家庭的承諾甚至更為堅定，因為基督民主派是建立在天主教的社會教學上，教義堅持家庭是自由社會的心魂，應以國家的力量來捍衛家庭，避免社會和精神功能受到有害影響。這些原則逐漸在三篇深具影響力的教宗通諭中展現，分別是《新事》（*Rerum Novarum*，一八九一年）、《四十年》（*Quadragesimo Anno*，一九三一年）和《慈母與導師》（*Mater et Magistra*，一九六一年）。

這些日期清楚表明，在一九四五年之後建立的福利國家根源可以回溯到過去：某些國家，特別是在英國和斯堪的那維亞半島，在建立福利國家時扮演重要角色的社會民主黨人，是根據十九世紀後期的意識形態來打造國家。以GDP的比重來看，國家支出的成長也是一個長期趨勢，早在一九四五年之前就開始；在西歐，第一次世界大戰前，稅收通常是GDP的五%至一〇%；在兩次大戰期間，這個比例上升到二〇%至二五%；在一九五〇年代和一九六〇年代，又上升到三〇%至四〇%之間。[41]

就此看來，福利國家具有深厚的歷史根源，但一九四五年之後開始變得較不一樣，在整個非共產主義世界的政治圈中，幾乎各國都對建立福利國家的基本目標和手段達成共識。西歐的社會民主黨人對史達林共產體制實現社會主義的做法感到震驚，因而放棄國有化的主張，轉向福利國家的「指導型」資本主義。以英國為例，社會主義理論家克羅斯蘭（C. A. R. Crosland）於一九五六年指出，「改良式資本主義與福利國家搭配得宜，運作得很好」，創造出「繁榮且大致算是寬容的社會」，因此社會主義者沒有理由擔心這不是社會主義，因為這在實質上達成他們的目標，「以相當平等的方式來分配獎勵、位階和特權，盡可能化解社會中的嫌隙怨恨，確保個人得到正義，並將機會平等化」。[42]而且就連保守的托利黨（Tory Party）中的「國團（One Nation Group）都同意，「安全……是活力和家庭奉獻的跳板」，以及「社會服務擴大個人的自由範圍」。[43]雙方僅是在技術面上有所爭議，比方說是否應該進行清寒調查，以及在分配一般稅收或針對性捐款時是否要一視同仁，還是應因人而異。但在基本面上，他們達成普遍的共識。

黨派間之所以能達成共識，有部分原因是福利國家的國政計畫與冷戰直接相關。相對於極權共產國家，以自由理想為核心的福利國家概念明確進步很多。福利國家意圖想向人民展現的，正是克羅斯蘭所主張的觀點：福利國家也可以實現社會主義的目標；因此，勞動人民無須訴諸於獨裁的共產專政。同時，福利國家在國內的政策基本上也與西方在冷戰時的經濟策略相同，目標是創造必要的穩定與安全，讓國家（或個人）可以自由開發自己的特殊資源和才能，既可以服務自身的個人利益，也可以為集體帶來好處。因此，建構西歐福利國家的關鍵人物和促成西歐經濟體整合的基本上是同一批人，這一點毫不令人意外。特別是一九五七年的《羅馬條約》，在創造所謂西歐經濟「奇蹟」上發揮關鍵作用。

一九五〇—一九八〇年：發展

當我們發現在遍及各大洲的許多地方，有上百萬的工人處境令人心酸，工資低到無法與家人同住，過著不像人的生活時，內心對此感到悲傷不已。這或許是因為這些國家才剛剛開始工業化，又或者是尚未完全發展……。再者，有些國家仍使用原始方法務農，儘管那裡的自然資源十分豐富，卻無法生產足夠的糧食來養活人口；而其他國家各國使用現代農業方法生產，造成糧食過剩……。因此很明顯的是，這世界需要人類的團結及基督教的同袍情誼，來盡可能地消除這些差異。44

——教宗若望二十三世，一九六一年

高現代性有一個非比尋常的特徵，就是到一九六〇年代，北大西洋社會的政策制定者擺明要將他們在國內推行政策的策略推行到全世界。這個概念在當時的政壇很普遍。教宗若望二十三世在一九六一年的《慈母與導師》中就這樣主張；在英國，社會主義理論家克羅斯蘭也在一九五六年堅稱，既然他所謂的「主要貧困」（實際的匱乏和人類潛能難以發展的問題）在西歐幾乎完全消滅，那麼「社會主義的理想便不在於改變自己國家的社會結構，而是改變先進國家與落後國家間財富和特權的失衡狀態」。[45]福利國家試圖消除貧困，比方說在偏遠農村地區或貧瘠的內城區。但是從一九五〇年代後期至一九六〇年代初期，擁護者開始主張各國政府應將此推廣到全球，使得**全人類**獲得最大的安全、實質自由、創造力和財富。這讓世人有產生**發展**的想法，並促成國際協議和組織的「發展援助」，目的是鼓勵全球經濟朝著北大西洋和日本那種富裕的「指導型」自由市場邁進，朝向工業資本主義消費者福利國家經濟體發展。

在這一點上，與冷戰的關聯同樣很明顯，西方國家提出的多數發展援助計畫，主要是在避免窮國政府尋求蘇聯共產集團的幫助，或是阻止這些國家的人民為了擺脫貧困而搏命一試，展開共產革命。一九四〇年代後期和一九五〇年代初期的馬歇爾計畫就是這種發展援助中的一種模式。美國根據這項計畫，提供大量贈款和廉價貸款給西歐，幫助它們重建經濟，同時防止共產主義蔓延，並且藉此建立更加一體化的資本主義世界經濟體。它們的努力在經濟和政治上都獲得巨大的成功。

然而，推動發展援助計畫的不僅是冷戰期間的恐懼和仇恨，還有近乎一種狂喜的感覺，相信整個世界正邁向普遍繁榮，即將有所突破。換言之，援助一方面是基於對共產主義蔓延到貧窮國家危機的體認，或是資本主義世界的維繫取決於這些國家的認知；另一方面則是雙方陣營都深刻意識到，眼前有一個建立公正和富裕世界的機會，不僅是少數富裕社會有這樣的機會，相對貧困的世界也是。

在一九五〇年代，隨著日本、北大西洋和蘇聯集團經濟的蓬勃發展，對於這種可能性的體認，在世界上產生一股動能。早在一九五〇年代初期，各種機構都在運作發展計畫，不過重要的轉折點要到一九五〇年代後期才出現，當時國際間設立各種援助機構，大幅增加發展援助計畫的數量。短期來看，最重要的是簡稱為OECD的經濟合作暨發展組織。該組織成立於一九六一年，致力於推動民主政府和自由市場經濟，三十四個成員國包括西歐大部分地區，還有美國、日本、澳洲和加拿大。除了鼓勵富裕經濟體間的經濟整合計畫外，經濟合作暨發展組織還成立發展援助委員會（Development Assistance Committee，簡稱DAC），將富裕國家的資金用來援助其他「開發中」（即較貧窮）的國家。[46]其他重要機構還包括世界銀行旗下的國際發展協會（International Development Association，一九六〇年）、歐洲經濟共同體的外國發展援助機構（一九五七年）、美洲開發銀行（Inter-American Development Bank，一九五九年）、法國發展署（French Development Agency，一九六一年）、美國國際開發署（United States Agency for International Development，簡稱USAID，一九六一年）、亞洲開發銀行（Asian Development Bank，一九六五年），以及加拿大國際開發署（Canadian International Development Agency，一九六八年）等。蘇聯在一九五五年也開始進行發展援助，特別是協助興建埃及的亞斯文水壩這類大型水電計畫。蘇聯的目的是要展現社會主義在經濟上的優越性，藉此追求冷戰的目標，並建立更強大的全球社會主義經濟體，與資本主義陣營相互抗衡。[47]這些機構都向世界上較貧窮國家提供大量援助。但是在一九七〇年代初期爆發第一次石油危機時幾乎停滯，不過在一九七〇年代後期又恢復力道，而且總援助資金以前所未有的速度成長（圖表7・22）。

大型基礎設施計畫，如公路、鐵路、工廠、礦場、水壩、發電廠和其他主要設施等，是開發援助第一階段的重點。提供當地生產商更多進入市場的管道、可負擔的電力和燃料供應，並且強化當地基礎設施，為工業經濟奠定基礎，邁向歐洲和北美社會致富的快速發展道路。整個世界不是

圖表7．22 1950—1981年蘇聯與發展援助委員會的官方發展援助（ODA）資金的比較。

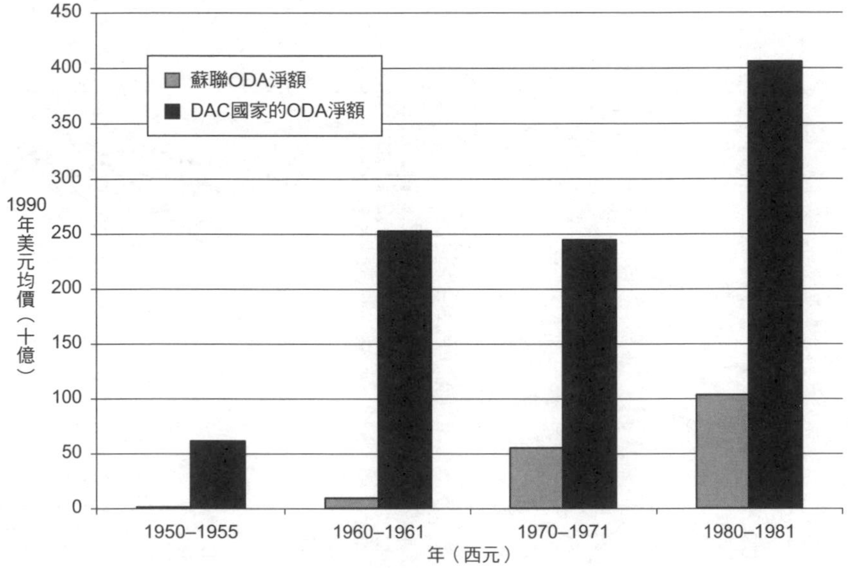

以北大西洋的資本主義社會重塑，就是按照東歐的共產主義社會形象重建，因此都將進入「現代化」，也就是進入工業的、都會的、民主的（不論是根據哪一方的定義）、穩定的、教育普及的和富裕的狀態。

從一九五〇年代中期至一九七〇年代中期這二十年中，這種期望實際上只完成一部分。在那些相對而言保障財產權、社會平等、政府透明化，以及社會資本和經濟基礎設施（諸如工會、商會、金融機構與高等教育機構等組織）水準較高的社會中，確實可以透過這種方式獲得可觀的經濟收益。在冷戰中被視為具有戰略價值的國家也獲得較多發展援助（以及其他形式的支持，例如優惠貿易政策），因此能夠獲得大量投資，促進成長。台灣、南韓、土耳其和南非很早就因此獲得青睞；在這裡也可以將日本算在內（圖表7．23）。

圖表7・23 1950—1980年的四個發展成功案例：台灣、南韓、南非和土耳其的人均GDP。

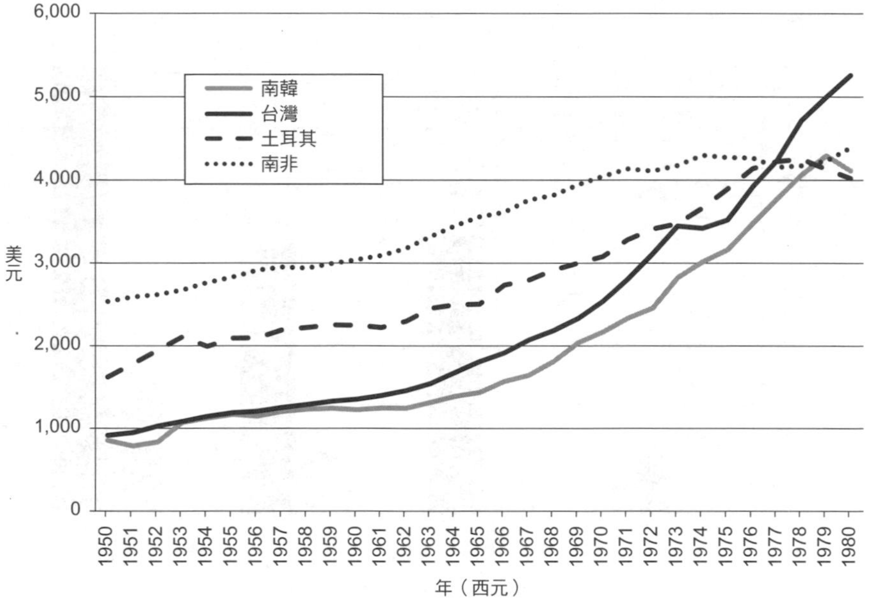

蘇聯在全球舞台上的存在感較低，但其東歐的附庸國在一九五〇年代和一九六〇年代也出現巨幅成長。

不過仍有許多貧窮社會在苦苦掙扎，要對抗高度的社會階級化及那些堅持捍衛自己特權的寡頭精英，還有教育水準低落導致的技術性技能短缺、重度依賴價格波動大而破壞財政政策效果的出口、缺乏強大的公民社會來制衡政府而造成的高度腐敗，以及由超級強國的冷戰陰謀所造成的嚴重政府動盪。在這些國家中，有許多都得不到促成社會繁榮的援助計畫，那裡的發展援助與殖民時期的情況一樣，通常只是協助大型外國公司開採固有商品。大型基礎設施計畫有助於吸引大型公司投資，但它們往往帶來大批自己的技術和管理人力，然後以低工資僱用沒有技術的當地勞動力，並且將低價值的原物料送到其他國家的工業經濟體中，主要利潤在流向外國公司後也一併帶走。用於發展計畫的大量資金也會進入獨裁者和一旁少數精英的口袋中；而外國公司也會任意行賄，確保獲得有利的合約和特許權。[48]

另一個問題是，在這段期間分配的大部分援助都有「綁約」；也就是說，獲得贈款的條件是款項只能用來購買資金提供國公司的商品和服務。直到一九八一年，只有四四％的發展援助沒有綁約。[49]這是一種讓國內民眾接受捐贈他國的做法，但這也意味著受贈國實際上無法在自由市場中運作，因此無法以最優惠的價格購買商品和服務。

最後造成的結果，就是發展援助計畫在許多地方的成效有限。以奈及利亞為例，在一九五九年至一九八〇年代後期成為世界第九大產油國，但在這段期間的人均GDP僅成長三四％。之後當油價在一九七三年至一九八二年從最高點下滑，該國的人均GDP僅維持在略微高於一九六五年的水準（圖表7．24）。在不到五十年的時間裡，奈及利亞的人口幾乎成長三倍，嚴重拖垮人均財富的成長。另一項下拉人均財富的因素，則是奈及利亞的總投資比例，有一半以上來自外國私人組織，其中很大一部分最後流向石油業。大量的石油利潤造成貪腐和通膨，但是當地的軍政府卻無力改變這樣的態勢，因為該國的政權是靠著一支開銷龐大的二十萬常備軍支撐，而國家的歲收有五分之四就是來自石油業。農業萎縮後，奈及利亞的糧食進口量不斷提高。就此看來，建立方便商品開採的基礎設施，並將其與世界經濟體聯繫，不見得會促成人民生活水準的長期提高。在奈及利亞，從一九六〇年代初期至一九八〇年代初期，人均GDP的起伏確實與石油生產量成正比，但在這段時期之後，這樣的關係逐漸鬆動，石油生產量提高對人均GDP的影響不大。[50]

早在一九五〇年代後期，就有批評者指出這種「失敗」的發展援助完全不算是失敗，而是確實達到援助目的例證：因為這些計畫的本意就是將世界其他地方發展為廉價勞動力和廉價原物料的來

圖表7・24 1950—1980年奈及利亞的失敗發展。

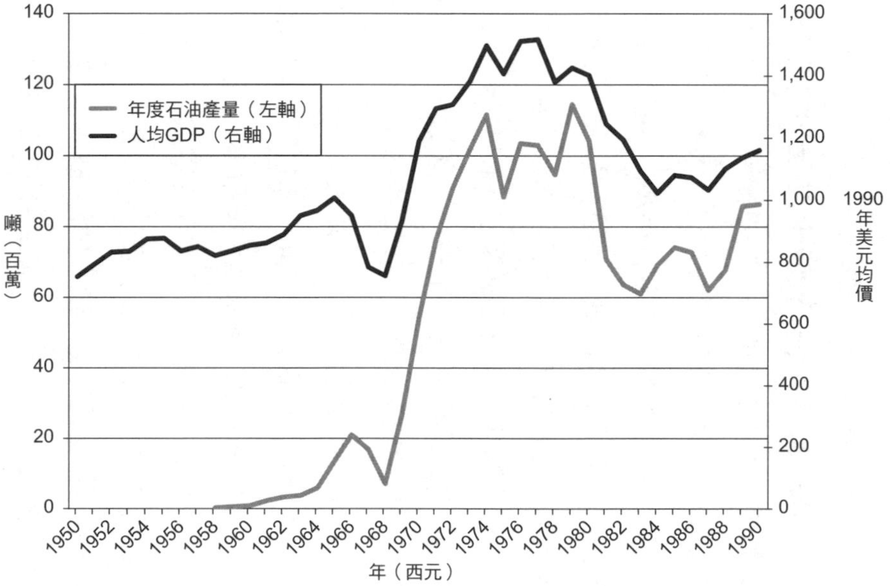

源，繼續為昔日的帝國勢力服務。這些計畫並不是真的在發展援助，而是一種「新殖民主義」，是一種「未開發的發展」，或是一種「依賴性發展」（批評者以各種說法來描述），這只是一種新的機制，用以確保貧窮的非工業化世界的資源和利潤能夠順利進入較富裕的工業化世界，造福富人。[51]這正是一九五七年由社會主義國家成立的亞洲、非洲和拉丁美洲人民團結組織，或稱「三大洲」（Tri-Continental），對這些發展計畫的看法，它們提出上述這些論點來抗衡發展計畫的概念。三大洲主張的不是發展，而是革命；不是將貧窮國家整合到全球資本經濟體中，而是要將其解放，進入社會主義的世界經濟體。這個組織主張，只有摧毀資本主義創造的那種潛在剝削經濟關係，才有可能實現真正的發展。而且既然資本主義現在遍布全球，因此銷毀它的運動也必須是全球性的。

實際上，到了一九六〇年代後期，對發展的批評只是對高現代性這整套觀念批評的一部分而已；高現代性觀念主張，如果可以將技術創新、物質財富、專業知識及組織能力加以擴大、加速和普遍化，世界就會變得更美好。到了一九六〇年代末，全球各地有許多人開始認為這十年來採用的發展策略非但行不通（或者僅發揮剝削和壓迫的效果），而且成功的發展未必是一件好事。他們認為，高度現代性的文化已經破產；是時候推翻這種文化了。

第八章將探討這種反文化。

第八章

反抗與拒絕

REVOLT AND REFUSAL

一九六〇—一九八〇年：反全球化

我們的敵人是西方帝國主義的白人社會……。我們的命運彼此交織……。我們正走向控制我們的非裔美國人社群，一如你要走向爭取你國家的控制權，從外來帝國主義勢力的手中奪回整片拉丁美洲大陸的控制權……。我們非常清楚在越南發生的戰事會影響我們在這裡的鬥爭，而我們在此的作為也會影響越南的戰鬥……。我們的族人在美國國內受到殖民，而你們則是在美國之外的殖民地。[1]

——美國民權運動和全球泛非運動領導人斯托克利．卡邁克爾（Stokely Carmichael），一九六七年

發展計畫的批評者似乎僅需指出一項簡單的事實，就能揭露出隱含在國際發展援助主張中的欺騙成分：這種援助計畫絕大多數都來自過去的帝國勢力。這些出資國家主要來自位居全球資本主義經濟體領導地位的美國，另外就是法國和英國這兩大古老的帝國。一九五〇年代，這三國在非蘇聯發展援助計畫中占了九〇％，在一九七〇年代初期仍占有六二％。到了一九七〇年代，日本也開始加入，並且扮演舉足輕重的角色，它們在第二次世界大戰之前和期間都算是另一大帝國勢力。到了一九七〇年代初期，在資本主義世界發展援助資金中，有四分之三來自這四個國家。[2]另一大援助資金來源則是蘇聯，就某方面來說，這是繼承俄羅斯帝國的傳統和野心。評論家認為，發展援助是帝國主義剝削世界的新形式，是同一批帝國主義勢力所用的伎倆。

批評者可能還會指出，就冷戰祕密行動的脈絡來看，這批勢力也支持著世界上許多的獨裁政

權。在舊的殖民體系中，帝國勢力以獨裁力量來統治，到貧窮國家開發有價值的商品，但卻任憑這些國家繼續貧窮。在這套新殖民主義制度下，帝國勢力則是透過賄賂、傭兵、間諜活動、資助建立軍事和「安全」機構，以及經濟勒索等手段，來扶植獨裁者，達到與過去同樣的成果。在許多地方都發現，當地相對民主的政府之所以遭到推翻，是因為有外力支持獨裁政權，而這與獲得開採特定原物料的特許權有直接關聯。一九五三年的伊朗政變和一九六五年的印尼政變，都是為了石油；一九六〇年的薩伊政變和一九七三年的智利政變，則是為了銅和其他礦物。

這種說法有一定道理。例如，美國國務院在一九五九年曾宣稱，「威權體制在領導落後的社會時，有其必要性」，如此才能建立穩定性、與西方的政治合作關係，以及適合經濟成長的有序環境來推動發展，而這個過程中當然包括保護西方的投資。許多發展計畫的理論家和擁護者都是精英階層的專家，對那些他們貶低為「民粹主義」的政治抱持懷疑態度，甚至是在富裕和教育程度良好的社會中亦是如此。[3]但這裡的重點不在於這些批評是否正確，而是到了一九六〇年代後期，全世界有越來越多的人認為這種論點看來十分合理。

此外，到了一九七〇年代後期，整個局勢的另一層面似乎可以證實這些批評者的觀點，這些發展計畫和冷戰造成嚴重的債務激增。一九六〇年代，有將近六〇％的發展援助計畫是以提供資金的形式協助，另外有超過四〇％則是以借款的形式資助。[4]不過國際間有許多政府也會走上另一條路，跟北美和西歐的政府或私人銀行申請大量非援助型貸款。在某種程度上，這算是為民服務的一種方式，否則人民可能會更怨恨獨裁政權的壓迫，對他們在經濟上圖利親信的作為心生不滿。舉例來說，在一九七八年至一九八三年間，阿根廷的債務增加三倍，部分原因是政權得不到人民普遍認可，因此企圖「收買」人心。基於同樣的原因，波蘭也走上相同的道路。[5]不過增加債務的策略也可能有效刺激經濟發展，在拉丁美洲尤其如此。當時債權國都急著想要借出大量資金，因為到了一九七〇年代中期，石油價格暴漲，它們滿手石油生產商存進的「石油美元」（petro-dollars），也認為確保未來的市場占有率比保守的風險評估來得重要。正如一位歷史學家所言，放款機構希望確保自己在未來成長潛力中的占有率，因此「不計信貸信譽」。[6]最後造成的結果是許多政府的債務激增，在一九七〇年至一九八三年間，拉丁美洲、非洲與東歐國家的債務增加約十二倍。[7]

理論上，經濟成長應當能讓這些國家在之後償還貸款。但是到了一九七〇年代後期，越來越多窮國面臨到日益沉重的債務負擔，卻沒有產生應該使其易於還債的經濟動力。事實上，全球發展計畫多半都企圖壓低多數原物料的出口價格。當時有太多的生產商進入市場，但在一些開發中國家，即使價格低得離譜，政府還是繼續（以補貼或稅收政策）鼓勵擴大出口，只是為了賺取強勢貨幣來償還貸款。在這種情況下，發展計畫縱使可能促使致生產擴大，卻不會增加收入。與此同時，美國和西歐又提高利率，試圖藉此解決一九七〇年代通貨膨脹的惡化（通膨的部分原因是當時的能源價格上漲）。到了一九八〇年代初期，提供開發中國家的貸款裡，約有三分之二採取浮動利率；利率陡升意味著這些借款國的利息負擔突然變得更為沉重。例如在一九八二年，整個拉丁美洲要償還的外債利息是一九七九年的二・五倍，而墨西哥甚至高達三倍。[8]更糟的是，已開發國家的高利率政策還會吸引大量開發中世界的投資者（如債券），導致大量資本外流。以全球前十五大負債國來說，在一九七九年至一九八三年間，一共借了一千一百五十億美元，但在同一時期，這些國家的投資者還向富裕的債權國資本市場注入九百三十七億美元。[9]這些問題又因為已開發經濟體發生一些重要的根本變化而加劇，諸如石油危機造成經濟趨緩，並導致需求下降；部分的進口原物料日益被塑膠合成物所取代；農業生產力的迅速提升，降低進口糧食的需求。[10]

早在一九七〇年，有一類新的援助變得重要，主要是提供財政援助來幫忙獲得援助貸款的各國支付利息。在一九七三年，這類貸款的比例不到整個發展援助計畫的四%，但是到了二〇〇五年，幾乎達到二五%。[11]然而在一九八〇年代初期，許多債務國陷入金融和經濟危機，波蘭在一九八一年暫停利息支付，墨西哥和阿根廷則是在一九八二年暫停；當時美國和國際貨幣基金與世界銀行等國際組織開始介入，幫助一些主要債務國紓困，要求它們實施「結構調整計畫」和緊縮計畫，藉此換取防止金融體系崩潰的外資援助。許多非洲國家的處境更為糟糕，奈及利亞在一九八六年採用國際貨幣基金制定的結構調整計畫，但在隨後的八年中，外債卻不減反增，又多出一倍以上。一九八四年，非洲的外債總額是八百一十七億美元，到了一九八九年總額飆升至兩千五百六十九億美元，幾乎相當於全部非洲國家的GDP。[12]

這筆債務的重擔讓許多貧窮國家的投資資本極度匱乏，使其生產力幾乎停滯至少十年。在拉丁美洲，從一九五〇年至一九七三年，每小時的勞動生產力每年成長三・三%，但是在一九七三年至一九九二年間，生產力的成長率每年下降〇・三%。在全球前十五大負債國中，人均GDP僅在一九八二年至一九九三年這十年間有所成長，在隨後的八年間則不斷下降。累積的損失相當龐大，許多地方的人均所得，包括拉丁美洲大部分地區，直到一九九〇年代後期才恢復到一九八〇年代初的水準（圖表8・1）。正如一位歷史學家所言：「將全球金融體系結合的成本……非常高昂，而且是由那些債務國承擔。」[13]

對發展計畫的批評者來說，這些趨勢看來都讓人起疑。整套發展計畫似乎讓貧窮國家最終陷入向富裕的工業化國家銀行清償債務的處境，這對北美和西歐的金融行家而言，無異是一個方便的結果。

圖表8・1　1950—2010年三個拉丁美洲國家陷入債務危機時的人均GDP。

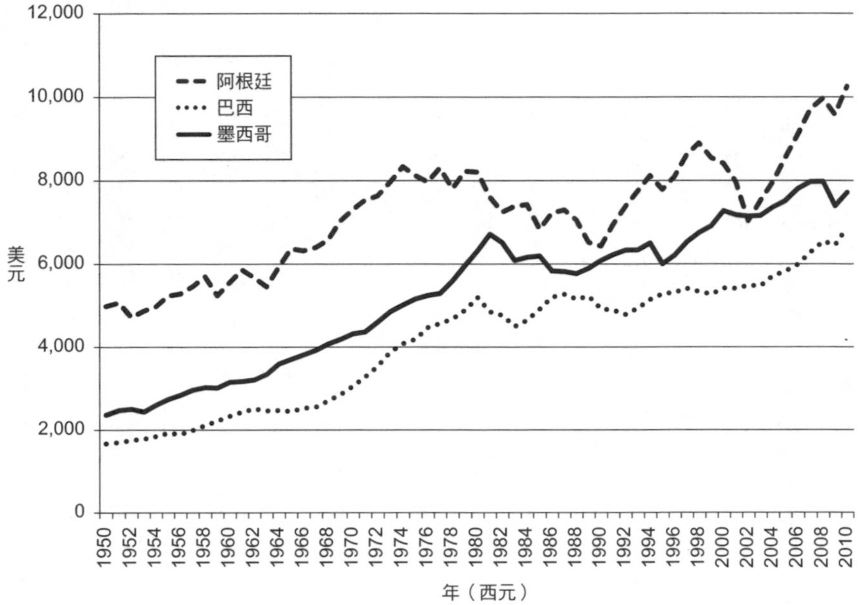

最後，這也促成整個國際發展援助體系在一九八〇年代爆發一次深層危機，並且重新定位。之後援助計畫日益調整方向，從大型基礎設施的資助轉向後來所謂的人道發展領域，包括教育、衛生和生育控制，以及提供大企業之外的小型生產商資本。調整的目標是透過改善進入市場的管道和基礎設施來增加當地人的優勢。在一九七〇年代，約有三分之一的援助用於經濟基礎設施和工業計畫，四分之一用於社會服務；到了二〇〇〇年代，這些比例則扭轉過來。與此同時，有越來越多的援助是直接以贈款而非貸款的形式進入，到了一九九六年，贈款比例已經超過八〇%。在一九八一年，儘管還有五六%的援助計畫是「綁約型」（也就是說，只能用於購買債權國的商品或服務），不過到了一九九七年，這個比例下降到一二．四%。最後到了一九八〇年代，援助資金的來源開始增加，有越來越多是來自舊帝國勢力以外的地區，這些國家幾乎占了一半的比例。[14]令人驚訝的是，發展援助計畫似乎在這時開始變得較有成效。第九章會再探討這個主題。

從本章的宗旨來看，重點會放在一九七〇年代後期和一九八〇年代初期，在這段時期，大多數人對整套發展計畫都抱持懷疑態度，特別是在一些獲得最多援助的國家，而這樣的懷疑產生重大的後果。

其中一項後果是，蘇聯得以在低度開發世界擴大角色和影響力。在一九七〇年代初期，當西方的援助略微下降之際，蘇聯則增加發展援助（見圖表7．22）。蘇聯之所以能提高援助金，有部分原因為它是主要石油出口國，在一九七三年之後因為油價飆升而獲得一筆意外之財。就某種角度來說，蘇聯的發展援助類似於西方的援助，也傾向支持大型工業和基礎設施。不過在某些地方，蘇聯提供援助的條件還是很不一樣。蘇聯通常接受其他形式的還款，可以是產品或給予更低廉的價格來購買它資助工業計畫的產品，甚至是廉價的契約工。顯然這樣做的好處是，可以防止直接的金融債務不斷累積。[15]

蘇聯曾在一些祕密或間接的戰爭中獲勝，贏得相當漂亮，部分原因就是一九七〇年代的這種「援助性」攻勢。到了一九七五年，蘇聯的附庸國北越成功征服南方，隨後又征服柬埔寨，並且抵禦從北方入侵的中國。在非洲南部，與蘇聯結盟的馬克思主義政權於一九七五年在安哥拉和莫三比克掌權，儘管這兩個政權之後都必須與西方支持的反對派進行長達二十七年的內戰。到了一九八〇年，在羅德西亞（現在的辛巴威），馬克思主義政權贏得該國的第一次民主選舉。在東北部，蘇聯在一九六九年至一九七七年間與索馬利亞的馬克思主義政府維繫密切關係；在衣索比亞，馬克思主義者在一九七四年的政變後接管政權。[16]蘇聯的勢力還越過紅海，與南葉門結盟。這些成功讓蘇聯得以擴大戰略軍事力量，首次達到全球規模。在此之前，蘇聯僅在東歐和中亞擁有強大的軍事力量，但無法與軍事基地網絡遍及全球的美國抗衡。到了一九七〇年代後期，蘇聯在葉門、安哥拉、莫三比克及越南都設有海軍和空軍基地。一九七六年，蘇聯失去埃及這個重要盟友，但將在地中海的海軍行動轉移到敘利亞，並開始建立一支艦隊，將蘇聯的軍事力量部署到地中海、太平洋和印度洋，還在歐洲擴大常規部隊。一九七九年，蘇聯入侵阿富汗，此舉日後證明是一大戰略錯誤，但當時看來卻是蘇聯勢力的進一步擴大。

對援助發展的質疑還產生第二項重要的後果，也就是形成所謂的**反全球化運動**，這場運動集結觀念、人員及組織，批評和反對全球發展計畫，並提出反資本主義的全球革命計畫。在這場反全球化運動中，最具象徵意義的人物要算是恩內斯托・「切」・格瓦拉（Ernesto "Che" Guevara），他對於古巴革命及三大洲這個左派組織的形成和中心思想影響深遠。格瓦拉認為「第三世界」的反叛分子可以透過在邊緣的反抗來擊敗資本主義；也就是說，不是在北大西洋這個資本主義的心臟地帶發動革命，而是在全球各地進行無休止的鬥爭，讓資本主義大國陷入昂貴的衝突，並阻斷它們進入市場和獲取戰略資源的廉價管道。[17]在有些地方，又將格瓦拉的這套想法稱為第三世界的全球革命策略。倡導者認為，資本主義霸權正透過發展計畫將觸角伸向全球，而這需要靠全球革命來反制。第三世界主義的策略也受到胡志明的行動和思想所激發，從中汲取靈感，他不僅領導北越的越南政權先後抵抗法軍和美軍，而且早在一九二〇年代中期就曾指出，「今天資本主義這條蛇的毒液和生命能量主要是集中在殖民地，而不是母國」，因此「世界無產階級的命運，尤其是那些身處侵略殖民地國家的無產階級，他們的命運與殖民地受壓迫人民的命運息息相關」。[18]

這種在邊緣進行革命的想法，在已開發國家的新左派（New Left）中極具影響力。這些人認為，以全球的角度來看，福利國家是奠基在對窮國資源和廉價勞動力的剝削上。他們希望能夠推翻這樣的體制，但不是透過在自家的革命，畢竟從經濟和社會層面來看，這顯然沒有什麼成功的機會，而是以支持第三世界的革命鬥爭來進行。一九六〇年代後期，在美國出現許多抗議活動，反對持續存在於社會中的結構性不平等（「偉大社會」計畫雖然緩解這個問題，但仍未解決），在洛杉磯、底特律、華盛頓、辛辛那提及其他主要城市都出現大型種族暴動，這些抗議活動鼓勵一些人將自己視為反對種族和階級特權的全球鬥爭活動的一分子。在一九六〇年代和一九七〇年代，抱持這種觀點的人士建立重要的國際網絡，他們交流觀念思想，相互提供精神和財務支援，並且形成個人與組織關係。

格瓦拉便是在此現象中浮現的一號人物。[19]他出生於富裕的阿根廷家庭，在念書求學時開始變得激進，經歷一段在拉丁美洲的漫長旅行後，他更是篤定這樣的路線。一九五三年，格瓦拉移居到瓜地馬拉，那裡的左派政權開始一項激進的土地改革計畫。這個政權很快就被美國中央情報局支持的政變推翻，格瓦拉又搬到墨西哥；不過在瓜地馬拉時遇到卡斯楚，並於一九五六年加入卡斯楚領導的游擊戰，對抗美國在古巴支持的政權。在古巴革命期間和之後，格瓦拉成為卡斯楚的左右手，但在一九六五年，他失蹤了，祕密前往薩伊進行游擊戰，對抗在一九六〇年推翻剛果民主共和國建國者盧蒙巴的政權。那裡的活動失敗後，他又到玻利維亞，嘗試發起類似在古巴發動的游擊戰，在那裡被逮捕，最後遭到處決，成為全球新左派的烈士。

顯然地，格瓦拉將自己視為世界舞台上的革命家；對他來說，既然資本主義已經達到全球整合，在哪裡抗爭就不是這麼重要。事實上，格瓦拉在一九六五年之所以離開古巴，其中一個原因就是卡斯楚與蘇聯建立重要的軍事和經濟同盟關係，而格瓦拉認為蘇聯不僅官僚，也抱持著與資本主義共存的心態。他的觀念是，全球革命運動應堅持不懈地不斷對抗資本主義，不計一切代價。

他認為蘇聯的全球策略中充滿謹慎心態，太過妥協，這種對蘇聯的懷疑是受到新左派吸引人士的普遍感受。另一個指標性人物是德國學運領袖魯迪・杜契克（Rudi Dutschke），他逃出東德，成為西德激進學運的領導人物。在美國的激進分子也抱持類似觀點，那邊的黑人力量（Black Power）和奇卡諾運動（Chicano），經常將他們的抗爭與「第三世界」的革命者劃上等號。在這些活動人士中，有許多人都認為蘇聯和西方列強沒什麼兩樣，都是富裕的白人在剝削全球其他膚色的窮人。下面三個例子正好可以說明，一九六〇年代反全球化運動的高度國際化和環球化等特徵。

第一個例子是卡邁克爾。[20]卡邁克爾在一九四一年出生於加勒比海島國千里達，一九五二年與父母一起移居紐約。他顯然帶有點流氓性格，但十分聰明，於一九六〇年進入霍華德大學（Howard University）就讀。之後他參與學生非暴力協調委員會（Student Nonviolent Coordinating Committee，簡稱ＳＮＣＣ），以及種族平等大會，並且幫助推行自由乘車（Freedom Rides）運動，打破美國南部充滿歧視意味的「吉姆・克勞」（Jim Crow）種族隔離制度，曾遭逮捕幾十次，在一九六六年當選ＳＮＣＣ主席，但在那時，他和其他人逐漸捨棄甘地的非暴力直接行動；卡邁克爾深受弗朗茨・法農（Frantz Fanon）的著作所影響。法農也是加勒比海地區的人，在第二次世界大戰時加入自由法國（Free French）的軍隊，然後在一九五三年移居阿爾及利亞，到那裡支持反對法國殖民統治的民族主義革命。一九六一年，法農出版《悲慘地球》（*The Wretched of the Earth*）一書，主張暴力才是對抗殖民主義的最佳因應之道，因為殖民主義本身就是暴力行為。一九六七年，卡邁克爾辭去ＳＮＣＣ主席的職務，先後前往越南、古巴、中國和西非的幾內亞（當地是由社會主義政府掌權）；出版《黑人力量》（*Black Power*），並加入黑豹黨（Black Panther Party），該黨認為非裔美國人社群是美國境內的「內部殖民地」，並主張採用分離主義的方法，而不是民權運動非暴力的同化手段來解決問題。在格瓦拉遭處決後，卡邁克爾對此的評論是：「格瓦拉之死讓全世界的革命人士都覺得有責任再次堅定自己的決心，向帝國主義宣戰，直到最後。……這就是為什麼我會說格瓦拉在本質上並未死去，他的想法會與我們長存。」[21]在一次行動中，卡邁克爾結識南非歌手米瑞安・馬卡貝（Miriam Makeba），並與之結婚。到了一九六七年，在美國聯邦調查局監督的壓力下，以及黑豹黨展現出與白人活動分子合作的意願後，卡邁克爾漸漸與他們疏遠，他離開美國，前去造訪歐、亞、非的許多國家，包括古巴、中國、越南、阿爾及利亞和埃及，最終定居在幾內亞，在那裡度過人生最後的三十年。

第二個例子是馬卡貝。[22]她於一九三二年出生在約翰尼斯堡，於一九五〇年代中期以爵士歌手出道，在南非打響知名度。一九五九年，她參加美國電影製片人製作的反種族隔離電影，那部電影在當年獲得威尼斯影展的國際大獎，讓她成為國際知名人物。她前往威尼斯領獎時，參加《史蒂夫艾倫秀》（*Steve Allen Show*）節目錄影，遇見同時也是政治活動人士的美國歌手哈利・貝拉馮特（Harry Belafonte），獲得前去美國表演的簽證。當她在一九六〇年想要回到南非時，政府卻拒絕讓她入境。最後她在美國定居，並於一九六三年在聯合國作證，反對種族隔離；南非政府撤銷她的國籍作為報復。

馬卡貝因為推廣祖魯和科薩（Xhosa）傳統音樂而享譽國際。一九六八年，她嫁給卡邁克爾，由於美國政府認為卡邁克爾是危險的激進分子，因而取消她在美國的唱片合約和巡迴演出；當時美國維安機構承諾支持南非的執政黨，因為共產黨在反對黨的非洲國大黨中具有相當勢力。不過馬卡貝因為具有國際名聲，因此這些抵制對她的影響不算太大。她成為幾內亞駐聯合國大使，並且在一九七四年於薩伊舉行的世界拳擊賽開場中獻唱，那場賽事是知名的喬治・福爾曼（George Foreman）對拳王阿里的經典賽（即所謂的「叢林之戰」）；馬卡貝撐過美國對她的抵制；於一九八六年與美國歌手保羅・賽門一起錄製在國際間大獲成功的流行專輯《優雅莊園》（*Graceland*）；並參與釋放納爾森・曼德拉（Nelson Mandela）的活動。曼德拉曾在一九六一年幫助非洲國大黨的軍隊，於一九六二年因煽動叛亂罪被捕入獄，遭監禁二十七年；一九九〇年，在曼德拉的邀請下，馬卡貝持法國護照返回離開三十年的南非，曼德拉不久後便當選南非總統。

第三個例子比較不一樣，不過也是一位非洲音樂家，名叫費拉・嵐桑・庫提（Fela Ransome Anikulapo Kuti），日後改名為費拉・亞尼克拉坡・庫提（Fela Anikulapo Kuti）[23] 庫提的母親是奈及利亞著名的女權主義領袖，提倡民族主義和社會主義；父親則是奈及利亞首任全國教師工會主席。一九五八年，費拉（多數人都這麼叫他）前往倫敦學習音樂。一九六一年，他回到奈及利亞，以表演高調生活（highlife）這類當時的流行音樂走紅，獲得不錯的成績。一九六〇年代後期，他在迦納發現深具影響力的美國靈魂音樂，還遇見「靈魂樂教父」詹姆斯・布朗（James Brown）等人。一九六九年，他前往美國，愛上一位黑豹黨黨員，並因黑人權力運動的思想而「非洲化」。在洛杉磯，他開始發展一種新的音樂風格，深受靈魂和放克的影響，但基礎是建立在非洲打擊樂的傳統上。他後來返回奈及利亞，在拉哥斯成立名為卡拉庫塔共和國（Kalakuta Republic）的公社，與一名二十七歲女子結婚。庫提吸食不少大麻，成為受歡迎的音樂家和政治評論家，在奈及利亞的眾多問題中，他特別批判新殖民主義經濟、政府的腐敗及軍隊——在一九七五年後三十年間，這個國家大半是由軍隊統治。

一九七〇年，布朗前往奈及利亞，他的樂團去庫提的總部聽音樂。布朗的貝斯手布特西・柯林斯（Bootsy Collins）記得有一次：「即使在我進入布朗的樂團前，布朗的樂團在我心中就是第一名。但是當我到了那裡，看到庫提和他們，有了不同的想法……。在聽到這些貓的時候，對我來說就像進入另一個世界……那是一種更深的感覺……。那像是『嗨！這就是IT。我們必須努力這樣做！』」[24]庫提的音樂也影響英國的保羅・麥卡尼（Paul McCartney）、巴西的吉爾伯托・吉爾（Gilberto Gil）和美國的布萊恩・埃諾（Brian Eno）。一九七五年，奈及利亞軍隊發動政變；一九七六年，庫提錄製〈殭屍〉（Zombie）一曲來嘲諷取笑士兵，結果一九七七年，軍隊燒毀他的公社，把他毆打一頓後扔進監獄，還將他的母親丟出窗外，當時所受的傷最終奪走母親的生命。庫提獲釋時，又錄製歌曲〈悲傷的眼淚和鮮血〉（Sorrow Tears and Blood），唱出奈及利亞人民在軍政府統治下的感受。[25]在接下來十九年，庫提經常惹火政府，特別是軍隊，但在全世界卻大受歡迎。當他在一九九七年去世時，有一百萬人聚集前往參加葬禮。

卡邁克爾、馬卡貝和庫提所展現的反文化全球化，並不是到那個時代特有的新現象。不過到了一九六〇年代後期和一九七〇年代，在整個反文化全球化的大趨勢中，似乎衍生出一股重要的小趨勢，隨著激進的反全球化抗議行動傳播開來，他們不僅拒絕西方資本主義，通常還會對兩大超級強國都加以抵制，並提出解放世界的訴求，認為大型企業非但沒有解放世界，還將其當作發展工具；這股趨勢似乎是透過密集的國際聯繫網連結起來，並且漸漸地透過以全球企業媒體（如音樂產業）成功地傳播訊息。

庫提和馬卡貝都是展現出反文化全球化關鍵特色的個人例證，不過在一九七〇年代，還有集結成機構形式的抵制也變得日益重要，這些組織反對發展計畫及從中建立的全球經濟關係。不結盟運動是其中一個例子，另一個則是由七十七國集團（Group of 77）組成的鬆散聯盟，主要是由新獨立國家所組成（到了二〇〇九年，有一百九十一個成員國），力圖與已開發的資本主義大國抗衡。[26]這兩個團體都比較左傾，常常與蘇聯集團結盟。隨著越來越多的前殖民社會獨立建國，聯合國內的政治氣氛變得劍拔弩張，尤其是對美國的敵視，因為當時普遍認為美國是那個時代最強大的帝國力量。這主要是從經濟力量和戰略聯盟來看，另外就是在全球部署的軍事基地網，以及涉入各地的戰爭、革命和政變，並且表態支持南非和以色列；越來越多的反種族主義人士都認為這兩國是最低下的「賤國」，應該受到舉世唾棄。一九六〇年，美國在聯合國大會上不顧多數意見，投下兩次反對票；一九七〇年則是否決十七個案子，在一九八〇年則是四十五個。[27]

長遠來看，也許同樣重要的是，在一九七〇年代出現的全球人權運動。二十世紀中葉的人權觀念其實已有相當長遠的歷史，包括十八世紀末和十九世紀初的全球反奴隸運動、十九世紀後期保護鄂圖曼帝國少數宗教團體（特別是基督徒）權利的嘗試，以及在二十世紀初試圖在剛果自由邦展開的國際反虐待運動。不過直到二十世紀中葉，人權運動才累積到一定動能。在專制政權爆發大規模虐待後，聯合國於一九四八年通過《世界人權宣言》（Universal Declaration of Human Rights）。[28]在一九四〇年代和一九五〇年代推動去殖民化時，殖民地獨立運動也曾強烈抨擊殖民政府的濫權。在冷戰時期，雙方陣營都試圖運用普世人權的觀念來譴責對方，不論是資本主義的帝國勢力，還是冷酷的獨裁共產官僚體制。

然而到了一九六〇年代初，局勢逐漸明朗，不論是聯合國還是兩大超級強國，都不積極倡導人權。大多數（有派代表參加聯合國的）政府，目的都是要以國家憲法來保障個人的民權、政權和法定權益，相對於民權的普世人權，其法律基礎顯得較為含糊。在執法上，這也成為一個棘手的問題，因為人權的意涵與國家主權原則相互矛盾，妨礙到國內政策與決定不受國外影響的自主能力。對許多政府來說，人權的概念看起來更像是工具，是強國可以用來干預弱國內部事務的藉口。而且兩大超級強國在人權相關問題上的紀錄也很糟，備受質疑，因為它們都曾支持不少國家的獨裁政權，其中有許多都嚴重踐踏本國公民的人權。聯合國確實通過許多人權協定，例如一九六六年的《公民與政治權利國際公約》（International Covenant on Civil and Political Rights），但這是主權國家間對於它們的公民應享有權利的協定，實際上是無法執行的，而且經常遭到違反。

因此，人權論述在一九七〇年代和一九八〇年代開始由非政府組織，而不是國家來主導，其中包括成立於一九六一年的國際特赦組織（Amnesty International），到了一九八〇年代，該組織已經有來自一百五十個國家的七十萬名成員參與；成立於一九七七年的五月廣場母親（Mothers of the Plaza de Mayo），旨在抗議阿根廷於一九七六年執政的獨裁軍政府讓兩、三萬左派人士被「消失」；以及在一九七五年簽署《赫爾辛基協定》（Helsinki Accords）後成立的各種「看守」委員會，這項協議相當於冷戰中的大國承認二戰結束後在東歐建立的國家，同時保障其公民人權。這些委員會包括赫爾辛基看守（Helsinki Watch，一九七八年）、美洲看守（Americas Watch，一九八一年）、亞洲看守（Asia Watch，一九八五年）、非洲看守（Africa Watch，一九八八年）、中東看守（Middle East Watch，一九八九年），以及作為總會的人權看守（Human Rights Watch，一九八八年）。在世界各地，地方和區域性人權團體不斷擴大，這些組織不再依賴國際法，而是借助於印刷、廣播及最終的電子媒體，不斷擴大在國際輿論中的影響力。它們的主要方法是「點名和羞辱」那些罔顧人權政府，組織抗議活動，最終則是發起抵制或「撤資」運動，讓大眾和股東對公司施壓，要求它們不要和罔顧人權的政府有生意往來。[29]

撤資策略對於推翻南非的種族隔離政權很有用，但這幾乎是唯一成功的例子。到了一九九〇年代，全球人權運動儘管廣為人知，但是成效甚小。不過在那個時期，這是全球政治和文化圈的一大特色，對政府的批評常常遠高於支持，甚至連那些在憲法中正式保障個人權利的政府也不例外。從這個意義來說，人權運動是一九七〇年代反全球化的廣泛模式中一個重大要素。

在此期間，全球人權運動的跨國組織模式也進入其他政策領域。以下討論的環境運動就是一個例子。一九七〇年代和平與反核運動蓬勃發展，但其歷史可追溯到一九五七年在英國的核裁軍運動（Campaign for Nuclear Disarmament）和一九六九年成立的地球之友（Friends of the Earth）。這些運動為日後的反核運動奠定大眾輿論基礎，並且催生不少非政府組織，包括一九六三年（美、英和蘇聯間）的《部分禁止核試驗條約》（Partial Test Ban Treaty），和後來（分別在一九七二年和一九七九年召開）的戰略武器限制談判（Strategic Arms Limitations Talks），而且在一些國家（包含美國和西德）幾乎導致核電產業的擴張在一九八〇年代後期完全停滯。那些參與和平、人權、生態和反核運動人士的挫敗也有意想不到的效果，最終推動導致東歐共產政權在一九八〇年代後期瓦解的公民運動，儘管在短期內看不出在政策改變上的影響力。事實上，導致蘇聯解體的一個重大事件是，一九八六年烏克蘭車諾比（Chernobyl）核電廠反應爐的爆炸意外，當時造成上千人死亡，迫使三十萬人撤離。[30]在西方，這些反核運動和其他運動引來的政府警備較輕，而且一如既往地公開展現出對政界的敵意，並對公共政策產生深遠影響。

到了一九七〇年代中期，兩大冷戰陣營，不論是施行資本主義的西方民主政體，還是由蘇聯主導的東方共產勢力，全都面臨非政府組織不斷擴大的威脅，以及大眾媒體爆發性成長所帶來的廣泛道德挑戰。更糟的是，到了一九七〇年代後期，不論是資本主義經濟體系，還是共產主義經濟體系，似乎都無法實現最初承諾的繁榮願景。其中一個關鍵原因是，石油在全球政治經濟中的角色突

圖表8・2 1920—1970年世界各地區石油產量。

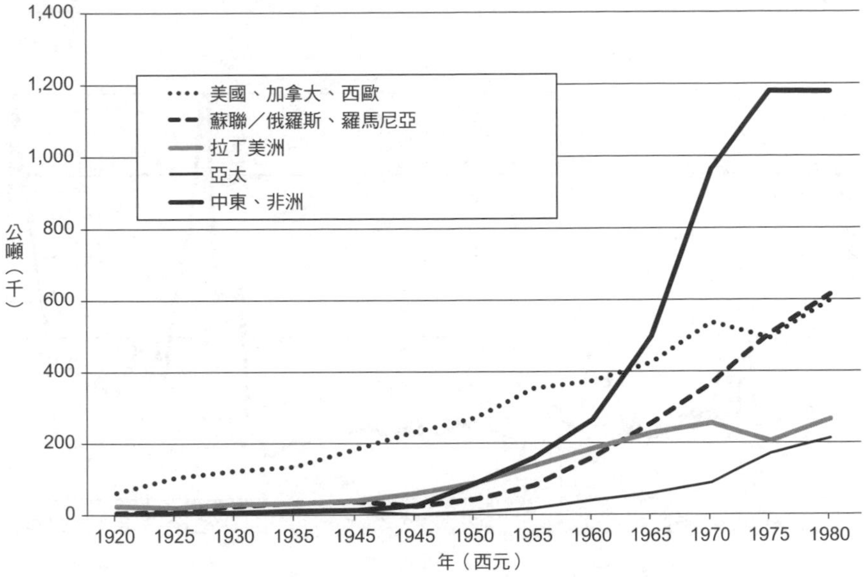

然轉變，而這一點並不讓人意外。

一九七五—一九九〇年：大減速

一九四〇年代和一九五〇年代在中東與非洲發現大片油田，這些石油為日本和北大西洋的工業經濟體供應廉價能源，維持大加速時代的發展（圖表8・2）。油價從一九二〇年代初期至一九七〇年代初期緩慢而有顯著下降（圖表8・3）。但是到了一九七〇年，整個工業界對石油的依賴為新興的石油輸出國帶來機會，讓它們得以善用工業經濟體對石油的渴求。正如在第七章所討論的，這些產油國確實也好好把握這個機會。石油輸出國大量投資在工程專業知識上，因而有把握良機的能力；在中東，另一項重要的觸發動亂因素是，以色列與阿拉伯鄰國間日益緊張的衝突，最終導致一九六七年和一九七三年的兩次戰爭；以色列在這兩

圖表8・3　1890—2010年每桶原油價格。

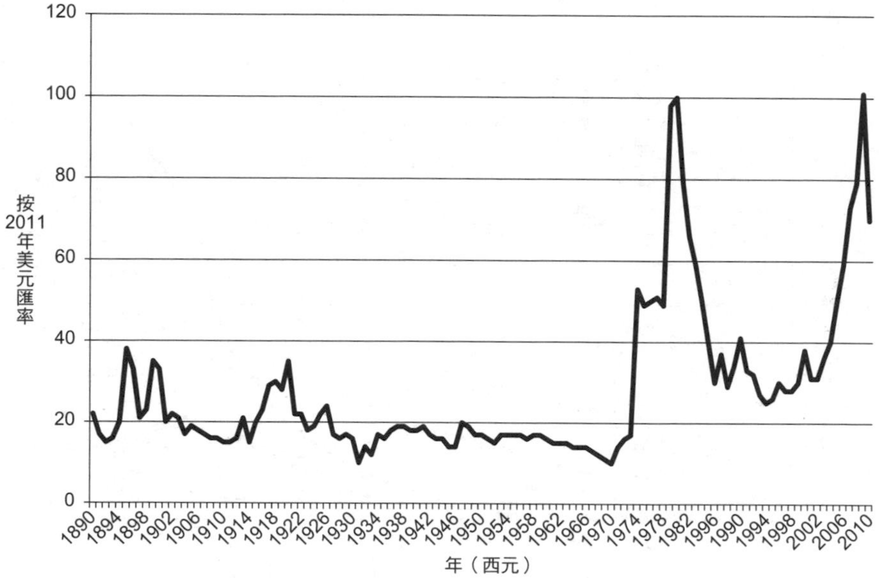

次戰爭中都獲得西方的大力支持。一九七三年，阿拉伯的產油國於是祭出石油禁運來報復美國，主要就是因為美方在這些戰爭中支持以色列。然後在一九七九年，伊朗革命的動盪重創該國石油產量，美國對伊朗石油進口的禁令則進一步加劇全球石油市場的混亂。最後的結果便是油價突然飆升。

這使得北大西洋和日本的經濟成長急速趨緩。在一九七三年至一九九六年間，美國的經濟成長僅有一九五〇年至一九七三年間的三分之二；歐洲則降到三分之一或四分之一；日本的成長速度更是跌到八分之一或十分之一（見圖表7・4）。通貨膨脹率則不斷上升，西歐從一九六〇年代的三％上升到一九七〇年代後期的一二％，接著是失業率激增。失業進而導致失業救濟金成本飆升，造成嚴重的財政問題。到了一九七七年和一九七八年，義大利、英國及西班牙不得不向國際貨幣基金貸款來償還債務，這在很大

圖表8．4　1928—1985年蘇聯工業總產值的年度成長。

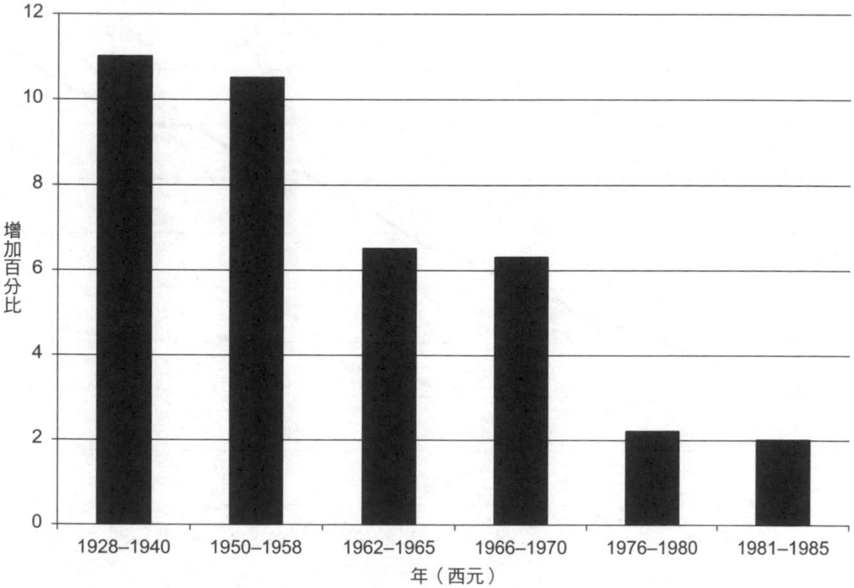

程度上是油價和通膨造成的結果。[31]正如第七章提出的，從歷史角度來看，西歐、美國、日本和其他工業國家的人均國民生產毛額成長在一九七〇年代相當健全；但是顯然在一九五〇年代和一九六〇年代的經濟「奇蹟」已宣告結束。

如果說西歐的局勢艱困，東歐的情況就更糟。到了一九六〇年代後期，蘇聯集團的經濟學家對他們的計畫經濟的成效早已心知肚明，那裡所有的工業和大部分農業實際上都是由政府部門經營，靈活性或創新能力完全跟不上西方科技和產品發展的腳步。事實上，共產主義世界的成長一直在漸漸放慢（圖表8．4）。[32]到了一九七〇年代中期，東歐的生活水準明顯下降。與西方國家相比（圖表8．5），在一九七三年至一九八八年間，西歐的人均GDP成長速度是東歐的兩倍，儘管高油價為蘇聯帶來經濟優勢。

圖表8・5 1950—1988年的東歐和西歐人均所得比較。

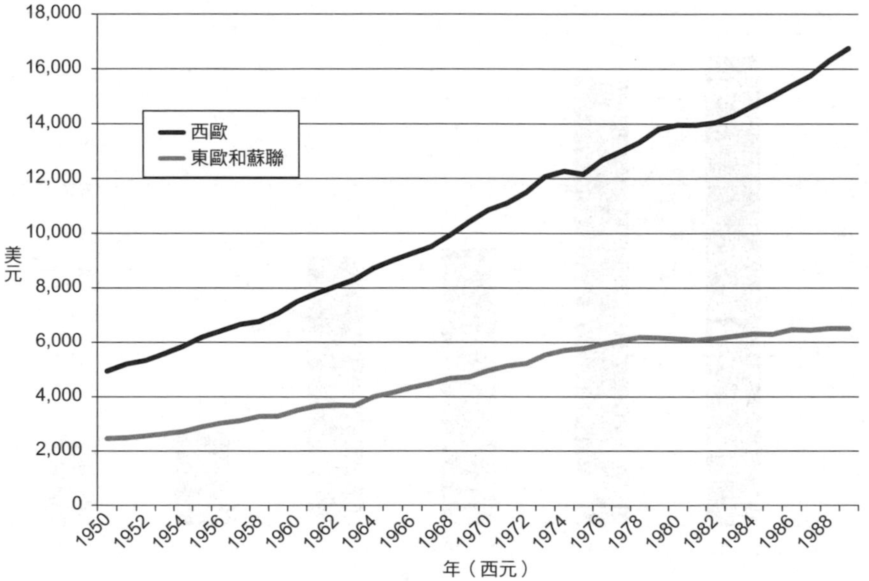

簡而言之，就在全球有許多人開始質疑，這兩種經濟體系中是否有一種真的能實現全球「發展」之際，這兩種體系在國內也搖搖欲墜。搖搖欲墜，但尚未倒下。特別是採行資本主義的工業世界，在此期間並未萎縮，只是「減速」，回到較為貼近過去歷史的正常步伐。儘管共產主義經濟在一九七〇年代面臨動搖根本的深層問題，但也尚未真正瓦解。然而，綜觀十九世紀後半葉以來的技術進步和經濟成長，在許多人眼中，這種減速本身與失敗無異。在一八七三年至一九七三年這一百年間，快速成長已成為現代經濟和社會的常態，這樣的基本模式僅在一九〇五年至一九四五年間的大爆炸時期受到動亂所破壞。一九七三年後，突然間在沒有戰爭或革命的「藉口」下，全球經濟卻偏離加速的常態。高現代性計畫似乎變得窒礙難行。

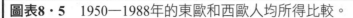

一九六〇—一九九〇年：生態時刻

一、地球上人類和非人類生命的健康與繁榮有其自身的價值，非人類世界的價值與是否對人類有用無關。二、生命形式的豐富度和多樣性有助於這些價值的實現，而且有助於地球上人類和非人類生命的繁榮。三、除非為了滿足基本需要，否則人類無權減少生命的豐富度和多樣性。四、當代人過分干涉非人類世界，這種情況正在迅速惡化。五、人類生命與文化的繁榮和人口的持續減少是可以調和的，而非人類生命的繁榮則需要這樣的人口減少。[33]

——阿思．奈斯（Arne Naess）與喬治．塞留申（George Sessions），一九八四年

諷刺的是，在全球經濟搖搖欲墜之際，全世界有越來越多的人開始質疑，自一八七三年以來徹底改變人類生活這整套以成長為中心的工業技術模式（無論是資本主義體制，還是社會主義體制），反問這是否真的是一件好事。有許多人開始主張這整套想法在原則上是荒謬的，而落實之後則帶來一場災難。人類居住在一個有限的世界中，在一顆空間和資源有限的星球上，因此無限成長是不可能的。到了一九六〇年代後期和一九七〇年代初期，人類看似在不久後將會耗盡空間和資源。這就是所謂的「生態時刻」（ecological moment），世人開始以新觀點來思考人類與他們當作家園的這顆行星之間的關係，這是一段反思和行動主義的旺盛時期。

如同第二章所討論的，警告過度開發自然資源換產生災難性潛在後果的歷史，幾乎與全球發展計畫本身一樣長；這類沉痛喊話有部分是針對毫不限制的開發資源，尋找新「財源」的反應，好比說那種幾乎造成美洲野牛滅絕的開發方式。但是在二十世紀中葉之後，這類開發形式開始增多。加

州的沙丁魚捕撈始於一九〇〇年左右，在一九三〇年代達到顛峰，並在一九四〇年代崩盤，從那時起，類似故事在世界各地的漁業中不斷重複上演。隨著人類向熱帶地區擴張，許多以叢林為棲地的物種大量減少，包括老虎、犀牛、猩猩、黑猩猩、大猩猩和大熊貓，這些僅是被殺害或棲息地被破壞的哺乳動物。二十世紀下半葉最具指標性的個案，算是幾乎要消失的鯨魚。自十九世紀初以來，隨著一連串的科技進步，漁民得以有效地捕殺與屠宰鯨魚。到了一九八〇年代，這群無害、聰明又壯觀的鯨魚已成為遭到人類屠殺的大型動物族群代表，具有重要的政治意義。到那時，全世界藍鯨的數量減少約九五％、座頭鯨約九七％，而其他許多鯨魚物種也有九〇％以上。[34]

不過一九六〇年代和一九七〇年代的環境問題多了一個新特徵，這是基於兩個原因。首先，儘管狩獵、誘捕及毒殺有其殺傷力，但是長期來看，農耕和伐木造成的生物致死率卻大得多。到了一九七〇年代，整個生態系的測量成為焦點，比特定動植物物種的滅絕更受關注。巴西的大西洋沿岸雨林遭到破壞便是一個指標性案例；加州的紅木林則是另一個。在一七〇〇年至一八五〇年這一百五十年間，世界森林覆蓋率減少約四％；在那之後，砍伐的速度變得更快，在一九五〇年至一九八〇年這短短三十年間，世界森林覆蓋率下降六・二％。近代史將一九四五年至一九九五年這半個世紀稱為對世界森林的「猛攻」（Great Onslaught）。[35]濕地和當中棲息的生物受到的破壞更嚴重，因為草澤和沼澤全都被排乾，以作為定居地或農地。到了二十世紀末，在蘇聯管轄中亞地區的鹹海附近，濕地區失去大量物種，以哺乳動物來說，原本棲息在那裡的物種有一百七十種，但是其中有一百三十二種都消失了，連同消失的還有八〇％的海水，這些水全都轉為農用。在佛羅里達州的大沼澤（Everglades）也出現類似慘況，當地人將沼澤地排乾，用以興建房屋或開墾甘蔗種植園，造成九〇％的水鳥消失。[36]這些變化其實促進生態學這門科學的成長：以美國為例，一九七〇年的生態學家人數是一九四五年的六倍。[37]

引起人們高度關注環境的第二個原因，則是到了一九六五年，汙染對人類產生直接的負面影響，主要是有毒化學物質對環境的毒害。早期的工業和城市發展非常骯髒，會排放煤煙、有毒化學物質及汙水，這些全都直接進入空氣和大地，在某些地方造成令人震驚的汙染，甚至引發重大公共衛生災難。一九〇九年，蘇格蘭格拉斯哥（Glasgow）的煙霧造成一千零六十三人死亡。一九五二年十二月，倫敦也發生災難性煙霧事件，在三個月內造成四千至一萬兩千人死亡。這些「危機」在那個時代僅是特例，但是到了一九六〇年代，空氣汙染和水汙染已成為大型工業城市數十年來威脅生命的一大因素。以早期工業城市來說，空氣汙染長期以來都是肺病、結核病和肺炎等主要死因的背後推手。到了二十世紀末，儘管有些城市開始清理煙塵和煤煙，但是全球空氣汙染卻變得日益嚴重。在一八五〇年至二〇〇〇年間，世界上的二氧化硫排放量增加七十五倍，而在一九〇〇年至二〇〇〇年間，氮氧化物的排放量增加二十七倍。包括東歐和加拿大南部等許多地區，酸雨開始對森林、湖泊及河流造成嚴重影響。這些對人類和環境造成的損失累積起來，甚至超過最嚴重的工業災害，儘管工業災難在二十世紀晚期也達到高峰。例如，一九八四年在印度博帕爾（Bhopal）發生化學物質外洩意外，奪走兩萬條人命，並造成十二萬多人重傷，其中許多人因此失明。[38]

空氣汙染也不是唯一的威脅。早在一九四八年，德國萊茵河就因為有大量的氮從施肥的土壤中滲入，造成河水裡的藻類大量繁殖，影響航運。工業汙染物使得河水的含鹽量增加，提高到一八八〇年的六倍，造成位在下游的荷蘭難以種植花卉。農藥也殺死河中的昆蟲，讓魚沒有食物，所以等流到荷蘭時，河水毫無生氣。到了一九八〇年代，在萊茵河捕撈的魚體內發現，殘留的有毒化學物質濃度嚴重超標，高出當時安全食用標準的四百倍。而且不僅是河流，就連看似廣闊的海洋也可能因為汙染而失去生機。到了一九七三年，美國每年傾倒在海洋裡的廢料已經達到六百萬噸。更糟糕的是，美國在一九七〇年每年產生九百萬噸危險廢棄物，而到了二〇〇〇年，這個數字上升到四億噸。[39]在一九六〇年代後期和一九七〇年代初期，石油業顯然很可能因為漏油意外而嚴重汙染海洋。一九六七年，油輪托利谷號（Torrey Canyon）在英國擱淺，造成重大漏油事故，另一起事件則發生在一九六九年，在加州聖塔芭芭拉附近的海岸鑽井平台。在日本，在水俣市和新潟等城鎮附近，因為將重金屬傾倒入海水，造成魚類中毒，導致吃魚的人生病甚至死亡；有些人的孩子因此出現嚴重的先天性畸形。[40]

這些環境問題過去主要集中在北大西洋和日本的工業社會，但是到了一九六〇年代，全球各地出現「巨型城市」（megacities），產生前所未有的巨大汙染。墨西哥市在一九〇〇年的居民人數是三十五萬，在一九四〇年增加為一百八十萬，而在一九八〇年時則居住一千四百萬人；市區的車子在一九五〇年有十萬輛，但到了一九八〇年增加到兩百萬輛。一九八八年，這座城市一年中有三百一十二天的空氣汙染程度超過世界衛生組織訂定的安全標準。[41]在一九〇〇年，加爾各答（Calcutta）的人口是一百萬，到了一九八〇年則達到一千萬。洛杉磯的人口在一九三〇年是一百四十萬，到了一九八〇年則是七百五十萬。[42]在一九五〇年，世界上只有紐約和東京這兩座城市的人口超過一千萬；到了一九七五年，墨西哥市、聖保羅和上海也超過了；等到二〇〇〇年，全球有二十座城市的人口破千萬。[43]這種規模的城市造成巨大的汙染問題；即便不算工業汙染物，光是那裡的汽車和汙水，就會排放成噸的汙染物到空氣和水中。

而且正如瑞秋．卡森（Rachel Carson）在暢銷書《寂靜的春天》（*Silent Spring*）中指出的，殺蟲劑（刻意灑在大地上的有毒化學物質）用量日益增加，嚴重影響食物鏈，尤其危害到那些捕食這些吃到農藥的昆蟲的鳥類。更糟的是，由於昆蟲在七至十年內會對農藥產生抗藥性，長遠來看，用化學藥品殺蟲的整個過程可能毫無意義，但農藥產生的生物效應卻可能會對鳥類族群造成災難性衝擊（更諷刺的是，某些鳥類物種對於抑制昆蟲族群很重要），卡森當年之所以訂出這樣的書名，就是要暗示沒有鳥類鳴叫的春天。一個典型的例子是加州的棕色鵜鶘，由於使用農藥DDT造成雌鳥的蛋殼變薄，容易在巢中被壓碎，因此陷入滅絕的危險。[44]

在這種情況下，早期激進人士對「進步」的暴力成分批評變得更具說服力。到了二十世紀中葉，隨著生態學這個學門開始探尋自然社群內部的聯繫和相互的依存關係，或是物種複合體間的相互作用（包括人類與環境之間），發展的論述日益讓人相信人類的福祉取決於複雜生物系統的持續健全。隨著人越來越了解生態關係的複雜性，也有越來越多的人齊聲表示，對自然世界的深入理解必定會引發重大的想法轉變。一九四九年，美國科學家和博物學家奧爾多．李奧波德（Aldo Leopold）指出，如果人類要生存，我們必須對整個自然界，或是所謂的「土地共同體」（land community），或將人類視為其中成員的「生物團隊」（biotic team）發展出倫理義務感。要發展這種生態倫理的關鍵「非常簡單，就是不要僅將土地利用視為經濟問題」。人類與自然的關係必須考量到「倫理和美學的正確性以及經濟效益。當我們的作為多少是朝著能往保持生物群落的完整性、穩定性和美感方向時，就是對的；反之，則是錯的」。自然環境對包括人類在內的所有生命形式都具有「維繫的承載能力」（可用一族群的最大數量來表示），這是由土地、植物和動物之間的複雜關係網所決定的。當這個複雜關係網受到人類干擾，承載力可能會下降。因此，對自然的暴力行為最終可能危及人類的生存。李奧波德在一九四八年為文撰寫「土地倫理」的概念，當時並未引起多少關注；但是到了一九六〇年代後期，《沙郡年紀》（*A Sand County Almanac*）在大眾市場中成為暢銷書。[45]

在李奧波德的思想核心，充滿對人口過剩的恐懼，這其實建立在一個由來已久的傳統上。早在一九〇〇年代，北大西洋的一些觀察家就注意到他們國家的生育率正在下降，但世界其他地區的出生率卻穩定提高，這種現象讓他們很憂心。到了一九〇〇年，一些歐洲人和北美人注意到中國人的數量已經達到四億，而且還在迅速增加。種族主義者提出黃禍一說，認為中國人將征服全球勞動力市場，或者也有可能是日本人，他們將組織成一個龐大的帝國，與北大西洋的帝國抗衡，爭奪統治全球的霸權。一九〇五年，美國總統西奧多．羅斯福於華盛頓特區召開的全國母親大會（National Conference of Mothers）上表示，盎格魯撒克遜人正以節育的方式進行「種族自殺」，但是那些「低等」種族卻沒有。美國種族理論家洛思羅普．斯托達德（Lothrop Stoddard）在一九二〇年出版的《有色人種危及世界白人優勢的浪潮》（*The Rising Tide of Color against White World Supremacy*）書中，也提出同樣的論點。然而，以當時歐洲人早以透過不計其數的移民，將自己的種族分布到全世界的事實來看，一些非歐洲人也表達出對他們的恐懼。孫中山在一九二四年便警告同胞，按照過去兩百年的人口趨勢中，再過一個世紀，美國的公民人數將會是中國的二．五倍。一九二五年，在一場計畫生育和家庭計畫的國際會議上，一位印度發言人則警告「白禍」（white peril）將威脅世界的其他區域。[46]更廣泛來說，在一九一四年至一九四五年這段大爆炸之前和之間的帝國勢力對抗期中，許多人擔心某些國家的人口快速成長可能導致戰爭，因為這些國家得向外尋求土地和資源，不惜犧牲鄰國。

第二次世界大戰結束後，對人口的擔憂也逐漸納入發展計畫中。許多專家擔心人口成長會吞噬生產力的所有成長，並且耗盡自然資源，破壞經濟發展。最糟的是，糧食產量可能不足以應付人口成長，屆時難免爆發大饑荒。比方說，聯合國第一任教科文負責人朱利安・赫胥黎（Julian Huxley）就曾在一九四七年表示，停止人口快速成長「有其必要性，否則人類盲目的生殖欲望將會毀了他的理想，以及他對物質和精神生活提升的規劃」。[47]一九四八年聯合國糧農組織的主任也提出警語：「要是我們不能在本世紀解決（人口快速成長）的問題，我們將走向歷史上最大的災難。」[48]在一九四〇年代後期和一九五〇年代初期，出版許多著作，警告人口成長的問題近在眼前，例如《失竊的星球》（*Our Plundered Planet*）、《生存之路》（*The Road to Survival*）和《地球的極限》（*The Limits of the Earth*）等書。而在一九五〇年代，人口成長繼續加速，世人對此更加關注。一九四八年舉行國際人口與資源大會（International Conference on Population and Resources），之後分別在一九五四年、一九六五年和一九七四年又召開聯合國人口大會（UN Conferences on Population）。自一九五〇年代初期以來，民間傳播避孕知識的計畫也迅速擴大。[49]到了一九六〇年代後期，對節育（「家庭計畫」）的支持已成為發展援助計畫中的重要項目，比方說在一九六五年至一九六九年間，美國對家庭計畫的發展援助金從兩百一十萬美元增加到一億三千一百七十萬美元。[50]

社會主義者通常較不擔心人口成長，他們相信技術可以克服所有的資源限制問題。但是到了一九六〇年代後期，就連中國共產黨都開始擔心人口的急劇成長，並於一九七九年針對城市中家庭推行嚴厲的一胎化政策。在印度，有許多省分也於一九七〇年代中期開始實施強制性的生育控制計畫，其中包括結紮獎勵金、停止發放食物配給三個子女以上的貧困家庭、調降拒絕絕育的教師薪資，以及絕育者享有優先聘用的權益等措施。[51]

實際上，發展似乎逐漸成為一場與時間的競賽。隨著生活水準提高，預計生育率將會下降，至少根據歐洲的歷史模式是如此。但是，發展的步伐夠快嗎？生育率的反應來得及避免災難發生嗎？

根據過去的經驗，發展並沒有那麼容易，因此世人日益擔心飢餓會贏得這場競賽。與此同時，隨著冷戰的升級，恐懼感日益加劇，尤其是在西方，擔心人口的快速成長與貧窮的加劇會增加共產主義的吸引力。一個計畫生育組織在一九六〇年曾指出，世界上有許多國家都得承受「人口幾何成長帶來的衝擊，這將吞噬它們的資源，使人民陷入貧窮和痛苦中。共產陣營會趁機坐大，在西方工業國家的我們正面臨重大威脅，恐怕會喪失維持我們生活方式的必要原物料，而這些原物料對於我們的國防能力至關重要」。[52]

人口問題顯然超越冷戰，開發中國家的政府也密切關注此議題。一九六三年，在印度舉行的一場亞洲人口成長大會上，來自亞洲各地的規劃者最後得出的結論是必須向西方尋求援助，以避孕方式來控制各國的人口。到了一九六八年，聯合國宣布避孕和計畫生育是「醫療保健」和人權中不可或缺的一部分。同年，史丹佛大學教授保羅・艾里希（Paul Ehrlich）發表《人口炸彈》（*The Population Bomb*）一書，暗示人口成長帶來的災難可能與核戰一樣。書中預言在十年內將有數億人挨餓。這本書在一九七四年熱銷兩百萬本，大受歡迎。[53]

擔心生育快速的窮人可能會淹沒地球，只是探討人類與地球關係的新興生態觀的其中一個面向。世界上許多富裕國家的居民也擔心自家的人口成長。以美國為例，在一九六〇年代後期，聯邦政府不斷加碼經費來推廣家庭計畫，從一九六五年的八百六十萬美元增加到一九六九年的五千六百三十萬美元。艾里希指出，與貧窮國家的個人相比，富裕國家的消費者使用的能源和資源較多，製造的汙染也大得多，對世界環境造成的負擔也更大。他在一九六九年指出，特別是美國人，他們是「超級消費者和汙染者，美國一般嬰兒對地球上的生命維持系統造成的負擔，遠大於印度或拉丁美洲的孩童，整整超出十二倍之多」。[54]問題不僅在於人口變多，而且每個人都消耗更多的資源。

一九〇〇年左右，在科幻小說家威爾斯和科技史家拜恩等不少人眼中，人類在科技技術和經濟上的進步可說是出神入化。但在七十年後，開始有人主張人類不可能達到無限成長，進步到最後只會導致崩潰。有越來越多的批評者開始使用完全不同的比喻來看待人類的人口和經濟成長，認為這就像癌症一樣，已經失控且有毀滅一切的危險。一九六九年，聯合國祕書長吳丹（U Thant）以相當驚人的措辭，傳達當前世人對行星環境脆弱性的認識：人類也許只剩下十年時間來解決汙染、人口、發展與和平的問題；在那之後，「我非常擔心這些問題……將會惡化到相當驚人的程度，超出我們的控制能力」。[55]

美國太空計畫拍的那張飄浮在太空中的地球照片，又將這份擔憂傳給數百萬人。這個影像凸顯出地球的美麗與微小，對許多人來說，阿波羅（Apollo）載人探索月球計畫的戲劇性、造價和危險性，都顯示出要離開我們這顆星球的高難度，更不用說是到另一顆星球，或實際居住在那裡。正如一位評論者在一九七四年寫道：「我們的太空任務只讓人明白一件事：我們依賴地球，仰賴它獨特的美麗和豐沛，而且我們無他處可去。」一九七二年代，在瑞典舉行的第一屆聯合國人類環境大會（UN Conference on the Human Environment），標誌著世人對此逐漸達成共識，認識到採取行動保護環境的需求。到了一九七〇年代初期，很快就出現大量譴責人類傲慢的書籍，指陳因其對整顆星球的貪婪和粗心，恐將很快引來自我毀滅。[56]

在這些作品中，《成長的極限》（*The Limits to Growth*）這本書備受矚目。一群自稱為羅馬俱樂部（Club of Rome）的慈善家委託一批歐美科學家開發一個電腦模型，用以模擬未來，以駭人的圖像鮮活地捕捉人們對成長、資源和環境的恐懼。到了一九七二年，他們的模型彙整出大約一千個不同

圖表8·6 《成長的極限》中的人口模型。「一切照舊」係指不改變當前促進成長的政策；「綜合技術」是指透過節育或回收等各種技術性解決方案來追求可持續性；「穩定世界」以科技解決方案搭配控制人口、限制消費及將投資從成長轉移到保育的政策。

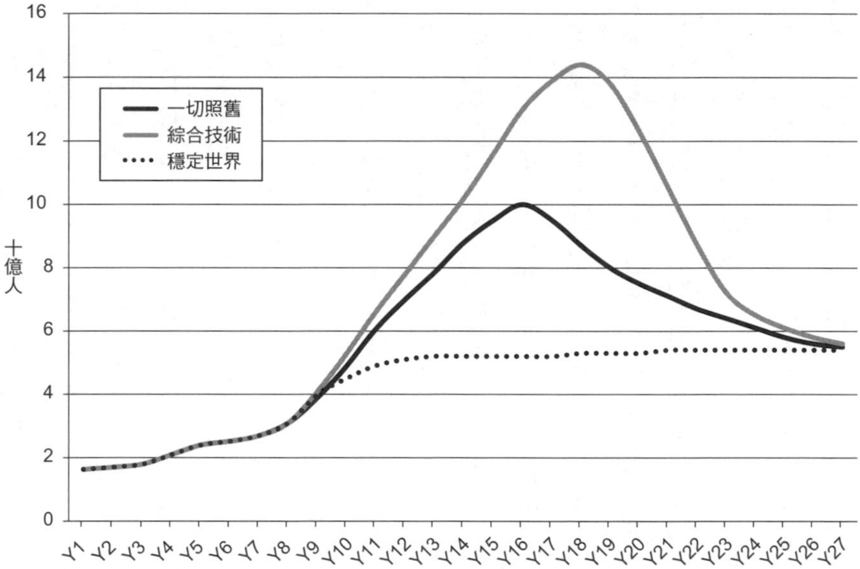

的因素，並將這些模擬結果發表成書。他們的目標不是預測數量、大小或日期，只是確定人類和環境的長期動態關係。他們依據人口成長和資源消耗率的種種假設，提出三種可能狀況（圖表8·6）。好消息是，其中一種情境顯示，如果人類立即開始限制消耗和人口成長，應該能與環境建立穩定的關係。壞消息則是，另外兩種情境顯示，人口和消耗量可能會超出地球的承載能力，人類族群可能在一個世紀內崩毀。這個訊息顯然引起全世界關注，《成長的極限》最後被翻譯成三十七種語言，一共售出一千兩百萬本。[57]

一年後，也就是在一九七三年，英國經濟學家恩斯特·弗里德里希·舒馬赫（Ernst Friedrich

Schumacher）發表《小就是美》（*Small Is Beautiful*），這本書收錄一系列短文，在當中發展出一套因應這項威脅的合理反應的理論基礎。舒馬赫是德國人，在第二次世界大戰前移居到英國，並且在英國國營的煤炭公司擔任經濟學家二十年。這個經驗再加上他篤信佛教，使他深信無止境成長這個想法（或理想）並不合理，而且在本質上是暴力的，並且基於一個非常簡單的原因即可看出這是難以持續的，因為這套系統將不可再生資源（如化石燃料）視為收入，但實際上它們是資本。要是花完所有資本，最終將花光所有的錢。高現代性計畫的目標，無論是採行資本主義福利國家模式，還是走蘇聯的社會主義路線，目的都是要透過最大化生產和消費的方式帶給人民更大的福祉。就這一點來看，「目前兩者之間實在沒什麼好選的」。真正的「目標應該是以最少的消費帶來最大的福祉」。[58]

同樣也是在一九七三年，挪威哲學家奈斯以深層生態學（deep ecology）來總結這些思想。他借用甘地的非暴力概念（他本人也曾發表關於非暴力的概念），認為所有生物，包含人類和非人類都具有內在價值，因此都具有生存和茁壯的權利，無論是否對人類有用。人類族群和消費的成長顯然剝奪越來越多生物的這種權利，因此從倫理的角度來看，這必須停止。保育、資源管理或是劃設一些讓野生物種可以生存的小型保護區只是「淺層生態學」（shallow ecology），必須以新的**深層生態學**取代，據此人類將能理解自己是這顆行星上大型生物圈的一部分，並沒有比其他動物來得重要。奈斯認為，就人類和地球的關係來看，人類的最佳數量可能是一億。[59]

這些學說理論其實是基於一套悠久的環境思想和環境倫理傳統，至少可以追溯到克拉格斯和李奧波德，但是其中一些也反映出這種新的環境意識與新左派之間的重要聯繫。因為對一些政治左派人士來說，「綠色」或環境價值觀似乎與反資本主義、反企業、反官僚主義的價值觀搭配得宜，他們拒絕資本主義和蘇聯的蠻橫，支持人性尺度的道德觀和不純然是經濟的人類價值。正如一名左派人士所言：「我們周圍自然環境的惡化，顯然是生產和消費的產物……在當今的科技社會，不論是美國還是蘇聯，這一趨勢早已占據主導地位。」[60]生態學也與和平運動融合，許多和平倡導者認為，人類必須與地球和各個國家達成和平。

也許在機構組織這個層面，最能反映這種聯繫的要屬綠色和平（Greenpeace），這是由國際環保主義活動人士組成，最初於一九六九年在加拿大成立時，是為了反對美國在阿拉斯加沿岸進行核武試驗。這個組織很快發展成採行甘地的非暴力行動的國際組織，以高明的手段操作國際媒體，讓停戰和停止環境開發的訴求獲得關鍵性的能見度。在一九七一年至一九七四年間，該組織展開的第一項活動是阻止在白令海和南太平洋進行核子試驗。一九七五年則將焦點轉移到鯨豚保護，然後是反對在北極獵捕小豎琴海豹，反對伐林、核能、近海石油鑽探，以及傾倒有毒廢物等種種有害環境的做法。到了二十世紀末，綠色和平在全球擁有六百萬名會員，並在三十個國家設有辦事處。[61]不過，綠色和平只是一九七〇年代和一九八〇年代全球環境組織迅速發展的其中一部分，在這段期間，各個組織的會員數量不斷增加。以美國為例，三大環境組織的會員總數在一九七〇年、一九八〇年及一九九一年分別為二十八萬七千、六十一萬五千和一百六十萬。[62]

在那些環境破壞明顯具體，而且能夠識別和解決的地方，環境保護人士確實取得一些顯著成就。中央和都會區的政府制定法規，大幅改善許多城市的空氣品質；以倫敦來說，從一九二〇年代至二〇〇五年，城市中的空氣煙塵降低九八%。全球都開始限制DDT這類殺蟲劑，許多鳥類族群的數量因此恢復。全球捕鯨禁令也讓一些鯨豚物種脫離滅絕的邊緣。[63]然而，除了這些務實和針對具體問題的成果外，環境哲學並未真正吸引到全球的目光，特別是如深層生態學這樣較為激進的形式，它仍是一種邊緣現象；而且即使是以系統性方式提出溫和又務實的嘗試，也常常會遭遇差別對待或質疑。在對羅馬俱樂部的評論中，有一份來自一九七三年由英國薩塞克斯大學和一九七六年由美國政府的全國供給與短缺委員會（National Commission for Supplies and Shortages）的研究，指出該書的作者犯了一個簡單的錯誤：他們的模型允許人口、消費和汙染以加速度成長，卻沒有讓因應這些問題的技術發展加速成長。高效製程、減少汙染、潔淨科技、循環利用、替代材料（如以塑膠取代金屬），以及種種類似的舉措，可以在人口和消費量繼續增加時，減少人類的環境衝擊。[64]而從一九五〇年代末以來，恰好有許多重要案例達成這些目標，各地政府制定一系列實用的新法規，管制汙水處理、空氣汙染和垃圾處理。舒馬赫的批評者也認為，他的理論沒有考慮到生產可以透過提高效率來擴大的可能性，這其實可以達到他想要的結果：使用更少來生產更多。總而言之，這些批評所要傳達的訊息很簡單：我們可以創新，並且擺脫高度現代性帶來的問題。

在一九六〇年代後期和一九七〇年代的許多關鍵時刻，確實發生這樣的情況。第九章將檢視這一發展。

第九章

轉型現代性

Transformative Modernity

一九七五—二〇〇〇年：真實發展

在二十世紀初，我們看到……少數一些非常富裕國家占據壟斷地位，累積龐大的資本。在先進國家出現巨額的「剩餘資本」。毫無疑問，如果資本主義能夠發展今天在世界各地都遠遠落後於工業的農業，能夠提高人民的生活水準，根本不會有剩餘資本的問題，然而儘管科技出現驚人進步，但世界各地仍有許多挨餓的人，依舊處於貧困之境。[1]

——列寧，一九一七年

到了一九七〇年代初期，許多批評者似乎都認為，儘管在一九五〇年代和一九六〇年代的大加速為世人帶來高度希望，但世界上只有一小部分變得富裕。更糟的是，它們是以壓榨世界其他地方來謀利，在必要時還會支持獨裁統治的政體，甚至不惜發動戰爭。最糟的是，即使在世界上的富裕地區，持續成長與繁榮的模式長期看來在經濟上窒礙難行，而且事實證明，這種模式在生態上更是無以為繼。但是約莫在一九七〇年之後，正當這種批評開始流行之際，卻發生相當驚人的事。有一項發展策略，讓許多發展規劃者和福利國家重拾希望與期待，這項策略在很大程度上是建立在所謂的綠色革命（Green Revolution）上。

綠色革命指的是在一九六〇年代後期和一九七〇年代初期於貧窮國家，特別是在亞洲，引進現代化集約式的耕作技術。其中包括許多在一九五〇年代和一九六〇年代大幅提升北大西洋與日本大部分地區單位農作物產量的技術，諸如大量使用化肥和殺蟲劑、機械化、灌溉系統，以及引進對這些耕作技術反應良好的種子品種。這場「革命」主要靠著北大西洋的援助機構，它們大力資助這類研究計畫，特別是美國的福特基金會和洛克菲勒基金會，以及後來加入的許多政府。國際援助機構和富裕國家會提供贈款與貸款給貧窮國家的政府和農民，支援他們購買化肥和機械，並透過收購價制度來支持農民。因此在很大程度上，這可說是一項跨國的全球計畫。

一九四三年，在洛克菲勒基金會的支持下，國際小麥和玉米改良中心（International Wheat and Maize Improvement Center）在墨西哥市成立，朝這個方向邁出關鍵的一大步。到了一九五〇年代，這間機構開發出改良的小麥品種（部分來自矮小麥品種，這是在一九三〇年代中期於北海道培育，在美國占領日本期間將其轉移到美國）和玉米品種，以及在乾燥平原和草原的耕作技術，這些都有助於提高生產力，特別是在北大西洋地區。這正是美國和加拿大在一九六〇年代成為小麥與牛肉出口大國的原因之一，不過新品種和新農法也幫助墨西哥在一九四〇年至一九六五年間的農業生產量增加四倍，從原來的糧食淨進口國轉變為淨出口國。到了一九八五年，墨西哥的玉米和小麥產量增加至一九四〇年的十倍左右，曳引機數量增加六倍，肥料則是三百五十倍。[2]

到了一九六〇年代初期，這個模式也轉移到亞洲。當時，特別是印度，似乎正面臨陷入大饑荒的危險，因為農業生產力趕不上人口迅速增加的速度。為了因應此問題，許多基金會、聯合國機構和政府開始投資農業研究，希望能找出提高亞洲小麥和水稻種植生產力的方法。其中最重要的是國際水稻研究所（International Rice Research Institute，簡稱ＩＲＲＩ），這個機構是在福特基金會和洛克菲勒基金會資助下於馬尼拉成立。[3]到了一九六〇年代後期，國際水稻研究所已開發出可以大幅提高生產力的水稻品種。

這股生產潛力成為一九六〇年代和一九七〇年代亞洲發展策略的核心。背後的運作邏輯是，提高農業生產力不僅可以防止大饑荒，還可以釋出勞動力，讓人力進入工業，為工業發展籌募資金，達到自我維持的經濟成長。這時候的發展援助資金有別於過往，不再著重大型工業設施建造或基礎設施的計畫，也開始投資以農業為主的建設，有時甚至會直接捨棄這些基礎工業計畫。正如近來一項研究報告描述的，國際水稻研究所是「曼哈頓計畫的糧食版」。一位發展專家在一九六一年曾寫道，背後的想法是在農業中引發「工業革命，讓務農的人力離開土地，將他們安排到工廠中工作」。[4]這麼說來，亞洲經濟體的發展，與其說是為大型工業計畫推動，倒不如說是為了打造農業盈餘而前行。

這套手法聽起來應該有點熟悉，因為這就是許多國家在一九二〇年代和一九三〇年代處理「農民問題」時提出的解決方案。確實有一位歷史學家如此看待，稱綠色革命是在二十世紀中間幾十年間由發展派人士發起的「農民戰爭」部分作戰計畫。[5]背後的想法是，將那些自給自足的貧窮農民吸收到經濟和政治體系內，轉變為小型企業家，進入資本主義體系，生產出口農產品（不論是送到已納入工業經濟體系的國內城市，還是其他國家的工業中心），就此融入國家的政治生活。這是一項透過榨取農業價值來建立工業實力，並達到政治融合的技術策略。在世界許多地方，奉行資本主義的政權和專家都大力推行這一計畫，就是連社會主義者也經常依循相同的腳本。以坦尚尼亞來說，該國的經歷相當不尋常，在獨立後，「非洲社會主義」政權的朱利葉斯．尼雷爾（Julius Nyerere）同時祭出獎勵措施與強迫手段，將大約五百萬農民從偏遠村莊轉移到政府資助的大型定居點，希望就此提高農業經濟生產力。[6]

石油和天然氣在這項技術策略中扮演關鍵角色。天然氣是大多數氮肥的原料，或許可算是綠色革命中最關鍵的元素。石油燃料則用來驅動曳引機，這對農業工業化至關重要。石油燃料推動的運輸對全球糧食市場的發展十分關鍵，能將糧食從生產中心送到消費中心。換句話說，綠色革命就是

「關於」農民和石油的事業，這在一九三〇年代是許多國家採取較為和平的替代方案，用來取代之前釀成災難的政策。

顯然地，綠色革命與冷戰關係密切。飢餓讓人憤怒，而憤怒的人可能會向共產主義靠攏。要是綠色革命能夠奏效，就能展現資本主義經濟體系的優越性，可望贏得亞洲廣大民眾的青睞。那麼綠色革命便能在解決第二次世界大戰引發的經濟問題，同時連帶化解冷戰的意識形態衝突。

綠色革命從一開始就飽受批評。這種農業形式依賴的是資本密集經濟，不論是化肥、殺蟲劑、幫浦和曳引機都要花錢。因此，它會支持大型農場，而不是小型農場。最後的結果便是許多小農（農民）將遭到淘汰。基本上，這確實是這場革命的目標；但也帶來問題，這些離開農村的人該做什麼呢？實際上，他們大舉湧入城市，在第三世界的大都市製造出二十世紀末特有的現象，形成可供雇主利用的廉價勞動力，卻未能建立真正的僱傭關係。就連許多綠色革命的倡導者，在面對這一連串問題時，都對這個過程打開潘朵拉的盒子感到震驚：這一過程造成貧困農民的叛亂，這些農民無法與富裕的鄰居或城市投資者競爭，最後失去原有的農場，因而加劇貧困和暴力事件，並且導致在墨西哥、西貢、德黑蘭和孟買等城市大型貧民窟的激進化，新興的大城市也產生更嚴峻的汙染問題。而且這場綠色革命不僅增加開發中國家的農業對北大西洋的依賴，不僅得跟後者沿岸的大型化學公司購買化學原料（這一點絲毫不令人意外），也受限於石油和天然氣的價格，偏偏在一九七〇年代初期爆發第一次石油危機，石油和天然氣價格在此期間迅速攀升。在許多地方，這種事態發展和事件加劇民主政府的失敗，例如在一九六九年的巴基斯坦和一九七一年的菲律賓。

除了資本密集這項特徵外，綠色革命的批評者認為這場革命在根本上是不可持續的。他們認為，若是將投入的肥料、水、農藥、殺蟲劑和燃料納入考量，這些「高產量」品種的產量其實不比傳統作物高出多少。由於這些作物產生的秸稈和殘渣較少，因此能夠用做天然肥料和飼料的來源就減少了，長時間下來，這又耗盡土壤中的必需養分。綠色革命所用的改良作物非常依賴灌溉系統，又加劇地下蓄水層枯竭的威脅。在傳統農業中，農民習慣會種植多樣的農作物，改成種植單一栽培「改良」品種後，反而更容易有病蟲害，因此需要不斷開發新的農藥，並且增加用量。一位批評者表示，綠色革命將農民變成「高效率的土匪」，專門掠奪土壤和含水層，謀取短期利益。某些地方遭遇的慘痛經驗似乎證明這種擔心。早在一九七〇年代後期，墨西哥就出現人口迅速成長、伐林和土壤流失等問題，再加上將土地從糧食生產轉向種植商業出口農作物，意味著他們必須再次進口糧食。在伊朗，將綠色革命技術應用於乾旱環境和貧瘠的薄土層僅產生些微差異，但是卻促成無地可耕的農民大舉湧入德黑蘭，這是激發一九七九年伊朗革命的一大關鍵因素。[7]

不過，這種發展形式確實在許多方面頗有成效，至少在短期內如此。新的種子品種和耕作技術迅速傳開，大幅提升農業生產力，解決飢餓問題。一九七〇年，亞洲的農田中有四分之一採用灌溉農法；到了一九九五年提高至三分之一。一九七〇年，亞洲農民每公頃平均使用五十磅化肥；到了一九九五年，每公頃土地幾乎使用快四百磅。[8]

結果在之後三十年中，世界主要糧食作物的平均產量急劇而穩定地成長。在四十年內，泰國、印度、印尼、巴西、墨西哥、阿根廷、孟加拉、緬甸、德國、法國和美國，主要糧食作物的單位面積產量變為兩倍。中國的稻米產量增加三倍，埃及的玉米產量則增加三倍以上。

糧食生產力的迅速提高，不僅讓南亞和東亞逃過之前擔心「人口炸彈」帶來的饑荒浩劫，還讓人口的每日平均攝取熱量增加，在印度增加近一五％，中國和東南亞則是三三．五％。[9]到了一九七〇年代後期，印度再次成為稻米出口國，這是自一九四〇年代初期以來首次回歸這樣的狀態。在一九八〇年代後期，泰國的稻米出口量是一九六〇年代中期的四倍。雖然這些國家並不像美國、加拿大和澳洲那樣成為穀物出口大國，但是就它們原本先可能陷入饑荒的預期來看，已是驚人的轉變。一九六八年，艾里希曾警告說：「養活全人類的戰鬥已然結束。現在開始，無論實施什麼振興方案，在一九七〇年代仍會有數億人餓死。那時已經無法阻止世界死亡率大幅上升。」[10]沒過幾年，就證明他這番話是錯的。

到了一九七一年，國家政府、非政府組織、聯合國、OECD和世界銀行聯合推動綠色革命策略，並承擔監督全球各地多家研究機構的角色，這場革命因此獲得足夠的動能，轉化為官方政策。[11]這項轉變也有助於重新調整發展政策的整體方向，朝向建立創業機會，以及趁機掌握「人力資本」。到了一九七〇年代後期，在「低度開發」世界中，有許多地方不僅達到作物產量快速成長的目標，就連它們經濟體中的工業和商業也開始快速成長。

但這並不是舉世皆然的現象。到了二〇〇〇年，許多拉丁美洲國家仍未完全擺脫一九八二年債務危機的災難。以美國人均GDP來比較，墨西哥和巴西的人均GDP在一九八〇年達到高峰時，略低於美國的三一%，然後到二〇〇〇年時緩慢降至二二%，與它們在一九五七年的水準差不多。西非的奈及利亞和塞內加爾，在一九五〇年大約為美國的一〇%，到二〇〇〇年緩慢降至四・五%。而到了二〇〇〇年代初期，東歐才剛剛從共產主義崩潰的經濟危機中恢復。

但在亞洲的大半地區，又是另一種局面，尤其是台灣和南韓，那時已步入主要工業生產國的行列，並於二〇〇〇年開始趕上日本、西歐和美國的人均GDP（圖表9・1）。還有少數其他經濟體也表現得很出色，但是時至今日，亞洲大多數地區的所得都還不到富裕國家的一半。不過從一九七〇年代開始，泰國、印度、印尼和中國的人均所得成長率持續超越北大西洋；土耳其和埃

圖表9・1　1950—2010年東亞的經濟「奇蹟」：日本、台灣和南韓的人均GDP。

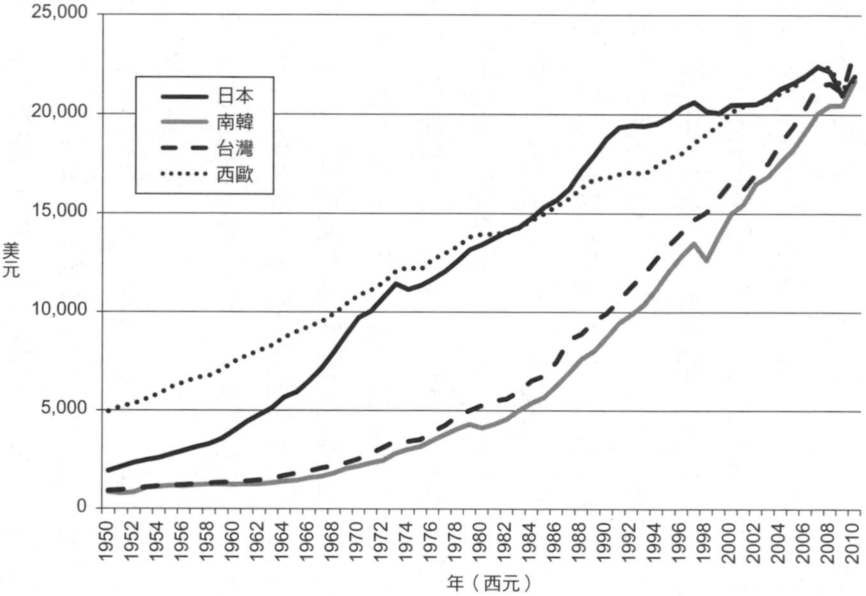

及也是如此。到了一九九〇年，菲律賓、奈及利亞、巴西、智利（但還不是整個拉丁美洲）和東歐大部分地區的人均所得成長率，也開始比美國、西歐和現在的日本來得快。之所以會發生這種情況，部分原因是富裕經濟體的成長速度放慢，但在大多數情況下，這些過去較貧窮和疲軟經濟體的人均所得開始成長，而且是以歷史上較為健全的速度前進，每年有二%以上的成長。

實際上，比台灣和南韓表現更驚人的是，當時地球上最貧窮的三個大國：印度、印尼和中國（圖表9・2）。從一九五〇年代至一九七〇年代後期，這些社會的人均所得與西歐相比是下降的（印尼有部分例外，那裡的石油業發達，提高平均所得，但對減輕貧困的作用不大）。但是到了一九八〇年代，這三國都迅速發展。一九九〇年代後期，

圖表9・2　1950—2010年實際發展：三個亞洲國家的人均所得，相較於西歐人均所得的百分比。

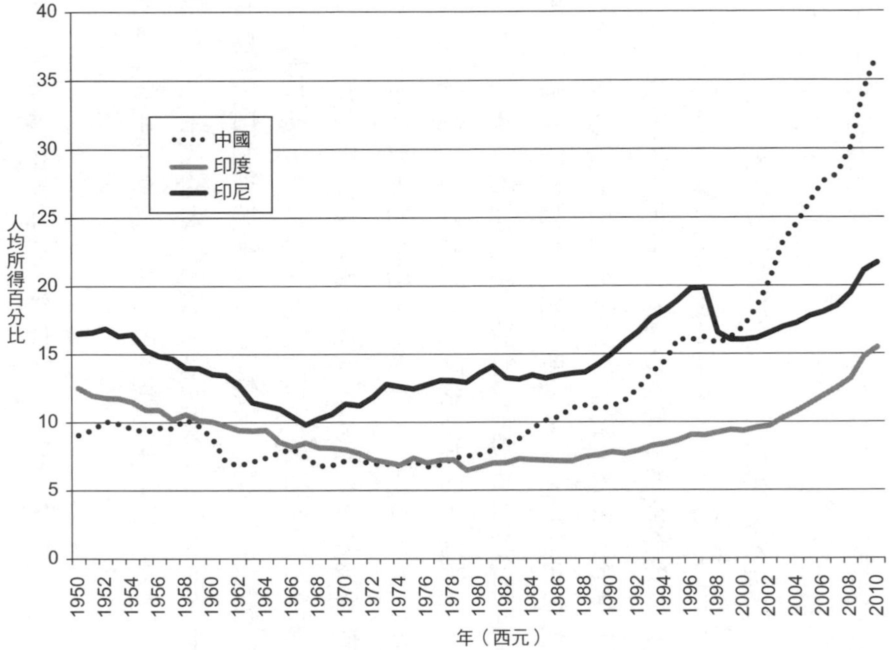

亞洲爆發金融危機，但是中國和印度並未受到動搖，而印尼也在二〇〇五年就從危機中走出來。到了二〇一〇年，這些國家雖仍名列貧窮社會，平均所得僅有西歐的六分之一到三分之一，但是它們的經濟卻以驚人的速度成長：從二〇〇〇年至二〇一〇年，印尼每年的人均所得成長率接近四％，印度是六％，而中國則接近九％。這些經濟成長率與一九五〇年代和一九六〇年代在西歐發生的「經濟奇蹟」不相上下。在一九九〇年至二〇一〇年這段期間，中國的經濟成長幾乎可以比擬日本在一九五〇年至一九七〇年間的經濟成長。

整體模式相當驚人：儘管在「經濟奇蹟」或「大加速」的數十年中，工業經濟體的人均GDP有所進步，但是到了一九九〇年，在世界上其他地方，有許多社會開始迎頭趕上。這次同樣也是在東亞特別明顯；不過在一九六〇年代和一九七〇年代，土耳其、泰國和埃及的人均所得也開始趕上西歐。

這段期間發生一些備受矚目的災難。兩伊戰爭便是一個慘痛的例子。伊朗和伊拉克在一九六〇年代與一九七〇年代的人均所得都迅速成長；但也都在軍備上投入大量資金，促使美國、蘇聯和法國等國將武器出口到這個區域。[12]兩國從一九八〇年開始進行長達八年的殘酷戰爭，主要採取人海戰術和大規模轟炸城市。到了一九八八年，兩國的人均所得下降，連一九七七年的一半都不到；伊拉克由於在一九九〇年入侵鄰國科威特，又陷入與美國的戰爭，之後可說是真的走上窮途末路。到了一九九五年，伊拉克人的平均所得僅有一九八〇年的七分之一。阿爾及利亞在一九八〇年代後期陷入可怕的內戰，到了一九九五年，阿爾及利亞人的平均財富比二十年前好不到哪裡去。在盧安達和剛果，一九九〇年代的種族滅絕與戰爭摧毀所有經濟發展，造成數百萬人陷入貧困和死亡。

戰爭不是唯一的絆腳石。如前所述，一九八〇年代初期的債務危機讓大部分的拉丁美洲經濟體在人均所得上停滯二十年。東歐要從共產主義經濟中恢復，基本上也花費這麼長的時間（圖表9．3）。[13]由於世界上其他地方大多數的經濟體都在成長，因此與其他富裕國家相比，在這些地區**相對**財富上產生的淨衝擊可說是毀滅性的。在二〇一〇年，相對於西歐，東歐和前蘇聯的所有國家比一九五〇年代時更窮。拉丁美洲前八大經濟體的人均所得在一九八〇年為西歐的四二％，在債務危機爆發後的二十年，也就是在二〇〇三年時降到最低點，僅有西歐的三〇％。伊朗在一九七六年達到西歐平均水準的五三％，但在一九八九年跌至最低點，僅剩二〇％。

但是，到了二〇〇〇年代，這些國家的經濟大多也開始復甦，趕上歐洲的生活水準。其中一項

圖表9・3　1950—2010年軍事災難：伊朗、拉丁美洲、蘇聯（和前蘇聯）的人均所得比較。

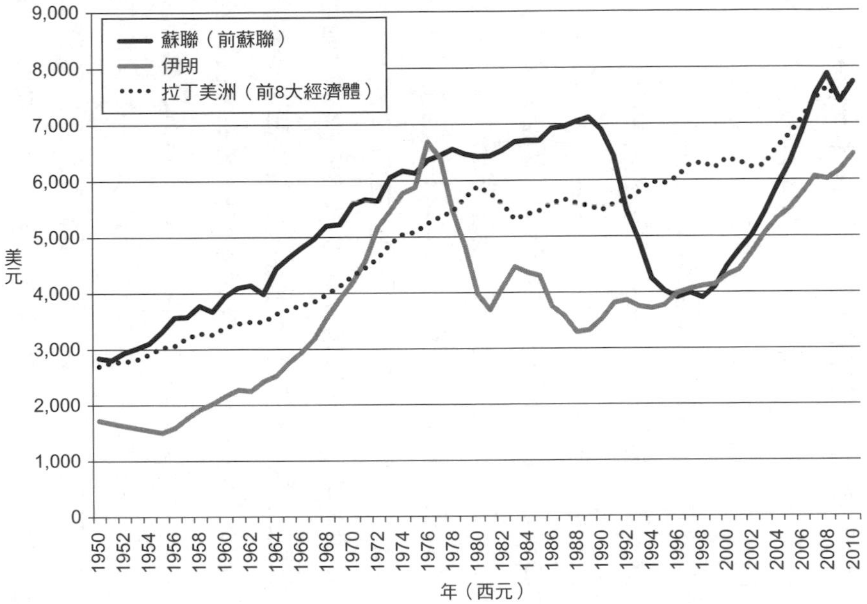

原因是，在中東以外的地區，冷戰結束後，第三世界的武器進口大幅減少。到了二〇〇一年，排除通貨膨脹因素後，第三世界武器進口總值比二十五年前還低。但是之後又開始提高，因為一些亞洲國家及伊朗和伊拉克的許多鄰國，開始在高科技武器上投入大量資金。不過對於第三世界的大多數地區來說，冷戰的結束意味著可以將大量的「和平紅利」轉移到生產力投資上。[14]

在一九九〇年代和二〇〇〇年代，世界各國普遍出現去軍事化，這也促成全球武器貿易量萎縮。在撒哈拉以南非洲，這個情勢特別明顯，算是當中相當驚人的，從一九八九年至二〇一二年，它們的軍事支出占GDP的比例大幅減少，高達近三分之二。其他國家也削減軍事預算，不過力道沒有那麼大。整個拉丁美洲的軍事開支占GDP的比例中減少近三分之一；東歐地區則是從減少四分之一（波蘭），到近四分之三（羅馬尼亞）都有；西歐減少四成；美國則是三成。俄羅斯的軍費開支可說是整個崩盤；到了二〇一〇年代，俄羅斯聯邦的軍事支出削減到僅剩過去幾年的六分之一。以世界GDP來看，軍事支出所占的比重在一九九〇年代下降四〇%以上，然後在二〇〇〇年代略微上升；到了二〇一三年，軍事支出占世界GDP中的比例仍比冷戰的最後一年，也就是一九八八年，少了三分之一。[15]

簡而言之，世界上大多數地區的人不僅收入更高，而且他們賺取的錢花在戰事上的比例也減少，越來越多錢用在增加生活的便利性上，比如說購買耐用消費品。

汽車就是一個很好的例子。雖然北大西洋和日本的有車人口比例仍遙遙領先世界上其他地區，但是在一九九〇年代和二〇〇〇年代，世界上相對貧窮的國家也開始以驚人的速度買車。到了二〇〇〇年，在巴西、土耳其和泰國，每九個人中就有一人有車，墨西哥則是每六人就有一台。在最貧窮的國家，有車階級仍然很稀少：只有一．四%的印度人和一．二%的中國人擁有汽車。儘管如此，這些國家或地區的汽車數量幾乎是一九八〇年的九倍，這個擴張速度自二戰以來絕無僅有，除了在一九六〇年至一九八〇年間的日本以外。而且一些貧窮國家還發展成主要的汽車生產國，比方說到了二〇〇九年，中國的汽車產量已超越美國。電話也展現出類似的模式，依舊是歐洲、美國和日本遙遙領先，但開發中國家則迅速追趕。一九八〇年，巴西有十六分之一的人有電話，但到了二〇〇〇年，提升至五分之一；在一九八〇年，中國有電話的人口比例僅有五百分之一，但是到了二〇〇〇年，提高至九分之一。在土耳其，這個比例從二十五分之一增加到四分之一，在埃及則是從八十分之一來到九分之一。其他耐用消費品，如收音機、冰箱和洗衣機也展現類似的模式。[16]

這些擁有率仍遠低於西歐和日本，那裡擁有汽車或電話的人口比例超過三分之一。但是就巴西或埃及的平均家庭大小來說，每個家庭的人數可能僅是西歐的一半，因此這些數據可能高估了差距，實際能夠使用這些耐用消費品的人可能遠高於此。

此外，在消費品的上漲趨勢中，有越來越多商品是在地生產，不再倚賴進口。到了一九八〇年代和一九九〇年代，「低度開發」世界的工業化迅速成長。鋼鐵生產就是這種變化中的一個良好指標。在一九五〇年代，西歐和美國的鋼鐵產量占世界鋼鐵的四分之三。到了一九九〇年代，這個比例降至三分之一，光是蘇聯幾乎就達到這樣的比例，不過在一九八九年後，鋼鐵生產就崩盤了。到了二〇〇〇年，在全球經濟中有三大鋼鐵生產中心，產量大致相當，分別是中國、日本和南韓，以及美國和西歐。但是從一九八〇年代開始，許多原本不是世界鋼鐵市場的主要生產國，也開始各自大量生產種種家用品供國內使用。二〇〇〇年時，土耳其的鋼鐵產量僅有中國的七％，但其鋼鐵產量的成長速度卻超越中國過去二十年的速度。到了二〇〇〇年，印度和巴西也成為鋼鐵生產大國，巴西的鋼鐵產量超過所有的歐洲國家，達到美國的三分之一。

加總之下，這種變化造成開發中國家出口結構的重大轉變，從大宗原物料商品轉向製成品，到了一九九〇年代，在許多地方甚至開始製造電腦和精密機械等高科技商品（圖表9・4）。總體而言，一九三七年，製造業占世界貿易的三分之一，一九五〇年為五分之二，一九七三年增加到五分之三，到了二〇〇〇年則占四分之三。[17]

大約在一九八〇年以後，開發中國家之間建立日益緊密的貿易網絡，也讓世界貿易的局面轉變。一九八〇年，這種所謂的「南南」（South-South）貿易僅占世界貿易的八％；但是到了二〇一一年，上升至二六％。開發中國家在一九八〇年占世界總產值的三三％和世界貿易的二五％，但到了二〇一〇年占世界總產值的四五％和世界貿易的四七％。正如聯合國開發計畫署（ＵＮＤＰ）

圖表9・4　1976—2008年開發中國家出口結構的變化。

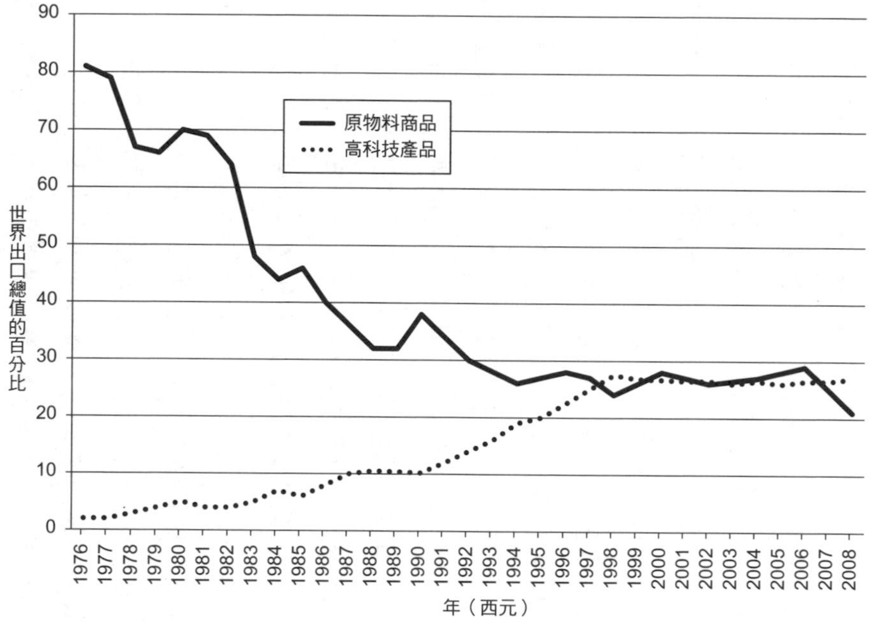

於二〇一三年的報告，在一九八〇年後這三十年中，「全球經濟力量出現戲劇性的重新平衡」。[18]

不過在一九七〇年代後期，全球經濟出現另一項重要特徵，不僅是透過貿易不斷整合，還因為工業製程的「跨國化」（transnationalization）而加深這個趨勢。特定商品的生產步驟逐漸根據各地的優勢而分化，分別在世界上不同地區完成。研發、產品設計和產品管理可能是在一個國家（比方說教育程度高的富裕國家）進行，生產基礎零件則在另一個（勞動力成本較低和原物料豐富）國家進行，最後再到（具有技術性勞力、高度自動化作業程序和富裕消費者的）第三國完成最終組裝。消費性電子品這個產業便是眾所周知的例子，個人電腦於一九八〇年代初期在加州誕生，但到了一九九〇年代，全球個人電腦產業的核心是建立在跨太平洋的產業鏈上，當中涉及研究、設計、管理、生產、組裝和行銷等作業，分別由日本、加州、台灣、南韓、菲律賓及（稍晚加入）的中國負責。[19]汽車業是一個更極端的例子，在一九九〇年代，福特汽車在分散於三大洲的十五個國家進行生產或組裝流行車款的零件，而在二〇〇〇年代初期，德國汽車巨頭福斯汽車（Volkswagen）將汽車的製程和零組件生產分散在十幾個國家。這種分散製造的模式是從一九七〇年代中期開始發展，促成的因素有很多，包括關稅和運輸成本下降、世界各地基礎設施的建設、大部分工業流程的自動化（降低技能需求），以及通訊溝通的效率和密度提高等。[20]

這項轉型的關鍵基礎是在第二次世界大戰後四分之一個世紀奠定的，主要來自於全球能源產業自身的轉型。在第二次世界大戰前，全球的電力產業是由工業核心地區的大公司推動與掌控；在墨西哥的發電主要是由加拿大、英國和後來的美國公司控制；在俄羅斯的發電則是把持在法國、比利時、德國和瑞士公司的手上；智利和阿根廷則為英國與德國公司主導。這些公司僅以自身利益為考量，通常主要供電給也受到工業核心國家公司所掌控的特定工業企業，或是供電給有原物料出口的港口城市。最後造成的結果，就是最近一項研究所稱的「飛地電氣化」（enclave electrification）。從一九四〇年代後期到一九六〇年代，一波波國有化浪潮將發電和配電的控制權從跨國公司轉移到各國政府，例如南非（一九四八年）、中國（一九四九年）、西班牙（一九四九年）、阿根廷（一九五八年）、古巴（一九六〇年）、埃及（一九六二年）、墨西哥（一九六二年）和智利（一九六五年）。[21]將發電和配電系統轉為國營的公用事業，會讓電力系統對成本和效率較不敏感，反而能更快速回應消費者需求和民生優先計畫。新興民族國家的一項主要功能，便是向國家經濟體和公民供電，有歷史學家認為這樣的作為揭開所謂「巨型水壩時代」（era of gigantic dams）的序幕。埃及的亞斯文水壩就是當中最典型的例子。這座水壩於一九七〇年完工，在一九七四年的供電量占埃及全國用量的五三％，是埃及整個國家發展計畫的核心。到了二十世紀末，全世界大概興建四萬座大型的混凝土水壩，而在一九六〇年代和一九七〇年代，大型水力發電計畫則成為能源基礎設施的重點建設，特別是在低度開發國家。一九八五年，在美國、日本、蘇聯和西北歐，水力發電僅占全國發電量的一〇％至一三％；但是在中國和墨西哥，這個比例約為四分之一，在印度則接近三分之一，在南非則高達四分之三，而在薩伊（剛果）幾乎全都是水力發電。[22]

核電過去在改變世界經濟局面的重要性相對較小，因為核電廠主要集中在歐洲和美國。但是到了二十世紀末，全世界現役的核反應爐有近四百五十座，分布在三十個國家，而在亞洲（集中在日本、中國、南韓和印度）的核反應爐數量也超過北美洲。[23]

儘管在一九七五年之後發電廠興建的步伐趨緩，但發電量仍在繼續擴大。一九七五年，印度的發電量是一九五五年的八倍，而一九九五年的發電量是一九七五年的五倍；巴西在一九五〇年至一九七五年間將發電量提高十倍，然後在一九七五年至二〇〇〇年間又提高五倍；一九六五年，中國的發電量是一九四五年的十四倍，而在一九九五年再增加十四倍。一九七五年，歐洲和北美洲的發電量大致相同，約為亞太地區的二．五倍。到了二〇〇〇年，光是在亞太地區，那些過去較為貧窮的大國（不包括日本、南韓、台灣和澳洲），發電量就相當於西歐的八五％。

在這種廣泛的經濟變化模式中，最驚人的例子要算是撒哈拉以南非洲，那裡是地球上最貧窮的一片大區域，而且在一九四五年至一九九〇年代中期，這裡是全球經濟活動最低迷的地方。但是到了二〇一〇年代初期，一項研究顯示，非洲似乎已成為「一個準備好要啟動的大陸」。自二〇〇〇年以來，貿易量不斷增加，外國直接投資增加四倍，軍備支出大幅刪減，與中國達成「快樂協同」（happy synergy）貿易，投資關係日益加深，這些都為它們帶來可觀的經濟成果。在人均所得停滯或下降三十年後，非洲在二〇〇〇年至二〇一〇年間的年成長率接近六．五%。刺激成長的一項關鍵原因是新興工業化國家（中國、印度和巴西），它們的需求推動非洲供應的原物料商品價格上漲，包括石油、鈾礦、金屬和木材。到了二〇一二年，大約有一百萬中國公民在非洲從事採礦、建築、農業和銀行業的工作，這是「南南」經濟關係擴大最為極端的例子。[24]

正如聯合國開發計畫署在二〇一三年的報告所稱，這段約從一九九〇年開始的經濟「南方轉型」完全出乎意料，而且發生得相當迅速，就連觀察家都需要一些時間，才能追上這樣的變動。聯合國開發計畫署在一九九九年與二〇一三年的兩份年度報告充滿差異，恰好凸顯出世人對此資訊的落後認知。早年的那份報告讀來幾乎令人沮喪，主要著眼於國家間所得不均的巨大差異（全球最富裕的五分之一人口握有八六%的世界ＧＤＰ）；勢力龐大的巨型跨國公司出現；全球創新分布不均；全球金融界動盪；福利國家的明顯危機；公司重組和併購帶動的經濟恐慌；ＨＩＶ病毒／愛滋病的蔓延（這成為「窮人病」，主要發生在最低度開發的國家，約造成三千三百萬人死亡，每年有六百萬人遭到感染）；全球媒體和娛樂業產生的「文化不安全感」（掀起「抨擊外國文化」的挑戰）；組織性犯罪達到全球規模（犯罪分子從全球化中受益、非法毒品占世界貿易的八%）；環境惡化；競爭壓力導致各國減稅，因而侵蝕公私領域對他人的照護，以及迫使女性加入有償勞動力的行列。這項報告確實也注意到一九九〇年代的一些進展，包括預期壽命大幅提高，這一點甚至涵蓋許多貧窮國家；全世界能夠取用潔淨水源的人口比例幾乎增加一倍；以及全球糧食產量成長二五%。但是幾乎在每個層面上，都有指出失敗、不平等和例外的情況。[25]

相較之下，二〇一三年的報告則洋溢著樂觀情緒。全球所得分配不均的情況略有下降，低度開發國家的人均所得成長速度高於已開發工業國家。在二〇〇〇年至二〇一二年間，撒哈拉以南非洲地區的人均所得提高三分之一。在許多社會，所得不均的問題正在加劇，但是總體財富增加，意謂醫療保健和教育的平均水準也跟著提高。因此，人類發展指數（Human Development Index）呈現略微下降的趨勢，這項指數是以總財富、醫療保健和教育水準來衡量世人的不平等程度。生活在赤貧中的世界人口比例，從一九九〇年的四三．一％下降到二〇〇八年的二二．四％。全球教育程度在所有教育程度（小學、中學和大學）也變得日益平等；各國能夠使用網路的人口比例差距正在縮小；低度開發國家開始產生更多的技術創新。從全球來看，這些變化相當於「前所未有地減少人類剝奪他人和擴大自身的能力」。[26]

由此理所當然地會推想，世界在一九九九年時好比一杯只裝了一半的水的杯子，而到二〇一三年時則是裝滿了。國際社會**間**的不平等現象確實有所改善，但是在大多數社會**內部**，貧富差距其實是加大的。對基本原物料的需求讓一些貧窮國家擺脫經濟停滯，但是當中國經濟趨緩時，這些以出口原物料為導向的經濟體（和社會）再次暴露出結構脆弱性。儘管軍事預算占GDP的比例下降，但全球武器的支出仍然龐大。不過從更樂觀的角度來看，在過去三十年中，低度開發世界逐漸從一九八〇年代初期的債務危機中恢復，並在一九九〇年代後期經濟開始加速成長。實際上，在二〇〇〇年至二〇一〇年間，低度開發國家債務的總利息下降一半以上。南非的利息成本下降一半，拉丁美洲的利息成本下降三分之二，撒哈拉以南非洲在二〇〇〇年支付的利息占GDP的四．一％，但在二〇〇九年只占一．二％。[27]

另外，還有兩項較為廣泛的因素有助於解釋一九七〇年代中期以後「實際發展」的相對成功。首先，到了一九七五年左右，整個世界經濟體的商業創新中心已確定轉移到亞洲（圖表9．5）。到了二〇一〇年，中國、南韓和日本的專利申請量，總計是美國和西歐的兩倍以上。造成這個差

圖表9・5 1960—2010年本國專利申請量。

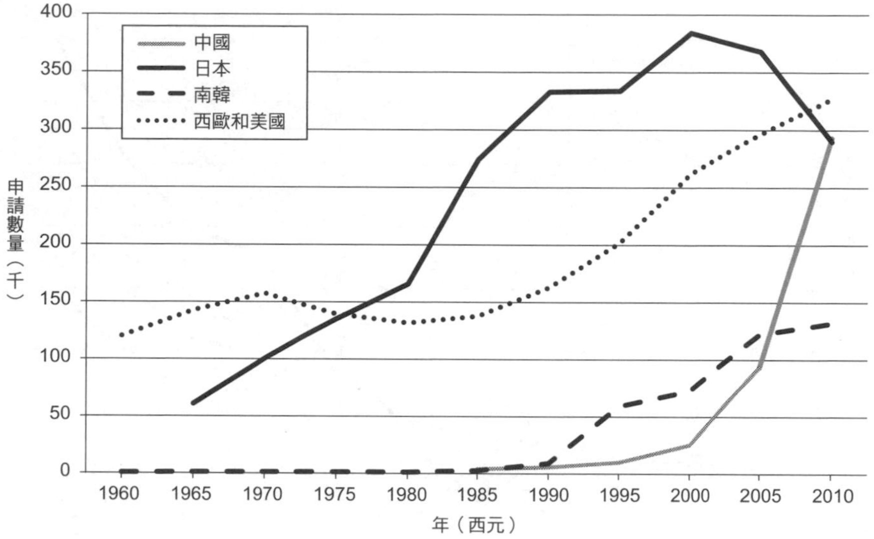

異的一項重要原因是，這些亞洲國家大量投資在高等教育上（圖表9・6）。甚至早在第二次世界大戰前，一些亞洲國家就已經在高等教育方面投入大量資金；戰後，它們迅速超越世界上大多數其他國家（除了美國，該國在這方面總是例外）的高等教育。到了二〇〇〇年，泰國和土耳其的人均學生人數與西歐一樣多；墨西哥和巴西也急起直追；日本、南韓和台灣的總數大約是西歐的兩倍，中國的學生比例則是西歐的五分之一，但中國的人口甚多，大學生總數已經超過英國、法國、義大利及德國的總和。結果是受過技術教育和技能的人數大量增加。以埃及為例，在一九五二年有一千三百九十二名職業科學家；到了一九七三年則增加至一萬零六百五十五位。[28]

第二項促進「實際發展」的因素是非工業化世界的生育率，這個比例在一九七〇年代開始直線下降（圖表9・7），而預期

圖表9・6　1960—2012年大學生數量。

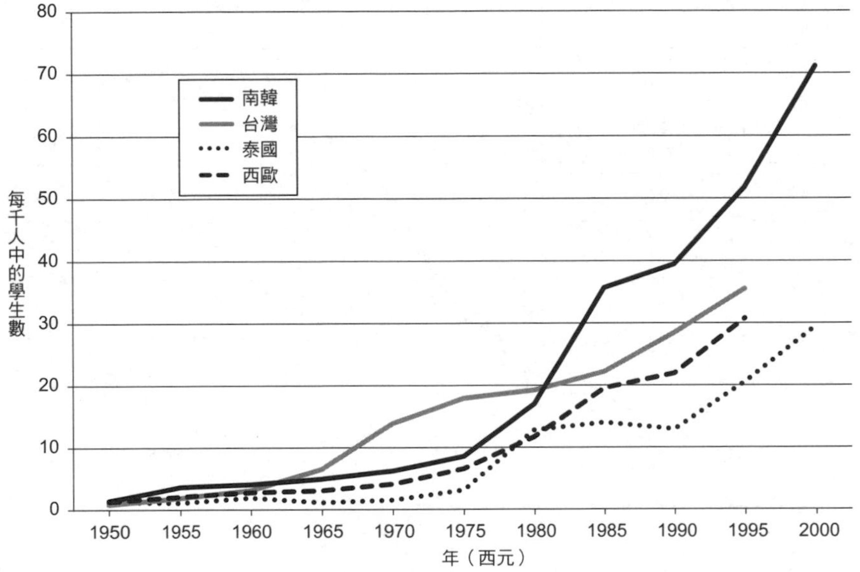

圖表9・7　1960—2012年生育力的趨同發展：成年女性的平均子女數量。

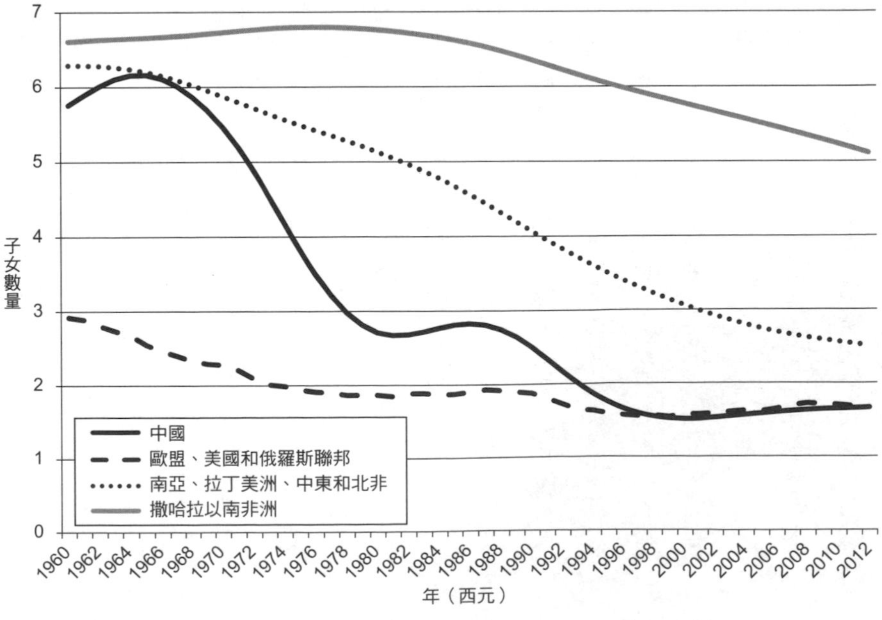

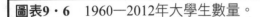

壽命則加速成長（圖表1．7）。到了二〇一〇年，世界上大多數國家都朝著人口零成長，以及約莫七十歲的預期壽命邁進，撒哈拉以南非洲則是唯一的例外。最後的結果是，世界人口成長率在一九六五年至一九七〇年間達到最高，之後幾乎減少約一半。[29]在過去數十年中，人口的快速成長和高死亡率常常刺激人均所得的成長，而在過去三十年裡，生育率下降和健康狀況改善，都有助於確保更多國家將生產力的提高轉化在生活水準上。舉例來說，南韓在一九五〇年至一九六七年間的人均所得相對於西歐而言大約是一七%。此後穩定上升，到了二〇一〇年，這兩個地區的人均所得相當接近。造成這個變化的原因是，有工作的成年人在南韓人口的比例上升，從一九七三年的三二．七%增加到一九九八年的近四三%，與同一期間的西歐大致相同。[30]

到了二〇一〇年，這兩項因素的淨效應又是在亞洲特別顯著，順利消除與北大西洋社會間的差距，在十九世紀中葉到二十世紀中葉因為早期的技術和產業發展而取得領先優勢。或許到了二〇四〇年再回顧時，情勢會變得更明顯，可以更清楚看到這些優勢在一九六〇年代以前都是日益增強，但在接下來三個世代中逐漸消退。正如在二〇一五年時看到的，這個消退過程大約已經走了一半。

一九六八－二〇〇〇年：新右派

伊斯蘭政府與君主立憲及共和體制國家間最根本的區別是，在後兩者中，人民代表或君主可參與立法，但在伊斯蘭國家，立法權和建立法律的權能，完全屬於全能的上帝。[31]

——一九七九年伊朗革命的政治和精神領袖阿亞圖拉．魯霍拉．霍梅尼（Ayatollah Ruhollah Khomeini），一九七〇年只有在熱切尋求和謙卑接受上帝的祝福時，自由才得以茁壯。美國的民主試驗就是基於這種體認。我們的開國元老能有這樣的發現真是一大勝利，這訊息透過威廉・佩恩（William Penn）發聲：「如果我們不受上帝的統治，就必須由暴君統治。」

——美國共和黨籍總統隆納・雷根（Ronald Reagan），一九八三年

在一九七〇年代和一九八〇年代，已開發國家和「開發中」國家的許多人，都對「實際發展」的政治、經濟及文化在各地的影響深感不安，尤其憂心對自己社會的經濟和政治主導地位正逐漸減弱。有許多人也對那些反全球化、新左派和生態運動感到困擾。到了一九七〇年代中期，這些擔憂成為新右派的關注焦點，這是在工業化國家和「開發中」國家政界浮現的一股新勢力。

新右派最初是在一九六〇年代和一九七〇年代出現於全球政壇，主要是因應新左派、「第三世界主義」和反全球化運動的興起而產生。這項右派運動參雜一些令人費解的要素，有些相互矛盾，有些相互補強。不同元素的重要性因地而異，並且在不同地方出現複雜而多樣的結盟和談判。在此僅舉一個例子，復興基本教義派是雷根在美國「新右派」的核心方針，但是在英國擔任「新右派」政治領導人和象徵人物的瑪格麗特・柴契爾（Margaret Thatcher）卻很少提到宗教，事實上，宗教復興在英國新右派中沒有發揮什麼作用。

從全球觀點來看，這個複雜運動基本上有四項特質。首先是反共產主義，以及在政界大力鼓吹政治民主、人權和捍衛自由的優勢。第二項是新自由主義，這是對自由市場經濟的強烈承諾，在新右派的想法中，這與民主密不可分。本質上，對新右派而言，自由市場之於經濟，就好比參政權和公民權之於政治一樣。而在這一點上，新右派動搖那些福利國家建國者的思想。福利國家的擁護者

認為，有時必須透過國家干預來確保自由，以確保在提高生產力，邁向打造國富民強的路線時，每個人都能具體而實際的受益。新右派卻堅持，自由是將政府從經濟和社會生活中移出時所產生的。第三項特質是強力復興保守文化的承諾，在某些地方，這是以非常張揚的慶祝形式來進行，積極培養民族傳統，強調民族團結與統一的「統合性」（integral）民族主義（又譯為整合型或整體民族主義）；但在其他地方，則是以復興保守宗教的形式呈現；在許多地方，兩者是同時並存的。第四項特質則與宗教元素最為密切，是對於所謂的性保守主義（sexual conservatism）的廣泛承諾，這是對性、家庭和社會之間關係的認定，其中家庭是社會秩序的基礎，而兩性各司其職則是家庭的基礎。

新右派的侵略性反共作風，既是對一九七〇年代蘇聯採行攻擊策略的回應，同時也反映出新右派陣營日益發現共產主義的經濟弱點和效能低落，這在他們眼中可是一大良機。雷根在一九八三年三月對全國福音派協會（National Association of Evangelicals）的一場重要演講中，表達要把握這個機會的感覺，他指出共產主義是「人類史上悲傷而離奇的一個篇章，即使到了今日仍在撰寫最後幾頁」。[32]雷根在一九八〇年代進行大規模的軍事建設，一方面是為了凝聚美國的統合性民族主義人士；另一方面則是為了迫使蘇聯將更多資源投入軍事預算，好讓共產主義經濟體徹底瓦解。[33]不過，許多美國在亞洲盟國的經濟成功，顯然也與蘇聯式的停滯經濟形成鮮明對比，這又鼓動反共的運動。日本、台灣、南韓、土耳其和泰國，都是資本主義發展的成功故事。

新右派之所以反對福利國家和發展政策，在很大程度上是由於一九七〇年代石油危機引發的經濟困境，包括失業率上升、債務增加和通貨膨脹率上升。在一九七〇年代初期和中期，一些評論者已經在擔心這些發展的「無法管理性」，也就是在這種情況下，不管使用哪種已知的解決方案，都會讓其他問題惡化。以反週期的赤字支出為例，這將讓債務和通貨膨脹問題更嚴重；而祭出更多財政紀律來控制通膨和債務，則會提高失業率。但是新右派卻反其道而行，主張政府根本不該解決這些問題，國家應該讓自由市場自行解決。這意味著要將國營產業和企業私有化，以限制國家預算對經濟不穩定的影響。放鬆對勞動力和金融市場的管制，讓勞動力和投資分配獲得更大的靈活性，或許可為失業和通膨問題創造出新的解決方案；進一步促進貿易自由化，讓全球經濟透過更有效的國際勞動分工來解決問題。

許多新右派都認為，這不僅會帶來經濟利益，還會創造更大的自由度。例如，早在一九六八年日後擔任首相的柴契爾就曾提出，福利國家的建立造成專家和官僚的「威權」，他們根據官僚體系所謂的專業知識一意孤行，為越來越多人做出越來越多的決定，而不是透過民主協商。因此，她主張：「個人的政治參與度高低，不在於參與政府決策的多寡，而是讓政府減少公部門的決策範圍，這樣自然而然就能把決定權讓給私部門的公民，讓他們自己做出更多的決定，提高他們的『參與度』，如果這還算是描述此狀況的合適字眼。」[34]一九七九年，當柴契爾成為英國首相時，就大刀闊斧地展開放鬆管制和私有化計畫。一年後當選美國總統的雷根，也推行類似的計畫。就這樣，「柴契爾主義」和「雷根主義」在一九八〇年代與一九九〇年代盛行一時，成為其他國家仿效的榜樣。

新右派在推動反福利國家運動時，其實是順勢搭上一九七〇年代和一九八〇年代重塑世界經濟的廣泛趨勢。其中最重要的一項助力是，在大部分的「開發中」世界，它們的世界貿易迅速成長，而且運輸、通訊、金融，乃至電力基礎設施都日趨成熟，再加上南韓、台灣、巴西和菲律賓製造業的興起，大幅削弱北大西洋和日本等工業社會的組織勞動力。工會組織長期以來都支持福利國家公平性再分配和機會均等的核心政策。但是在新的經濟條件出現後，它們很快失去籌碼，之後又失去成員，因為那時企業可以在不損及品質或是運送過程可靠性的情況下，將生產轉移到工資較低的經濟體，省下更多的錢，英國的國有煤礦產業就是這樣的例子。柴契爾在一九八四年至一九八五年的大罷工中，瓦解礦工工會的權力，將大部分煤礦業私有化，並在隨後的十年間關閉幾乎所有英國國家煤礦場。在美國，雷根與空中交通管理員工會進行具有同樣象徵意義的鬥爭，他們與英國的煤礦工人一樣都受僱於政府。在這兩個例子中，經濟和技術變革都扮演關鍵角色：在英國，石油取代煤炭，成為英國經濟中的主要燃料；在美國，靠著電腦即可進行飛航安全控制，能飛的航班就跟罷工前一樣多。[35]

至於新右派運動中的文化元素，則是反映出一九七〇年代出現的至少兩種有別於以往的發展。一種是人口組成，到一九七〇年代初期，大多數富裕的工業化國家的生育率都下降了，平均每位成年婦女的孩子替代率不到兩個。在世界上其他地區，直到一九八〇年代和一九九〇年代，生育率一直保持在較高的水準，但死亡率卻直線下降。因此在這二、三十年間，北非、中東、拉丁美洲和大多數亞洲地區都經歷人口爆炸性成長，而已開發國家卻面臨勞動力短缺。在十九世紀末和二十世紀初，歐洲移民湧入西半球、澳洲和其他一些地區。但是到了一九六〇年代，情勢卻反轉過來，有越來越多拉丁美洲和北美洲的移民流回歐洲。在短期內，數百萬歐洲人逃離新近獨立的前殖民地，「返回」歐洲，當中最大的一群是在一九六〇年代初期回來的，約有一百八十萬法籍人士（包含法屬阿爾及利亞和法屬印度支那的人），然後是一九七〇年代，約莫八十萬葡萄牙籍人士（包含葡萄牙在非洲的領地），[36]這樣的逆轉趨勢很快就成為定局。以美國為例，在一九五〇年至一九七〇年間，拉丁美洲人與亞洲人取代歐洲人和加拿大人，成為當地最大的移民群體（圖表9．8）。一九五〇年，歐洲人占美國移民總數的六七％以上；到了一九九〇年，亞洲人和拉丁美洲人及少數的非洲人幾乎占了九〇％。還有一項次要因素對於這個轉變也很重要，美國在一九六五年廢除

圖表9・8　1950—2000年的新移民時代：美國移民的來處。

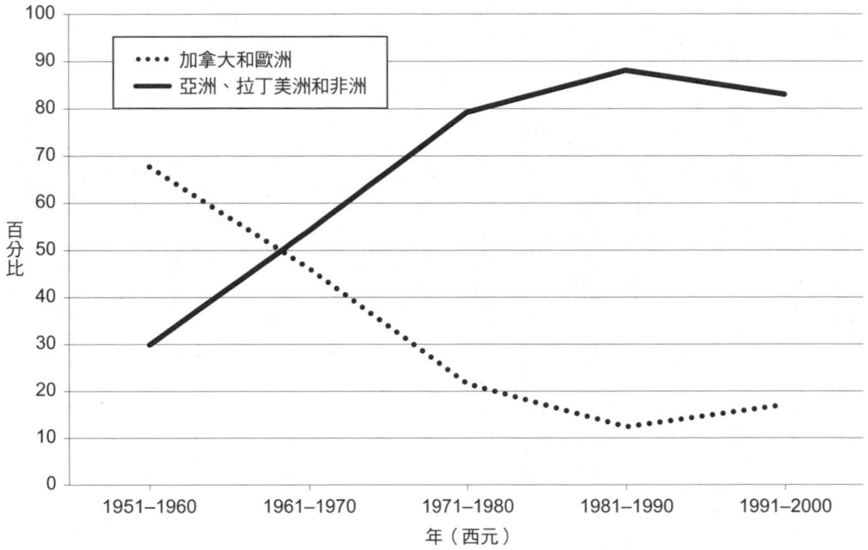

一九二〇年代實行的舊配額制，這套制度過去限制來自特定國家和地區的移民，因此移民比例一直維持在十九世紀的舊模式。之後澳洲（一九六七年）和加拿大（一九七三年）也放寬對亞洲移民的限制。[37]在美國新右派的訴求中，有很大一部分是源自於一九五〇年代和一九六〇年代民權運動期間的發展，當時正逐步拆解種族歧視的法律結構，就像之前提過的，這種發展與種族主義政策和世界各地殖民帝國的崩解密切相關，而且是自發自覺的。一九四〇年代和一九五〇年代，非裔美國人在美國內部向北方和西方遷移，這對新右派在南方之外擴展勢力大有幫助。

在同一時期的歐洲，移民則是以勞工的形式出現，這些勞工來自之前歐洲帝國的殖民地，主要是在北非、中東和加勒比海地區。在一九五〇年至一九八〇年間，有一百五十萬非洲人、近兩百萬土耳其人、六十萬印度人和巴基斯坦人，以及六十五萬加勒比海島民移

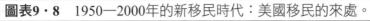

居到歐洲。一九五〇年，移民在西歐人口中才稍微超過一%。到了二〇〇〇年，這一比例達到二十分之一。在此期間，其他經濟發展中心也開始吸引大批移民。非洲東南部有一百五十萬人受到南非石油產量成長的吸引而移民過去。西非也有兩百萬人因為石油業蓬勃發展而前往奈及利亞，超過一百五十萬人從菲律賓、巴基斯坦、印尼和中東轉移到石油資源豐富的波斯灣國家。最驚人的例子是日本，在一九九〇年代招募約三十五萬日裔巴西人和秘魯人前往加入日本工業界。[38]

在某些人眼中，這種全球移民模式的大逆轉構成一大威脅。在美國，許多文化保守派認為拉丁裔是不同的種族，不算是「白人」。有些美國新教徒也不太喜歡他們數百萬的天主教新同胞，而日益浮現的亞洲宗教傳統則困擾那些自認美國是基督教國家的人。同時出現的第三世界主義看似構成另一項威脅，讓那些來自拉丁美洲和亞洲許多地區的移民頓時成為國家內部的敵人，懷疑這群人會基於出身而投入反資本主義和反「西方」計畫。對抱持這種觀點的人來說，最典型的一刻就是一九六八年在舊金山州立大學發生的第三世界大罷課（Third World Strike），以及接著在一九六九年於加州大學柏克萊分校發生的類似罷課事件，這是美國史上最長的兩次學生罷課。兩次都是由第三世界解放陣線（Third World Liberation Front）所發起，這個組織是由非裔美國人、亞裔美國人、拉丁裔和美國原住民學生聯盟建立，他們的抗議迫使大學行政管理部門成立新的民族研究學院。而在文化保守派這一邊，他們將此視為激進分子把高等教育政治化的手段。[39]由於許多參與民族研究計畫的人本來就對美國史上的種族歧視抱持高度批判態度，因此統合民族主義人士認為這類學術計畫是一種攻擊，會打擊他們民族傳統的尊嚴和合法性。當時的加州州長雷根強硬拒絕罷課者提出的條件，也讓他聲名大噪，成為全國性人物。

歐洲，特別是在石油危機導致失業率上升後，也出現一波波反移民的情緒浪潮，首先是反移民的暴力事件，之後還成立專門反移民的政黨。這裡的許多文化保守派認為來自土耳其和北非的穆斯林移民屬於不同的文化，是非基督教的異族，來自於沒有強大民主傳統的國家，因此對他們歸化的國家也不會忠心。而且正是在這幾年間，紛紛設立日後發展成歐盟的一些共同的政治和經濟機構。這也讓統合性民族主義人士深感威脅，認為自己的民族傳統遭到那些支持移民的政策破壞，還有位於布魯塞爾的歐盟首都，不斷擴權的官僚機構也在動搖各國的民族傳統。

在美國和西歐，宗教偏見都激起對新移民團體的不滿與不信任。不過在新右派現象中，高度政治化的保守宗教復興原本就是一大重要特色，與移民議題沒有什麼關係。而就美國政教分離的長久傳統來看，福音派新教徒的參政特別出人意料。這種參政現象早在一九四二年隨著全國福音派協會的成立而組織成形，在一九五〇年代，福音派牧師比利．格雷厄姆（Billy Graham）更是為社會保守主義和反共產主義發聲。等到一九七七年愛家協會（Focus on the Family）和一九七九年的道德多數派（Moral Majority）成立時，就在全美政治界中變得舉足輕重。

在北大西洋以外，許多重要的政治運動雖然與工業界的新右派不同，卻共享一些相同的重要目標。在大多數的地方，宗教都扮演核心角色。一九六〇年代和一九七〇年代出現強大的保守派穆斯林復興，最具代表性的例子是一九七九年伊朗革命領導人霍梅尼。更晚近一點的，則是激進的伊斯蘭恐怖組織，他們試圖重塑穆斯林世界的政治秩序（特別是與西方對抗），最終目的是建立代替世俗民族主義的神權統治。在印度，印度人民黨（Bharatiya Janata Party，簡稱ＢＪＰ）於一九八〇年成立（不過其根源可追溯到一九二〇年代的民族主義運動，以及第二次世界大戰後與巴基斯坦建國後的衝突），他們拒絕資本主義和共產主義核心那種世俗的唯物主義，轉而支持政治化的印度教。伊朗的革命政權和印度人民黨都支持某種形式的統合性民族主義：認為自己的宗教就是民族政治傳統的基礎，也是使他們成為偉大而自由民族的原因。印度人民黨還將這種宗教激進主義與一系列健全的新自由主義經濟政策結合，包括支持私有化、放鬆管制、自由市場、財政保守主義和企業家精神。[40]

這股政治宗教熱潮的成因很複雜。在一九六〇年代和一九七〇年代，世界上某些地方突然就出現一股世俗化浪潮，這不見得是因為隨著正式宗教實踐的衰落，人們逐漸放棄宗教信仰（儘管也有這樣的趨勢）。在已開發國家的情況特別明顯，參加宗教儀式的人數急劇下降。在基督教國家，受洗和教堂婚禮的比率下降。到了一九八一年，有五九%的法國人和四八%的英國人表示從未上教堂。許多社會學家認為，隨著社會變得富裕和複雜，就會出現功能分化，特定的社會和文化功能逐漸為專門的機構與專業人士接掌。例如，教育成為學校和大學的職責；職涯規劃改由職業協會來負責；心理健康的維繫成為心理學家的工作；社會援助成為社工的工作；經濟生活由會計師、銀行家和貿易聯盟官員處理。這一切全都在破壞宗教的權威，自古以來，宗教在大多數社會中，在社群生活的各個方面都扮演相當的角色，透過慈善機構來滿足人的物質需求、透過諮詢來關照人的心靈、在宗教學校中教導人民，以及組織同儕團體（例如青年、婦女和專業組織）。當然還有在社會現代化的過程中，科學探究和科學家（而不是宗教及教會）接手解釋世界運作的方式。對虔誠的教徒來說，這兩種發展都是巨大的威脅，因此會有展開行動的呼籲。另一項威脅則是日益個體化或「私人化」的宗教，這是一種靈性發展的趨勢，側重於個人經驗，而不是信仰的集體實踐。[41]

第二項相關因素是來自國家間的競爭，在現代世界，每個國家都在宣示自己的主權，例如在公立學校的教育，是為了培養民族主義、良好的公民素養和統一的國家語言。同樣地，在二十世紀上半葉，福利國家也會與宗教慈善機構競爭。隨著去殖民化的發展，以及在前殖民地國家建立較有效率的民族主義官僚政府，國家與宗教間的競爭成為全球生活中日益重要的一項特徵。

以穆斯林世界為例，那裡的政府在一九五〇年代和一九六〇年代強力推行世俗化的公共政策。之前幾章曾提過，在伊朗和土耳其都出現宗教保守派與推行世俗化的民族主義精英的爭鬥，在這場衝突的早期階段，民族主義的精英階級認為穆斯林神職人員落後，是建國前或非國家的政治秩序及農村社會的象徵，因此試圖減少這些人的社會和政治影響力。中東其他地區的政權也採取同樣的路線，尤其是敘利亞和伊拉克的阿拉伯復興社會黨（Ba'ath Party），深受蘇聯社會主義的影響，自一九一七年以來，發動種種活動反對伊斯蘭擔任公職，也意圖革新中亞蘇聯的傳統社會秩序，因為它反對所有宗教，這在馬克思主義傳統中被視為反作用力。埃及的納賽爾也受到社會主義者的世俗觀點所影響，認為埃及的伊斯蘭機構是在與國家爭奪政權。但是，即使是伊朗的沙赫（shah），即國王或稱沙王，也抱持反蘇聯並與西方結盟的立場，繼續執行父親過去推出的一些積極世俗化政策，包括在一九六三年擴大已婚婦女的權利，並賦予投票權。[42]

然而，不應將宗教新右派的興起純粹解釋為防禦性反應。與第一次世界大戰前的情況一樣，技術、經濟和社會變革也為宗教活動人士帶來振興的契機。諸如收音機、電視、平面媒體、卡式錄音帶，以及後來的光碟和網路等通訊技術，這些產品也讓宗教運動和教會能加強與信眾的關係，和他們的日常生活建立更緊密的聯繫。這類創新也提升宗教在全球的影響力，甚至比十九世紀的情況更盛，大戰後的世界再次出現宗教信仰在全球融合的情況，達到非比尋常的程度。幾乎所有宗教的一些復興運動都至少出現這樣的現象，不論是基本教義派、新世紀、自由神學，還是傳統的保守派。

實際上，在過去半個世紀以來，有些宗教的全球擴張程度相當驚人。一九五〇年，摩門教徒約有一百一十萬人，到了一九七〇年約有三百萬，而在二〇〇〇年則超過一千一百萬。到了二十一世紀初，只有一半的摩門教徒生活在美國，其餘則分散各地，在拉丁美洲和加勒比海地區有四百五十萬以上的教徒，還有兩百萬左右的教徒在歐洲、非洲和太平洋地區。[43]基督教中重視個人屬靈經驗的靈恩派（Charismatic Christianity）和強調單一神格的五旬節派（Pentecostal Christianity）也在世界各地迅速蔓延，特別是在拉丁美洲和非洲；到了二十一世紀初，全世界估計有兩億五千萬五旬節派基督徒。另外，各式各樣起源於印度次大陸的宗教運動也吸引全球各地的追隨者，儘管沒有成為大眾宗教，但影響力卻遠遠超越散居國外的印度裔社群。例如，一九六五年成立的國際奎師那意識協會（International Society for Krishna Consciousness，或稱「哈瑞奎師那」〔Hare Krishnas〕）；各種佛教流派（小乘佛教、禪宗、藏傳佛教），到了二〇〇五年，在美國有八十萬人改信佛教；各種形式的瑜伽練習，於一九二〇年從抵達美國的瑜伽士帕拉宏撒．尤迦南達（Paramahamsa Yogananda）開始；或是瑪哈禮希．瑪赫西．優濟（Maharishi Mahesh）瑜伽士的超覺靜坐（Transcendental Meditation）。[44]

因此，全球化為宗教帶來新機會，不僅得以傳播到世界各地，還可加深和強化與追隨者之間的關係。但也正是這種擴張對地區性宗教團體構成巨大威脅。就像二十世紀初，宗教全球化的這兩個面向也密切相關。有些宗教活動分子和創新人士因此受到鼓舞與啟發，一位學者稱此現象是「一個充滿宗教消費者的全球市場，世人在當中尋求各式各樣的選項，從而創造出自己的救贖之路」。[45]但是，這樣的發展也引發激進的「基本教義派」反應，他們通常都是打著教義中的「純度」和嚴謹性名號，而其中的一些回應辦法與新右派中的統合民族主義路線如出一轍。[46]

宗教保守派還發現另一種完全不同的威脅，不是來自異教徒日益成長的影響力，而是組織良好的無神論者，或是不可知論者的世俗化人文主義。大多數抱持世俗觀點的人文主義者都否認超自然和靈的存在，認為人類不過就是大自然的一部分，是演化的產物；他們認為對真理的追求是批判理性和科學的事業，而不是宗教的；他們主張人類的最高目標是實現自我和提升當下的生命，而不是在死後獲得救贖。這套說法直接源於第一次世界大戰前由倫理文化學會等組織領導的宗教創新時期。不過，一九五二年國際人文主義者與倫理聯盟（International Humanist and Ethical Union，簡稱ＩＨＥＵ）於荷蘭成立後，則獲得更新、更有效的組織形式，並且在一九三三年發表的《第一份人文主義宣言》（First Humanist Manifesto），一九七三年的第二份及一九八〇年的《世俗人文主義宣言》（Secular Humanist Declaration）中清楚闡明該組織的論點。[47]

在國際間，這些想法有一些傑出且具影響力的擁護者。在此僅舉一個例子，ＩＨＥＵ第一任主席是在英國舉足輕重的演化生物學家赫胥黎爵士。赫胥黎與威爾斯父子檔合作出版一套三卷的科學經典著作《生命的科學》（*The Science of Life*），對於推廣生態學的概念甚有助益。一九三一年，他共同創立名為政經規劃（Political and Economic Planning）的英國智庫，該組織後來在將英國打造為福利國家的工作上扮演相當重要的角色。一九四六年，他成為聯合國教科文組織第一屆主任，任務是支持人類發展、國際科學合作、人權和知識自由，以及對抗種族主義和宗教排擠問題。擔任教科文組織主任時，赫胥黎在整個低度開發世界大力倡導避孕藥，防止「人口炸彈」爆發。一九六一年，他協助成立世界野生動物聯盟（World Wildlife Federation），成為全球環境運動的重要推手。[48]對文化保守主義者來說，赫胥黎簡直是一場噩夢。身為宗教懷疑論者和達爾文演化生物學的推廣者，他為聯合國做出的主要貢獻，包括全球發展計畫、創造福利國家和環境運動。他似乎代表某種陰謀（或至少是一種複合體），結合彙整各種反宗教思想和組織。

然而，也許對宗教保守主義者和基本教義派人士來說，最令人不安的是一九七〇年代中期，這場陰謀或這個複合體招募到最龐大的一個群體，足以破壞傳統宗教文化和傳統社會結構，這個群體就是女性。

一九五〇—二〇〇〇年：性別革命

美國小姐代表世人對女性的期待：無害、平淡、對政治不感興趣。要是妳太高或太矮，超過或低於「男人」決定的標準體重，那就別指望了。人格、口才、機智和奉獻精神，這些都不重要，從流隨俗才是奪冠的關鍵，而且從根本上來說，是女性在我們這個社會取得成功的關鍵。在這個以民主而聞名於世的社會中，每個小男孩長大後都可望成為總統，每個小女孩長大後會希望成為什麼？美國小姐。[49]

——紐約激進婦女（New York Radical Women），一九六八年

在新右派聯盟中，有些地區的宗教保守派勢力較強，這些新右派關注的重點就會放在家庭、性別角色和性生活上，但在世界上大部分地區並非如此。在英國、紐西蘭、澳洲及拉丁美洲的大部分地區，「新右派」純粹是一場新自由主義運動，脫胎於自由市場在經濟上優於福利國家的信念。但是在許多其他社會中，新右派依不同程度連結新自由主義經濟思想與基本教義宗教。在那裡，性成為一個中心要旨，甚至主導多數議題。

在一九六〇年代至一九八〇年代，這段時期的天主教會即可說明一切。天主教的社會教導在一九五〇年代和一九六〇年代的歐洲，一直是打造福利國家及全球發展計畫的知識基礎，是當中

的重要成分。因此於一九五八年至一九六三年擔任教宗的若望二十三世在這兩項發展的影響力非常深遠。他的通諭《慈母與導師》（一九六一年）闡明福利國家和發展計畫的中心思想，而《和平於世》（*Pacem in Terris*，一九六三年）則呼籲和平、尊重人權及透過國際合作，打擊全球的貧困、暴政和不公問題。[50]教宗若望二十三世還對教廷本身進行歷史性改革，他召開梵蒂岡第二屆大公會議（Second Vatican Council），在一九六二年至一九六五年間將教廷的治理機構精簡化與現代化，鬆綁神學論點公開辯論的規則，開啟與基督教派、猶太教和穆斯林等其他宗教的對話，並開放舉行宗教儀式的語言，原本僅能以拉丁文進行，後來也可使用當地語言。正如教宗若望二十三世所言，這是「展望現在，適應現代世界帶來的新條件和新的生活形式」所做的努力，在「更新」天主教徒敬拜方式的同時，又「將現代世界與福音書充滿生機和永恆的能量連結起來」，證明那些僅在現代性中看到災難的「末日先知」是錯的。[51]他還試圖與猶太世界和解（例如修改傳統猶太人的耶穌受難日祈禱詞，將「讓我們為不忠實的猶太人祈禱」改成「讓我們為猶太人祈禱……我們的上主最初便是對著他們發聲」），忽略不忠實部分；他還譴責帝國主義，並鼓勵女性擴大在政治和社會中的角色。[52]

若望二十三世的繼任者保祿六世（Paul VI）最初也繼續他的改革腳步，延續教廷現代化計畫，還增加主教七十五歲和樞機主教八十歲的法定退休年齡等措施。他尋求與其他世界宗教領袖對話，並於一九六四年成立宗座宗教協談理事會（Pontifical Council for Interreligious Dialogue），專門處理和其他宗教交流的事務，並且參訪六大洲，他還推動西班牙天主教會與獨裁政權佛朗哥斷絕關係，此舉有助於一九七五年推翻佛朗哥的政權。一九六七年，他發布一份呼應《慈母與導師》的通諭，鼓勵富國幫助窮國，支持它們的經濟成長和發展；一九六八年，他批准一場拉丁美洲主教的主要會議，讓他們站在窮人和社會正義的一邊。然而到了一九六〇年代後期，保祿六世開始改採一些激進的保守立場，尤其是與性有關的議題上。一九六八年，他頒布《論人類生命》（*On Human Life*）通諭，維持教會反節育的立場。有許多自由派天主教徒為此身陷醜聞，但實際上教廷內部的保守勢力日益增強，反對這股在教廷和社會中被視為革命的做法，而不認為這是服膺自由主義或進步的趨勢。[53]

一九七八年，紅衣主教團選出若望保祿二世（John Paul II）擔任新任教宗，他一上任立即成為全球新右派的樞紐。這位新任教宗來自波蘭，在祖國的經歷讓他成為強烈的反共人士。在擔任教宗期間，於一九八〇年代加入動搖共產政權的全球攻勢，其中包括聲援獨立的非共產主義波蘭貿易工會，這個聯盟最後瓦解波蘭的共產主義政權。不過若望保祿二世就只是純粹的反動派。他批評南非的種族隔離、第三世界對窮人的經濟剝削，以及富裕社會的高消費和拜物傾向。在一九八七年訪問美國時，他提醒聽眾，美國社會存在制度化的種族主義，並公開支持聖殿運動（Sanctuary Movement），這是一項接納遭到受政府壓迫和殘殺的中美洲難民庇護運動，那些中南美洲的獨裁政權都曾獲得美國政府支持。在訪問日本時，他大聲疾呼：「不要再出現第二個廣島！不要再有第二個奧斯威辛（Auschwitz）集中營！」暗示這兩起事件敗德的程度不相上下。他反對獨裁統治，不論是右派還是左派，並警告奉行自由市場的資本主義可能與共產主義一樣會淪為帝國勢力；他任命來自二十四個國家的三十位新樞機主教，當中有十三個是非歐洲國家，幫助教廷國際化。他主張免除窮國債務，將那些受到一九八二年債務危機拖累國家的債務一筆勾消。[54]

一九八四年出版的《身體神學》（*The Theology of the Body*）論文集，和一九九五年發布的《生命的宗教》（*Religion of Life*）通諭，可說是總結若望保祿二世擔任教宗時最重要的談話。在這些文本中，他譴責墮胎、婚外性行為、避孕、同性戀、安樂死、死刑和戰爭。還提倡他所謂的「新女性主義……拒絕模仿『男性霸權』模式的誘惑，珍惜和肯定女性在社會生活各層面的真實才華，克服一切歧視、暴力和剝削。妳們（女性）受召來見證真愛，來見證天賦和對他人的接納」，這對婚姻至關重要，也應當是所有人際關係的核心。「為人母是與生命奧祕的特殊交流」，而且這種交流「深刻地標誌著女人的個性」，應該成為她參與社會的基礎。在其他著作中（例如一九八一年發布論及勞工的通諭），若望保祿二世則主張家庭工資制度（即支付給男性足以支撐家庭的薪資，讓女性得以留在家裡照顧孩童）。這是關於家庭、性別角色和性生活的全面保守觀點。就性自由主義者的角度來看，這些觀點幾近偏執，比方說教宗將避孕、墮胎、戰爭和死刑聯繫起來，將其稱為現代版的「文化之死」。[55]

不過，這其實是世界各地宗教保守派人士普遍抱持的想法。其中最著名的要屬美國新教福音派婦女運動的一位領導人菲莉絲・施拉夫雷（Phyllis Schlafly）。一九七八年，一份基督教保守派雜誌採訪施拉夫雷，詢問她反對《平等權利修正案》（Equal Rights Amendment，簡稱ＥＲＡ）的緣由，這項平權修正案能讓性別平等原則進入美國憲法。施拉夫雷解釋道，平權修正案會「促使妻子走出家門，……將我們轉變成男女平等的社會」，這將免除丈夫支持妻子的義務，會結束女性免服兵役的例外，會使女性變得痛苦、憤怒和「反家庭」。她認為，女性解放運動和這些理想是促成「離婚的主因，在女性身上的效應比較像是一種病」。她對這樣的事態感到遺憾，認為儘管婦女運動「基本上代表一種對生活的消極態度」，但女權主義者卻「在制定我們的法律。她們在接管我們的教育制度和媒體，獲得所有男性的工作」。她們「與色情作家同盟」，並試圖創造出「不可能立法來反對同性戀」的態勢，並且「讓同性戀者的地位和進入婚姻的夫妻一樣，也具有獲得尊嚴和敬重的資格」。她認為：「全國婦女組織（National Organization for Women，簡稱ＮＯＷ）一直以來都支持女同性戀。」[56]

沒有幾位新右派人士能和施拉夫雷一樣，會對女權產生這種全然幻覺式的想法。但是在某些地方，這種想法確實對政策產生相當大的影響力。好比說在伊朗，一九八〇年代初期的革命政權就廢除於一九六〇年代和一九七〇年代在君主制時引入的重要女權，特別是在家庭法的部分。[57]

為什麼新右派的宗教人士會這麼關注性別角色和性行為？一個重要的原因是，一九七〇年代初期，在已開發世界出現所謂的女權主義「第二次浪潮」。這個強而有力的運動主張，只有在女性獲得和男性一樣的自我發展和自我實現機會時，才有可能真正實現民主、福利國家及自由世界的承諾。而這意味要有兩性平等的教育和工作管道、同工同酬、免受歧視和暴力，以及在婚姻中享有同樣的權利和自主性。這場運動直接脫胎於福利國家的觀念，因為認同每個公民的尊嚴及發揮潛力的機會。這場運動也與一九六〇年代的新左派政治有相當密切的聯繫，當時他們認定女性是許多基本人權尚未得到承認和保障的群體中最大的一群。女權運動在西歐和北美洲特別活躍，在一九七〇年代，女權在家庭法、教育機會、就業法、反歧視法，以及強暴和家暴處理方面都取得重大進步。女性在世界政治舞台上也擔負日益重要的角色，在一九六〇年至一九九〇年間，有十六個國家的總理和總統是由女性擔任。[58]

世界各地的女權運動也影響同一時期的發展政策。之前提過，一九七〇年代的發展策略出現重大轉變，從大型工業和基礎設施計畫轉向人類發展。這時，發展專家致力於限制生育率。而在這兩大主軸外，發展政策至此又多了一項關鍵的新焦點：女性的健康和福利，以及女性的生育掌控權。一九七二年，聯合國（在一九四六年成立的婦女地位委員會敦促下），宣布一九七五年為國際婦女年，而一九七六年至一九八五年為聯合國的婦女十年（United Nations Decade of the Woman）。在一九七五年六月於墨西哥市舉行的第一屆世界婦女大會上，來自一百三十三個國家的代表聚在一起討論女權，並設立聯合國婦女發展基金（UN Development Fund for Women）。一九八〇年在哥本哈根舉行的第二屆大會上，有六十個國家簽署《消除對婦女一切形式歧視公約》（Convention on the Elimination of All Forms of Discrimination Against Women）。在一九八五年於奈羅比（Nairobi）舉行的第三屆大會上，會員國制定出時程表，預計在二〇〇〇年以前廢除對婦女的一切法律歧視。[59]在這些努力中，女權人士在某種程度上是以人權語言為綱要；實際上，在一九七〇年代後期和一九八〇年代的人權論述有一項重要發展，擴大納入之前主要認定為「社會」權的範疇，包括女性參與政治和社會的相同權利、兒童與窮人享有滿足基本需求的權利，以及原住民的權利。

在這些大會上，以及在一九九四年於開羅舉行的國際人口與發展會議（International Conference on Population and Development）上，許多女性明確主張要推動計畫生育。一九九五年在北京舉行的第四屆大會要正式落實這一項承諾，宣布：「女性的人權包括她們有權控制，並且自由而負責地決定與她們的性相關問題，包括性和生殖健康，不受強迫、歧視及暴力威脅。」那次的大會甚至邀請各國政府考慮將墮胎合法化，儘管這項要求最後並未正式納入決議。但是早在一九七五年的第一屆大會上，論調就已經相當激進，那次的會議通過一項決議文，明確指出：「全世界的婦女，無論存在什麼差異，都遭受不平等待遇的痛苦經歷，並且……隨著對這種現象的認識日益增強，她們將成為反對任何形式壓迫的自然盟友，不論是殖民主義、新殖民主義、猶太復國主義、種族歧視及種族隔離制度，從而為今日世界的經濟和社會變革帶來巨大的革命潛力。」[60]想當然耳，看在新右派眼裡，所有這些事態發展，只是進一步證明聯合國確實在國際間支持激進的第三世界革命、世俗的人本主義及性開放等議程。

在此期間，有兩項廣泛的結構性發展，為這些由女性支持女性的政治舉措奠定基礎，並且更加凸顯這些倡議，而引發文化保守主義人士的暴怒。其中一項是全球生育率下降。這項變化是經濟發展和機遇的產物，也是因為在富裕的消費社會中要取得各種商品都變得容易許多，因此各種避孕措施獲得廣泛使用。在世界上許多地方，避孕藥的使用對性行為的普遍和人對性的觀感產生重大影響，因為它有效解決濫交和意外懷孕造成最棘手的嚴重後果。抗生素在全球的廣泛應用則有效地消除另一種後果，即性病的傳播（直到一九八〇年代ＨＩＶ／愛滋病出現為止）。到了一九七〇年代，世界各地有許多文化保守主義者都相信並擔心，全球性的濫交浪潮將會席捲全球，掀起一場「性革命」。

第二項相關的結構性發展則是，全球勞動力從一九七〇年代到一九九〇年代發生大幅轉變。在這三十年間，有數億婦女湧入有償工作市場，而且幾乎發生在世界各地。這種現象的時間點也是因地而異，並且有例外的情況，特別是在傳統以女性勞動力為主但逐漸衰退的產業，或是因為追隨在新產業中男性工作機會而舉家遷移的特例。不過到了一九九〇年代末，世界上大多數地區的女性勞動力都朝著四〇％或四五％邁進。

而且在那些數據較為可靠的ＯＥＣＤ國家中，還發現到了一九八〇年代，男女平均薪資的差距於世界各地幾乎都在縮小（圖表９・９）。這種朝向均等的趨勢有部分要歸功於反歧視法，這是在許多地方的女權運動所促成的。另一項原因則是因為受教育的女性越來越多，讓她們能夠擔任管理和技術職位，這類報酬豐厚的工作過去幾乎完全保留給男性。以美國為例，在一九六〇年代後期，法學院學生中只有二十分之一是女性，但是到了二〇〇〇年代初期提高至一半，醫學院和商學院也出現相似的局面。[61]這正是施拉夫雷認為女權主義者將接管所有男性工作的時代背景。對許多擁抱「傳統」家庭模式（由負責養家的男性領導）的「新右派」來說，這種非同尋常的全球趨勢構成一

圖表 9・9　自1980年以來的性別薪資差異（男女薪資中位數的百分比差異）。

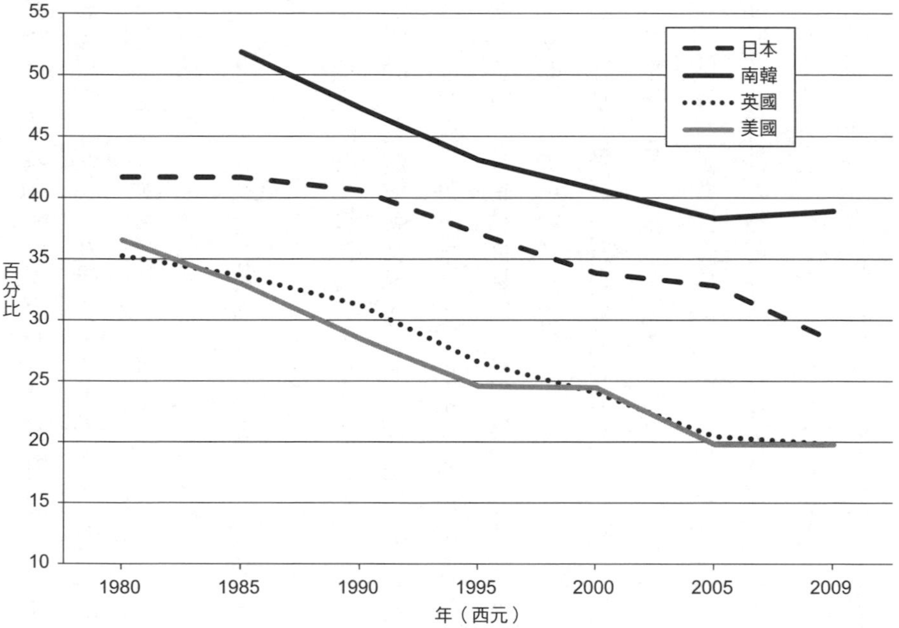

項嚴峻挑戰。

在全球勞動力市場中，女性也取得相對成功，其中一項原因是她們並非在農業或工業領域找工作，而是在運輸、通訊、金融和其他服務業領域中尋找。第二項原因則是世界經濟發生非比尋常的結構性轉變：到了一九八〇年代，服務業成為世界經濟中最有活力、成長最快的產業。在西歐和拉丁美洲，到了二〇〇〇年有四分之三的女性在服務業工作，但只有一半的男性在這個產業；在美國的服務業，有六七%的男性進入，而女性則高達八九%。在許多開發中國家，差異則沒有那麼明顯，例如在印尼只有三七%和四一%，部分原因是，在許多開發中國家，工業的就業成長仍比服務業快得多。不過在世界上大多數地區，女性獲得工作比男性快得多，部分原因就是她們遇到服務業這個新機遇。

幾乎在所有地方都出現女性大批進入勞動力市場的情況。幾乎在所有地方，她們都努力節育，以便有時間獲得從事這些工作所需的教育。在全球女權主義者的支持下，聯合國的世俗人文主義者提倡女性擁有這樣的權利。家庭工資和全職母親的模式，以及穩定家庭是文明社會基礎的觀念，正迅速地遭到侵蝕。有了這樣的機會，大家都想盡力提高家庭收入，確保物資安全和提升舒適感。教宗若望保祿二世在一九九五年發布的《生命的宗教》的通諭中稱此現象為「經濟主義」（economism），他認為，問題出在世人日益認為物質比人更重要。這類譴責普遍出現在世界各地的新右派陣營，他們認為人類生活的重點應當放在價值而不是物質上。

這個發展有助於彰顯出世界各地許多新右派內部出現的緊張情勢。從全球來看，有一半的新右派奉行新自由主義，堅信自由市場和民主是相輔相成的，而且比其他一切制度都來得優越；另一半則是保守的宗教人士，他們堅信某些價值觀是必須捍衛的，即使有違市場規則。一九七〇年代和一九八〇年代，全球婦女擴大就業是自由市場戰勝文化保守主義者的證據，挑戰「傳統」單薪家庭作為社會生活核心的承諾。在這種脈絡中，應當預期新自由主義者和宗教保守主義者會認識到彼此相互矛盾之處，最終難免分道揚鑣，各行其是。

實際上，沒有什麼比在新右派中扮演關鍵角色的女性，更能說明新右派的這種「精神分裂症」，最具代表性的人物非柴契爾莫屬。柴契爾生長在嚴守衛理公會教規的家庭，大學獲得化學學位，在一九五〇年代初期（當時她二十多歲）進入英國政壇，一九五九年當選國會議員，一九七〇年成為內閣大臣，並自一九七九年至一九九〇年擔任首相，是英國二十世紀任期最長的首相，對世界上大多數的人來說，她可說扮演新自由主義新右派掌門人的原型角色。[62]另一個例子是奧萊塔．查莫羅（Violeta Chamorro），她經過長期艱新的奮鬥，才在一九九〇年當選尼加拉瓜總統。首先是反對美國支持的蘇慕薩（Somoza）獨裁政權（此人曾入獄，後來暗殺她在反對派報紙擔任編輯的丈夫），然後又要對抗推翻蘇慕薩的馬克思主義革命運動。查莫羅後來在美國的資助下當選總統，旋即採行新自由主義路線的經濟政策。[63]第三個例子則是移民美國的俄羅斯人艾茵．蘭德（Ayn Rand），她強烈批判社會主義和福利國家等路線，是全球新右派中深具影響力的思想領袖。

這三名女性所扮演的角色正好凸顯出一個關鍵，可以說明為何新右派沒有分裂。所有的新右派都將反共視為第一優先目標，這個頭號敵人將他們團結起來，再加上他們都擔心福利國家的做法會破壞家庭和教堂的重要性，而這無異是為主張無神論的共產主義鋪路。對許多新自由主義者和宗教保守主義者來說，共產主義比其他一切都來得糟，而福利國家和共產主義在基本上可說是半斤八兩。例如，蘭德就曾譴責所歸化的美國的醫療保險計畫（Medicare），認為這套政府支持老年人的醫療保險，「就這樣提議、討論和接受以政治手段來實施『人道主義』計畫，也就是**強行**施加在無數的人身上，誠然是一種駭人的魯莽作為」的例子。她認為這個醫療保險證明政府與銀行劫匪具有相同的「犯罪」心態（兩者間沒有道德差異），也證明他們和共產黨的心態一樣，她描述為「野蠻、盲目、可怕、血腥的不現實」激發「集體化的靈魂」。[64]

然而，在一九八〇年代後期和一九九〇年代初期，冷戰突然解除。大多數一黨制的共產國家在一九八〇年代末都陸續解體，除了幾個重要的例外。這也許是在漫長的二十世紀中發生最重要的一場政治動盪。對新右派來說，這是巨大的勝利，並且證明他們的路線。無巧不巧的是，大約是在一九八五年至二〇〇〇年間，許多專政政體（不僅限於共產體制）也都瓦解了。換句話說，這場大規模的民主革命勝利浪潮，之後也波及左派和右派的專制政權。

第十章將探討這個發展。

第十章

民主與資本主義獲勝了嗎？

DEMOCRACY AND CAPITALISM TRIUMPHANT?

一九八〇年之後：全球民主的勝利

在試圖麻痺蒼生之際……當權者也麻痺了自身，長遠來看，這又讓他們喪失去麻痺世人的能力……。多年來這台運轉良好，無懈可擊又從不出錯的機器，就這樣在一夜之間瓦解了。在這一致的投票和選舉中，沒有人會質疑它的力量，這套看似能夠毫無止境統治整個世界的制度，就這樣毫無預警地瓦解了。[1]

——瓦茨拉夫．哈維爾（Vaclav Havel），一九七五年

第九章討論世界經濟和全球社會發生的一連串全面性變化，包含社會功能分化與世俗化、國家權力的成長、性別革命及女性就業激增，也提到新右派對此的回應。這些轉變既深且鉅，沒有一項公共政策可以遏止，頂多只是稍微修改，或使其緩慢下來。就這個意義上來說，新右派的保守宗教「分支」或「版本」的種種提議，其實面臨巨大挑戰。新右派中統合性民族主義這一分支也面臨同樣的問題。世界各地出生率的分歧意味著，基於經濟上的必要，有數以千萬人得從地球上人口眾多的地區向外遷移，流向地球上機會豐富的地區，這樣的移動是不可避免的。因此從某些方面來說，新右派從一開始就注定失敗。

不過，新右派在一個關鍵面向上取得勝利：共產主義垮台了。在一九八九年和一九九〇年，東歐所有的共產政權，包括蘇聯在內，全都瓦解了，或多或少被民主政治制度和自由市場經濟取代。事實證明，新右派對共產主義的看法是正確的，正如前美國總統雷根所言，這是一個悲傷而離奇的故事，在一九八〇年寫下最終篇章。但東歐的這段發展僅是民主政治和自由市場經濟取得全球性非

凡勝利的一部分，根源可追溯到一九七〇年代中期。[2]

這波民主化浪潮的範圍相當驚人。在一九七〇年代中期以前，世界上大部分地區都處於某種形式的獨裁統治。據統計，在一九七五年世界上僅有三十五個自由民主國家、一百零一個專制政府，以及十一個介於兩者之間的國家。二十年後，有七十八個自由民主國家、四十三個專制國家，以及一個介於兩者之間的國家。[3]從一九七〇年代中期開始，一波波的革命推翻獨裁政權，從葡萄牙和西班牙的後期法西斯政權（分別是一九七四年與一九七五年）開始，然後是希臘的軍政府（一九七四年），接著是伊朗的王權（一九七九年）。在一九八〇年代初期和中期，拉丁美洲的獨裁政權在債務危機與「緊縮」計畫的影響下，開始陷入困境，失去繼續執政的正當性。阿根廷軍事獨裁統治於一九八二年在馬爾維納斯群島（Islas Malvinas，福克蘭群島〔Falkland Islands〕）上與英國發生短暫戰爭，遭到擊敗，並於一九八三年瓦解；到了一九九〇年，在拉丁美洲的二十個國家中，有十七個是民主政府，與一九八〇年的情況完全相反。[4]到了一九八〇年代後期，這個趨勢也蔓延到亞洲，從一九八六年的菲律賓開始。在一九八〇年代末又傳到東歐，這次輪到共產政權瓦解，在一九九〇年代，整個非洲的獨裁政權也陷入分崩離析的狀態。

菲律賓的「人民力量」（People Power）革命算是為這些革命奠定最初的模式。一九八六年馬可仕的準軍事、準平民化寡頭政權遭到以非暴力為訴求的大規模群眾動員推翻，那次遊行在馬尼拉街頭集結兩百萬名抗議者。在此之前，馬可仕統治二十一年，把持所有重要選舉，在必要時還會宣布戒嚴，並接受美國的財政和軍事支持（因為他當時在與倡導馬克思主義的叛亂農民對戰）。反對派的主要領導人是貝尼尼奧·艾奎諾（Benigno Aquino），逃亡在外的他於一九八三年回國時，在馬尼拉機場遭到暗殺。那起謀殺案引發不斷擴大的民眾抗議運動；之後馬可仕在一九八六年總統大選時舞弊作票，最終導致巨大的民眾抗議浪潮。軍方分裂，天主教會公開反對馬可仕，雷根撤回美國對其政府的支持，馬可仕潛逃出境（流亡到夏威夷），最後由艾奎諾的遺孀柯拉蓉・艾奎諾（Corazon Aquino）宣布接任總統。[5]

接下來十多年間，這種情況在世界各地反覆上演，情勢因地而異，有時候會遭逢可怕的失敗。辛巴威在一九八〇年白人結束統治後，出現奉行馬克思主義的一黨專制政權，儘管徹底破壞該國經濟，但仍執政。在薩伊，內戰與一九九〇年代初期盧安達的種族屠殺事件引起多方內戰和區域戰爭，到了二〇〇四年，連年的戰爭已經造成大約三百八十萬人死亡（還不包括在盧安達種族屠殺暴力事件中喪生的一百萬人）。[6]前南斯拉夫崩解後產生六個獨立國家，期間造成約二十萬人死亡。在中國，一九八九年發生一場令人費解而混亂的嘗試，要求開放共產黨寡頭統治的政治體系，最後遭到軍事鎮壓。在其他國家，經過和平的民主革命後，產生的卻是準寡頭政權、普遍的貪腐或積弱不振的政府。到了二〇一〇年代中期，中東和北非在經歷從二〇一一年開始的「阿拉伯之春」（Arab Spring）這一連串民眾起義的動盪後，結果仍暗示在該地區的大半地方，唯一可行的政治選擇依舊是軍事獨裁或神權統治。然而，這段時期仍是史上最大一波政權更替浪潮，比二十世紀初那波「全球革命時刻」的政權更替浪潮來得成功。而且大部分時候，是在不流血的情況下完成。不過在剛果、波士尼亞及較晚近的敘利亞，還是造成災難性破壞，但是與二十世紀初在墨西哥、俄羅斯、土耳其和中國等地死傷慘重的革命相比，這些災難顯得輕微許多。

民主化浪潮也推翻各種專制政權。在一九八九年至一九九〇年的東歐，共產官僚政權全都遭到瓦解；墨西哥自一九八八年開始選舉，在經過十幾年的多次選舉後，終於結束四分之三個世紀以來可說是社會主義者的一黨專制，新政黨在二〇〇〇年首次建立政府。東非的非洲社會主義一黨專政在一九九〇年代瓦解。坦尚尼亞自獨立以來（一九六〇年代初期）在一九九五年舉行首次的自由選舉；尚比亞是在一九九一年；肯亞則是一九九二年。在西非也出現類似的政權瓦解狀況，例如一九九九年在塞內加爾。而在南非，民主化推翻種族隔離政權，該政權過去僅讓白人享有民主制度，大力推動資本主義經濟。一九九〇年，非洲民族議會黨（African National Congress，簡稱ANC）領導人曼德拉，在監獄服刑逾二十年後獲釋；一九九四年，南非舉行有史以來第一次民主選舉（曼德拉勝選）。一九六六年至一九九九年，奈及利亞發生五次成功和兩次失敗的軍事政變；而且在這三十三年中，有二十九年是由軍事獨裁者統治。不過在一九九九年五月，舉行十六年來的第一次選舉，建立可以真正存續的民主政體。[7]

儘管通常將「一九八九年」視為摧毀共產主義的革命年代，但在世界上大多數地區，於一九八〇年代後期到一九九〇年代這段時間，實際上見證的是反共的軍事政權崩毀。在印尼，一九九八年的大規模非暴力抗爭，終於推翻一九六五年建立的軍事寡頭政權；經過三年情勢複雜的過渡期後，到了二〇〇二年由梅加瓦蒂・蘇加諾普特里（Megawati Sukarnoputri）當選總理，她是共和國第一任總統的女兒。[8]在台灣，從一九四九年開始戒嚴，直到一九八七年解嚴，但是要到一九九二年才允許全民普選，而到了二〇〇〇年，這個國家首次由非國民黨政府主政。一九八七年六月，南韓有一百萬人走上首爾街頭，五年後，南韓有了三十年來第一任民選總統。在南美洲，自大蕭條以來一直是由寡頭軍事獨裁主政，直到一九八〇年代才瓦解。阿根廷的狀況更是特例，接連在一九三〇年、一九四三年、一九五五年、一九六六年和一九七六年、一九七〇年代後期與一九八〇年代初期發生軍事政變，超過三萬人「被失蹤」，都是由受到新左派激進分子威脅的軍政府所為。不過從一九八三年開始，民主逐漸盛行，到了二〇〇三年，阿根廷甚至結束對謀殺這些人的各級軍官大赦。巴西於一九八五年結束二十一年的軍事獨裁統治，在一九八九年舉行自由選舉。

一九九〇年代初期，在一些國家，數十年來一直贏得自由選舉的執政黨終於失去政權，這也不是巧合。以義大利為例，一九九四年，半個世紀以來一直防堵歐洲最大的共產黨進入政府的基督教民主社會主義同盟（Christian Democratic-Socialist alliance），接二連三地陷入貪腐的訴訟官司，最終摧毀義大利的所有主要政黨。日本在一九九三年也爆發一連串類似的醜聞，造成執政的自民黨分裂，自第二次世界大戰以來首次由非自民黨政府執政。

導致專制（或寡頭）政權垮台的直接原因因地而異。在拉丁美洲，債務危機是一大關鍵。在少數地方，戰敗也是主因之一（例如一九八二年阿根廷在福克蘭群島的戰役、一九八七年蘇聯在阿富汗，以及一九八八年南非在安哥拉）。對南韓、台灣、泰國和南非來說，美國在冷戰期間支持「前線」國家的動機不復存在，也是一項很重要的因素。不過，歸根結柢，有一個基礎的深層原因：獨裁政體與當時正在發生，且不斷加速的全球經濟革命完全不相容。

東歐的共產專政正好可以說明之間難以相容的狀況。早在一九六〇年代後期，事態就逐漸明朗，由共產政權建立的中央控制統制經濟，只會奉令行事，這對於重工業密集發展和建造鐵路、鋼鐵廠、發電廠、挖煤礦及鑽油井等基礎設施的效果並不好，而這些都是打造持續經濟成長所需歷經的初期建設階段。東歐的經濟成長自一九六〇年代中期以來穩步趨緩，最終遠遠落後於西歐（見圖表8．5）。實際上，在一九七〇年有三位蘇聯的傑出科學家連署發表一封公開信給蘇聯領導高層，信中確切診斷出最終導致蘇聯解體的所有問題。他們警告，蘇維埃的這套體制並不能促進科技創新，「而且沒有發現或適當利用發展生產潛力的新方法，技術進步的速度已突然趨緩」；原本領先的現代工業、化學和電腦產業等，遠遠落後於西方同業。「我們用於各種形式的教育總支出比美國低三倍，而且成長速度較慢」；犯罪、貪腐、官僚主義和怠惰正蔓延開來；缺陷不斷加深。這是為什麼？技術創新與科學進步需要自由和開放的探究及討論，但是在蘇聯體制下，「我們在自由交流思想和資訊的道路上，遇到一些難以跨越的障礙，……對於創意、批判和充滿活力的個人明顯缺乏信心，……在官方體制中，晉升與否不是取決於專業素養和堅持原則的精神，而是口頭上宣示對黨的忠誠」。所謂的「科學方法要求的是充分的資訊、公正的思想及創造的自由」，但蘇聯政權卻偏好政治化和奉承；「動力與創意」被「今日的官僚、禮節、教條、公開的虛偽造作為及平庸作風」扼殺殆盡。[9]

二十年後，蘇聯政體確實就是因為上述這些問題而崩毀。在一九七〇年至一九八九年間，蘇聯政權之所以能存續，主要就是靠著高油價支撐。蘇聯當時是石油和天然氣的主要出口國，從西伯利亞輸送到西歐，儘管國內經濟搖搖欲墜，但還是賺了大錢，足以支撐政權。當石油價格在一九八〇年代中期崩盤時，蘇聯政體也開始分崩離析。不過無論如何，到那時為止，東歐的共產政權在經濟、社會和環境上的成效，完全被西方的民主資本體制超越，大幅落後到讓人完全提不出任何試圖挽救的論點。事實上，隨著三、四十年前建立政權的老一輩共產黨人凋零，許多國家的年輕共產黨員早就在改革自己的制度，整個共產體制早已不復存在，在大多數情況下，這種改革造成成千上萬人走上街頭抗議。

蘇聯瓦解，意味著西方支持軍事獨裁政權來抵抗共產主義的動機突然消失。諷刺的是，共產主義體制的崩解，同時也為右翼獨裁政權帶來致命的打擊。例如，南非在一九九〇年終於全面民主化，打破原先實行種族隔離制度的政權。儘管南非政權早就因為國內的抗爭和外國的抵制與制裁，以及一九八八年在安哥拉的軍事行動失敗而搖搖欲墜，但蘇聯崩解是真正過渡到民主的最後一股推力。雖然非洲民族議會黨的軍事部首長，也身兼南非共產黨主席，不過蘇聯的瓦解確實消除世人擔心後種族隔離政權，會因為莫斯科的影響而轉向共產主義的疑慮。在中美洲也發生類似的情況。美國在尼加拉瓜發動激烈的代理戰爭，對抗那裡奉行馬克思主義的桑迪諾斯塔（Sandinista）政府，並支持薩爾瓦多政府對付馬克思主義分子的叛亂。這兩個國家在一九九〇年代初期都逐漸過渡到和平與民主的狀態。少了美國和蘇聯冷戰政治家的支持，任何一方都無法支付內戰費用，所以達成和解。

東歐共產主義政權由於無法跟上正在進行的經濟革命而崩解，但在許多低度開發的地方，經濟的成功發展實際上助長獨裁統治。在南韓和台灣，寡頭軍事政府從一九四〇年代後期至一九八〇年代初期，一直大力支持工業成長，創造所謂的「引導式資本主義」或「計畫型自由經濟體」。它們提出很多政策工具，諸如對重點產業進行關稅保護；嚴格控制價格、工資、利潤，以及利率和匯率；限制外國所有權與外國投資者的利潤轉移；補貼、廉價信貸及稅收優惠；國家掌握關鍵產業和基礎設施的所有權；政府推動大型綜合工業集團的成立；以及推動長期經濟計畫。這些政策與措施大多數是仿效日本，日本寡頭而民主的政府率先採用這些技術。而這整套制度在一定程度上又受到美國大規模軍事和經濟援助的支持，在一九五三年至一九六一年間，美國援助南韓八〇%的投資資本。甚至引發一些美國商人和國會議員抱怨，有人還指出：「我們的援助計畫實際上是在補貼他們的國家社會主義。」但是美國容忍並鼓勵這些政策，因為認為日本、南韓和台灣三個國家對遏制共產主義至關重要。[10]而在新加坡、馬來西亞、泰國、印尼和一些拉丁美洲國家（尤其是巴西），亦採用類似的經濟策略，只是較為寬鬆。這些政體中有許多也開始大量投資教育。例如巴西在一九五〇年至一九八〇年間，將文盲率降低一半（從五〇．六%降到二五．五%），墨西哥也將文盲率降低近三分之二（四三・二％降到一六％）。[11]

但是受過良好教育的富人往往對周圍的世界抱持批評態度，就像他們習於為自己思考、尋找資訊、分析問題，並提出解決方案。受過教育的人會閱讀報紙和書籍，收聽廣播與看電視，並針對具有公共重要性的話題形成看法。如果他們參與有意義政治活動的機會遭到剝奪，通常會加入非政府組織，由此建立公民社會，可以和其他人在其中討論想法、問題及政策。在一九七〇年代和一九八〇年代，人均所得的提高對心理與文化層面都產生重要影響。到了一九八〇年代，世界上許多國家都能有效解決生存問題。新一代進入成年期時，不再忍氣吞聲，不只是為了糊口而勉強過日子，而是轉變成活躍的公民，社會心理學家和政治學家稱這段時期是從「生存價值」過渡到「自我表達」價值。[12]所有這些行為和思想模式，都多少侵蝕專制政權所依賴的資助與服從體系。正如一九七〇年代一份對南非的研究指出：「識字率提高和城市（化）之後，創造出更廣大的泛公共領域，為另一種政治形式提供發展空間，其中意識形態和同胞情誼將會……取代對領導者個人的那種遵從與忠誠。」最終推翻那裡的種族隔離制度。[13]

除了價值觀和行為外，「實際發展」還為人民提供必要的資金來組織動員，以表達政治理想。一九八九年在萊比錫、一九八六年在馬尼拉、一九八八年在聖地牙哥、一九九八年在雅加達、一九八七年在首爾，接二連三地有數十萬人聚集在街頭，要求政治改革，這些活動對轉型到民主體制具有關鍵作用。能夠產生這種大規模動員的一項原因是都會化，在二十世紀初，很難因為政治目的就把農村人口聚集起來，他們不僅是幾乎沒有什麼交通方式的文盲，而且居住在遠離政府中心的地方，彼此都很分散。進入一九七〇年代和一九八〇年代，世界上許多社會都跨越都會化的臨界門檻，各國城市人口的比例達到二〇％、三〇％或三五％，而在拉丁美洲更高，甚至達到五〇％至六〇%。光是從地域這一點來考量，這些城市居民就更容易參與政治動員。

都會區居民使用新的重大通訊技術也更方便，其中一樣是攜帶式的電晶體收音機。一九八六年，馬尼拉的天主教廣播電台亞洲真理電台（Radio Veritas）開播，有助於聽眾知悉新聞大事。電台之所以能將資訊傳達給大眾，主要是因為他們都有手持收音機。在一九八〇年代後期，菲律賓平均每十人就有一台收音機，印尼是每七人，而在南韓，收音機相當充沛，男女老少都有一台。在一九八〇年代和一九九〇年代，世界大部分地區的電話擁有量也迅速上升。[14]一九八〇年代，世界各地的公民組織開始採用「電話樹」的策略來傳遞訊息，分配給每個參與者要打電話聯絡的人，然後再讓這批人打給下一批人，如此傳遞下去，將訊息傳播開來。手持電話或收音機是強大的政治工具，到了一九八〇年代後期，許多生活在各種獨裁體制下的人也都擁有這些裝置。

因此在許多國家，民主之所以勝利，並不是像東歐那樣因為獨裁政權在經濟上失敗，而恰恰是因為它的經濟成功。從這一點看來，在進入千禧年之際，新右派似乎是正確的：資本主義確實與民主並駕齊驅。

然而，在這一輪革命的末期，特別是在二〇〇〇年之後，也開始出現懷疑這種信念的理由，下面這三個相當具有說服力的案例，便可以具體總結這些論點。首先是紐西蘭。從歷史的角度來看，儘管來此定居的白人政權侵占和剝削當地原住民毛利人，但就某些方面而言，紐西蘭算是當時地球上較為民主的國家。好比說，紐西蘭在一八九三年首開先例，賦予女性投票權。到了一九七〇年代，紐西蘭也進入富裕社會之列，而且在醫療、事故補償、勞動法規和住房等社會民主政策上堪稱典範。甚至開始平反過去不公義的歷史，設置專門的補償機構，將過去定居過程收歸國有的土地和資源等公共資產（及一些現金），轉移給那些遭到剝奪者的後代。然而到了一九八〇年代後期，這種福利制度因為債務的沉重負擔，以及世界貿易模式的變化而難以為繼。到了一九九〇年代，在一場新自由主義的準革命中，這套補償制度遭到部分廢除。換句話說，即使在民主制度健全的地方，資本主義還是可以勝出。

印度的情況也與此雷同。除了在一九七〇年代和一九八〇年代經歷短暫的動盪，包括兩名總理先後在一九八四年與一九九一年遭到暗殺外，印度在二〇〇〇年前算是保持成功而穩定的民主政治制度，長達半個世紀。印度的經濟政策也有社會主義的傾向，主要政策有五年計畫、固定匯率、大量工業和金融企業公有化、嚴格的經濟監管，以及保護性關稅等「進口替代」策略，甚至與蘇聯建立重要的經濟關係。最後的成果也相當可觀，不過還沒有達到令人讚嘆的地步，從獨立至一九八〇年代，實際人均所得的年平均成長率不到二％。一九九一年，印度面臨債務危機，政府啟動一項實質性的經濟自由化計畫。開放國際投資（到了一九九八年是一九九一年的二十倍），而且開始讓貿易、商業和工業大量私有化，放鬆管制；到了二〇〇四年，平均稅率從七九％降至二〇％，最高收入和公司稅稅率降低四〇％，實際人均所得的年均成長率從一九九〇年代的近四％，提升到二〇〇〇年代的六％。[15]

中國則提供一個反例：在沒有民主制度的地方，資本主義同樣可以勝利。在一九五〇年代末，以所謂的「大躍進」強制推行集體化農業，以及去中心化的工業生產，摧毀中國經濟，造成數百萬人挨餓。一九六六年至一九六八年間的「文化大革命」是一場離奇的政治動盪，當時民心不滿，再加上烏托邦主義盛行，毛澤東試圖利用年輕人，來對抗根深柢固的官僚利益、腐敗及「資產階級」意識，卻造成更進一步的破壞和混亂。傷亡人數可能高達一百萬，最後甚至得出動軍隊平亂。總體而言，從一九四九年中華人民共和國成立以來到一九八〇年，中國的人均所得成長率將近三％，算是一個健康的速率，但遠遠不及旁邊奉行資本主義的日本和台灣（一九四九年以後，由國民黨統治），還不到它們的一半。

但是在一九七〇年代初期，中國大幅改變與世界上其他地區的關係。在一九六〇年代蘇聯解體後，中國領導人分別在一九七一年和一九七二年，與美國和日本建立實質上的同盟關係。外交關係多少趨於正常化，並且在聯合國安理會上取代之前由在台灣的中華民國席位。在接下來五年中，由鄧小平領導的改革派獲得這個單一政黨政體的控制權。一九七六年毛澤東去世後，中國政府啟動大規模的經濟改革計畫。一九七〇年代，中國農業大幅進步，化肥使用量幾乎增加三倍，曳引機則是五倍。一九八三年，中國政府幾乎完全放棄集體農場制度。到了一九八六年，化肥和曳引機的使用量再次翻倍，農村的電力使用量則是一九七〇年的六倍。從一九八〇年代初期開始，中共政府在工業界推行工資和獎勵金制度；將目標從生產轉向為利潤管理；銀行地方化；降低關稅和放寬其他貿易障礙；減少外國直接投資的限制；放鬆政府控制的價格，以及開放「經濟特區」給外國投資者（首先開放給居住在香港、台灣和新加坡的華人，後來則是南韓、日本、美國及歐洲的投資者）。[16]中國還採用日本、台灣和南韓許多成功的工業化政策，包括稅收優惠、補貼、廉價信貸、價格控制及輔導或採公辦民營的方式，推動大型工業企業集團成立。在中國一九九九年的新憲法中，提到「社會主義市場經濟」。有這樣工資極低和勞動紀律高的背景，這些政策吸引大量外國資本流入。中央政府裁撤一半的勞動力，並將大部分產業私有化。中國政府在一九七九年為了確保人口快速成長不致拖垮生產率的提高，還強制施行一胎化政策，以嚴格的罰金政策來抑制生育；這項聽來較為專制的政策，與日本早先推行的「新生活運動」遙相呼應，當時日本政府祭出鼓勵降低家庭人口數的辦法。[17]

最後的結果相當驚人：從一九八〇年至二〇〇〇年，中國的人均所得年成長率接近六%，在二〇〇〇年至二〇一〇年期間衝破九%。在這個過程中，約莫在二〇〇〇年左右，中國的民營經濟超越國有事業。[18]到了二十一世紀初，中國成為世界上最大的出口國。一九八〇年，中國在世界出口額裡所占的比例不到一%；到了二〇一〇年，比例提高到一〇%。在世界主要經濟區中，只有歐洲商品的出口多於中國。[19]這種經濟成功對社會的效益非常巨大：在一九七五年至一九八七年間，中國的人均所得增加一倍，在一九八七年至二〇〇〇年間又增加一倍，然後在二〇〇〇年至二〇〇八年再增加一倍。[20]這些數字僅是近似值；中國人均所得的估計值非常不可靠，也取決於實際購買力的相關假設（範圍從平均是美國購買力的十一分之一到四分之一都有），其間差異非常大。而且中國內部的經濟變革過程，伴隨著沉重的社會壓力和難題。在某些地方，中國的勞工流動組織產生類似債務詐欺的就業形式。但是與亞洲其他大部分地區一樣，中國變革的方向是明確的：快速成長，而且與世界上其他富裕社會間的差距逐漸縮小。[21]

到了二〇一〇年，印度和中國之間的對比看來相當諷刺。印度似乎意味著民主政體提供給資本主義茁壯發展的環境，但中國的例子則顯示，共產主義（政體）是更好的選擇。在這兩個例子中，都因為社會上日益加劇的貧富差距和腐敗而引發強烈的不滿聲浪，但在撰寫本書時，除非遭到經濟災難打擊，否則資本主義在這兩個國家的勝利顯然都是不可逆轉的。然而，目前還很難說其中的諷刺意味是否還會傳達出更深刻的訊息。新右派可能會預言，隨著經濟發展與外界知識的傳播、交流和資訊傳播手段，將會日益深入社會結構，再加上中產階級的商業和專業知識成長，民主將不可避免地進入中國。但是在悲觀者眼裡，中、印兩國都出現貧富差距日益加劇的問題，這可能暗示在本世紀最有可能取得成功的政治形式是全民寡頭制（plebiscitary oligarchy），是由透過選舉形式的億萬富翁來統治，因為在選舉中，只要能掌控媒體便能獲得巨大優勢。

近來在歐洲和北美政壇的選舉發展，看似在呼應這樣的可能性，在這些選舉中，身價非凡的商人日益取得主導地位。一個特別令人遺憾的例子是，義大利媒體大亨西爾維奧·貝盧斯科尼（Silvio Berlusconi），他縱橫政壇二十年，地位舉足輕重，但卻不斷地，而且是全面地，讓義大利的問題惡化，而不是解決。不過，在美國的選舉也日益吸引形形色色或多少有點古怪的億萬富翁參與。在俄羅斯和印尼等許多大型開發中國家，似乎也出現很典型的商業與政治寡頭結構，至少在部分地方如此。[22]

這種情況產生的經濟結果好壞參半。在義大利，人均所得相對於歐洲其他地區正在下降，情況並不理想；但是中國的表現卻相當出色，這裡經濟成長的步伐迅速，讓共產黨政府得以開始將重心轉移到其他地方，諸如均衡教育機會、增加工作安全和工作場所安全，以及加快技術創新等政策。[23]除了經濟學外，目前關於這一切對未來的政治和政策到底有何影響的爭論仍在進行。美國政治學家法蘭西斯·福山（Francis Fukuyama）在一九九九年堅定重申對十九世紀的自由信仰：「沒有什麼讓我懷疑自己的結論：自由民主和市場經濟是現代社會唯一可行的可能性。」[24]但是抱持懷疑論的觀察家可能會以超級富豪的寡頭政權得出另一結論，認為整體趨勢是朝著中央經濟的方向發展。

「金融化」

當我第一次踏上交易區的地板時，能聞到錢、看到錢……它們觸手可及，懸在空中，就在我眼前，看不見但充滿著電力，正等著接地……。我要做的是僅是給出正確的信號，接著我就會像是銅線一般，將電傳導出去。[25]

——拖垮英國霸菱銀行的投資交易員尼克・李森（Nick Leeson），一九九六年

實際上非常諷刺的是，在一九八〇年代和一九九〇年代民主化過程中，還有另一個因素也發揮關鍵作用：金融危機。這段時期有些獨裁政權在促進經濟成長方面成效卓著，但是多半的獨裁政權維持財政紀律的能力相對較差，還有累積債務的傾向。一個重要原因是，許多地方都出現嚴重的貪腐；另一個原因是由於它們的政治脆弱性，這些政權因為缺乏正當性而難以加稅和收稅。第三個原因則是，它們通常依靠軍事機構支持，因此得購買昂貴的現代武器並僱用大量軍官來攏絡軍隊。在一九八〇年代和一九九〇年代，這些弱點開始產生重要的效應。在拉丁美洲，一九八二年的債務危機是推翻專制政權的一大關鍵，阿根廷、巴西及智利都是這類例子。一九九〇年代後期的第二次金融危機，也在墨西哥和印尼產生類似的效應。獨裁政權顯然在管理金融動盪方面表現不佳。而在二十世紀最後的二十幾年，國際金融市場又變得更為動盪。

在一九八〇年至二〇〇〇年間出現很多新興民主政體，它們大多採用新自由主義經濟政策裡的要素，即《華盛頓共識》（Washington Consensus）中提到種種促進經濟成長的條件。這項共識中列出的要素有：國有企業和資源民營化；解除產業界和金融界的管制（如減少銀行業務種類的限制，或是減少銀行進行貸款業務的自有資本額）；放寬對外國投資的監管；降低國際貿易障礙；降低稅率；給予外資優惠稅率，包括內部自由貿易區或自由企業區。不過就跟資本主義的例子一樣，採用這種政策的也不僅是新興民主國家，[26]印度（「舊的」民主國家）和中國（非民主國家）也起而效尤。[27]因此，世界平均關稅從一九八〇年代後期開始下降（見圖表7・11）。開發中國家的平

均關稅，從一九八〇年代初期的三四．四％下降到二〇〇〇年的一二．六％，而且大多數開發中國家的非關稅障礙（如進口配額）也跟著調降。[28]實際上，到了一九九〇年代，多項國際協定創造出幾個巨大的自由貿易區，包括一九九一年在阿根廷、巴西、巴拉圭及烏拉圭之間建立的南方共同市場（Mercosur）關稅同盟，後來玻利維亞和委內瑞拉也加入；歐盟也在一九九二年開始採用單一歐洲貨幣；以及一九九五年美國、加拿大和墨西哥的北美自由貿易協定（North American Free Trade Agreement，簡稱ＮＡＦＴＡ）。產生的成效相當卓越，以南美共同市場國家間的貿易額為例，在簽署該協定的前五年，貿易增加兩倍。[29]這些多邊協議在一九九〇年代又以激增的雙邊貿易條約形式獲得補強，減少對外國投資的管制，而雙重課稅協議（Double-Taxation Agreements，簡稱ＤＴＡ）則可確保兩國人民在將資本從一國轉移到另一國時，不會遭到重複課稅，如此便能鼓勵兩國間的金流（圖表10．1）。引發全球小麥和稻米出口擴大的綠色革命，再進一步加強國際貿易。世界貿易結構的轉移（即開發中國家的工業出口提升），也出現類似的狀況（見圖9．4）。基於上述這些原因，貿易促成的全球ＧＤＰ百分比也水漲船高，從一九七三年的一〇．五％上升到一九九八年的一七．二％，是一九五〇年的三倍多、一九一三年的兩倍。[30]

世界各地新興民主國家的實際發展和開放的貿易環境，也帶來巨大的投資機會。開發中國家的外國直接投資（ＦＤＩ）迅速成長，特別是在一九七〇年至二〇一〇年間，是世界ＧＤＰ成長速率的兩倍。在二〇〇〇年代流入印度、印尼、中國和泰國的外國資本，是一九八〇年代的三十倍多（經過通貨膨脹調整）。二〇〇〇年代在奈及利亞和塞內加爾的外國投資，是一九七〇年代的八倍；而二〇〇〇年代在墨西哥、智利、阿根廷及巴西的外國投資，則是一九八〇年代的八倍。[31]美國則相對落後，「只有」三倍；歐洲則以七倍緊追在後。經過通貨膨脹調整後，二〇一〇年的世界ＧＤＰ是

圖表10・1　1960—2008年簽署的雙邊投資條約（BITs）和雙重課稅協議（DTAs）。

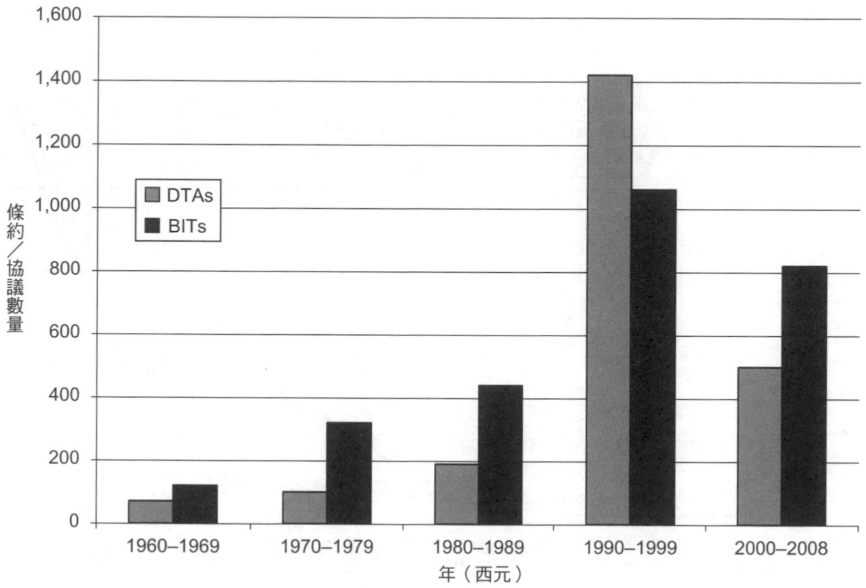

一九七〇年的四倍，世界出口量是八・五倍；對外直接投資則幾乎達到十八倍。[32]

對開發中國家而言，另一種日漸重要的資本來自於個人匯款。在從非洲或中東前往歐洲、從南亞和東南亞到波斯灣各國，以及從拉丁美洲到美國的數百萬移工中，有許多人將部分收入寄回「故鄉」，在原籍國購買房地產、支持家人或創業。至於官方發展援助雖然成長速度沒有其他資本流動那麼快，但也不可小覷。總體而言，到了二十一世紀初，已經有大量資金湧入開發中國家（圖表10・2）。

由於歐洲經濟日益統合，世界上大多數外國直接投資繼續流向已開發經濟體，但是差距正在縮小。在一九七〇年代和一九八〇年代，西歐、美國、日本、加拿大、澳洲及紐西蘭獲得七五％的世界外國投資；到了二〇〇〇年代，這個比例降至五五％以下；而到了二〇一〇

圖表10・2　1980—2007年間流向開發中國家的資本：外國直接投資、官方發展援助和個人匯款。

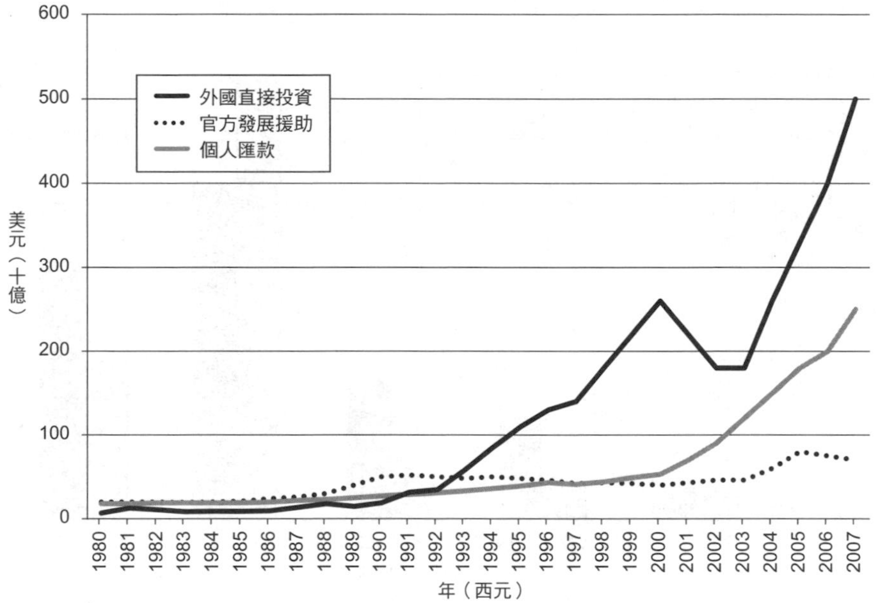

年代初期，則是由開發中國家接收大多數外國直接投資的流量。如果將南非、南韓、台灣、新加坡和香港也算在「開發中國家」之列，則數字將達到六一．五％（圖表10．3）。更重要的是，到了二〇〇〇年，在高度開發經濟體中，幾乎有九〇％的外國直接投資實際上都是以併購的形式支出，這並未擴大經濟活動，只是轉移所有權。相比之下，在一般已開發國家僅有三分之一的外國直接投資用於併購。[33]

此外，這個時期有一項重要特徵，外國直接投資在舊金融中心以外的區域成長較快。在二〇〇〇年代，美國投資者注入外國投資投入的資金（經過通貨膨脹調整）是一九八〇年代的六倍多；而西歐地區則接近六倍。不過，在台灣、南韓、新加坡、香港、中東及北非的投資者則投入約十五倍，在中國、泰

圖表10・3 1970—2009年每十年的外國直接投資流入量。

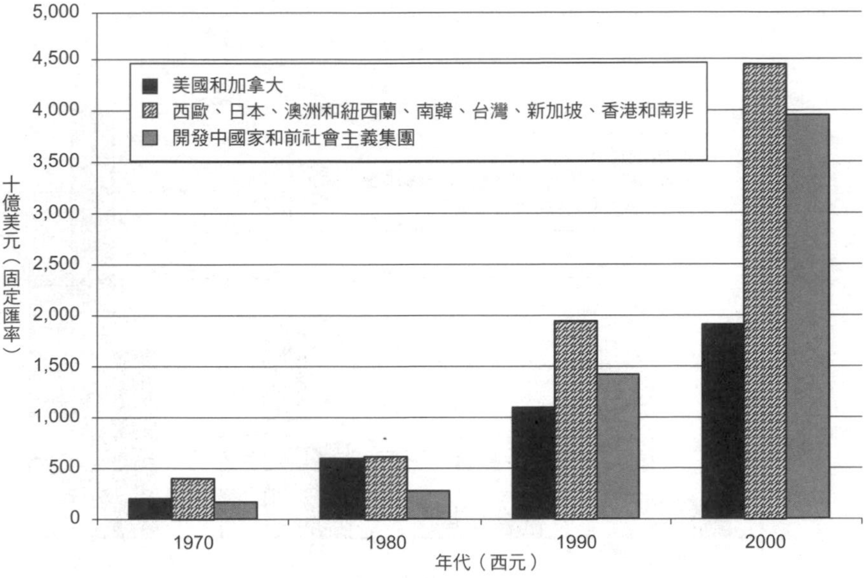

國和拉丁美洲的投資者則達到近三十倍（圖表10・4）。一九七〇年，已開發國家幾乎占據所有的外國直接投資；到了二〇一〇年降至六〇・八%。若是將南非、台灣、南韓、新加坡和香港仍視為「開發中」國家，到了二〇一〇年，外國直接投資裡的主要資金則都來自開發中國家。[34]

還有另一項因素在推動投資成長，一九七〇年代後通訊和金融交易成本大幅下跌。從一九七〇年代初期開始，通訊技術變革的步伐加快，建立品質各不相同的通訊網絡。一九八〇年代初期，多國或跨國業務管理及全球金融交易，只能倚靠無法承載大量數據的電報或電話系統。一九五六年鋪設第一條橫跨大西洋電纜時，能同時進行對話的線路只有三十六條。在一九六五年發射國際電信通訊一號衛星（Intelsat I）時可以有兩百四十條；待一九七一年將國際電信通訊衛星四號（Intelsat IV）投入軌道時則達到兩千

圖表10・4 1970—2009年每十年的外國直接投資流入量。

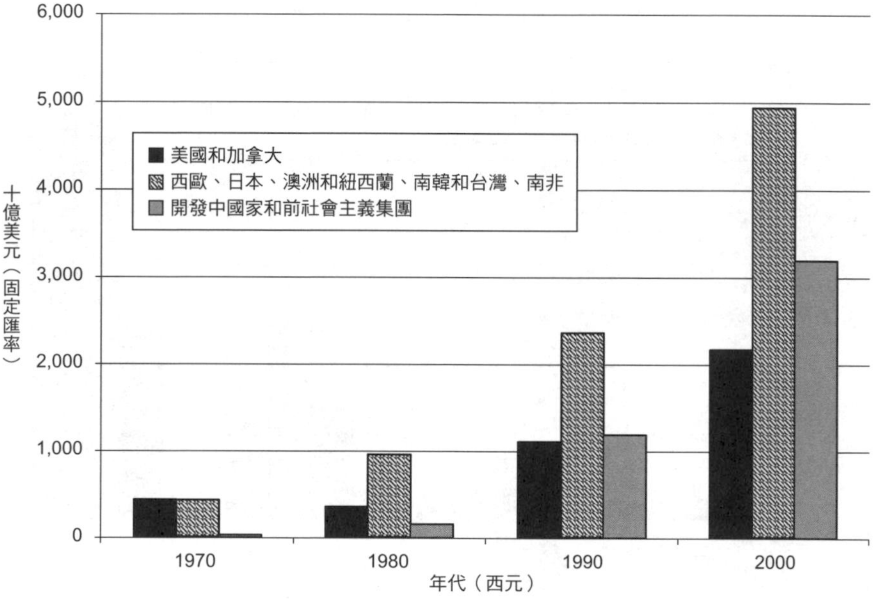

條；十年後，衛星四號可以同時處理三萬三千條對話電路，而當時在地球軌道上有二十顆通訊衛星（其中十九顆是由西方列強與日本組成的財團營運，僅有一顆為蘇聯所有）。在一九八〇年代初期鋪設的第一批光纖，隨著技術發展又進一步擴大容量。一九八八年鋪設的第一條跨大西洋光纖可以同時承載四萬筆連線。到了二〇〇〇年，跨太平洋和跨大西洋線路最多可以同時進行兩百萬筆交流。[35]結果當然是通訊成本急劇下降。一九七〇年，紐約和倫敦的三分鐘國際電話費是二十美元；到了二〇〇七年，只要三美分（經過通貨膨脹調整）。[36]

這種發展在一九八三年網際網路（Internet）問世，和一九八九年全球資訊網（World Wide Web）出現時達到顛峰，兩者皆是源於一九六〇年代後期至一九八〇年代中期，美國軍隊和美國大學的電子研究。到了一九九二年，全世界有一百萬台電腦可以連接到網際網路；六年後，增加到一億三千萬台。儘管在一九九八年，這些電腦有一半在美國，可能有九成都集中在舊日的工業社會，但開發中國家很快也能連接到全球資訊網，並且日益普及。在二〇〇〇年，只有三%的巴西人、五%的墨西哥人和七%的阿根廷人能夠使用全球資訊網；十二年後，有一半的巴西人和阿根廷人及近四成的墨西哥人可使用。在中國和埃及，也有超過四〇%的人可以連接到全球資訊網；泰國和伊朗則是超過四分之一；在印度、印尼和阿爾及利亞，上網比例則介於七分之一到八分之一之間。到了二〇一〇年，全球可能有十億台電腦。[37]

這場了不起的通訊技術革命，產生重大的文化意義，因為它創造出一個全球論壇，讓世人得以交流資訊、想法和商業娛樂。在一九九〇年代，出現一個十分詭異的轉折，「實境」秀成為全球電視現象，大受歡迎的節目在多個市場複製：英國的《誰想成為百萬富翁？》（*Who Wants to Be a Millionaire?*）、瑞典的《倖存者》（*Survivor*）和荷蘭的《老大哥》（*Big Brother*）風行全球。也有一些肥皂劇流行到全球，英國的《摩斯探長》（*Inspector Morse*）大受歡迎，在全球兩百個國家播放，而在中國、俄羅斯、波蘭、美國、義大利及英國，也都有放映墨西哥和巴西的肥皂劇。一九九〇年代後期，南韓電視節目與流行音樂在中國和東南亞獲得熱烈回響。[38]

大規模旅遊的迅速發展，對這種文化全球化也很重要。一九五〇年，全球共計只有兩千五百萬國際遊客。到了一九七五年，這個數字上升到兩億兩千兩百萬，而到了二〇〇〇年，更是增加到六億八千七百萬。這些旅客大多來自西歐或美國；但是到了二十一世紀初，亞洲已成為世界上旅遊業發展最快的地方，全世界第二和第三繁忙的機場分別在北京與東京。[39]

文化世界主義不斷成長，有部分是受到全球文化產業的整併所推動。在二〇〇〇年代初，遍布全球的澳洲新聞集團（News Corporation）擁有十四個電視網和三十三個電視台、五間電視製作工作

圖表10．5 2000年零售銀行金融交易的平均成本。

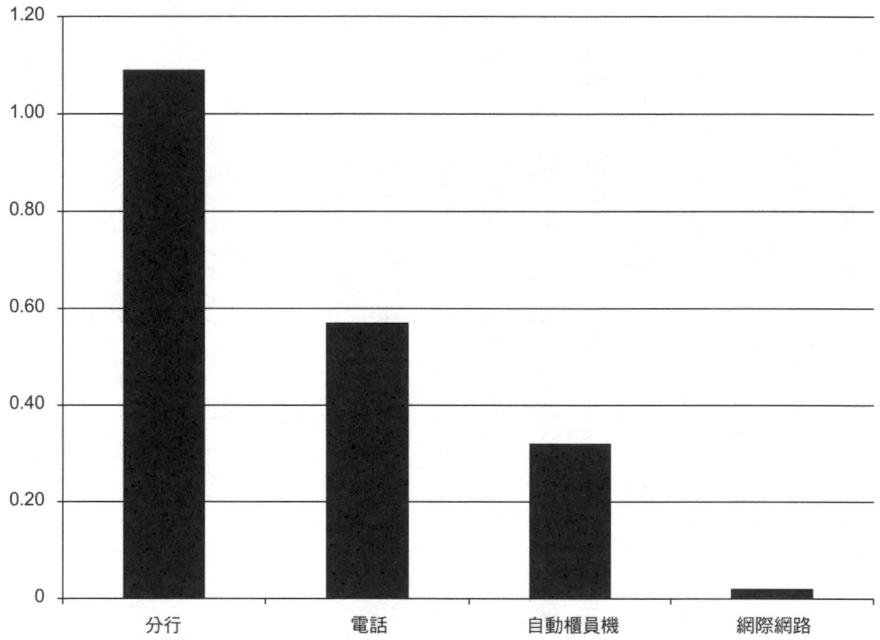

室、七間電影工作室及七家日報（分別在紐約、倫敦和雪梨）。法國公司維旺迪環球（Vivendi Universal）在十五個國家／地區，擁有三十四個電視頻道、十家音樂唱片公司、六間電影工作室，以及十一個國家／地區的有線電視營運商。[40]這樣的企業結構將文化產品在全球流通的財務障礙降到最低。

通訊革命的經濟影響也相當巨大。光纖電纜和全球資訊網降低成本，並且增加企業與其他組織內部及相互通訊和數據交換量，而且是以十倍速的方式激增，這一點徹底改變管理結構。許多零售業務也因此改變。而且在最初階段最重要的也許是，從根本上改變金融交易。到了二○○○年代初期，全球資訊網已大幅降低全世界的金融交易成本，不到一九五○年代的五十分之一，約為一九六○年代的十分之一（圖表10．5）。

圖表10．6　1964—2004年用以判斷年收入分配公平程度的吉尼係數。貨幣收入總額是指未稅收入和支出。

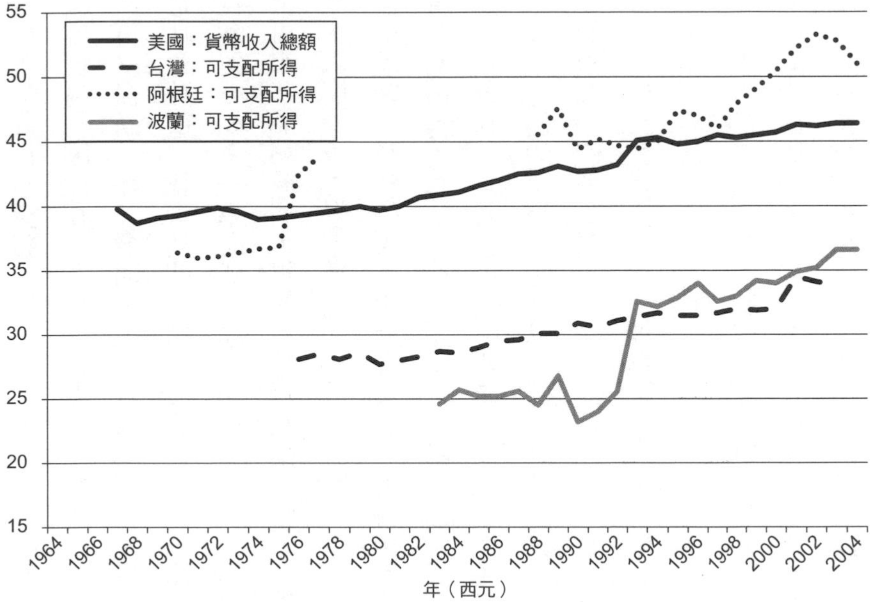

就某種意義來看，這些變化當然都很美好，全球有許多人也因此賺錢，但是這也產生一個相當意外的負面結果。如前所述，在大多數社會中，貧富差距現象正在加劇。由於涉及的變因眾多（在此隨便舉四個例子，如家庭規模、稅收和所得轉移、非正規經濟，以及所得類別的繁雜多樣），因此要比較不同國家的貧富差距狀態極為困難。不過各種機構使用不同方法進行的長期測量，倒是顯示出一致的模式。世界上大多數社會的所得差距在一九七〇年代至一九八〇年代的某個時候開始變得越來越大，並且之後就沒有改變（圖表10．6）。儘管有一些重要的例外，但在大多數社會中，總體而言，貧富差距多少是處於持續擴大的狀況。[41]

目前看來，至少有三個因素加劇這樣的貧富差距現象。教育的經濟效益提高，因此教育程度高的人就贏在起跑點上。低技能的產業工作職缺，從高工資的工業經濟體轉移到低工資的正在工業化經濟體，造成前者勞工薪資降低的壓力。在世界經濟中，投資比例的成長速度超越生產或貿易，因此在大多數社會裡，投資收入（以及那些有錢可投資者的收入）在總收入中所占的比例再度提高。在許多國家，還有第四個因素也很重要：新自由主義政策減少稅收和所得轉移（不論是社會計畫、教育補助、國宅投資等），因此政府在減緩由純粹市場力量產生的貧富差距的力道日益薄弱。如上一章所述，國家角色弱化的一項重要原因是，製造業在開發中國家興起，讓新右派有機可乘，能夠減弱工會權力及福利國家減少或遏制貧富差距的效力。[42]最極端的情況出現在東歐，共產主義崩潰後，導致貧富差距突然加劇。

就目前能取得資料的大多數社會來看，所得排行榜上前一％的那群富人有很類似的歷史經驗：在二十世紀初所得很高；在第二次世界大戰期間急劇下降，因為當時大量收入都被徵稅去資助戰爭；然後從戰後到一九七〇年代中期或一九八〇年代初期，由於福利國家一直在積極徵稅和所得重新分配，導致它們的所得穩定下降；但是之後，貧富差距則出現持續擴大的情況（圖表10．7）。美國是一個極端的例子：到了二〇〇八年，在OECD的二十三個會員國中，只有三個國家報告的吉尼係數（Gini Coefficient，一種以統計方法來顯示貧富差距程度的係數）高於美國，分別是以色列、墨西哥和土耳其。

到了一九八〇年代後期，日益加劇的貧富差距在已開發經濟體中產生嚴重的負面經濟效應。舉例來說，在消費經濟中，貧富差距越大意味著債務越多。所得增加會驅動市場價格，因為擁有大量可支配所得的買家能夠提高價格，這種機制在房屋、汽車和大學教育等昂貴的消費上特別強勁。為了跟上這些商品市場的步伐，一般消費者只能借更多的錢。在美國，從一九八〇年至二〇〇七年，

圖表10・7　1910—2012年總所得前1%的比例。

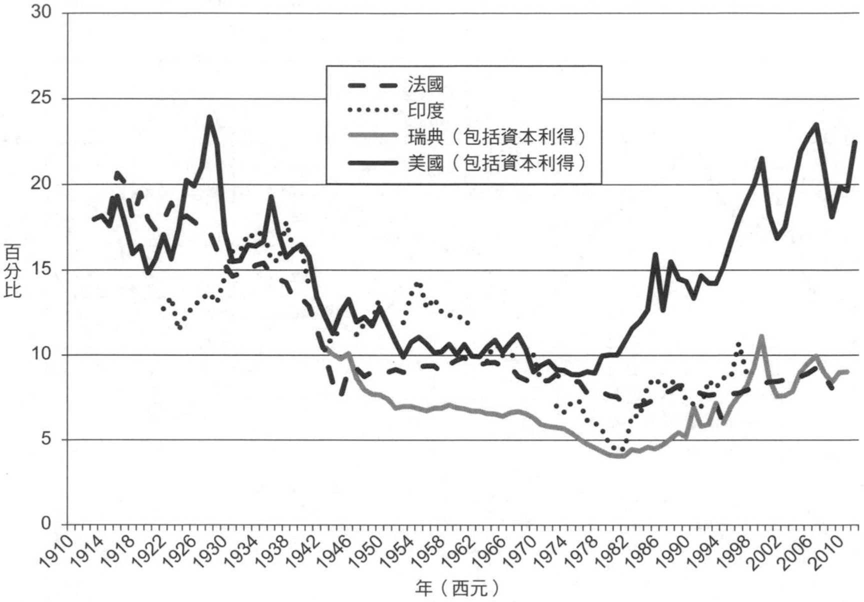

相對於國內生產毛額的家庭債務大約增加一倍。當然，這種模式有著極限，因為家庭債務的利息會侵蝕可支配所得，最終讓家庭無法負擔更多的債務，除非他們可以另闢財源。這正是婦女有償就業迅速擴大，雙薪家庭數量增加的一項重要原因。問題是，一旦家庭中的所有成年人（包括住在家裡的成年子女）都有工作後，家庭所得就無法以這種方式擴大。對處在所得差距日益擴大最底層的人來說，生活水準最終似乎難逃向下相對調整的命運；也就是說，在已開發經濟體中，低技術工人的收入將會被迫調降，比那些在低工資、低成本經濟體裡從事相同工作的人還低。

不過還有第二個更嚴重的問題，到了一九九〇年代初期，越來越多的機構與個人在日益擴張的貿易和金融業賺到太多錢，因此越來越難找到具有生產性、可獲利的地方來挹注這些資金。況且在使用電

圖表10・8　1970—2008年間固定投資和金融交易占全球GDP的百分比。固定投資是生產性機械、建築物、基礎設施資產等，與購買股票等金融工具不同。

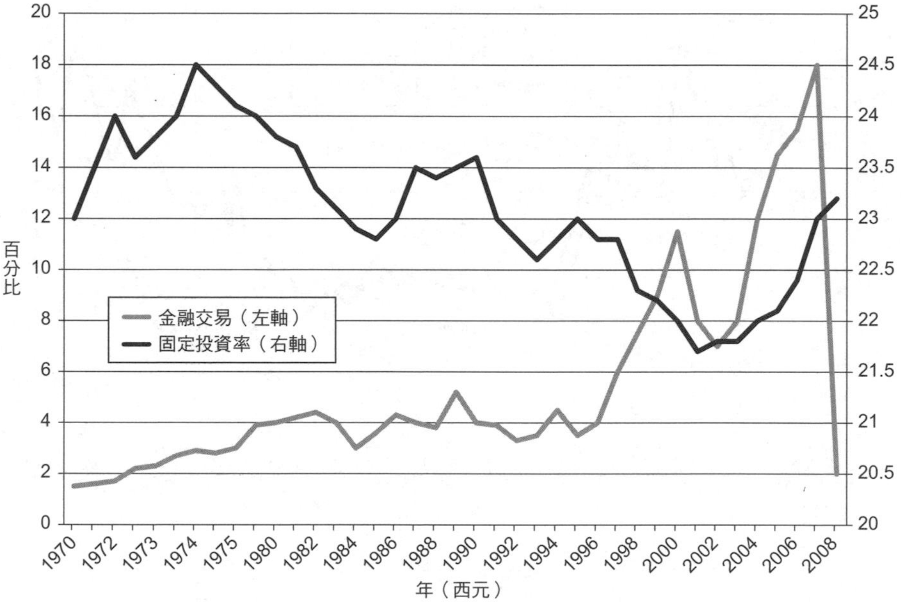

腦和全球資訊網後，世界金融市場已經整合，意味著在全球經濟體中，資金可以非常迅速而廉價地轉移，瞬間從一區到另一區。最後造成的結果就是投機行為，有越來越多的資金以不斷增快的速度，在全球尋找有利可圖的投資機會。當然，這是外國直接投資迅速成長的其中一項原因，但也為投資者帶來極大的誘因，在金融資產和工具上進行投機買賣。隨著受到這種誘惑的人不斷增加，全球經濟中的實際生產性投資比率（占全球ＧＤＰ的比重）的長期趨勢略微下降，而世界金融活動的速度和數量（其中大部分是投機性的）卻急劇上升，尤其是在一九九〇年代（圖表10・8）。

實際上，通訊技術的進步在金融業產生一些詭異的結果。舉例來說，到了一九九〇年代，大型金融機構可能會在一家證券交易所購買資產（股票、債券、期貨與商品等），然後在幾秒鐘後出售到數千英里外的地方，靠著微小的價格波動賺錢。要是一天中有足夠的交易量和足夠的資金，產生的獲利便足以證明打造這樣高度複雜的自動交易程序的成本是合理的。比方說，一九七〇年全球貨幣貿易總額為十七兆五千億美元，到了一九九五年已達到近三百兆美元。[43]貨幣市場的突然波動可能會對國家和區域經濟造成破壞，就像一九九八年發生在亞洲的情況，當時在拉丁美洲也造成傷害，只是程度較輕。隨著交易速度和複雜性的增加，以及電腦軟體在財務管理中日益增加的角色，詐欺的機會也成倍上揚。在一九九〇年代初期，英國霸菱銀行的一位交易員利用公司電腦記錄系統的複雜性，掩蓋他在新加坡股票市場投機性交易不斷增加的損失（藉由隱藏在帳戶中，免受該公司位於倫敦的電腦監控系統查核），等到一九九五年初發現他的欺騙行為時，已經累積十四億美元的損失，最後摧毀整家銀行。之後也發生許多類似的案例，例如二〇一〇年，美國高盛（Goldman Sachs）的一名交易員挪用客戶資金投資，造成客戶十億美元的損失，並讓他任職的銀行承受五億五千美元的巨額罰款；或是二〇一二年，美國摩根大通（J. P. Morgan Chase）倫敦分行交易員造成的五十八億美元虧損。[44]

更重要的是，不同種類資產的投機行為在全球金融界引發一連串不斷升級的廣泛危機。這些最初是由於迅速的通貨膨脹所導致，然後是資產泡沫迅速破滅，其中有錢的投資者不斷推高資產價格，如房地產、科技股、外幣或最近興起的複雜金融工具（這是源於貸款中不斷增加的私人債務比例，將其綁在一起所構成私人金融負債中的一種新型「資產」）。當市場發現大家都高估某種資產時，就會出現價格暴跌的情況。這在一九八一年、一九八七年、一九八九年、一九九八年、二〇〇一年和二〇〇七年，都曾造成嚴重金融危機。主要集中在美國，因為該國的金融業規模是世界上最大的。不過史上最大的資產泡沫化，出現在一九七〇年代和一九八〇年代的日本，並在一九八九年破裂，而一九九八年金融危機主要影響的則是東亞和東南亞。二〇〇七年的危機造成一九三〇年代以來最嚴重的全球衰退，這場危機主要是在北大西洋，但影響範圍絕不僅於美國。簡言之，「金融化」的歷程在全球經濟中造成越來越大的動盪和不穩定性。

行文至此，值得停下來思考一下，到了二〇一〇年為止，這樣的發展有多麼不尋常。一百多年來，世界經濟的成長一直是由金錢所驅動，也就是將越來越多的領域整合到世界經濟體中，擴展獲取資源的途徑並促進就業，產生創新的投資。但是到了二〇一〇年，金錢或許成為財富的最大敵人。簡言之，在金錢取得勝利時，全球資本主義經濟似乎有可能被自身的成功所壓垮。不幸的是，不僅在貨幣經濟中如此，對生產經濟亦然，影響範圍甚至擴及生活在地球這顆星球的全體人類。

世界末日？

>（我們）現在已用盡計畫表中，所有能夠化解全球暖化這顆定時炸彈所需的行動。下屆的總統和國會必須在明年定出明確的時程……。否則，之後要想限制大氣中二氧化碳濃度幾乎是不切實際的……屆時氣候系統會超過臨界點，帶來災難性氣候變遷，其螺旋式的動態變化，完全是人類無法掌控的。[45]
>
> ——氣候研究員詹姆斯．漢森（James Hansen），二〇〇八年

迄今為止，沒有人拿出嚴謹的科學證據，證明全球氣溫升高會導致那些警世者預言的災

圖表10・9　1820—2000年世界能源生產量。

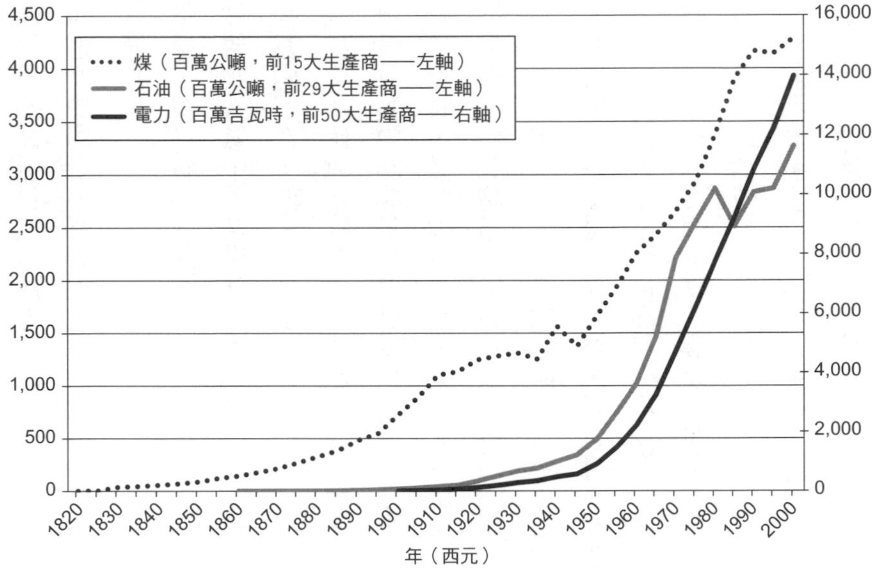

難。實際上，事實恰好與此相反：全球溫度升高可能對我們的生活產生有益的影響……，（警）世主義者正試圖制定一項與美國的自由、繁榮和環境進步價值觀相互矛盾的能源抑制議程，……以課徵碳稅和更多法規來阻礙美國經濟。[46]

——共和黨參議員詹姆士・般霍夫（James N. Inhofe），二〇〇三年

正如本書前言所提，有一項發展讓過去兩百年的歷史與人類史有別於以往任何一個時期，產生極大的差異，就是目前地球上任何一個時刻的存活人數都在飛速成長。截至二〇一〇年為止，地球上的人口大約是一八〇〇年的六・五倍。另一個重要的區別是，這六十億多人口的人均財富比以往任何時候都來得高，是一八二〇年的八・五倍。導致整體財富和人口成長的關鍵是，快速成長的能源消耗量（圖10・9）。從廣義上來講，生命在利用能量對

抗熵（〔entropy〕，或稱亂度）；而到了二〇一〇年時，人類這個物種的數量變得非常龐大。這帶給人類個體的好處也是非比尋常的，二〇一〇年，印度人的預期壽命是一八二〇年的三倍；墨西哥和巴西也增加到二．五倍；日本、北美、非洲及西歐則是原來的兩倍。對人類來說，二〇一〇年是個美好時代。

不過，還是有一個問題。二〇一〇年人類消耗的能源是以化石燃料為主，在燃燒時會將二氧化碳釋放到大氣中。結果就是大氣中這種氣體的濃度穩定上升。大氣層二氧化碳的含量在一九〇〇年代約為兩百八十ppm；到了二〇一〇年，約為三百六十ppm。[47]二氧化碳（以及其他一些氣體，如甲烷和一些硫氧化物，也都透過現代工業與農業活動釋放出來）具有一些特性，當陽光穿過時，不太會吸收其中的能量。但是受到陽光加熱後的地球，會產生另一種短波長的熱能，在散發至大氣層時會被吸收，溫度因而提高，因此大氣層變得日益溫暖，這一般稱為「溫室效應」（greenhouse effect），而這些氣體通常稱為「溫室氣體」（greenhouse gases）。

一九三八年，英國工業協會研究員卡倫達爾（G. S. Callendar）指出，溫室效應將讓地球逐漸變暖。當時他認為這是很棒的事。農業可以向北擴展，養活更多的人。世界各地的植物將會生長得更好，因為它們需要二氧化碳才能生長。從長遠來看，還可以避免冰河時代再度降臨，這是地球上為期數百萬年的可怕災難（最後一次發生在一萬年前）。他表示：「應該無限期延遲這種致命冰河期的歸來。」[48]到了一九五七年，位於加州拉霍亞（La Jolla）的史克里普斯海洋研究所（Scripps Oceanographic Institute），有兩名研究人員指出這個過程顯然正在加速。他們認為，這在科學上很令人興奮，因為很快就會得知地球變暖時天氣會如何變化。[49]

然而在短短幾年內，警鐘開始響起。一九七〇年，聯合國祕書長吳丹警告：「可能會發生災難性的暖化效應，造成極地冰層融化，改變海洋環境，在全球各地造成洪災。」[50]在一九八〇年代，科學的整體進步讓科學家得以重建亙古以來地球大氣的溫度紀錄。他們發現溫度會隨著二氧化碳濃度的變化而改變，過去地球大氣層二氧化碳的濃度是在一百八十ppm至三百ppm間波動，但是現在大氣中的二氧化碳濃度已超過三百五十ppm。[51]這意味著地球暖化造成的平均溫度，可能打破數百萬年來的紀錄。

在過去兩個世紀中，這樣大規模的氣候變遷也可能衝擊那些過去讓人類族群得以用前所未有方式擴大糧食生產的地區。例如，在美國中西部或印度北部，那裡用於耕種的草原區出現沙漠化現象，可能會減少小麥產量；海平面上升淹沒世界上許多河口三角洲的稻米生產區，可能也會損害稻米產量。

聯合國於一九八八年成立「政府間氣候變遷專門委員會」（Intergovernmental Panel on Climate Change），並於一九九二年召開會議，企圖制定解決這一問題的共同策略。這次會議在里約熱內盧（Rio de Janeiro）舉行，最後產生《聯合國氣候變遷綱要公約》（UN Framework Convention on Climate Change），簽署國同意定期舉行會議，協商如何逐步減少溫室氣體排放量。

這次的協議是以一九八五年簽署的那項非常成功的《保護臭氧層維也納公約》（Vienna Convention for the Protection of the Ozone Layer）為藍本。在一九七〇年代後期，發現大氣中的臭氧濃度正在下降。這件事非常糟糕，因為平流層裡的臭氧會吸收太陽光中的紫外線；紫外線這種光波即使在強度較低時也會引起皮膚癌，而強度高時則會損害植物生長。當時用於冷卻系統的某些化學藥品會破壞大氣中的臭氧，因此《保護臭氧層維也納公約》的主旨便是要逐步淘汰這些化學物質的生產，以不會產生這種有害副作用的化學物質代替。一九八七年，這些化學物質的主要生產國代表在加拿大蒙特婁（Montreal）舉行會議，並簽署早先協定的《蒙特婁議定書》（Montreal Protocol），以加快整個時程。到了一九九六年，這些化學物質不再大量生產。而到了二〇〇五年，平流層中的臭氧濃度似乎穩定了。這是一個非常鼓舞人心的例子，世界各國的領導人在看到問題後，制定出解決方案，並且成功執行。[52]

不幸的是，化石燃料是現代經濟的基礎，可不是這個時代的次要特色，而且到目前為止尚未找到取代這個基礎的簡易方法。當世界開始著手處理溫室效應時，才發現這次的挑戰甚鉅，難以凝聚出像之前解決臭氧問題時的集體行動。花費五年的時間，才在一九九七年制定出要如何落實《聯合國氣候變遷綱要公約》的《京都議定書》（Kyoto Protocol）。這項協議為已開發國家設定逐步減少溫室氣體排放量的目標，但沒有對開發中國家設定目標，畢竟它們還需要消耗更多能源來提高生活水準。美國這個地球上最大的溫室氣體排放國當時也簽署協議，後來卻未能獲得國會批准。這意味著世界上其他國家等於同意接受減碳的成本，而置身事外的美國反而獲得經濟的競爭優勢。在這樣好壞參半的結果後，十多年來都沒有重大進展。一些國家，特別是在歐洲，確實在減緩排放量方面取得進展；但開發中經濟體的碳排放量卻不斷增加，因此全球的總排放量還是繼續上升。到了二〇一〇年，在墨西哥坎昆（Cancun）再次舉行氣候會議，談判開始將重點放在「緩解」（如何制止溫室氣體和全球溫度上升），而不是「適應」（如何與此共存），例如幫助洪災受害者，或是開發可以生長在鹹水中的水稻品種，以免海平面上升損及糧食生產量。

但在此時，二氧化碳排放量和全球平均溫度還是持續上升。到了二〇〇九年，許多科學家得出結論，如果不採取有效措施，到了二一〇〇年，全球平均氣溫可能會升高攝氏四度，甚至六度。而且沒有人知道這會帶來什麼樣的後果。這種情況讓許多科學界人士越來越擔憂和沮喪。到了二〇一二年底，就連世界銀行這個完全不算激進環保組織的機構都發布一項研究，警告世人即使達到《京都議定書》的目標，全球溫度還是可能會在二一〇〇年前上升至少四度，要是達不到議定書的標準，在二〇六〇年時就會發生，結果將是「前所未有的熱浪、嚴重的乾旱及許多地區的嚴重洪災，對人類系統和生態系統造成嚴重衝擊」。[53]

除了這個預測外，世界銀行還發出警語，表示全球暖化還具有完全不可預測的「非線性反應」的潛力。大氣中二氧化碳濃度上升，還會造成海洋酸化，目前尚不清楚當海洋變得更酸，熱帶珊瑚礁崩解，對海洋食物生產量會產生什麼影響。農作物對這麼高的平均溫度會有怎樣的反應也很難下定論，一些模型顯示，在氣溫升高四度時，作物產量會降低六三%至八二%。[54]南、北兩極的冰蓋在這種情況下的融化速度目前也不清楚，但是大量融冰將會導致全球海平面災難性上升。另外，目前也不清楚南、北兩極的多年凍土和其他永凍冰層的融化速度有多快？會釋放多少的碳和甲烷？這些都會進一步加速暖化。目前還不清楚生態系統能否適應如此迅速的變化，或者昆蟲、樹木、鳥類、兩棲類、爬蟲類和小型哺乳動物等族群，是否可能在某個時候崩潰，帶來不可預測的後果。氣候科學家將這種情況稱為「臨界點」（tipping point），一旦超過，自然系統便會以急劇的「級聯」效應發生一連串變化。至於這些臨界點是否存在？又在哪裡？或是可能產生的累積影響，目前也全都是未知數。

對長期趨勢和這種不可預測的短期波動的擔憂，最終促成二〇一五年在巴黎的氣候會議，最後達成一項全面協議，要設法將上升的平均溫度維持在攝氏二度。這項協議有一百九十五個國家簽署，某些國家認為這項協定讓幾乎全世界的國家都致力於大幅減少碳排放。但是懷疑論者很快指出，這項協議無法在五年內生效，它制定的排放目標似乎不太可能在實際上控制全球氣溫上升，也沒有任何執行機制。許多氣候科學家和激進主義者立即譴責該協議，稱其「天真」、「空泛」，是政客抱持「如意算盤和盲目樂觀」的一個例子，當中具有「嚴重缺陷」，尤其是它向世界提供一項錯誤的保證，讓世人誤以為各國已經大刀闊斧地展開行動，為解決這個問題而努力。早期的傑出活動人士漢森甚至稱巴黎公約是「一詐欺，根本是一樁騙局……。沒有行動，只有諾言」。[55]時間會證明哪種觀點是正確的；不過這項協議確實沒有要求任何國家在二〇二〇年以前做出什麼努力。

除了對氣候變遷的末世意味充滿擔心外，在氣候變遷的討論中還有兩大特點，令人感到難解與不安。一個是在一九四〇年代至一九七〇年代這段期間，全球暖化出現「停頓」或趨緩的跡象，而且在二〇〇〇年之後又出現一次，沒有人能解釋趨緩的原因。更令人感到奇怪和不安的是，到了二〇一〇年，氣候變遷問題的解決方案已經非常明確。那時已經有替代能源可供選擇，如核能、光電太陽能、太陽熱能、風能、水力發電和潮汐能等。當時也正在開發可以從空氣中捕捉二氧化碳，將其濃縮並儲存或使用的技術。例如，以基因工程改造細菌或藻類，讓其可將二氧化碳轉化為可當作燃料的碳氫化合物複雜分子，創造出二氧化碳淨輸出量為零的碳氫化合物能源。將這些現有和新興的技術與積極的能源效率和節約措施結合，便能形成全球暖化的解決方案。這項解決方案在經濟和社會上，可能需要付出類似第二次世界大戰那樣規模的努力，好處是在此過程中不會再有人遭到殺害。[56]

那麼為什麼沒有付諸行動呢？其中一項原因是，目前還不清楚全球暖化會有多快，或是將產生什麼後果，因此很難以上述建議的「戰爭」規模來遏止暖化。大家寧願把錢花在其他方面，至少現在是如此。其次則是世界金融體系日益動盪，讓各國政府在不斷出現的金融危機中難以維持民意與正當性，因此不願要求公民做出更多財務方面的犧牲。一項二〇一〇年針對政治左派進行的研究中，有兩位學者是這樣形容的：在試圖管理全球資本主義體系的人眼中，「要保持累積的動力，世界需要孤注一擲，拿環境來冒險」。[57]隔年，在以複雜社會系統理論檢視後，觀察到的「關鍵問題在於，一套系統是否具有煞車機制，還是只有在發展釀成災難時，才會阻擋早期引進的正向回饋」。[58]關於這個特殊的「系統」，就是政治、經濟和地球氣候間的關係，答案似乎昭然若揭，至少目前看來，這套系統並沒有煞車機制。

還有第三項原因，就是世人對於有效解決問題的意見相當分歧。除了採用第二次世界大戰的模式外，還有一種更具吸引力的策略，而且其支持者認為它更有效。一位英國右派政營的代表在二〇一〇年對此策略總結道：「幫助後代子孫因應氣候變遷當然相當合理，而最好的政策就是鼓勵經濟成長。這將會留給後代子孫財富和先進技術，讓他們應付包括氣候變遷在內的各種挑戰。」[59]換句話說，解決成長的負面影響的最佳方法就是更多的成長。這與一九七二年在《成長的極限》，或一九七三年在《小就是美》中提出的論點恰好相反。

這種方法有重要的歷史先例。羅馬俱樂部和一般環境運動提出的理論，通常稱為「過衝」（overshoot）理論。這類理論主張，當自然族群的數量上升到超過環境承載量所能負荷的程度時，就會開始反噬基礎資源，造成原始承載量降低，棲地退化；之後族群便開始崩解，減低到原始承載量之下。在面對氣候變遷問題時，那些主張採取適應而不是緩解措施的人，是把賭注壓在科技上，認為科技遲早會解決崩潰的問題，只要有效利用科技來提高環境承載力，就能解決資源短缺的問題。

這樣的例子在歷史上比比皆是。綠色革命的理論是，改進農業技術將會打造出提高生活水準的經濟基礎，而這將導致生育率下降，最終便能解決人口問題。最近人口成長率迅速下降，意味這可

圖表10・10 過衝。

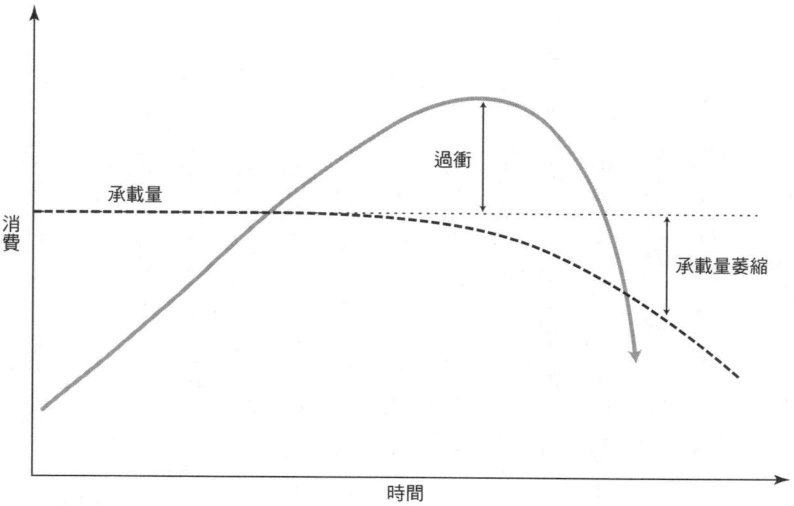

能真的在發生。實際上，由於許多富裕社會的出生率已經低於替代率，因此地球人口可能在數十年內開始減少。

第二個例子是石油。到了一九五六年，一些石油地質學家指出，地球蘊藏的石油並不是無限的，最終石油產量將會下降。實際上，從全球來看，易於取得（或以「傳統」方法取得）的石油產量似乎在二〇〇六年達到高峰。然而在二十一世紀初，石油業引進水化學壓裂（「水力壓裂」）的複雜技術，得以開採位於深層的油頁岩，因此解決這個問題。以美國的石油產量為例，在一九六〇年代達到頂峰，但是到了二〇一三年再次上升。油頁岩中可用的石油量相當龐大，足以使用數個世紀。

當然，在那些對氣候變遷有警覺的人眼中，封存在頁岩中的石油根本不是好東西。不過，提高燃油效率確實可能有助於解決這個問題。在一九九〇年至二〇一〇年這短短二十年間，世界上大部分地區都降低經濟生產的能源強度（即產生一美元的GDP所需燃燒的能源），幅度從六％（日本）到六〇％（中國）不等。整體看來，全球趨勢確實是朝向平均效率遠高於工業成長早期階段的聚合點發展（圖表10．11）。簡而言之，就一些歷史先例來看，因應氣候變遷的最佳方法實際上是策略性投資，將資金投入具有潛力的技術解決方案。

「自然」世界的盡頭

最終目標……從廣義上來理解，是徹底地重新安排整個生命世界……生命萬物將會繼續存活、繁衍和死亡，全然按照人類的意願及他們的設計。[60]

——尼古拉．卡什琴科（Nikolai Kashchenko），一九二九年

在經過兩個世紀經濟和人口的空前成長後，人類與地球這顆行星環境關係的未來似乎充滿變數。過去兩百年的革命性轉變，似乎讓我們日益接近地球承載量的極限。不過根據以往的經驗，技術革命或許可以提供解決方案，至少針對當前迫在眉睫的危機。

然而，這兩種觀點都基於一個非比尋常的事實：人類文明變得龐大不已，而且高度消耗能量，以至於它本身開始成為一股地球物理力量。近來最明顯的例子是臭氧和二氧化碳，但是還有其他的。現代工業和農業對地下水的需求甚大，開始耗盡地球上許多乾旱區地下蓄水層中的古老水源。在現代農業中大量應用化肥，對調節氮濃度的自然循環產生嚴重影響，形成大片優養化區域，其中過量的氮和磷刺激簡單微生物的過度繁殖，扼殺其他生命形式。就跟石油一樣，容易取得的油田是有限的，磷酸鹽岩石（磷肥的主要來源）也是如此。[61]一些觀察家開始以人類世（Anthropocene）

圖表10・11 1990—2014年的能源強度，即用於生產1美元GDP的能源（兆焦耳）。

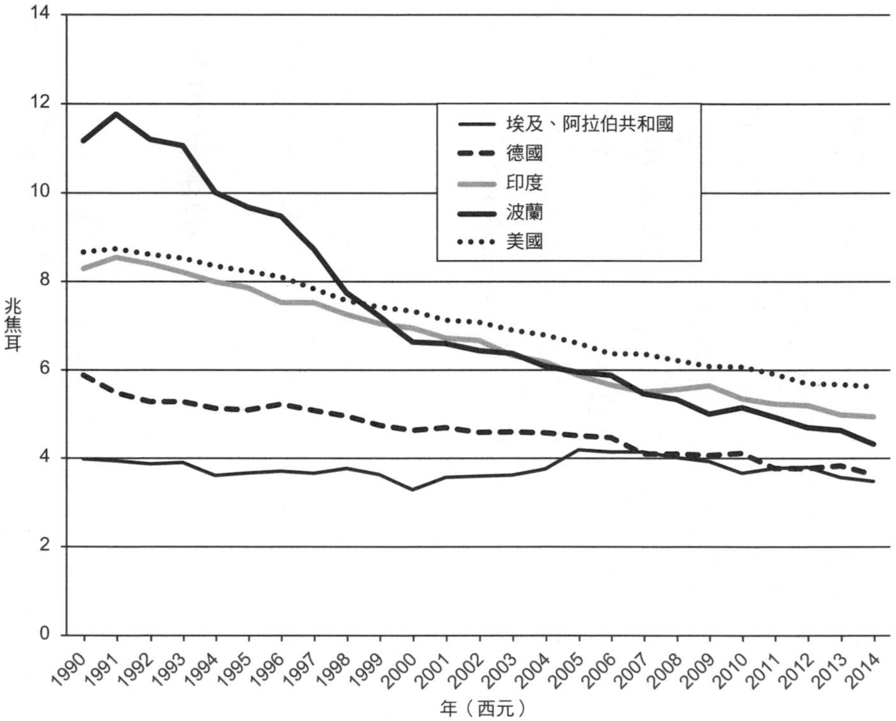

這個新的地質時代來指稱這個時代，因為現在地球上的生命能否存活，日益取決於人類活動。給予短短兩個世紀的時期，相當於一個數百萬年地質時代的稱號實在有點奇怪，不過這正是衡量人類對地球影響的巨大尺度的另一指標。比方說，到了二〇一〇年代，大氣層中被工業製程固定的氮已經超過所有自然過程的總和。[62]

或許以下這個比喻，最能反映出當今地球上人類的狀況。過去一個多世紀以來，人類的歷史基本上就是在打造一部強大科學的、生產力十足的社會機器，這部機器讓人類變得富裕、健康、快樂和聰明，遠遠超過兩百年前的人所能想像的。這部機器變得非常強大，甚至開始對地球的基本生活條件產生重大影響，並且在大多數的層面上仍在加速發展。長此以往，最終很可能會（儘管我們不知道何時）會讓氣候變暖四度，然後是六度，最後達到八度；在接近某個時間點，我們會毀掉整顆行星的生態系。也許我們能夠解決這個問題，但是目前不斷增加的能源使用量，無疑會在某個時候導致其他一些問題，如全球暖化或臭氧層破洞之類的，然後是一個接著一個的問題。

因此，人類若是要繼續繁榮，勢必得找到有效方法來管理自身對整個地球環境的衝擊；目前的形勢不僅迫使人類依賴地球的自然系統和循環，恐怕還得直接管理這些系統，創造出達到行星規模的人造系統和循環。這可能是一個令人恐懼的前景，因為行星系統的龐大複雜程度超乎想像。克拉格斯早在一九一三年所言：「在任何可以想像的情況下，人類都不可能成功地『糾正』自然。」我們不是神，因此似乎無法扮演神的角色。另一方面，也許威爾斯在二十世紀初提出的想法是正確的，我們將演化成神靈般的生物，主宰自然界和自己的命運。若真是如此，相當諷刺的是，在這種演化中，存續的關鍵就在於土地倫理的發展和應用，在於對地球的關愛、尊重及責任。也許人類在覺察到自身根本不如神，有了這樣的自知之明後，就能變成如神一般的生物，就像李奧波德在一九四八年所說的：「從土地社群的征服者轉變為普通的成員和公民。」[63]

無論如何，全球暖化的問題顯示，各民族國家的政府在面對管理地球這份工作時不可能投入相等心力。那些靠著十九世紀北美自然豐富資源累積財富而建立的大型慈善組織呢？它們曾資助綠色革命這類早期任務，但恐怕也無法再超越。因此需要其他人接手，問題是由誰呢？

一種可能性是大學，在現代有許多大學已成為科學技術的推動地點，能夠集合遺傳學、工程學、金融學、材料科學、組織心理學、電腦科學、經濟學等多個領域的研究人員，為解決目前星球正遭逢的困境做出貢獻。大學致力於共同利益，應當是很好的人選，還有誰比它們更適合擔任拯救我們這顆星球的任務？

另一方面，或許也可寄望大型跨國企業。從一九七〇年左右開始，各家公司開始利用全球運輸、通訊和貿易的優勢，加速長期以來的業務合併過程。在一九九五年至二〇〇五年，全球併購的總數和價值幾乎增加四倍。[64]如今，這種集中過程產生規模龐大的公司。實際上，在二〇一一年針對四萬三千零六十家跨國公司進行的一項研究發現，當中不到三百家緊密聯繫的公司（七五%的所有權集中在集團內部），就占全球企業總營收近二〇%。這種緊密聯繫的全球商業核心因為掌握有實質所有權，對大片公司網絡產生重大影響，占公司營收近六〇%。[65]這些公司和公司網絡具有巨大的經濟實力，而且能夠調度的科學、技術、組織和財力，都非其他機構能夠匹敵，足以解決人類世的問題。

即使整體看來，全球商業尚未達到高度的連貫性，企業合併仍可能產生足夠強大的匯整能力，解決全球迫在眉睫的問題。根據一項二〇一一年的研究，在全球前五十大公司（按資產衡量）中，有四十八家是金融業；而銀行和保險公司也一樣有解決環境問題的充分理由（例如，為了防止火災與洪水等昂貴的自然災害）。[66]對石油公司來說，解決化石燃料產生的二氧化碳排放量問題也有明顯的長期利益。在二〇一二年的全球前十大公司中（按銷售額計算），有七家是石油公司。而排名前十三位的銷售額累計起來，大於世界上多數國家的GDP，除了四個國家之外，也大於美國以外所有國家的稅收。全球一百大公司的總利潤，大於除了美國以外所有國家的稅收，[67]而且利潤在實際上就是可支配所得，而大多數國家的稅收則早已用於強制性支出。

就這一點來看，過去這一個世代，世界各地的跨國公司日益關注全球議題，並且彼此進行討論，這可能是一個好兆頭。一個例子是一九七三年在紐約成立的三邊委員會（Trilateral Commission），這是北美、歐洲、日本及亞太地區的金融和工業界領導人士組成的論壇，一同討論當代問題。另一個則是世界經濟論壇（World Economic Forum，簡稱WEF），該組織於一九七一年在瑞士成立。每年在達沃斯（Davos）舉行的年會，聚集約兩千名商業、政府、媒體和大學代表，其中約四分之三來自已開發國家，四分之三來自商業界。近年來，WEF發起越來越多的研究和行動計畫，包括全球衛生計畫（Global Health Initiative，二〇〇二年）、全球教育計畫（Global Education Initiative，二〇〇三年）、夥伴反腐敗倡議（Partnering Against Corruption initiative，二〇〇四年）及環境倡議（Environmental Initiative，二〇〇五年）；環境倡議於二〇〇八年發表一份全球暖化報告。[68]

候選名單上的最後一個可能的選項是，經濟全球化的個人受益者，也就是那批超級富豪。前五十大富豪的個人總財富現在超過多數國家的GDP，除了前十二大富裕國家外。這五十位富豪的淨資產合計等於美國或歐盟GDP的十分之一，是整個阿拉伯世界GDP的一半，以及幾乎整個撒哈拉以南非洲國家的總GDP。只有十個國家的年度稅收超過全世界前五大富豪的總財富——這五位真的是富可敵國；而只有兩個國家的稅收超過這五十大富豪的總財富。[69]許多觀察家對這樣的發展感到震驚不已，但是如果這批富豪決定投入，能夠拿出來解決問題的金錢非常可觀，相當於全世界他們同胞加總起來所能拿出的一樣多。他們為什麼不這麼做呢？畢竟他們也住在這裡。

當然，這三個選項中沒有一個（甚或當中的組合）是全然吸引人的。由超級富豪以寡頭方式管理這顆行星的環境，掌控相互串聯的巨型公司網絡，然後跟世界各地大學的專家購買專業服務，在大多數人看來，這絕不是烏托邦，恰恰與之相反。但是就過去兩個世紀以來，社會、經濟和技術的發展，這個情景成真的機會看似越來越高；而這可能還不是最糟糕的結果。

二十世紀的終結

在依循普世定律運作的龐大巨觀系統，和那些我們能夠用自然基本定律加以分析的簡單系統間，還存在一實質的中間場，這裡的系統對於基本分析而言過於複雜，但又太簡單而達不到普世標準。[70]

——澳裔美籍數學家陶哲軒（Terence Tao），二〇一二年

不過到了二〇一〇年，世人在思考這顆行星的未來時的矛盾心情確實有加深的理由，同時結合烏托邦式與反烏托邦式的想像。因為約莫從一九八〇年代起，科學界出現一系列的重大進展，讓這個新世紀開始看起來類似於十九世紀後期的技術「大爆炸」，這個基礎創新的組合具有打造全新經濟、社會和文化世界的潛力。就跟早期的科技突破一樣，這些創新的源頭可以回溯到一九〇〇年至一九三〇年間更早期的概念發展。不過，這似乎有可能產生經濟學家所說的新「技術經濟典範」（technoeconomic paradigm），這是一種新的能源體制，一連串的創新與新技術從中應運而生。[71]

事實上，二〇〇〇年左右，在科學界一個領域接著一個領域出現普遍的進展模式。這個時期最重要的進展，似乎滲透到存在的根本原理上，不是發現那些超越肉眼可見的結構，而是觸及打造這些結構的藍圖。

其中有許多進展都源於第二次世界大戰期間的戰事科技計畫，當時各國政府都願意投入巨額資金與人力來研發可能退敵的新武器。以次原子物理學這個領域來說，進展早已超越週期表的規律性，以及過去認識的質子、電子和中子的物理性質，如今又發現大約二十幾種基本粒子。二〇一二

年，科學家在多個國家政府資助的大量能量、計算能力和資金下，利用一巨大的實驗儀器檢測到粒子物理學「標準模型」中的最後一個粒子：希格斯玻色子（Higgs boson）。這些發現就跟過去的電學、磁學和熱力學的基本發現同樣重要，而且是漫長的二十世紀的科學革命基礎。遺傳學的進展早已超越戈雷戈爾・孟德爾（Gregor Mendel）在一八六五年（後於一八九〇年代重新發現），提出的基本遺傳法則，發現遺傳密碼的分子結構。從一九七〇年代開始，開發出讓科學家得以操縱單一基因的技術，不僅透過選擇性育種，甚至是直接在分子層級上操作。[72]到了二〇一三年，已經開始討論以基因工程改造藻類的可能性，使其能夠代謝大氣中二氧化碳，產生碳氫化合物這種可再利用的複雜分子廢物，如此就有可能在不加劇全球暖化的情況下消耗更多能源。目前也正對農作物進行基因工程改造，以增強其抵抗乾旱、害蟲和土壤鹽化的能力。幹細胞的新療法或可消除癌症、大腦和神經損傷，以及遺傳疾病等問題。現在甚至可望讓人類不會老死，也許再過五十年就有這樣的可能性，對那些很富有的人來說，這一天可能會更早降臨。

當然，這些技術突破是否一定會帶來益處尚有爭議。如果問題出在一直有過多的人消耗過多的能量，這些能夠餵養更多人和燃燒更多的能量技術進步，可能不會有什麼幫助，而幫助人類長生不老的構想，則可能成為史上最糟糕的主意。比較合理的狀況應當是，較少的人口使用較少的能源。正如一位技術史家在二〇〇七年所言：「對於創新的呼籲是為了……避免改變（更為基礎的特性）的一種尋常方式。」[73]較為樂觀的看法是，要是能找出使用更多能源，卻不用付出巨大環境成本的機制，事情就會好辦許多。基因轉殖作物可能讓我們有時間讓生育率下降，先度過人口膨脹這一關；而抗老化則能解決另一個迫在眉睫的問題：世界上的退休老人太多，而年輕的勞動者卻不足。

除此之外，生態學領域的進步也有助於理解生物群落驚人的複雜性，這遠遠超出過衝理論依據簡單族群動態模型所模擬的。從一九七〇年代起，科學家就不斷開發一系列實用的生態學原理目錄。背後的原因有很多，其中一種想法是，掠食性物種並不是有待消滅的危險生物，在更廣泛的生命網絡中，牠們依舊是能夠發揮作用的角色；例如，響尾蛇不是在那裡等著被牧場主人打死，而是去吃與家畜競爭的野生囓齒類。更普遍的原理是，生物系統的多樣性越高，適應性就越強，因此更能抵抗環境或生物挑戰（如新的病蟲害或疾病，或是氣候條件的變化）；好比說，多樣化的糧食生產系統會比僅種植一種或少數幾種作物，而且還會受到外部投入（如化肥）驅動的「單一栽培」（monoculture）糧食生產系統更堅韌，因此也更穩定。[74]早在一九七四年，詹姆斯・拉夫拉克（James Lovelock）和林恩・馬古利斯（Lynn Margulis）便提出蓋亞假說（Gaia Hypothesis），認為地球上的生命與無機環境處於一種自我調節的平衡中，會透過複雜的回饋機制發揮作用，將生命維持在最佳狀態（如調節影響大氣層的化學反應）。[75]顯然管理行星環境的計畫，是要讓人成為有新自我意識的蓋亞。

這些進展中的每一個，當然還包括其他無數個，都是建立在實驗、觀察和數據處理的基礎上，而數據處理之所以可行，完全是拜微電子電腦（microelectronic computer）的突破所賜，這堪稱是人類史上最令人驚訝的工程成就。[76]第一台電子電腦是在一九三〇年代後期開發，然後在一九四〇年代和一九五〇年代不斷改善，以因應第二次世界大戰與冷戰期間的挑戰，也再次獲得巨額的政府資助。隨著一九七〇年代和一九八〇年代微型電腦的發展，以及一九九〇年代網絡計算和網際網路的出現，全球各地的資訊數量、組織與普及性正在經歷一場質變。[77]

樂觀者可能希望這種轉變將為人類帶來工具，用以認識和管理其對地球環境的衝擊，並為人類社會和政治組織建立更具參與性和民主的新藍圖。悲觀者則指出，國家對各種新興的網路通訊形式

（諸如電子郵件和社群網絡）的監控無所不在，將會更為險惡、新穎的極權主義提供潛在的藍圖。

由這些新技術定義的二十一世紀會是一個奇蹟，還是噩夢一場？當代科學所揭示的世界非常複雜：粒子物理學界呈現具有許多粒子和力的「標準模型」；生物學界則顯示調節或影響基因表現的因素和條件，複雜到令人難以置信；而生態系統具有驚人的靈敏動態。這種複雜性似乎已反映在我們這個時代的人類世界中，現在的社會、文化、經濟和政治體系也是一套多樣、多元且對比鮮明的系統，而且這些系統似乎日益構成一個相互作用的動態整體。也許之後會發現，人類世界具有自然世界的彈性和各種潛力。若真是如此，不論是樂觀觀點，還是悲觀觀點，似乎都不能正確預測人類歷史的下一個階段。二十一世紀也許比我們希望的還糟，但可能比我們恐懼的來得好。

注釋

前言

1. On the question of technological determination in history, see Merritt Roe Smith and Leo Marx, eds., *Does Technology Drive History?* (Cambridge, MA: MIT Press, 1994).
2. Vaclav Smil, *Creating the Twentieth Century* (Oxford: Oxford University Press, 2005), 8, 9, 13.
3. See, for example, Charles H. Parker, *Global Interactions in the Early Modern Age, 1400–1800 (Cambridge: Cambridge* University Press, 2010); Kenneth Pomeranz, *The Great Divergence: China, Europe, and the Making of the Modern World Economy* (Princeton: Princeton University Press, 2000); Immanuel Wallerstein, *The Modern World System,* vols. 1–3 (New York: Academic Press; Berkeley: University of California Press, 1974, 1989, 2011); and Kenneth Pomeranz and J. R. McNeill, "Production, Destruction, and Connection, 1750–Present: Introduction," in *The Cambridge World History,* Vol. 7: *Production, Destruction, and Connection, 1750–P resent , Part I: Structures, Spaces, and Boundary-Making,* eds. Pomeranz and McNeill (Cambridge: Cambridge University Press, 2015), 1–47 (esp. 8, 13).
4. *International Historical Statistics,* ed. Palgrave Macmillan Ltd., http://www.palgraveconnect.com/pc/doifinder/10.1057/9781137305688.0737; Database, Maddison Project, http://www.ggdc.net/maddison/maddison-project/data.htm.

第一章　現代的生物轉型

1. Massimo Livi-Bacci, *A Concise History of World Population,* 3d ed. (Malden, MA: Blackwell, 2001), 27.
2. Thomas Whitmore et al., "Long-Term Population Change," in B. L. Turner et al., eds., *The Earth as Transformed by Human Action* (New York: Cambridge University Press, 1990), 31.
3. Ibid., 33.

4. Paul Bairoch, "Agriculture and the Industrial Revolution, 1700–1914," in *The Fontana Economic History of Europe: The Industrial Revolution,* ed. Carlo M. Cipolla (New York: Collins/Fontana, 1973), 453, 460; Dwight H. Perkins, *Agricultural Development in China, 1368–1968* (Chicago: Aldine, 1969); Sam White, "From Globalized Pig Breeds to Capitalist Pigs," *Environmental History* 16 (2011): 94–120; Francesca Bray, *Science and Civilization in China,* Vol. 6: *Biology and Biological Technology, Part II: Agriculture, ed. Joseph Needham* (Cambridge: Cambridge University Press, 1984), 582.

5. See, in particular, Roy Porter, *The Greatest Benefit to Mankind: A Medical History of Humanity from Antiquity to the Present* (New York: HarperCollins, 1997), 370–73.

6. J. R. McNeill, *Something New Under the Sun: An Environmental History of the Twentieth-Century World* (New York: W. W. Norton, 2000), 127–28.

7. Richard A. Easterlin, *Growth Triumphant: The Twenty-First Century in Historical Perspective* (Ann Arbor: University of Michigan Press, 1996), 161; Porter, *Greatest Benefit to Mankind,* 467–75; J. R. McNeill, *Mosquito Empires: Ecology and Wars in the Greater Caribbean, 1620–1914* (Cambridge: Cambridge University Press, 2010), esp. 309–10.

8. Porter, *Greatest Benefit to Mankind,* 453–61; Roy Porter, ed., *The Cambridge Illustrated History of Medicine* (Cambridge: Cambridge University Press, 1996), 231, 269–72; Daniel Headrick, "Botany, Chemistry, and Tropical Development," *Journal of World History* 7 (1996): 4–5; Bouda Etamad, *Possessing the World* (New York: Berghahn, 2000), 26–34; McNeill, *Something New Under the Sun,* 199; Miguel A. Centeno and Joseph N. Cohen, *Global Capitalism: A Sociological Perspective* (New York: Polity, 2010), 101.

9. Oded Galor offers a good discussion in "The Demographic Transition and the Emergence of Sustained Economic Growth," *Journal of the European Economic Association* 3 (2005): 494–504.

10. Jean-Claude Chesnais, *The Demographic Transition,* trans. Elizabeth and Philip Kreager (Oxford: Clarendon, 1992), 441 (quotation), 433, 489.

11. John C. Caldwell and Pat Caldwell, "What Do We Now Know about Fertility Transition?" in *The Continuing Demographic Transition,* ed. G. W. Jones, R. M. Douglas, J. C. Caldwell, and R. M. D'Souza (Oxford: Clarendon, 1997), 21.

12. Quoted in Chesnais, *Demographic Transition,* 4.

13. "'I Was Born a Lakota': Red Cloud's Abdication Speech, July 4, 1903," in James R. Walker, *Lakota Belief and Ritual,* ed. Raymond J. DeMallie and Elaine A. Jahner (Lincoln: University of Nebraska Press, 1980), 137–39.
14. Roy Hora, *The Landowners of the Argentine Pampas* (Oxford: Oxford University Press, 2001); Willard Sunderland, *Taming the Wild Field: Colonization and Empire on the Russian Steppe* (Ithaca, NY: Cornell University Press, 2004).
15. Jeremy Adelman, *Frontier Development: Land, Labour, and Capital on the Wheatlands of Argentina and Canada, 1890–1914* (Oxford: Oxford University Press, 1994), 23.
16. Alexis Dudden, "Japanese Colonial Control in International Terms," *Japanese Studies* 25 (2005): 1–20; Dirk Hoerder, *Cultures in Contact* (Durham, NC: Duke University Press, 2002), 375.
17. McNeill, *Something New Under the Sun,* 161.
18. A. G. Kenwood and A. L. Lougheed, *The Growth of the International Economy* (New York: Routledge, 1999), 51–53; Ulbe Bosma, "European Colonial Soldiers in the Nineteenth Century," *Journal of Global History* 4 (2009): 328; Jeffrey Lesser, *Immigration, Ethnicity, and National Identity in Brazil, 1808 to the Present* (Cambridge: Cambridge University Press, 2013), 72.
19. Basil Davidson, *Africa in History* (New York: Macmillan, 1991), 268.
20. Jeffrey Ostler, *The Plains Sioux and U.S. Colonialism from Lewis and Clark to Wounded Knee* (Cambridge: Cambridge University Press, 2004); Benjamin Madley, "Patterns of Frontier Genocide, 1803–1910: The Aboriginal Tasmanians, the Yuki of California, and the Herero of Namibia," *Journal of Genocide* Research 6 (2004): 167–92; Madley, "Tactics of Nineteenth-Century Colonial Massacre," in *Theaters of Violence,* ed. Philip G. Dwyer and Lyndall Ryan (New York: Berghahn, 2012), 110–25; Mohamed Adhikari, ed., *Genocide on Settler Frontiers* (New York: Berghahn, 2015); Spencer C. Tucker, ed., *Encyclopedia of North American Indian Wars* (Santa Barbara, CA: ABC-CLIO, 2011); Bill Yenne, *Indian Wars: The Campaign for the American West* (Yardley, PA: Westholme, 2006); Hora, *Landowners of the Argentine Pampas,* 41–42; David Moon, "Peasant Migration and the Settlement of Russia's Frontiers, 1550–1897," *Historical Journal* 40 (1997): 884–85; Katsuya Hirano, "Thanatopolitics in the Making of Japan's Hokkaido," *Critical Historical Studies* 2 (2015): 204.
21. Madley, "Patterns of Frontier Genocide," 169 (quotation), 177–78, 181; Madley, "Reexamining the American Genocide Debate: Meaning, Historiography, and New Methods," *American Historical Review* 120 (2015): 98–139.

22. Brett L. Walker, "Meiji Modernization, Scientific Agriculture, and the Extermination of Japan's Hokkaido Wolf," *Environmental History* 9 (2004): 248–74; Lance van Sittert, "'Keeping the Enemy at Bay': The Extermination of Wild Carnivora in Cape Colony, 1889–1910," *Environmental History* 3 (1998): 343.
23. Donald Worster, *Nature's Economy: A History of Ecological Ideas* (Cambridge: Cambridge University Press , 1994), 262–77.
24. Andrew C. Isenberg, *The Destruction of the Bison: An Environmental History, 1750–1920* (Cambridge: Cambridge University Press, 2000), 137, 140, 162 (quotation).
25. Stephen Mosley, *The Environment in World History* (New York: Routledge, 2010), 17, 21, 25, 27; Clive Ponting, *A New Green History of the World* (London: Penguin, 2007), 145, 152–53; Gregory T. Cushman, *Guano and the Opening of the Pacific World* (New York: Cambridge University Press, 2013), 302; Arthur F. McEvoy, "Toward an Interactive Theory of Nature and Culture," in *The Ends of the Earth: Perspectives on Modern Environmental History,* ed. Donald Worster (New York: Cambridge University Press, 1988), 220–23.
26. See Andrew C. Isenberg, "Seas of Grass: Grasslands in World Environmental History," in *The Oxford Handbook of Environmental History,* ed. Isenberg (Oxford: Oxford University Press, 2014), 144–45; David Arnold, *The Problem of Nature: Environment, Culture, and European Expansion* (Oxford: Blackwell, 1996), esp. 123.
27. Michael Brander, *The Perfect Victorian Hero: Samuel White Baker* (Edinburgh: Mainstream, 1982), 173.
28. Ludwig Klages, "Man and Earth (1913)," in *The Biocentric Worldview: Selected Essays and Poems of Ludwig Klages,* trans Joseph D. Pryce (London: Arktos, 2013), 26, 27, 31, 34, 42.
29. Peter J. Bowler, *The Earth Encompassed A History of the Environmental Sciences* (New York: W. W. Norton, 2000), 321, 322.
30. McEvoy, "Toward an Interactive Theory," 217; Clayton R. Koppes, "Efficiency, Equity, Esthetics: Shifting Themes in American Conservation," in Worster, *The Ends of the Earth,* 230–51. On parks, see *Civilizing Nature: National Parks in Global Historical Perspective*, ed. Bernhard Gissibl, Sabine Höhler, and Patrick Kupper (New York: Berghahn, 2012). The classic text is Samuel P. Hays, *Conservation and the Gospel of Efficiency* (Cambridge, MA: Harvard University Press, 1959).
31. Patrick Brantlinger, *Dark Vanishings: Discourse on the Extinction of Primitive Races, 1800–1930* (Ithaca, NY: Cornell Uni-versity Press, 2003).

32. Figures var y substantially ; for a contrasting picture, see McNeill, *Something New Under the Sun,* 213.

33. Calculated from figures from the Center for Sustainability and the Global Environment, Nelson Institute for Environmental Studies, University of Wisconsin–Madison, www.sage.wisc.edu.

34. McNeill, *Something New Under the Sun,* 151–54.

35. Ibid., 217.

36. Hora, *Landowners of the Argentine Pampas,* 47.

37. Max E. Fletcher, "The Suez Canal and World Shipping, 1869–1914," *Journal of Economic History* 18 (1958): 557, 559; Alexander Nützenadel, "A Green International," in *Food and Globalization,* ed. Nützenadel and Frank Trentmann (New York: Berg, 2008), 157, 153; I. L. Buxton, "The Development of the Merchant Ship, 1880–1990," *Mariner's Mirror* 79 (1993): 71–82.

38. David Edgerton, *The Shock of the Old: Technology and Global History since 1900* (New York: Oxford University Press, 2007), 172.

39. Paul H. Kratoska, "Commercial Rice Cultivation and the Regional Economy of Southeast Asia, 1850–1950," in Nützenadel and Trentmann, *Food and Globalization,* 75–90; Michael Adas, "Continuity and Transformation: Colonial Rice Frontiers and Their Environmental Impact on the Great River Deltas of Mainland Southeast Asia," in *The Environment and World History,* ed. Edmund Burke III and Kenneth Pomeranz (Berkeley: University of California Press, 2009), 191–207; Walter Nugent, *Into the West: The Story of Its People* (New York: Knopf, 1999), 111.

40. Etamad, *Possessing the World,* 28–30.

41. McNeill, *Something New Under the Sun,* 307; Paul S. Sutter, "The Tropics: A Brief History of an Environmental Imaginary," in Isenberg, *Oxford Handbook of Environmental History,* 178–204.

42. Sergei Mikhailovich Solov'ev, *Istoriia Rossii,* quoted in Mark Bassin, "Turner, Solov'ev, and the 'Frontier Hypothesis': The National Significance of Open Spaces," *Journal of Modern History* 65 (1993): 498. Solov'ev's work was published in twenty-nine volumes from 1851 to 1876; this quotation is from the second volume.

43. Adam McKeown, "Global Migration, 1846–1940," *Journal of World History* 15 (2004): 156; Jochen Oltmer, "Migration im Kontext von Globalisierung, Kolonialismus und Weltkriegen," in *WBG Welt-Geschichte,* Band VI: *Globalisierung 1880 bis*

heute, ed. Hans-Ulrich Thamer (Darmstadt, Germany: Wissenschaftliche Buchgesellschaft, 2010), 193; Jose C. Moya and Adam McKeown, *World Migration in the Twentieth Century* (Washington, DC: American Historical Association, 2011), 8–9; P. C. Emmer and M. Mörner, introduction to *European Expansion and Migration,* ed. Emmer and Mörner (New York: Berg, 1992), 3; Timothy J. Hatton and Jeffrey G. Williamson, *Global Migration and the World Economy* (New York: Oxford University Press, 1988), 8.

44. McKeown, "Global Migration," 167.
45. Timothy J. Hatton and Jeffrey G. Williamson, *The Age of Mass Migration: Causes and Economic Impact* (New York: Oxford University Press, 1998), 101.
46. Hoerder, *Cultures in Contact,* 319; Emmer and Mörner, introduction to *European Expansion and Migration,* 3.
47. McKeown, "Global Migration," 157–58; Hoerder, *Cultures in Contact,* 387; Jose C. Moya and Adam McKeown, "World Migration in the Long Twentieth Century," in *Essays on Twentieth-Century History,* ed. Michael C. Adas (Philadelphia: Temple University Press, 2010), 16–17.
48. Kenwood and Lougheed, *Growth of the Inter national Economy,* 59.
49. Hatton and Williamson, *Age of Mass Migration,* 9; Walter Nugent, *Crossings: The Great Transatlantic Migrations, 1870–1914* (Bloomington: Indiana University Press, 1992), 35; McKeown, "Chinese Emigration," 108; Hoerder, *Cultures in Conact,* 366; Giovanni Gozzini, "The Global System of International Migration, 1900 and 2000," *Journal of Global History* 1 (2006): 323.
50. Hoerder, *Cultures in Contact,* 377, 379; McKeown, "Chinese Emigration," 112, 113, 117.
51. Oltmer, "Migration im Kontext," 187, 189; Hoerder, *Cultures in Contact,* 387.
52. Philip A. Kuhn, *Chinese among Others: Emigration in Modern Times* (Lanham, MD: Rowman and Littlefield, 2008), 205–36; Freda Hawkins, *Critical Years in Immigration: Canada and Australia Compared* (Montreal: McGill-Queen's University Press, 1991), 8–19.
53. McKeown, "Chinese Emigration," 111.
54. See James Belich, *Replenishing the Earth: The Settler Revolution and the Rise of the Anglo World, 1783–1939* (New York: Oxford

University Press, 2009).

55. Hoerder, *Cultures in Contact,* 312.

56. David Moon, "In the Russians' Steppes," *Journal of Global History* 3 (2008): 222.

57. Timothy J. Kloberdanz, "Plainsmen of Three Continents," in *Ethnicity on the Great Plains,* ed. Frederick Luebcke (Lincoln: University of Nebraska Press, 1980), 67.

58. Vitorino Magalhàes Godinho, "Portuguese Emigration," in Emmer and Mörner, *European Expansion and Migration,* 28.

59. Kuhn, *Chinese among Others,* 217, 229.

60. Lesser, *Immigration, Ethnicity, and National Identity in Brazil,* 164; Stefan Berger, Andy Croll, and Norman Laporte, eds., *Towards a Comparative History of Coalfield Societies* (Aldershot, UK: Ashgate, 2005).

第二章　現代全球經濟的基礎

1. Hora, *Landowners of the Argentine Pampas,* 8, 9, 11, 46, 49.

2. Moon, "In the Russians' Steppes," 204, 208.

3. Dudden, "Japanese Colonial Control," 8–10; Emily S. Rosenberg, "Transnational Currents in a Shrinking World," in *A World Connecting, 1870–1945,* ed. Rosenberg (Cambridge, MA: Harvard University Press, 2012), 920; Hirano, "Thanatopolitics in the Making of Japan's Hokkaido."

4. Nützenadel, "A Green International?" 161, 164.

5. Data for figures 4.1 to 4.3, in David Held, Anthony McGrew, David Goldblatt, and Jonathan Perraton, *Global Transformations* (Stanford: Stanford University Press, 1999), 193, 194; Mira Wilkins, *The History of Foreign Investment in the United States to 1914* (Cambridge, MA: Harvard University Press, 1989), 454.

6. Held et al., *Global Transformations,* 32.

7. Kenwood and Lougheed, *The Growth of the International Economy,* 30, 32; Held et al., *Global Transformations,* 194, 275.

8. Wilkins, *History of Foreign Investment,* 145, 159, 164–65; James Kirby Martin et al., *A Concise History of America and Its People*, Vol. 2: *Since 1865* (New York: HarperCollins, 1995), 429.

9. Daniel Headrick, *The Invisible Weapon: Telecommunications and International Politics, 1851–1945* (New York: Oxford University Press, 1991), 199.
10. Held et al., *Global Transformations,* 193.
11. George H. Nash, *The Life of Herbert Hoover,* Vol. 1: *The Engineer* (New York: W. W. Norton, 1983), 227, 51, 61, 181, 63, 72–73, 82–83, 424; quotations from William E. Leuchtenburg, *Herbert Hoover* (New York: Times Books, Henry Holt, 2009), 11, 13, 21, 8.
12. William D. Haywood, *Bill Haywood's Book* (New York: International Publishers, 1929), 48–49, 62, 81, 26–29; Ronald L. Lewis, *Welsh Americans: A History of Assimilation in the Coalfields* (Chapel Hill: University of North Carolina Press, 2008), 212–20, 228–38; Thomas G. Andrews, *Killing for Coal: America's Deadliest Labor War* (Cambridge, MA: Harvard University Press, 2008), 14.
13. For a good overview, see Warren Lerner, *A History of Socialism in Modern Times: Theorists, Activists, and Humanists* (Englewood Cliffs, NJ: Prentice-Hall, 1982).
14. Martin et al., *A Concise History of America and Its People,* 2:461, 462, 464, 446; Porter, *Greatest Benefit to Mankind,* 468; McNeill, *Mosquito Empires,* 309.
15. Edward W. Byrn, "The Progress of Invention during the Past Fifty Years," *Scientific American* 75 (July 25, 1896): 82.
16. This section of the chapter derives primarily from Smil, *Creating the Twentieth Century,* and from Christopher Freeman, "Technology and Innovation," in *The Columbia History of the Twentieth Century,* ed. Richard W. Bulliet (New York: Columbia University Press, 1998), 314–44.
17. Quoted in Smil, *Creating the Twentieth Century,* 13.
18. Easterlin, *Growth Triumphant,* 25.
19. Freeman, "Technology and Innovation," 315–16; W. Bernard Carlson, "Innovation and the Modern Corporation: From Heroic Invention to Industrial Science," in *Companion to Science in the Twentieth Century,* ed. John Krige and Dominique Pestre (New York: Routledge, 2003), 203–12, 217, 219.
20. Leuchtenburg, *Herbert Hoover,* 19.
21. Smil, *Creating the Twentieth Century,* 22, 24, 39, 46, 56, 91, 93–95, 181, 207, 217, 222, 226, 273, 276, 277, 308.

22. Freeman, "Technology and Innovation," 324–25.
23. Smil, *Creating the Twentieth Century,* 204–7.
24. Ibid., 158, 162.
25. Ibid., 90–91. For an influential reflection on innovation and technological systems, see Thomas P. Hughes, "The Evolution of Large Technological Systems," in *The Science Studies Reader,* ed. Mario Biagioli (New York: Routledge, 1999), 202–23.
26. Paul Josephson, "The History of World Technology, 1750–Present," in *The Cambridge World History,* Vol. 7: *Production, Destruction, and Connection, 1750–Present, Part 1: Structures, Spaces and Boundary-Making,* ed. J. R. McNeill and Kenneth Pomeranz (Cambridge: Cambridge University Press, 2015), 142.
27. Calculated from B. R. Mitchell, ed., *International Historical Statistics, 1750–2005* (Basingstoke, UK: Palgrave MacMillan, 2007); Kenneth Pomeranz and J. R . McNeill, "Production, Destruction, and Connection, 1750–Present: Introduction," in Pomeranz and McNeill, *The Cambridge World History,* vol. 7, part 1, p. 10.
28. Smil, *Creating the Twentieth Century,* 63–65.
29. Ibid. 301.
30. Mira Wilkins, "Multinational Enterprise to 1930," in *Leviathans: Multinational Corporations and the New Global History,* ed. Alfred D. Chandler and Bruce Mazlish (Cambridge: Cambridge University Press, 2005), 58, 59, 61–62, 66, 70, 75, 77. Michel Beaud, *A History of Capitalism, 1500–2000* (New York: Monthly Review, 2001), 159, gives the figure five thousand British bank branches overseas by 1910.
31. Daniel Yergin, *The Prize: The Epic Quest for Oil, Money, and Power* (New York: Simon and Schuster, 1991), 40, 58–61, 64–66, 73, 82, 93–94.
32. H. G. Wells, *The Discovery of the Future* (New York: B. W. Huebsch, 1913), 57, 59, 60–61.
33. Smil, *Creating the Twentieth Century,* 94, 141, 294.
34. Byrn, "The Progress of Invention during the Past 50 Years," 82–83.
35. Joel A. Tarr, "The Metabolism of the Industrial City: The Case of Pittsburgh," *Journal of Urban History* 28 (2002): 518.
36. Smil, *Creating the Twentieth Century,* 141, 293, 158, 162, 172, 294.

37. Ibid., 93, 278–79.

38. Ibid., 132; Beaud, *History of Capitalism,* 181, 182, 183.

第三章　重組全球經濟

1. V. I. Lenin, *Imperialism, the Highest Stage of Capitalism,* in *V. I. Lenin: Selected Works in Three Volumes*, vol. 1 (New York: International, 1939), 741.

2. Hora, *Landowners of the Argentine Pampas,* 64; Mirta Zaida Lobato and Juan Suriano, *Atlas Historico de la Argentina* (Buenos Aires: Editorial Sudamericana, 1998), 300, 302.

3. Alexander Nützenadel, "A Green International?" in Nützenadel and Trentmann, *Food and Globalization,* 155.

4. Oltmer, "Migration im Kontext," 185.

5. Kratoska, "Commercial Rice Cultivation," 78.

6. Wolfram Fischer, *Expansion—Integration—Globalisierung: Studien zur Geschichte der Weltwirtschaft* (Göttingen, Germany: Vandenhoeck and Ruprecht, 1998), 129.

7. Miriam Silverberg, "Constructing a New Cultural History of Prewar Japan," in *Japan in the World,* ed. Masao Miyoshi and H. D. Harootunian (Durham, NC: Duke University Press, 1993), 123; Stephen Kotkin, "Modern Times: The Soviet Union and the Interwar Conjuncture," in *The Cultural Gradient: The Transmission of Ideas in Europe, 1789–1991,* ed. Catherine Evtuhov and Stephen Kotkin (New York: Rowman and Little-field, 2003), 191.

8. Fischer, *Expansion—Integration—Globalisierung,* 134.

9. Thomas E. Skidmore and Peter H. Smith, *Modern Latin America* (New York: Oxford University Press, 1989), 149, 152; Bill Albert, *South America and the World Economy from Independence to 1930* (Hong Kong: Macmillan Press, 1983), 45.

10. John R. Hanson II, "Diversification and Concentration of LDC Exports: Victorian Trends," *Explorations in Economic History* 14 (1977): 65; Oltmer, "Migration im Kontext," 186 (81% of Manchurian soy products in 1889, 60% in 1929); Ines Prodöhl, "Versatile and Cheap: A Global History of Soy in the First Half of the Twentieth Century," *Journal of Global History* 8 (2013): 461–82; Kenwood and Lougheed, *Growth of the International Economy,* 136; Albert, *South America and the World Economy,* 32.

11. Ulrich Pfister, "Globalisierung und Weltwirtschaft," in Thamer, *WBG Weltgeschichte,* VI:295.
12. Victor Bulmer-Thomas, "The Latin American Economies, 1929–1939," in *Latin American Economy and Society since 1930,* ed. Leslie Bethell (Cambridge: Cambridge University Press, 1998), 75.
13. Kenwood and Lougheed, *The Growth of the International Economy,* 138–39.
14. Nützenadel, "A Green International?" 153.
15. Ronald Findlay and Kevin H. O'Rourke, "Commodity Market Integration, 1500–2000," in *Globalization in Historical Perspective,* ed. Michael D. Bordo, Alan M. Taylor, and Jeffrey G. Williamson (Chicago: University of Chicago Press, 2003), 65; Christopher Chase-Dunn, Yukio Kawano, and Benjamin D. Brewer, "Trade Globalization since 1795: Waves of Integration in the World-System," *American Sociological Review* 65 (2000): 77–95.
16. Kenwood and Lougheed, *Growth of the International Economy,* 78.
17. Ibid., 83.
18. Wilkins, "Multinational Enterprise to 1930," 66; Toyin Falola and Matthew M. Heaton, *A History of Nigeria* (New York: Cambridge University Press, 2008), 121.
19. Skidmore and Smith, *Modern Latin America,* 112, 205, 252.
20. Ibid., 82; Geoffrey Jones, "Multinationals from the 1930s to the 1980s," in Chandler and Mazlish, *Leviathans,* 82.
21. Fletcher, "The Suez Canal and World Shipping," 572.
22. Skidmore and Smith, *Modern Latin America,* 88, 131.
23. Ibid., 44, 73, 223.
24. Peter Hugill, *Global Communications since 1844* (Baltimore: Johns Hopkins University Press, 1999), 30, 33, 69–70.
25. "Instructions of the Charge d'Affaires of Great Britain to Chile, September 23, 1853," quoted in Andre Gunder Frank, *Capitalism and Underdevelopment in Latin America* (New York: Monthly Review Press, 1967), 67.
26. *El Mercurio,* May 4, 1868, quoted in ibid., 68–69.
27. J. R. McNeill and William H. McNeill, *The Human Web: A Bird's Eye View of World History* (New York: W. W. Norton, 2003), 252–58.

28. Timothy R . Furnish, *Holiest Wars: Islamic Mahdis, Their Jihads, and Osama bin Laden* (Westport, CT: Praeger, 2005), 46.
29. Alessandro Stanziani, "Abolitions," in *The Cambridge World History,* Vol. 7: *Production, Destruction, and Connection, 1750–Present, Part 2: Shared Transformations?* ed. J. R. McNeill and Kenneth Pomeranz (Cambridge: Cambridge University Press, 2015), 112; Rebecca J. Scott, "Gradual Abolition and the Dynamics of Slave Emancipation in Cuba, 1868–1886," *Hispanic American Historical Journal* 63:3 (1983): 449–77; Peter Kolchin, *Unfree Labor: American Slavery and Russian Serfdom* (Cambridge: Cambridge University Press, 1987), 356, 363.
30. Steeve Coupeau, *The History of Haiti* (Westport, CT: Greenwood Press, 2008), 21–34; Robin Blackburn, "The Role of Slave Resistance in Slave Emancipation," in *Who Abolished Slavery? Slave Revolts and Abolitionism,* ed. Seymour Drescher and Pieter C. Emmer (New York: Berghahn, 2010), 169–78; Celia Maria Marinho de Azevedo, *Onda Negra, Medo Branco: Onegro no imaginário das elites—Século XIX* (Rio de Janeiro: Paze Terra, 1987), 40, 70.
31. Kolchin, *Unfree Labor,* 364.
32. Colin M. McLachlan, *A History of Modern Brazil* (Wilmington, DE: Scholarly Resources, 2003), 39–40, 42.
33. Stanziani, "Abolitions," 115; Kolchin, *Unfree Labor,* 366; Burke and Pomeranz, *The Environment in World History,* 281; J. N. Westwood, *Endurance and Endeavour: Russian History, 1812–2001* (Oxford: Oxford University Press, 2002), 69–73.
34. For a summary of the debate on this point, see John C. Clegg, "Capitalism and Slavery," *Critical Historical Studies* 2 (2015): 281–304, esp. 289–93.
35. Brian Holden Reid, *The Origins of the American Civil War* (New York: Longman, 1996); Paul Bairoch, *Economics and World History: Myths and Paradoxes* (Chicago: University of Chicago Press, 1993), 33–36.
36. Hora, *Landowners of the Argentine Pampas,* 10–11 and passim.
37. Philip D. Curtin, *The Rise and Fall of the Plantation Complex* (Cambridge: Cambridge University Press, 1990), 191–94.
38. Oltmer, "Migration im Kontext," 179.
39. Eric Foner, *Free Soil, Free Labor, Free Men* (New York: Oxford University Press, 1970).
40. See, for example, Thomas E. Skidmore, *Black into White: Race and Nationality in Brazilian Thought* (Durham, NC: Duke University Press, 1993), 18–19, 22–26.

41. See Stanziani, "Abolitions," 127–28; Sven Beckert, "Emancipation and Empire: Reconstructing the Worldwide Web of Cotton Production in the Age of the American Civil War," *American Historical Review* 109 (2004): 1405–38; Norbert Finzsch, "The End of Slavery, the Role of the Freedmen's Bureau, and the Introduction of Peonage," in *The End of Slavery in Africa and the Americas,* ed. Ulrike Schmieder, Katja Füllberg-Stolberg, and Michael Zeuske (Berlin: Lit, 2011), 141–64 (quotation, 146).
42. Kuhn, *Chinese among Others,* 112 (quotation), 114–34, 140–49; C. Vann Woodward, "Emancipations and Reconstructions: A Comparative Study," in Woodward, *The Future of the Past* (New York: Oxford University Press, 1989), 155–61.
43. Gungwu Wang, "Migration History: Some Patterns Revisited," in *Global History of Migrations,* ed. Gungwu (Boulder, CO: Westview Press, 1997), 10; Kuhn, *Chinese among Others,* 182; McKeown, "Global Migration," 157.
44. Basil Davidson, *Africa in History* (New York: Macmillan, 1991), 302–3.
45. Stefan-Ludwig Hoffmann, "Genealogies of Human Rights," in *Human Rights in the Twentieth Century,* ed. Hoffimann (Cambridge: Cambridge University Press, 2011), 8; Alice Conklin, "Colonialism and Human Rights: A Contradiction in Terms?" *American Historical Review* 103 (1998): 419–22; Daniel Laqua, "The Tensions of Internationalism: Trans-national Antislavery in the 1880s and 1890s," *International History Review* 33 (2011): 705–26; Pomeranz and McNeill, "Production, Destruction, and Connection," 27.
46. 33 Cong. Rec. 704–12 (56th Cong., 1st sess.).
47. Wilfred Scawen Blunt, "Britain's Imperial Destiny," in the Internet Modern History Sourcebook, www.fordham,edu/Halsall/mod/1899blunt.asp.
48. George A. Codding Jr., *The Universal Postal Union* (New York: New York University Press, 1964), 26, 35, 37, 48; Francis Lyall, *International Communications: The International Telecommunications Union and the Universal Postal Union* (London: Ashgate, 2011).
49. Pfister, "Globalisierung und Weltwirtschaft," 285.
50. Peter N. Stearns, *The Industrial Revolution in World History* (Boulder, CO: Westview Press, 1998), 82–83; Kenwood and Lougheed, *Growth of the International Economy,* 62–77; Bairoch, *Economics and World History,* 22–42; Michael A. Clemens and Jeffrey G. Williamson, "Why Did the Tariff-Growth Correlation Reverse after 1950?" National Bureau of Economic Research,

NBER Working Paper No. 9181, doi:10.3386/w9181, figure 1; Ronald Findlay and Kevin H. O'Rourke, *Power and Plenty: Trade, War, and the World Economy in the Second Millennium* (Princeton: Princeton University Press, 2007), 402.

51. Pfister, "Globalisierung und Weltwirtschaft," 286.

52. Bairoch, *Economics and World History,* 41–42.

53. Jeff Sahadeo, "Progress or Peril: Migrants and Locals in Russian Tashkent, 1906–14," in *Peopling the Russian Periphery,* ed. Nicholas Breyfogle, Abby Schrader, and Willard Sunderland (New York: Routledge, 2007), 157; Philip D. Curtin, "Africa and Global Patterns of Migration," in Gungwu, *Global History of Migrations,* 83; Hoerder, *Cultures in Contact,* 390; Kratoska, "Commercial Rice Cultivation," 78; Kuhn, *Chinese among Others,* 183; Claude Markovits, *The Global World of Indian Merchants, 1750–1947* (Cambridge: Cambridge University Press, 2000).

54. Bairoch, *Economics and World History,* 41, 90–91.

55. Findlay and O'Rourke, *Power and Plenty,* 406, 410; Sugata Bose and Ayesha Jalal, *Modern South Asia* (New York: Routledge, 2004), 80–82.

56. Christopher Clark, *The Sleepwalkers: How Europe Went to War in 1914* (New York: HarperCollins, 2013), 342; Albert Hourani, *A History of the Arab Peoples* (Cambridge, MA: Harvard University Press, 1991), 282; Bairoch, *Economics and World History,* 32; David B. Abernethy, *The Dynamics of Global Dominance* (New Haven: Yale University Press, 2000), 111; William L. Cleveland, *A History of the Modern Middle East* (Boulder, CO: Westview Press, 2004), 86.

57. Findlay and O'Rourke, *Power and Plenty,* 401.

58. Albert, *South America and the World Economy,* 43.

59. Pfister, "Globalisierung und Weltwirtschaft," 295.

60. Jack Beeching, *The Chinese Opium Wars* (New York: Harcourt Brace Jovanovich, 1975).

61. Bairoch, *Economics and World History,* 42; Abernethy, *Dynamics of Global Dominance,* 111.

62. Mike Davis, *Late Victorian Holocausts* (London: Verso, 2001), 295.

63. P. J. Vatikiotis, *The History of Modern Egypt* (Baltimore: Johns Hopkins University Press, 1991), 154–70; Cleveland, *History of the Modern Middle East,* 94–95, 99.

64. Ronald Robinson, "The Excentric Idea of Imperialism, with or without Empire," in *Imperialism and After,* ed. Wolfgang J. Mommsen and Jürgen Osterhammel (London: Allen and Unwin, 1986), 277.

65. Martin et al., *A Concise History of America and Its People,* 2:570–71.

66. Davidson, *Africa in History,* 304–5.

67. See G. N. Sanderson, "The European Partition of Africa: Origins and Dynamics," in *The Cambridge History of Africa,* Vol. 6: *From 1870 to 1905,* ed. Roland Oliver and G. N. Sanderson (New York: Cambridge University Press, 1985), esp. 100–117.

68. K. W. Taylor, *A History of the Vietnamese* (Cambridge: Cambridge University Press, 2013), 447.

69. See Sanderson, "European Partition of Africa," 100–105.

70. Cushman, *Guano and the Opening of the Pacific World*; Bairoch, *Economics and World History,* 65, 67, 72–73.

71. Etamad, *Possessing the World,* 77–78, 70; Adrian Vickers, *A History of Modern Indonesia* (New York: Cambridge University Press, 2005), 10–13; Daniel R. Headrick, *The Tools of Empire* (New York: Oxford University Press, 1981), 121–22, 117, 118, 120.

72. Quoted in C. M. Andrew and A. S. Kanya-Forstner, "Centre and Periphery in the Making of the Second French Colonial Empire, 1815–1920," *Journal of Imperial and Commonwealth History* 16 (1988): 20.

73. Beaud, *History of Capitalism,* 160.

74. Etamad, *Possessing the World,* 39, 47, 52.

75. Bose and Jalal, *Modern South Asia,* 79; H. L. Wesseling, *European Colonial Empires, 1815–1919* (Harlow, UK: Pearson-Longman, 2004), 235.

76. Vickers, *History of Modern Indonesia,* 15, 20; John W. Cell, "Colonial Rule," in *The Oxford History of the British Empire,* Vol. 4: *The Twentieth Century,* ed. Judith M. Brown and William Roger Louis (Oxford: Oxford University Press, 1999), 232, 235.

77. Kevin Shillington, *History of Africa* (New York: Palgrave Macmillan, 2005), 355–58, 332–36; quotation in Davidson, *Africa in History,* 292.

78. Shillington, *History of Africa,* 377, 421; Davidson, *Africa in History,* 292–93, 319, 339.

79. Tucker, *Encyclopedia of North American Indian Wars*; Yenne, *Indian Wars*; William B. Kessel and Robert Wooster, eds., *Encyclopedia of Native American Wars and Warfare* (New York: Facts On File, 2005).

80. Davis, *Late Victorian Holocausts*; Mark B. Tauger, *Agriculture in World History* (London: Routledge, 2010), 83, 94, 98.

第四章　在地化和全球化

1. Cecil Rhodes, "Confession of Faith (1877)," in *Sources of World History,* Mark A. Kishlansky (New York: HarperCollins, 1995), 225, 226.
2. Quoted in Pankaj Mishra, *From the Ruins of Empire* (London: Allen Lane, Penguin, 2012), 240.
3. For an informative discussion, see Chris Lorenz, "Representations of Identity: Ethnicity, Race, Class, Gender, and Religion," in *The Contested Nation: Ethnicity, Class, Religion, and Gender in National Histories,* ed. Chris Lorenz and Stefan Berger (New York: Palgrave Macmillan, 2008), esp. 24–31.
4. Pomeranz and McNeill, "Production, Destruction, and Connection," 31.
5. Friedrich Neumann, "Grimm, Wilhelm Carl," in *Neue Deutsche Biographie* 7 (Berlin: Duncker and Humblot, 1966), 77–79.
6. Ranbir Vohra, *The Making of India* (London: M. E. Sharpe, 1997), 76–81.
7. W. G. Beasley, *The Rise of Modern Japan* (London: Weidenfeld and Nicolson, 2000), 54–70, 102–8; R . Bin Wong, "Self-Strengthening and Other Political Responses to the Expansion of European Economic and Political Power," in Pomeranz and McNeill, *The Cambridge World History,* Vol. 7, Part 1, pp. 366–94; Carter Vaughn Findley, "The Tanzimat," in *The Cambridge History of Turkey,* Vol. 4: *Turkey in the Modern World,* ed. Resat Kasaba (Cambridge: Cambridge University Press, 2008), 11–37.
8. Findley, "The Tanzimat."
9. Afaf Lutfi al-Sayyid Marsot, *A History of Egypt* (Cambridge: Cambridge University Press, 2007), 64–77.
10. Skidmore and Smith, *Modern Latin America,* 63; Kevin Passmore, "Politics," in *Europe, 1900–1945,* ed. Julian Jackson (Oxford: Oxford University Press, 2002), 79, 83.
11. George Mosse, *Toward the Final Solution* (New York: Fertig, 1978); Ivan Hannaford, *Race: The History of an Idea in the West* (Baltimore: Johns Hopkins University Press, 1996); George M. Frederickson, *Racism: A Short History* (Princeton, NJ: Princeton University Press, 2003).
12. Marinho de Azevedo, *Onda Negra, Medo Branco,* esp. 64–69, 97; Skidmore, *Black into White,* 23–27, 136–39.

13. See, in particular, Michael Dummett, "The Nature of Racism," in *Racism in Mind,* ed. Michael P. Levine and Tamas Pataki (Ithaca, NY: Cornell University Press, 2004), 27–34; Manfred Berg and Simon Wendt, eds., *Racism in the Modern World* (New York: Berghahn, 2011).
14. Sidney H. Chang and Leonard H. D. Gordon, *All Under Heaven . . . : Sun Yat Sen and His Revolutionary Thought* (Stanford: Hoover Institution Press, 1991), 6–26; Lee Khoon Choy, *Pioneers of Modern China* (Singapore: World Scientific, 2005), 26–33.
15. Jesús Chavarría, *José Carlos Mariátegui and the Rise of Modern Peru, 1890–1930* (Albuquerque: University of New Mexico Press, 1979), 66.
16. John Charles Chasteen, *Born in Blood and Fire: A Concise History of Latin America* (New York: W. W. Norton, 2006), 207.
17. Matthew Arnold, quoted in Norman Davies, *God's Playground: A History of Poland,* Vol. 2: *1795 to the Present* (London: Oxford University Press, 2005), 96.
18. Louis L. Snyder, *Macro-nationalisms: A History of the Panmovements* (Westport, CT: Greenwood Press, 1989).
19. Ahron Bregman, *A History of Israel* (New York: Palgrave Macmillan, 2003).
20. Matthew Frye Jacobson, *Whiteness of a Different Color* (Cambridge, MA: Harvard University Press, 1998).
21. Martin et al., *A Concise History of America and Its People,* 2:457.
22. Luis A. Marentes, *José Vasconcelos and the Writing of the Mexican Revolution* (New York: Twayne, 2000), 15–17, 20, 30.
23. Chavarría, *José Carlos Mariátegui,* 91.
24. Frank Dikötter, "The Racialization of the Globe," in Berg and Wendt, *Racism in the Modern World,* esp. 30–32; Urs Matthias Zimmermann, "Race without Supremacy," ibid., esp. 264–72; John H. Miller, *Modern East Asia* (Armonk, NY: M. E. Sharpe, 2008), 116, 118.
25. Cleveland, *A History of the Modern Middle East,* 129.
26. Quoted in Louis Hymans, *Leopold Sédar Senghor: An Intellectual Biography* (Edinburgh: University of Edinburgh Press, 1971), 99, 103–4. See Colin Grant, *Negro with a Hat: The Rise and Fall of Marcus Garvey* (Oxford: Oxford University Press, 2008).
27. Luther Standing Bear, *Land of the Spotted Eagle* (1933; reprint, Lincoln: University of Nebraska Press, 1960), ix, 248–50, 255.
28. Tracie Matysik, "Internationalist Activism and Global Civil Society at the High Point of Nationalism: The Challenge of the

Universal Races Congress, 1911," in *Global History: Interactions between the Universal and the Local,* ed. A. G. Hopkins (Houndsmills, Basingstoke, UK: Palgrave Macmillan, 2006), esp. 145.

29. First Humanist Manifesto, American Humanist Association, https://americanhumanist.org/what-is-humanism/mani-festo1/.

30. Moon, "Peasant Migration and the Settlement of Russia's Frontiers," 884–85.

31. Richard L. Rubenstein, "Jihad and Genocide: The Case of the Armenians," in *Confronting Genocide: Judaism, Christianity, and Islam,* ed. Steven Leonard Jacobs and Marc I. Sherman (New York: Lexington Books, 2009), 133–35.

32. J. A. G. Roberts, *A History of China* (New York: Palgrave Macmillan, 2006), 156.

33. Hermann Roeren, *Zur Polenfrage* (Hamm, Germany: Brer and Thiemann, 1902), 2.

34. Julius Versen, "Negerseele und Kolonialmoral," *Allgemeine Rundschau* 4 (1907): 198–99.

35. Roberts, *A History of China,* 172–78; Amy H. Sturgis, *Tecumseh: A Biography* (Westport, CT: Greenwood Press, 2008); Michael Clodfelter, *Warfare and Armed Conflicts: A Statistical Reference to Casualty and Other Figures, 1618–1991,* Vol. 1 (London: McFarland, 1991), 392; Nelson A. Reed, *The Caste War of Yucatan* (Stanford: Stanford University Press, 2001); James O. Gump, "A Spirit of Resistance: Sioux, Xhosa, and Maori Responses to Western Dominance, 1840–1920," *Pacific Historical Review* 66 (1997): 21–52.

36. Chris Bayly, *The Birth of the Modern World* (Oxford: Blackwell, 2004), 354–55; Daniel Brower, "Russian Roads to Mecca," *Slavic Review* 55 (1996): 579.

37. Patrick Marnham, *Lourdes: A Modern Pilgrimage* (New York: Coward McCann and Geoghegan, 1980), 183.

38. "Dr. James Emmanuel Kwegyir Aggrey," in *African Saints,* ed. Frederick Quinn (New York: Crossroads, 2002), 18–20.

39. 'Abdi Sheik-'Abdi, *Divine Madness: Mohammed 'Abdulle Hassan* (1856–1920) (London: Zed, 1992).

40. Bayly, *Birth of the Modern World,* 333.

41. Ibid., 357.

42. Quoted in David McMahan, *The Making of Buddhist Modernism* (Oxford: Oxford University Press, 2008), 96; Peter van der Veer, "Religion after 1750," in Pomeranz and McNeill, *The Cambridge World History,* Vol. 7, Part 2, pp. 172–75.

43. Michael Axworthy, *A History of Iran* (New York: Basic Books, 2008), 197–99; Mark Sedgwick, *Muhammad Abduh* (Oxford:

Oneworld, 2010); Furnish, *Holiest Wars,* 45–58; Cleveland, *History of the Modern Middle East,* 124.

44. Narasingha P. Sil, *Swami Vivekananda: A Reassessment* (Selinsgrove, PA: Susquehanna University Press, 1997), 166–67; Amiya P. Sen, *Swami Vivekananda* (Oxford: Oxford University Press, 2000).

45. Bayly, *Birth of the Modern World,* 338.

46. Shamita Basu, *Religious Revivalism as Nationalist Discourse: Swami Vivekananda and New Hinduism in Nineteenth-Century Bengal* (Oxford: Oxford University Press, 2002), 12–17, 134–38; V. C. Joshi, ed., *Rammohun Roy and the Process of Modernization in India* (Delhi: Vikas, 1975).

47. Ferenc M. Szasz and Margaret Connell Szasz, "Religion and Spirituality," in *The Oxford History of the American West,* ed. Clyde A. Milner, II, Carol A. O'Connor, and Martha A. Sandweiss (New York: Oxford University Press, 1994), 381, 384.

48. Tomoko Masuzawa, *The Invention of World Religions* (Chicago: University of Chicago Press, 2005).

49. Leonard J. Arrington and Davis Bitton, *The Mormon Experience* (Urbana: University of Illinois Press, 1992).

50. Vivian Green, *A New History of Christianity* (New York: Continuum, 1996), 317–19; Kevin Ward, "Africa," in *A World History of Christianity,* ed. Adrian Hastings (Grand Rapids, MI: William B. Eerdmans, 1999), esp. 221–23.

51. Howard D. Gregg, *History of the African Methodist Episcopal Church* (Nashville, TN: AMEC Sunday School Union, 1980); Hilary L. Rubinstein et al., *The Jews in the Modern World: A History since 1750* (London: Arnold, 2002), 46–55.

52. Quotation in J. Stillson Judah, *The History and Philosophy of the Metaphysical Movements in America* (Philadelphia: Westminster, 1967), 173; Catherine L Albanese, *A Republic of Mind and Spirit* (New Haven, CT: Yale University Press, 2007), 359.

53. Howard Radest, *Toward Common Ground: The Story of the Ethical Societies in the United States* (New York: Ungar, 1969), 17, 28 (quotations), 87–89.

54. Inayat Khan, *Biography of Pir-o-Murshid Inayat Khan* (London: East-West, 1979).

55. Quoted in Judah, *History and Philosophy,* 93.

56. Sylvia Cranston, *HPB* (New York: Putnam, 1993); Mary Lutyens, *The Life and Death of Krishnamurti* (London: John Murray, 1990).

57. J. W. Hanson, ed., *The World's Congress of Religions* (Chicago: W. B. Conkey, 1894).

58. Mohandas Gandhi, "Economic vs. Moral Progress," in *Mahatma Gandhi: His Life, Writings, and Speeches,* ed. Sarojini Naidu (Madras, India: Ganesh, 1921), 183, 187, 188, 190.

59. James D. Hunt, *Gandhi in London* (New Delhi: Promilla, 1978), 20–37. For Gandhi's biography I have drawn particularly on Martin Green, *Gandhi: Voice of a New Age Revolution* (New York: Continuum, 1993), and Ramachandra Guha, *Gandhi before India* (New York: Knopf, 2014).

60. Thomas Adam, *Intercultural Transfers and the Making of the Modern World* (Houndsmills, Basingstoke, UK: Palgrave Macmillan, 2012), 125–29. For the broader history, see Nico Slate, *Colored Cosmopolitanism: The Shared Struggle for Freedom in the United States and India* (Cambridge, MA: Harvard University Press, 2012), esp. 21–25, 95, 114–16, 207–11, 221.

61. Tom Lodge, "Resistance and Reform," in *The Cambridge History of South Africa,* ed. Robert Ross, Anne Kelk Mager, and Bill Nasson (Cambridge: Cambridge University Press, 2011), 434; Nigel Worden, *The Making of Modern South Africa* (Chichester, UK: Wiley-Blackwell, 2012), 116–17; Jan Vladislav, ed., *Vaclav Havel or Living in Truth* (London: Faber and Faber, 1986); Adam, *Intercultural Transfers,* 130–34.

62. Kerry Segrave, *American Films Abroad* (Jefferson, NC: McFarland, 1997), 3, 4, 13; quotation in Ian Tyrell, *Reforming the World: The Creation of America's Moral Empire* (Princeton, NJ: Princeton University Press, 2010), 224.

63. David Goldblatt, *The Ball Is Round: A Global History of Soccer* (New York: Riverhead, 2008), 233–34, 237–39; Antonio Missiroli, "European Football Cultures and Their Integration," in *Culture, Sport, Society* 5 (2002): 1–20.

64. Ann Daly, *Done into Dance: Isadora Duncan in America* (Bloomington: Indiana University Press, 1995).

65. Suzanne Shelton, *Ruth St. Denis: A Biography of the Divine Dancer* (Austin: University of Texas Press, 1981).

66. Uttara Asha Coorlawala, "Ruth St. Denis and India's Dance Renaissance," *Dance Chronicle* 15 (1992): 142.

67. Ibid., 123–52.

68. Larraine Nicholas, *Dancing in Utopia: Dartington Hall and its Dancers* (Alton, Hampshire, UK: Dance Books, 2007), 123–124.

69. Midori Takeishi, *Japanese Elements in Michio Ito's Early Period (1915–1924),* ed. David Pacun (Los Angeles: California Institute of the Arts, 2006), 20–36.

70. Lily Litvak , "Latinos y Anglosajones: Una Polemica de la España fin de Siglo," in Litvak, *España 1900: Modernismo,*

anarquismo y fin de siglo (Madrid: Anthropos, 1990).

71. Maria Pilar Queralt, *Tórtola Valencia* (Barcelona: Lumen, 2005).
72. Madeleine Herren, *Internationale Organisationen seit 1865* (Darmstadt, Germany: Wissenschaftliche Buchgesellschaft, 2010), 33.
73. Ibid., 24–25; Cornelia Knab, "Infectious Rats and Dangerous Cows: Transnational Perspectives on Animal Diseases in the First Half of the Twentieth Century," *Contemporary European History* 20 (2011): 289.
74. Herren, *Internationale Organisationen,* 38.
75. Ibid., 31–32, 35.
76. Ibid., 28.
77. Evan Schofer, "Science Associations in the International Sphere, 1875–1990," in *Constructing World Culture: International Nongovernmental Organizations since 1875,* ed. John Boli and George M. Thomas (Stanford: Stanford UniversityPress, 1999), 251.
78. Thomas A. Loya and John Boli, "Standardization in the World Polity," in Boli and Thomas, *Constructing World Culture,* 169, 172.
79. Glenda Sluga, *Internationalism in the Age of Nationalism* (Philadelphia: University of Pennsylvania Press, 2013), 13, 16, 121; Frank J. Lechner, *Globalization: The Making of World Society* (Malden, MA: Wiley-Blackwell, 2009), 42; Nitza Berkovitch, "The Emergence and Transformation of the International Women's Movement," in Boli and Thomas, *Constructing World Culture,* 103–5.
80. Herren, *Internationale Organisationen,* 38; John Boli and George M. Thomas, "INGOs and the Organization of World Culture," in Boli and Thomas, *Constructing World Culture,* 13, 21.

第五章　大爆炸

1. Emiliano Zapata, "The *Plan de Ayala,* 1911," in Alexander Dawson, *Latin America since Independence: A History with Primary Sources* (New York: Routledge, 2011), 127.
2. Eric Wolf, *Peasant Wars of the Twentieth Century* (1969; reprint, Norman: University of Oklahoma Press, 1999), ix.
3. Sheila Fitzpatrick, *The Russian Revolution* (Oxford: Oxford University Press, 2008); Moshe Lewin, *The Soviet Century* (London:

Verso, 2005).

4. Feroz Ahmad, *The Making of Modern Turkey* (London: Routledge, 1993), 34–39, 48–49; M. Şükrü Hanioğlu, "The Second Constitutional Period, 1908–1918," in Kasaba, ed., *Cambridge History of Turkey,* 4:62–111; Andrew Mango, "Atatürk," ibid., 147–74; Cleveland, *History of the Modern Middle East,* 180–83; Ben Kiernan, *Blood and Soil: A World History of Genocide and Extermination from Sparta to Darfur* (New Haven: Yale University Press, 2007), 400–410.

5. Ali M. Ansari, *Modern Iran since 1921* (Edinburgh: Pearson, 2003), 24–39, 67–71; Axworthy, *History of Iran,* 200–219; Michael Zirinsky, "Riza Shah's Abrogation of Capitulations, 1927–1928," in *The Making of Modern Iran,* ed. Stephanie Cronin (New York: Routledge, 2003), 86; Shireen Mahdavi, "Reza Shah Pahlavi and Women: A Re-Evaluation," ibid., 185–86; Cleveland, *History of the Modern Middle East,* 187–89.

6. Pablo Escalante Gonzalbo et al., *Nueva Historia Mínima de México* (Mexico: Colegio de México, 2004), 210; Alicia Hernandez Chavez, *Mexico: A Brief History* (Berkeley: University of California Press, 2006), 182; Colegio de México, *Historia General de México, Version 2000* (México, 2000), 664, 679; Michael C. Meyer, William L. Sherman, and Susan M. Deeds, *The Course of Mexican History* (New York: Oxford University Press, 1979), 425, 431; Wolf, *Peasant Wars,* 41.

7. Robert Ryal Miller, *Mexico: A History* (Norman: University of Oklahoma Press, 1985), 272, 266; Chavez, *Mexico,* 181; Colegio de México, *Historia General,* 663; Chasteen, *Born in Blood and Fire,* 184, 196.

8. For an analysis of the complex origins of the Mexican Revolution, see John Tutino, *From Insurrection to Revolution in Mexico* (Princeton, NJ: Princeton University Press, 1986).

9. Skidmore and Thomas, *Modern Latin America,* 224; Enrique Krauze, *Mexico: Biography of Power* (New York: HarperCollins, 1997), 246, 250–51.

10. Rudolph J. Rummel, *Statistics of Democide: Genocide and Mass Murder since* 1900 (Münster, Germany: Lit, 1998), 189.

11. Skidmore and Thomas, *Modern Latin America,* 228, 231, 232–33, 236; Adrian Hastings, "Latin America," in Hastings, *World History of Christianity,* esp. 357.

12. Roberts, *History of China,* 204–11; Marie-Claire Bergere, "The Chinese Bourgeoisie, 1911–1937," in *The Cambridge History of China,* Vol. 12: *Republican China, 1912–1949*, Part 1, ed. John K. Fairbank (Cambridge: Cambridge University Press, 1983),

722–825; Ernest P. Young, "Politics in the Aftermath of Revolution: The Era of Yuan Shih-k'ai, 1912–1916," ibid., 209–58; James E. Sheridan, "The Warlord Era: Politics and Militarism under the Peking Government, 1916–1928," ibid., 284–321; Lloyd E. Eastman, "Nationalist China during the Nanking Decade, 1927–1937," in *The Cambridge History of China,* Vol. 13: *Republican China, 1912–1949,* Part 2, ed. John K. Fairbank and Albert Feuerwerker (Cambridge: Cambridge University Press, 1986), 116–67.

13. Wolf, *Peasant Wars,* 276.

14. Karl Marx and Friedrich Engels, *The Communist Manifesto,* ed. John E. Toews (Boston: Bedford/St. Martin's, 1999), 67.

15. The following account is based on William J. Duiker, *Ho Chi Minh* (New York: Hyperion, 2000).

16. Rifleman Amar Singh Rawat (Garhwal Rifles) to a friend (India), March 26, 1915, in David Omissi, ed., *Indian Voices of the Great War* (New York: St. Martin's, 1999), 45–46.

17. Oltmer, "Migration im Kontext," 201.

18. Robin Prior and Trevor Wilson, *The Somme* (New Haven: Yale University Press, 2006), 301.

19. Clodfelter, *Warfare and Armed Conflicts,* 2:781–82. Figures vary substantially. William Kelleher Storey, *The First World War: A Concise Global History* (Lanham, MD: Rowman and Littlefield, 2009), 153, reports 9.45 million killed in battle.

20. Andrew T. Price-Smith, *Contagion and Chaos: Disease, Ecology, and National Security in the Age of Globalization* (Cambridge, MA: MIT Press, 2009), 59–60; John H. Morrow Jr., "The Impact of the Two World Wars in a Century of Violence," in *Essays on Twentieth-Century History,* ed. Michael C. Adas (Philadelphia: Temple University Press, 2010), 184; Mark Harrison, "Disease and World History from 1750," in McNeill and Pomeranz, *The Cambridge World History,* Vol. 7, Part 1, p. 246.

21. Henry L. Stimson, "The Decision to Use the Atomic Bomb," *Harper's Magazine* (February 1947), in *Sources of Global History since 1900*, ed. James H. Overfield (Boston: Wadsworth Cengage Learning, 2013), 242.

22. Quoted in David Fromkin, *A Peace to End All Peace: Creating the Modern Middle East,* 1914–1922 (New York: Henry Holt, 1989), 27.

23. Sean McMeekin, *The Russian Origins of the First World War* (Cambridge, MA: Harvard University Press, 2011), 6; Westwood, *Endurance and Endeavour,* 305.

24. Beasley, *The Rise of Modern Japan,* 102–20, 140–58; Peter Duus, "Economic Dimensions of Meiji Imperialism: The Case of

Korea, 1895–1910," in *The Japanese Colonial Empire, 1895–1945,* ed. Ramon H. Myers and Mark R. Peattie (Princeton, NJ: Princeton University Press, 1984), 128–71; Robert Tierney, *Tropics of Savagery: The Culture of Japanese Empire in Comparative Frame* (Berkeley: University of California Press, 2010); Jun Uchida, *Brokers of Empire: Japanese Settler Colonialism in Korea, 1876–1945* (Cambridge, MA: Harvard University Press, 2011); Lewis H. Gann, "Western and Japanese Colonialism: Some Preliminary Comparisons," in Myers and Peattie, *The Japanese Colonial Empire*, 497–525.

25. A. S. Kanya-Forstner, "The War, Imperialism, and Decolonization," in *The Great War and the Twentieth Century,* ed. Jay Winter, Geoffrey Parker, and Mary R. Habeck (New Haven: Yale University Press, 2000), 231; Alfred E. Eckes Jr., *The United States and the Global Struggle for Minerals* (Austin: University of Texas Press, 1979), 12.

26. Quoted in Dirk Boenker, *Militarism in a Global Age* (Ithaca, NY: Cornell University Press, 2011), 34.

27. Ibid., 29.

28. Quotations in ibid., 41, 43, 45, 48–57; Paul Johnson, *Modern Times* (New York: Harper and Row, 1983), 215.

29. See Robert Gerwarth and Erez Manela, eds., *Empires at War,* 1911–1923 (New York: Oxford University Press, 2014), 2–3.

30. McMeekin, *Russian Origins,* 6–40. Clark, *Sleepwalkers,* 340, gives the figures 37 percent and 75–80 percent.

31. McMeekin, *Russian Origins,* 30, 36–37; Clark, *Sleepwalkers,* 338–39.

32. Rudi Volti, *Technology and Commercial Air Travel* (Washington, DC: American Historical Association, 2015), 16.

33. F. William Engdahl, "Oil and the Origins of the Great War," *History Compass* 5:6 (2007): 2042, 2050.

34. Ibid., 2047, 2054–55; Yergin, *The Prize,* 161, 187–88.

35. Mao Tse Tung, "Report on an Investigation of the Peasant Movement in Hunan, March 1927," in *Selected Writings of Mao Tse Tung* (New York: Pergamon Press, 1965), 25, 29.

36. Warren S. Thompson, *Population Problems* (New York: McGraw-Hill, 1930), 371.

37. Donald J. Raleigh, "The Russian Civil War, 1917–1922," in *The Cambridge History of Russia,* Vol. 3: *The Twentieth Century,* ed. Ronald Grigor Suny (Cambridge: Cambridge University Press, 2006), 140–67 (figures on 166); Johnson, *Modern Times,* 73.

38. Mark Mazower, *Dark Continent* (New York: Vintage, 1998), 42.

39. Panikos Panayi, "Imperial Collapse and the Creation of Refugees in Twentieth-Century Europe," in *Refugees and the End of*

Empire, ed. Panikos Panayi and Pippa Virdee (New York: Palgrave Macmillan, 2011), 3; Dawn Chatty, "Integration without Assimilation in an Impermanent Landscape," ibid., 138; Rummel, *Statistics of Democide,* 83–84; Uğur Ümit Üngör, *The Making of Modern Turkey* (Oxford: Oxford University Press, 2011), 55–106; Gerard J. Libaridian, "The Ultimate Repression: The Genocide of the Armenians, 1915–1917," in *Genocide in the Modern Age,* ed. Isidor Walliman and Michael N. Dobkowski (New York: Greenwood Press, 1987), 203–7; Storey, *The First World War,* 138; Donald Bloxham, "Internal Colonization, Inter-imperial Conflict and the Armenian Genocide," in *Empire, Colony, Genocide,* ed. A . Dirk Moses (New York: Berghahn, 2008), 325–42; Kiernan, *Blood and Soil,* 392–415; Bregman, *A History of Israel,* 13–18.

40. On the relationship between geopolitics and ideology, see, for example, Mark Mazower, *Hitler's Empire: How the Nazis Ruled Europe* (New York: Penguin, 2008), 3–10.

41. Kevin Shillington, *History of Africa* (New York: Palgrave Macmillan, 2005), 336–37.

42. James C. Scott, *Seeing like a State: How Certain Schemes to Improve the Human Condition Have Failed* (New Haven: Yale University Press, 1998), esp. 183–91, 262–306.

43. Carlo Levi, *Christ Stopped at Eboli* (New York: Farrar, Strauss, 1947), 4, 250.

44. Sun Yat Sen, *Principles of National Reconstruction* (n.p.: China Cultural Service, 1925), 84, 98, 99.

45. McNeill, *Something New under the Sun,* 217; Mitchell, *International Historical Statistics; Giovanni Federico, Feeding the World: An Economic History of Agriculture* (Princeton, NJ: Princeton University Press, 2005), 48.

46. Wolf, *Peasant Wars,* 90–91; Joseph Stalin, "The Tasks of Business Executives," February 4, 1931, Marxists Internet Archive, www.marxists.org/reference/archive/stalin/works/1931/02/04.htm.

47. Götz Aly and Susanne Heim, *Architects of Annihilation* (Princeton, NJ: Princeton University Press, 2002), 66.

48. Peter Kenez, *A History of the Soviet Union from the Beginning to the End* (Cambridge: Cambridge University Press, 2006), 85, 87; Mazower, *Dark Continent,* 119; David R. Shearer, "Stalinism, 1928–1940," in Grigor, *Cambridge History of Russia,* 3:195–97; Johnson, *Modern Times* 268–72; Clodfelter, *Warfare and Armed Conflicts,* 2:841; Lynne A. Viola, V. P. Danilov, N. A. Ivnitskii, and Denis Koslov, eds., *The War against the Peasantry, 1927–1930* (New Haven: Yale University Press, 2005); Scott, *Seeing like a State,* 202.

49. Mortality figures vary wildly. Shearer, "Stalinism," 194; Vladislav M. Zubok, "Soviet Foreign Policy from Détente to Gorbachev, 1975–1985," in *The Cambridge History of the Cold War,* vol. 3, ed. Melvyn P. Leffler and Odd Arne Westad (Cambridge: Cambridge University Press, 2010), 95; Robert Service, *A History of Twentieth-Century Russia* (Cambridge, MA: Harvard University Press, 1998), 181–84, 190–91.
50. Robert Service, *A History of Twentieth-Century Russia* (Cambridge, MA: Harvard University Press, 1998), 181, 182, 184; Kenez, *History of the Soviet Union,* 93; John Gooding, *Rulers and Subjects: Government and People in Russia, 1801–1991* (London: Arnold, 1996), 209.
51. Mazower, *Dark Continent,* 144, 162; Johnson, *Modern Times,* 414, 416; Aly and Heim, *Architects of Annihilation,* 255; Alex J. Kay, *Exploitation, Resettlement, Mass Murder: Political and Economic Planning for German Occupation Policy in the Soviet Union, 1940–1941* (New York: Berghahn, 2006). The Nazis' calculations were not completely idiosyncratic; see Sunil Amrith and Patricia Clavin, "Feeding the World: Connecting Europe and Asia, 1930–1945," *Past and Present* 218: supplement 8 (2013): esp. 37, 42.
52. Stearns, *Industrial Revolution in World History,* 153–54.
53. Richard Maxwell Brown, "Violence," in Milner, O'Connor, and Sandweiss, *The Oxford History of the American West,* 393–421; Martin et al., *Concise History of America and Its People,* 2:439.
54. Federico, *Feeding the World,* 154.
55. Ibid.

第六章　新世界的秩序或失序

1. Kita Ikki, "Plan for the Reorganization of Japan," in *Sources of Japanese Tradition,* ed. Ryusaku Tsunoda, William Theodore de Bary, and Donald Keene (New York: Columbia University Press, 1958), 269.
2. Richard Overy, "Economic Origins of the Second World War," in *The Origins of the Second World War,* ed. Frank McDonough (New York: Continuum, 2011), 486–87; Stearns, *The Industrial Revolution in World History,* 155.
3. Haruo Iguchi, "Japanese Foreign Policy and the Outbreak of the Asia-Pacific War," in McDonough, *Origins of the Second World*

War, 467; Louise Young, "Japan at War: History-Writing on the Crisis of the 1930s," in *The Origins of the Second World War Reconsidered,* ed. Gordon Martel (New York: Routledge, 1999), 168; P. M. H. Bell, *Twelve Turning Points of the Second World War* (New Haven: Yale University Press, 2011), 132; Overy, "Economic Origins," 491–92; Dietrich Eichholtz, *War for Oil: The Nazi Quest for an Oil Empire* (Washington, DC: Potomac, 2012), 1.

4. Yergin, *The Prize,* 208, 265.
5. Ibid., 204.
6. Ibid., 183; Brian C. Black, *Crude Reality: Petroleum in World History* (Lanham, MD: Rowman and Littlefield, 2012), 131.
7. For what follows, see, above all, Robert Goralski and Russell W. Freeburg, *Oil and War: How the Deadly Struggle for Fuel in WWII Meant Victory or Defeat* (New York: William Morrow, 1987).
8. Yergin, *The Prize,* 320.
9. Young, "Japan at War," 168; Overy, "Economic Origins," 487.
10. Mark R. Peattie, *Ishiwara Kanji and Japan's Confrontation with the West* (Princeton, NJ: Princeton University Press, 1975), 55, 62, 57.
11. Bell, *Twelve Turning Points,* 135–36; Yergin, *The Prize,* 357.
12. Brian R. Sullivan, "More Than Meets the Eye: The Ethiopian War and the Origins of the Second World War," in Martel, *Origins,* 189, 198; Overy, "Economic Origins," 488, 490.
13. Overy, "Economic Origins," 502; Eichholtz, *War for Oil,* 53; Goralski and Freeburg, *Oil and War,* 124–130.
14. Goralski and Freeburg, *War and Oil,* 55, 63, 81, 110, 115, 181–84, 247–49, 279.
15. Bell, *Twelve Turning Points,* 144–46; Mark Harrison, "The USSR and Total War: Why Didn't the Soviet Economy Collapse in 1942?" in *A World at Total War,* ed. Roger Chickering, Stig Foerster, and Bernd Greiner (Cambridge: Cambridge University Press, 2005), 140–41.
16. For a comprehensive summary discussion, see Richard Overy, *Why the Allies Won* (London: Jonathan Cape, 1995), esp. 18–25, 314–25.
17. Quoted in Adam Tooze, *The Deluge: The Great War, America, and the Remaking of the Global Order, 1916–1931* (New York:

Viking, 2014), 4.

18. Findlay and O'Rourke, *Power and Plenty,* 446.

19. Ibid., 449–51.

20. Beaud, *A History of Capitalism,* 191–92; Findlay and O'Rourke, *Power and Plenty,* 451–52.

21. François Bourguignon et al., "Making Sense of Globalization: A Guide to the Economic Issues," Center for Economic Policy Research, Policy Paper No. 8, http://cepr.org/sites/default/files/geneva_reports/GenevaPP8.pdf, 22; Findlay and O'Rourke, "Commodity Market Integration," 41; Over y, "Economic Origins," 494, 500.

22. Adolph Hitler, *Mein Kampf* (1925), http://www.hitler.org/writings/Mein_Kampf.

23. Jawaharlal Nehru, *Glimpses of World History* (1934; reprinted, Bombay: Asia Publishing House, 1962), 852–53.

24. Young, "Japan at War," 161–65; Stephen S. Large, "Oligarchy, Democracy, and Fascism," in *A Companion to Japanese History,* ed. William M. Tsutsui (Oxford: Blackwell, 2007), 156–71; Miller, *Modern East Asia,* 113–19; Kiernan, *Blood and Soil,* 519–29.

25. Eric Hobsbawm, *The Age of Extremes* (New York: Vintage, 1994), 93.

26. Benito Mussolini, *Fascism: Doctrine and Institutions* (Rome: Ardita, 1932), 10.

27. E. M. Forster, "What I Believe" (1939), in *Two Cheers for Democracy* (London: Edward Arnold, 1951), 73.

28. George Kennan, "The Long Telegram" (February 22, 1946), National Security Archive, George Washington University, http://nsarchive.gwu.edu/coldwar/documents/episode-1/kennan.htm.

29. "Telegram from Nikolai Novikov, Soviet Ambassador to the US, to the Soviet Leadership" (September 27, 1946), Digital Archive, Cold War International Histor y Project, Wilson Center, http://digitalarchive.wilsoncenter.org/document/110808.

30. Mark Mazower, *No Enchanted Place: The End of Empire and the Ideological Origins of the United Nations* (Princeton, NJ: Princeton University Press, 2008); Sluga, *Internationalism in the Age of Nationalism,* 122 (membership figures); Sunil Amrith and Glenda Sluga, "New Histories of the United Nations," *Journal of World History* 19 (2008): 251–74.

31. Herren, *Internationale Organisationen,* 93; Sluga, *Internationalism in the Age of Nationalism,* 121.

32. Boli and Thomas, "INGOs and the Organization of World Culture," 14, 42.

33. "List of Nongovernmental Organizations in Consultative Status with the Economic and Social Council as of 1 September 2013,"

United Nations, Economic and Social Council (October 4, 2013), esango.un.org/civilsociety/documents/E_2013_INF_6.pdf.

34. Gordon Adams and Steven M. Kosiak, "The United States: Trends in Defence Procurement and Research and Development Programmes," in *Arms Industry Limited,* ed. Herbert Wulf (Oxford: Stockholm International Peace Research Institute, Oxford University Press, 1993), 30.

35. Prasenjit Duara, "The Cold War as a Historical Period: An Interpretive Essay," *Journal of Global History* 6 (2011): 457–80; Eckes, *The United States and the Global Struggle for Minerals,* esp. 150–52, 243.

36. Robert E. Harkavy, *Great Power Competition for Overseas Bases* (New York: Pergamon, 1982); idem, *Bases Abroad* (New York: Oxford University Press, 1989); James R. Blaker, *United States Overseas Basing: An Anatomy of the Dilemma* (New York: Praeger, 1990).

37. Raymond F. Betts, *Uncertain Dimensions: Western Overseas Empires in the Twentieth Century* (Minneapolis: University of Minnesota Press, 1985), 147–210.

38. Wilfried Loth, "States and the Changing Equations of Power," in *Global Interdependence: The World after 1945,* ed. Akira Iriye (Cambridge, MA: Harvard University Press, 2014), 48, 58 (250,000 to 1 million casualties); Akira Iriye, "The Making of a Transnational World," ibid., 702 (3.4 million); Barbara D. Metcalf and Thomas R. Metcalf, *A Concise History of India* (Cambridge: Cambridge University Press, 2002), 218–19 (up to 1 million dead, 12.5 million refugees); Oltmer, "Migration im Kontext," 199; Ian Talbot, "The End of the European Colonial Empires and Forced Migration," in Panayi and Virdee, *Refugees and the End of Empire,* 38; Hobsbawm, *Age of Extremes,* 51; Shillington, *History of Africa,* 425–26, 394–98, 411–13, 455–57.

39. See, for example, Abernethy, *Dynamics of Global Dominance,* 145.

40. United Nations, "Statement on Race, Paris, July 1950," in United Nations Educational, Scientific, and Cultural Organization, *Four Statements on the Race Question* (Paris: UNESCO, 1969), 32.

41. Abernethy, *Dynamics of Global Dominance,* 125.

42. Falola and Heaton, *History of Nigeria,* 119–20, 127, 138.

43. Abernethy, *Dynamics of Global Dominance,* 334, 338.

44. Richard Reid, *A History of Modern Africa, 1800 to the Present* (London: Wiley-Blackwell, 2009), 205–6; Abernethy, *Dynamics of*

Global Dominance, 109, 112, 127–28, 146.

45. Vickers, *History of Modern Indonesia,* 73–83; Johnson, *Modern Times,* 149.
46. Metcalf and Metcalf, *Concise History of India,* 191.
47. Quoted in Mishra, *From the Ruins of Empire,* 251.
48. Bose and Jalal, *Modern South Asia,* 130.
49. Falola and Heaton, *History of Nigeria,* 142–43.
50. Shillington, *History of Africa,* 383, 385, 422, 378–80; Abernethy, *Dynamics of Global Dominance,* 157.
51. Reid, *History of Modern Africa,* 279.
52. Vatikiotis, *History of Modern Egypt,* 391–93.
53. Shillington, *History of Africa,* 382–83; Abernethy, *Dynamics of Global Dominance,* 151.
54. David Ryan and Victor Pungong, eds., *The United States and Decolonization* (New York: St. Martin's, 2000).
55. J. A. S. Grenville and Bernard Wasserstein, eds., *The Major International Treaties of the Twentieth Century,* Vol. 1 (London: Routledge, 2001), 333, 357, 365, 379.
56. Black, *Crude Reality,* 145.
57. Eckes, *The United States and the Global Struggle for Minerals,* 152.
58. Ansari, *Modern Iran since 1921,* 111–24; Rashid Khalidi, *Sowing Crisis: The Cold War and American Dominance in the Middle East* (Boston: Beacon Press, 2009), 49–52; *Axworthy, History of Iran,* 239; Cleveland, *History of the Modern Middle East,* 190, 293.
59. Odd Arne Westad, *The Global Cold War* (Cambridge: Cambridge University Press, 2005), 141; Thomas Borstelmann, *Apartheid's Reluctant Uncle: The United States and Southern Africa in the Early Cold War* (Oxford: Oxford University Press, 1993), 43–45, 50, 92, 198; Lise Namikas, *Battleground Africa: Cold War in the Congo, 1960–1965* (Stanford: Stanford University Press, 2013); Georges Nzongola-Ntalja, *The Congo from Leopold to Kabila: A People's History* (London: Zed Books, 2002), 96–11.
60. Vickers, *History of Modern Indonesia,* 144–59; Elaine Brière, "Shadow Play: Political Mass Murder and the 1965 Indonesian Coup," in *Hushed Voices,* ed. Heribert Adam (Highclere, Berkshire, UK: Berkshire Academic Press, 2011), 163–75.

61. Nicholas R. Lardy, "The Chinese Economy under Stress, 1958–1965," in *The Cambridge History of China,* Vol. 14: *The People's Republic of China,* Part 1, ed. Roderick MacFarquhar and John K. Fairbank (Cambridge: Cambridge University Press, 1987), 370; Yang Jisheng, *Tombstone: The Great Chinese Famine, 1958–1962* (New York: Farrar, Strauss and Giroux, 2013), 409–30; Kiernan, *Blood and Soil,* 529–33.
62. Jean van Lierde, *Lumumba Speaks* (Boston: Little, Brown, 1963), 323–25.
63. Zubok, "Soviet Foreign Policy from Détente to Gorbachev," 99.
64. Eckes, *The United States and the Global Struggle for Minerals,* 248.
65. Jeremi Suri, "The Cold War, Decolonization, and Global Social Awakenings," *Cold War History* 6 (2006): 357–58; Westad, *Global Cold War,* esp. 396–99; Khalidi, *Sowing Crisis,* 18.
66. Quoted in David F. Schmitz, *The United States and Right-Wing Dictatorships, 1965–1989* (New York: Cambridge University Press, 2006), 16; Michael E. Latham, *The Right Kind of Revolution: Modernization, Development, and U.S. Foreign Policy from the Cold War to the Present* (Ithaca, NY: Cornell University Press, 2011), 80.
67. Mark Atwood Lawrence, "The Rise and Fall of Nonalignment," in *The Cold War in the Third World,* ed. Robert J. McMahon (Oxford: Oxford University Press, 2013), 145; Nehru, *Glimpses of World History,* 589.
68. A. W. Singham and Shirley Hune, *Non-alignment in an Age of Alignments* (London: Zed Books, 1986); Vatikiotis, *History of Modern Egypt,* 395–97, 421; Latham, *The Right Kind of Revolution,* 79–80.
69. Skidmore and Smith, *Modern Latin America,* 209–14; Taylor, *History of the Vietnamese;* Shillington, *History of Africa.*
70. Skidmore and Smith, *Modern Latin America,* 92–105, 166–77, 130–39.
71. Stockholm International Peace Research Institute, Arms Transfers Database, https://www.sipri.org/databases/armstransfers; Duara, "The Cold War as a Historical Period," 470.
72. Mark Levine, "Genocide," in Pomeranz and McNeill, *The Cambridge World History,* Vol. 7, Part I, pp. 434–35; Helen Fein, ed., *Genocide Watch* (New Haven: Yale University Press, 1992), 33–36; Kiernan, *Blood and Soil,* 546–53.

第七章 高現代性

1. Vance Packard, *The Waste Makers* (New York: Penguin, 1960), 18, 19, 21.
2. Clodfelter, *Warfare and Armed Conflicts*, 2:781–82, 841, 955–56, 1150.
3. Panayi, "Imperial Collapse," 5; Oltmer, "Migration im Kontext," 200–203, 209; Hobsbawm, *Age of Extremes,* 51–52.
4. Database, Maddison Project, www.ggdc.net/maddison/maddison-project/data.htm; Branko Milanovic, "Global Income Inequality by the Numbers," World Bank Development Research Group, Policy Research Working Paper No. 6259 (November 2012), esp. 5.
5. Others have used this term for the same period, in various contexts. See, for example, Will Steffen, Paul J. Crutzen, and John R . McNeill, "The Anthropocene: Are Humans Now Over whelming the Great Forces of Nature?" *Ambio* 36:8 (2007): 617.
6. Clark R. Mollenhof, *George Romney: Mormon in Politics* (New York: Meredith, 1968), 160–62, 117, 97, 88.
7. Black, *Crude Reality,* 169.
8. Thomas W. Zeiler, "Opening Doors in the World Economy," in Iriye, *Global Interdependence,* 235.
9. See Edgerton, *The Shock of the Old,* 103–13.
10. Findlay and O'Rourke, *Power and Plenty,* 501–5; Marc Levinson, *The Box: How the Shipping Container Made the World Smaller and the World Economy Bigger* (Princeton, NJ: Princeton University Press, 2006).
11. Findlay and O'Rourke, *Power and Plenty,* 476–89, 497.
12. Peter N. Stearns, *Globalization in World History* (New York: Routledge, 2010), 143.
13. Hobsbawm, *Age of Extremes,* 279.
14. Mark Casson, "Introduction and Summary," in *Multinationals and World Trade,* ed. Mark Casson (London: Allen and Unwin, 1986), 51; Bruce Mazlish and Elliott R. Morss, "A Global Elite?" in Chandler and Mazlish, *Leviathans,* 174; Jones, "Multinationals from the 1930s to the 1980s," 94, 89.
15. Holly Sklar, ed., *Trilateralism* (Boston: South End Press, 1980), 10–12.
16. Mazlish and Morss, "A Global Elite?" 170–71.
17. Rudolf Stichweh, *Die Weltgesellschaft* (Frankfurt: Suhrkamp, 2000), 153; Stearns, *Globalization in World History,* 135.
18. Yergin, *The Prize,* 500, 546, 540, 480.

19. Bradley R. Simpson, "Southeast Asia in the Cold War," in McMahon, *The Cold War in the Third World,* 56.
20. Tony Judt, *Postwar: A History of Europe since 1945* (New York: Penguin, 2005), 339.
21. Giovanni Federico, "The Economic History of Agriculture since 1800," in McNeill and Pomeranz, *The Cambridge World History,* Vol. 7, Part 1, p. 91.
22. B. F. Stanton, "Agriculture: Crops, Livestock, and Farmers," in *The Columbia History of the Twentieth Century,* ed. Richard W. Bulliet (New York: Columbia University, 1998), 363.
23. See Johan F. M. Swinnen, "The Growth of Agricultural Protection in Europe in the 19th and 20th Centuries," *World Economy* 32 (2009): 1499–537.
24. See, for example, Chesnais, *The Demographic Transition,* 433, 442–43.
25. Lara V. Marks, *Sexual Chemistry: A History of the Contraceptive Pill* (New Haven: Yale University Press, 2001); Edgerton, *The Shock of the Old,* 22–25.
26. Grace Davie, "Europe: The Exception?" in *The Desecularization of the World: Resurgent Religion and Politics,* ed. Peter L. Berger (Washington, DC: Ethics and Policy, 1999), 69.
27. Shillington, *History of Africa,* 421, 423.
28. Yutaka Kosai, "The Postwar Japanese Economy, 1945–1973," in *The Cambridge History of Japan,* Vol. 6: *The Twentieth Century,* ed. Peter Duus (Cambridge: Cambridge University Press, 1989), 526.
29. Jones, "Multinationals from the 1930s to the 1980s," 89; Giuliano Garavani, "Completing Decolonization: The 1973 'Oil Shock' and the Struggle for Economic Rights," *International History Review* 33 (2011): 473–87; Yergin, *The Prize*, 446, 436, 567, 584–85, 628, 647–48, 651–52.
30. Jeffrey Robinson, *Yamani: The Inside Story* (New York: Simon and Schuster, 1988), 39–56; Eduardo Mayobre, *Juan Pablo Pérez Alfonzo, 1903–1979* (Caracas: Banco del Caribe, 2005).
31. Michael S. Minor, "The Demise of Expropriations as an Instru-ment of LDC Policy, 1980–1992," *Journal of International Business History* 25 (1994): 177–88.
32. Zeiler, "Opening Doors in the World Economy," 299.

33. Yergin, *The Prize,* 666. See also Ricardo Ffrench-Davis, Oscar Muñoz, and José Gabriel Palma, "The Latin American Economies, 1950–1990," in *Latin American Economy and Society since 1930,* ed. Leslie Bethell (Cambridge: Cambridge University Press, 1998), 178.

34. Angus Maddison, *Monitoring the World Economy, 1820–1992* (New York: Development Center of the OECD, 1995), 352, 355–56.

35. "*Mater et Magistra*: Encyclical of Pope John XXIII on Christianity and Social Progress" (1961), Holy See, at www.vatican.va/holy_father/john_xxiii/encyclicals/documents/hf_j-xxiii_enc_15051961_mater_en.html.

36. See Gosta Esping-Andersen, *The Three Worlds of Welfare Capitalism* (Princeton, NJ: Princeton University Press, 1990).

37. Martin et al., *A Concise History of America and Its People,* 2:709. On the development and aims of the welfare states, see Esping-Anderson, *Three Worlds of Welfare Capitalism*; Robert E. Goodin, Bruce Headey, Ruud Muffels, and Henk-Jan Dirven, *The Real Worlds of Welfare Capitalism* (Cambridge: Cambridge University Press, 1999); Kees van Kersbergen and Barbara Vis, *Comparative Welfare State Politics* (Cambridge: Cambridge University Press, 2014); Irwin Garfinkel, Lee Rainwater, and Timothy Smeeding, *Wealth and Welfare States* (Oxford: Oxford University Press, 2010); and Christopher Pierson and Francis G. Castles, eds., *The Welfare State: A Reader* (Cambridge: Polity, 2000).

38. Lyndon B. Johnson, "Remarks at the University of Michigan, May 22, 1964," American Presidency Project, www.presidency.ucsb.edu/ws/index.php?pid=26262.

39. Lyndon B. Johnson, "To Fulfill These Rights, June 4, 1965," American Presidency Project, www.presidency.ucsb.edu/ws/index.php?pid=27021.

40. Martin et al., *A Concise History of America and Its People,* 2:734, 777, 786–787.

41. Peter Flora et al., *State, Economy, and Society in Western Europe, 1815–1975* (London: Macmillan, 1983).

42. C. A. R. Crosland, "The Future of Socialism" (1956), excerpt in *Socialist Thought: A Documentary History,* ed. Albert Fried and Ronald Sanders (New York: Doubleday), 540, 541, 538.

43. One Nation Group, *The Responsible Society* (London: Conservative Political Centre, 1959), 32.

44. *"Mater et Magistra."*

45. Crosland, "Future of Socialism," 539, 536.
46. Organization for Economic Cooperation and Development, *The OECD: History, Aims, Structure* (New York: OECD, n.d.).
47. Mark Frey and Sönke Kunkel, "Writing the History of Development: A Review of the Recent Literature," *Contemporary European History* 20 (2011): 215–32.
48. See Latham, *Right Kind of Revolution,* 51–52, 167–68.
49. International Development Association, *Aid Architecture: An Overview of the Main Trends in Official Development Assistance Flows* (n.p.: World Bank, February 2007), 34.
50. Falola and Heaton, *History of Nigeria,* 164, 183.
51. Summary: Nick Cullather, "Research Note: Development? It's History," *Diplomatic History* 24 (2000): 641–53; classic examples: Frank, *Capitalism and Underdevelopment in Latin America;* Walter Rodney, *How Europe Underdeveloped Africa* (1972; reprinted, Washington, DC: Howard University Press, 1982); and Samir Amin, *Unequal Development* (New York: Monthly Review Press, 1976).

第八章　反抗與拒絕

1. Stokely Carmichael, "Solidarity with Latin America," in *Stokely Speaks: Black Power to Pan-Africanism* (New York: Vintage, 1971), 101, 102, 104, 105.
2. Helmut Führer, *The Story of Official Development Assistance* (New York: Organization for Economic Cooperation and Development, 1996), 42.
3. Quoted in Schmitz , *The United States and Right-Wing Dictatorships*, 15. See also Latham, *The Right Kind of Revolution,* 60.
4. International Development Association, *Aid Architecture,* 3.
5. Lobato and Suriano, *Atlas Historico de la Argentina,* 522, 555; Mazower, *Dark Continent,* 367; Zubok, "Soviet Foreign Policy from Détente to Gorbachev," 98; Stephen Kotkin, "The Kiss of Debt," in *The Shock of the Global: The 1970s in Perspective,* ed. Niall Ferguson, Charles S. Maier, Erez Manela, and Daniel J. Sargent (Cambridge, MA: Harvard University Press, 2010), 85, 89; Ffrench-Davis, Muñoz, and Palma, "The Latin American Economies, 1950–1990," 224–34.

6. John Loxley, "International Capital Markets, the Debt Crisis, and Development," in *Global Development Fifty Years after Bretton Woods,* ed. Roy Culpeper, Albert Berry, and Frances Stewart (New York: St. Martin's, 1997), 138.
7. Robert K. Schaeffer, *Understanding Globalization* (Lanham, MD: Rowman and Littlefield, 2009), 79; Zeiler, "Opening Doors in the World Economy," 303.
8. Eckes, *The United States and the Global Struggle for Minerals,* 247; Schaeffer, *Understanding Globalization,* 83, 86.
9. Loxley, "International Capital Markets," 142.
10. Bairoch, *Economics and World History,* 116–17.
11. Peter Hjertholm and Howard White, *Survey of Foreign Aid: History, Trends, and Allocations,* Discussion Papers, No. 00-04 (University of Copenhagen, Department of Economics), http://www.econ.ku.dk; International Development Association, *Aid Architecture,* 2; United Nations Department of Economics and Social Affairs, *World Economic and Social Survey 2010* (New York: United Nations, 2010), 49.
12. Davidson, *Africa in History,* 369; Ffrench-Davis, Muñoz, and Palma, "The Latin American Economies," 228; Zeiler, "Opening Doors in the World Economy," 304; Adebayo Oyebade, "Reluctant Democracy: The State, the Opposition, and the Crisis of Political Transition, 1985–1993," in *The Transformation of Nigeria*, ed. Oyebade (Trenton, NJ: Africa World Press, 2002), 144.
13. Maddison, *Monitoring the World Economy,* 80; Loxley, "International Capital Markets," 146, 149, 152.
14. United Nations Department of Economic and Social Affairs, *World Economic and Social Survey 2010,* 49; International Development Association, *Aid Architecture,* 34; Hjertholm and White, "Survey of Foreign Aid," 34.
15. Martin Rudner, "East European Aid to Asian Developing Countries," *Modern Asian Studies* 30 (1996): 1–28; Quentin V. S. Bach, *Soviet Economic Aid to the Less Developed Countries* (New York: Oxford University Press, 1987); Zeiler, "Opening Doors in the World Economy," 247.
16. Westad, *The Global Cold War,* 207–87; R. Craig Nation and Mark V. Kauppi, eds., *The Soviet Impact in Africa* (Lexington, MA: D. C. Heath, 1984).
17. Ernesto "Che" Guevara, "Message to the Tricontinental," in *Che: Selected Works of Ernesto Guevara,* ed. Rolando E. Bonachea and Nelson P. Valdes (Cambridge, MA: MIT Press, 1982), 170–82.

18. Duiker, *Ho Chi Minh,* 99, 100.
19. What follows is based on Nick Caistor, *Che Guevara: A Life* (Northampton, MA: Interlink, 2010).
20. The following account is based on Peniel E. Joseph, *Stokely: A Life* (New York: Basic Books, 2014).
21. Quoted in Andrew Sinclair, *Viva Che!* (Stroud, UK: Sutton, 2006), 67.
22. Miriam Makeba and James Hall, *Makeba: My Story* (New York: New American Library, 1988).
23. Carlos Moore, *Fela: This Bitch of a Life* (Chicago: Lawrence Hill Books, 2009); Michael Veal, "Fela and the Funk," in *Black President: The Art and Legacy of Fela Anikulapo Kuti,* ed. Trevor Schoonmaker (New York: New Museum of Contemporary Art, 2003), 35–40.
24. From Jay Babcock, "Bootsy Collins on Fela Kuti (1999)," Arthur (blog), arthurmag.com/2009/22/bootsy-collins/.
25. Falola and Heaton, *History of Nigeria,* 197.
26. Zeiler, "Opening Doors in the World Economy," 261.
27. Jane S. Jaquete, "Losing the Battle/Winning the War: International Politics, Women's Issues, and the 1980 Mid-decade Conference," in *Women, Politics, and the United Nations,* ed. Anne Winslow (Westport, CT: Greenwood Press, 1995), 47.
28. "Universal Declaration of Human Rights," United Nations, www.un.org/en/documents/udhr.
29. Tom Buchanan, "'The Truth Will Set You Free': The Making of Amnesty International," *Journal of Contemporary History* 37 (2002): 575–97; Stearns, *Globalization in World History,* 144; Kenneth Cmiel, "The Recent History of Human Rights," *American Historical Review* 109 (2004): 129–30; Sarah B. Snyder, *Human Rights Activism and the End of the Cold War* (Cambridge: Cambridge University Press, 2011).
30. Chernobyl Forum: 2003–2005, *Chernobyl's Legacy: Health, Environmental, and Socio-economic Impacts,* 2nd rev. version, International Atomic Energy Agency, https://www.iaea.org/sites/default/files/chernobyl.pdf, 16, 10–11, 33, 42.
31. Kathleen Bauk and Alec Cairncross, *"Goodbye, Great Britain": The 1976 IMF Crisis* (New Haven: Yale University Press, 1992); Stanley Fischer, "Applied Economics in Action: IMF Programs," *American Economic Review* 87 (1997): 23.
32. Paul R. Gregory, *The Political Economy of Stalinism* (Cambridge: Cambridge University Press, 2004), 250.
33. Arne Naess and George Sessions, "A Platform of the Deep Ecology Movement," in Arne Naess, *Ecology, Community, and*

Lifestyle: Outline of an Ecosophy, trans. and ed. David Rothenberg (Cambridge: Cambridge University Press, 1989), 29.

34. Mosley, *Environment in World History,* 17, 21, 25, 27; Ponting, *New Green History of the World,* 145, 152–53; Cushman, *Guano and the Opening of the Pacific World,* 302; McEvoy, "Toward an Interactive Theory of Nature and Culture," 220–23.

35. Turner et al., *Earth as Transformed by Human Action,* 164; Michael Williams, *Deforesting the Earth: From Prehistory to Global Crisis* (Chicago: University of Chicago Press, 2006), 420.

36. Douglas R. Weiner, "The Predatory Tribute-Taking State: A Framework for Understanding Russian Environmental History," in Burke and Pomeranz, *The Environment and World History,* 295; Ponting, *A New Green History of the World,* 249.

37. Bowler, *The Earth Encompassed,* 519.

38. Ponting, *New Green History of the World,* 360–70.

39. J. R. McNeill and Peter Engelke, "Into the Anthropocene: People and Their Planet," in Iriye, *Global Interdependence,* 385; McNeill, *Something New under the Sun,* 132–33, 146; Ponting, *New Green History of the World,* 371.

40. Jonathan Neaman Lipman, Barbara Molony, and Michael Robinson, *Modern East Asia* (Boston: Pearson, 2012), 377.

41. Joachim Radkau, *Nature and Power: A Global History of the Environment* (Washington, DC: German Historical Institute; Cambridge: Cambridge University Press, 2008), 255.

42. McNeill, *Something New under the Sun,* 66–67, 70–71, 73, 77, 79.

43. Lynn Hollen Lees, "World Urbanization, 1750 to the Present," in McNeill and Pomeranz, *The Cambridge World History,* Vol. 7, Part 2, p. 55.

44. Rachel Carson, *Silent Spring* (Boston: Houghton Mifflin, 1962).

45. Aldo Leopold, *A Sand County Almanac* (New York: Oxford University Press, 1966), 220, 225, 235, 240; Cushman, *Guano and the Opening of the Pacific World,* 261. On the history of ecology, see Bowler, *The Earth Encompassed,* esp. 364–78, 518–53.

46. Teddy Roosevelt, "On American Motherhood," National Center for Public Policy Research, www.nationalcenter.org/TRooseveltMotherhood.html; Lothrop Stoddard, *The Rising Tide of Color against White World Supremacy* (New York: Charles Scribner's Sons, 1920); Sun Yat-Sen, *San Min Chu I: The Three Principles of the People,* trans. Frank W. Price, ed. L. T. Chen (Shanghai: Commercial Press, 1928), 23; Indian speaker quoted in Matthew Connelly, "To Inherit the Earth: Imagining World

Population, from the Yellow Peril to the Population Bomb," *Journal of Global History* 1 (2006): 306.

47. Huxley quoted in Alison Bashford, "Population, Geopolitics, and International Organizations in the Mid-twentieth Century," *Journal of World History* 19:3 (2008): 341.

48. Quoted in ibid., 346.

49. Marks, *Sexual Chemistry,* 27–28.

50. Thomas Robertson, *The Malthusian Moment: Global Population Growth and the Birth of American Environmentalism* (New Brunswick, NJ: Rutgers University Press, 2012), 101; Michael E. Latham, in *The Right Kind of Revolution,* 104–5, reports quite different figures, but still a tripling of funding.

51. Latham, *The Right Kind of Revolution,* 108–9.

52. Quoted in ibid., 24–25.

53. Connelly, "To Inherit the Earth," 315; Bashford, "Population, Geopolitics, and International Organizations," 333–34.

54. Quoted in Robertson, *Malthusian Moment,* 173.

55. Quoted in Wade Rowland, *The Plot to Save the Planet* (Toronto: Clarke, Irwin, 1974), 15.

56. David Kuchenbuch, "'Eine Welt': Globales Interdependenzbewusstsein und die Moralisierung des Alltags in den 1970er und 1980er Jahren," *Geschichte und Gesellschaft* 38 (2012): 158–84 (quotation on 176).

57. Radkau, *Nature and Power,* 251; Fernando Elichirigoity, *Planet Management* (Evanston, IL: Northwestern University Press, 1999), 103, 107.

58. E. F. Schumacher, *Small Is Beautiful: Economics As If People Mattered* (New York: HarperCollins, 1973), 13, 54, 228–30; Barbara Wood, *E. F. Schumacher: His Life and Thought* (New York: Harper and Row, 1984).

59. Naess, *Ecology, Community, and Lifestyle,* 29, 141; Arne Naess, "The Shallow and the Deep, Long-Range Ecology Movements: A Summary," *Inquiry* 16 (1973): 95–100; Naess, *Gandhi and Group Conflict* (Oslo: Universitetsforlaget, 1974).

60. Quoted in Mark Hamilton Lytle, *The Gentle Subversive: Rachel Carson, Silent Spring, and the Rise of the Environmental Movement* (New York: Oxford University Press, 2007), 210.

61. Frank Zelko, *Make It a Green Peace! The Rise of Countercultural Environmentalism* (Oxford: Oxford University Press, 2013);

Stearns, *Globalization in World History,* 144.

62. Ramachandra Guha, *Environmentalism: A Global History* (New York: Longman, 2000), 81.
63. McNeill and Engelke, "Into the Anthropocene," 388; Jens Ivo Engels, "Modern Environmentalism," in *The Turning Points of Environmental History,* ed. Frank Uekotter (Pittsburgh: University of Pittsburgh Press, 2010), 119–32; Frank Uekotter, "The Knowledge Society," ibid., 133–45.
64. H. S. D. Cole, Christopher Freeman, Marie Jahoda, and K. L. R. Pavitt, eds., *Models of Doom: A Critique of* The Limits to Growth (New York: Universe, 1973); Eckes, *The United States and the Global Struggle for Minerals,* 245.

第九章　轉型現代性

1. Lenin, *Imperialism, the Highest Stage of Capitalism,* 723–24.
2. Nick Cullather, *The Hungry World: America's Cold War Battle against Poverty in Asia* (Cambridge, MA: Harvard University Press, 2010); David A. Sonnenfeld, "Mexico's 'Green Revolution,' 1940–1980: Towards an Environmental History," *Environmental History Review* 16 (1992): 28, 33; McNeill, *Something New under the Sun,* 220.
3. Robert S. Anderson, "The Origins of the International Rice Research Institute," *Minerva* 29 (1991): 61–89; Latham, *The Right Kind of Revolution,* 112–15.
4. Nick Cullather, "Miracles of Modernization: The Green Revolution and the Apotheosis of Technology," *Diplomatic History* 28:2 (2004): 233, 244, 240.
5. Nick Cullather, "The War on the Peasant: The United States and the Third World," in McMahon, *The Cold War in the Third World,* 192–207.
6. Shillington, *History of Africa,* 428–29; Scott, *Seeing like a State,* 223–61.
7. Vandana Shiva, *The Violence of the Green Revolution: Third World Agriculture, Ecology, and Politics* (London: Zed Books, 1991), 111; Sandra Postel, *Pillar of Sand: Can the Irrigation Miracle Last?* (New York: W. W. Norton, 1999), 93; Sonnenfeld, "Mexico's 'Green Revolution,' " 28, 35–42; Nikki R. Keddie, *Roots of Revolution: An Interpretive History of Modern Iran* (New Haven: Yale University Press, 1981), 163–69, 181.

8. Peter B. R. Hazell, *The Asian Green Revolution* (Washington, DC: International Food Policy Research Institute, 2009), 3, 4.
9. Ibid., 22.
10. Paul Ehrlich, *The Population Bomb* (1968; reprint, Cutchogue, NY: Buccaneer, 1971), xi.
11. Stanton, "Agriculture," 367.
12. Johnson, *Modern Times,* 685.
13. Database, Maddison Project, www.ggdc.net/maddison/maddison-project/data.htm; Andrei Shleifer, *A Normal Country: Russia after Communism* (Cambridge, MA: Harvard University Press, 2005), esp. 118–20; Thomas Remington, *The Politics of Inequality in Russia* (Cambridge: Cambridge University Press, 2011).
14. Schaeffer, *Understanding Globalization,* 171; Stockholm International Peace Research Institute, online database at www.sipri.org/databases/armstransfers/; Database, Maddison Project, www.ggdc.net/maddison/maddison-project/data.htm.
15. United Nations Statistical Department, data.un.org (see "Military Expenditure [% of GDP]"). Figures vary wildly; see David Childs, *Britain since 1945: A Political History* (London: Routledge, 2012), 460.
16. Josephson, "History of World Technology," 149; all figures calculated from Mitchell, *International Historical Statistics: Africa, Asia, and Oceania,* 501–4, 786–805, 843–52; Mitchell, *International Historical Statistics: Europe,* 597–600, 816–24, 849–60; Mitchell, *International Historical Statistics: The Americas,* 412–14, 611–22, 646–52.
17. Patrick Karl O'Brien, "Intercontinental Trade and the Development of the Third World since the Industrial Revolution," *Journal of World History* 8 (1997): 129–30.
18. United Nations Development Program, *Human Development Report 2013: The Rise of the South* (New York: UNDP, 2013), 2, 13 (http://hdr.undp.org).
19. David Reynolds, *One World Divisible: A Global History since 1945* (New York: W. W. Norton, 2000), 513; John Peter Collett, "The History of Electronics," in *Companion to Science in the Twentieth Century,* ed. John Krige and Dominique Pestre (New York: Routledge, 2003), 253–74.
20. Gary Gereffi, Miguel Korzeniewicz, and Roberto P. Korzeniewicz, "Introduction: Global Commodity Chains," in *Commodity Chains and Global Capitalism,* ed. Gary Gereffi and Miguel Korzeniewicz (Westport, CT: Greenwood Press, 1994), 1; Manfred B.

Steger, *Globalization: A Very Short Introduction* (Oxford: Oxford University Press, 2003), 50; Arif Dirlik, *The Postcolonial Aura: Third World Criticism in the Age of Global Capitalism* (Boulder, CO: Westview Press, 1997), 195.

21. William J. Hausman, Peter Hertner, and Mira Wilkins, *Global Electrification* (Cambridge: Cambridge University Press, 2008), 89, 244, 253–56.

22. Bouda Etemad and Jean Luciani, *World Energy Production, 1800–1985* (Geneva: Librairei Droz, 1991).

23. Radkau, *Nature and Power,* 217; Gilbert F. White, "The Environmental Effects of the High Dam at Aswan," *Environment* 30 (1988): 11; Mosley, *The Environment in World History,* 69; Nuclear Energy Institute, "World Statistics: Nuclear Energy around the World," https://www.nei.org/Knowledge-Center/Nuclear-Statistics/World-Statistics; International Atomic Energy Agency, "Nuclear Power Reactors in the World" (2017), at http://www-pub.iaea.org/books/IAEABooks/12237/Nuclear-Power-Reactors-in-the-World-2017-Edition; World Nuclear Association, "World Nuclear Power Reactors and Uranium Requirements," www.world-nuclear.org/information-library/facts-and-figures/world-nuclear-power-reactors-and-uranium-requireme.aspx.

24. Punam Chuhan-Pole and Manka Angwafo, eds., *Yes Africa Can* (Washington, DC: World Bank, 2011), 2, 4, 5; Robert I. Rotberg, *Africa Emerges* (Cambridge: Polity Press, 2013), ix, 151 (quotations), 153.

25. United Nations Development Program, *Human Development Report 1999* (New York: UNDP, 1999), 3–7, 22 (http://hdr.undp.org).

26. United Nations Development Program, *Human Development Report 2013*, 26, 14, 12, 13.

27. Ibid., 165; Falola and Heaton, *History of Nigeria,* 236.

28. Felipe Fernandez-Armesto, *The World: A History,* Vol. 2 (London: Prentice Hall, 2010), 923.

29. McNeill and Engelke, "Into the Anthropocene," 403.

30. Angus Maddison, *The World Economy: A Millennial Perspective* (New York: OECD, 2006), 355–56.

31. Hamid Algar, ed., *Islam and Revolution: Writings and Declarations of Imam Khomeini* (Berkeley, CA: Mizan Press, 1981), 55.

32. Ronald Reagan, "Remarks at the Annual Convention of the National Association of Evangelicals in Orlando, Florida, March 8, 1983," *Public Papers of the Presidents of the United States,* 364 (University of Michigan Digital Library), http://quod.lib.umich.edu/p/ppotpus/.

33. Loth, "States and the Changing Equations of Power," 151.

34. Margaret Thatcher, "What's Wrong with Politics?" lecture at the Conservative Political Center, October 11, 1968, Margaret Thatcher Foundation, http://www.margaretthatcher.org/Speeches/displaydocument.asp?docid=101632&doctype=1.

35. Joseph A. McCartin, *Collision Course: Ronald Reagan, the Air Traffic Controllers, and the Strike That Changed America* (New York: Oxford University Press, 2011); Andrew John Richards, *Miners on Strike: Class Solidarity and Division in Britain* (New York: Berg, 1996).

36. Talbot, "End of the European Colonial Empires," 35; Oltmer, "Migration im Kontext," 197.

37. Howard Adelman, Allan Borowski, Meyer Burstein, and Lois Foster, eds., *Immigration and Refugee Policy: Australia and Canada Compared,* Vol. 1 (Toronto: University of Toronto Press, 1994), 10–11; Kuhn, *Chinese among Others,* 323–26, 354–57.

38. Pamela Kyle Crossley, Lynn Hollen Lees, and John W. Servos, *Global Society: The World since 1900* (Boston: Wadsworth, CENGAGE Learning, 2013), 331; Lipman, Molony, and Robinson, *Modern East Asia,* 425.

39. For context, see Maurice Isserman and Michael Kazin, *America Divided: The Civil War of the 1960s* (New York: Oxford University Press, 2008), 294–89; Cynthia A. Young, *Soul Power: Culture, Radicalism, and the Making of a U.S. Third World Left* (Durham, NC: Duke University Press, 2006); Ramón A. Gutiérrez, "Internal Colonialism: An American Theory of Race," *DuBois Review* 1 (2004): 281–95.

40. See Jonah Blank , "Democratization and Development," in *South Asia in World Politics,* ed. Devin T. Hagerty (New York: Rowman and Littlefield, 2005), 219–21, 236–38.

41. See Nancy Christie and Michael Gauvreau, eds., *The Sixties and Beyond: Dechristianization in North America and Western Europe, 1945–2000* (Toronto: University of Toronto Press, 2013); José Casanova, "Rethinking Secularization: A Global Comparative Perspective," in *Religion, Globalization, and Culture,* ed. Peter Beyer and Lori Beaman (Leiden, The Netherlands: Brill, 2007), 101–20; Olivier Tschannen, "La revaloración de la teoría de la secularizatión mediante la perspectiva comparada Europa Latina-América Latina," in *La Modernidad Religiosa: Europea Latina y América Latina en perspectiva comparada,* ed. Jean-Pierre Bastian (México: Fondo de Cultura Económica, 2004), esp. 355–56.

42. Cleveland, *History of the Modern Middle East,* 297; Keddie, *Roots of Revolution,* 180.

43. Rodney Stark, *The Rise of Mormonism,* ed. Reid L. Neilson (New York: Columbia University Press, 2005), 141.
44. Mark Juergensmeyer, "Introduction: Religious Ambivalence to Civil Society," in *Religion in Global Civil Society,* ed. Juergensmeyer (New York: Oxford University Press, 2005), 17, 15; Shandip Saha, "Hinduism, Gurus, and Globalization," in Beyer and Beaman, *Religion, Globalization, and Culture,* 294, 296, 298; George van Pelt Campbell, "Religion and the Phases of Globalization," ibid., 489, 490, 493;
45. Saha, "Hinduism, Gurus, and Globalization," 498.
46. See Gabriel A. Almond, R. Scott Appleby, and Emmanuel Sivan, *Strong Religion: The Rise of Fundamentalisms around the World* (Chicago: University of Chicago Press, 2003).
47. Humanist Manifesto I, II, and III, American Humanist Association, https://americanhumanist.org/what-is-humanism/manifesto3/.
48. Glenda Sluga, "UNESCO and the (One) World of Julian Huxley," *Journal of World History* 21 (2010): 393–418; Kenneth Waters and Albert van Helden, eds., *Julian Huxley: Biologist and Statesman of Science* (College Station: Texas A&M University Press, 2010).
49. New York Radical Women, "No More Miss America!," August 22, 1968, *Redstockings,* http://www.redstockings.org/index.php?option=com_content&view=article&id=65&Itemid=61.
50. Pope John XXIII, "Pacem in Terris," April 11, 1963, Papal Enc yclic als Online, www.papalencyclicals.net/John23/j23pacem.htm; *"Mater et Magistra."*
51. Jean Maalouf, ed., *Pope John XXIII: Essential Writings* (Maryknoll, NY: Orbis, 2008), 111, 115.
52. Thomas Cahill, *Pope John XXIII* (New York: Lipper, Viking, 2002), 175, 209.
53. Peter Hebblethaite, *Paul VI: The First Modern Pope* (New York: Paulist Press, 1993).
54. Edward Stourton, *John Paul II: Man of History* (London: Hodder and Staughton, 2006), 246; Garry O'Connor, *Universal Father: A Life of Pope John Paul II* (New York: Bloomsbury, 2005), 240.
55. John Paul II, *"Evangelium Vitae"* (1995), Holy See, www.vatican.va/holy_father/john_paul_ii/encyclicals/documents/hf_jp-ii_enc_25031995_evangelium-vitae_en.html; John Paul II, *"Laborem Exercens"* (1981), ibid., www.vatican.va/holy_father/john_paul_ii/encyclicals/documents/hf_jp-ii_enc_14091981_laborem-exercens_en.html.

56. "Interview with Phylis Schlafly on the Equal Rights Amendment, November 1978," in Matthew Avery Sutton, *Jerry Falwell and the Rise of the Religious Right* (New York: Bedford/St. Martins, 2013), 115–18.
57. Cleveland, *History of the Modern Middle East,* 437.
58. Eric Hobsbawm, *The Age of Extremes* (New York: Vintage, 1994), 314.
59. Virginia R. Allen, Margaret E. Galey, and Mildred E. Persinger, "World Conference of International Women's Year," in Winslow, *Women, Politics, and the United Nations*; Jaquete, "Losing the Battle/Winning the War"; Arvonne S. Fraser, "Becoming Human: The Origins and Development of Women's Human Rights," *Human Rights Quarterly* 21 (1999): 853–906.
60. Statements available at United Nations, *Report of the World Conference of the International Women's Year* (New York, 1976), 9, http://www.un.org/womenwatch/daw/beijing/otherconferences/Mexico/Mexico%20conference%20report%20optimized.pdf, and "The United Nations Fourth World Conference on Women: Platform for Action," UN Women (September 1995), item 96, http://www.un.org/womenwatch/daw/beijing/platform/health.htm.
61. Claudia Goldin, "The Quiet Revolution That Transformed Women's Employment, Education, and Family," *American Economic Review* 96 (2006): 10–11.
62. Eric Evans, *Thatcher and Thatcherism* (New York: Routledge, 2004).
63. Violeta Barrios de Chamorro, *Dreams of the Heart* (New York: Simon and Schuster, 1996).
64. Ayn Rand, "Collectivized Ethics," in Rand, *The Virtue of Selfishness* (New York: New American Library, 1964), 105, 107, 108.

第十章　民主與資本主義獲勝了嗎？

1. Vaclav Havel, "Letter to Dr. Gustav Husak, General Secretary of the Czechoslovak Communist Party," in *Vaclav Havel, or Living in Truth,* ed. Jan Vladislav (London: Faber and Faber, 1986), 27, 30.
2. Council on Foreign Relations, *The New Arab Revolt* (New York: Council on Foreign Relations, 2011), describes the complexity of events well.
3. D. Potter, M. Kiloh, and P. Lewis, eds., *Democratization* (Cambridge: Polity Press, 1997), 9.
4. Schaeffer, *Understanding Globalization,* 153.

5. Amado Mendoza Jr., "'People Power' in the Philippines, 1983–1986," in *Civil Resistance and Power Politics,* ed. Adam Roberts and Timothy Garton Ash (Oxford: Oxford University Press, 2009), 179–97.
6. Thomas Turner, *The Congo Wars: Conflict, Myth, and Reality* (London: Zed, 2007), 3; Thomas Turner, *Congo* (Cambridge: Polity Press, 2013), 15–31.
7. Oyebade, "Reluctant Democracy," 137.
8. Vickers, *History of Modern Indonesia,* 199–213.
9. Andrei Sakharov, Roy Medvedev, and Valentin Turchin, "A Reformist Program for Democratization," in *An End to Silence,* ed. Stephen F. Cohen (New York: W. W. Norton), 318–19, 321, 323.
10. Nick Cullather, "Fuel for the Good Dragon: The United States and Industrial Policy in Taiwan, 1950–1965," *Diplomatic History* 20 (1996): 2, 21, 16 (quotation); Alice H. Amsden, *The Rise of "the Rest": Challenges to the West from Late-Industrializing Economies* (London: Oxford University Press, 2001); Lipman, Molony, and Robinson, *Modern East Asia,* 383.
11. Orlinda de Oliviera and Bryan Roberts, "Urban Social Structures in Latin America, 1930–1990," in *Latin American Economy and Society since 1930,* ed. Leslie Bethell (Cambridge: Cambridge University Press, 1998), 289; Miller, *Modern East Asia, 182.*
12. Ronald Inglehart and Christian Welzel, "How Development Leads to Democracy," *Foreign Affairs* 88 (2007): 40.
13. Tom Lodge, "Resistance and Reform," in *The Cambridge History of South Africa,* ed. Robert Ross, Anne Kelk Mager, and Bill Nasson (Cambridge: Cambridge University Press, 2011), 417.
14. Zeiler, "Opening Doors in the World Economy," 279.
15. Database, Maddison Project, www.ggdc.net/maddison/maddison-project/data.htm; Blank, "Democratization and Development," 237; Christophe Jaffrelot, "India," in *Pathways to Power: The Domestic Politics of South Asia,* ed. Arjun Guneratne and Anita M. Weiss (New York: Rowman and Littlefield, 2014), 137.
16. Park Bun Soon, "Riding the Wave: Korea's Economic Growth and Asia in the Modern Development Era," in *Asia Inside Out: Connected Places,* ed. Eric Tagliacozzo, Helen F. Siu, and Peter C. Perdue (Cambridge, MA: Harvard University Press, 2015), 369.
17. Lipman, Molony, and Robinson, *Modern East Asia,* 373–75.

18. Miller, *Modern East Asia,* 170–76; Dwight H. Perkins, "China's Economic Policy and Performance," in *The Cambridge History of China,* Vol. 15, *The People's Republic, Part 2: Revolutions within the Chinese Revolution, 1966–1982,* ed. Roderick MacFarquhar and John K. Fairbank (Cambridge: Cambridge University Press, 1991), 525, 518, 510–11; Richard Madsen, "The Countryside under Communism," ibid., 646; Archie Brown, *The Rise and Fall of Communism* (New York: CCCO, HarperCollins, 2009), 442–43; Yingyi Qian, "The Process of China's Market Transition, 1978–1998," in *China's Deep Reform,* ed. Lowell Dittmer and Guoli Liu (New York: Rowman and Littlefield, 2006), esp. 240, 242; Database, Maddison Project, www.ggdc.net/maddison/maddison-project/data.htm; Zeiler, "Opening Doors in the World Economy," 321.
19. World Trade Organization, stat.wto.org; Miller, *Modern East Asia,* 197.
20. Database, Maddison Project, www.ggdc.net/maddison/maddison-project/data.htm. On the difficulty of developing reliable comparative real income data, see Robert C. Feenstra, Hong Ma, J. Peter Neary, and D. S. Prasada Rao, "Who Shrunk China? Puzzles in the Measurement of Real GDP," *Economic Journal* 123 (2013): 1100–29; and Robert Feenstra, Hong Ma, and D. S. Prasada Rao, "Consistent Comparisons of Real Incomes across Time and Space," *Macroeconomic Dynamics* 13, Supplement 2 (2009): 169–93.
21. Here I draw on datasets from the Maddison Project, the Penn World Tables project, and the US Department of Agriculture: www.ggdc.net/maddison/maddison-project/data.htm; the Penn World Table version 9.0 is available at the Groningen Growth and Development Center, http://www.rug.nl/ggdc/productivity/pwt/; International Macroeconomic Data Set, USDA Economic Research Service, http://www.ers.usda.gov/data-products/international-macroeconomic-data-set.aspx#26190. On internal migration, see Kuhn, *Chinese among Others,* 332–34.
22. Paul Ginsborg, *Silvio Berlusconi* (London: Verso, 2004); Geoff Andrews, *Not a Normal Country: Italy after Berlusconi* (London: Pluto Press, 2005); Donald Sassoon, *Contemporary Italy: Economy, Society and Politics since 1945* (New York: Longman, 1997), 80–85; Shleifer, *A Normal Country,* 166–79.
23. Barry Naughton, "Economic Growth: From High-Speed to High-Quality," in *China Today, China Tomorrow: Domestic Politics, Economy, and Society,* ed. Joseph Fewsmith (New York: Rowman and Littlefield, 2010), 83–84; Sebastian Heilmann, "Economic Governance: Authoritarian Upgrading and Innovative Potential," ibid., 115.

24. Quoted in Beaud, *A History of Capitalism,* 284.
25. Nick Leeson, *Rogue Trader: How I Brought Down Barings Bank and Shook the Financial World* (Boston: Little, Brown, 1996), 33.
26. John Williamson, “What Should the World Bank Think about the Washington Consensus?” *World Bank Research Observer* 15 (2000): 251–64; Dani Rodrik, “Goodbye Washington Consensus, Hello Washington Confusion?” *Journal of Economic Literature* 44 (2006): 973–87.
27. United Nations Development Program, *Human Development Report 1999,* 29.
28. Findlay and O’Rourke, *Power and Plenty,* 499.
29. Lobato and Suriano, *Atlas Historico de la Argentina,* 559.
30. Bourguignon et al., “Making Sense of Globalization,” 22.
31. World Bank Open Data, data.worldbank.org.
32. World Bank Open Data, data.worldbank.org; WTO Statistics Database, World Trade Organization, http://stat.wto.org/Home/WSDBHome.aspx?Language=; United Nations, UN data, data.un.org.
33. Giorgio Barba Navaretti and Anthony J. Venables, *Multinational Firms in the World Economy* (Princeton, NJ: Princeton University Press, 2004), 9–10.
34. Data from the UN Conference on Trade and Development, UNCTADstat, unctadstat.unctad.org.
35. Baldwin and Martin, “Two Waves of Globalization,” 12; Hugill, *Global Communications since 1844,* 233, 237.
36. Daniel R. Headrick, *Technology: A World History* (New York: Oxford University Press, 2009), 140.
37. Ibid., 142–43; data from World Bank Open Data, data.world-bank.org; Josephson, “History of World Technology,” 155.
38. Lechner, *Globalization,* 56–71; Soon, “Riding the Wave,” 365–68.
39. See “International Tourism Arrivals,” Osservatorio Nazionale del Turismo, http://www.ontit.it/opencms/export/sites/default/ont/it/documenti/archivio/files/ON T_2006-01-01_01014.pdf; “World Top 30 Airports,” World Airport Codes, https://www.world-airport-codes.com/world-top-30-airports.html.
40. Steger, *Globalization,* 79–81.

41. Organization for Economic Cooperation and Development (OECD), *Divided We Stand: Why Inequality Keeps Rising* (New York: OECD, 2011), 25; G. A. Cornia, "Inequality, Growth, and Poverty," in *Inequality, Growth, and Poverty in an Era of Liberalization and Globalization,* ed. Giovani Andrea Cornia (New York: Oxford University Press, 2010), esp. 6–23; Bob Sutcliffe, "World Inequality and Globalization," *Oxford Review of Economic Policy* 20 (2004): 15–37.
42. OECD, *Divided We Stand,* 34–38; Xavier Sala-i-Martin, "The Disturbing 'Rise' of Global Income Inequality," National Bureau of Economic Research, Working Paper No. 8904 (April 2002), doi:10.3386/w8904; and Sutcliffe, "World Inequality and Globalization," offer highly skeptical assessments.
43. Held et al., *Global Transformations,* 209.
44. Leeson, *Rogue Trader;* John Gapper and Nicholas Denton, *All That Glitters: The Fall of Barings* (London: Hamish Hamilton, 1996); Stephen Fay, *The Collapse of Barings* (London: Richard Cohen, 1996).
45. James Hansen, "Global Warming Twenty Years Later: Tipping Points Near," in *The Global Warming Reader,* ed. Bill McKibben (London: Penguin, 2012), 275–76.
46. James N. Inhofe, "The Science of Climate Change: Senate Floor Statement," in McKibben, *Global Warming Reader,* 169, 185, 191.
47. Schaeffer, *Understanding Globalization,* 281.
48. G. S. Callendar, "The Artificial Production of Carbon Dioxide and Its Influence on Temperature" (1938), in McKibben, *Global Warming Reader,* 37.
49. Ibid., 41–42.
50. Quoted in Rowland, *The Plot to Save the Planet,* 29.
51. John L. Brooke, *Climate Change and the Course of Global History* (New York: Cambridge University Press, 2014), 551.
52. Reiner Grundmann, *Transnational Environmental Policy: Reconstructing Ozone* (New York: Routledge, 2001); Black, *Crude Reality,* 219–21.
53. World Bank, *4°: Turn Down the Heat* (World Bank, Potsdam Institute for Climate Impact Research and Climate Analytics, November 2012), xiv.

54. Ibid., 61.
55. See Tom Bawden, "COP21: Paris Deal Far Too Weak to Prevent Devastating Climate Change, Academics Warn," *Independent,* January 8, 2016, http://www.independent.co.uk; Oliver Milman, "James Hansen, Father of Climate Change Awareness, Calls Paris Talks 'a Fraud,'" *The Guardian,* December 12, 2015, http://http://www.theguardian.com.
56. For an early example of such a scheme, proposed in 1978, see Jerome Martin Weingart, "Going Solar," in *Visions of Technology: A Century of Vital Debate about Machines, Systems, and the Human World,* ed. Richard Rhodes (New York: Simon and Schuster, 1999), 323–28.
57. John Bellamy Foster, Brett Clark, and Richard York, *The Ecological Rift: Capitalism's War on the Earth* (New York: Monthly Review, 2010), 156.
58. Niklas Luhmann, *Introduction to Systems Theory,* ed. Dirk Baecker, trans. Peter Gilgen (New York: Polity Press, 2011), 36.
59. Ronald Bailey, "Stern Measures," *Reason Magazine,* November 3, 2006, http://reason.com/archives/2006/11/03/stern-measures/print. For a good discussion of divergent visions of the relationship between environment and technology, see Fredrik Albritton Jonsson, "The Origins of Cornucopianism: A Preliminary Genealogy," *Critical Historical Studies* 1 (2014): 151–68.
60. Quoted in Weiner, "The Predatory Tribute-Taking State," 290.
61. Cushman, *Guano and the Opening of the Pacific World,* 344–46; Postel, *Pillar of Sand.*
62. Steffen, Crutzen, and McNeill, "The Anthropocene," 617; McNeill and Engelke, "Into the Anthropocene."
63. Klages, "Man and Earth (1913)," 33; Wells, *The Discovery of the Future;* Leopold, *A Sand County Almanac,* 218, 220.
64. Sebastián Royo, *Varieties of Capitalism in Spain* (Houndsmills, Basingstoke, UK: Palgrave Macmillan, 2008), 13.
65. Stefania Vitali, James B. Glattfelder, and Stefano Battiston, "The Network of Global Corporate Control," *PloS ONE* 6:10 (2011): 3, 5, 6.
66. Ibid., 33, 7.
67. GDP from data.un.org; tax revenues from stats.oecd.org; sales and profits from www.forbes.com/global2000/list/.
68. Bruce Mazlish and Elliott R. Morse, "A Global Elite?" in Chandler and Mazlish, *Leviathans,* 167–84; Geoffrey Allen Pigman, *The World Economic Forum: A Multi-stakeholder Approach to Global Governance* (New York: Routledge, 2007); Sklar, *Trilateralism;*

Diane Stone, "Knowledge Networks and Policy Expertise in the Global Polity," in *Towards a Global Polity,* ed. Morten Ougaard and Richard Higgott (London: Routledge, 2002), 136–38.

69. "The World's Biggest Companies" (2017 ranking), *Forbes Magazine,* https://www.forbes.com/global2000/list/; Chase Peterson-Withorn, "Forbes Billionaires: Full List of the Richest People in the World 2015" (March 2, 2015), *Forbes Magazine,* https://www.forbes.com/sites/chasewithorn/2015/03/02/forbes-billionaires-full-list-of-the-500-richest-people-in-the-world-2015/#629fcdcd45b9.

70. Terence Tao, "*E pluribus unum:* From Complexity, Universality," *Daedalus* 141 (2012): 34.

71. Carlota Perez, quoted in Freeman, "Technology and Invention," 327.

72. Reynolds, *One World Divisible,* 519–27; Daniel J. Kevles, "From Eugenics to Genetic Manipulation," in Krige and Pestre, *Companion to Science in the Twentieth Century,* 301–17.

73. Edgerton, *Shock of the Old,* 210. See also John M. Staudenmaier, *Technology's Storytellers: Reweaving the Human Fabric* (Cambridge, MA: MIT Press, 1985), 151.

74. See Sharon E. Kingsland, *The Evolution of American Ecology,* 1890–2000 (Baltimore: Johns Hopkins University Press, 2005); Worster, *Nature's Economy*. Influential analyses include Scott, *Seeing like a State,* esp. 309–57; and Shiva, *Violence of the Green Revolution.*

75. James E. Lovelock and Lynn Margulis, "Atmospheric Homeostasis by and for the Biosphere: The Gaia Hypothesis," *Tellus* 26 (1974), 2–10. On the development of ecology in the late twentieth century, see Bowler, *Earth Encompassed,* 519–53.

76. See, in particular, Emerson W. Pugh, *Building IBM: Shaping an Industry and Its Technology* (Cambridge, MA: MIT Press, 1995).

77. Collett, "History of Electronics," 253–74.

參考資料

網路統計資料來源

Center for Sustainability and Global Environment, Nelson Institute for Environmental Studies, University of Wisconsin. www.sage.wisc.edu.

EH.net Encyclopedia. Edited by Robert Whaples. Economic History Association. eh.net.encyclopedia/article/khan.patents.

International Historical Statistics. Edited by Palgrave Macmillan Ltd. http://www.palgraveconnect.com/pc/doifinder/10.1057/9781137305688.0737.

Maddison Project, Database. www.ggdc.net/maddison/maddison-project/data.htm.

Natural Resources Defense Council, http://www.nrdc.org/nuclear/nudb/datab19.asp.

Organization for Economic Cooperation and Development, https://www.oecd.org.

Paris School of Economics. World Wealth and Income Database, http://www.parisschoolofeconomics.eu/en/research/data-production-and-diffusion/the-world-wealth-income-database/.

Stockholm International Peace Research Institute. Online database. http://www.sipri.org/databases.

United Nations Conference on Trade and Development. UNCTADstat, unctadstat.unctad.org.

United Nations Department of Economic and Social Affairs. *World Economic and Social Surveys. New York: United Nations*. https://www.un.org/development/desa/dpad/document_gem/wess-report/.

United Nations Development Program. *Human Development Report* (various years). http://hdr.undp.org/.

United Nations Statistics Division, unstats.un.org/unsd/mdg/.

World Bank, data.worldbank.org.

World Trade Organization. stat.wto.org.

書籍和文章

Abernethy, David B. *The Dynamics of Global Dominance.* New Haven: Yale University Press, 2000.

Adam, Heribert, ed. *Hushed Voices: Unacknowledged Atrocities in the Twentieth Century.* Highclere, Berkshire, UK: Berkshire Academic Press, 2011.

Adam, Thomas. *Intercultural Transfers and the Making of the Modern World.* Houndsmills, Basingstoke, UK: Palgrave Macmillan, 2012.

Adelman, Howard, Allan Borowski, Meyer Burstein, and Lois Foster, eds. *Immigration and Refugee Policy: Australia and Canada Compared.* Volume 1. Toronto: University of Toronto Press, 1994.

Adelman, Jeremey. *Frontier Development: Land, Labour, and Capital on the Wheatlands of Argentina and Canada, 1890–1914.* Oxford: Oxford University Press, 1994.

Adhikari, Mohamed, ed. *Genocide on Settler Frontiers*. New York: Berghahn, 2015.

Aghion, Philip, and Jeffrey Williamson. *Growth, Inequality and Globalization.* Cambridge: Cambridge University Press, 1998.

Ahmad, Feroz. *The Making of Modern Turkey*. London: Routledge, 1993.

Albanese, Catherine L. *A Republic of Mind and Spirit.* New Haven: Yale University Press, 2007.

Albert, Bill. *South America and the World Economy from Independence to 1930.* Hong Kong: Macmillan Press, 1983.

Algar, Hamid ed. *Islam and Revolution: Writings and Declarations of Imam Khomeini.* Berkeley, CA: Mizan Press, 1981.

Almond, Gabriel A., R. Scott Appleby, and Emmanuel Sivan. *Strong Religion: The Rise of Fundamentalisms around the World.* Chicago: University of Chicago Press, 2003.

Aly, Götz, and Susanne Heim. *Architects of Annihilation*. Princeton, NJ: Princeton University Press, 2002.

Amin, Samir. *Unequal Development*. New York: Monthly Review Press, 1976.

Amrith, Sunil, and Glenda Sluga. "New Histories of the United Nations." *Journal of World History* 19 (2008): 251–74.

Amrith, Sunil, and Patricia Clavin. "Feeding the World: Connecting Europe and Asia, 1930–1945." *Past and Present* 218: Supplement 8 (2013).

Amsden, Alice H. *The Rise of "the Rest": Challenges to the West from Late-Industrializing Economies.* Oxford: Oxford University

Press, 2001.

Anderson, Robert S. "The Origins of the International Rice Research Institute." *Minerva* 29 (1991): 61–89.

Andrew, C. M., and A. S. Kanya-Forstner. "Centre and Periphery in the Making of the Second French Colonial Empire, 1815–1920." *Journal of Imperial and Commonwealth History* 16 (1988): 9–34.

Andrews, Geoff. *Not a Normal Country: Italy after Berlusconi*. London: Pluto Press, 2005.

Andrews, Thomas G. *Killing for Coal: America's Deadliest Labor War.* Cambridge, MA: Harvard University Press, 2008.

Ansari, Ali M. *Modern Iran since 1921*. Edinburgh: Pearson, 2003.

Ansperger, Franz. *The Dissolution of Colonial Empires*. London: Routledge, 1989.

Arnold, David. *The Problem of Nature: Environment, Culture, and European Expansion.* Oxford: Blackwell, 1996.

Arrington, Leonard J., and Davis Bitton. *The Mormon Experience*. Urbana: University of Illinois Press, 1992.

Aulakh, Preet S., and Michael G. Shechter, eds. *Rethinking Globalization(s): From Corporate Transnationalism to Local Interventions.* New York: St. Martin's, 2000.

Axworthy, Michael. *A History of Iran*. New York: Basic Books, 2008. Babcock, Jay. "Fela: King of the Invisible Art." arthurmag.com/2009/22/bootsy-collins/.

Bach, Quintin V. S. *Soviet Economic Assistance to the Less Developed Countries.* Oxford: Clarendon Press, 1987.

Bairoch, Paul. "Agriculture and the Industrial Revolution, 1700–1914." In *The Fontana Economic History of Europe: The Industrial Revolution.* Edited. by Carlo M. Cipolla. New York: Collins/Fontana, 1973.

——. *Economics and World History: Myths and Paradoxes*. Chicago: University of Chicago Press, 1993.

——. "Les Trois Révolutions agricoles du monde développé." *Annales Economies, Societés, Cultures* 44 (1989): 317–53.

Baldwin, Richard E., and Philippe Martin. "Two Waves of Globalization: Superficial Similarities, Fundamental Differences." National Bureau of Economic Research. Working Paper No. 6904. 1999. doi:10.3386/w6904.

Barbier, Edward B. *Scarcity and Frontiers: How Economies Have Developed through Natural Resource Exploitation.* Cambridge: Cambridge University Press, 2011.

Barnett, Michael, and Liv Coleman. "Designing Police: Interpol and the Study of Change in International Organizations."

International Studies Quarterly 49 (2005): 593–619.

Bashford, Alison. "Population, Geopolitics, and International Organizations in the Mid-Twentieth Century." *Journal of World History* 19:3 (2008): 327–47.

Bassin, Mark. "Turner, Solov'ev, and the 'Frontier Hypothesis': The National Significance of Open Spaces." *Journal of Modern History* 65 (1993): 473–511.

Bastian, Jean-Pierre, ed. *La Modernidad Religiosa: Europea Latinay América Latina en perspectiva comparada.* México: Fondo de Cultura Económica, 2004.

Basu, Shamita. *Religious Revivalism as Nationalist Discourse: Swami Vivekananda and New Hinduism in Nineteenth-Century Bengal.* Oxford: Oxford University Press, 2002.

Bateman, Fiona, and Lionel Pilkington. *Studies in Settler Colonialism: Politics, Identity, and Culture.* New York: Palgrave Macmillan, 2011.

Bauk, Kathleen, and Alec Cairncross. *"Goodbye, Great Britain": The 1976 IMF Crisis.* New Haven: Yale University Press, 1992.

Bayly, Chris. *The Birth of the Modern World.* Oxford: Blackwell, 2004.

Beasley, W. G. *The Rise of Modern Japan*. London: Weidenfeld and Nicolson, 2000.

Beaud, Michel. *A History of Capitalism, 1500–2000.* New York: Monthly Review, 2001.

Beckerlegge, Gwylim. *Colonialism, Modernity, and Religious Identities: Religious Reform Movements in South Asia.* Oxford: Oxford University Press, 2008.

Beckert, Sven. "Emancipation and Empire: Reconstructing the Worldwide Web of Cotton Production in the Age of the American Civil War." *American Historical Review* 109 (2004): 1405–38.

Beeching, Jack. *The Chinese Opium Wars*. New York: Harcourt Brace Jovanovich, 1975.

Belich, James. *Replenishing the Earth: The Settler Revolution and the Rise of the Anglo World, 1783–1939.* New York: Oxford University Press, 2009.

Bell, P. M. H. *Twelve Turning Points of the Second World War*. New Haven: Yale University Press, 2011.

Bender, Thomas. *A Nation among Nations: America's Place in World History.* New York: Hill and Wang, 2006.

Bender, Thomas, ed. *Rethinking American History in a Global Age*. Berkeley: University of California Press, 2002.

Berg, Manfred, and Simon Wendt, eds. *Racism in the Modern World.* New York: Berghahn, 2011.

Berger, Peter L., ed. *The Desecularization of the World: Resurgent Religion and Politics.* Washington, DC: Ethics and Policy, 1999.

Betts, Raymond F. *Uncertain Dimensions: Western Overseas Empires in the Twentieth Century*. Minneapolis: University of Minnesota Press, 1985.

Black, Brian C. *Crude Reality: Petroleum in World History*. Lanham, MD: Rowman and Littlefield, 2012.

Blackburn, Robin. "The Role of Slave Resistance in Slave Emancipation." In *Who Abolished Slavery? Slave Revolts and Abolitionism.* Edited by Seymour Drescher and Pieter C. Emmer. New York: Berghahn, 2010.

Blaker, James R. *United States Overseas Basing: An Anatomy of the Dilemma.* New York: Praeger, 1990.

Blank, Jonah. "Democratization and Development." In *South Asia in World Politics.* Edited by Devin T. Hagerty. Lanham, MD: Rowman and Littlefield, 2005.

Bloxham, Donald. *Genocide, the World Wars, and the Unweaving of Europe.* London: Vallentine Mitchell, 2008.

——. "Modernity and Genocide," *European History Quarterly* 38 (2008): 294–311. Reprinted in Eric D. Weitz. *A Century of Genocide: Utopias of Race and Nation.* Princeton, NJ: Princeton University Press, 2003.

Boenker, Dirk. *Militarism in a Global Age*. Ithaca, NY: Cornell University Press, 2011.

Boli, John, and George M. Thomas, eds. *Constructing World Culture: International Nongovernmental Organizations since 1875.* Stanford: Stanford University Press, 1999.

Bourguignon, François, et al. "Making Sense of Globalization: A Guide to the Economic Issues," Center for Economic Policy Research, Policy Paper no. 8 (2002), http://cepr.org/sites/default/files/geneva_reports/GenevaPP8.pdf.

Boyer, Paul S. *The Oxford Companion to United States History*. Oxford: Oxford University Press, 2001.

Breyfogle, Nicholas, Abby Schrader, and Willard Sunderland, eds. *Peopling the Russian Periphery.* London: Routledge, 2008.

Bentley, Jerry H. *The Oxford Handbook of World History*. Oxford: Oxford University Press, 2011.

Berend, Ivan T. *History Derailed: Central and Eastern Europe in the Long Nineteenth Century.* Berkeley: University of California Press, 2003.

——. *An Economic History of Twentieth-Century Europe* Cambridge: Cambridge University Press, 2006.

Berg, Maxine, ed. *Writing the History of the Global: Challenges for the 21st Century.* Oxford: British Academy, Oxford University Press, 2013.

Berger, Stefan, Andy Croll, and Norman LaPorte, eds. *Towards a Comparative History of Coalfield Societies.* Aldershot, UK: Ashgate, 2005.

Berghahn, Volker R. *Modern Germany: Society, Economics, and Politics in the Twentieth Century.* Cambridge: Cambridge University Press, 1987.

Bethell, Leslie, ed. *Latin American Economy and Society since 1930*. Cambridge: Cambridge University Press, 1998.

Beyer, Peter, and Lori Beaman, eds. *Religion, Globalization, and Culture.* Leiden, The Netherlands: Brill, 2007.

Bordo, Michael D., Alan M. Taylor, and Jeffrey G. Williamson. *Globalization in Historical Perspective.* Chicago: University of Chicago Press, 2003.

Borstelmann, Thomas. *Apartheid's Reluctant Uncle: The United States and Southern Africa in the Early Cold War.* Oxford: Oxford University Press, 1993.

Bose, Sugata, and Ayesha Jalal. *Modern South Asia*. New York: Routledge, 2004.

Bosma, Ulbe. "European Colonial Soldiers in the Nineteenth Century." *Journal of Global History* 4 (2009): 317–36.

Bosworth, R. J. B. *Mussolini*. New York: Oxford University Press, 2002.

Bowler, Peter J. *The Earth Encompassed: A History of the Environmental Sciences.* New York: W. W. Norton, 2000.

Brantlinger, Patrick. *Dark Vanishings: Discourse on the Extinction of Primitive Races, 1800–1930.* Ithaca, NY: Cornell University Press, 2003.

Bray, Francesca. *Science and Civilization in China,* Vol. 6: *Biology and Biological Technology, Part II: Agriculture.* Edited by Joseph Needham. Cambridge: Cambridge University Press, 1984.

Bregman, Ahron. *A History of Israel*. New York: Palgrave Macmillan, 2003.

Brière, Elaine. "Shadow Play: Political Mass Murder and the 1965 Indonesian Coup." In *Hushed Voices*. Edited by Heribert Adam. Highclere, Berkshire, UK: Berkshire Academic Press, 2011.

British Petroleum. *BP Statistical Review of World Energy*. June 2012.

Brooke, John L. *Climate Change and the Course of Global History*. New York: Cambridge University Press, 2014.

Brooker, Paul. *Twentieth-Century Dictatorships: The Ideological Origins of One-Party States*. New York: New York University Press, 1995.

Brookings Institution. *Cascade of Arms: Managing Conventional Weapons Proliferation*. Washington, DC: Brookings Institution, 1997.

Brown, Archie. *The Rise and Fall of Communism*. New York: CCCO, HarperCollins, 2009.

Brown, Richard Maxwell. "Violence." In *The Oxford History of the American West*. Edited by Clyde A. Milner II, Carol A. O'Connor, and Martha A. Sandweiss. New York: Oxford University Press, 1994.

Brown, Judith M., and William Roger Louis, eds. *The Oxford History of the British Empire,* Volume 4: *The Twentieth Century*. Oxford: Oxford University Press, 1999.

Buchanan, Tom. "'The Truth Will Set You Free': The Making of Amnesty International." *Journal of Contemporary History* 37 (2002): 575–97.

Bulliet, Richard W., ed. *The Columbia History of the Twentieth Century*. New York: Columbia University Press, 1998.

Bulmer-Thomas, Victor. "The Latin American Economies, 1929–1939." In *Latin American Economy and Society since 1930*. Edited by Leslie Bethell. Cambridge: Cambridge University Press, 1998.

Burke, Edmund, III, and Kenneth Pomeranz, eds. *The Environment and World History*. Berkeley: University of California Press, 2009.

Busse, Matthias. "Tariffs, Transport Costs and the WTO Doha Round: The Case of Developing Countries." *Estey Center Journal of International Law and Trade Policy* 4 (2003): 15–31.

Butrica, Andrew J., ed. *Beyond the Ionosphere: Fifty Years of Satellite Communication*. Washington, DC: NASA, 1997.

Buxton, I. L. "The Development of the Merchant Ship, 1880–1990." *The Mariner's Mirror* 79 (1993): 71–82.

Byrn, Edward W. "The Progress of Invention during the Past 50 Years." *Scientific American* 75 (July 25, 1896): 82–83.

Cahill, Thomas. *Pope John XXIII*. New York: Lipper, Viking, 2002.

Caistor, Nick. *Che Guevara: A Life*. Northampton, MA: Interlink, 2010.

Caldwell, John C., and Pat Caldwell. “What Do We Now Know about Fertility Transition.” In *The Continuing Demographic Transition*. Edited by G. W. Jones, R. M. Douglas, J. C. Caldwell, and R. M. D’Souza. Oxford: Clarendon, 1997.

Campbell, George van Pelt. “Religion and the Phases of Globalization.” In *Religion, Globalization and Culture*. Edited by Peter Beyer and Lori Beaman. Leiden, The Netherlands: Brill, 2007.

Carlson, W. Bernard. “Innovation and the Modern Corporation: From Heroic Invention to Industrial Science.” In *Companion to Science in the Twentieth Century*. Edited by John Krige and Dominique Pestre New York: Routledge, 2003.

Carnevali, Francesca, and Julie-Marie Strange. *Twentieth Century Britain: Economic, Cultural, and Social Change*. Harlow, UK: Pearson-Longman, 2007.

Carson, Rachel. *Silent Spring*. Boston: Houghton Mifflin, 1962.

Carter, Nick. *Modern Italy in Historical Perspective*. London: Bloomsbury Academic, 2010.

Casanova, José. “Rethinking Secularization: A Global Comparative Perspective.” In *Religion, Globalization and Culture*. Edited by Peter Beyer and Lori Beaman. Leiden, The Netherlands: Brill, 2007.

Casson, Mark, ed. *Multinationals and World Trade*. London: Allen and Unwin, 1986.

Centeno, Miguel A., and Joseph N. Cohen. *Global Capitalism: A Sociological Perspective*. New York: Polity, 2010.

Chamorro, Violeta Barrios de. *Dreams of the Heart*. New York: Simon and Schuster, 1996.

Chandler, Alfred D., and Bruce Mazlish, eds. *Leviathans: Multinational Corporations and the New Global History*. Cambridge: Cambridge University Press, 2005.

Chang, Sidney H., and Leonard H. D. Gordon. *All Under Heaven . . . : Sun Yat Sen and His Revolutionary Thought*. Stanford: Hoover Institution Press, 1991.

Chase-Dunn, Christopher, Yukio Kawano, and Benjamin D. Brewer. “Trade Globalization since 1795: Waves of Integration in the World-System.” *American Sociological Review* 65 (2000): 77–95.

Chasteen, John Charles. *Born in Blood and Fire: A Concise History of Latin America*. New York: W. W. Norton, 2006.

Chavarría, Jesús. *José Carlos Mariátegui and the Rise of Modern Peru, 1890–1930*. Albuquerque: University of New Mexico Press, 1979.

Chavez, Alicia Hernandez. *Mexico: A Brief History.* Berkeley: University of California Press, 2006.

Chernobyl Forum: 2003–2005. *Chernobyl's Legacy: Health, Environmental and Socio-Economic Impacts.* 2nd revised version. https://www.iaea.org/sites/default/files/chernobyl.pdf.

Chesnais, Jean-Claude. *The Demographic Transition.* Translated by Elizabeth and Philip Kreager. Oxford: Clarendon, 1992.

Chickering, Roger, Stig Foerster, and Bernd Greiner, eds. *A World at Total War.* Cambridge: Cambridge University Press, 2005.

Childs, David. *Britain since 1945: A Political History*. New York: Routledge, 2012.

Choy, Lee Khoon. *Pioneers of Modern China*. Singapore: World Scientific, 2005.

Christie, Nancy, and Michael Gauvreau, eds. *The Sixties and Beyond: Dechristianization in North America and Western Europe, 1945–2000.* Toronto: University of Toronto Press, 2013.

Christopher, Emma, Cassandra Pybus, and Marcus Rediker, eds. *Many Middle Passages: Forced Migration and the Making of the Modern World.* Berkeley: University of California Press, 2007.

Chubarian, A. O., Warren F. Kimball, and David Reynolds, eds. *Allies at War: The Soviet, American, and British Experience, 1939–1945.* New York: St. Martin's, 1994.

Chuhan-Pole, Punam, and Manka Angwafo, eds. *Yes Africa Can*. Washington, DC: World Bank, 2011.

Clark, Christopher. *The Sleepwalkers: How Europe Went to War in 1914.* New York: HarperCollins, 2013.

Clarke, Peter. *Hope and Glory: Britain, 1900–1990*. London: Allen Lane, Penguin, 1996.

Clegg, John C. "Capitalism and Slavery." *Critical Historical Studies* 2 (2015): 281–304.

Clemens, Michael A., and Jeffrey G. Williamson. "Why Did the Tariff-Growth Correlation Reverse after 1950?" National Bureau of Economic Research. NBER Working Paper No. 9181, September 2002. doi:10.3386/w9181.

Cleveland, William L. *A History of the Modern Middle East*. Boulder, CO: Westview Press, 2004.

Cline, William R. *Trade Policy and Global Poverty*. Washington, DC: Institute for International Economics, 2004.

Clodfelter, Michael. *Warfare and Armed Conflicts: A Statistical Reference to Casualty and Other Figures, 1618-1991,* Volume 2. Jefferson, NC: McFarland, 1991.

Cmiel, Kenneth. "The Recent History of Human Rights." *American Historical Review* 109 (2004): 117–35.

Codding, George A., Jr. *The Universal Postal Union*. New York: New York University Press, 1964.

Cole, H. S. D., Christopher Freeman, Marie Jahoda, and K. L. R. Pavitt, eds. *Models of Doom: A Critique of The Limits to Growth*. New York: Universe, 1973.

Colegio de México. *Historia General de México, Version 2000*. México: Colegio de México, 2000.

Collett, John Peter. "The History of Electronics." In *Companion to Science in the Twentieth Century*. Edited by John Krige and Dominique Pestre. New York: Routledge, 2003.

Conklin, Alice. "Colonialism and Human Rights: A Contradiction in Terms?" *American Historical Review* 103 (1998): 419–42.

Connelly, Matthew. "To Inherit the Earth: Imagining World Population, from the Yellow Peril to the Population Bomb." *Journal of Global History* 1 (2006).

Coorlawala, Uttara Asha. "Ruth St. Denis and India's Dance Renaissance." *Dance Chronicle* 15 (1992): 123–52.

Coppa, Frank J. *The Modern Papacy since 1789*. New York: Longman, 1998.

Cornia, Giovanni Andrea, ed.. *Inequality, Growth, and Poverty in an Era of Liberalization and Globalization*. Oxford: Oxford University Press, 2010.

Council on Foreign Relations. *The New Arab Revolt*. New York: Council on Foreign Relations, 2011.

Coupeau, Steeve. *The History of Haiti*. Westport, CT: Greenwood Press, 2008.

Cranston, Sylvia. *HPB: The Extraordinary Life and Influence of Helena Blavatsky*. New York: Putnam, 1993.

Cronin, Stephanie, ed. *The Making of Modern Iran*. New York: Routledge, 2003.

Crossley, Pamela Kyle, Lynn Hollen Lees, and John W. Servos. *Global Society: The World since 1900*. Boston: Wadsworth, CENGAGE Learning, 2013.

Cullather, Nick. "Fuel for the Good Dragon: The United States and Industrial Policy in Taiwan, 1950–1965." *Diplomatic History* 20 (1996): 1–25.

——. *The Hungry World: America's Cold War Battle against Poverty in Asia*. Cambridge, MA: Harvard University Press, 2010.

——. "Miracles of Modernization: The Green Revolution and the Apotheosis of Technology." *Diplomatic History* 28:2 (2004): 227–54.

——. "Research Note: Development? It's History." *Diplomatic History* 24 (2000): 641–53.

——. "The War on the Peasant: The United States and the Third World." In *The Cold War in the Third World*. Edited by Robert J. McMahon. Oxford: Oxford University Press, 2013.

Culpeper, Roy, Albert Berry, and Frances Stewart, eds. *Global Development Fifty Years after Bretton Woods*. New York: St. Martin's, 1997.

Curtin, Philip D. "Africa and Global Patterns of Migration." In *Global History and Migrations*. Edited by Gungwu Wang. Boulder, CO: Westview Press, 1997.

——. *The Rise and Fall of the Plantation Complex*. 1st ed. Cambridge: Cambridge University Press, 1990.

Cushman, Gregory T. *Guano and the Opening of the Pacific World*. New York: Cambridge University Press, 2013.

Daly, Ann. *Done into Dance: Isadora Duncan in America*. Bloomington: Indiana University Press, 1995.

Davidson, Basil. *Africa in History*. New York: Macmillan, 1991.

Davie, Grace. "Europe: The Exception?" In *The Desecularization of the World: Resurgent Religion and Politics*. Edited by Peter L. Berger. Washington, DC: Ethics and Policy, 1999.

Davies, Norman. *God's Playground: A History of Poland*. Volume 2: *1795 to the Present*. Oxford: Oxford University Press, 2005.

Davies, Thomas. *NGOs: A New History of Transnational Civil Society*. New York: Oxford University Press, 2014.

Davis, John. *A History of Britain, 1885–1939*. New York: St. Martin's, 1999.

Davis, Mike. *Late Victorian Holocausts*. London: Verso, 2001.

Dawson, Alexander. *Latin America since Independence: A History with Primary Sources*. New York: Routledge, 2011.

Dikötter, Frank. "The Racialization of the Globe." In *Racism in the Modern World*. Edited by Manfred Berg and Simon Wendt. New York: Berghahn, 2011.

Dirlik, Arif. *The Postcolonial Aura: Third World Criticism in the Age of Global Capitalism*. Boulder, CO: Westview Press, 1997.

Di Scala, Spencer M. *Europe's Long Century: Society, Politics, and Culture, 1900–Present*. Oxford: Oxford University Press, 2013.

Dittmer, Lowell, and Guoli Liu, eds. *China's Deep Reform*. New York: Rowman and Littlefield, 2006.

Drescher, Seymour, and Pieter C. Emmer, eds. *Who Abolished Slavery? Slave Revolts and Abolitionism*. New York: Berghahn, 2010.

Duara, Prasenjit. “The Cold War as Historical Period: An Interpretive Essay.” *Journal of Global History* 6 (2011): 457–80.

Dudden, Alexis. “Japanese Colonial Control in International Terms.” *Japanese Studies* 25 (2005): 1–20.

Duiker, William J. *Ho Chi Minh*. New York: Hyperion, 2000.

Dummett, Michael. “The Nature of Racism.” In *Racism in Mind.* Edited by Michael P. Levine and Tamas Pataki. Ithaca, NY: Cornell University Press, 2004.

Duus, Peter. “Economic Dimensions of Meiji Imperialism: The Case of Korea, 1895–1910.” In *The Japanese Colonial Empire, 1895–1945,* 128–71. Edited by Ramon H. Myers and Mark R. Peattie Princeton, NJ: Princeton University Press, 1984.

Dwyer, Philip G., and Lyndall Ryan, eds. *Theatres of Violence: Massacre, Mass Killing, and Atrocity throughout History.* New York: Berghahn, 2012.

Easterlin, Richard A. *Growth Triumphant: The Twenty-First Century in Historical Perspective.* Ann Arbor: University of Michigan Press, 1996.

Eckes, Alfred E., Jr. *The United States and the Global Struggle for Minerals.* Austin: University of Texas Press, 1979.

Edgerton, David. *The Shock of the Old: Technology and Global History since 1900.* New York: Oxford University Press, 2007.

Eichholtz, Dietrich. *War for Oil: The Nazi Quest for an Oil Empire*. Washington, DC: Potomac, 2012.

Elichirigoity, Fernando. *Planet Management*. Evanston, IL: Northwestern University Press, 1999.

Emmer, P. C., and M. Mörner, eds. *European Expansion and Migration.* New York: Berg, 1992.

Engdahl, F. William. “Oil and the Origins of the Great War.” *History Compass* 5:6 (2007): 2041–2060.

Ehrlich, Paul. *The Population Bomb*. 1968. Reprint, Cutchogue, NY: Buccaneer, 1971.

Esping-Anderson, Gosta. *Three Worlds of Welfare Capitalism*. Princeton, NJ: Princeton University Press, 1998.

Estevadeordal, Antoni, Brian Frantz, and Alan M. Taylor. “The Rise and Fall of World Trade, 1870–1939.” National Bureau of Economic Research, Working Paper No. 9318 (2002). http://www.nber.org/papers/w9318.pdf.

Etamad, Bouda. *Possessing the World.* New York: Berghahn, 2000.

Etemad, Bouda, and Jean Luciani. *World Energy Production, 1800–1985.* Geneva: Librairei Droz, 1991.

Evans, Eric. *Thatcher and Thatcherism*. New York: Routledge, 2004.

Fairbank, John K. ed. *The Cambridge History of China.* Volume 12: *Republican China, 1912–1949,* Part 1. Cambridge: Cambridge University Press, 1983.

Fairbank, John K., and Albert Feuerwerker, eds. *The Cambridge History of China.* Volume 13: *Republican China, 1912–1949,* Part 2. Cambridge: Cambridge University Press, 1986.

Falola, Toyin, and Matthew M. Heaton. *A History of Nigeria*. New York: Cambridge University Press, 2008.

Fay, Stephen. *The Collapse of Barings*. London: Richard Cohen, 1996.

Federico, Giovanni. "The Economic History of Agriculture since 1800." In *The Cambridge World History,* Volume 7: *Production, Destruction, and Connection, 1750–Present, Part 1: Structures, Spaces and Boundary-Making.* Edited by J. R. McNeill and Kenneth Pomeranz. Cambridge: Cambridge University Press, 2015.

——. *Feeding the World: An Economic History of Agriculture*. Princeton, NJ: Princeton University Press, 2005.

Feenstra, Robert C., Hong Ma, and D. S. Prasada Rao. "Consistent Comparisons of Real Incomes across Time and Space." *Macroeconomic Dynamics* 13, Supplement 2 (2009): 169–93.

Feenstra, Robert C., Hong Ma, J. Peter Neary, and D. S. Prasada Rao. "Who Shrunk China? Puzzles in the Measurement of Real GDP." *Economic Journal* 123 (2013): 1100–129.

Fein, Helen, ed. *Genocide Watch*. New Haven: Yale University Press, 1992.

Ferguson, Niall, Charles S. Maier, Erez Manuela, and Daniel J. Sargent, eds. *The Shock of the Global: The 1970s in Perspective.* Cambridge, MA: Harvard University Press, 2010.

Fernandez-Armesto, Felipe. *The World: A History,* Volume 2. London: Prentice Hall, 2010.

Fewsmith, Joseph, ed. *China Today, China Tomorrow: Domestic Politics, Economy, and Society.* New York: Rowman and Littlefield, 2010.

Ffrench-Davis, Ricardo, Oscar Muñoz, and José Gabriel Palma. "The Latin American Economies, 1950–1990." In *Latin American Economy and Society since 1930.* Edited by Leslie Bethell. Cambridge: Cambridge University Press, 1998.

Findlay, Ronald, and Kevin H. O'Rourke. "Commodity Market Integration, 1500–2000." In *Globalization in Historical Perspective.* Edited by Michael D. Bordo, Alan M. Taylor, and Jeffrey G. Williamson. Chicago: University of Chicago Press,

2003.

——. *Power and Plenty: Trade, War, and the World Economy in the Second Millennium.* Princeton, NJ: Princeton University Press, 2007.

Finzsch, Norbert. "The End of Slavery, the Role of the Freedmen's Bureau, and the Introduction of Peonage." In *The End of Slavery in Africa and the Americas.* Edited by Ulrike Schmieder, Katja Füllberg-Stolberg, and Michael Zeuske. Berlin: Lit, 2011.

Fischer, Conan. *Europe between Democracy and Dictatorship, 1900–1945.* Chichester, UK: Wiley-Blackwell, 2011.

Fischer, Stanley. "Applied Economics in Action: IMF Programs." *American Economic Review* 87 (1997): 23–27.

Fischer, Wolfram. *Expansion—Integration—Globalisierung: Studien zur Geschichte der Weltwirtschaft. Göttingen, Germany:* Vandenhoeck and Ruprecht, 1998.

Fitzpatrick, Sheila. *The Russian Revolution.* Oxford: Oxford University Press, 2008.

Flandreau, Marc, and Frédéric Zumer. *The Making of Global Finance.* New York: Organization for Economic Cooperation and Development, 2004.

Fletcher, Max E. "The Suez Canal and World Shipping, 1869–1914." *Journal of Economic History* 18 (1958).

Flora, Peter, et al. *State, Economy, and Society in Western Europe, 1815–1975.* London: Macmillan, 1983.

Foner, Eric. *Free Soil, Free Labor, Free Men.* New York: Oxford University Press, 1970.

Foster, John Bellamy, Brett Clark, and Richard York. *The Ecological Rift: Capitalism's War on the Earth.* New York: Monthly Review, 2010.

Frank, Andre Gunder. *Capitalism and Underdevelopment in Latin America.* New York: Monthly Review Press, 1967.

Fraser, Arvonne S. "Becoming Human: The Origins and Development of Women's Human Rights." *Human Rights Quarterly* 21 (1999): 853–906.

Frederickson, George M. *Racism: A Short History.* Princeton, NJ: Princeton University Press, 2003.

Freeman, Christopher. "Technology and Innovation." In *The Columbia History of the Twentieth Century,* Edited by Richard W. Bulliet. New York: Columbia University Press, 1998.

Frey, Mark, and Sönke Kunkel. "Writing the History of Development: A Review of the Recent Literature." *Contemporary European*

History 20 (2011): 215–32.

Fromkin, David. *A Peace to End All Peace: Creating the Modern Middle East, 1914–1922.* New York: Henry Holt, 1989.

Führer, Helmut. *The Story of Official Development Assistance*. New York: Organization for Economic Cooperation and Development, 1996.

Fulbrook, Mary. *A Concise History of Germany*. Cambridge: Cambridge University Press, 1990.

Fulbrook, Mary, ed. *Europe since 1945*. Oxford: Oxford University Press, 2001.

Furnish, Timothy R. *Holiest Wars: Islamic Mahdis, Their Jihads, and Osama bin Laden.* Westport, CT: Praeger, 2005.

Galor, Oded. "The Demographic Transition and the Emergence of Sustained Economic Growth." *Journal of the European Economic Association* 3 (2005): 494–504.

Gandhi, Mohandas Karamchand. "Economic vs. Moral Progress." In *Mahatma Gandhi: His Life, Writings & Speeches.* Edited by Sarojini Naidu. Madras, India: Ganesh, 1921.

Gann, Lewis H. "Western and Japanese Colonialism: Some Preliminary Comparisons." In *The Japanese Colonial Empire, 1895–1945,* 497–525. Edited by Ramon H. Myers and Mark R. Peattie. Princeton, NJ: Princeton University Press, 1984.

Gapper, John, and Nicholas Denton. *All That Glitters: The Fall of Barings.* London: Hamish Hamilton, 1996.

Garavini, Giuliano. "Completing Decolonization: The 1973 'Oil Shock' and the Struggle for Economic Rights." *International History Review* 33 (2011): 473–87.

Garfinkel, Irwin, Lee Rainwater, and Timothy Smeeding. *Wealth and Welfare States: Is America a Laggard or a Leader?* Oxford: Oxford University Press, 2010.

Gereffi, Gary, and Miguel Korzeniewicz, eds. *Commodity Chains and Global Capitalism. Westport,* CT: Greenwood Press, 1994.

Gerwarth, Robert, and Erez Manela, eds. *Empires at War, 1911–1923.* New York: Oxford University Press, 2014.

Geyer, Michael, and Charles Bright. "World History in a Global Age." *American Historical Review* 100 (1995): 1034–60.

Geyer, Michael, and Sheila Fitzpatrick, eds. *Beyond Totalitarianism*. New York: Cambridge University Press, 2009.

Ginsborg, Paul. *Silvio Berlusconi*. London: Verso, 2004.

Gissibl, Bernhard, Sabine Höhler, and Patrick Kupper, eds. *Civilizing Nature: National Parks in Global Historical Perspective.* New

York: Berghahn, 2012.

Goldblatt, David. *The Ball Is Round: A Global History of Soccer*. New York: Riverhead, 2008.

Goldin, Claudia. "The Quiet Revolution That Transformed Women's Employment, Education, and Family." *American Economic Review* 96 (2006): 1–21.

Gonzalbo, Pablo Escalante et al. *Nueva Historia Mínima de México*. Mexico: Colegio de México, 2004.

Goodin, Robert E., Bruce Headey, Ruud Muffels, and Henk-Jan Dirven. *The Real Worlds of Welfare Capitalism*. Cambridge: Cambridge University Press, 1999.

Gooding, John. *Rulers and Subjects: Government and People in Russia, 1801–1991*. London: Arnold, 1996.

Goralski, Robert, and Russell W. Freeburg. *Oil and War: How the Deadly Struggle for Fuel in WWII Meant Victory or Defeat.* New York: William Morrow, 1987.

Goryushkin, Leonid M. "Migration, Settlement, and the Rural Economy of Siberia, 1861–1914." In *The History of Siberia.* Edited by Alan Wood. London: Routledge, 1991.

Gozzini, Giovanni. "The Global System of International Migration, 1900 and 2000." *Journal of Global History* 1 (2006): 321–41.

Grant, Colin. *Negro with a Hat: The Rise and Fall of Marcus Garvey*. Oxford: Oxford University Press, 2008.

Green, Martin. *Gandhi: Voice of a New Age Revolution*. New York: Continuum, 1993.

Green, Vivian. *A New History of Christianity*. New York: Continuum, 1996.

Gregory, Paul R. *The Political Economy of Stalinism*. Cambridge: Cambridge University Press, 2004.

Grenville, J. A. S., and Bernard Wasserstein, eds. *The Major International Treaties of the Twentieth Century,* Volume 1. London: Routledge, 2001.

Greve, Bent. *The Routledge Handbook of the Welfare State*. New York: Routledge, 2013.

Griffiths, Tom, and Libby Robin, eds. *Ecology and Empire: Environmental History of Settler Societies.* Seattle: University of Washington Press, 1997.

Grundmann, Reiner. *Transnational Environmental Policy: Reconstructing Ozone.* New York: Routledge, 2001.

Guha, Ramachandra. *Environmentalism: A Global History*. New York: Longman, 2000.

——. *Gandhi before India*. New York: Knopf, 2014.

Gump, James O. "A Spirit of Resistance: Sioux, Xhosa, and Maori Responses to Western Dominance, 1840–1920." *Pacific Historical Review* 66 (1997): 21–52.

Guneratne, Arjun, and Anita M. Weiss, eds. *Pathways to Power: The Domestic Politics of South Asia*. New York: Rowman and Littlefield, 2014.

Gungwu Wang, ed. *Global History and Migrations*. Boulder, CO: Westview Press, 1997.

Gutiérrez, Ramón A. "Internal Colonialism: An American Theory of Race." *DuBois Review* 1 (2004): 281–95.

Gwynne, Robert N., and Cristóbal Kay, eds. *Latin America Transformed: Globalization and Modernity.* London: Arnold, 1999.

Hagen, William. *Germany in Modern Times*. New York: Cambridge University Press, 2012.

Hagerty, Devin T., ed. *South Asia in World Politics*. New York: Rowman and Littlefield, 2005.

Hannaford, Ivan. *Race: The History of an Idea in the West*. Baltimore: Johns Hopkins University Press, 1996.

Hanson, John R., II. "Diversification and Concentration of LDC Exports: Victorian Trends." *Explorations in Economic History* 14 (1977): 44–68.

Harkavy, Robert E. *Bases Abroad.* New York: Oxford University Press, 1989.

——. *Great Power Competition for Overseas Bases*. New York: Pergamon, 1982.

Harley, C. Knick. *The Integration of the World Economy, 1850–1914.* 2 Vols. Cheltenham, UK: Edward Elgar, 1996.

Harrison, Mark. "Disease and World History from 1750." In *The Cambridge World History.* Volume 7: *Production, Destruction, and Connection, 1750–Present, Part 1: Structures, Spaces and Boundary-Making.* Edited by J. R. McNeill and Kenneth Pomeranz. Cambridge: Cambridge University Press, 2015.

——. "The USSR and Total War: Why Didn't the Soviet Economy Collapse in 1942?" In *A World at Total War.* Edited by Roger Chickering, Stig Foerster, and Bernd Greiner. Cambridge: Cambridge University Press, 2005.

Hastings, Adrian, ed. *A World History of Christianity*. Grand Rapids, MI: William B. Eerdmans, 1999.

Hatton, Timothy J., and Jeffrey G. Williamson. *The Age of Mass Migration: Causes and Economic Impact.* New York: Oxford University Press, 1998.

——. *Global Migration and the World Economy*. New York: Oxford University Press, 1988.

Hausman, William J., Peter Hertner, and Mira Wilkins. *Global Electrification*. Cambridge: Cambridge University Press, 2008.

Hawkins, Freda. *Critical Years in Immigration: Canada and Australia Compared*. Montreal: McGill-Queen's University Press, 1991.

Hays, Samuel P. *Conservation and the Gospel of Efficiency*. Cambridge, MA: Harvard University Press, 1959.

Haywood, William D. *Bill Haywood's Book*. New York: International Publishers, 1929.

Hazell, Peter B. R. *The Asian Green Revolution*. Washington, DC: International Food Policy Research Institute, 2009.

Headrick, Daniel. "Botany, Chemistry, and Tropical Development." *Journal of World History* 7 (1996): 1–20.

——. *The Invisible Weapon: Telecommunications and International Politics, 1851–1945*. New York: Oxford University Press, 1991.

——. *Technology: A World History*. New York: Oxford University Press, 2009.

——. *The Tools of Empire*. New York: Oxford University Press, 1981.

Hebblethwaite, Peter. *Paul VI: The First Modern Pope*. New York: Paulist Press, 1993.

Held, David, Anthony McGrew, David Goldblatt, and Jonathan Perraton. *Global Transformations*. Stanford: Stanford University Press, 1999.

Herren, Madeleine. *Internationale Organisationen seit 1865*. Darmstadt, Germany: Wissenschaftliche Buchgesellschaft, 2010.

Hewa, Soma, and Darwin H. Stapleton. *Globalization, Philanthropy, and Civil Society: Toward a New Political Culture in the Twenty-First Century*. New York: Springer, 2005.

Hirano, Katsuya. "Thanatopolitics in the Making of Japan's Hokkaido." *Critical Historical Studies* 2 (2015): 191–218.

Hjertholm, Peter, and Howard White. *Survey of Foreign Aid: History, Trends, and Allocations*. Discussion Papers, No. 00-04. University of Copenhagen, Department of Economics. http://www.econ.ku.dk.

Hobsbawm, Eric. *The Age of Extremes*. New York: Vintage, 1994.

Hoerder, Dirk. *Cultures in Contact*. Durham, NC: Duke University Press, 2002.

Hoffmann, Stefan-Ludwig, ed. *Human Rights in the Twentieth Century*. Cambridge: Cambridge University Press, 2011.

Hopkins, A. G., ed. *Global History: Interactions between the Universal and the Local*. Houndsmills, Basingstoke, UK: Palgrave Macmillan, 2006.

Hora, Roy. *The Landowners of the Argentine Pampas*. Oxford: Oxford University Press, 2001.

Hourani, Albert. *A History of the Arab Peoples*. Cambridge, MA: Harvard University Press, 1991.

Howard, Michael, and William Roger Lewis, eds. *The Oxford History of the Twentieth Century.* New York: Oxford University Press, 1998.

Hughes, J. Donald. "The Greening of World History." In *Palgrave Advances in World History.* Edited by Marnie Hughes-Warrington. Houndsmills, Basingstoke, UK: Palgrave Macmillan, 2005.

Hughes, Thomas P. "The Evolution of Large Technological Systems." In *The Science Studies Reader,* 202–23. Edited by Mario Biagioli. New York: Routledge, 1999.

Hugill, Peter . *Global Communications since 1844*. Baltimore: Johns Hopkins University Press, 1999.

Hunt, James D. *Gandhi in London*. New Delhi: Promilla, 1978.

Hymans, Louis. *Leopold Sédar Senghor: An Intellectual Biography*. Edinburgh: University of Edinburgh Press, 1971.

Iguchi, Haruo. "Japanese Foreign Policy and the Outbreak of the Asia-Pacific War." In *The Origins of the Second World War.* Edited by Frank McDonough. New York: Continuum, 2011.

Inglehart, Ronald, and Christian Welzel. "How Development Leads to Democracy." *Foreign Affairs* 88 (2007): 33–48.

Ingulstad, Mats. "The Interdependent Hegemon: The United States and the Quest for Strategic Raw Materials during the Early Cold War." *International History Review* 37 (2015): 59–79.

Iriye, Akira. "The Making of a Transnational World." In *Global Interdependence: The World after 1945.* Edited by Akira Iriye. Cambridge, MA: Harvard University Press, 2014.

Iriye, Akira, ed. *Global Interdependence: The World after 1945*. Cambridge, MA: Harvard University Press, 2014.

Isenberg, Andrew C. *The Destruction of the Bison: An Environmental History, 1750–1920.* Cambridge: Cambridge University Press, 2000.

——. "Seas of Grass: Grasslands in World Environmental History." In *The Oxford Handbook of Environmental History.* Edited by Andrew C. Isenberg. Oxford: Oxford University Press, 2014.

Isserman, Maurice, and Michael Kazin. *America Divided: The Civil War of the 1960s.* New York: Oxford University Press, 2008.

Jackson, Julian, ed. *Europe, 1900–1945*. Oxford: Oxford University Press, 2002.

Jacobs, Steven Leonard, and Marc I. Sherman, eds. *Confronting Genocide*. New York: Lexington Books, 2009.

Jacobson, Matthew Frye. *Whiteness of a Different Color*. Cambridge, MA: Harvard University Press, 1998.

James, Harold. *Europe Reborn, 1914–2000*. Harlow, UK: Pearson, 2003.

Jansen, Marius B. *The Cambridge History of Japan*. Volume 5: *The Nineteenth Century*. New York: Cambridge University Press, 1988.

Jaquete, Jane S. "Losing the Battle/Winning the War: International Politics, Women's Issues, and the 1980 Mid-Decade Conference." In *Women, Politics, and the United Nations*. Edited by Anne Winslow. Westport, CT: Greenwood Press, 1995.

Jerven, Morten. *Poor Numbers: How We Are Misled by African Development Statistics and What to Do about It*. Ithaca, NY: Cornell University Press, 2013.

Johnson, Paul. *Modern Times*. New York: Harper and Row, 1983.

Jones, Adam, ed. *New Directions in Genocide Research*. New York: Routledge, 2012.

Jones, G. W., R. M. Douglas, J. C. Caldwell, and R. M. D'Souza, eds. *The Continuing Demographic Transition*. Oxford: Clarendon Press, 1997.

Jones, Geoffrey. "Multinationals from the 1930s to the 1980s." In *Leviathans*. Edited by Alfred Chandler and Bruce Mazlish. Cambridge: Cambridge University Press, 2005.

Jonsson, Fredrik Albritton. "The Origins of Cornucopianism: A Preliminary Genealogy." *Critical Historical Studies* 1 (2014).

Joseph, Peniel E. *Stokely: A Life*. New York: Basic Books, 2014.

Josephson, Paul. "The History of World Technology, 1750–Present." In *The Cambridge World History*, Vol. 7: *Production, Destruction, and Connection, 1750–Present, Part 1: Structures, Spaces, and Boundary-Making?* Edited by J. R. McNeill and Kenneth Pomeranz. Cambridge: Cambridge university Press, 2015.

Joshi, V. C., ed. *Rammohun Roy and the Process of Modernization in India*. Delhi: Vikas, 1975.

Judah, J. Stillson. *The History and Philosophy of the Metaphysical Movements in America*. Philadelphia: Westminster, 1967.

Judt, Tony. *Postwar: A History of Europe since 1945*. New York: Penguin, 2005.

Juergensmeyer, Mark, ed. *Religion in Global Civil Society.* New York: Oxford University Press, 2005.

Kanya-Forstner, A. S. "The War, Imperialism, and Decolonization." In *The Great War and the Twentieth Century.* Edited by Jay Winter, Geoffrey Parker, and Mary R. Habeck. New Haven: Yale University Press, 2000.

Khan, B. Zorina. "An Economic History of Patent Institutions." EH.net Encyclopedia. Edited by Robert Whaples. Economic History Association, 2008. http://eh.net/encyclopedia/an-economic-history-of-patent-institutions/.

Kalu, Ogbu U., and Alaine M. Low, eds. *Interpreting Contemporary Christianity: Global Processes and Local Identities.* Grand Rapids, MI: Eerdmans, 2008.

Kanet, Roger E. "The Superpower Quest for Empire: The Cold War and Soviet Support for 'Wars of Liberation.'" *Cold War History* 6 (2006): 331–52.

Kasaba, Resat, ed. *The Cambridge History of Turkey,* Volume 4: *Turkey in the Modern World.* Cambridge: Cambridge University Press, 2008.

Kay, Alex J. *Exploitation, Resettlement, Mass Murder: Political and Economic Planning for German Occupation Policy in the Soviet Union, 1940–1941.* New York: Berghahn, 2006.

Keddie, Nikki R. *Modern Iran.* New Haven: Yale University Press, 2006.

——. *Roots of Revolution: An Interpretive history of Modern Iran.* New Haven: Yale University Press, 1981.

Keevak, Michael. *Becoming Yellow: A Short History of Racial Thinking.* Princeton, NJ: Princeton University Press, 2011.

Kenez, Peter. *A History of the Soviet Union from the Beginning to the End.* Cambridge: Cambridge University Press, 2006.

Kent, Susan Kingsley. *The Influenza Pandemic of 1918–1919: A Brief History with Documents.* Boston: Bedford/St. Martin's, 2013.

Kenwood, A. G., and A. L. Lougheed. *The Growth of the International Economy.* New York: Routledge, 1999.

Kersbergen, Kees van, and Barbara Vis. *Comparative Welfare State Politics.* Cambridge: Cambridge University Press, 2014.

Kessel, William B., and Robert Wooster, eds. *Encyclopedia of Native American Wars and Warfare.* New York: Facts On File, 2005.

Kevles, Daniel J. "From Eugenics to Genetic Manipulation." In *Companion to Science in the Twentieth Century.* Edited by John Krige and Dominique Pestre. New York: Routledge, 2003.

Khalidi, Rashid. *Sowing Crisis: The Cold War and American Dominance in the Middle East.* Boston: Beacon Press, 2009.

Khan, Inayat. *Biography of Pir-o-Murshid Inayat Khan*. London: East-West, 1979.

Kiernan, Ben. *Blood and Soil: A World History of Genocide and Extermination from Sparta to Darfur.* New Haven: Yale University Press, 2007.

Kindleberger, Charles P. *The World in Depression*. Berkeley: University of California Press, 1986.

Kingsland, Sharon E. *The Evolution of American Ecology, 1890–2000.* Baltimore: Johns Hopkins University Press, 2005.

Kishlansky, Mark A., ed. *Sources of World History*. New York: HarperCollins, 1995.

Kitchen, Martin. *A History of Modern Germany, 1800–2000*. Malden, MA: Blackwell, 2006.

Klages, Ludwig. "Man and Earth (1913)." In *The Biocentric Worldview: Selected Essays and Poems of Ludwig Klages*. Translated by Joseph D. Pryce. London: Arktos, 2013.

Kloberdanz, Timothy J. "Plainsmen of Three Continents." In *Ethnicity on the Great Plains. Edited by Frederick Luebcke.* Lincoln: University of Nebraska Press, 1980.

Knab, Cornelia. "Infectious Rats and Dangerous Cows: Transnational Perspectives on Animal Diseases in the First Half of the Twentieth Century." *Contemporary European History* 20 (2011): 281–306.

Kolchin, Peter. *Unfree Labor: American Slavery and Russian Serfdom.* Cambridge: Cambridge University Press, 1987.

Kosai, Yutaka. "The Postwar Japanese Economy, 1945–1973." In *The Cambridge History of Japan,* Volume 6: *The Twentieth Century*. Edited by Peter Duus. Cambridge: Cambridge University Press, 1989.

Kotkin, Stephen. "Modern Times: The Soviet Union and the Interwar Conjuncture." In *The Cultural Gradient: The Transmission of Ideas in Europe, 1789–1991.* Edited by Catherin Evtuhov and Stephen Kotkin. New York: Rowman and Littlefield, 2003.

Kotkin, Stephen. "The Kiss of Debt." In *The Shock of the Global: The 1970s in Perspective.* Edited by Niall Ferguson, Charles S. Maier, Erez Manela, and Daniel J. Sargent. Cambridge, MA: Harvard University Press, 2010.

Kramer, Paul A. "Power and Connection: Imperial Histories of the United States in the World." *American Historical Review* 115 (2011): 1348–91.

Kratoska, Paul H. "Commercial Rice Cultivation and the Regional Economy of Southeastern Asia, 1850–1950." in *Food and Globalization,* 75–90. Edited by Alexander Nützenadel and Frank Trentmann. New York: Berg, 2008.

Kuchenbuch, David. "'Eine Welt': Globales Interdependenzbewusstsein und die Moralisierung des Alltags in den 1970er und 1980er Jahren." *Geschichte und Gesellschaft* 38 (2012): 158–84.

Kuhn, Philip A. *Chinese among Others: Emigration in Modern Times.* Lanham, MD: Rowman and Littlefield, 2008.

Lal, Vinay. *Empire of Knowledge: Culture and Plurality in the Global Economy.* London: Pluto Press, 2002.

——. "Much Ado about Something: The New Malaise in World History." *Radical History Review* 91 (2005): 124–30.

Laqua, Daniel, ed. *Internationalism Reconfigured: Transnational Ideas and Movements between the World Wars.* London: Tauris, 2011.

Large, Stephen S. "Oligarchy, Democracy, and Fascism." In *A Companion to Japanese History.* Edited by William M. Tsutsui. Oxford: Blackwell, 2007.

Latham, Michael E. *The Right Kind of Revolution: Modernization, Development, and U.S. Foreign Policy from the Cold War to the Present.* Ithaca, NY: Cornell University Press, 2011.

Lawrence, Mark Atwood. "The Rise and Fall of Nonalignment." In *The Cold War in the Third World.* Edited by Robert J. McMahon. Oxford: Oxford University Press, 2013.

Lechner, Frank J. *Globalization: The Making of World Society*. Malden, MA: Wiley-Blackwell, 2009.

Lees, Lynn Hollen. "World Urbanization, 1750 to the Present." In *The Cambridge World History,* Volume 7: *Production, Destruction, and Connection, 1750–Present, Part 2: Shared Transformations?* Edited by J. R. McNeill and Kenneth Pomeranz. Cambridge: Cambridge University Press, 2015.

Leffler, Melvyn P., and Odd Arne Westad, eds. *The Cambridge History of the Cold War.* 3 Volumes Cambridge: Cambridge University Press, 2010.

Leftwich, Adrian. *States of Development: On the Primacy of Politics in Development.* Cambridge: Polity, 2000.

Lenin, Vladimir Ilyich. *Imperialism, the Highest Stage of Capitalism.* In *V. I. Lenin: Selected Works in Three Volumes*. Volume 1. New York: International Publishers, 1939.

Leopold, Aldo. *A Sand County Almanac*. New York: Oxford University Press, 1966.

Lerner, Warren. *A History of Socialism in Modern Times: Theorists, Activists, and Humanists.* Englewood Cliffs, NJ: Prentice-Hall,

1982.

Lesser, Jeffrey. *Immigration, Ethnicity, and National Identity in Brazil, 1808 to the Present.* Cambridge: Cambridge University Press, 2013.

Leuchtenberg, William E. *Herbert Hoover*. New York: TimesBooks, Henry Holt, 2009.

Levene, Mark. *Genocide in the Age of the Nation-State.* London: Tauris, 2008.

Levine, Michael P. and Tamas Pataki, eds. *Racism in Mind.* Ithaca, NY: Cornell University Press, 2004.

Levinson, Marc. *The Box: How the Shipping Container Made the World Smaller and the World Economy Bigger*. Princeton, NJ: Princeton University Press, 2006.

Levy-Livermore, Amnon. *Handbook on the Globalization of the World Economy.* Cheltenham, UK: Edward Elgar, 1998.

Lewin, Moshe. *The Soviet Century*. London: Verso, 2005.

Lewis, Ronald. *Welsh Americans: A History of Assimilation in the Coalfields.* Chapel Hill: University of North Carolina Press, 2008.

Lieven, Dominic. "The Russian Empire and the Soviet Union as Imperial Polities." *Journal of Contemporary History* 30 (1995): 607–36.

——. *Globalisierung Imperial und Sozialistisch: Russland und die Sowjetunion in der Globalgeschichte 1851–1991.* Edited by Martin Aust. Frankfurt: Campus, 2013.

Lipman, Jonathan Neaman, Barbara Molony, and Michael Edson Robinson. *Modern East Asia*. Boston: Pearson, 2012.

Litvak, Lily. "Latinos y Anglosajones: Una Polemica de la España fin de Siglo." In Lily Litvak, *España 1900: Modernismo, anarquismo y fin de siglo.* Madrid: Anthropos, 1990.

Livi-Bacci, Massimo. *A Concise History of World Population,* 3rd ed. Malden, MA: Blackwell, 2001.

Lobato, Mirta Zaida, and Juan Suriano. *Atlas Historico de la Argentina.* Buenos Aires: Editorial Sudamericana, 1998.

Lodge, Tom. "Resistance and Reform." In *The Cambridge History of South Africa,* 409–91. Edited by Robert Ross, Anne Kelk Mager, and Bill Nasson. Cambridge: Cambridge University Press, 2011.

Lorenz, Chris. "Representations of Identity: Ethnicity, Race, Class, Gender and Religion." In *The Contested Nation: Ethnicity, Class, Religion and Gender in National Histories.* Edited by Chris Lorenz and Stefan Berger. New York: Palgrave Macmillan, 2008.

Loth, Wilfried. "States and the Changing Equations of Power." In *Global Interdependence: The World after 1945*. Edited by Akira Iriye. Cambridge, MA: Harvard University Press, 2014.

Loxley, John. "International Capital Markets, the Debt Crisis and Development." In *Global Development Fifty Years after Bretton Woods*. Edited by Roy Culpeper, Albert Berry, and Frances Stewart. New York: St. Martin's, 1997.

Lundestad, Geir. "'Empire by Invitation' in the American Century." *Diplomatic History* 23 (1999): 189–217.

Lyall, Francis. *International Communications: The International Telecommunications Union and the Universal Postal Union*. London: Ashgate, 2011.

Lytle, Mark Hamilton. *The Gentle Subversive: Rachel Carson, Silent Spring, and the Rise of the Environmental Movement*. New York: Oxford University Press, 2007.

Maalouf, Jean, ed. *Pope John XXIII: Essential Writings*. Maryknoll, NY: Orbis, 2008.

MacFarquhar, Roderick, and John K. Fairbank, eds. *The Cambridge History of China*. Vol. 14: *The People's Republic of China*, Part 1. Cambridge: Cambridge University Press, 1987.

——, eds. *The Cambridge History of China*. Volume 15: *The People's Republic, Part 2: Revolutions within the Chinese Revolution, 1966–1982*. Cambridge: Cambridge University Press, 1991.

Maddison, Angus. *Monitoring the World Economy, 1820–1992*. New York: Development Center of the OECD, 1995.

——. *The World Economy: A Millennial Perspective*. Volume 2. New York: Organization for Economic Cooperation and Development, 2006 (data updated at The Maddison Project, www.ggdc.net/maddison/maddison-project/data.htm).

Madley, Benjamin. "Patterns of Frontier Genocide, 1803–1910: The Aboriginal Tasmanians, the Yuki of California, and the Herero of Namibia." *Journal of Genocide Research* 6 (2004): 167–92.

——. "Reexamining the American Genocide Debate: Meaning, Historiography, and New Methods." *American Historical Review* 120 (2015): 98–139.

Maier, Charles S. "Consigning the Twentieth Century to History: Alternative Narratives for the Modern Era." *American Historical Review* 105 (2000): 807–31.

Makeba, Miriam, and James Hall. *Makeba: My Story*. New York: New American Library, 1988.

Manning, Patrick. *Navigating World History: Historians Create a Global Past.* New York: Palgrave Macmillan, 2003.

Manning, Patrick, ed. *Global Practice in World History: Advances Worldwide.* Princeton, NJ: Markus Wiener, 2008.

Marentes, Luis A. *José Vasconcelos and the Writing of the Mexican Revolution.* New York: Twayne, 2000.

Marinho de Azevedo, Celia Maria. *Onda Negra, Medo Branco: O negro no imaginário das elites—Século XIX.* Rio de Janeiro: Paze Terra, 1987.

Markovits, Claude. *The Global World of Indian Merchants, 1750–1947.* Cambridge: Cambridge University Press, 2000.

Marks, Lara V. *Sexual Chemistry: A History of the Contraceptive Pill.* New Haven: Yale University Press, 2001.

Marnham, Patrick. *Lourdes: A Modern Pilgrimage.* New York: Coward McCann and Geoghegan, 1980.

Marr, Andrew. *A History of Modern Britain.* New York: Macmillan, 2007.

Marsot, Afaf Lutfi al-Sayyid. *A History of Egypt.* Cambridge: Cambridge University Press, 2007.

Martel, Gordon, ed. *The Origins of the Second World War Reconsidered.* New York: Routledge, 1999.

Martin, Bernd. *Japan and Germany in the Modern World.* Providence, RI: Berghahn, 1995.

Martin, James Kirby, Randy Roberts, Steven Mintz, Linda O. McMurry, James H. Jones, and Sam W. Haynes. *A Concise History of America and Its People.* 2 Vols. New York: HarperCollins, 1995.

Marx, Karl, and Friedrich Engels. *The Communist Manifesto.* Edited by John E. Toews. Boston: Bedford/St. Martin's, 1999.

Masuzawa, Tomoko. *The Invention of World Religions.* Chicago: University of Chicago Press, 2005.

Matysik, Tracie. "Internationalist Activism and Global Civil Society at the High Point of Nationalism: The Challenge of the Universal Races Congress, 1911." In *Global History: Interactions Between the Universal and the Local.* Edited by A. G. Hopkins. Houndsmills, Basingstoke, UK: Palgrave Macmillan, 2006.

Mayobre, Eduardo. *Juan Pablo Pérez Alfonzo.* Caracas: Banco del Caribe, 2005.

Mazlish, Bruce. "Comparing Global History to World History." *Journal of Interdisciplinary History* 28 (1998): 385–95.

Mazower, Mark. *Dark Continent.* New York: Vintage, 1998.

——. *Hitler's Empire: How the Nazis Ruled Europe.* New York: Penguin, 2008.

——. *No Enchanted Place: The End of Empire and the Ideological Origins of the United Nations.* Princeton, NJ: Princeton

University Press, 2008.

McCartin, Joseph A. *Collision Course: Ronald Reagan, the Air Traffic Controllers, and the Strike That Changed America.* New York: Oxford University Press, 2011.

McCauley, Martin. *Stalin and Stalinism*. New York: Longman, 1996.

McDonough, Frank, ed. *The Origins of the Second World War*. New York: Continuum, 2011.

McEvedy, Colin, and Richard Jones. *Atlas of World Population History.* Harmondsworth, UK: Penguin; London: Allen Lane, 1978.

McEvoy, Arthur F. "Toward an Interactive Theory of Nature and Culture." In *The Ends of the Earth: Perspectives on Modern Environmental History.* Edited by Donald Worster. New York: Cambridge University Press, 1988.

McKeown, Adam. "Chinese Emigration in Global Context, 1850–1940." *Journal of Global History* 5 (2010): 95–124.

——. "Global Migration, 1846–1940." *Journal of World History* 15 (2004): 155–89.

McKibbin, Bill, ed. *The Global Warming Reader.* London: Penguin, 2012.

McLachlan, Colin M. *A History of Modern Brazil*. Wilmington, DE: Scholarly Resources, 2003.

McMahan, David L. *The Making of Buddhist Modernism*. Oxford: Oxford University Press, 2008.

McMahon, Robert J., ed. *The Cold War in the Third World*. Oxford: Oxford University Press, 2013.

McManners, John. *The Oxford History of Christianity*. Oxford: Oxford University Press, 1993.

McMeekin, Sean. *The Russian Origins of the First World War*. Cambridge, MA: Harvard University Press, 2011.

McMillan, James, and William Doyle. *Modern France, 1880–2002*. Oxford: Oxford University Press, 2003.

McNeill, J. R. *Mosquito Empires: Ecology and Wars in the Greater Caribbean, 1620–1914.* Cambridge: Cambridge University Press, 2010.

McNeill, J. R. *Something New Under the Sun: And Environmental History of the Twentieth-Century World.* New York: W. W. Norton, 2000.

McNeil, J. R., and Kenneth Pomeranz, eds. *The Cambridge World History,* Volume 7: *Production, Destruction, and Connection, 1750–Present, Part 1: Structures, Spaces and Boundary-Making and Part 2: Shared Transformations?* Cambridge: Cambridge University Press, 2015.

McNeill, J. R., and Peter Engelke. "Into the Anthropocene: People and Their Planet." In *Global Interdependence: The World after 1945*. Edited by Akira Iriye. Cambridge, MA: Harvard University Press, 2014.

McNeill, J. R., and William H. McNeill. *The Human Web: A Bird's Eye View of World History*. New York: W. W. Norton, 2003.

McNeill, William H. "World History and the Rise and Fall of the West." *Journal of World History* 9 (1998): 215–36.

Mendoza, Amado, Jr. "'People Power' in the Philippines, 1983–1986." In *Civil Resistance and Power Politics*. Edited by Adam Roberts and Timothy Garton Ash. Oxford: Oxford University Press, 2009.

Metcalf, Barbara D., and Thomas R. Metcalf. *A Concise History of India*. Cambridge: Cambridge University Press, 2002.

Meyer, Michael C., William L. Sherman, and Susan M. Deeds. *The Course of Mexican History*. New York: Oxford University Press, 1979.

Meyer, Michael. *Response to Modernity: A History of the Reform Movement in Judaism*. Oxford: Oxford University Press, 1988.

Michie, Jonathan, ed. *The Handbook of Globalization*. Cheltenham, UK: Edward Elgar, 2003.

Milanovic, Branko. "Global Income Inequality by the Numbers." World Bank Development Research Group, Policy Research Working Paper No. 6259. November 2012. http://documents.worldbank.org/curated/en/959251468176687085/pdf/wps6259.pdf.

Miller, John H. *Modern East Asia*. Armonk, NJ: M. E. Sharpe, 2008.

Miller, Robert Ryal. *Mexico: A History*. Norman: University of Oklahoma Press, 1985.

Minor, Michael S. "The Demise of Expropriations as an Instrument of LDC Policy, 1980–1992." *Journal of International Business History* 25 (1994): 177–88.

Mishra, Pankaj. *From the Ruins of Empire: The Revolt against the West and the Remaking of Asia*. London: Allen Lane, Penguin, 2012.

Missiroli, Antonio. "European Football Cultures and Their Integration." In *Culture, Sport, Society* 5 (2002): 1–20.

Mitchell, B. R., ed. *International Historical Statistics, 1750–2005*. 3 Vols. Basingstoke, UK: Palgrave Macmillan, 2007.

Miyoshi, Masao, and Harry D. Harootunian. *Japan in the World*. Durham, NC: Duke University Press, 1993.

Mollenhof, Clark R. *George Romney: Mormon in Politics*. New York: Meredith, 1968.

Mommsen, Wolfgang J., and Jürgen Osterhammel, eds. *Imperialism and After*. London: Allen and Unwin, 1986.

Moon, David. "In the Russians' Steppes: The Introduction of Russian Wheat on the Great Plains of the United States of America." *Journal of Global History* 3 (2008): 203–25.

——. "Peasant Migration and the Settlement of Russia's Frontiers, 1550–1897." *Historical Journal* 40 (1997).

Moore, Carlos. *Fela: This Bitch of a Life*. Chicago: Lawrence Hill Books, 2009.

More, Charles. *Britain in the Twentieth Century*. Harlow, UK: Pearson-Longman, 2007.

Morgan, Kenneth O. *The Oxford History of Britain*. Oxford: Oxford University Press, 1999.

Morrow, John H., Jr. "The Impact of the Two World Wars in a Century of Violence." In *Essays on Twentieth-Century History*. Edited by Michael C. Adas. Philadelphia: Temple University Press, 2010.

Mosley, Stephen. *The Environment in World History*. New York: Routledge, 2010.

Moses, A. Dirk, ed. *Empire, Colony, Genocide*. New York: Berghahn, 2008.

Moss, Walter G. *An Age of Progress? Clashing Twentieth-Century Global Forces*. London: Anthem, 2008.

Mosse, George. *Toward the Final Solution*. New York: Fertig, 1978.

Moya, Jose C., and Adam McKeown. "World Migration in the Long Twentieth Century." In *Essays on Twentieth-Century History*. Edited by Michael Adas. Philadelphia: Temple University Press, 2010.

——. *World Migration in the Twentieth Century*. Washington, D.C.: American Historical Association, 2011.

Moyn, Samuel. *The Last Utopia: Human Rights in History*. Cambridge, MA: Harvard University Press, 2010.

Moyn, Samuel, and Andrew Sartori, eds. *Global Intellectual History*. New York: Columbia University Press, 2013.

Myers, Ramon H., and Mark R. Peattie, eds. *The Japanese Colonial Empire, 1895–1945*. Princeton, NJ: Princeton University Press, 1984.

Naess, Arne. *Ecology, Community and Lifestyle*. Translated and edited by David Rothenberg. Cambridge: Cambridge University Press, 1989.

——. "The Shallow and the Deep, Long-Range Ecology Movements: A Summary." *Inquiry* 16 (1973): 95–100.

Namikas, Lise. *Battleground Africa: Cold War in the Congo, 1960–1965*. Stanford: Stanford University Press, 2013.

Nash, George H. *The Life of Herbert Hoover*. Vol. 1: *The Engineer*. New York: W. W. Norton, 1983.

Nation, R. Craig, and Mark V. Kauppi, eds. *The Soviet Impact in Africa.* Lexington, MA: D. C. Heath, 1984.

Navaretti, Giorgio Barba, and Anthony J. Venables. *Multinational Firms in the World Economy.* Princeton, NJ: Princeton University Press, 2004.

Nehru, Jawaharlal. *Glimpses of World History*. 1934. Reprinted, Bombay: Asia Publishing House, 1962.

Neiberg, Michael. *Fighting the Great War: A Global History*. Cambridge, MA: Harvard University Press, 2005.

Nicholas, Larraine. *Dancing in Utopia: Dartington Hall and its Dancers.* Alton, Hampshire, UK: Dance Books, 2007.

Njolstad, Olav, ed. *The Last Decade of the Cold War.* London: Frank Cass, 2002.

Northrop, Douglas, ed. *A Companion to World History*. Malden, MA: Blackwell, 2012.

Nugent, Walter. *Crossings: The Great Transatlantic Migrations, 1870–1914.* Bloomington, IN: Indiana University Press, 1992.

——. *Into the West: The Story of Its People*. New York: Knopf, 1999.

Nützenadel, Alexander, and Frank Trentmann, eds. *Food and Globalization.* New York: Berg, 2008.

Nzongola-Ntalja, George. *The Congo from Leopold to Kabila: A People's History.* London: Zed Books, 2002.

O'Brien, Patrick Karl. "Colonies in a Globalizing Economy, 1815–1948." In *Globalization and Global History.* Edited by Barry K. Gills and William R. Thompson. London: Routledge, 2006.

——. "Intercontinental Trade and the Development of the Third World since the Industrial Revolution." *Journal of World History* 8 (1997): 75–133.

——. "Metanarratives in Global Histories of Material Progress," *International History Review* 23 (2001): 345–367.

O'Connor, Garry. *Universal Father: A Life of Pope John Paul II.* New York: Bloomsbury, 2005.

Oliver, Roland, and G. N. Sanderson. *The Cambridge History of Africa,* Volume 6: *From 1870 to 1905.* New York: Cambridge University Press, 1985.

Oliviera, Orlinda de, and Bryan Roberts. "Urban Social Structures in Latin America, 1930–1990." In *Latin American Economy and Society since 1930.* Edited by Leslie Bethell. Cambridge: Cambridge University Press, 1998.

Olstein, Diego. *Thinking History Globally*. New York: Palgrave Macmillan, 2015.

Oltmer, Jochen. "Migration im Kontext von Globalisierung, Kolonialismus und Weltkriegen." In *WBG Welt-Geschichte,* Band

VI: *Globalisierung 1880 bis heute*. Edited by Hans-Ulrich Thamer. Darmstadt, Germany: Wissenschaftliche Buchgesellschaft, 2010.

Organization for Economic Cooperation and Development. *Divided We Stand: Why Inequality Keeps Rising*. New York: OECD, 2011.

Ostler, Jeffrey. *The Plains Sioux and U.S. Colonialism from Lewis and Clark to Wounded Knee*. Cambridge: Cambridge University Press, 2004.

Overfield, James H., ed. *Sources of Global History since 1900*. Boston: Wadsworth Cengage Learning, 2013.

Overy, Richard. "Economic Origins of the Second World War." In *The Origins of the Second World War*. Edited by Frank McDonough. New York: Continuum, 2011.

——. *Why the Allies Won*. London: Jonathan Cape, 1995.

Oyebade, Adebayo, ed. *The Transformation of Nigeria*. Trenton, NJ: Africa World Press, 2002.

Panayi, Panikos, and Pippa Virdee, eds. *Refugees and the End of Empire*. New York: Palgrave Macmillan, 2011.

Parker, Charles H. *Global Interactions in the Early Modern Age, 1400–1800*. New York: Cambridge University Press, 2010.

Paxton, Robert O. *The Anatomy of Fascism*. New York: Knopf, 2004.

Payne, Stanley G. *A History of Fascism*. Madison: University of Wisconsin Press, 1995.

Peattie, Mark R. *Ishiwara Kanji and Japan's Confrontation with the West*. Princeton, NJ: Princeton University Press, 1975.

Pelling, Mark, David Manuel-Navarette, and Michael Redclift. *Climate Change and the Crisis of Capitalism*. New York: Routledge, 2012.

Perkins, Dwight H. *Agricultural Development in China, 1368–1968*. Chicago: Aldine, 1969.

Pfister, Ulrich. "Globalisierung und Weltwirtschaft." *WBG Welt-Geschichte,* Band VI: *Globalisierung 1880 bis heute*. Edited by in Hans-Ulrich Thamer. Darmstadt, Germany: Wissenschaftliche Buchgesellschaft, 2010.

Pierson, Christopher, and Francis G. Castles, eds. *The Welfare State: A Reader*. Cambridge: Polity, 2000.

Pigman, Geoffrey Allen. *The World Economic Forum: A Multistakeholder Approach to Global Governance*. New York: Routledge, 2007.

Pomeranz, Kenneth. *The Great Divergence: China, Europe, and the Making of the Modern World Economy.* Princeton, NJ: Princeton University Press, 2000.

Ponting, Clive. *A New Green History of the World.* London: Penguin, 2007.

Porter, Roy. *The Greatest Benefit to Mankind: A Medical History of Humanity from Antiquity to the Present.* New York: HarperCollins, 1997.

Porter, Roy, ed. *The Cambridge Illustrated History of Medicine.* Cambridge: Cambridge University Press, 1996.

Postel, Sandra. *Pillar of Sand: Can the Irrigation Miracle Last?* New York: W. W. Norton, 1999.

Potter, D., M. Kiloh, and P. Lewis, eds. *Democratization*. Cambridge: Polity Press, 1997.

Price-Smith, Andrew T. *Contagion and Chaos: Disease, Ecology, and National Security in the Age of Globalization.* Cambridge, MA: MIT Press, 2009.

Prior, Robin, and Trevor Wilson. *The Somme*. New Haven: Yale University Press, 2006.

Prodöhl, Ines. "Versatile and Cheap: A Global History of Soy in the First Half of the Twentieth Century." *Journal of Global History* 8 (2013): 461–82.

Pugh, Emerson W. *Building IBM: Shaping an Industry and Its Technology.* Cambridge, MA: MIT Press, 1995.

Queralt, Maria Pilar. *Tórtola Valencia*. Barcelona: Lumen, 2005.

Quinn, Frederick, ed. *African Saints*. New York: Crossroads, 2002.

Radest, Howard. *Toward Common Ground: The Story of the Ethical Societies in the United States.* New York: Ungar, 1969.

Radkau, Joachim. *Nature and Power*. Washington, DC: German Historical Institute; Cambridge: Cambridge University Press, 2008.

Raleigh, Donald J. "The Russian Civil War, 1917–1922." In *The Cambridge History of Russia.* Volume 3, *The Twentieth Century,* 140–67. Edited by Ronald Grigor Suny. Cambridge: Cambridge University Press, 2006).

Read, Christopher. *The Making and Breaking of the Soviet System*. Basingstoke, UK: Palgrave, 2001.

Red Cloud. "'I Was Born a Lakota': Red Cloud's Abdication Speech, July 4, 1903." In James R. Walker, *Lakota Belief and Ritual,* 137–39. Edited by Raymond J. DeMallie and Elaine A. Jahner. Lincoln: University of Nebraska Press, 1980.

Reed, Nelson A. *The Caste War of Yucatan*. Stanford: Stanford University Press, 2001.

Reid, Brian Holden. *The Origins of the American Civil War*. New York: Longman, 1996.

Reid, Richard. *A History of Modern Africa, 1800 to the Present*. London: Wiley-Blackwell, 2009.

Remington, Thomas. *The Politics of Inequality in Russia*. Cambridge: Cambridge University Press, 2011.

Reynolds, David. *One World Divisible: A Global History since 1945*. New York: W. W. Norton, 2000.

Rhodes, Richard, ed. *Visions of Technology: A Century of Vital Debate about Machines, Systems, and the Human World*. New York: Simon and Schuster, 1999.

Richards, Andrew John. *Miners on Strike: Class Solidarity and Division in Britain*. New York: Berg, 1996.

Riley, James C. *Rising Life Expectancy: A Global History*. Cambridge: Cambridge University Press, 2001.

Robbins, Keith. *The British Isles, 1901–1951*. New York: Oxford University Press, 2002.

Robert, Karen. "Teaching the Global Twentieth Century through the History of the Automobile." *World History Connected* 12:2 (2016).

Roberts, Adam, and Timothy Garton Ash, eds. *Civil Resistance and Power Politics*. Oxford: Oxford University Press, 2009.

Roberts, J. A. G. *A History of China*. New York: Palgrave Macmillan, 2006.

Robertson, Thomas. *The Malthusian Moment: Global Population Growth and the Birth of American Environmentalism*. New Brunswick, NJ: Rutgers University Press, 2012.

Robinson, Jeffrey. *Yamani: The Inside Story*. New York: Simon and Schuster, 1988.

Robinson, Ronald. "The Excentric Idea of Imperialism, with or without Empire." In *Imperialism and After*, 267–89. Edited by Wolfgang J. Mommsen and Jürgen Osterhammel London: Allen and Unwin, 1986).

Rodney, Walter. *How Europe Underdeveloped Africa*. 1972. Reprinted, Washington, DC: Howard University Press, 1982.

Rodrik, Dani. "Goodbye Washington Consensus, Hello Washington Confusion?" *Journal of Economic Literature* 44 (2006): 973–87,

Ropp, Paul S. *China in World History*. Oxford: Oxford University Press, 2010.

Rosen, Andrew. *The Transformation of British Life, 1950–2000: A Social History*. Manchester: Manchester University Press, 2003.

Rosenberg, Emily S. "Transnational Currents in a Shrinking World." *A World Connecting, 1870–1945*. Edited by Emily S. Rosenberg Cambridge, MA: Harvard University Press, 2012.

Ross, Robert, Anne Kelk Mager, and Bill Nasson, eds. *The Cambridge History of South Africa*. Cambridge: Cambridge University

Press, 2011.

Rotberg, Robert I. *Africa Emerges*. Cambridge: Polity Press, 2013.

Rowland, Wade. *The Plot to Save the Planet*. Toronto: Clarke, Irwin, 1974.

Rubenstein, Richard L. "Jihad and Genocide: The Case of the Armenians." In *Confronting Genocide: Judaism, Christianity, and Islam*. Edited by Steven Leonard Jacobs and Marc I. Sherman. New York: Lexington Books, 2009.

Rubinstein, Hilary L., et al. *The Jews in the Modern World: A History since 1750*. London: Arnold, 2002.

Rudner, Martin. "East European Aid to Asian Developing Countries." *Modern Asian Studies* 1 (1996): 1–28.

Rummel, Rudolph J. *Statistics of Democide: Genocide and Mass Murder since 1900*. Münster, Germany: Lit, 1998.

Ryan, David, and Victor Pungong, eds. *The United States and Decolonization*. New York: St. Martin's, 2000.

Sagall, Sabby. *Capitalism, Human Nature, and Genocide*. London: Pluto Press, 2013.

Saha, Shandip. "Hinduism, Gurus, and Globalization." In *Religion, Globalization and Culture*. Edited by Peter Beyer and Lori Beaman. Leiden, The Netherlands: Brill, 2007.

Sahadeo, Jeff. "Progress or Peril: Migrants and Locals in Russian Tashkent, 1906–14." In *Peopling the Russian Periphery*. Edited by Nicholas Breyfogle, Abby Schrader, and Willard Sunderland. New York: Routledge, 2007.

Sala-i-Martin, Xavier. "The Disturbing 'Rise' of Global Income Inequality." National Bureau of Economic Research. Working Paper No. 8904 (April 2002). doi:10.3386/w8904.

Sanderson, G. N. "The European Partition of Africa: Origins and Dynamics." In *The Cambridge History of Africa,* Volume 6: *From 1870 to 1905*. Edited by Roland Oliver and G. N. Sanderson. New York: Cambridge University Press, 1985.

Sassoon, Donald. *Contemporary Italy: Economy, Society and Politics since 1945*. London: Longman, 1997.

Schaeffer, Robert K. *Understanding Globalization*. Lanham, MD: Rowman and Littlefield, 2009.

Schmitz, David F. *The United States and Right-Wing Dictatorships, 1965–1989*. New York: Cambridge University Press, 2006.

Schofer, Evan. "Science Associations in the International Sphere, 1875–1990." In *Constructing World Culture: International Nongovernmental Organizations since 1875*. Edited by John Boli and George M. Thomas. Stanford: Stanford University Press, 1999.

Schumacher, E. F. *Small Is Beautiful: Economics As If People Mattered.* New York: HarperCollins, 1973.

Scott, James C. *Seeing like a State: How Certain Schemes to Improve the Human Condition Have Failed.* New Haven: Yale University Press, 1998.

Scott, Rebecca J. "Gradual Abolition and the Dynamics of Slave Emancipation in Cuba, 1868–1886." *Hispanic American Historical Journal* 63:3 (1983): 449–77.

Sedgwick, Mark. *Muhammad Abduh*. Oxford: Oneworld, 2010.

Segrave, Kerry. *American Films Abroad: Hollywood's Domination of the World's Movie Screens from the 1890s to the Present.* Jefferson, NC: McFarland, 1997.

Sen, Amiya P. *Swami Vivekananda*. Oxford: Oxford University Press, 2000.

Service, Robert. *A History of Twentieth-Century Russia*. Cambridge, MA: Harvard University Press, 1998.

Shapin, Steven, and Simon Schaffer, *Leviathan and the Air-Pump: Hobbes, Hoyle, and the Experimental Life*. Princeton, NJ: Princeton University Press, 1985.

Sheik-'Abdi, 'Abdi. *Divine Madness: Mohammed 'Abdulle Hassan* (1856–1920). London: Zed, 1992.

Shelton, Suzanne. *Ruth St. Denis: A Biography of the Divine Dancer*. Austin: University of Texas Press, 1981.

Shepard, Todd. "Algeria, France, Mexico, UNESCO: A Transnational History of Anti-racism and Decolonization, 1932–1962." *Journal of Global History* 6 (2011): 273–97.

Shillington, Kevin. *History of Africa*. New York: Palgrave Macmillan, 2005.

Shiva, Vandana. *The Violence of the Green Revolution: Third World Agriculture, Ecology, and Politics*. London: Zed Books, 1991.

Shleifer, Andrei. *A Normal Country: Russia after Communism.* Cambridge, MA: Harvard University Press, 2005.

Silverberg, Miriam. "Constructing a New Cultural History of Prewar Japan." In *Japan in the World.* Edited by Masao Miyoshi and H. D. Harootunian. Durham, NC: Duke University Press, 1993.

Sil, Narasingha P. *Swami Vivekananda: A Reassessment*. Selinsgrove, PA: Susquehanna University Press, 1997.

Simpson, Bradley R. "Southeast Asia in the Cold War." In *The Cold War in the Third World.* Edited by Robert J. McMahon. Oxford: Oxford University Press, 2013.

Sinclair, Andrew. *Viva Che!* Stroud, UK: Sutton, 2006.

Singham, A. W., and Shirley Hune. *Non-alignment in an Age of Alignments.* London: Zed Books, 1986.

Sittert, Lance van. "'Keeping the Enemy at Bay': The Extermination of Wild Carnivora in Cape Colony, 1889–1910." *Environmental History* 3 (1998): 333–56.

Skidmore, Thomas E. *Black into White: Race and Nationality in Brazilian Thought.* Durham, NC: Duke University Press, 1993.

Skidmore, Thomas E., and Peter H. Smith. *Modern Latin America*. New York: Oxford University Press, 2005.

Sklar, Holly, ed. *Trilateralism*. Boston: South End Press, 1980.

Sklair, Leslie. "Discourses of Globalization: A Transnational Capitalist Class Analysis." In *The Postcolonial and the Global.* Edited by Revathi Krishnaswamy and John C. Hawley. Minneapolis: University of Minnesota Press, 2008.

Slate, Nico. *Colored Cosmopolitanism: The Shared Struggle for Freedom in the United States and India.* Cambridge, MA: Harvard University Press, 2012.

Sloterdijk, Peter. *Was Geschah im 20. Jahrhundert?* Frankfurt: Suhrkamp, 2016.

Sluga, Glenda. *Internationalism in the Age of Nationalism*. Philadelphia: University of Pennsylvania Press, 2013.

——. "UNESCO and the (One) World of Julian Huxley." *Journal of World History* 21 (2010): 393–418.

Smil, Vaclav. *Creating the Twentieth Century.* Oxford: Oxford University Press, 2005.

Smith, Bonnie G. *Europe in the Contemporary World, 1900 to the Present.* Boston: Bedford/St. Martin's, 2007.

Smith, Denis Mack. *Modern Italy: A Political History*. Ann Arbor: University of Michigan Press, 1997.

Smith, Merritt Roe, and Leo Marx, eds. *Does Technology Drive History?* Cambridge, MA: MIT Press, 1994.

Snyder, Louis L. *Macro-nationalisms: A History of the Panmovements.* Westport, CT: Greenwood Press, 1989.

Snyder, Sarah B. *Human Rights Activism and the End of the Cold War.* Cambridge: Cambridge University Press, 2011.

Sonnenfeld, David A. "Mexico's 'Green Revolution,' 1940–1980: Towards an Environmental History." *Environmental History Review* 16 (1992): 28–52.

Soon, Park Bun. "Riding the Wave: Korea's Economic Growth and Asia in the Modern Development Era." In *Asia Inside Out: Connected Places.* Edited by Eric Tagliacozzo, Helen F. Siu, and Peter C. Perdue. Cambridge, MA: Harvard University Press,

2015.

Standing Bear, Luther. *Land of the Spotted Eagle*. 1933. Reprint, Lincoln: University of Nebraska Press, 1960.

Stanton, B. F. "Agriculture: Crops, Livestock, and Farmers." In *The Columbia History of the Twentieth Century.* Edited by Richard W. Bulliet. New York: Columbia University Press, 1998.

Stanziani, Alessandro. "Abolitions." In *The Cambridge World History,* Volume 7: *Production, Destruction, and Connection, 1750–Present, Part 2: Shared Transformations?* Edited by J. R. McNeill and Kenneth Pomeranz. Cambridge: Cambridge University Press, 2015.

——. "Serfs, Slaves, or Wage Earners? The Legal Status of Labour in Russia from a Comparative Perspective, from the Sixteenth to the Nineteenth Century." *Journal of Global History* 3 (2008): 183–202.

Staples, Amy L. *The Birth of Development*. Kent, OH: Kent State University Press, 2006.

Stark, Rodney. *The Rise of Mormonism*. Edited by Reid L. Neilson. New York: Columbia University Press, 2005.

Staudenmaier, John M. *Technology's Storytellers: Reweaving the Human Fabric.* Cambridge, MA: MIT Press, 1985.

Stearns, Peter N. *Globalization in World History*. New York: Routledge, 2010.

——. *The Industrial Revolution in World History*. Boulder, CO: Westview Press, 1998.

Steffen, Will, Paul J. Crutzen, and John R. McNeill. "The Anthropocene: Are Humans Now Overwhelming the Great Forces of Nature?" *Ambio* 36:8 (2007): 614–21.

Steger, Manfred B. *Globalization and Culture*. Cheltenham: Edward Elgar, 2012.

——. *Globalization: A Very Short Introduction*. Oxford: Oxford University Press, 2003.

Stichweh, Rudolf. *Die Weltgesellschaft: Soziologische Analysen*. Frankfurt: Suhrkamp, 2000.

Stone, Diane. "Knowledge Networks and Policy Expertise in the Global Polity." In *Towards a Global Polity*. Edited by Morten Ougaard and Richard Higgott. London: Routledge, 2002.

Storey, William Kelleher. *The First World War: A Concise Global History.* Lanham, MD: Rowman and Littlefield, 2009.

Stourton, Edward. *John Paul II: Man of History*. London: Hodder and Staughton, 2006.

Stuchtey, Benedikt, and Eckhardt Fuchs, eds. *Writing World History, 1800–2000.* Oxford: Oxford University Press, 2003.

Sun Yat-Sen. *San Min Chu I: The Three Principles of the People.* Translated by Frank W. Price. Edited by L. T. Chen. Shanghai: Commercial Press, 1928.

Sunderland, Willard. *Taming the Wild Field: Colonization and Empire on the Russian Steppe.* Ithaca, NY: Cornell University Press, 2004.

Suny, Ronald Grigor, ed. *The Cambridge History of Russia.* Volume 3: *The Twentieth Century.* Cambridge: Cambridge University Press, 2006.

Suri, Jeremi. "The Cold War, Decolonization, and Global Social Awakenings." *Cold War History* 6 (2006): 353–63.

Sutcliffe, Bob. "World Inequality and Globalization." *Oxford Review of Economic Policy* 20 (2004): 15–37.

Sutter, Paul S. "The Tropics: A Brief History of an Environmental Imaginary." In *The Oxford Handbook of Environmental History.* Edited by Andrew C. Isenberg. Oxford: Oxford University Press, 2014.

Sutton, Matthew Avery. *Jerry Falwell and the Rise of the Religious Right: A Brief History with Documents.* New York: Bedford/St. Martins, 2013.

Swinnen, Johan F. M. "The Growth of Agricultural Protection in Europe in the 19th and 20th Centuries." *World Economy* 32 (2009): 1499–537.

Szasz, Ferenc M., and Margaret Connell Szasz, "Religion and Spirituality." In Clyde A. Milner, II, Carol A. O'Connor, and Martha A. Sandweiss, eds., *The Oxford History of the American West.* New York: Oxford University Press, 1994.

Talbot, Ian. "The End of the European Colonial Empires and Forced Migration." In *Refugees and the End of Empire.* Edited by Panikos Panayi and Pippa Virdee. New York: Palgrave Macmillan, 2011.

Tao, Terence. "*E pluribus unum:* From Complexity, Universality." *Daedalus* 141 (2012).

Tarr, Joel A. "The Metabolism of the Industrial City: The Case of Pittsburg." *Journal of Urban History* 28 (2002): 511–45.

Tauger, Mark B. *Agriculture in World History*. London: Routledge, 2010.

Taylor, K. W. *A History of the Vietnamese*. Cambridge: Cambridge University Press, 2013.

Thamer, Hans-Ulrich, ed. *WBG Welt-Geschichte,* Band VI: *Globalisierung 1880 bis heute.* Darmstadt, Germany: Wissenschaftliche Buchgesellschaft, 2010.

Thomas, Martin, and Andres Thompson. “Empire and Globalization: From ‘High Imperialism’ to Decolonization.” *International History Review* 36:1 (2014): 142–70.

Tierney, Robert. *Tropics of Savagery: The Culture of Japanese Empire in Comparative Frame*. Berkeley: University of California Press, 2010.

Tooze, Adam. *The Deluge: The Great War, America, and the Remaking of the Global Order, 1916–1931*. New York: Viking, 2014.

Tschannen, Olivier. “La revaloración de la teoría de la secularization mediante la perspectiva comparada Europa Latina-América Latina.” In *La Modernidad Religiosa: Europea Latinay América Latina en perspectiva comparada*. Edited by Jean-Pierre Bastian. México: Fondo de Cultura Económica, 2004.

Tsunoda, Ryusaku, William Theodore de Bary, and Donald Keene, eds. *Sources of Japanese Tradition*. New York: Columbia University Press, 1958.

Tsutsui, William M., ed. *A Companion to Japanese History*. Oxford: Blackwell, 2007.

Tucker, Robert P., and J. F. Richards, eds. *Global Deforestation and the Nineteenth-Century World Economy*. Durham, NC: Duke University Press, 1983.

Tucker, Spencer C., ed. *Encyclopedia of North American Indian Wars*. Santa Barbara, CA: ABC-CLIO, 2011.

Turner, B. L., et. al, eds. *The Earth as Transformed by Human Action*. New York: Cambridge University Press, 1990.

Turner, Graham. “A Comparison of The Limits to Growth with Thirty Years of Reality.” CSIRO Working Papers Series 2008–2009. Canberra, Australia: CSIRO, 2007.

Turner, Thomas. *Congo*. Cambridge: Polity Press, 2013.

——. *The Congo Wars: Conflict, Myth and Reality*. London: Zed Books, 2007.

Tutino, John. *From Insurrection to Revolution in Mexico*. Princeton, NJ: Princeton University Press, 1986.

Tyrell, Ian. *Reforming the World: The Creation of America's Moral Empire*. Princeton, NJ: Princeton University Press, 2010.

Uchida, Jun. *Brokers of Empire: Japanese Settler Colonialism in Korea, 1876–1945*. Cambridge, MA: Harvard University Press, 2011.

Uekotter, Frank, ed. *The Turning Points of Environmental History*. Pittsburgh: University of Pittsburgh Press, 2010.

Üngör, Uğur Ümit. *The Making of Modern Turkey*. Oxford: Oxford University Press, 2011.

Van der Veer, Peter. "Religion after 1750." In *The Cambridge World History.* Volume 7: *Production, Destruction, and Connection, 1750–Present, Part 2: Shared Transformations?* Edited by J. R. McNeill and Kenneth Pomeranz. Cambridge: Cambridge university Press, 2015.

Vatikiotis, P. J. *The History of Modern Egypt*. Baltimore: Johns Hopkins University Press, 1991.

Veal, Michael. "Fela and the Funk." In *Black President: The Art and Legacy of Fela Anikulapo Kuti.* Edited by Trevor Schoonmaker. New York: New Museum of Contemporary Art, 2003.

Vickers, Adrian. *A History of Modern Indonesia*. New York: Cambridge University Press, 2005.

Viola, Lynne, V. P. Danilov, N. A. Ivniitski, and Denis Kozlov, eds. *The War against the Peasantry, 1927–1930*. New Haven: Yale University Press, 2005.

Vitali, Stefania, James B. Glattfelder, and Stefano Battiston. "The Network of Global Corporate Control." *PloS ONE* 6:10 (2011). http://journals.plos.org/plosone/article?id=10.1371/journal.pone.0025995.

Vohra, Ranbir. *The Making of India*. London: M. E. Sharpe, 1997.

Volti, Rudi. *Technology and Commercial Air Travel*. Washington, DC: American Historical Association, 2015.

Walker, Brett L. "Meiji Modernization, Scientific Agriculture, and the Extermination of Japan's Hokkaido Wolf." *Environmental History* 9 (2004): 248–74.

Wallerstein, Immanuel. *The Modern World System.* 3 Vols. New York: Academic Press; Berkeley: University of California Press, 1974, 1989, 2011.

Wallimann, Isidor, and Michael N. Dobkowski, eds. *Genocide in the Modern Age.* New York: Greenwood Press, 1987.

Ward, Kevin. "Africa." In *A World History of Christianity*. Edited by Adrian Hastings. Grand Rapids, MI: William B. Eerdmans, 1999.

Waters, Kenneth, and Albert van Helden, eds. *Julian Huxley: Biologist and Statesman of Science.* College Station: Texas A&M University Press, 2010.

Weiner, Douglas R. "The Predatory Tribute-Taking State: A Framework for Understanding Russian Environmental History." In *The*

Environment and World History. Edited by Edmund Burke III and Kenneth Pomeranz. Berkeley: University of California Press, 2009.

Wells, H. G. *The Discovery of the Future*. New York: B. W. Huebsch, 1913.

Wesseling, Henk L. *The European Colonial Empires, 1815–1919*. New York: Pearson-Longman, 2004.

——. *Imperialism and Colonialism: Essays on the History of European Expansion.* Westport, CT: Greenwood Press, 1997.

Westad, Odd Arne. *The Global Cold War*. Cambridge: Cambridge University Press, 2005.

Westwood, J. N. *Endurance and Endeavor: Russian History, 1812–2001.* Oxford: Oxford University Press, 2002.

White, Gilbert F. "The Environmental Effects of the High Dam at Aswan." *Environment* 30:7 (1988): 4–40.

Whitmore, Thomas, et al., "Long-Term Population Change." in *The Earth as Transformed by Human Action.* Edited by B. L. Turner et al. New York: Cambridge University Press, 1990.

Wilkins, Mira. *The History of Foreign Investment in the United States to 1914.* Cambridge, MA: Harvard University Press, 1989.

Wilkinson, James, and H. Stuart Hughes. *Contemporary Europe: A History.* Upper Saddle River, NJ: Pearson, 2004.

Williams, Michael. *Deforesting the Earth: From Prehistory to Global Crisis.* Chicago: University of Chicago Press, 2003.

Williams, Trevor I. *A Short History of Twentieth-Century Technology, c. 1900–c. 1950.* Oxford: Oxford University Press, 1982.

Williamson, John. "What Should the World Bank Think about the Washington Consensus?" *World Bank Research Observer* 15 (2000): 251–64.

Winslow, Anne, ed. *Women, Politics, and the United Nations*. Westport, CT: Greenwood Press, 1995.

Winter, Jay, Geoffrey Parker, and Mary R. Habeck, eds. *The Great War and the Twentieth Century.* New Haven: Yale University Press, 2000.

Wood, Barbara. *E. F. Schumacher: His Life and Thought*. New York: Harper and Row, 1984.

Woodward, C. Vann. "Emancipations and Reconstructions: A Comparative Study." In Woodward, *The Future of the Past*. New York: Oxford University Press, 1989.

Wolf, Eric. *Peasant Wars of the Twentieth Century*. 1969. Reprint, Norman: University of Oklahoma Press, 1999.

Wong, R. Bin. "Self-Strengthening and Other Political Responses to the Expansion of European Economic and Political Power."

In *The Cambridge World History,* Volume 7: *Production, Destruction, and Connection, 1750–Present, Part I: Structures, Spaces, and Boundary-Making.* Edited by Kenneth Pomeranz and J. R. McNeill. Cambridge: Cambridge University Press, 2015.

Worden, Nigel. *The Making of Modern South Africa*. Chichester, UK: Wiley-Blackwell, 2012.

World Bank. *4°: Turn Down the Heat*. World Bank, Potsdam Institute for Climate Impact Research and Climate Analytics, November 2012.

Worster, Donald, ed. *The Ends of the Earth: Perspectives on Modern Environmental History*. New York: Cambridge University Press, 1988.

——. *Nature's Economy: A History of Ecological Ideas*. Cambridge: Cambridge University Press, 1994.

Wright, Gordon. *France in Modern Times*. New York: W. W. Norton, 1995.

Wulf, Herbert, ed.. *Arms Industry Limited.* Oxford: SIPRI, Oxford University Press, 1993.

Yang Jisheng, *Tombstone: The Great Chinese Famine, 1958–1962*. New York: Farrar, Strauss and Giroux, 2013.

Yenne, Bill. *Indian Wars: The Campaign for the American West.* Yardley, PA: Westholme, 2006.

Yergin, Daniel. *The Prize: The Epic Quest for Oil, Money, and Power*. New York: Simon and Schuster, 1991.

Young, Cynthia A. *Soul Power: Culture, Radicalism, and the Making of a U.S. Third World Left.* Durham, NC: Duke University Press, 2006.

Young, Louise. "Japan at War: History-Writing on the Crisis of the 1930s." In *The Origins of the Second World War Reconsidered.* Edited by Gordon Martel. New York: Routledge, 1999.

Zeiler, Thomas W. "Opening Doors in the World Economy." In *Global Interdependence: The World after 1945.* Edited by Akira Iriye. Cambridge, MA: Harvard University Press, 2014.

Zelko, Frank. *Make It a Green Peace! The Rise of Countercultural Environmentalism.* Oxford: Oxford University Press, 2013.

Zimmermann, Urs Matthias. "Race without Supremacy." In *Racism in the Modern World.* Edited by Manfred Berg and Simon Wendt. New York: Berghahn, 2011.

Zubok, Vladislav M. "Soviet Foreign Policy from Détente to Gorbachev, 1975–1985." In *The Cambridge History of the Cold War.* Edited by Melvyn P. Leffler and Odd Arne Westad. Cambridge: Cambridge University Press, 2010.

圖片版權

圖表

1.1 Massimo Livi-Bacci, *A Concise History of World Population,* 3rd ed. (Malden, MA: Blackwell, 2001), 27.

1.2 Livi-Bacci, *Concise History of World Population,* 27.

1.3 Derived from Livi-Bacci, *Concise History of World Population,* 27.

1.4 Livi-Bacci, *Concise History of World Population,* 27, 137.

1.5 B. R. Mitchell, *International Historical Statistics: Africa, Asia, and Oceania, 1750–2005* (Basingstoke, UK: Palgrave Macmillan, 2007), 86–89; Mitchell, *International Historical Statistics: Europe, 1750–2005* (Basingstoke, UK: Palgrave Macmillan, 2007), 122, 124, 126.

1.6 Mitchell, *International Historical Statistics: Africa, Asia, and Oceania,* 74–75; Mitchell, *International Historical Statistics: Europe,* 99, 106, 113; Mitchell, *International Historical Statistics: The Americas, 1750–2005* (Basingstoke, UK: Palgrave Macmillan, 2007), 72, 77.

1.7 Angus Maddison, *The World Economy: A Millennial Perspective* (n.p.: Organization for Economic Cooperation and Development, 2006), 2:32.

1.8 Mitchell, *International Historical Statistics: Africa, Asia, and Oceania,* 74–75, 77–78, 80; Mitchell, *International Historical Statistics: Europe,* 99, 106, 113; Mitchell, *International Historical Statistics: The Americas,* 72, 77.

1.9 B. R. Mitchell, *International Historical Statistics: Africa, Asia, and Oceania,* 74–75; Mitchell, *International Historical Statistics: Europe,* 97, 103, 110, 117; Mitchell, *International Historical Statistics: The Americas,* 72, 77.

1.10 Center for Sustainability and the Global Environment (SAGE), Nelson Institute for Environmental Studies, University of

Wisconsin–Madison, www.sage.wisc.edu.

1.11 J. R. McNeill, *Something New Under the Sun: An Environmental History of the Twentieth-Century World* (New York: W. W. Norton, 2000), 180.

1.12 McNeill, *Something New Under the Sun,* 217.

1.13 Mitchell, *International Historical Statistics: Africa, Asia, and Oceania,* 723, 726, 728; Mitchell, *International Historical Statistics: Europe,* 738–46; Mitchell, *International Historical Statistics: The Americas,* 561–63, 565–68, 570.

1.14 Derived from Colin McEvedy and Richard Jones, *Atlas of World Population History* (Harmondsworth, UK: Penguin; London: Allen Lane, 1978).

1.15 Timothy J. Hatton and Jeffrey G. Williamson, *The Age of Mass Migration* (New York: Oxford University Press, 1988), 156.

2.1 David Held, Anthony McGrew, David Goldblatt, and Jonathan Perraton, *Global Transformations* (Stanford: Stanford University Press, 1999), 193.

2.2 Held et al., *Global Transformations,* 194.

2.3 Held et al., *Global Transformations,* 193.

2.4 Maddison, *The World Economy,* 2:264.

2.5 Maddison, *The World Economy,* 2:241, 264.

2.6 B. Zorina Khan, "An Economic History of Patent *Institutions,*" *EH.net Encyclopedia,* ed. Robert Whaples (Economic History Association, 2008), http://eh.net/encyclopedia/an-economic-history-of-patent-institutions/.

2.7 Derived from Mitchell, *International Historical Statistics: Europe,* 81–83, 86–87, 90, 998, 1000, 1002; Mitchell, *International Historical Statistics: The Americas,* 59, 61, 64–65, 793, 795–96.

2.8 Mitchell, *International Historical Statistics: Africa, Asia, and Oceania,* 373–87, 513–24; Mitchell, *International Historical Statistics: Europe,* 464–76, 611–14; Mitchell, *International Historical Statistics: The Americas,* 327–36, 423–28.

3.1 Mitchell, *International Historical Statistics: Africa, Asia, and Oceania,* 354–55; B. R. Mitchell, *International Historical Statistics: Europe,* 445–48; Mitchell, *International Historical Statistics: The Americas,* 303–6.

3.2 Mitchell, *International Historical Statistics: Africa, Asia, and Oceania,* 355–56, 359; Mitchell, *International Historical Statistics:*

The Americas, 294–95.

3.3 Ken Swindell, "African Food Imports and Agricultural Development: Peanut Basins and Rice Bowls in the Gambia, 1843–1933," in *Agricultural Change, Environment and Economy,* ed. Keith Hoggart (London: Mansell, 1992), 167.

3.4 Mitchell, *International Historical Statistics: Africa, Asia, and Oceania,* 428–33; Mitchell, *International Historical Statistics: The Americas,* 352–59.

3.5 Mitchell, *International Historical Statistics: Africa, Asia, and Oceania,* 228–37; Mitchell, *International Historical Statistics: The Americas,* 202–9.

3.6 Mitchell, *International Historical Statistics: Africa, Asia, and Oceania,* 382–87; Mitchell, *International Historical Statistics: The Americas,* 333–36; Mitchell, *International Historical Statistics: Europe,* 475–76.

3.7 John R. Hanson II, "Diversification and Concentration of LDC Exports: Victorian Trends," *Explorations in Economic History* 14 (1977): 65, reprinted in C. Knick Harley, ed. *The Integration of the World Economy, 1850–1914*, vol. 2 (Cheltenham: Elgar Reference, 1996), p. 569.

3.8 A. G. Kenwood and A. L. Lougheed, *The Growth of the International Economy* (New York: Routledge, 1999), 80.

3.9 Kenwood and Lougheed, *Growth of the International Economy,* 84.

3.10 Ulrich Pfister, "Globalisierung und Weltwirtschaft," in *WBG Weltgeschichte,* Band VI: *Globalisierung 1880 bis Heute* (Darmstadt, Germany: Wissenschaftliches Buchgesellschaft, 2010), 285.

3.11 Mitchell, *International Historical Statistics: Africa, Asia, and Oceania,* 723–28; Mitchell, *International Historical Statistics: The Americas,* 561–70; Mitchell, *International Historical Statistics: Europe,* 738–46.

3.12 Mitchell, *International Historical Statistics: Africa, Asia, and Oceania,* 277–79; Mitchell, *International Historical Statistics: The Americas,* 315, 317.

5.1 Maddison, *The World Economy,* 101.

5.2 Maddison, *The World Economy,* 101.

5.3 Mitchell, *International Historical Statistics: Africa, Asia, and Oceania,* 382–85; Mitchell, *International Historical Statistics: Europe,* 475–76; Mitchell, *International Historical Statistics: The Americas,* 333–36.

5.4 Mitchell, *International Historical Statistics: Europe,* 103–4, 154; Mitchell, *International Historical Statistics: The Americas,* 114, 116.

6.1 Mitchell, *International Historical Statistics: Africa, Asia, and Oceania,* 175–77, 181, 183–84, 210, 212, 217–19.

6.2 Mark Harrison, "The USSR and Total War: Why Didn't the Soviet Economy Collapse in 1942?" in *A World at Total War,* ed. Roger Chickering, Stig Forster, and Bernd Greiner (Cambridge: Cambridge university Press, 2005), 140–42.

6.3 Harrison, "The USSR and Total War," 140–41.

6.4 Mitchell, *International Historical Statistics: Africa, Asia, and Oceania,* 441–42, 446–47; Mitchell, *International Historical Statistics: Europe,* 496–503; Mitchell, *International Historical Statistics: The Americas,* 375–78.

6.5 Antoni Estevadeordal, Brian Frantz, and Alan M. Taylor, "The Rise and Fall of World Trade, 1870–1939," National Bureau of Economic Research, Working Paper No. 9318 (November 2002), http://www.nber.org/papers/w9318.pdf, p. 36.

6.6 Estevadeordal, Frantz, and Taylor, "The Rise and Fall of World Trade, 1870–1939," 38.

6.7 Natural Resources Defense Council, "Global Nuclear Stockpiles, 1945–2006," in "Nuclear Notebook," *Bulletin of the Atomic Scientists* 62:4 (2006): 66, archived at Wm. Robert Johnston, "Nuclear Stockpiles: World Summary" (2007), http://www.johnstonsarchive.net/nuclear/nucstock-0.html.

6.8 James R. Blaker, *United States Overseas Basing* (New York: Praeger, 1990), 33.

6.9 Stockholm International Peace Research Institute, SIPRI Arms Transfers Database, http://www.sipri.org/databases/armstransfers/.

7.1 Database, Maddison Project, www.ggdc.net/maddison/maddison-project/data.htm.

7.2 Database, Maddison Project, www.ggdc.net/maddison/maddison-project/data.htm.

7.3 Database, Maddison Project, www.ggdc.net/maddison/maddison-project/data.htm.

7.4 Database, Maddison Project, www.ggdc.net/maddison/maddison-project/data.htm.

7.5 Mitchell, *International Historical Statistics: Africa, Asia, and Oceania,* 373–88, 440–48; Mitchell, *International Historical Statistics: Europe,* 468–76, 496–512; Mitchell, *International Historical Statistics: The Americas,* 327–36, 375–79.

7.6 Mitchell, *International Historical Statistics: Africa, Asia, and Oceania,* 786–805; Mitchell, *International Historical Statistics: Europe,* 816–24; Mitchell, *International Historical Statistics: The Americas,* 610–22.

7.7 World Intellectually Property Organization, IP Statistics Data Center, http://www.wipo.int/ipstats/en/#resources.

7.8 Mitchell, *International Historical Statistics: Africa, Asia, and Oceania,* 1053–54, 1056–57; Mitchell, *International Historical Statistics: Europe,* 998–1003; Mitchell, *International Historical Statistics: The Americas,* 793, 795–99.

7.9 Mitchell, *International Historical Statistics: Africa, Asia, and Oceania*, 1053–57; Mitchell, *International Historical Statistics: Europe,* 998–1003; Mitchell, *International Historical Statistics: The Americas,* 193–99.

7.10 Matthias Busse, "Tariffs, Transport Costs and the WTO Doha Round: The Case of Developing Countries," *Estey Center Journal of International Law and Trade Policy* 4 (2003): 24.

7.11 Michael A. Clemens and Jeffrey G. Williamson, "Why Did the Tariff-Growth Correlation Reverse after 1950?" National Bureau of Economic Research, Working Paper No. 9181, September 2002, doi:10.3386/w9181, figure 1.

7.12 Kenwood and Lougheed, *Growth of the International Economy,* 302.

7.13 Richard E. Baldwin and Philippe Martin, "Two Waves of Globalization," National Bureau of Economic Research, Working Paper No. 6904 (January 1999), 17, doi:10.3386/w6904.

7.14 Mitchell, *International Historical Statistics: Africa, Asia, and Oceania,* 175–76, 178, 181–83, 187, 210–13, 217–18, 221.

7.15 Giovanni Federico, *Feeding the World: An Economic History of Agriculture* (Princeton, NJ: Princeton University Press, 2005), 99.

7.16 Federico, *Feeding the World,* 48.

7.17 Mitchell, *International Historical Statistics: Africa, Asia, and Oceania,* 354–55; Mitchell, *International Historical Statistics: Europe,* 445–47; Mitchell, *International Historical Statistics: The Americas,* 303–6.

7.18 Mitchell, *International Historical Statistics: Africa, Asia, and Oceania,* 355–56, 359; Mitchell, *International Historical Statistics: The Americas,* 294–95.

7.19 Mitchell, *International Historical Statistics: Africa, Asia, and Oceania,* 195–99, 209–17, 221–25; Mitchell, *International Historical Statistics: Europe,* 291–99, 310–12, 322–24; Mitchell, *International Historical Statistics: The Americas,* 181–82, 185–86, 190, 195.

7.20 Maddison, *The World Economy,* 183, 185, 193, 195, 213, 215, 222, 224.

7.21. Mitchell, *International Historical Statistics: Africa, Asia, and Oceania,* 59, 61–62, 65–67; Mitchell, *International Historical*

Statistics: Europe, 82–91.

7.22 Helmut Führer, *The Story of Official Development Assistance* (n.p.: Organization for Economic Cooperation and Development, 1996), 42; Quintin V. S. Bach, *Soviet Economic Assistance to the Less Developed Countries* (Oxford: Clarendon Press, 1987), 7.

7.23 Database, Maddison Project, www.ggdc.net/maddison/maddison-project/data.htm.

7.24 Database, Maddison Project, www.ggdc.net/maddison/maddison-project/data.htm; Mitchell, *International Historical Statistics: Africa, Asia, and Oceania,* 382–83.

8.1 Database, Maddison Project, www.ggdc.net/maddison/maddison-project/data.htm.

8.2. Mitchell, *International Historical Statistics: Africa, Asia, and Oceania,* 382–85; Mitchell, *International Historical Statistics: Europe,* 475–76; Mitchell, *International Historical Statistics: The Americas,* 333–36.

8.3 *BP Statistical Review of World Energy* (British Petroleum Global, 2017), 20, http://www.bp.com/content/dam/bp/en/corporate/pdf/energy-economics/statistical-review-2017/bp-statistical-review-of-world-energy-2017-full-report.pdf.

8.4 Paul E. Gregory, *The Political Economy of Stalinism* (Cambridge: Cambridge University Press), 250.

8.5 Maddison, *The World Economy,* 614.

8.6 Graham Turner, "A Comparison of *The Limits to Growth* with Thirty Years of Reality," CSIRO Working Papers Series 2008–9 (Canberra, Australia: Commonwealth Scientific and Industrial Research Organisation, 2008), 43.

9.1 Database, Maddison Project, www.ggdc.net/maddison/maddison-project/data.htm.

9.2 Database, Maddison Project, www.ggdc.net/maddison/maddison-project/data.htm.

9.3 Database, Maddison Project, www.ggdc.net/maddison/maddison-project/data.htm.

9.4 United Nations Department of Economic and Social Affairs, *World Economic and Social Survey 2010: Retooling Global Development* (New York: United Nations, 2010), 75.

9.5 World Intellectual Property Organization, "IP Statistics Data Center," http://www.wipo.int/ipstats/en/#resources.

9.6 Mitchell, *International Historical Statistics: Europe,* 87–91, 1000–3; Mitchell, *International Historical Statistics: Africa, Asia, and Oceania,* 62–63, 66, 68, 1054, 1056–57.

9.7 World Bank, Data, "Fertility Rate, Total (births per woman)," http://data.worldbank.org/indicator/SP.DYN.TFRT.IN.

9.8 Timothy J. Hatton and Jeffrey G. Williamson, *Global Migration and the World Economy* (New York: Oxford University Press, 1998), 208.

9.9 OECD Data, "Gender Wage Gap," https://data.oecd.org/earnwage/gender-wage-gap.htm.

10.1 UN Department of Economic and Social Affairs, *World Economic and Social Survey 2010,* 95.

10.2 UN Department of Economic and Social Affairs, *World Economic and Social Survey 2010,* xiv.

10.3 United Nations Conference on Trade and Development, UNCTADstat, unctadstat.unctad.org.

10.4 United Nations Conference on Trade and Development, UNCTADstat, unctadstat.unctad.org.

10.5 Michael Mussa, "Factors Driving Global Economic Integration," in *Global Economic Integration: Opportunities and Challenges, ed. Federal Reserve Bank of Kansas City* (New York: Books for Business, 2001), p. 42, chart 7.

10.6 United Nations University, UNU-WIDER, "World Income Inequality Database—WIID3.4," https://www.wider.unu.edu/database/world-income-inequality-database-wiid34.

10.7 World Wealth and Income Database, http://wid.world/data/.

10.8 UN Department of Economic and Social Affairs, *World Economic and Social Survey 2010,* xxi.

10.9 World Energy Production, from Mitchell, *International Historical Statistics: Europe,* 464–76, 611–14; Mitchell, *International Historical Statistics: The Americas,* 327–37, 422–28; Mitchell, *International Historical Statistics: Africa, Asia, and Oceania,* 373–87, 513–24.

10.10 Paul Chefurka, "Population: The Elephant in the Room" (May 2007), graph under subheading "Overshoot," http://www.paulchefurka.ca/Population.html.

10.11 World Bank data portal, http://data.worldbank.org/indicator/EG.EGY.PRIM.PP.KD?year_low_desc=false.

地圖

2.1 Redrawn from map in H. Hearder, *Europe in the Nineteenth Century* (New York: Longman, 1966), 76. Reproduced by permission of Taylor & Francis Books UK.

3.1 Redrawn, by permission, from map in Walter Nugent, *Crossings: The Great Transatlantic Migrations, 1870–1914* (Bloomington:

Indiana University Press, 1992), 115.

6.1 Redrawn, by permission, from map in Eric Dorn Brose, *A History of Europe in the Twentieth Century* (New York: Oxford University Press, 2005), 228.

6.2 Based on a map from *Fasttrack to America's Past,* Fasttrack Teaching Materials, Springfield, VA, 2015, by David Burns, at www.fasttrackteaching.com.

全球視野

超級世紀：震盪全球的巨變年代，形塑今日世界的關鍵150年

2023年8月初版　　　　定價：新臺幣620元

有著作權・翻印必究

Printed in Taiwan.

		著　者	Edward Ross Dickinson
		譯　者	王　惟　芬
		叢書主編	王　盈　婷
		校　對	蘇　淑　君
		內文排版	林　婕　瀅
		封面設計	許　晉　維
出版者	聯經出版事業股份有限公司	副總編輯	陳　逸　華
地址	新北市汐止區大同路一段369號1樓	總編輯	涂　豐　恩
叢書主編電話	(02)86925588轉5316	總經理	陳　芝　宇
台北聯經書房	台北市新生南路三段94號	社長	羅　國　俊
電話	(02)23620308	發行人	林　載　爵
郵政劃撥	帳戶第0100559-3號		
郵撥電話	(02)23620308		
印刷者	文聯彩色製版印刷有限公司		
總經銷	聯合發行股份有限公司		
發行所	新北市新店區寶橋路235巷6弄6號2樓		
電話	(02)29178022		

行政院新聞局出版事業登記證局版臺業字第0130號

本書如有缺頁，破損，倒裝請寄回台北聯經書房更換。　ISBN 978-957-08-7030-5 (平裝)

聯經網址：www.linkingbooks.com.tw

電子信箱：linking@udngroup.com

國家圖書館出版品預行編目資料

超級世紀：震盪全球的巨變年代，形塑今日世界的關鍵150年/
Edward Ross Dickinson著．王惟芬譯．初版．新北市．聯經．2023年8月．528面．
17×23公分（全球視野）
譯自：The world in the long twentieth century: an interpretive history
ISBN 978-957-08-7030-5（平裝）

1.CST：世界史 2.CST：現代史

712.8 112011120